Mark Carwardine

Guinness Buch
der Tierrekorde

DANKSAGUNG

Viele Menschen in der ganzen Welt haben mir geholfen, für dieses Buch zu recherchieren. Einige teilten ihr Wissen mit mir; andere lasen und verbesserten die ersten Textversionen, leisteten moralische Unterstützung und ermutigten mich immer wieder. Ich bin jedem einzelnen von ihnen zu Dank verpflichtet, der daran beteiligt war. Ganz besonders möchte ich mich bei folgenden Personen bedanken (der Reihenfolge der Namen soll hier keine Bedeutung zukommen): Dr. Robert Prys-Jones, Michael Walters, Peter Colston und den anderen Mitgliedern der Vogelgruppe des »Natural History Museum« (Nationalhistorisches Museum) in Tring; Alwyne Wheeler; Jo Taylor und Carolyn Slicer vom Informationsdienst des »World Conservation Monitoring Centre«; Chris Wemmer, Vorstand der »IUCN Deer Specialist Group« (Gruppe, die sich auf Rehe spezialisiert hat); Tom Langton und allen Mitarbeitern des »Herpetofauna Conservation International Ltd.«; Colin Harrison; John Burton vom »World Wide Conservation Trust«; Ian Redmond; Alison Smith; Chris Stroud und Erich Hoyt von »Whale and Dolphin Conservation Society« (Gesellschaft zum Schutz der Wale und Delphine); John Gooders; Tony Hutson, »The Bat Conservation Trust« (Einrichtung zum Schutz der Fledermaus); Nick Garbutt; Robert Burton; Peter Jackson, Vorstand der »IUCN Cat Specialist Group« (spezialisiert auf Katzen); Cyril Walker, »Department of Palaeontology, The National History Museum« (Abteilung der Paläontologie des Nationalhistorischen Museums), London); Randall Reeves, Stellvertreten der Leiter der IUCN Cetacean (Walfisch) Specialist Group; Mark Simmonds, University of Greenwich; Paul Thompson, University of Aberdeen; David Lavigne und Chris Mattison.

Mein ganz besonderer Dank gilt auch allen Mitarbeitern des Guiness Verlags – vor allem Beatrice Frei, Stephen Adamson, David Roberts und Barbara Edwards –, die mich alle ungeheuer enthusiastisch unterstützt haben. Es war mir eine große Freude, mit ihnen zu arbeiten. Mein Dank und meine Anerkennung gelten auch der Pionierarbeit von Gerald L. Wood, der Anfang der siebziger Jahre als erster das »The Guinness Book of Animal Facts and Feats« geschrieben hat.

Leider steht mir nicht genügend Platz zur Verfügung, um alle Quellen und Referenzen namentlich zu erwähnen, die ich benutzt habe, um dieses Buch zu schreiben. Ich habe über viele Jahre in Tausenden von Zeitschriften, Magazinen und Büchern nachgeschlagen und möchte nicht unerwähnt lassen, daß ich von den sorgfältigen, wegebahnenden Untersuchungen anderer profitiert habe.

Wahrscheinlich werden in den kommenden Jahren wieder viele Rekorde gebrochen: Wieder wird es neue Informationen geben, rennen Tiere schneller, wachsen schneller heran, fliegen höher und überbieten immer wieder ihre eigenen Bestleistungen. Ich freue mich darauf, davon zu erfahren!

Mark Carwardine

Die Fotos wurden größtenteils vom Autor eingebracht, bis auf:
David Carwardine (Seite 7), Bruce Coleman (Seite 75), Jen & Des Vartlett (Seite 85, oben), Jane Burton (Seite 195), John Cancalosi (Seite 215), Adrian Davies (Seite 191), CB & DW Frith (Seite 228), Charles & Sandra Hood (Seite 166/7), David Hughes (Seite 236), Andy Purcell (Seite 223), Hans Reinhard (Seite 200), Jeffrey L. Rotmam (Seite 207), Jens Rydell (Seite 29), Rod Williams (Seite 107), Gunter Ziesler (Seite 31).
Jacana: König Rudolf (Seite 190). **Jacana Scientific Control** (Seite 67).
Planet Earth: Pete Atkinson (Seite 237), Ken Lucas (Seiten 194, 201), Doug Perrine (Seite 235), James D. Watt (Seite 196).
Science Photo Library: A. B. Dowsell (Seite 250).
Umschlagmotiv: © **blickwinkel** / F. Pölking
Illustrationen: **Matthew Hillier**, außer Seiten 231 und 218: **Martin Camm.**

Redaktion: Beatrice Frei
Bildredaktion und Recherche: Image Select und Mark Carwardine

Inhaltsverzeichnis

ANTILOPEN UND WILDE RINDER

Bovidae
130 Arten, einschließlich: Antilopen, Kudus, Büffel, Ducker, Oryxantilopen, Gnus, Gazellen, Gemsen und Schafe.

Antilocapridae
Nur Gabelböcke.

Die größten Rinderarten erreichen eine Schulterhöhe von fast 2 m und wiegen annähernd 1000 kg. Zu ihnen gehören der wilde Yak *(Bos mutus)*, der Gaur *(Bos gaurus)*, der amerikanische Bison *(Bison bison)*, der wilde Wasserbüffel *(Bubalus arnee)* und das Hausrind *(Bos taurus)*. Die größte der wilden Arten ist vermutlich der asiatische Gaur durch seinen Schulterhöcker bei den männlichen Tieren; seine Körperlänge beträgt 2,5–3,3 m, sein Schwanz mißt 70–100 cm, seine Schulterhöhe liegt zwischen 1,6 und 2,2 m, und er wiegt 650–1000 kg. Das schwerste Rind ist jedoch vermutlich der wilde Wasserbüffel *(Bubalus arnee)*. Er lebt in Indien, Nepal, Bhutan und Thailand und ist der Vorfahr des Hausbüffels *(Bubalus bubalis)*. Er hat eine Körperlänge von 2,4–3 m, eine Schwanzlänge von 60–100 cm, eine Schulterhöhe von 1,5–1,9 m und wiegt 700–1200 kg.

Die größte Antilope ist die Riesenelenantilope *(Tragelaphus derbianus)* aus West- und Zentralafrika mit einer Körperlänge von 1,8–3,5 m, einer Schwanzlänge von 50–90 cm, einer Schulterhöhe von 1,3–1,83 m und einem Gewicht von 350–940 kg. Die männlichen Tiere sind im allgemeinen größer als die weiblichen. Die Gemeine Elenantilope *(Tragelaphus oryx)* aus Ost- und Südafrika ist ähnlich groß, hat aber nicht so eindrucksvolle Hörner. Die bisher größte ihrer Art wurde 1937 in Malawi erlegt; der Bulle war 1,65 m groß und wog 943 kg.

Das schwerste Hausrind *(Bos taurus)* war nach bestätigten Angaben eine Kreuzung aus Holstein und Durham namens Mount Katahdin. Das Tier brachte von 1906 bis 1910 mehrfach 2267 kg auf die Waage, hatte eine Schulterhöhe von 1,88 m und einen Umfang von 3,96 m. Es wurde von A.S. Rand aus Maine (USA) auf Ausstellungen vorgestellt und starb 1923 bei einem Scheunenbrand.

Die größte bekannte Hausziege war eine britische Saanenziege namens Mostyn Moorcock. Sie gehörte Pat Robinson aus Ewyas Harold, Hereford & Worcester (GB) und brachte es auf ein Gewicht von 181,4 kg, eine Schulterhöhe von 1,12 m und eine Länge von 1,68 m. Sie starb 1977 im Alter von vier Jahren.

Das größte bekannte Hausschaf war ein Suffolk Whisper 23H, das Joseph und Susan Schallberger aus Boring, Oregon (USA), gehörte. Im März 1991 wog es 247,2 kg und war 1,09 m groß.

Die kleinste Rinderart und eines der kleinsten aller Huftiere (nach verschiedenen Zwerghirschen aus der Familie der Tragulidae) ist die Königsantilope *(Neotragus pygmaeus)* aus Westafrika. Mit einer Körperlänge von 45–55 cm, einer Schwanzlänge von ungefähr 4–5 cm, einer Schulterhöhe von 25–30,5 cm und einem Gewicht von 1,5–3 kg ist sie etwa so groß wie ein großer brauner Feldhase *(Lepus europaeus)*.

Das kleinste Hausrind *(Bos taurus)* ist das Ovambo aus Namibia. Bullen wiegen durchschnittlich 225 kg, Kühe 160 kg.

Das kleinste Schaf ist das Ouessant von der Ile d'Ouessant, Bretagne (Frankreich). Es wiegt 13–16 kg und hat eine Schulterhöhe von 45–50 cm.

Das schnellste Landtier mit der größten Ausdauer ist der im Westen der USA, im Südwesten Kanadas und in Teilen des nördlichen Mexikos heimische Gabelbock *(Antilocapra americana)*; auf Kurzstrecken ist der Gepard *(Acinonyx jubatus)* schneller. Es wurden Geschwindigkeiten von 56 km/h auf 6 km, 67 km/h auf 1,6 km und 88,5 km/h auf 0,8 km gemessen. Angeblich wurden sogar Geschwindigkeiten von bis zu 113 km/h beobachtet, doch diese Messungen gelten als unglaubwürdig (in zumindest einem Fall war der Geschwindigkeitsmesser defekt).
Jüngste Forschungen haben einige der physiologischen Geheimnisse des Gabelbocks aufgedeckt. Demnach ist er in der Lage, mehr als dreimal soviel Sauerstoff aufzunehmen wie andere Tiere gleicher Größe. Ein Gabelbock hat außerordentlich große Lungen und ein großes Herz, das mehr Blut pumpen kann. Das Blut selbst ist ungewöhnlich reich an Hämoglobin (das bedeutet, daß mehr Sauerstoff in weniger Zeit zu den Muskeln transportiert werden kann), und die Muskelzellen sind dicht bepackt mit Mitochondrien – kleine Kraftwerke, die mit Hilfe von Sauerstoff Energie erzeugen.

Die schnellste Art unter den übrigen Boviden sind die Gazellen. Der Springbock *(Antidorcas marsupialis)* bringt es auf Spitzengeschwindigkeiten von 82–89 km/h. Auf flachem Gelände kann er blitzschnell ausweichen und weit (wenn auch nicht unbedingt hoch) springen, um dem noch schnelleren Gepard *(Acinonyx jubatus)* zu entfliehen. Allerdings ist er ein relativ schlechter Langstreckenläufer.

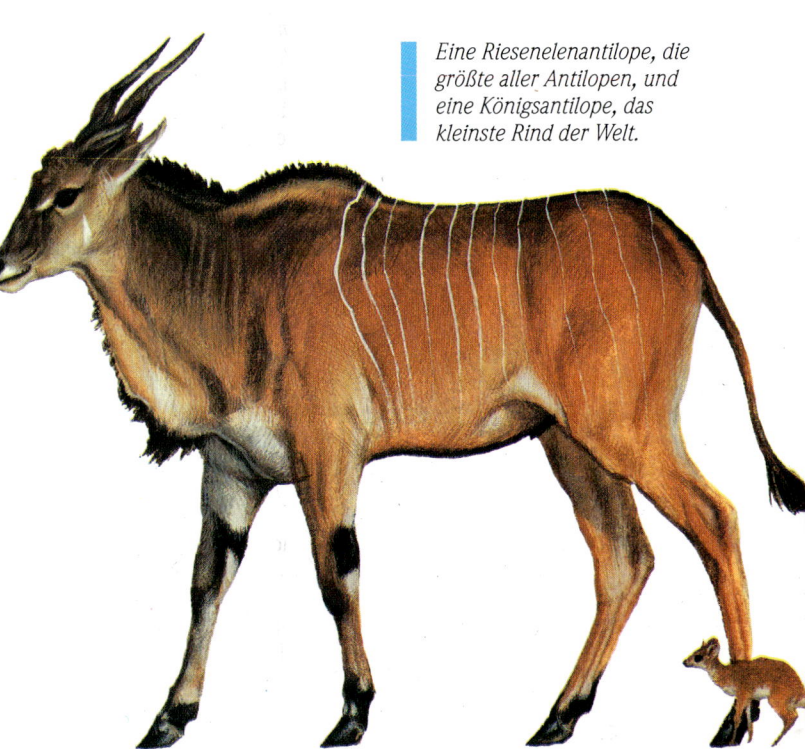

Eine Riesenelenantilope, die größte aller Antilopen, und eine Königsantilope, das kleinste Rind der Welt.

Das in höchster Höhe lebende große **Säugetier** ist der Yak oder Grunzochse *(Bos mutus)*. Er lebt in China, Indien und Nepal (in Bhutan und Afghanistan ist er vermutlich ausgestorben) und durchstreift die Berge des Himalaya und des tibetischen Hochlands in Höhen bis 6100 m auf der Suche nach Nahrung (nur der asiatische Großohrige Pika *(Ochotona macrotis)* kommt in noch höheren Lagen vor). Ein 1899 im Himalaya erlegter Bulle wurde in einer Höhe von 5639 m gefunden.

Ursprünglich gab es in Südamerika und Australien weder Rinder noch Antilopen, Schafe und Ziegen.

Die größten Herden von Huftieren leben heute im Ökosystem Serengeti-Mara in Tansania und im benachbarten Kenia. Während der Regenzeit von November bis Mai versammeln sich dort 1,3 Millionen Streifengnus *(Connochaetes taurinus)*, 200 000 Steppenzebras *(Equus burchelli)*, über 250 000 Thomsongazellen *(Gazella thomsonii)* und Grantgazellen *(Gazella granti)* sowie Gemeine Elenantilopen *(Tragelaphus oryx)*, Leierantilopen *(Damaliscus lunatus)*, Kuhantilopen *(Alcelaphus buselaphus)* und

eine Vielzahl anderer Arten (mit den entsprechenden Raubtieren in ihrem Gefolge). Sobald das Weideland zu Beginn der langen Trockenzeit im Mai oder Juni sein üppiges Grün verliert, verlassen die Herden die Ebenen, und eine Massenwanderung setzt ein. Dann lassen sich aus der Luft bis zu 40 km lange Gnuherden beobachten. Noch im letzten Jahrhundert haben sich in vielen Teilen der Welt gewaltige Herden von Huftieren eingefunden (vor allem in Afrika und Nordamerika). Die größte jemals beobachtete Herde waren welche von Springböcken *(Antidorcas marsupialis)*, die im 19. Jh. durch die Ebenen im Westen des südlichen Afrikas zogen. 1849 erlebte John (später Sir John) Fraser, daß eine Herde drei Tage brauchte, um die Siedlung Beaufort West, Cape Province (Südafrika), zu passieren.

Den weltweit größten Bestand an Rindern hat Indien aufzuweisen. 1993 (das Jahr, aus dem die aktuellsten Daten vorliegen) wurde der Bestand auf 271,3 Mio. von weltweit insgesamt 1,05 Billionen Rindern geschätzt. Der führende Milchproduzent der Welt waren 1993 die USA mit 68,7 Mio. Tonnen.

Das Land mit den meisten Hausschafen ist Australien. 1993 (das Jahr, aus dem die aktuellsten Daten vorliegen) wurde der Bestand auf ca. 147,1 Mio. Tiere geschätzt.

Yaks leben vermutlich in Höhen von bis zu 6100 m und damit in höher gelegenen Regionen als jedes andere große Säugetier der Welt. Die abgebildete Herde ist in der Nähe des tibetischen Hochlands im Südwesten Chinas zu Hause.

Die kürzesten Hörner aller Boviden hat das männliche Kleinstböckchen *(Neotragus pygmaeus)*; sie sind im Normalfall 1,2–2,5 cm lang. Alle erwachsenen männlichen (und einige weibliche) Boviden tragen Hörner.

Die längsten Hörner aller heute lebenden Tiere trägt der Wasserbüffel *(Bubalus arnee)*, der in Indien, Nepal, Bhutan und Thailand vorkommt und der Vorfahr des Hausbüffels *(Bubalus bubalis)* ist. Durchschnittlich beträgt die Spannweite ungefähr 1 m, doch ein Bulle, der 1955 erlegt worden war, brachte es auf eine Spannweite von 4,24 m, gemessen von Spitze zu Spitze über die Außenwölbung der Hörner.
Bei den Hausrindern *(Bos taurus)* liegt der Rekord bei einer Spannweite von 3,2 m. Der Rekordhalter ist ein Longhorn-Ochse aus Texas, der im Heritage Museum in Big Springs, Texas (USA), ausgestellt ist.

Die meisten Hörner hat die männliche Vierhornantilope *(Tetracerus*

quadricornis), die in Indien und Nepal zu Hause ist und als einziges Säugetier über vier Hörner verfügt. Die vorderen beiden Hörner sind oft nur schwach ausgebildet und durchschnittlich 2–5 cm lang; das hintere Paar ist mit 8–12 cm etwas länger.

> **Bei Gefahr kann eine Impala gewaltige Sprünge von 3 m Höhe und 11 m Weite machen. Kommt ein Raubtier in die Nähe, sprengt eine ganze Herde in alle Himmelsrichtungen auseinander.**

Das Abwerfen der Hörner. Im Gabelbock *(Antilocapra americana)*, der im Westen der USA, im Südwesten Kanadas und in Teilen des nördlichen Mexikos heimisch ist, sind verschiedene charakteristische Eigenschaften der Antilopen (Familie der Bovidae) und der Hirsche (Familie der Cervidae) vereint. Dies gilt vor allem für die Hörner. Die männlichen und die meisten weiblichen Gabelböcke haben kurze Hörner, die wie Rinderhörner aus einem von einem Keratinmantel umschlossenen, knochenartigen Kern bestehen, aber wie Hirschgeweihe jährlich nach der Zeit der Fortpflanzung und der Aufzucht der Jungen abgeworfen werden. Somit ist der Gabelbock das einzige Säugetier mit echten Hörnern, die jährlich gewechselt werden.

Erst in jüngster Vergangenheit entdeckt wurden nicht weniger als vier neue Bovidenarten (zuletzt war 1937 der berühmte Kouprey *(Bos sauveli)* offiziell benannt worden; er lebt vereinzelt in Kambodscha, Laos, Vietnam und bis vor kurzem auch in Thailand): die *Gazella bilkis*, die wohl bis heute im Jemen lebt, wo sie 1951 entdeckt wurde (benannt wurde sie 1985); das Zwergblauschaf *(Pseudois schaeferi)*, das in China vorkommt und 1963 entdeckt wurde; der Vu-Quang-Oryx *(Pseudoryx nghetinhensis)*, der 1992 entdeckt wurde und in Teilen Nordvietnams und vermutlich im benachbarten Laos lebt; und *Pseudonovibos spiralis*, eine Ziegenart, die 1994 in Vietnam entdeckt worden ist und vermutlich auch im Nordwesten Kambodschas vorkommt.
Besonderes Aufsehen erregte die Entdeckung des Vu-Quang-Oryx, denn zum ersten Mal seit 50 Jahren war man auf eine völlig neue Gattung eines großen Säugetieres gestoßen. Entdeckt wurde er im Mai 1992 von Dr. John MacKinnon, Vu Van Dung und ihren Kollegen während Vermessungsarbeiten im Vu Quang-Naturreservat in der Provinz Ha Tinh (Vietnam). Die Art hat eine Körperlänge von 1,5–2 m, einen 13 cm langen Schwanz, eine Schulterhöhe von 80 – 90 cm und ein Gewicht von ungefähr 100 kg. Das erste lebende Exemplar, ein 4–5 Monate altes weibliches Kalb, wurde Anfang 1994 in ein Gehege des vietnamesischen Instituts für Forstwissenschaft in Hanoi gebracht, wo es drei Monate später an Atmungs- und Verdauungsstörungen starb. Ein zweites lebendes Tier, ein junges Männchen, wurde im September 1994 nach Hanoi gebracht, aber auch dieses Kalb starb kurz darauf. Einheimischen Dorfbewohnern zufolge sollen einige Hundert dieser scheuen, ziegenartigen Tiere in der Wildnis leben. Wissenschaftler erarbeiten derzeit ein Programm zum Schutz der Gattung vor Jägern und zum Erhalt ihres Lebensraums.
Auch die jüngste Entdeckung, die Ziege *Pseudonovibos spiralis*, repräsentiert eine neue Gattung. Ein Paar schwarzer, gedrehter Hörner, die der Biologe Wolfgang Peter an einem

Marktstand in Ho-Chi-Minh-Stadt (Vietnam) gefunden hatte, weckte die Aufmerksamkeit der wissenschaftlichen Welt. Bisher haben Biologen die Art noch nicht lebend gesehen, es wird jedoch vermutet, daß die Tiere in den vietnamesischen Provinzen Ban Me Thuot, Dac Lac und Kon Tum und möglicherweise auch im Nordwesten Kambodschas leben.

> **Anders als alle übrigen Huftiere läuft der Klippspringer nicht auf den Flächen seiner Hufe, sondern auf den Spitzen. Dadurch hat er auf steilen Felsen einen besseren Halt.**

Eine Liste der vom Aussterben bedrohten Boviden hat die World Conservation Union (IUCN) zusammengestellt. Sie enthält 52 verschiedene Arten. Als besonders gefährdet gelten die Mendesantilope *(Addax nasomaculatus)*, die in Mali, Mauretanien, Tschad und Niger beheimatet und in Algerien, Ägypten, Libyen und Sudan vermutlich bereits ausgestorben ist; der Anoa oder Zwergbüffel *(Bubalus depressicornis)* aus Sulawesi und Indonesien; der Yak *(Bos mutos)*, heimisch in China, Indien und Nepal und in Afghanistan und Bhutan vermutlich bereits ausgestorben; die Schraubenziege *(Capra falconeri)* aus Indien, Pakistan, Afghanistan, Tadschikistan, Turkmenistan und Usbekistan; der Kouprey *(Bos sauveli)*, der in den unruhigen Grenzgebieten von Laos, Kambodscha und Vietnam lebt und in Thailand bereits als ausgestorben gilt; der kürzlich entdeckte Vu-Quang-Oryx *(Pseudoryx nghetinhensis)* aus Vietnam und dem benachbarten Laos; und der Arabische Spießbock oder Oryx *(Oryx leucoryx)*, der seit 1972 in der freien Wildbahn als ausgestorben gilt und nun aus in Gefangenschaft lebenden Herden wieder in der Wildnis angesiedelt wird.

Weitere 63 Unterarten der Boviden sind vom Aussterben bedroht, ebenso zwei Unterarten der Gabelböcke: der Baja California Gabelbock *(Antilocapra americana peninsularis)* aus Mexiko und der Sonora Gabelbock *(Antilocapra americana sonoriensis)* aus Mexiko und den USA.

Unlängst ausgestorben sind zwei Bovidenarten: die Gazelle *Gazella rufina*, die bis zum 19. Jh. in Algerien lebte, und der Blaubock *(Hippotragus leucophaeus)*, der bis 1800 in Südafrika vorkam.

> **Entgegen der weitverbreiteten Ansicht können Hausrinder (einschließlich der spanischen Kampfstiere) trotz ihres guten Sehvermögens nicht die Farbe Rot erkennen.**

Den schnellsten Rückgang seines Bestandes hat der Bison oder Büffel *(Bison bison)* zu verzeichnen. Anfang des 19. Jahrhunderts bevölkerten noch 50–60 Mio. Bisons die Great Plains Nordamerikas. Die riesigen Herden bildeten die Lebensgrundlage für die Indianer, die das Fleisch aßen und die Häute zu Kleidung, Tipis und Kanus verarbeiteten. Sie töteten nur eine relativ kleine Anzahl von Tieren und nahmen keinen langfristigen Einfluß auf die Bison-Population. Mit der

Wasserbüffel im Kaziranga-Nationalpark (Indien). Keinem heute lebenden Tier wachsen längere Hörner.

Säugetiere

Ankunft der europäischen Siedler auf dem Kontinent, die sich vor allem in den sechziger Jahren des 19. Jahrhunderts in Richtung Westen ausbreiteten, begann jedoch ein Massenschlachten. Die weißen Männer jagten den Bison (zu Fuß, zu Pferd und später sogar aus dem Komfort der Personenzüge), vor allem um den Indianern die Lebensgrundlage zu entziehen, aber auch um das Land für die Landwirtschaft vorzubereiten, um in den Besitz der Zungen und Häute der Tiere zu kommen und aus sportlichen Gründen. In der Zeit von 1870 bis 1875 wurden jährlich 2,5 Mio. Bisons getötet. Der legendäre »Buffalo Bill« Cody behauptete, allein in einem Jahr 4862 Tiere erlegt zu haben. Gegen Ende des 19. Jahrhunderts lebten auf dem gesamten nordamerikanischen Kontinent nicht mehr als 800 Bisons; die Spezies war in der freien Wildbahn praktisch ausgestorben. Glücklicherweise hatte man einige Hundert Tiere zur Arterhaltung eingefangen, so daß der Bison überleben konnte. Heute besteht die gesamte Population aus ungefähr 130 000 Tieren.

Rinder haben eine eingebaute »Zentralheizung«: Beim Gärungsprozeß im Magen entstehen Temperaturen von 40° C, so daß die Tiere selbst bei Kälte selten zittern müssen, um zusätzlich Körperwärme zu erzeugen.

Die erste erfolgreiche Wiederansiedlung eines Säugetieres nach dem Aussterben der gesamten Art in der Wildnis fand 1982 statt, als der Arabische Spießbock oder Oryx *(Oryx leucoryx)* in seine Wüstenheimat in Oman zurückkehrte. Einst bevölkerten zahllose Oryxherden die arabische Halbinsel. Der Weitsicht der Fauna & Flora Preservation Society, die 1962 die Operation Oryx ins Leben rief, ist es zu verdanken, daß eine kleine Zahl der Tiere eingefangen und in verschiedenen Zoos in den USA und in Saudi-Arabien untergebracht wurde, um das Überleben der Art zu sichern. Die erste Wiederansiedlung in freier Wildbahn erfolgte am 31. Januar 1982 in Oman unter den wachsamen Blicken der einheimischen Nomaden, die die Aufgabe übernommen haben, die Tiere bei ihren Wanderungen durch die Wüste zu schützen. Weitere Wiederansiedlungen

sind in Jordanien und Saudi-Arabien geplant.

Zu den neugierigsten Tieren der Welt zählt der Gabelbock *(Antilocapra americana)*, der im Westen der USA, im Südwesten Kanadas und in Teilen Nordmexikos zu Hause ist. Aus beträchtlicher Entfernung nähert er sich beweglichen Objekten (wie Menschen, Autos und sogar Raubtieren), um sie unter die Lupe zu nehmen und ohne sich scheinbar um die damit verbundenen Gefahren zu kümmern. Die ersten Siedler machten sich dieses ungewöhnliche Verhalten zunutze, indem sie an Stangen befestigte Taschentücher schwenkten und die neugierigen Tiere so in die Reichweite ihrer Gewehre lockten. Zwar ist diese Jagdmethode inzwischen gesetzlich verboten, doch ist der Bestand an Gabelböcken dramatisch zurückgegangen: 1850 lebten noch 30–50 Mio. Tiere dieser Art, 1920 waren es nur noch 13 000. Konsequente Maßnahmen zur Arterhaltung haben dazu geführt, daß der Bestand wieder auf 750 000 Tiere angewachsen ist.

Der Bär mit dem schwersten Körperbau ist der männliche Kodiakbär: Nachweislicher Rekordhalter unter den wildlebenden Tieren ist ein Exemplar, das 751 kg auf die Waage brachte.

BÄREN

Ursidae
8 Arten, einschließlich des Großen Panda (der noch gelegentlich zur Familie der Waschbären gezählt wird).

Der größte Bär (und gleichzeitig der größte Fleischfresser überhaupt) ist der Eisbär *(Ursus maritimus)*. Erwachsene Männchen wiegen im allgemeinen 400–600 kg. Das Gewicht kann allerdings im Laufe des Jahres bei den einzelnen Tieren erheblich schwanken. Ihre Körperlänge (Schnauze bis Schwanz) beträgt 2,4–2,6 m (der Schwanz mißt 8–13 cm). Erwachsene Weibchen erreichen eine maximale Länge von rund 2 m und wiegen ungefähr nur halb soviel wie die Männchen. Bei dem größten jemals verzeichneten Eisbär handelte es sich um ein männliches Tier, das angeblich 1002 kg wog, als es 1960 im Kotzebue-Sund, Alaska (USA), erlegt wurde. Heute ist das 3,4 m hohe Exemplar im Anchorage Airport ausgestellt. Aus Alaska (USA) wurde auch von einigen Braunbären *(Ursus arctos)* ähnlicher Größe berichtet. So soll 1981 ein Braunbär aus Alaska – zu sehen im Space Farms Zoological Park in Beemerville, New Jersey (USA) – nach unbestätigten Angaben über 907 kg gewogen haben.
Der männliche Kodiakbär *(U. a. middendorfii)*, eine Unterart des Braunbären, die auf den Inseln Kodiak, Afognak und Shuyak im Golf von Alaska (USA) vorkommt, ist zwar durchschnittlich kleiner als der Eisbär, dafür aber umso schwerer im Verhältnis zu seiner Größe. Auch bei dieser Spezies sind die männlichen Tiere meist größer als die weiblichen. Männliche Kodiakbären wiegen 475–530 kg bei einer Körperlänge (Schnauze bis Schwanz) von 1,7–2,8 m (der Schwanz mißt 6–21 cm); ihre Schulterhöhe beträgt 1,5 m. Der nachweislich größte Kodiakbär war ein wohlgenährtes Exemplar im Cheyenne Mountain Zoological Park in Colorado Springs (USA), der bei seinem Tod am 22. September 1955 stattliche 757 kg wog. Der schwerste wildlebende Kodiakbär war nach bestätigten

Mit einem Fettgehalt von fast 50 Prozent ist die Milch der Eisbärinnen reichhaltiger als die Milch anderer Bärenmütter; die Jungen brauchen den hohen Fettgehalt, um in der Arktis überleben zu können.

Angaben ein männliches Exemplar, das 1894 auf Kodiak Island im Golf von Alaska (USA) erlegt wurde. Er wog 751 kg; sein nach der Abhäutung ausgelegtes Fell war von der Schnauze bis zum Schwanz 4,11 m lang.
Unbestätigen Berichten zufolge wurde am 28. Mai 1948 in der Nähe von Cold Bay, Alaska (USA), ein männlicher Braunbär mit einer Länge (Schnauze bis Schwanz) von 3,05 m und einem geschätzten Gewicht von 726–771 kg geschossen. Der Bär war gerade aus dem Winterschlaf erwacht und muß gegen Ende des vorangegangenen Sommers mit seinen Fettreserven an die 840 kg gewogen haben.
Von der Kamchatka Halbinsel (Rußland) liegen Berichte von riesigen Bären vor, die bis zu 1134 kg gewogen haben sollen. Wissenschaftlich bestätigt wurden diese Berichte allerdings nicht.

Eine der größten bereits ausgestorbenen Arten und eines der größten fleischfressenden Landtiere überhaupt war der *Arctodus simus*. Männliche Tiere dieser Art wogen durchschnittlich 600–1000 kg.

Der kleinste Bär ist mit einer Körperlänge von 1,2–1,5 m und einem Gewicht von 27–65 kg der Malaienbär *(Helarctos malayanus)* in den tropischen Wäldern Südostasiens. Die männlichen Tiere sind 10–20 % größer als die weiblichen.

Die kleinsten Jungen. Neugeborene Bären sind verglichen mit den Neugeborenen anderer Fleischfresser extrem klein und wiegen durchschnittlich weniger als 1 % des Gewichts ihrer Mutter. Die im Verhältnis zum Muttertier und im Verhältnis zu den Neugeborenen anderer Fleischfresser kleinsten Jungen bringt der Große Panda *(Ailuropoda melanoleuca)* zur Welt; sie wiegen bei ihrer Geburt ganze 85–140 g und sind etwa so groß wie ein erwachsener Maulwurf. Da das Gewicht eines weiblichen Großen Panda zwischen 70–100 kg liegt, wiegt ihr Junges nur ca. 0,13 % ihres eigenen Gewichts. Extreme Größenunterschiede zwischen Mutter und Jungen finden sich auch beim Eisbären *(Ursus maritimus)*, beim Braunbären *(Ursus arctos)* und beim Kragenbären *(Ursus thibetanus)*: ihre Jungen wiegen 0,28 % beziehungsweise 0,34 % der Mütter. Zum

Im Verhältnis zu seinem Körpergewicht hat der Große Panda einen größeren Appetit als andere Bären; über 60 % seines Lebens ist er damit beschäftigt, Nahrung aufzunehmen.

Vergleich: Ein gesundes menschliches Baby wiegt bei der Geburt 5–8 % seiner Mutter.

Anstieg des Gewichts. Mehrere Bärenarten leben in einem steten Wechsel von Völlerei und Hunger. Sie verbringen den größten Teil des Winters schlafend und beschäftigen sich im Wachzustand mit kaum etwas anderem als mit Futtersuche und Nahrungsaufnahme. Dabei speichern sie die Nahrung als dicke Fettschicht am Körper. Ihre Fettablagerungen machen am Ende des Sommers oft mehr als 50 % ihres Gesamtgewichts aus. Die nachweislich größte Gewichtszunahme wurde bei einer erwachsenen Eisbärin *(Ursus maritimus)* festgestellt, die in der Hudson Bay (Kanada) gewogen worden war: Von Ende November bis zum darauffolgenden August hatte sie ihr Gewicht von 97 kg auf 505 kg verfünffacht.

In Frühling und Frühsommer ernähren sich Eisbären *(Ursus maritimus)* von entwöhnten jungen Robben, die bis zu 50 % aus Fett bestehen können. Von April bis Juli gibt es so viele Seehunde, daß die Eisbären oft nur deren Fettgewebe unter der Haut fressen und den Rest des Kadavers unberührt liegenlassen. Vermutlich nimmt kein anderes Säugetier innerhalb dieser wenigen Monate so viele Kilojoule in Form von Fett zu sich wie die Bären.

Ein Braunbär *(Ursus arctos)* vertilgt im Sommer 41 kg am Tag und bringt es damit auf einen täglichen Gewichtszuwachs von bis zu 2,7 kg.

Ein Schwarzbär *(Ursus americanus)* wog 195 kg, als man ihn am 25. Juni 1987 im Rahmen eines Forschungsprogramms in Manitoba (Kanada) auf die Waage stellte. Als man ihn am 9. September 1987 wieder einfing, wog er 364 kg. In 75 Tagen hatte er 169 kg zugenommen – durchschnittlich 2,3 kg pro Tag – und sein Gewicht fast verdoppelt.

Gewichtsverlust. Braunbären *(Ursus arctos)*, Schwarzbären *(Ursus ameri-canus)* und weibliche Eisbären *(Ursus maritimus)* sinken im Winter in einen tiefen Schlaf. In dieser Zeit nehmen sie keine Nahrung zu sich, sondern überleben, indem sie ihre Fettreserven verbrennen. Ihr Körpergewicht sinkt dramatisch. Einige Braunbären haben nachweislich mehr als 1 kg pro Tag verloren; ihr Gewicht hatte sich im Laufe des Winters halbiert.

Der Große Panda scheint einen sechsten »Finger« an jeder Vordertatze zu haben; hierbei handelt es sich jedoch um einen vergrößerten Handgelenksknochen, den er frei bewegen kann.

Einen Winterschlaf im eigentlichen Sinn halten Bären nicht: Ihre Körpertemperatur sinkt nur selten um mehr als 5° C unter ihre Normaltemperatur von 31–37,4° C; außerdem können sie innerhalb von Sekunden erwachen. Vier Arten halten jedoch einen langen Winterschlaf: Schwarzbären *(Ursus americanus)*, Kragenbären *(Ursus thibetanus)*, Braunbären

(Ursus arctos) und Eisbären (Ursus maritimus). Dann reduzieren sie ihren Stoffwechsel, Herz- und Atemfrequenz sinken ab, sie fressen und trinken nicht und scheiden weder Kot noch Harn aus. Solange sie ungestört bleiben, schlafen sie bis zu einem Monat, ohne sich von der Stelle zu rühren. Amerikanische Schwarzbären im Norden Kanadas halten wahrscheinlich den längsten Winterschlaf aller Bären: Im Oktober schlummern sie ein, um gegen Ende April wieder zu erwachen – insgesamt schlafen sie bis zu sieben Monate.

Die längste Zeit ohne Nahrung kommen trächtige Eisbärinnen (Ursus maritimus) in der Region um die Hudson Bay (Kanada) aus. Acht Monate lang leben sie ausschließlich von ihren Fettreserven. Wenn das Eis auf dem Meer im Juni oder Juli schmilzt, sind sie gezwungen, an Land zu gehen, und bekommen die nächste Mahlzeit erst, wenn sie im darauffolgenden März oder April auf das Eis zurückkehren können. Bis dahin legen sie Hunderte von Kilometern landeinwärts zurück, graben sich im Schnee eine Höhle, die sie vor dem arktischen Winter schützt, gebären ein oder zwei Junge, säugen ihre Jungen, bis deren Körpergewicht von weniger als 1 kg auf etwa 10–12 kg angewachsen ist, verlassen dann ihr Winterquartier, stimuliert durch das intensivere Sonnenlicht, das durch die Höhlendecke dringt, und machen sich auf den Hunderte von Kilometer langen Rückweg zu ihren Jagdgebieten inmitten der Bucht.

Am besten vor Kälte geschützt ist der Eisbär (Ursus maritimus). Seine Fettpolster bilden zusammen mit seinem Fell eine so effektive Wärmeisolierung, daß sich sowohl seine Körpertemperatur als auch sein Stoffwechsel selbst bei Außentemperaturen von –37° C normal verhalten.

Die reichhaltigste Milch mit einem Fettanteil von bis zu 48 % produziert die Eisbärin (Ursus maritimus). Durch diesen hohen Fettgehalt, der dem von Sahne entspricht, können ihre Jungen die erforderlichen Fettreserven aufbauen, ohne die sie in der extremen Kälte der Arktis nicht überleben würden. Zum Vergleich: Die Milch der Malayenbärin (Ursus malayanus) enthält nur 5 % Fett.

Der erste bärenähnliche Fleischfresser entwickelte sich aus einer mit dem Hund vergleichbaren Art namens Cephalogale und lebte vor rund 5–6 Mio. Jahren. Alle übrigen Bärenarten stammen von ihm ab.

> Seinen Namen verdankt der »Grizzly«-Bär (oder »Grau«-Bär) den hellen Spitzen jedes einzelnen Haares in seinem Fell. Sie verleihen ihm einen Grauschimmer, obwohl die Haare unterhalb der Spitzen dunkel sind.

Der urtümlichste der heute vorkommenden Bären ist der Große Panda oder Bambusbär (Ailuropoda melanoleuca). Nach dem gegenwärtigen Stand der Erkenntnisse hat sich die Spezies vor 18–25 Mio. Jahren entwickelt.
Der Brillen- oder Andenbär (Tremarctos ornatus) ist vor 12–15 Mio. Jahren aus anderen Arten hervorgegangen und steht ebenfalls auf einer recht niedrigen Entwicklungsstufe. Er ist der einzige lebende Verwandte des Arctodus simus – eine Spezies, die seit rund 10 000 Jahren ausgestorben ist. Die beiden Arten haben einige Gemeinsamkeiten: ein kurzes Maul, ähnliche Schädel-Proportionen, primitive knöcherne Hörkapseln (kleine Schädelvorsprünge rund um das Mittelohr) und ein primitives Gebiß.

Der ausgeprägteste Pflanzenfresser unter den Bären, vielleicht sogar unter allen Fleischfressern, ist der Große Panda oder Bambusbär (Ailuropoda melanoleuca). Er ernährt sich zu 99 % von Bambusstengeln, -sprossen und -blättern. Die Nahrung der meisten Bärenarten besteht zu mindestens 75 % aus pflanzlicher Kost.

Der ausgeprägteste Fleischfresser unter den Bären ist der Eisbär (Ursus maritimus). Er ernährt sich fast ausschließlich von Robben, aber auch von Walrossen, Belugawalen, Narwalen und von Aas. Nur im Sommer muß er mit Gras, Beeren und Seetang vorliebnehmen.

Den einseitigsten Speiseplan hat der Lippenbär (Melursus ursinus). Er ernährt sich fast nur von Insekten, hauptsächlich von Termiten. Der Eisbär (Ursus maritimus) ist dagegen vorwiegend auf Ringelrobben spezialisiert, während die Nahrung des Großen Panda oder Bambusbären (Ailuropoda melanoleuca) zu 99 % aus Bambusstengeln, -sprossen und -blättern besteht. Obwohl der Große Panda etwa dreißig Bambusarten in seinem Lebensraum vorfindet, beschränkt sich jedes einzelne Exemplar auf eine Handvoll verschiedener Arten. Nur sehr selten greift er auf andere Pflanzen wie Grasbüschel, Krokusse und Weinreben zurück, und hin und wieder sogar auf das Aas von Wild und Takins oder auf Fische und Nagetiere.

Den vielfältigsten Speiseplan hat wahrscheinlich der Brillen- oder Andenbär (Tremarctos ornatus). Seine Ernährung besteht aus über 80

»Vorsicht Eisbären!« Dieses Schild in der Nähe der Stadt Churchill (Kanada) spricht für sich: Der Eisbar ist der einzige Bär, der Menschen anfällt.

Von allen Bärenarten lebt der Eisbär in den nördlichsten Regionen: Nur 2° vom Nordpol entfernt wurden noch Fußspuren einzelner Tiere entdeckt.

Braunbären sind die am weitesten verbreitete Bärenart. Dieses Foto eines Lachse fangenden Exemplars entstand im Katmai-Nationalpark (Alaska).

verschiedenen Nahrungsmitteln, darunter Kaninchen, Wild, Vikunjas, Vögel, Beeren, 32 verschiedene Früchte, 11 Kakteenarten, Moose und Orchideenzwiebeln.

Den größten Appetit im Verhältnis zu seinem Körpergewicht hat der Große Panda oder Bambusbär *(Ailuropoda melanoleuca)*. Anders als viele der übrigen Bärenarten nimmt er das ganze Jahr über Nahrung zu sich. Er muß täglich bis zu 15 Std. lang fressen, um zu überleben. Da er nicht mehr als 21 % der aufgenommenen Nahrung verdauen kann, ist er gezwungen, täglich bis zu 15 % seines Körpergewichts in Form von Bambusblättern und Bambusstengeln (vorwiegend im Winter) oder bis zu 38 % seines Körpergewichts in Form von Bambussprossen (vorwiegend im Frühling) zu sich zu nehmen; das entspricht 10–45 kg Nahrung täglich. Im Wolong-Naturreservat in der Provinz Sezuan (China) wurde ein Großer Panda beobachtet, der auf einmal 3481 Bambusstengel vertilgt hat.

Die größte Beute. Der Magen eines erwachsenen männlichen Eisbären *(Ursus maritimus)* hat ein Fassungsvermögen von etwa 68 kg. Zu seinen Beutetieren zählen Walrosse (500 kg) und Belugawale (600 kg). Braunbären *(Ursus arctos)* erlegen Elche (450 kg) und Büffel (500 kg). Sogar Brillenbären *(Tremarctos ornatus)*, die selbst nur 64–155 kg wiegen, sind dafür bekannt, Hausrinder anzufallen.

Am gefährlichsten für den Menschen ist der Eisbär *(Ursus maritimus)*. Alle Mitglieder der Familie der Bären haben dann und wann einmal Menschen angefallen; im Verhältnis zu dem relativ häufigen Aufeinandertreffen von Bär und Mensch geschieht das jedoch äußerst selten. Nur der Eisbär greift offen Menschen an. Meistens handelt es sich um hungrige, noch unerfahrene männliche Jungtiere, die vermutlich von einem größeren Bären von ihrer üblichen Beute vertrieben worden sind. Der letzte Angriff mit tödlichem Ausgang fand im März 1995 statt, als ein deutscher Tourist am Stadtrand von Longyearbyen, Svalbard, das Opfer eines Eisbären wurde. Es sind jedoch wesentlich öfter die Eisbären, die bei Konfrontationen mit dem Menschen den kürzeren ziehen, denn in der Arktis führen mehr Menschen Schußwaffen mit sich als in anderen Lebensräumen der Bären.

> **Die Gallenblasen von Bären sind wertvolle Bestandteile der traditionellen chinesischen Heilkunst. Sie werden bei Leber- und Herzkrankheiten, Verdauungsstörungen und als allgemeines Gesundheitstonikum eingesetzt. Um die Versorgung zu sichern, werden jährlich Tausende von Bären getötet.**

In Nordamerika begeben sich Jahr für Jahr Hunderttausende von Menschen in das Land der Bären, so daß direkte Zusammentreffen unvermeidlich sind. Verletzungen und Todesfälle sind jedoch relativ selten. Schwarzbären *(Ursus americanus)* haben seit 1900 insgesamt 35–40 Menschen getötet. Die meisten Angriffe fanden in entlegenen Regionen statt, in denen die Bären nicht an Menschen gewöhnt sind, so daß diese Spezies alles in allem nicht als ernsthafte Bedrohung gilt. Nordamerikanische Braunbären *(Ursus arctos)* haben von 1984–94 durchschnittlich einmal im Jahr einen Menschen getötet.
In Japan werden jährlich durchschnittlich zwei bis drei Menschen von Kragenbären *(Ursus thibetanus)* und Braunbären *(Ursus arctos)* getötet; weitere 10–20 Menschen kommen mit Verletzungen davon.

Das am wenigsten zottige Fell hat der Malayen- oder Sonnenbär *(Helarctos malayanus)*. Verglichen mit anderen Bärenarten ist sein Fell kurz (kürzer als 1 cm). Damit hat er sich dem warmen Klima seiner Heimat, den tropischen Regenwäldern Südostasiens, angepaßt.

> **Es wurde beobachtet, daß Eisbären ihre dunkle Nase mit einer ihrer Pranken oder mit etwas Schnee bedecken, wenn sie sich auf dem offenen Eis an einen Seehund heranpirschen.**

Der in höchster Höhe lebende Bär. Während einer Expedition im Himalaya im Mai 1954 berichteten Expeditionsmitglieder, auf dem Reipimu Gletscher in 5486 m Höhe etwas gesehen zu haben, das ein Braunbär *(Ursus arctos)* gewesen zu sein schien. Sie stießen auch auf frische Fußspuren und nahmen an, daß sie von dieser Spezies stammten. Demnach ist es möglich, daß es in den hohen Lagen des Himalaya bis heute eine Population von Braunbären gibt. Mehrere Bärenarten leben in hohen Lagen. Der Große Panda *(Ailuropoda melanoleuca)* in den Gebirgswäldern des südwestlichen China hält sich ständig in 1200–3500 m Höhe auf; die Population in Wolong, West-Sezuan, verbringt die meiste Zeit in den Wäldern in über 2600 m Höhe. Fußspuren und Kot von Pandas wurden sogar in 4040 m Höhe gefunden. Der Brillen- oder Andenbär *(Tremarctos ornatus)*, der in den verschiedenartigsten Lebensräumen heimisch ist, wurde in den Anden in 4200 m Höhe gesehen; sein bevorzugter Lebensraum sind Wolkenwälder in 1800–2700 m Höhe. Berichten zufolge wurde im Himalaya auch der Kragenbär *(Ursus thibetanus)* in Lagen von rund 4000 m gesichtet.

In den nördlichsten Regionen lebt der Eisbär *(Ursus maritimus)*. Er ist überall in der Arktis zu Hause. Fußspuren einzelner Tiere wurden sogar noch 88° N, nur 2° vom Nordpol entfernt, gefunden. So weit nördlich begeben sich Eisbären jedoch normalerweise nicht, denn dort finden sie kaum noch Beutetiere vor. Die James Bay (Kanada) bei rund 50° N ist der südlichste Punkt, an dem das ganze Jahr über Eisbären leben.

Am weitesten verbreitet ist der Braunbär *(Ursus arctos)*. Er lebt in vielen Regionen der nördlichen Hemi-

Säugetiere

sphäre, wenn auch jeweils nur auf sehr begrenztem Raum, und kommt in Teilen Europas, Asiens und Nordamerikas in den Gebieten südlich des Nordpolarmeeres vor.

Am wenigsten verbreitet ist der Große Panda oder Bambusbär *(Ailuropoda melanoleuca)*. Sein Lebensraum beschränkt sich auf den Ostrand des tibetischen Hochlandes im Südwesten Chinas und verteilt sich auf sechs kleine Gebirgszonen in den Provinzen Sezuan, Shaanzi und Gansu. Das entspricht einer Gesamtfläche von nur 5900 km².

Die größte Ansammlung von Bären. Im allgemeinen sind Bären Einzelgänger, doch hin und wieder strömen sie zu Hunderten zusammen. Die größte Ansammlung von Eisbären *(Ursus maritimus)* kann man alljährlich im Herbst entlang der Westküste der Hudson Bay (Kanada) beobachten. Dann versammeln sich dort zahllose Bären und warten darauf, daß das Eis auf dem Meer schmilzt. Von Mitte Oktober bis Anfang November finden sich entlang der 160 km langen Küste zwischen den beiden Flüssen Nelson und Churchill 600–1000 Bären ein. Sie warten darauf, daß das Meer wieder zu Eis gefriert, um sich sogleich über die gefrorene Bucht zu verteilen und auf Seehundjagd zu gehen.

Gruppen von Braunbären sind oft an Müllkippen und entlang der Bäche, in denen Lachse laichen, zu sehen. Auf dem Höhepunkt der Laichzeit wurden auf einem 0,8 km langen Flußabschnitt des McNeil River (Alaska) gleichzeitig 67 Bären beobachtet. Gruppen von über fünfzig Bären sind zur Laichzeit keine Seltenheit.

Den größten Aktionsradius haben Eisbären *(Ursus maritimus)*. Den Rekord halten Eisbärinnen im Chukchi- und im Bering-Meer: Ihr Lebensraum kann sich über eine Fläche von mehr als 300 000 km² erstrecken. Viele Eisbären legen gewaltige Strecken zurück. Ein Tier, das man gekennzeichnet und dann wieder freigelassen hatte, wurde ein Jahr später 3220 km entfernt tot aufgefunden.

Ein männlicher Braunbär *(Ursus arctos)* im Inland von Alaska hat nachweislich eine Fläche von 5700 km² durchstreift. In Schweden erstreckt sich das Revier erwachsener männlicher Braunbären durchschnittlich über eine Fläche von 2163 km². Gerade selbständig gewordene Jungtiere dehnen ihre Streifzüge noch weiter aus, bevor sie sich niederlassen.

> **Die Leber eines Eisbären enthält extrem viel Vitamin A und ist für den Menschen giftig. Mehrere Arktisforscher sind nach dem Verzehr gestorben.**

Der kleinste Aktionsradius wurde bei weiblichen Großen Pandas oder Bambusbären *(Ailuropoda melanoleuca)* festgestellt, die in den Qinling Bergen in der Provinz Shaanzi (China) beobachtet wurden. Ihr Revier erstreckte sich gerade über eine Fläche von durchschnittlich 4,2 km². Nur wenige Große Pandas dehnen ihren Lebensraum auf mehr als 6,5 km² aus – eine Fläche, die sie sich im allgemeinen noch mit anderen Pandas teilen müssen.

Der Lebensraum weiblicher Schwarzbären erstreckt sich über ein Gebiet von 6–26 km²; die männlichen Tiere dieser Spezies beanspruchen dagegen

eine Fläche von bis zu 132 km². Bei weiblichen Lippenbären *(Melursus ursinus)* im Royal Chitwan Nationalpark (Nepal) wurde 1990 ein Aktionsradius von 9 km² ermittelt. Der Lebensraum erwachsener weiblicher Braunbären auf der Insel Kodiak (Alaska) bewegt sich zwischen 28 und 92 km².

Der schnellste Bär ist vermutlich der Braunbär *(Ursus arctos)*. Auf kurzen Strecken erreicht er Geschwindigkeiten von über 64 km/h. Da sie nur wenige Feinde haben und ihre Beute selten bei Verfolgungsjagden erlegen, sind Bären nicht für hohe Geschwindigkeiten gerüstet. Dennoch können sie überraschend schnell sein, wenn es nötig ist. Die zuverlässig gemessene Höchstgeschwindigkeit eines Eisbären *(Ursus maritimus)*, der in Churchill (Kanada) über eine Straße lief, betrug 56 km/h. Wahrscheinlich liegt die tatsächliche Höchstgeschwindigkeit etwas höher.

Der nachweislich älteste Bär war ein europäischer Braunbär *(Ursus arctos)*, der im Alter von 47 Jahren im Skansen Zoo, Stockholm (Schweden), starb. Der nachweislich älteste Eisbär *(Ursus maritimus)* starb 41jährig im Londoner Zoo (GB). Eine 1947 in freier Wildbahn geborene Eisbärin starb am 9. September 1989 im Alter von 42 Jahren im Detroiter Zoo (USA). Das zuverlässig ermittelte Höchstalter in der freien Wildbahn erreichte eine Eisbärin, die 32jährig auf der Insel Devon, North-West Territories (Kanada), starb.

Im McNeill Schutzgebiet, Alaska (USA), brachte eine Braunbärin *(Ursus arctos)* mit dem Spitznamen Red Collar im Alter von 24 Jahren ihr letztes Junges zur Welt.

Die Bärenart mit dem besten Geruchssinn zu ermitteln, ist schwierig, da sich Vergleiche schlecht anstellen lassen. Möglicherweise haben Eisbären *(Ursus maritimus)* das am höchsten entwickelte Geruchsorgan: In Alaska haben Forscher verfolgt, wie Tiere dieser Spezies schnurstracks, quer über aufgetürmte Eisschollen und sonstige Hindernisse, auf Robben zugesteuert sind, die sie offenbar aus einer Entfernung von bis zu 64 km wahrgenommen hatten. Robben- und Walkadaver spüren sie erwiesenermaßen aus einer Entfernung von 32 km auf.

Am häufigsten vertreten ist der amerikanische Schwarzbär *(Ursus americanus)*. Er bewohnt die meisten Waldgebiete des nordamerikanischen Kontinents – vom Norden Alaskas bis in die Berge des nördlichen Mexiko. Sein Bestand wird auf 400 000 –750 000 geschätzt. Obwohl er aus vielen Regionen vor allem im Osten und Mittleren Westen bereits verschwunden ist, wird er anderswo als Jagdwild betrachtet. Jahr für Jahr werden 40 000 Schwarzbären von Jägern getötet.

Ein Schwarzbär im Yosemite Nationalpark, Kalifornien (USA), war darauf spezialisiert, Lebensmittel aus VWs zu stehlen. Er hatte herausgefunden, daß PKWs dieses Fabrikats bei geschlossenen Türen und Fenstern luftdicht verriegelt sind. Also kletterte der Bär auf das Dach des jeweiligen Wagens und sprang darauf herum, bis eine Beule entstand. Der dadurch im Innenraum entstandene Luftdruck ließ die Türen aufspringen.

Vom Aussterben bedroht sind fünf der acht Bärenarten. Mit Ausnahme von amerikanischen Schwarzbären *(Ursus americanus)* und Eisbären *(Ursus maritimus)* ist der Bestand aller Arten zurückgegangen. Ursache hierfür ist der Mensch, ob durch die Jagd, durch die Zerstörung der Lebensräume oder auf andere Weise. Mit einem Bestand von weniger als 1000 Exemplaren, die in sechs entlegenen Bergregionen im südwestlichen China (in den Provinzen Shaanzi, Gansu und Sezuan) überlebt haben, ist der Große Panda oder Bambusbär *(Ailuropoda melanoleuca)* die seltenste Spezies. Sein Lebensraum beschränkt sich auf ganze 25 engbegrenzte Bambuswälder, in denen größtenteils weniger als 50 Pandas leben. Viele dieser Populationen gelten als zu klein, um in Zukunft lebensfähig zu sein. Weitere 100–120 Große Pandas leben in Zoos, vor allem in China.

Das Alter eines Bären läßt sich feststellen, indem man, ähnlich wie bei den Jahresringen von Bäumen, die Ringe im Querschnitt seiner Zähne zählt.

Der Malayen- oder Sonnenbär *(Helarctos malayanus)*, der Lippenbär *(Melursus ursinus)* und der Brillen- oder Andenbär *(Tremarctos ornatus)* sind ebenfalls vom Aussterben bedroht. Im Norden Südamerikas haben nicht mehr als 2000 Brillenbären überlebt; der Bestand von Lippenbären in den Wäldern Sri Lankas und in Teilen des indischen Subkontinents wird auf 7000–10 000 Exemplare geschätzt; über den Bestand von Sonnenbären auf der malaiischen Halbinsel, auf Java, Borneo, Sumatra, in Burma, Thailand und im Nordosten Indiens liegen zwar keine Angaben vor, er ist jedoch zweifellos beunruhigend niedrig. Die Hauptgefahr droht den Bären durch die Zerstörung ihrer Lebensräume, durch das Einfangen für den Handel mit Haustieren und durch den lukrativen Handel mit den Gallenblasen der Tiere, die in der traditionellen Heilkunst eine begehrte Ware sind.

Kräftige Schwimmer sind die Eisbären *(Ursus maritimus)*. Sie paddeln wie Hunde mit ihren Vorderbeinen und benutzen ihre Hinterbeine als Ruder. Sie sind in der Lage, schwimmend Entfernungen von mindestens 100 km ohne Unterbrechung zurückzulegen. Ihre Durchschnittsgeschwindigkeit beträgt dabei 10 km/h. Gelegentlich schwimmen Eisbären unter Wasser, um Seevögel zu fangen, die sich auf der Wasseroberfläche ausruhen, oder um sich an eine Robbe anzupirschen, die dicht am Wasser auf einer Eisscholle liegt. Ein Eisbär, der bei der Jagd auf eine Robbe beobachtet wurde, ist 2 Min. unter Wasser geblieben.

In den verschiedensten Farben präsentiert sich der Schwarzbär *(Ursus americanus)*. Die meisten Bären dieser Spezies sind tatsächlich schwarz; in ihren unterschiedlichen Lebensräumen wurden jedoch eine Reihe von Farbvariationen festgestellt. Die Palette reicht von Schwarz, Braun, Zimtfarben, Honiggelb über Blau und Weiß bis zu einer Vielzahl von Zwischentönen. Dabei kommt Schwarz am häufigsten, Weiß am seltensten vor. Diese Farbunterschiede gelten als Farbphasen oder geographische Rassen, nicht als Unterarten. Alle Schwarzbären haben ein Farbmerkmal gemeinsam: ihr braunes Maul. Der seltene weiße Kermode »Schwarz«bär hat ein sahnefarbenes Fell und braune Augen (er ist also kein Albino) und lebt nur in drei kleinen entlegenen Küstengebieten in British Columbia. Als sich die Wissenschaft 1905 zum ersten Mal mit ihm befaßte, betrachtete man ihn als eigene Spezies, doch heute gilt er als eine von vielen Farbvarianten.

Das Heimfindevermögen ist bei einigen Bärenarten sehr ausgeprägt. In Michigan (USA) fand ein ausgewachsener männlicher Schwarzbär *(Ursus americanus)* nach Hause zurück, nachdem man ihn 250 km von seinem Revier entfernt ausgesetzt hatte. Auch bei Braunbären *(Ursus arctos)* sind viele derartige Fälle bekannt; sie fanden aus mindestens 200 km Entfernung nach Hause zurück.

Einer der wohl erstaunlichsten Fälle ereignete sich im September 1973: Ein junger Braunbär war in der Nähe von Cordova, Alaska (USA), eingefangen und mit dem Schiff auf die 93 km von seinem Revier entfernte Insel Montague im Prince William Sund gebracht worden. 28 Tage später fand man ihn nur 100 m von der Stelle entfernt tot auf, an der man ihn eingefangen hatte. Um dorthin zu kommen, mußte der Bär 11 km zu einer Nachbarinsel schwimmen, dann einen weiteren km zu einer zweiten Insel und schließlich nochmals 3 km zum Festland – die gesamte Strecke gegen die starke Strömung im eiskalten Wasser des Prince William Sund –, um endlich den restlichen Weg auf dem Festland zu Fuß zurückzulegen.

BEUTELTIERE

Marsupialia
ca. 275 Arten, darunter Känguruhs, Wallabies, Wombats, Bandikuts, Kletterbeutler, Beutelratten, Beutelmäuse, Koalas, Opossums, Ameisenbeutler und Beutelwölfe.

Die ersten Beuteltiere haben sich vermutlich vor mindestens 100 Mio. Jahren aus plazentalen Säugetieren entwickelt. Das älteste unumstrittene Fossil eines Beutlers ist der winzige Kiefer des mausgroßen *Kokopellia juddi*, der in 100 Mio. Jahre altem Kalkstein in Zentral-Utah (USA) gefunden wurde. Für etwa 75 Mio. Jahre alt halten Wissenschaftler zwei fossile Schädel der Arten *Pucadelphys andinus* und *Mayulestes ferox* aus Bolivien. Auch bei einer Art namens *Holoclemensia texana*, die vor rund 120 Mio. Jahren in Texas (USA) gelebt hat, kann es sich um Beuteltiere gehandelt haben.
In Australien stammen die ältesten unbestrittenen Fossilfunde von Beuteltieren aus dem Miozän vor 23 Mio. Jahren. Allerdings stieß man 1985 im Norden Australiens auf das winzige Fragment eines fossilen Zahns, das auf ein Alter von 100 Mio. Jahren schließen läßt und möglicherweise von einem Beuteltier stammt; leider reicht das Material nicht aus, um es definitiv bestimmen zu können. Allgemein wird davon ausgegangen, daß Beuteltiere vor 75–100 Mio. Jahren ursprünglich auf dem amerikanischen Kontinent vorkamen und sich von dort über Südamerika und die Antarktis bis nach Australien ausgebreitet haben.

Das größte Beuteltier der Welt ist das Rote Riesenkänguruh *(Macropus rufus)* aus Mittel-, Süd- und Ost-Australien. Es hat eine Körperlänge von 1,3–1,65 m (Männchen) und 85–105 cm (Weibchen), eine Schwanzlänge von 1–1,2 m (Männchen) und 65–85 cm (Weibchen) und ein Gewicht von 20–90 kg. In normaler Haltung stehend erreichen alte Männchen eine Körperhöhe von 1,8 m, stehen sie dagegen auf den Zehen, zum Beispiel als Ausdruck der Aggressivität, sind sie bedeutend grö-

> *Wenn sich Graue Riesenkänguruhs bedroht fühlen, flüchten sie mit weiten Sprüngen und erreichen Spitzengeschwindigkeiten von bis zu 64 km/h.*

ßer (bis zu 2,1 m). Verschiedentlich wollen Jäger Tiere mit einer Körperlänge von bis zu 3,4 m und einem Gewicht von bis zu 136 kg erlegt haben; diese Angaben gelten jedoch als äußerst unglaubwürdig.

Über das kleinste Beuteltier gehen die Meinungen auseinander, denn es gibt eine ganze Reihe sehr kleiner, etwa mausgroßer Beutler. Titelanwärter sind vor allem die seltene spitzmausartige Flachkopfbeutelmaus *(Planigale ingrami)* aus dem Norden Australiens und das ähnliche Pilbara-Ningaui *(Ningaui timealeyi)* aus dem Nordwesten Australiens. Die Flachkopfbeutelmaus hat eine Körperlänge von 5,5–6,3 cm, eine Schwanzlänge von 5,7–6 cm und ein Gewicht von 3,9–4,5 g. Das Pilbara-Ningaui erreicht eine Körperlänge von 4,6–5,7 cm, eine Schwanzlänge von 5,9–7,9 cm und ein Gewicht von 2–9,4 g.

> **Baumkänguruhs gelangen mit bis zu 10 m weiten Sprüngen von einem Baum zum anderen und können, scheinbar ohne sich zu verletzen, aus bis zu 30 m Höhe auf die Erde springen.**

Das größte bekannte prähistorische Beuteltier war eine australische Spezies namens *Diprotodon*. Das Tier, das der inzwischen ausgestorbenen Familie der *Diprotodontidae* angehörte, ähnelte in Größe und Erscheinungsbild einem Nashorn und hat vermutlich noch bis vor 20 000 Jahren existiert. Außer ihm lebte in prähistorischer Zeit eine Vielzahl anderer großer Beuteltiere. Das größte bekannte Känguruh war eine 3 m große Spezies namens *Procoptodon goliah*.

Das größte fleischfressende Beuteltier, das bis in historische Zeit überlebt hat, ist der möglicherweise unlängst ausgestorbene (s. a. *Bereits ausgestorben*) tasmanische Beutelwolf *(Thylacinus cynocephalus)*. Er hat eine Körperlänge von 1–1,3 m, eine Schwanzlänge von 50–65 cm, eine Schulterhöhe von etwa 60 cm und ein Gewicht von 15–35 kg. Seine auffallendsten Merkmale sind der lange, starre Schwanz und die 8–20 schwarzen oder schokoladenbraunen Querstreifen auf seinem Rücken. Sein wissenschaftlicher Name beschreibt ihn sehr anschaulich; er bedeutet »Beutelhund mit Wolfskopf«.

Der Koala ist für seine Verschlafenheit bekannt; um Energie zu sparen, schläft oder döst er bis zu dreiviertel seines Lebens.

Das größte grabende Beuteltier ist der Nacktnasenwombat *(Vombatus ursinus)* aus dem Südosten Australiens. Er hat eine Körperlänge von 70–120 cm (ein Schwanz existiert praktisch nicht) und ein Gewicht von 15–35 kg. Mit Hilfe seiner Klauen und seiner kellenartigen Zähne gräbt er sich mit der erstaunlichen Geschwindigkeit von bis zu 3 m/h durch die Erde.

Lebenserwartung. Vermutlich sterben die meisten Beuteltiere, bevor sie ausgewachsen sind. Haben sie aber die gefährlichsten ersten Lebensjahre überstanden, können viele der größeren Arten relativ alt werden. Das zuverlässig ermittelte Höchstalter von 26 Jahren und 22 Tagen erreichte ein Nacktnasenwombat *(Vombatus ursinus)*, der am 20. April 1906 im Londoner Zoo (GB) starb. Ein ähnlich hohes Alter erreichte ein anderer Wombat, der am 30. November 1954 im Zoo von Antwerpen (Belgien) starb, wo er seit 1928 gelebt hatte. Große Känguruharten, insbesondere das Östliche Graue *(Macropus giganteus)* und das Rote Riesenkänguruh *(M. rufus)*, werden in Gefangenschaft 20–24 Jahre alt und können möglicherweise sogar 28 Jahre alt werden.

Schnelligkeit. Känguruhs und Wallabies können vor allem auf kurzen Distanzen sehr hohe Geschwindigkeiten erreichen. Sie springen mit ihren Hinterbeinen und halten ihre Vorderpfoten an die Brust. Ihre schweren Schwänze dienen dabei als Gegengewicht zum Vorderkörper. Die bei Beuteltieren registrierte Rekordgeschwindigkeit von 64 km/h wurde von einem ausgewachsenen weiblichen Exemplar des Östlichen Grauen Riesenkänguruhs *(Macropus giganteus)* aufgestellt. Auf Langstrecken liegt die Höchstgeschwindigkeit bei 56 km/h; Rekordhalter ist ein großes männliches Rotes Riesenkänguruh *(Macropus rufus)*, das über eine Strecke von 1,6 km gehetzt wurde und anschließend an Überanstrengung starb (Känguruhs erreichen Spitzengeschwindigkeiten in der Regel nur, wenn sie gejagt werden).

Ein tödliches Liebesleben führen die Breitfußbeutelmäuse der Gattung Antechinus: Nachdem sie sich zwei Wochen lang stürmisch gepaart haben, sterben alle Männchen an Erschöpfung. Dieses seltsame Phänomen zeigt sich am anschaulichsten beim Braunen Antechinus *(A. stuartii)* aus dem Osten Australiens. Kurz vor der Paarungszeit beginnen die Männchen, sich auffallend zu verändern: Ihre Testikel wachsen, bis sie ungefähr ein Viertel ihres Körpergewichts ausmachen. Große Mengen des männlichen Geschlechtshormons Testosteron gelangen in ihren Blutkreislauf, so daß die gesamte Population ausgewachsener männlicher Breitfußbeutelmäuse einen gewaltigen Geschlechtstrieb entwickelt. Sie sind dann so sehr damit beschäftigt, Weibchen nachzustellen und mit Rivalen zu kämpfen, daß sie keine Zeit haben, zu fressen (oder es einfach vergessen). Innerhalb von zwei Wochen gehen sie alle zugrunde. Einige verhungern, andere sterben an streßbedingten Magengeschwüren, aber die meisten erliegen Krankheiten und Infektionen. Die Weibchen haben eine Lebenserwartung von bis zu drei Jahren, die meisten Männchen leben dagegen nur 11–12 Monate.

Tiernamen können ziemlich verwirrend sein: Eine Känguruhratte ist ein mit Ratten und Mäusen verwandtes Nagetier, ein Rattenkänguruh dagegen ist ein mit Känguruhs und Wallabies verwandtes Beuteltier.

Den Rekord im Hochsprung hält bei den Beuteltieren wahrscheinlich ein Rotes Riesenkänguruh *(Macropus rufus)*, das in den sechziger Jahren auf der Flucht vor einem Rudel Jagdhunde über einen 3,1 m hohen Holzstoß setzte. Ein in Gefangenschaft lebendes männliches Östliches Graues Riesenkänguruh *(M. giganteus)* sprang über einen 2,44 m hohen Zaun, als es durch die Fehlzündung eines Autos aufgeschreckt wurde. Normalerweise springen aber selbst große Känguruhs nicht höher als ca. 1,5 m, so daß Zäune in dieser Höhe die meisten Tiere zurückhalten.

Rekordhalter im Weitsprung ist wahrscheinlich ein Östliches Graues Riesenkänguruh *(Macropus giganteus)*, das auf ebener Erde fast 13,5 m weit gesprungen sein soll. Der Zweitplazierte ist ein weibliches Rotes Riesenkänguruh *(M. rufus)*, das im Januar 1951 während einer Jagd in New South Wales (Australien) eine ganze Reihe von Rekordsprüngen machte, darunter ein Satz über 12,8 m. Bei großen Känguruhs, die mit Höchstgeschwindigkeiten unterwegs sind, sind Sprünge von 8 m und mehr nicht ungewöhnlich.

Die Fähigkeit zum Gleitflug besitzen sechs Arten aus insgesamt drei Familien von Beuteltieren: *Pseudocheiridae* (eine Art: der Riesengleitbeutler *Petauroides volans)*, *Petauridae* (vier Arten der Gattung *Petaurus)* und *Burramyidae* (eine Art: der Zwerggleitbeutler *Acrobates pygmaeus* – das kleinste der gleitenden Beuteltiere). Alle sechs Arten verfügen über eine zwischen Armen und Beinen gespannte Gleitmembran, die bei ausgestreckten Gliedmaßen eine rechteckige Gleitfläche bildet. Während des Gleitens steuert er, indem er auf der einen oder anderen Körper-

Wie die meisten Beuteltiere hat die Dickschwanzbeutelratte eine sehr kurze Tragzeit: in diesem Fall etwa 16–18 Tage.

seite die Spannung der Membran ändert; der ausgestreckte Schwanz dient dabei als Ruder, mit dessen Hilfe er das Gleichgewicht hält. Wird die Gleitmembran nicht benötigt, ist sie zusammengefaltet oft an beiden Seiten des Körpers als wellige Linie sichtbar.

Die am schwächsten ausgebildete Gleitmembran hat der Zwergflugbeutler. Sie spannt sich nur von den Ellbogen bis zu den Kniegelenken. Am wenigsten ausgeprägt ist die Gleitfähigkeit beim Riesengleitbeutler, der steil absinkt und seine Gleitflüge relativ schlecht kontrollieren kann. Einige der anderen Arten sind dagegen in der Luft sehr manövrierfähig und können mehr als 100 m weit gleiten.

Den besten Halt beim Klettern hat der Zwergleitbeutler *(Acrobates pygmaeus)*. Jede seiner Zehen ist mit einem Polster versehen, das mit mikroskopisch kleinen Hakenzellen besetzt ist. Auf diese Weise findet der Zwergflugbeutler an fast jeder glatten Oberfläche Halt. Er ist sogar in der Lage, sich – wenn auch nur kurz – an die Unterseite einer horizontalen Glasscheibe zu heften.

Das tagaktivste aller australischen Beuteltiere ist der Ameisenbeutler oder Numbat *(Myrmecobius fasciatus)*. Alle anderen Beuteltiere sind entweder Nacht- oder Dämmerungstiere, oder sie sind rund um die Uhr

aktiv. Der Ameisenbeutler dagegen verbringt die meiste Zeit des Tages damit, seine Lieblingsbeute aufzuspüren, und das sind – anders als sein Name vermuten läßt – nicht Ameisen, sondern Termiten.

Wegen ihrer Felle waren Koalas von Anfang der sechziger Jahre des 19. Jahrhunderts bis Ende der zwanziger Jahre dieses Jahrhunderts eine begehrte Jagdbeute. Bevor am 10. November 1927 ein Gesetz in Kraft trat, das den Handel mit Koala-Fellen verbot, wurden in nur einem Monat mehr als 600 000 Felle exportiert.

Als verschlafen gelten vor allem zwei Beuteltiere: der Große Beutelmull *(Notoryctes typhlops)* und der Koala oder Beutelbär *(Phascolarctos cinereus)*. Wie vereinzelt beobachtet wurde, schwankt der Beutelmull ständig zwischen hektischer Aktivität und Schlaf. Ist er eben noch umhergehetzt, schläft er ohne Vorankündigung plötzlich ein, um ein paar Minuten später ebenso unvermittelt wieder zu erwachen und eilig seiner Wege zu gehen. Logischer erscheinen dagegen die Schlafgewohnheiten des Koala: Da er ausgesprochen minderwertige Nahrung zu sich

nimmt (s. a. *Der pingeligste Esser*) und daher mit seiner Energie sparsam umgehen muß, schläft oder döst er bis zu 18 Std. am Tag.

Der pingeligste Esser unter den Beuteltieren ist der Koala oder Beutelbär *(Phascolarctos cinereus)* aus Ost-Australien, der sich fast ausschließlich von Eukalyptusblättern ernährt. Er bevorzugt in der Regel ein halbes Dutzend der 500 Arten von Eukalyptusbäumen, zieht einzelne Bäume anderen vor und ist sogar bei den Blättern noch wählerisch. Manchmal untersucht er 9 kg Blätter am Tag, um schließlich 0,5 kg zu essen. Niemand weiß, warum für ihn ein Baum oder ein Blatt begehrenswerter ist als ein anderes, zumal die Vorlieben je nach Population und Einzelexemplaren unterschiedlich sind und auch von Jahreszeit zu Jahreszeit wechseln. Die Erklärung hängt vermutlich damit zusammen, daß Eukalyptusblätter eine eher minderwertige Nahrung sind: Sie enthalten wenig Eiweiß, dafür um so mehr schwerverdauliche Stoffe und ätherische Öle, die in hohen Konzentrationen giftig sind.

Die längsten Tragzeiten. Da Beuteltiere sehr kleine, schwach entwickelte Junge zur Welt bringen, ist die Tragzeit bei allen Arten relativ kurz. Die

längsten bekannten (nicht verzögerten) Tragzeiten sind: 37 Tage beim Östlichen Grauen Riesenkänguruh *(Macropus giganteus)*, 36 Tage beim Hübschgesichtwallaby *(M. parryi)* und 35 Tage bei Parmawallabies *(M. parma)*, Sumpfwallabies *(Wallabia bicolor)* und Koalas oder Beutelbären *(Phascolarctos cinereus)*. Bei manchen Arten verzögert sich die Entwicklung des befruchteten Eis, bis das vorangegangene Junge den Beutel verlassen hat oder bis die Lebensbedingungen günstiger sind. Beim Roten Riesenkänguruh *(M. rufus)* kann die Verzögerung (zwischen Paarung und Entwicklung) 28 Wochen betragen. Neugeborene Beuteltiere werden oft als »atmende Föten« bezeichnet: Ihre Haut ist nackt, dünn und stark durchblutet (und dient vermutlich als Atmungsorgan); ihre Augen und Ohren befinden sich im Embryonalzustand und sind nicht funktionsfähig; und ihre hinteren Gliedmaßen sind wenig mehr als knospenhafte Anlagen. Die Geburt geht äußerst schnell vonstatten: Das Junge kriecht aus dem Mutterleib und findet innerhalb von Minuten den Weg über den haarigen Bauch der Mutter in den Beutel und an eine der Zitzen (es hat lange, kräftige Vordergliedmaßen mit nadelscharfen Krallen). Das Junge – das sogenannte Beutelembryo – schließt seinen Mund um die Zitze,

Der Beutelteufel, das Pendant zum Vielfraß in der Familie der Beuteltiere, ist vermutlich der ausgeprägteste Aasfresser unter den Beuteltieren.

die daraufhin so stark anschwillt, daß sich das Junge nicht mehr von ihr lösen kann. Erst nach Wochen oder Monaten, wenn seine Kiefer ausreichend entwickelt sind, kommt das junge Känguruh aus eigener Kraft von der Zitze los.

Die kürzesten Tragzeiten aller Säugetiere haben mehrere Arten von Beuteltieren, die ihre Jungen nur 12–13 Tage tragen – darunter das Virginische (Nord-)Opossum *(Didelphis virginiana)* aus Nordamerika, der Schwimmbeutler oder Yapok *(Chironectes minimus)* aus der Mitte und dem Norden Südamerikas, der Tüpfelbeutelmarder *(Dasyurus viverrinus)* aus Australien und der ebenfalls aus Australien stammende Langnasige Bandikut oder Nasenbeuteldachs *(Perameles nasuta)*. In Ausnahmefällen wurden bei einigen dieser Arten sogar Tragzeiten von nur acht Tagen festgestellt.

Die meisten Jungen bringt das Virginische (Nord-)Opossum *(Didelphis virginiana)* aus Nordamerika zur Welt, das oft mehr Junge wirft, als es Zitzen hat. Normalerweise haben Weibchen dieser Spezies 13 Zitzen, gebären aber in der Regel 21 Junge je Wurf. Da nicht einmal alle Zitzen funktionsfähig sind, muß ein Großteil der Jungen verhungern, so daß selten mehr als acht überleben. Durch den Konkurrenzkampf der Jungen um die Zitzen ist gewährleistet, daß sich die Mutter nur den kräftigsten ihrer Jungen widmet. Den größten Wurf überhaupt hatte ein Virginisches Opossum, das 56 Junge auf einmal zur Welt brachte – jedes etwa so groß wie eine rote Bohne. Die Würfe der meisten anderen Beuteltiere sind dagegen mit

> **Eine Känguruhmutter kann gleichzeitig zwei Junge unterschiedlichen Alters mit zwei Sorten von Milch versorgen: Sie produziert eine leicht verdünnte Milch für das Neugeborene und eine fettreichere Milch für das ältere Junge.**

1–10 Jungen wesentlich kleiner. Im allgemeinen gilt: Je kleiner das Tier, desto größer die Würfe.

Die kleinsten Neugeborenen. Die Jungen aller Beuteltiere sind bei der Geburt winzig und wiegen nicht einmal 1 g. Da die Größenunterschiede bei den kleineren Arten sehr gering sind und auch innerhalb einer Spezies Schwankungen auftreten, läßt sich die Art mit dem kleinsten Neugeborenen schlecht feststellen. Rekordverdächtig ist der Honigbeutler *(Tarsipes rostratus)* aus dem Südwesten Australiens, der zwei, drei oder manchmal auch vier Junge mit einem Gewicht von je 0,005 g zur Welt bringt. Selbst wenn sie im Alter von acht Wochen den Beutel verlassen, wiegen die Jungen nicht mehr als 2,5 g. Allerdings wiegt auch die Mutter nur wenig mehr als vier ihrer Jungen zusammen.

Die größten Neugeborenen aller Beuteltiere bringt das weibliche Rote Riesenkänguruh *(Macropus rufus)* zur Welt. Aber auch ihre Jungen wiegen bei der Geburt nicht mehr als 0,75 g (0,003 % des durchschnittlichen Gewichts ihrer Mutter; verglichen mit über 5 % beim Menschen). 36 000 Känguruhbabys sind erforderlich, um das Gewicht der Mutter aufzuwiegen. Interessanterweise ist das Verhältnis zwischen dem Gewicht der Mutter und dem ihrer

Jungen (egal ob ein Junges oder mehrere) zum Zeitpunkt der Entwöhnung bei Beuteltieren und Plazentatieren ungefähr gleich.

Einen Beutel aus mit Haaren bewachsener Haut – das sogenannte Marsupium – haben fast alle Beuteltiere zum Schutz ihrer Jungen. Er umgibt die Zitzen und ist entweder nach vorn (wie bei den Känguruhs) oder nach hinten geöffnet (wie bei den Bandikuts). Nur der Ameisenbeutler oder Numbat *(Myrmecobius fasciatus)* besitzt als einziges Beuteltier keinen Beutel (die Jungen werden an den Zitzen an der Außenseite des Bauches ihrer Mutter hängend getragen). Bei anderen Arten besteht der Beutel lediglich aus einer Hautfalte oder wird nur während der Paarungszeit gebildet. Die geräumigsten Beutel finden sich bei den größten Känguruharten der Gattung *Macropus*, die normalerweise bei jedem Wurf nur ein Junges gebären. Das junge Känguruh bleibt noch im Beutel, wenn es sich schon längst von der Zitze gelöst hat. Es benutzt ihn als Transportmittel, als Schlafplatz oder als Zufluchtsort, wenn Gefahr im Verzug ist. Erst im Alter von etwa acht Monaten verläßt das junge Rote Känguruh *(Macropus rufus)* den Beutel endgültig. Bei Arten mit großen Würfen ist der Beutel zu klein, um die Jungen lange Zeit aufnehmen zu können. Haben sie sich von den Zitzen gelöst, läßt die Mutter sie im allgemeinen in einem Nest zurück, während sie sich auf Nahrungssuche begibt.

Den wasserdichtesten Beutel hat das Weibchen des südamerikanischen Schwimmbeutlers oder Yapok *(Chironectes minimus)*. Unter Wasser halten kräftige Schließmuskeln die nach

hinten weisende Beutelöffnung fest geschlossen; Haare und Fettabsonderungen bilden eine wasserundurchlässige Schicht; und die innen eingeschlossene Luft reicht den Jungen zum Atmen. Als einziges Beuteltier hat sich der Schwimmbeutler ausgezeichnet dem Leben im Wasser angepaßt: Er ist ein guter Schwimmer, hat ein dichtes, öliges, wasserabweisendes Fell sowie Schwimmfüße.

Ein ausgezeichneter Simulant ist das katzengroße Virginische (Nord-) Opossum *(Didelphis virginiana)*, das einzige in Nordamerika vorkommende Beuteltier. Wenn sich ihm ein Raubtier nähert, stellt es sich oft tot, damit sich das Raubtier weniger vorsichtig verhält oder wegen mangelnder visueller Stimulation gleich das Interesse verliert. Mit unverwandt starrenden Augen und erschlafftem Kopf liegt das Opossum zusammengerollt auf der Seite, öffnet leicht das Maul und läßt die Zunge heraushängen. Die Vorstellung ist absolut überzeugend, zumal das Tier auch unbeweglich bleibt, wenn es im Maul eines Raubtiers durchgeschüttelt oder gar von ihm gebissen wird. Es kann bis zu sechs Stunden in diesem tranceähnlichen Zustand verharren, dessen physiologische Merkmale teilweise Gemeinsamkeiten mit der Ohnmacht beim Menschen aufweisen, allerdings bleibt das Gehirn des Opossums voll funktionstüchtig. Das Tier ist jeder-

> *Der Beutelwolf gilt als »das am weitesten verbreitete, ausgestorbene Säugetier der Welt«: Obwohl er offiziell seit den dreißiger Jahren ausgestorben ist, wurde er in den vergangenen Jahren vielfach gesichtet.*

zeit bereit, sofort die Flucht zu ergreifen, sollte das Raubtier für einen Moment unwachsam sein.

Beuteltiere weisen oft erstaunliche Ähnlichkeiten mit plazentalen Säugetieren auf und füllen ähnliche ökologische Nischen.
So stehen Bandikuts den Kaninchen und Hasen nahe, Gleitbeutler den Gleithörnchen, Beutelmullen den Maulwürfen, Wombats den Waldmurmeltieren, Beutelteufel den Vielfraßen, Beutelmäuse den Spitzmäusen und der Numbat den Ameisenbären.

Eine bisher unbekannte Känguruhart wurde im Juni 1994 in den Maokop Bergen in Irian Jaya, dem indonesischen Teil von Neuguinea, in einer Höhe von 4526 m entdeckt. Die von den Einheimischen Bondegezou (»Mann der Hochgebirgswälder«) genannte Art wiegt ungefähr 15 kg und verblüfft die wissenschaftliche Welt, weil sie sowohl charakteristische Merkmale von baum- als auch von erdbewohnenden Känguruhs aufweist. Obwohl die Tiere nach Angaben von Einheimischen schlechte Kletterer sind und sich zumeist auf der Erde aufhalten, handelt es sich bei der Spezies ersten Erkenntnissen zufolge um Baumkänguruhs. Möglicherweise stellt die Art das fehlende Glied zwischen den beiden Linien von Känguruhs dar – möglicherweise gibt sie der Wissenschaft aber auch ganz neue Rätsel auf. Man nimmt an, daß in den Bergen noch Tausende von Bondegezous leben. Da sie jedoch vor Menschen keine Angst zu haben scheinen, sind sie für Jäger eine leichte Beute, so daß ihre zukünftige Existenz schon als gefährdet gilt, noch ehe die Art biologisch zugeordnet werden konnte.

Die unglaublichste Entdeckung machte im August 1966 Dr. Kenneth Shortman in den australischen Alpen im Osten Victorias. Als er in der Küche der Skihütte der Melbourne University auf dem Mount Hotham nach etwas Eßbarem suchte, entdeckte er in einer Ecke ein kleines, haselmausgroßes Säugetier, das sich hinter einem Mülleimer versteckte. Da er zwar wußte, daß es sich um eine Beutelratte handelte, aber die Art nicht identifizieren konnte, brachte er das Tier ins Victorian Fisheries and Wildlife Department, um es dort bestimmen zu lassen. Zum Erstaunen aller fand der Paläontologe Norman Wakefield heraus, daß es sich um ein Exemplar des Bergbilchbeutlers *(Burramys parvus)* handelte – eine Spezies, die seit 10–15 000 Jahren als ausgestorben galt und bisher nur von Fossilfunden bekannt war. Nach einigem Suchen stießen Biologen in einer anderen Region von Victoria und in New South Wales auf kleine Populationen der Tiere.

Vom Aussterben bedroht sind nach Angaben der World Conservation Union (IUCN) 57 Beuteltierarten (21 % aller existierenden Arten). Zu den zahlreichen als höchst gefährdet eingestuften Arten gehören der Ameisenbeutler oder Numbat *(Myrmecobius fasciatus)*, der Goldene Kurznasenbeutler *(Isoodon auratus)*, der Hörnchenkletterbeutler *(Gymnobelideus leadbeateri)* und der Nördliche Haarnasenwombat *(Lasiorhinus krefftii)*, die alle in Australien heimisch sind, sowie das Goodfellow- oder Rote Baumkänguruh *(Dendrolagus goodfellowi)* und das *Thylogale calabyi* aus Papua Neuguinea. Die größten Gefahren drohen den Tieren durch Bejagung, Entwaldung, Übergrasung durch Kaninchen und Hausrinder, durch Raubtiere wie wilde Katzen und Füchse, durch Buschfeuer und Krankheiten.

Der tasmanische Beutelwolf kann sein Maul so weit aufreißen, daß seine Kiefer fast eine gerade Linie bilden. Das schafft kaum ein anderes Säugetier.

Bereits ausgestorben sind nicht weniger als 10 Beuteltierarten. Es handelt sich ausnahmslos um einst in Australien verbreitete Arten, die seit der Ankunft der ersten europäischen Siedler 1788 verschwunden sind: Seit 1875 ausgestorben ist der Breitkopf-Potoroo *(Potorous platyops)*; seit 1890 das Östliches Hasenkänguruh *(Lagorchestes leporides)*; seit 1907 der Schweinsfußnasenbeutler oder Stutzbeutler *(Chaeropus ecaudatus)*; seit 1927 das Toolachewallaby *(Macropus greyi)*; seit 1931 der Kleine Kaninchennasenbeutler *(Macrotis leucura)*; seit 1931 das Hasenwallaby *(Lagorchestes asomatus)*; seit 1935 der Langnasenbeutler *(Perameles eremiana)*; seit 1935 das Nacktbrust- oder Wüstenrattenkänguruh *(Caloprymnus campestris)*; seit 1936 der Beutelwolf *(Thylacinus cynocephalus)* (s. a. *Fälschlicherweise für ausgestorben erklärt)*; und seit 1964 das Halbmondkänguruh *(Onychogalea lunata)*. Es ist sehr wahrscheinlich, daß in jüngster Vergangenheit auch andere Arten ausgestorben sind, ohne daß es bisher offiziell registriert wurde.

Fälschlicherweise für ausgestorben erklärt wurde vermutlich der tasmanische Beutelwolf *(Thylacinus cynocephalus)*. Das letzte bekannte Exemplar war ein Männchen namens Benjamin, das 1933 von einem Wallaby-Jäger im dicht bewaldeten Florentine Tal, 96 km nordwestlich von Hobart (Tasmanien), gefangen worden war und bis zu seinem Tod am 7. September 1936 im Beaumaris Zoo in Hobart lebte. Knapp zwei Monate nach seinem Tod trat ein Gesetz in Kraft, das die Art vor Bejagung schützt – der wahrscheinlichen Hauptursache für das Erlöschen des Bestandes. Seither hat es keine bestätigten Meldungen und Hinweise mehr gegeben, die dafür sprechen, daß die Spezies noch existiert. Nach unbestätigten Angaben wurde der Beutelwolf jedoch mehrfach gesehen, und zahlreiche Anhaltspunkte lassen hoffen, daß er in entlegenen Regionen des unzugänglichen Tasmaniens bis heute überlebt hat. So kommt es, daß sich der Beutelwolf den Titel des »am weitesten verbreiteten, ausgestorbenen Tieres der Welt« erworben hat.

Nach einer jüngsten Computeranalyse besteht kaum ein Zweifel, daß in entlegenen Regionen Tasmaniens bis heute Beutelwölfe leben. Henry Nix vom Australian National University's Centre for Resource and Environmental Studies hat ein Programm namens Bioclim entwickelt, mit dessen Hilfe sich exakt feststellen läßt, wo sich eine bestimmte Spezies aufhält. Anhand von Informationen über die bevorzugten Lebensbedingungen des Beutelwolfs und unter Angabe der Orte, an denen er seit 1936 möglicherweise gesehen wurde, hat Nix eine extrem hohe statistische Wahrscheinlichkeit errechnet, daß Beutelwölfe tatsächlich noch existieren.

ELEFANTEN

Proboscidae
Nur zwei Arten: Afrikanische und Asiatische Elefanten.

Die ersten Elefanten. Fossilfunde belegen, daß einst über 300 Arten von Rüsseltieren (Proboscidier) auf der Erde verbreitet waren (auf allen Kontinenten, bis auf Australien und Antarktis). Davon haben nur zwei Arten bis heute überlebt. Überreste der ersten bekannten Proboscidier wurden zunächst am Moeris See bei El Faijum, ca. 60 km südwestlich von Kairo (Ägypten), gefunden. Weitere Fossilfunde stammen aus verschiedenen Gegenden am Rand der Sahara. Die erste Spezies namens *Moeritherium* tauchte während des Eozän vor rund 50–55 Mio. Jahren auf und war etwas größer als ein Schwein. Es wird vermutet, daß sie vorwiegend im Wasser und in der Nähe von Gewässern lebte und sich hauptsächlich von Wasserpflanzen ernährte. Hinweise auf einen Rüssel gibt es nicht, stattdessen besaß die Spezies möglicherweise eine wulstige Oberlippe.

Die erste einem Elefanten ähnliche Art war vermutlich eine Spezies namens *Palaeomastodon*, die im Oligozän vor rund 35 Mio. Jahren auftauchte. Sie erreichte ungefähr die Größe einer Kuh, hatte einen mittellangen Rüssel und nach unten gebogene Stoßzähne.

Die Familie der *Elephantidae*, zu der die heute lebenden Elefanten und das Mammut zählen, entwickelte sich vor etwa 5 Mio. Jahren. Von allen Proboscidiern hat nur sie bis heute überlebt.

> **Der Asiatische Elefant ist leicht vom Afrikanischen Elefanten zu unterscheiden, denn er hat viel kleinere Ohren und einen gerundeteren Rücken.**

Das größte lebende Landtier ist der Afrikanische Steppenelefant *(Loxodonta africana africana)*. Ausgewachsene Tiere erreichen durchschnittlich eine Schulterhöhe von 3–3,7 m und ein Gewicht von 4–7 t. Elefantenkühe sind beträchtlich kleiner als Bullen gleichen Alters. Der größte jemals registrierte Elefant war ein männlicher Steppenelefant, der am 7. November 1974 bei Mucusso (Angola) geschossen worden ist. Auf der Seite liegend maß er entlang einer gedachten Linie vom höchsten Punkt der Schulter bis zur Vorderfußsohle stattliche 4,16 m, was auf eine Gesamthöhe von 3,96 m schließen läßt. Die übrigen Maße dieses Rekord-Elefanten sind eine Gesamtlänge von 10,67 m (gemessen von der Spitze des Rüssels bis zum Schwanzende) und ein Gewicht von 12,24 t. Seine Vorderfüße hatten einen Umfang von 1,08 m, und seine Stoßzähne, von denen einer gebrochen war, erreichten eine Länge von 2,26 m und 1,63 m.

Die zweite afrikanische Unterart, der Waldelefant *(Loxodonta a. cyclotis)*, der in den Wäldern des zentralafrikanischen Beckens und in Westafrika lebt, ist deutlich kleiner als der Steppenelefant. Er hat durchschnittlich eine Schulterhöhe von 2–3 m und ein Gewicht von 2–4,5 t.

Der vom Aussterben bedrohte Wü-

> *Der Afrikanische Steppenelefant, das größte heute lebende Landtier, hat größere Ohren als jedes andere Tier der Welt.*

stenelefant (eine Unterart des Afrikanischen Steppenelefanten) aus Damaraland, Namibia, ist der größte Elefant der Welt, denn er hat verhältnismäßig längere Beine als andere Elefantenarten. Der größte jemals gemeldete Bulle wurde am 4. April 1978 in der Nähe von Sesfontein, Damaraland, geschossen, nachdem er angeblich 11 Menschen getötet und beträchtliche Ernteschäden angerichtet hatte. Auf der Seite liegend maß das Tier auf einer gedachten Linie von der Schulter bis zur Vorderfußsohle 4,42 m, was in aufrechter Haltung auf eine Gesamthöhe von etwa 4,21 m schließen läßt. Das Exemplar hatte eine Körperlänge von 10,38 m, einen Vorderfußumfang von 1,57 m und ein Gewicht von schätzungsweise 8 t.

Indische Elefanten *(Elephas maximus)* sind leichter und kleiner als die afrikanischen Arten. Am größten sind in der Regel Bullen. Ihre Schulterhöhe bewegt sich zwischen 3 und 3,4 m, ihre Gesamthöhe liegt jedoch etwas darüber, denn anders als bei den afrikanischen Arten ist beim Asiatischen Elefanten der Kopf höher als die Schultern.

Bei einer Expedition durch Nepal stieß John Blashford-Snell 1992 in der Nähe des Bardia Reservats im Westen des Landes auf zwei riesige Elefantenbullen. Die Schulterhöhe des größeren von beiden, den die Einheimischen Raja Gag (Königselefant) nennen, wurde auf 3,43 m geschätzt. Seine Fußabdrücke hatten einen Durchmesser von 57,2 cm. Nepalesische Forscher berichteten vor kurzem, daß das Tier weiter gewachsen ist und inzwischen eine ebenfalls geschätzte Schulterhöhe von 3,66 m erreicht hat.

Die meisten der bestätigten Größenrekorde werden von der in Sri Lanka und im Süden Indiens beheimateten Unterart *Elephas m. maximus* gemeldet. Das größte fachgerecht vermessene Exemplar war ein 1882 im Norden Sri Lankas geschossener Bulle mit einer Schulterhöhe von 3,4 m (in aufrechter Haltung 3,23 m), einer Gesamtlänge von 7,92 m, einem Umfang von 6,81 m am breitesten Teil seines

Körpers und einem geschätzten Gewicht von ca. 8 t. Die Gesamthöhe des Tieres bis zum höchsten Punkt des Rückens betrug 3,58 m.

Der größte prähistorische Elefant war das Steppenmammut *(Mammuthus trogontherii)*, das das heutige Mitteleuropa bevölkerte. Teile eines in Mosbach (Deutschland) gefundenen Skeletts lassen vermuten, daß die Spezies eine Schulterhöhe von 4,5 m aufwies.

Der kleinste prähistorische Elefant war die Zwergform *Elaphas falconeri* mit einer maximalen Schulterhöhe von ca. 90 cm. Fossilien der Spezies wurden auf den Mittelmeerinseln Malta und Sizilien gefunden.

Das kleinste Mammut (und die letzte bekannte Mammutart überhaupt) war eine Zwergform des *Mammuthus primigenius vrangeliensis*, die bis vor 3500–4000 Jahren lebte (als in Ägypten die Pyramiden gebaut wurden). Fossile Zähne und Knochen, die auf der etwa 200 km vor der Nordostküste Sibiriens im Nordpolarmeer gelegenen Wrangelinsel gefunden wurden, lassen darauf schließen, daß die Spezies nur etwa 1,8 m hoch war und rund 2 t wog. Die russischen Forscher Andrey Sher, Sergey Vartanyan und ihre Kollegen vom Severtsov Institut für Evolutionäre Tiermorphologie und -ökologie in Moskau (Rußland) haben die fossilen Überreste entdeckt, die heute zu den bemerkenswertesten Funden dieses Jh.s zählen. Sie haben vor allem deshalb Aufsehen erregt, weil die Wissenschaft bis dahin glaubte, die Mammute wären bereits seit dem Ende der letzten Eiszeit vor 10 000 Jahren ausgestorben. Sie scheinen jedoch auf der Wrangelinsel länger überlebt zu haben als in jedem anderen Teil der Welt. Die ersten Menschen erreichten die Wrangelinsel vor 3000 Jahren, als die Mammute wahrscheinlich schon verschwunden waren.

Die längsten Stoßzähne. Während bei den Afrikanischen Elefanten *(Loxodonta africana)* sowohl die männlichen als auch die weiblichen Tiere Stoßzähne tragen, sind bei den Indischen Elefanten *(Elephas maximus)* nur die Bullen mit Stoßzähnen ausgerüstet. In einigen asiatischen Ländern sind Stoßzähne auch bei Bullen die Ausnahme (nur 5–7 % in Sri Lanka), und Asiatische Elefantenkühe haben entweder gar keine oder rudimentäre Stoßzähne, die nicht unter der Lippe hervortreten. Stoßzähne wachsen ein ganzes Elefantenleben

lang. Die längsten unter den noch vorkommenden Arten trug ein Afrikanischer Elefant, der um die Jahrhundertwende im Osten des Kongo (jetzt Zaire) geschossen wurde. Der rechte der beiden heute in der National Collection of Heads and Horns der New York Zoological Society, New York City (USA), ausgestellten Stoßzähne hat eine Länge von 3,49 m (entlang der Außenwölbung), der linke ist 3,35 m lang. Zusammen bringen sie 133 kg auf die Waage. Auch ein einzelner, 3,5 m langer Stoßzahn wurde gefunden.

Die schwersten Stoßzähne in der Tierwelt (mit Ausnahme einiger prähistorischer Exemplare) trug ein Afrikanischer Elefantenbulle *(Loxodonta africana)*, der 1897 am Fuß des Kilimandscharo (Kenia) geschossen wurde. Sie sind heute im Natural History Museum (GB) zu sehen. Ursprünglich wogen sie einzeln 109 kg (Länge 3,11 m) und 102 kg (Länge 3,18 m), zusammen 211 kg; inzwischen liegt ihr Gesamtgewicht nur noch bei 200 kg. Ein einzelner Stoßzahn eines Afrikanischen Elefanten, der im Benin gefunden und auf der Pariser Weltausstellung 1900 gezeigt worden ist, wog 117 kg.

Prähistorische Stoßzähne. Die längsten Stoßzähne aller bekannten Tierarten waren die des *Palaeoloxodom antiquus germanicus*, der vor 300 000 Jahren im heutigen Norddeutschland lebte. Die durchschnittliche Länge der Stoßzähne eines ausgewachsenen Bullen betrug 5 m.

Nur wenig kürzer waren die Stoßzähne des *Mammuthus primigenius*. Ein im Franzens Museum in Brno (Tschechische Republik) ausgestelltes Exemplar hat sogar eine Rekordlänge von 5,02 m entlang der Außenwölbung.

Die schwersten je gefundenen fossilen Stoßzähne (und gleichzeitig die schwersten bekannten Stoßzähne überhaupt) gehören einem im State Museum, Lincoln, Nebraska (USA), ausgestellten Kolumbianischen Mammut *(Mammuthus columbi)* mit einer Schulterhöhe von 4,06 m. Sie wiegen zusammen 226 kg und sind 4,21 m, beziehungsweise 4,14 m lang. Gefunden wurden sie im April 1915 in der

Nähe von Campbell, Nebraska (USA). Ein einzelner fossiler Stoßzahn einer unbekannten Spezies wiegt 150 kg und ist im Museo Civico di Storia Naturale, Mailand (Italien), zu bestaunen. Das in zwei Teile gebrochene Exemplar hat eine Gesamtlänge von 3,58 m und einen maximalen Umfang von 89 cm.

> **Die Stoßzähne von Elefanten sind im Grunde vergrößerte Schneidezähne des Oberkiefers. Elefantenbabys haben sogar Milchstoßzähne, die im Alter von etwa einem Jahr ausfallen.**

Die größten Ohren in der Tierwelt hat der Afrikanische Steppenelefant *(Loxodonta a. africana)*. Die riesigen Ohrmuscheln dienen nicht so sehr dem Gehör, sondern vielmehr der Regulierung der Körpertemperatur, denn während das Blut durch das weit verzweigte Netz von Blutgefäßen strömt, verliert es an Wärme. Das System ist so wirkungsvoll, daß Temperaturunterschiede von bis zu 19°C zwischen dem Blut in Arterien und Venen möglich sind. Um den Wärmeverlust zu erhöhen, wedeln Elefanten mit den Ohren oder halten sie einfach in den Wind. Um den Wärmeverlust zu reduzieren, legen sie sie an den Körper an. Die Ohren von Afrikanischen Waldelefanten *(Loxodonta a. cyclotis)* und Indischen Elefanten (Elephas maximus) sind kleiner, da sie in schattenreicheren Wäldern leben und nicht so sehr der Gefahr des Überhitzens ausgesetzt sind.

Höchstalter. Kein anderes Landsäugetier erreicht die Lebenserwartung des Menschen. Am nächsten kommt ihr wahrscheinlich der Indische Elefant *(Elephas maximus)*. Das offiziell bestätigte Höchstalter von 78 Jahren erreichte eine Kuh namens Modoc, die 1898 im Alter von zwei Jahren von Deutschland in die USA gebracht wurde, wo sie ein abwechslungsreiches Leben erwartete: 35 Jahre verbrachte sie in einem Zirkus (dort erlangte sie Berühmtheit, als sie mehrere in Käfige gesperrte Löwen vor einem Feuer rettete), 20 Jahre lebte sie in einem Zoo und 9 Jahre feierte sie Erfolge als TV-Star in Sendungen wie Daktari (für die sie falsche Ohren tragen mußte, um afrikanisch auszusehen). Sie starb am 17. Juli 1975 in Santa Clara, Kalifornien (USA), an den Folgen von Komplikationen, die während

Der Indische Elefant hat nach dem Menschen die höchste Lebenserwartung. Ein Exemplar erreichte das Rekordalter von 78 Jahren.

einer Operation an einem eingewachsenen Zehennagel aufgetreten waren.

Da viele asiatische Elefanten 55–70 Jahre alt werden, sind auch unbestätigte Berichte glaubwürdig, die von Elefanten mit einem Höchstalter von über 80 Jahren sprechen. Raja, der Elefantenbulle, der in Sri Lanka alljährlich die Perahera Prozession durch Kandi anführte und Buddhas Heiligen Zahn von 1931 trug, starb am 16. Juli 1988 angeblich im Alter von 81 Jahren. In Gefangenschaft lebende Elefantenkühe haben erwiesenermaßen noch im Alter von 60 Jahren Junge geboren.

In freier Wildbahn haben Afrikanische Elefanten *(Loxodonta africana)* eine Lebenserwartung von ungefähr 60 Jahren. Da die meisten Tiere jedoch seit einiger Zeit in wesentlich jüngeren Jahren von Wilderern getötet wer-

den, ist ihre Lebenserwartung erheblich gesunken.

Die längste Tragzeit aller Säugetiere hat der Indische Elefant *(Elephas maximus)*. Er trägt seine Jungen durchschnittlich 20–22 Monate. Die längste jemals bekannt gewordene Tragzeit beträgt 760 Tage (25 Monate) – mehr als 2,5 mal länger als beim Menschen. Bei Afrikanischen Elefanten *(Loxodonta africana)* liegt die Tragzeit zwischen 18 und 22 Monaten.

Den größten Appetit aller Elefanten haben die Afrikanischen Elefanten *(Loxodonta africana)*, die ungefähr 18 Std. am Tag fressen. Ihre Hauptmahlzeiten nehmen sie im allgemeinen morgens, mittags und nachts ein. Ein ausgewachsenes Tier vertilgt täglich durchschnittlich 75–150 kg Pflanzennahrung (und

trinkt 80–160 l Wasser). Besonders große Bullen schaffen auch die doppelte Menge.

Schwimmende Elefanten wurden vielfach auf Flüßen, Seen und Ozeanen beobachtet. Die größte zusammen schwimmende Herde bestand aus 79 Tieren. Einzeltiere und kleinere Gruppen haben verschiedenen Berichten zufolge ununterbrochen 6 Std. im Wasser verbracht und bis zu 48 km zurückgelegt – ohne eine Pause und ohne einmal den Boden zu berühren.

Gezähmte Elefanten gibt es bereits seit mindestens 4000 Jahren. Schon damals wurden im Indus-Tal auf dem indischen Subkontinent Indische Elefanten *(Elephas maximus)* als Lasttiere gehalten. Seither werden sie in Land- und Forstwirtschaft ebenso eingesetzt wie bei Kriegen, zeremoniel-

Ein domestizierter Elefant im Garamba-Nationalpark (Zaire): der lebende Beweis dafür, daß sich auch Afrikanische Elefanten zähmen lassen.

len Anläßen und neuerdings auch als Transportmittel für Touristen. Da in Gefangenschaft lebende Elefanten nur selten Junge gebären, müssen bis heute überwiegend freilebende Jungtiere gefangen werden, um sie zu Arbeitstieren auszubilden.

Entgegen der weitverbreiteten Meinung können auch Afrikanische Elefanten *(Loxodonta africana)* gezähmt und als Arbeitstiere verwendet werden, auch wenn das nicht so häufig geschieht wie mit ihren Verwandten in Asien. Das berühmteste Beispiel lieferte Hannibal, der karthagische Feldherr, der Elefanten vor über 2000 Jahren in seinen Kriegen gegen die

Säugetiere

Römer einsetzte. Derzeit lebt eine kleine Anzahl gezähmter Afrikanischer Elefanten im Elephant Domestication Centre, Gangala na Bodio, im Garamba Nationalpark (Zaire), die auf kurzen Safaris Touristen als Reittiere dienen.

Ebenso wie es bei den Menschen Rechts- und Linkshänder gibt, benutzen auch Elefanten lieber den rechten oder den linken Stoßzahn (meistens den rechten).

Vom Aussterben bedroht sind beide Elefantenarten – der Indische *(Elephas maximus)* und der Afrikanische Elefant *(Loxodonta africana)*. Für den Afrikanischen Elefanten stellt die Wilderei die Hauptgefahr dar, auf deren Höhepunkt Anfang der achtziger Jahre jährlich 100 000 Tiere wegen ihrer Stoßzähne abgeschlachtet worden sind. Dem Indischen Elefanten droht auch aus anderer Richtung Gefahr. Er ist vor allem durch die Zerstörung seiner Lebensräume und die zunehmende Ausdehnung der ständig wachsenden menschlichen Bevölkerung gefährdet.

Asiatische Elefanten leben in Bangladesh, Bhutan, Brunei, Kambodscha, China, Indien, Indonesien (Kalimantan und Sumatra), Laos, Malaysia (Halbinsel Malaysia und Sabah), Myanmar, Nepal, Sri Lanka, Thailand und Vietnam. Der Bestand wird gegenwärtig auf 34 500–53 700 geschätzt (davon ist etwa ein Drittel domestiziert). Die Populationen in den verschiedenen Ländern schwanken zwischen 50–90 in Nepal und 60–150 in Bhutan bis zu 20 000 in Indien.

Afrikanische Elefanten kommen in 37 Ländern vor (davon ca. 3 % im Westen Afrikas, 18 % im Osten Afrikas, 33 % im Süden Afrikas und 46 % in Zentralafrika). Der Gesamtbestand von mindestens 1,3 Mio. im Jahr 1979 ist bis 1989 dramatisch auf rund 600 000 gefallen (scheint sich aber in den vergangenen fünf, sechs Jahren stabilisiert zu haben). Da über die Bestände in vielen afrikanischen Ländern nur wenig bekannt ist, handelt es sich bei diesen Zahlen lediglich um grobe Schätzungen, der besorgniserregende Trend steht jedoch außer Frage.

Der Handel mit Elfenbein hat sich folgendermaßen entwickelt: 204 t im Jahr 1950, 1000 t 1983, 600 t 1986, 300 t 1988. Der Gewichtsrückgang im Laufe der achtziger Jahre hatte kei-

nen Rückgang der getöteten Elefanten zur Folge, denn während 1979 eine Tonne Elfenbein noch den Tod von 54 Elefanten bedeutete, so mußten 1987 für eine Tonne 113 Elefanten sterben (die vielen Kälber nicht mitgerechnet, die als Waisen verhungern mußten). Die Wilderer töteten wegen ihrer größeren Stoßzähne zuerst die ausgewachsenen Bullen und wandten sich dann Kühen und Kälbern mit kleineren Stoßzähnen zu.

Das weltweit größte Elfenbeinversteck wurde im September 1989 in Namibia entdeckt, als es der Polizei gelang, einen internationalen Schmugglerring auszuheben und 25 Personen zu verhaften, die im Besitz von 972 Stoßzähnen mit einem Gesamtgewicht von 6827 kg waren.

Eine Elefantenherde besteht in der Regel aus einer weisen alten Elefantenkuh – der Matriarchin – und ihren Töchtern und Enkelinnen; gelegentlich gehören auch einige ihrer Schwestern und deren Junge dazu. Ausgewachsene Bullen schließen sich der Herde nur kurz an, um sich mit den Kühen zu paaren.

Werkzeuge werden von beiden Elefantenarten benutzt. Nach jüngsten Untersuchungen von Dr. Suzanne Chevalier-Skolnikoff von der University of California und Dr. Jo Liska von der University of Colorado (USA) greifen wilde Elefanten im Durchschnitt mehr als einmal in der Std. zu einem Werkzeug (in Gefangenschaft lebende Tiere benutzen zehnmal öfter Werkzeuge, vermutlich weil ihnen mehr Gegenstände zur Verfügung stehen). In den meisten beobachteten Fällen wurden die Werkzeuge bei der Körperpflege verwendet: Die Tiere schlugen mit Pflanzen nach Fliegen oder kratzten sich damit, wischten mit Grasbüscheln, die sie mit dem Rüssel hielten, Schnittwunden aus, bewarfen sich mit Erde oder besprühten sich mit Wasser, um sich zu erfrischen oder lästige Parasiten zu entfernen, und warfen mit Gegenständen nach unwillkommenen Eindringlingen, wie anderen Tieren oder Fahrzeugen. Einmal beobachteten die Wissenschaftlerinnen einen großen Bullen, der ein Kalb gegen einen Zaun schleuderte, um ihn zu zerschmet-

tern. In Gefangenschaft lebende Elefanten drehten Heu zu Seilen und Reifen und schmückten sich damit.

ERDFERKEL

Orycteropodidae

Am schnellsten einen Bau graben kann sich das Erdferkel *(Orycteropodidae afer)*, das im Grasland, im Busch und in den Wäldern südlich der Sahara heimisch ist. Mit seinen langen, löffelförmigen Krallen und seinen außerordentlich kräftigen Beinen gräbt es sich in lockerer Erde schneller eine Höhle als manch ein Mensch mit einer Schaufel. Kann es vor seinen Feinden nicht davonlaufen, vergräbt es sich und versteckt sich statt

---

Beim Graben klappen Erdferkel ihre Ohren zurück und schließen ihre Nasenlöcher, um zu verhindern, daß Schmutz, Ameisen und Termiten eindringen.

---

dessen. Unter besonderen Umständen kann ein mehrere Meter langer Bau in weniger als 5 Min. fertiggestellt sein. Auch harter, trockener Boden ist kein Hindernis. Junge Erdferkel graben sich im Alter von etwa 6 Monaten ihre eigenen Höhlen.

Da Erdferkel beim Laufen oft mit Büschen, Bäumen und anderen Hindernissen kollidieren, nimmt man an, daß ihre Sehkraft nicht sehr hochentwickelt ist.

Die meisten Höhlen. Das Erdferkel *(Orycteropodidae afer)* ist ein scheues Nachttier. Oft sind seine Höhlen der einzige Hinweis auf seine Anwesenheit. Manche Tiere graben besonders fleißig: Der Rekord liegt bei 60 Eingängen auf einem kleinen Gebiet von ca. 300 × 100 m. Da die meisten dieser Eingänge lange Zeit ungenutzt bleiben, lassen sich oft andere Tiere in ihren Höhlen häuslich nieder.

FLEDERTIERE

Chiroptera
Ca. 1000 Arten: 165 *Megachiroptera*
und 820 *Microchiroptera*.

Die älteste bekannte fossile Fledermaus gehört einer Art namens *Icaronycteris index* an. Ihr fast vollständiges Skelett wurde in Wyoming, USA, im Felsgestein gefunden. Das Tier lebte im Eozän vor 50 Mio. Jahren. Sein Gebiß läßt darauf schließen, daß es sich um einen Insektenfresser handelte. *Icaronycteris* war ein aktiver Flieger, was nahelegt, daß es schon lange vor ihm, vielleicht bereits vor 70–100 Mio. Jahren, Fledertiere der einen oder anderen Art gegeben haben muß. In Nordamerika, Europa und Pakistan wurden weitere 13 vorwiegend insektenfressende Fledertierarten – ausnahmslos Vertreter

> **Fast ein Viertel aller Säugetiere sind Fledertiere.**

der Unterordnung *Microchiroptera* (Fledermäuse) – aus dem Eozän entdeckt. Fossilfunde der Unterordnung *Megachiroptera* (Flughunde) liegen dagegen erst aus dem Oligozän vor 35 Mio. Jahren vor. Da alle bekannten Fossilfunde den neuzeitlichen Arten ähneln und da es keine Hinweise auf ein Zwischenstadium (eine Mischung aus Fledertier und einem anderen Säugetier) in ihrer Entwicklung gibt, läßt sich nicht sagen, seit wann Fledertiere fliegen können.

Die größten Fledertiere sind die Flughunde (Familie der *Pteropodidae*), vor allem jene in Südostasien. Einige Arten der Gattung Pteropus erreichen eine Körperlänge von 45 cm, eine Flughautspannweite von mindestens 1,7 m, eine Unterarmlänge von 23 cm und ein Gewicht von 1,6 kg. Die Experten sind sich nicht darüber einig, welches die größte *Pteropus*-Art ist. Anwärter auf diesen Titel sind: der Indische Flughund *(Pteropus giganteus)*, der auf dem indischen Subkontinent und den Malediven verbreitet ist, der Indonesische Kalong *(Pteropus vampyrus)*, der ebenfalls auf den Malediven lebt, der Bismarck-Flughund *(Pteropus neohibernicus)* und der Samoaflughund *(Pteropus samoensis)*.

Das kleinste Säugetier der Welt ist die Schmetterling-Fledermaus *(Craseonycteris thonglongyai)*, deren Lebensraum sich auf die tiefsten und dunkelsten Kammern von etwa 21 Kalksteinhöhlen am Kwae Noi Fluß in der Provinz Kanchanaburi im Südwesten Thailands beschränkt (Bestand rund 2000). Mit einer Länge von 2,9–3,3 cm ist ihr Körper nicht größer als der einer großen Hummel. Die Länge ihrer Unterarme beträgt 2,2–2,6 cm, ihre Flughautspannweite 15–16 cm und ihr Gewicht 1,7–2 g. Sie wurde im Oktober 1973 von dem thailändischen Forscher Dr. Kitti Thonglongya entdeckt. 1974 wurde die Art wissenschaftlich anerkannt und erhielt seinen Namen.

Die längsten Ohren hat die Fledermaus *Euderma maculatum*, die in der Region von Nordmexiko über den Westen der USA bis nach Südwest-Kanada verbreitet ist. Ihre Ohren sind im Verhältnis zu ihrem Körper länger als bei jeder anderen Fledertier-Art, nämlich 4,5–5 cm bei einer Körperlänge von 6–7,7 cm. Nur einige verwandte Arten der langohrigen Fledertiere aus der Gattung *Plecotus* haben im Verhältnis zu ihrer Körperlänge fast ebenso lange Ohren (bis zu 4 cm lang bei einer Körperlänge von 4,5–7 cm).

Höchstalter. Für ihre Größe sind Fledertiere relativ langlebig. Haben sie die gefährlichste Zeit von der Geburt bis zur Entwöhnung überlebt, erreichen die meisten Arten ein Alter von 5–8 Jahren. Einige Arten erreichen Rekorde von bis zu 30 Lebensjahren: Wasserfledermäuse *(Myotis daubentonii)*, Große Hufeisennasen *(Rhinolophus ferrumequinum)*, Kleine Braune Fledermäuse *(Myotis lucifugus)* und Indische Flughunde *(Pteropus giganteus)*. Das zuverlässig überlieferte Höchstalter einer Fledermaus liegt bei 32 Jahren; so lange lebte eine beringte weibliche Kleine Braune Fledermaus, die in den USA gehalten wurde. Ein Indischer Flughund starb am 11. Jan. 1979 im Londoner Zoo im Alter von 31 Jahren und 5 Monaten.
Das zuverlässig überlieferte Höchstalter unter den wildlebenden Fledermäusen erreichte eine Große Hufeisennase in GB; sie wurde ca. 30 Jahre alt.

Höchstgeschwindigkeiten. Aufgrund ihrer unberechenbaren Flugbahnen und der dadurch entstehenden Schwierigkeiten bei der Geschwindigkeitsmessung liegen nur wenige Angaben über die Fluggeschwindigkeiten von Fledertieren vor.

Bei einem Experiment in einem künstlich angelegten Bergwerksstollen in den USA in den sechziger Jahren überschritten nur 4 von 17 verschiedenen Arten eine Fluggeschwindigkeit von 20,8 km/h. Die Höchstgeschwindigkeit von 25 km/h auf einer Strecke von 28 m erreichte dabei eine Große Braune Fledermaus *(Eptesicus fuscus)*. Die höchste jemals zuverlässig gemessene Geschwindigkeit einer Fledermaus wird mit 51 km/h der mexikanischen Guanofledermaus *(Tadarida brasiliensis)* zugeschrieben, die allerdings möglicherweise mit Windunterstützung flog. Fledertiere, die hohe Fluggeschwindigkeiten erreichen, haben im allgemeinen längere und schmalere Flughäute als die langsameren, aber wendigeren Arten.

Die längste bekannte Tragzeit aller Fledertiere hat die Gemeine Vampirfledermaus *(Desmodus rotundus)*. Sie trägt ihre Jungen 7–8 Monate, um sie dann weitere 9 Monate oder länger zu säugen (mal mit Milch, mal mit Blut). Bei verschiedenen anderen Arten verlängert sich der Zeitraum zwischen Paarung und Geburt des Jungen erheblich: Entweder wird das Ei bei der Paarung befruchtet und die Entwicklung des Embryos verzögert sich, oder die Befruchtung selbst erfolgt verspätet. Oft fallen diese Verzögerungen mit dem Winterschlaf zusammen. So schreibt man u.a. der nordamerikanischen Kleinen Braunen Fledermaus *(Myotis lucifugus)* eine »scheinbare« Tragzeit von 9 Monaten und mehr zu; die tatsächliche Entwicklungsphase des Embryos beträgt jedoch nur 6–8 Wochen.

Die kürzeste bekannte Tragzeit unter den Fledertieren hat vermutlich die in Europa und Südwestasien verbreitete Zwergfledermaus *(Pipistrellus pipistrellus)* mit 40–45 Tagen. Aber auch viele andere in gemäßigten Zonen heimische Arten haben ähnlich kurze Tragzeiten.

Die meisten Jungen. Die meisten Fledertiere bringen jeweils nur ein Junges zur Welt, allerdings treten bei manchen Arten häufig Zwillingsgeburten auf. Die einzigen Fledertiere, die im allgemeinen mehr als zwei Junge gebären, sind Vertreter der Gattung *Lasiurus*: die Weißgraue Fledermaus *(L. cinereus)*, die Fledermaus *L. intermedius*, die *L. seminolus* und vor allem die Rote Fledermaus *(L. borealis)* – sie gebären bis zu vier Junge. Die Anzahl der Jungen schwankt sowohl unter den Individuen als auch unter den Arten. Sie hängt von einer Vielzahl von Faktoren ab, wie der geographischen Breite, der zur Verfügung stehenden Nahrung, dem Alter und der Erfahrung der Weibchen.

Nur wenige Arten gebären mehr als einmal im Jahr. Die Bulldog-Fledermaus *(Tadarida pumila)* bringt zum Beispiel dreimal im Jahr ein Junges zur Welt. Den Rekord hält jedoch vermutlich die in Asien beheimatete Wroughtons Zwergfledermaus *(Pipistrellus mimus)* mit bis zu drei Zwillingsgeburten jährlich. Diese Spezies ist wahrscheinlich früher als jede andere Fledertierart geschlechtsreif, nämlich bereits im Alter von 5 Monaten.

Trotz ihrer wenigen Geburten entspricht das Gesamtgewicht der Jungen von Fledertieren ungefähr dem Gesamtgewicht der Jungen von nicht fliegenden Säugetieren vergleichbarer Größe. Fledertiere sind bei ihrer Geburt ausgesprochen groß und wiegen 12–43 % des Gewichts ihrer Mutter (die größte Art ist die Japanische Hufeisennase *(Rhinolophus cornutus)*), während das Junge eines nicht fliegenden Säugetieres ähnlicher Größe durchschnittlich 8 % des Gewichts seiner Mutter wiegt.

> **Verletzungen der Flughäute von Fledertieren heilen erstaunlich schnell; ein Loch mit einem Durchmesser von 2 cm in der Flughaut eines Flughundes ist beispielsweise innerhalb etwa eines Monats verheilt.**

Milchproduktion bei männlichen Tieren. Der relativ seltene *Dyacopterus spadiceus* ist das einzige bekannte milchproduzierende Männchen unter den wildlebenden Säugetieren. Diese Entdeckung, die eine der fundamentalen Theorien über Säugetiere ins Wanken gebracht hat, machte 1992 eine Gruppe von Wissenschaftlern der New York Zoological Society, des Rhode Island College und der Boston University im Rahmen einer Untersuchung der Fledertiere im Krau Wildreservat in Pahang (Malaysia). Sie fingen zufällig 13 männliche Dayak-Flughunde ein, von denen 10 geschlechtsreif waren und funktionstüchtige Milchdrüsen besaßen. Ob die Tiere tatsächlich Junge säugten, ist unbekannt.

Geburtshilfe bei Fledertieren. Der seltene Rodriguezflugfuchs *(Pteropus rodricensis)* und der *Pteropus alecto* sind die einzigen bekannten Fledertierarten, die sich bei der Geburt gegenseitig helfen. Professor Thomas Kunz und seine Kollegen von der Universität Boston beobachteten das Phänomen zum ersten Mal am 5. August 1991 während einer Untersuchung einer kleinen Kolonie von Rodriguezflugfüchsen der Lubee Foundation in Gainsville, Florida (USA). Als eine unerfahrene werdende Mutter Schwierigkeiten bei der Geburt hatte, kam ihr ein anderes weibliches Tier zu Hilfe: Sie fächelte ihr Luft zu, umfaßte ihren Körper hin und wieder mit ausgebreiteten Flughäuten und schien ihr sogar Anweisungen zu geben. Schließlich, nach der schwierigen, 1 Std. 43 Min. dauernden Entbindung, half die »Hebamme«, das Junge in Sauglage zu bringen. Vielleicht ist dieses Sozialverhalten nur bei Fledertieren üblich, die unfreiwillig in Kolonien gehalten werden. Die Tatsache, daß das Phänomen nie zuvor beobachtet wurde, könnte sich aber auch dadurch erklären, daß nie zuvor eine gebärende Fledermaus gesehen wurde.

Geburtshilfe ist in der Tierwelt nicht üblich. Sie ist bisher nur bekannt vom Weißbüscheläffchen *(Callithrix jacchus)*, vom Asiatischen Elefanten *(Elephas maximum)*, von der Ägyptischen Stachelmaus *(Acomys cahirinus)*, vom Großen Tümmler *(Tursiops truncatus)*, von einigen Haushunden und natürlich vom Menschen.

Der größte Dimorphismus bei Fledertieren wurde beim Afrikanischen Hammerkopf *(Hypsignathus monstrosus)* festgestellt. Das Männchen ist fast doppelt so schwer (durchschnittlich 420 g) wie das Weibchen (durchschnittlich 234 g), hat dicke, herabhängende Lippen und einen quadratischen, hammerförmigen Kopf, während der Kopf des Weibchens eher fuchsförmig ist.

Die größte Fledermaus-Kolonie der Welt hat sich in etwa einem Dutzend Höhlen in Texas (USA) gebildet. Dort versammeln sich im Sommer Millionen von Guanofledermäusen *(Tadarida brasiliensis)*, die eine höhere Bevölkerungsdichte erreichen als jedes andere Säugetier (einschließlich des Menschen). Schätzungen zufolge lebten dort rund 100 Mio. Tiere dieser Spezies, bis die in den USA weitverbreitete Anwendung von DDT in den sechziger Jahren die Population unter die 3-Millionen-Grenze sinken ließ.

Ihre Zahl hat sich inzwischen teilweise wieder erholt. Die am dichtesten von Fledertieren besiedelte Höhle der Welt ist vermutlich die Bracken Cave in der Nähe von San Antonio. Innerhalb von 7–10 Tagen bringen dort 10 Mio. Weibchen ihre Jungen zur Welt (nachdem sie 800–1800 km aus ihrem Winterquartier in Mexiko zurückgelegt haben). Aber auch einige der übrigen Höhlen sind mit 5 Mio. Weibchen und ihren Jungen beinahe ebenso dicht besiedelt.

> **Die chinesische Bezeichnung für Fledermaus lautet »yeh yen«, was soviel bedeutet wie »Schwalbe der Nacht«.**

In Europa sind Kolonien von mehr als tausend Fledermäusen selten geworden. Ältere Berichte sprechen von ca. 100 000 Zwergfledermäusen in einer Höhle in Rumänien. Eine der größten heutigen Kolonien ist eine Gruppe von 60 000 Langflügel-Fledermäusen *(Miniopterus schreibersii)*, die in den achtziger Jahren in einer Höhle in Aude (Frankreich), am nordöstlichen Rand der Pyrenäen, entdeckt wurde. Die vielleicht bedeutendste Kolonie – zumindest für Nordeuropa – hat sich in einem 30 m unter der Erde liegenden Tunnelsystem gebildet, das das deutsche Militär während des 2. Weltkrieges in Westpolen angelegt hat. Mehr als 20 000 Fledertiere 12 verschiedener Arten halten in dem 30 km umfassenden Tunnelsystem der früheren Miedzyrzecki-Befestigungsanlagen, etwa 100 km westlich von Posen, ihren Winterschlaf. Am zahlreichsten vertreten sind die Wasserfledermäuse *(Myotis daubentonii)*; sie machen etwas mehr als die Hälfte der gesamten Population aus.

Die besten Baumeister. Bei sechzehn verschiedenen Fledertierarten ist erwiesen, daß sie sich ein sicheres, trockenes Dach über dem Kopf bauen. Im allgemeinen werden dafür einzelne Blätter in einfache Zelte verwandelt. Der beste Baumeister ist die Gelbohr-Fledermaus *(Uroderma bilobatum)*, die von Dr. Jae Choe von der Harvard Universität auf der Insel Barro Colorado in Panama studiert wurde. Die Spezies baut aus 14 bis zu 44 cm langen und 21 cm breiten Blättern hochentwickelte kegelförmige Zelte, die Schutz vor Wolkenbrüchen bieten und geräumig genug sind, um bis zu drei Fledermäuse zu beherber-

In Texas (USA) versammeln sich Millionen von Guano-Fledermäusen und bilden heute weltweit die größte Ansammlung von Fledertieren.

gen. Bisher wurden noch keine Weibchen in einem solchen Zelt gesehen. Da auch der Entstehungsprozeß dieser Zelte bisher nicht beobachtet wurde, ist unklar, ob sie von einer einzigen Fledermaus gebaut werden oder in Zusammenarbeit von mehreren Tieren entstehen.

Auf dem Luftwaffenstützpunkt Randolph in Texas (USA) vermeidet die US Air Force, daß ihre Flugzeiten mit den Aktivitäten der Guano-Fledermäuse zusammenfallen, die in der Nähe in riesigen Kolonien leben. Eine 12 g schwere Fledermaus kann nicht nur einen Motor zerstören, sondern einen verhängnisvollen Zusammenstoß verursachen.

Das einzige Höhlen grabende Fledertier ist die Neuseeland-Fledermaus *(Mystacina tuberculata)*. Mit ihren Schneidezähnen und vermutlich mit Hilfe ihrer krallenartigen Klauen gräbt sie Löcher von bis zu 50 cm Tiefe und 10 cm Durchmesser.
Der längste Winterschlaf. Die langen Winter in den gemäßigten Zonen zwingen Fledertiere, entweder in wärmere Regionen zu ziehen, wo es ausreichend Nahrung für sie gibt, oder einen Winterschlaf zu halten, um den Winter ohne Nahrung zu überleben. Die meisten Arten halten einen Winterschlaf, und der dauert bei einigen länger als bei jedem anderen Säugetier. Unter normalen Bedingungen verbringt die Kleine Braune Fledermaus *(Myotis lucifugus)* bis zu 86 Tage schlafend, ohne sich zu bewegen. Die Große Braune Fledermaus *(Eptesicus fuscus)* wurde 64–66 Tage in diesem Zustand beobachtet. Unter Laborbedingungen wurden einige Arten auch wesentlich länger in ununterbrochenem Winterschlaf gehalten (in einem Extremfall hatte man den Winterschlaf einer Großen Braunen Fledermaus in einem Kühlschrank auf 344 Tage ausgedehnt, bis das Tier an Unterernährung starb).
Winterschlaf haltende Fledertiere erhöhen ihr Körpergewicht im Herbst um 25–35 %, damit sie im Winter von ihren Fettreserven zehren können. Sie verbringen bis zu 6 Monate in einem Zustand weitgehender Lethargie und reduzieren ihren Stoffwechsel dramatisch, um den Energieverbrauch zu verringern. Ihre Körpertemperatur sinkt auf die Umgebungstemperatur ab; die Herzfrequenz liegt bei 25 Schlägen/Min. (im Flug liegt sie bei mehr als 1000 Schlägen/Min.); und ihre Atmung beschränkt sich auf einen Atemzug alle 45 Min. (manche Individuen atmen sogar nur einmal alle 2 Std.). Selbst ihr Ruhehang mit dem Kopf nach unten kostet keine Energie (oft verharren sie noch nach ihrem Tod in dieser Stellung), denn eine Sehne verhindert, daß sich die hakenartigen Zehen strecken. Sie wachen allerdings durchschnittlich alle 20 Tage auf, um den Schlafplatz zu wechseln und um zu trinken, denn der durch die Atmung verursachte Wasserverlust führt schnell zum Austrocknen. Obwohl Fledertiere nur 2–4 % des Winters im Wachzustand verbringen, kosten diese natürlichen Unterbrechungen mehr als 75 % ihrer gesamten Energiereserven.

Die niedrigste Körpertemperatur erreicht die Rote Fledermaus *(Lasiurus borealis)*. Bei vielen Winterschlaf haltenden Fledertieren kann die Körpertemperatur zeitweise bis nahe an den Gefrierpunkt sinken, doch die nordamerikanische Rote Fledermaus hält Körpertemperaturen von weit unter dem Gefrierpunkt stand und gefriert praktisch zu Eis, ohne dabei ernstlich Schaden zu nehmen. Sie hat von allen Fledertierarten das dickste Fell, die niedrigste Herzfrequenz bei niedrigen Temperaturen und den höchsten Anteil roter Blutkörperchen.

Die längste Flugstrecke, die je ein Fledertier nachweislich zurückgelegt hat, beträgt 2347 km Luftlinie: Ein Großer Abendsegler *(Nyctalus noctula)*, der im August 1957 von dem russischen Zoologen P. P. Strelkov in Voronezh (Rußland) beringt worden war, wurde im Januar 1961 in

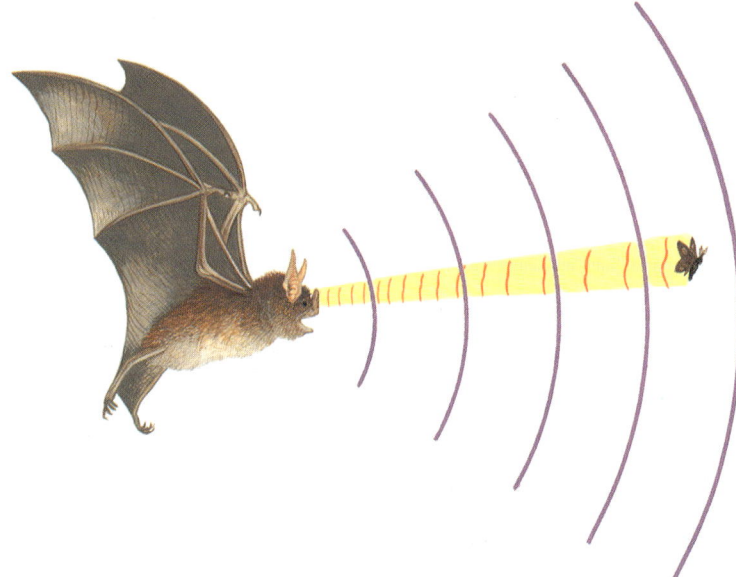

Kein Landtier beherrscht die Echo-Ortung annähernd so gut wie die Fledertiere, die mit Hilfe der Echos ihrer Ultraschall-Signale Objekte von der Größe einer Mücke aus einer Entfernung von mindestens 20 m wahrnehmen können.

Südbulgarien gefunden. Man nimmt an, daß die Rote Fledermaus *(Lasiurus borealis)* wenn nötig Strecken von bis zu 2000 km zurücklegt. Andere Fernreisende unter den Fledertieren bringen es auf 1000–1500 km.

Es kommt auch vor, daß in wärmere Regionen ziehende Fledertiere durch den Wind Tausende von Kilometern von ihrem Kurs abgetrieben werden. Den Rekord hält hier vermutlich die Weißgraue Fledermaus *(Lasiurus cinereus)*. Sie hat es geschafft, das an seinem nächsten Punkt 3700 km vom US-amerikanischen Festland entfernte Hawaii (USA) zu erreichen, wo sie inzwischen eine eigene Unterart bildet *(Lasiurus c. semotus)*.

Die mit Abstand nördlichste Population von Fledertieren der Erde bil-

Der Guano, der von einer riesigen Kolonie von Guano-Fledermäusen in New Mexico (USA) produziert wurde, diente während des Amerikanischen Bürgerkrieges als Grundstoff für die Herstellung von Schießpulver.

Einige Nachtfalter haben ohrenartige Organe entwickelt, mit denen sie die Ultraschall-Signale von Fledertieren früh genug wahrnehmen können, um rechtzeitig die Flucht zu ergreifen. Andere geben eine Reihe von Ultraschall-Schnalzlauten von sich, mit denen sie die Fledertiere bei der Echo-Ortung stören und sie veranlassen, die Verfolgung aufzugeben; vielleicht teilen sie ihnen mit Hilfe der Schnalzlaute auch mit, daß sie einfach nicht besonders gut schmecken.

den die Nord-Fledermäuse *(Eptesicus nilssonii)*, die weit über dem nördlichen Polarkreis in Nordnorwegen leben. Ein einzelnes Tier wurde sogar in Austertana in der Provinz Finnmark auf 70° 25´ N gesehen, nördlicher als je ein Fledertier zuvor. Das Vorkommen dieser Spezies in Nordnorwegen ist seit dem letzten Jahrhundert bekannt und vermutlich auf den Einfluß des Golfstromes zurückzuführen, der für ein wesentlich milderes Klima als in anderen Regionen derselben geographischen Breite sorgt.

Echo-Ortung ist eine äußerst hochentwickelte Form des Sonar, bei der sich ein Tier ein »Lautbild« von seiner Umgebung macht, indem es mit Hilfe des *Echos* selbstausgesandter Laute

Objekte in seiner Flugbahn *ortet*. Kein Landtier beherrscht dieses System annähernd so gut wie die Fledertiere, die auf diese Weise nicht nur Informationen über Entfernung, Richtung und relative Geschwindigkeit von Objekten sammeln, sondern sich auch über deren Form, Größe und Beschaffenheit informieren. Einige Arten sind in der Lage, aus mindestens 20 m Entfernung Objekte von der Größe einer Mücke auszumachen. Bei den ausgesandten Lauten handelt es sich vorwiegend um sehr komplexe Ultraschall-Signale (oberhalb der menschlichen Hörgrenze), bestehend aus verschiedenen Lauten unterschiedlicher Frequenzen. Die meisten Arten benutzen Frequenzen von 20–80 kHz, manche senden aber auch in Bereichen zwischen 120 und 250 kHz (für das menschliche Ohr wahrnehmbar sind Frequenzen von 20 Hz bis annähernd 20 kHz). Die Länge der Ultraschallsignale ist unterschiedlich und bewegt sich zwischen 0,2 und 100 Millisekunden. Die Signale werden in regelmäßigen Abständen wiederholt; die Abstände hängen von der jeweiligen Tätigkeit des Tieres ab: Ein jagendes Fledertier auf Beutesuche sendet ungefähr 3–10 Signale/Sek., hat es ein fliegendes Insekt entdeckt, erhöht sich der Takt auf 15–50 Signale/Sek., bis dann kurz vor dem Angriff bis zu 200 Signale/Sek. ausgesandt werden, damit das Fledertier ständig mit Informationen über sein Opfer versorgt wird. Die Laute entstehen im Kehlkopf und werden bei den meisten Arten durch das geöffnete Maul ausgestoßen. Fledermäuse mit Blattnasen »reden« allerdings durch ihre Nasenlöcher und fliegen mit geschlossenem Maul. Man nimmt an, daß alle Fledertiere der Unterordnung *Microchiroptera* (Fledermäuse) über die Fähigkeit der Echo-Ortung verfügen; allerdings gelten nur wenige Arten als weitgehend erforscht. Die einzigen Flughunde (Unterordnung *Megachiroptera*), von denen bekannt ist, daß sie die Echo-Ortung beherrschen, sind einige Vertreter der Gattung *Rousettus*, wie der Nilflughund *(R. aegyptiacus)*. *Rousettus*-Arten sind Höhlenbewohner und müssen sich in totaler Dunkelheit zurechtfinden können; sie wenden eine sehr einfache Form der Echo-Ortung an und erzeugen Orientierungslaute, indem sie die Zunge gegen die Innenseite des Maules schnalzen.

Entgegen der weitverbreiteten Meinung liegen nicht alle Orientierungslaute der Fledertiere oberhalb der menschlichen Hörgrenze. So erzeugen die nordamerikanischen Fledermäuse *Euderma maculatum* und europäische Bulldogg-Fledermäuse *(Tadarida teniotis)* der Unterordnung *Microchiroptera* Laute, die sich in Frequenzbereichen von 9–15 kHz bewegen; sie klingen, als kämen sie von Insekten und nicht von Fledermäusen.

> **Entgegen der weitverbreiteten Ansicht sind Fledertiere nicht blind; sie haben funktionsfähige Augen, und die Sehkraft mancher Arten läßt sich durchaus mit der des Menschen vergleichen.**

Das kräftigste Fledertier ist die weibliche Rote Fledermaus *(Lasiurus borealis)*. Sie ist in der Lage, mit zwei und sogar drei Jungen auszufliegen, die sich während des Fluges an ihr Fell klammern und oft schwerer sind als ihr eigener Körper. Vampirfledermäuse (Familie der *Desmodontidae*) sind imstande, mit prall gefülltem Magen zu fliegen.

Den am tiefsten gelegenen Schlafplatz hat sich eine Kolonie von 1000 Kleinen Braunen Fledermäusen *(Myotis lucifugus)* ausgesucht. Sie verbringen den Winter in einer Zinkmine im Staat New York (USA), die 1160 m unter der Erde liegt. Diese Spezies bevorzugt normalerweise Tiefen von rund 200 m.

Ausschließlich von Blut ernähren sich die Vampirfledermäuse (Familie der *Desmodontidae*); das macht sie einzigartig unter den Säugetieren. Einzigartig unter den Fledertieren sind sie, weil sie sich ausschließlich auf ein Nahrungsmittel beschränken. Außerdem sind Vampire die einzigen wirklichen Parasiten dieser Ordnung. Es gibt drei Arten, die ausnahmslos in Mittel- und Südamerika vorkommen: Kleine Blutsauger *(Diphylla ecaudata)* und Weißflügelvampire *(Diaemus youngi)*, die sich beide fast nur von Vogelblut ernähren, und Gemeine Vampirfledermäuse *(Desmodus rotundus)*, die das Blut von Säugetieren bevorzugen. Vampire sind ziemlich kleine Fledertiere. Sie erreichen eine Körperlänge von gerade 6,5–9 cm, eine Flughautspannweite von 32–35 cm und ein Gewicht von ungefähr 40 g.

Die Gemeine Vampirfledermaus wird normalerweise in dunklen, mond-

losen Nächten aktiv. Hat sie ein Opfer gefunden, landet sie ein paar Meter von ihm entfernt und geht, läuft oder hüpft zu ihm hinüber, um dann mit Hilfe eines Wärmesensors auf ihrer Nase herauszufinden, an welchen Stellen das Blut dicht unter der Haut fließt (sie beißt also nicht in eine Arterie oder Vene). Dann beginnt sie, dort eine Stelle mit einem Durchmesser von etwa 0,5 cm zu belecken. Ist ihr dabei Fell im Weg, rasiert sie es mit ihren langen, messerscharfen oberen Schneidezähnen ab und entfernt anschließend vorsichtig ein Stück Haut. Das Opfer merkt davon im allgemeinen nichts und wacht nur selten auf. Der Speichel der Vampirfledermaus enthält ein Mittel, das die Blutgerinnung verhindert. Eine Vampirfledermaus braucht täglich mindestens 20 g Blut, um zu überleben (das entspricht zwei Eßlöffeln, bzw. der Hälfte ihres eigenen Körpergewichts). Die Nahrungsaufnahme dauert etwa 20 Min. Damit der Magen nach der Mahlzeit nicht zu voll ist und sie am Fliegen hindert, beginnt sie bereits innerhalb von 2 Min. nach Beginn der Nahrungsaufnahme zu urinieren und das schwere Blutplasma, das keinerlei Nährwert besitzt, auszuscheiden. Jede Vampirfledermaus nimmt pro Nacht nur eine

Mahlzeit zu sich und kehrt anschließend in ihre Höhle zurück, um zu verdauen. Es kommt vor, daß sie in den folgenden Nächten immer dasselbe Opfer aufsucht und bei jedem Besuch dieselbe Wunde öffnet.

> **Die vielen Rinderfarmen in Mittel- und Südamerika sind ein Schlaraffenland für Vampirfledermäuse, denn die bedauernswerten Rinder stellen eine unerschöpfliche Blutbank dar.**

Eine Liste der vom Aussterben bedrohten Fledertiere hat die World Conservation Union (IUCN) zusammengestellt. Sie enthält 72 Arten (7,3 % aller weltweit vorkommenden Fledertierarten). Als besonders ge-

> *Vampire sind die einzigen Säugetiere, die sich ausschließlich von Blut ernähren, und die einzigen echten Parasiten unter den Fledertieren; hier einige Exemplare der Gemeinen Vampirfledermaus.*

fährdet gelten der auf den Philippinen heimische Flughund *Acerodon jubatus*; Bulmers Flughund *(Aproteles bulmerae)* aus Papua-Neuguinea; der philippinische Röhrennasenflughund *(Nyctimene rabori)*, der auf der philippinischen Insel Negros zu Hause ist; der in Taiwan und auf den Ryukyu Inseln (Japan) lebende Flughund *Pteropus dasymallus*; der Rodriguesflugfuchs *(Pteropus rodricensis)*, der auf der 500 km östlich von Mauritius gelegenen Insel Rodrigues lebt; die auf den Seychellen lebende Fledermaus *Coleura seychellensis*; und die Graue Fledermaus *(Myotis grisescens)* aus den USA. Gefahr droht den Fledertieren aus vielerlei Richtungen – durch die in der Landwirtschaft weitverbreitete Verwendung von Pestiziden, durch die bei der Behandlung von Bauholz eingesetzten hochtoxischen Insektizide, durch die Zerstörung ihrer Lebensräume, durch übermäßiges Jagen, durch Störungen ihres Winterschlafs und durch natürliche Faktoren wie tropische Wirbelstürme. Auch die negative Einstellung des Menschen ihnen gegenüber stellt eine Bedrohung für die Fledertiere dar.

> **Es stimmt nicht, daß Fledermäuse absichtlich in die Haare von Menschen fliegen; sie erkunden uns im Tiefflug, legen aber ganz sicher keinen Wert darauf, sich mit uns zu verheddern.**

Bei weiteren Unterarten der Fledertiere weiß oder vermutet man, daß sie vom Aussterben bedroht sind. Hierzu zählen der *Pteropus syechellensis aldabrensis*, der auf dem zu den Seychellen gehörenden Aldabra-Atoll lebt und von einigen als separate Spezies betrachtet wird; und die Weißgraue Fledermaus *(Lasiurus cinereus semotus)* aus Hawaii (USA).

Am meisten gefährdet sind die Flughunde (Unterordnung *Megachiroptera*): Von den insgesamt rund 165 Arten stehen nicht weniger als 48 (29%) auf der von der World Conservation Union (IUCN) geführten Liste der vom Aussterben bedrohten Fledertiere. Weitere acht Arten sind in den vergangenen Jahren bereits ausgestorben. Die Hauptursache hierfür ist, daß 86% der Flughunde auf Inseln leben und damit Veränderungen ihres Lebensraumes besonders wehrlos ausgeliefert sind, da sie ihnen nicht ausweichen können.

Die am meisten bedrohten Fledertiere sind die Flughunde; diese Rodriguezflugfüchse werden gezüchtet, um sie in ihrer Inselheimat im Indischen Ozean vor dem Aussterben zu bewahren.

Die seltenste Fledertierart ausfindig zu machen ist beinahe unmöglich. Viele Arten – darunter der 1938/39 entdeckte *Neopteryx frosti* aus Tamalanti (Sulawesi) und der 1945 entdeckte *Paracoelops megalotis* aus Vinh (Vietnam) – sind nur durch Einzelexemplare bekannt. Dennoch ist es möglich, daß einige Populationen bisher unentdeckt überlebt haben. Ein gutes Beispiel hierfür ist der *Latidens salimalii*, der am 2. Mai 1948 entdeckt worden war. Zunächst hatte man ihn fälschlicherweise als Indischen Kurznasenflughund *(Cynopterus sphinx)* eingeordnet, doch bei einer erneuten Untersuchung 1972 stellte man fest, daß er sowohl eine neue Art als auch eine neue Gattung repräsentiert. Jahrelang galt er als ausgestorben, bis im April 1993 eine kleine Population in einer entlegenen Ecke der High Wavy Mountains im Süden Indiens entdeckt wurde.

Vermutlich bereits ausgestorben sind 12 Fledertierarten. Dazu zählen der Panay-Flughund *(Acerodon lucifer)*, der 1888 von der philippinischen Insel Panay verschwand; der Guamflughund *(Pteropus tokudae)*, der bis 1968 auf der Insel Guam heimisch

war; der philippinische Nacktrückenflughund *(Dobsonia chapmani)*, der vermutlich bis 1964 auf den philippinischen Inseln Cebu und Negros lebte; und die Neuseeland-Fledermaus *(Mystacina robusta)*, die wahrscheinlich in den sechziger Jahren von der der Stewart Insel vorgelagerten Insel Big South West Cape (Neuseeland) und von den Salomon-Inseln verschwand.

Am längsten für ausgestorben gehalten wurde Bulmers Flughund *(Aproteles bulmerae)*, von dem man annahm, daß es ihn schon seit 9000–10 000 Jahren nicht mehr gibt. Diese Spezies war bisher nur durch 200 unvollständige Fossilfunde bekannt, die in den siebziger Jahren bei

Ausgrabungen in der Provinz Chimbu (Neu Guinea) gefunden worden waren. Wenig später entdeckte jedoch der Paläontologe James I. Menzies in einem Hinterzimmer des Australischen Museums in Sidney eine Kiste voller Flughundschädel, die bisher nicht untersucht worden waren. Der Anthropologe D. Hyndman hatte sie 1975 in einer 800 m unter der Erde liegenden Höhle im Hindenburg-Gebirge (Papua Neuguinea) gefunden. Erst Menzies erkannte, daß zwei der Schädel und zwei Unterkiefer zur Spezies *Aproteles bulmerae* gehörten, die offenbar bis in die Gegenwart überlebt hatte. 1977 ergaben Forschungen, daß die ursprüngliche Kolonie von Einheimischen vernichtet worden war, doch im Mai 1992 stieß

man in einer einzigen Höhle im Hindenburg-Gebirge auf eine weitere Kolonie von 137 Flughunden.

Es gibt zwei sehr unterschiedliche Gruppen von Fledertieren: die pflanzenfressenden Megachiroptera oder Flughunde (mit rund 165 Arten) und die vorwiegend insektenfressenden Microchiroptera (mit rund 820 Arten).

FLOSSENFÜSSER

*Robben, Seelöwen & Walrosse
Pinnipedia*

34 Arten: 19 Seehunde oder Hundsrobben, 5 Seelöwen, 9 Seebären und 1 Walroß, einschließlich Karibische Mönchsrobbe.

Der größte Flossenfüßer ist der Südliche See-Elefant *(Mirounga leonina)*, der hauptsächlich das Südpolarmeer rund um die Antarktis bewohnt. Bullen erreichen durchschnittlich eine Körperlänge von bis zu 5,8 m (von der Spitze ihrer Schnauze bis zum Ende der gestreckten Schwanzflosse), einen Umfang von bis zu 3,7 m und ein Gewicht von ungefähr 2000–3500 kg. Die Weibchen sind in der Regel wesentlich kleiner und werden nur bis zu 3 m lang und 400–800 kg schwer. Das größte genau vermessene Exemplar war ein Bulle, der am 28. Februar 1913 in der Possession Bay (South Georgia) im Südatlantik getötet wurde. Das Tier wog wahrscheinlich mindestens 4000 kg und hatte nach dem Abhäuten eine Länge

Der Südliche See-Elefant ist der größte aller Flossenfüßer; dieses Schwergewicht, das auf den Falkland-Inseln fotografiert wurde, brachte wahrscheinlich mindestens 3 t auf die Waage.

von 6,5 m; seine ursprüngliche Körperlänge einschließlich der Speckschicht wird auf 6,85 m geschätzt.

Das größte lebende Exemplar ist ein männlicher Südlicher See-Elefant mit dem Spitznamen Stalin aus South Georgia im Südatlantik. Britische Antarktisforscher stellten am 14. Oktober 1989 ein Gewicht von 2662 kg und eine Körperlänge von 5,1 m fest.

Der kleinste Flossenfüßer ist vermutlich der Galapagos-Seebär *(Arctocephalus galapagoensis)*, der zur Paarungszeit sieben Inseln des Galapagos Archipels vor der Küste Ecuadors aufsucht. Ausgewachsene Weibchen werden durchschnittlich 1,2 m lang und 27 kg schwer. Bullen sind mit einer Körperlänge von im allgemeinen 1,5 m und einem durchschnittlichen Gewicht von etwa 64 kg deutlich größer.

Die größten Zähne aller Flossenfüßer hat das in der Arktis heimische Walroß *(Odobenus rosmarus)*. Seine beiden oberen Eckzähne entwickeln sich zu langen, geschwungenen Hauern, die weit über das Kinn herabhängen. Sie dienen als Waffe, als Anker und als Hebel, mit deren Hilfe sich die Tiere an eine felsige Küste ziehen oder auf eine im Wasser treibende Eisscholle hieven. Die Hauer der Bullen sind schwerer und länger als die der Weibchen. Viele sind gebrochen oder

zumindest stark abgenutzt, sie können aber bis zu 1 m lang und 5,4 kg schwer werden.

Die kürzeste Stillzeit aller Säugetiere wurde bei der Mützenrobbe oder Klappmütze *(Cystophora cristata)* festgestellt, die ihre Jungen in der Regel nur 4 Tage säugt. Die Jungen wachsen ausgesprochen schnell: Sie kommen mit einem Gewicht von ungefähr 25 kg auf die Welt und wiegen bei der Entwöhnung bereits 50 kg.

Die längste Stillzeit aller Flossenfüßer hat mit 2–2 1/2 Jahren das weibliche Walroß *(Odobenus rosmarus)*. Der Galapagos-Seebär *(Arctocephalus galapagoensis)* säugt seine Jungen 2 Jahre, und eine kleine Zahl von Zwergseebären *(Arctocephalus pusillus)*, Südamerikanischen Seebären *(Arctocephalus australis)* und Stellers Seelöwen *(Eumetopias jubatus)* hat Stillzeiten von 2 und in Ausnahmefällen sogar 3 Jahren; der Durchschnitt liegt bei diesen Arten jedoch bei etwa 1 Jahr.

Eine hohe Lebenserwartung ist bei vielen Flossenfüßern, insbesondere bei den weiblichen Tieren häufig. Das Höchstalter wurde von Wissenschaftlern am Limnologischen Institut in Irkutsk (Rußland) ermittelt: Anhand der Zementschichten an den Eckzähnen von Baikalrobben *(Phoca sibirica)*

schätzten sie deren Lebensdauer auf bis zu 56 Jahre bei weiblichen und auf bis zu 52 Jahre bei männlichen Tieren. Weibliche Kaspi-Robben *(Phoca caspica)* haben eine Lebenserwartung von bis zu 50 Jahren; Bullen dieser Spezies werden dagegen nur bis zu 47 Jahre alt. Im allgemeinen erreichen bei Flossenfüßern, mit Ausnahme von See-Elefanten, die weiblichen Tiere ein etwas höheres Alter als Bullen.

Bei in Gefangenschaft lebenden Tieren liegt das Höchstalter bei 42–43 Jahren; Rekordhalter ist eine männliche Kegelrobbe namens Jacob, die am 28. Oktober 1901 im Alter von schätzungsweise 2 Jahren gefangen wurde und am 30. Januar 1942 im Skansen Zoo, Stockholm (Schweden), starb.

Die geringste Lebenserwartung aller wildlebenden Flossenfüßer hat vermutlich der Australische Seelöwe *(Neophoca cinerea)*, der nur etwa 12 Jahre alt wird.

Der am zahlreichsten vertretene Flossenfüßer ist der Krabbenfresser *(Lobodon carcinophagus)*. In seiner Heimat, der Antarktis, wird sein Gesamtbestand auf weit über 10 Mio., von einigen Experten sogar auf 35 Mio. geschätzt. Auf folgende Mindestbestände hat man sich weitgehend geeinigt: 9–11 Mio. im Weddell-Meer; 1,3 Mio. im Amundsen- und im Bellingshausen-Meer; 650 000 vor den Küsten von Oates und King George V[th] Land; und 600 000 vor den Küsten von Terre Adélie, Terre Clarie und Banzare Land.

Die weltweit größte Ansammlung von großen Säugetieren ist eine Herde von Bärenrobben *(Callorhinus ursinus)* auf den Pribylow-Inseln (Alaska). Den Höchststand von rund 2,5 Mio. Tieren verzeichnete die Population in den späten fünfziger Jahren. Seither ist der Bestand zum Teil aufgrund jahrelanger intensiver Bejagung stark zurückgegangen. Derzeit ist die kommerzielle Jagd auf Bärenrobben verboten (allerdings dürfen noch immer 2500 Tiere im Jahr für den Eigenbedarf getötet werden), so daß die Herde alljährlich im Sommer nun schätzungsweise wieder 900 000 Tiere zählt. Zur Paarungszeit sammeln sie sich vor allem auf zwei Hauptinseln der Pribylow-Gruppe: auf St. Georg und St. Paul.

Unlängst ausgestorben ist vermutlich die Karibische Mönchsrobbe *(Monachus tropicalis)*, die noch bis

vor kurzem an entlegenen Sandstränden der Bahamas, der Großen und Kleinen Antillen und der Halbinsel Yukatan (Mexiko) zu finden war. Zuletzt nach zuverlässigen Angaben gesichtet wurde die Spezies 1952 auf der Serranilla Bank zwischen Nicaragua und Jamaika. Es gilt als so gut wie sicher, daß die Bestände der Karibischen Mönchsrobbe erloschen sind; damit wäre die Spezies die einzige Robbenart, die in jüngster Vergangenheit ausgestorben ist.

Die seltensten Flossenfüßer. Geht man davon aus, daß die Karibische Mönchsrobbe *(Monachus tropicalis)* ausgerottet ist, muß die Mittelmeer-Mönchsrobbe *(Monachus monachus)* als der seltenste Flossenfüßer der Gegenwart bezeichnet werden. Ihr Bestand wird auf 427–557 Tiere geschätzt, die sich wie folgt verteilen: Griechenland (200–250), Mauretanien/Atlantikküste Marrokkos (130), Zypern und Türkei (20–50), Algerien (10–30), Kroatien (25), Albanien (20), Mittelmeerküste Marrokkos (10–20), Libyen (0–20) und Madeira (12). Seit im August 1994 zwei Vertreter der Spezies an der Küste Sardiniens gesehen wurden, besteht die Hoffnung, daß die Tiere sich dort nach mehr als einem Jahrhundert Abwesenheit wieder etablieren werden. Gefahr droht den wenigen Überlebenden vor allem durch Bejagung, durch die Veränderung ihrer Lebensräume und durch vom Menschen verursachte Störungen.

> **Seeleoparden singen manchmal im Schlaf: Sie geben die verschiedensten Pieps-, Pfeif-, Gurgel- und Grunzlaute von sich.**

Auch die Pazifische Mönchsrobbe *(Monachus schauinslandi)* kommt nur noch äußerst selten vor. Ihr Bestand wird auf 1000–1500 geschätzt und ist auch weiterhin durch Störungen durch den Menschen, beutehungrige Haie, ausrangierte Fischernetze, in denen sich die Tiere verfangen, und durch Krankheiten bedroht.

Eine Unterart der Ringelrobbe *(Phoca hispida)* steht ebenfalls kurz vor dem Erlöschen. Die Existenz der nur noch 160–180 ausschließlich im Saimaa-See (Finnland) vorkommenden Saimaarobben *(P. h. saimensis)* bleibt auch in Zukunft durch den Bau von Ferienhäusern an den Ufern des Sees, durch zufälliges Verfangen

in Fischnetzen sowie durch Wasserverschmutzung und künstliche Veränderungen des Wasserstandes gefährdet.

Die höchste Schwimmgeschwindigkeit eines Flossenfüßers ist 40 km/h. Diesen Rekord stellte ein Kalifornischer Seelöwe *(Zalophus californianus)* bei einem Kurzstreckenspurt auf.

Ein 275 kg schwerer Seeleopard *(Hydrurga leptonyx)* kann bei einer Ausgangsgeschwindigkeit von etwa 6 m/s oder 22 km/h mit Leichtigkeit aus dem Wasser auf eine 2 m hohe Eisscholle springen.

Der schnellste Flossenfüßer an Land ist der Krabbenfresser *(Lobodon carcinophagus)*, für den auf Signy Island, South Orkneys, in der Nähe der Antarktis, auf festem Schnee eine Geschwindigkeit von 19 km/h gemessen wurde. Bei anderen Gelegenheiten soll die Spezies Geschwindigkeiten von schätzungsweise 25 km/h erreicht haben.

Am gefährlichsten für den Menschen ist der fleischfressende Seeleopard *(Hydrurga leptonyx)*. Er ist der einzige Flossenfüßer, von dem es heißt, daß er scheinbar grundlos Menschen angreift. Es ist schon oft vorgekommen, daß ein Seeleopard plötzlich durch eine Spalte im Eis sprang und nach den Füßen eines Menschen schnappte. Mindestens einmal wurden Taucher angegriffen; außerdem sind mehrere Fälle bekannt, in denen Seeleoparden Menschen bis zu 100 m über das Eis gejagt haben. Die bis zu 3,6 m langen und an die 450 kg schweren Tiere mit den furchterregenden Zähnen sind ernst zu nehmende Gegner – zumal sie, verglichen mit anderen Flossenfüßern, tatsächlich über ein ausgesprochen aufbrausendes Temperament verfügen. Dennoch sind die Experten sich im allgemeinen darin einig, daß ihr schlechter Ruf den Tieren nicht gerecht wird: Bei der Mehrzahl der gemeldeten Angriffe scheinen sich die Seeleoparden entweder in ihrem Opfer geirrt zu haben (von unter Wasser ist die dunkle Gestalt eines stehenden Menschen leicht mit einem Kaiserpinguin zu verwechseln), oder die Tiere wurden gereizt. Aber auch andere Flossenfüßer beißen oder verjagen Eindringlinge, wenn sie sich von ihnen bedroht oder belästigt fühlen.

Am tiefsten tauchen können die See-Elefanten. Sie erreichen Tiefen von mehr als 1000 m, was von keinem

Das südlichste Verbreitungsgebiet aller Flossenfüßer hat die Weddell-Robbe *(Leptonychotes weddelli)*, die vorwiegend entlang der Eisbarriere vor dem antarktischen Kontinent vorkommt. Sie zieht im Winter mit dem Eis nach Norden und im Sommer nach Süden, hält sich aber normalerweise in Sichtweite des Festlands auf. Die am nördlichsten gelegene Paarungsstätte hat eine Kolonie auf South Georgia im Südatlantik auf einer Breite von ungefähr 54° S. Auch andere Arten von Flossenfüßern, vor allem der Seeleopard *(Hydrurga leptonyx)* und der Krabbenfresser *(Lobodon carcinophagus)*, leben in der Nähe des antarktischen Kontinents, jedoch hauptsächlich zwischen dem etwas weiter von der Küste entfernt treibenden Packeis.

Das nördlichstes Verbreitungsgebiet aller Flossenfüßer hat die Ringelrobbe *(Phoca hispida)*. Diese in der Arktis am häufigsten anzutreffende Robbenart ist nur selten auf dem offenen Meer oder auf treibendem Packeis zu finden, sondern bevorzugt das offene Wasser zwischen der geschlosseneren Eisdecke. Sie wurde vereinzelt sogar am Nordpol gesichtet.

Die geringste Verbreitung aller Flossenfüßer hat wohl der Guadalu-

anderen Flossenfüßer bekannt ist. Im Mai 1989 wurde ein mit einem Sensor versehener männlicher Nördlicher See-Elefant *(Mirounga angustirostris)* vor San Miguel Island, Kalifornien (USA), in 1529 m Tiefe geortet. Bei derselben Versuchsreihe, in deren Verlauf über 36 000 Tauchvorgänge von sechs verschiedenen Tieren untersucht wurden, tauchte ein zweiter See-Elefant 1333 m tief. Als Wissenschaftler von der University of California in Santa Cruz (USA) im Mai 1988 vor Año Nuevo Point, Kalifornien, das Tauchvermögen Nördlicher See-Elefanten testeten, erreichte ein Weibchen die Rekordtiefe von 1257 m. Bei ähnlichen Versuche mit Südlichen See-Elefanten *(M. leonina)* wurden Tauchtiefen von 1256 m und 1134 m registriert.

Am längsten tauchen kann der Südliche See-Elefant *(Mirounga leonina)*. Bei Versuchen im Südpolarmeer wurde bei einem Weibchen dieser Spezies eine maximale Tauchzeit von 120 Min. festgestellt. Die meisten Südlichen See-Elefanten bleiben jedoch im Durchschnitt »nur« 20–27 Min. unter Wasser. Für einen Nördlichen See-Elefanten *(Mirounga angustirostris)* ist eine Tauchzeit von 77 Min. und für eine Weddell-Robbe *(Leptonychotes weddelli)* von 74 Min. belegt.
Eine Untersuchung von Nördlichen See-Elefanten im Mai 1989 vor San Miguel Island, Kalifornien (USA), hat ergeben, daß sich die Tiere zwischen

den einzelnen durchschnittlich 21–24-minütigen Tauchaktionen selten länger als 5 Min. an der Wasseroberfläche aufhalten. Während der vielen Monate, die die Tiere im Meer verbringen, befinden sie sich Schätzungen zufolge etwa 86 % der Zeit unter Wasser.

Erst in jüngster Vergangenheit entdeckt wurde die Pazifische Mönchsrobbe *(Monachus schauinslandi)*. Die erste wissenschaftliche Beschreibung erfolgte 1905 anhand eines Schädels, der 1899 auf Laysan Island, Hawaii (USA), gefunden worden war. Seither wurde keine neue Spezies von Flossenfüßern mehr benannt.

Die längste Tragzeit aller Flossenfüßer hat der wildlebende Australische Seelöwe *(Neophoca cinerea)*. Untersuchungen haben ergeben, daß er seine Jungen insgesamt 17,5 Monate trägt; bei drei in Gefangenschaft lebenden Individuen wurde die Tragzeit auf 14–15 Monate geschätzt. Diese Zahlen beinhalten Verzögerungen bei der Implantation (ein verzögertes Einnisten der Eizelle in der Gebärmutterwand nach der Befruchtung) von unbekannter Dauer. Die Jungen des Walrosses *(Odobenus rosmarus)* werden ungefähr 15 Monate nach der Befruchtung geboren, bei einer verzögerten Implantation von 4–5 Monaten. Bei allen übrigen Flossenfüßern liegt die Tragzeit bei 10–12 Monaten bei verzögerten Implantationen von unterschiedlicher Dauer.

Der Seeleopard gilt als der einzige Flossenfüßer, der scheinbar grundlos Menschen angreift; die meisten Experten sind jedoch der Meinung, daß die Tiere ihren schlechten Ruf nicht verdient haben.

pe-Seebär *(Arctocephalus townsendi)*, der sich zur Paarungszeit inzwischen nur noch entlang der Ostküste der Insel Guadalupe (Mexiko), etwa 200 km westlich von Baja California, einfindet. Immerhin wurde die Spezies seit Anfang der siebziger Jahre mehr als 50 Mal außerhalb ihres regulären Paarungsgebiets gesichtet, vor allem in der Umgebung der Channel Islands im Süden Kaliforniens. Auch die Lebensräume anderer Arten sind extrem begrenzt: Der Juan-Fernandez-Seebär *(Arctocephalus philippii)* beschränkt sich auf die Inseln Juan Fernandez und San Felix vor der Küste Chiles; der Galapagos-Seebär *(Arctocephalus galapagoensis)* sucht zur Paarungszeit sieben Inseln des Galapagos Archipels vor der Küste Ecuadors auf und wurde dort auch auf zwei weiteren Inseln gesehen; die Pazifische Mönchsrobbe *(Monachus schauinslandi)* ist hauptsächlich auf den kleinen, überwiegend unbewohnten Inseln der Leeward-Kette, Hawaii (USA), zu finden; die Kaspi-Robbe *(Phoca caspica)* kommt lediglich im Kaspischen Meer vor; und die Baikalrobbe *(Phoca sibirica)* ist ausschließlich im Baikalsee und gelegentlich in einigen seiner Zuflüsse anzutreffen.

Die weiteste Verbreitung aller Flossenfüßer hat wahrscheinlich der Gemeine Seehund *(Phoca vitulina)*, dessen Paarungsraum sich über vier große Ozeangebiete erstreckt: hauptsächlich über den gemäßigten Nordpazifik und den gemäßigten Nordatlantik, aber auch über die arktischen und subarktischen Zonen des Pazifik und des Atlantik. Das Paarungsgebiet des Südlichen See-Elefanten *(Mirounga leonina)* umfaßt den gemäßigten Südpazifik, den gemäßigten Südatlantik und die Antarktis, vor allem aber die subantarktische Zone. Alle übrigen Arten von Flossenfüßern kommen lediglich in ein oder zwei großen Ozeangebieten vor.

Der längste Schnurrbart. Alle Flossenfüßer tragen Schnurrbärte, die längsten finden sich jedoch in der Regel bei den Seebären. Rekordhalter ist ein männlicher Kerguelen-Seebär *(Arctocephalus gazella)*, dessen längstes Schnurrhaar 48 cm lang war.

See-Elefanten können tiefer und länger tauchen als jedes andere Mitglied in der Familie der Robben; auch an Land sind es imposante Tiere.

Die kürzesten und dicksten Bartborsten hat das Walroß *(Odobenus rosmarus)*. Sie sind im Durchschnitt nur 8 cm lang, haben aber einen Durchmesser von 2–3 mm.

Die meisten Bartborsten hat das Walroß *(Odobenus rosmarus)*. Ihm wachsen auf jeder Seite seines Schnurrbarts jeweils etwa 300 Borsten.

Am einseitigsten ernährt sich der Krabbenfresser *(Lobodon carcinophagus)*, der – anders als sein Name vermuten läßt – fast ausschließlich von Krill lebt. Diese kleinen, krabbenähnlichen Tiere machen 94 % seiner Nahrung aus; der Rest besteht aus anderen wirbellosen Tieren, Fischen und Tintenfischen.

Die vielseitigste Ernährung. Die Ernährung der meisten Flossenfüßer ist sehr abwechslungsreich. So ernährt sich der gemeine Seehund *(Phoca vitulina)* beispielsweise von mindestens 50 verschiedenen Arten von Fisch und außerdem von Tintenfisch, Wellhornschnecken, Krabben und Weichtieren. Die mit Abstand vielseitigste Kost nimmt der Seeleopard *(Hydrurga leptonyx)* zu sich, von dem man sagt, daß er fast alles frißt, was sich bewegt. Dazu zählen viele Arten von Pinguinen und anderen Seevögeln, Fische, Tintenfische, Kraken, Krill sowie die Jungen von Krabbenfresser, Weddel-Robbe, Roßrobbe, Südlichem See-Elefanten und Kerguelen-Seebär und sogar tote Wale. Der Magen eines männlichen Seeleoparden enthielt ein ausgewachsenes Schnabeltier, der Magen eines anderen Exemplars eine komplette Seeschlange. Außerdem sind Seeleoparden äußerst gefräßig: Ein Individuum wurde dabei beobachtet, wie es innerhalb von 70 Min. sechs Pinguine tötete und vertilgte. Im Magen eines anderen Tieres befanden sich 79 kg Pinguinüberreste.

Das ungewöhnlichste Erscheinungsbild bietet vermutlich die im Nordatlantik und in der Arktis heimische Mützenrobbe oder Klappmütze *(Cystophora cristata)*. Das ausgewachsene Männchen hat eine vergrößerte Nasenhöhle, die als aufblasbarer Haubensack auf seinem Kopf sitzt: Ist er nicht aufgeblasen, hängt er schlaff und runzlig bis über das Maul des Tieres herab, ist er dagegen mit Luft gefüllt, ähnelt er einem riesigen ledernen Fußball. Darüber hinaus können Klappmützen ihre Nasenschleimhäute zu einem hellroten oder braunen

Ballon aufblasen, der meistens aus dem linken Nasenloch hervortritt. Das Aufblasen von Haubensack und Ballon ist Teil des Imponierverhaltens und erfolgt während der Paarungszeit und in Gefahrensituationen. Manchmal scheinen die Tiere auch mit dem Haubensack zu »spielen«, indem sie die darin enthaltene Luft langsam von vorn nach hinten bewegen.

> **An heißen Tagen streuen sich viele Flossenfüßer mit ihren Vorderflossen Sand und kleine Steine auf den Rücken. Auf diese Weise verschaffen sie sich Kühlung und pflegen wahrscheinlich ihre an Land austrocknende Haut.**

Am weitesten vom Meer entfernt lebt die Baikalrobbe *(Phoca sibirica)*. Ihr Lebensraum beschränkt sich ausschließlich auf den Baikalsee (Rußland) – ein 630 km langer Süßwassersee direkt im Norden der Mongolei. Der Baikalsee ist der älteste und tiefste See der Welt und liegt rund 1700 km von der nächsten Küste (am Ochotskischen Meer) entfernt. Eine einzelne Baikalrobbe wurde 400 km stromabwärts im Fluß Angara, der den See an seinem Südrand verläßt, gesichtet und war dort ungefähr 1900 km von der nächsten Küste (an der Laptewsee) entfernt.

Am schnellsten von der Mutter unabhängig wird der Gemeine Seehund *(Phoca vitulina)*. Da seine Jungen oft in den Gezeitenzonen zur Welt kommen, müssen sie bereits wenige Stunden nach der Geburt schwimmen können. Wenn nötig, finden sie sich auch nach wenigen Minuten schon im Wasser zurecht. Dennoch werden sie während der ersten Woche ihres Lebens noch häufig auf dem Rücken der Mutter getragen, vor allem wenn sie müde sind oder wenn Gefahr im Verzug ist.
Jüngste Forschungsergebnisse deuten darauf hin, daß auch die weißbehaarten Jungen der Kegelrobbe *(Halichoerus grypus)* schwimmen können, aller-

dings nicht so mühelos wie die jungen Gemeinen Seehunde.

Gewichtsverlust. Männliche Nördliche See-Elefanten *(Mirounga angustirostris)* fasten insgesamt vier Monate im Jahr. In der Paarungszeit von Anfang Dezember bis Ende Februar können sie ihren Harem an Land nicht verlassen, da sonst möglicherweise ein anderer Bulle versuchen würde, sich mit den Weibchen zu paaren. Aus diesem Grund sind sie nicht in der Lage, im Meer auf Nahrungssuche zu gehen, und verlieren innerhalb der drei Monate bis zur Hälfte ihres Körpergewichts, in Extremfällen bis zu 1000 kg. Anschließend müssen sie während des einmonatigen Haarwechsels von Ende Juni bis Juli erneut fasten. Die gerade entwöhnten Jungen von See-Elefanten bekommen bis zu drei Monate keine Nahrung, bis sie selbst das Fischen gelernt haben. Nachdem ihre leibliche Mutter sie verlassen hat, ergattern sie jedoch hin und wieder eine Mahlzeit von einem der anderen säugenden Weibchen des Harems. Während der Fastenperioden zehren sowohl die ausgewachsenen Bullen als auch die Jungtiere von ihren dicken Speckschichten.

Die längste Nase besitzt der männliche Nördliche See-Elefant *(Mirounga angustirostris)*. Er hat einen extrem langen, aufblasbaren Rüssel, der seine Schnauze in entspanntem Zustand um etwa 30 cm überhängt. Der Rüssel beginnt sich im Alter von 3–4 Jahren zu bilden und ist voll entwickelt, wenn das Tier das 8. Lebensjahr erreicht hat. Männlichen Südlichen See-Elefanten *(M. leonina)* fehlt dieser Rüssel; ihre Nase überhängt ihre Schnauze nur um etwa 10 cm.

Gebiß. Bei den meisten Arten von Flossenfüßern besteht das Gebiß aus 30–36 Zähnen. Es gibt nur zwei Ausnahmen: das Walroß *(Odobenus rosmarus)*, das in der Regel nur 18 Zähne hat, und der Kalifornische Seelöwe *(Zalophus californianus)* mit 34–38 Zähnen.

Die Größenunterschiede zwischen den Geschlechtern zeigen sich am

Kein anderer Flossenfüßer lebt ständig in südlicheren Gewässern als die Weddel-Robbe.

Der Juan-Fernandez-Seebär, dessen Lebensraum sich auf zwei kleine Inselgruppen vor der Küste Chiles beschränkt, zählt zu den Flossenfüßern mit dem kleinsten Verbreitungsgebiet.

deutlichsten bei den Südlichen See-Elefanten *(Mirounga leonina)*. Bei der Geburt sind die Jungen bei der Geschlechter noch etwa gleich groß (1,3 m lang und 40–50 kg schwer), aber mit zunehmendem Alter werden die Bullen beträchtlich größer. Ausgewachsene Bullen erreichen durchschnittlich eine Körperlänge von 4–5 m und ein Gewicht von rund 3500 kg. Die Weibchen werden im allgemeinen 2–3 m lang und wiegen 500–800 kg. Damit sind die Bullen fast doppelt so lang und mehr als fünfmal so schwer wie die Weibchen.

Die längsten Wanderungen. Gegen Ende September/Anfang Oktober verlassen die weiblichen Bärenrobben *(Callorhinus ursinus)* ihre Wurf- und Paarungsplätze auf den Pribylow-Inseln (Alaska) und schwimmen 5000 km in Richtung Süden, um den Winter vor der Küste Kaliforniens zu verbringen. Neigt sich der Winter dem Ende zu, treten sie die Rückreise an und erreichen die Pribylows im Laufe des Juni. Bullen und Jungtiere legen kürzere Strecken zurück; sie überwintern im Golf von Alaska.

Eine Population von Mützenrobben oder Klappmützen *(Cystophora cristata)* unternimmt alljährlich eine 3250 km lange Reise von ihren Paarungsplätzen im Sankt-Lorenz-Golf (Kanada) zur Dänemarkstraße vor der Südostküste Grönlands.

Klappmützen können außerordentliche Strecken zurücklegen und tauchen häufig an ganz unerwarteter Stelle ihrer gewöhnlichen Aufenthaltsorte (in der arktischen und subarktischen Zone des Nordatlantik) auf. Am 23. Juli 1990 erreichte ein gesundes, etwa 3jähriges Weibchen die kalifornische Küste bei San Diego. Sie muß durch die Nordwestpassage ins Beringmeer und von dort durch den Nordpazifik gekommen sein und mindestens 13 000 km hinter sich gebracht haben.

Ein Wechselspiel der Farben läßt sich beim Walroß *(Odobenus rosmarus)* beobachten, das im Wasser eine andere Hautfarbe annimmt als an Land. Seine eigentliche Hautfarbe ist ein rötliches Braun. Im Wasser wird der Haut jedoch Blut entzogen, um die Temperatur im Körperinneren möglichst hoch zu halten, so daß die Haut deutlich verblaßt und in manchen Fällen sogar gespenstisch weiß erscheint. Wird die Haut an Land wieder gut durchblutet, um überschüssige Körperwärme abzugeben, zeigt sich das Walroß in einer grauen bis rotbraunen Farbe und zuweilen auch hellrosa, als hätte es einen Sonnenbrand.

Viele Flossenfüßer schlucken absichtlich Steine und Kiesel. Niemand weiß, warum, aber es gibt einige Theorien: Möglicherweise lindern die Steine den quälenden Hunger während der langen Fastenperioden, oder sie dienen dem Zermahlen der Nahrung im Magen, oder sie spielen bei der Kontrolle der Schwimmfähigkeit eine Rolle. Der Magen eines Südlichen Seebären enthielt 11 kg Steine, von denen einige so groß wie Tennisbälle waren.

Am meisten verfolgt. Keine Spezies von Flossenfüßern ist der Ausbeutung durch den Menschen entgangen, auch wenn insbesondere die Roßmeer-Robbe *(Ommatophoca rossi)*, der Seeleopard *(Hydrurga leptonyx)* und die Weddell-Robbe *(Leptonychotes weddellii)* nur in relativ geringem Ausmaß davon betroffen waren. Die meisten historischen Aufzeichnungen

Von der kommerziellen Robben-jagd der letzten Jahre machte vor allem die Jagd auf Sattel-robben vor der Küste Neufund-lands und im Sankt-Lorenz-Golf im Osten Kanadas Schlagzeilen in der Weltpresse.

sind zu lückenhaft, um Aufschluß über die genauen Zahlen der im Lau-fe der Jahre getöteten Tiere der ver-schiedenen Arten zu geben. In eini-gen Fällen ist außerdem davon auszu-gehen, daß die tatsächlichen Zahlen deutlich über den offiziellen Angaben liegen. Es besteht jedenfalls kein Zweifel, daß vor allem während der letzten zwei Jahrhunderte mehrere 10 Mio. Robben getötet wurden, um ihr Fleisch, den Tran, das Fell und ihre Haut zu kommerziellen Zwecken zu verarbeiten.

Die meisten Robben wurden vermut-lich auf den Juan-Fernandez-Inseln vor der Küste Chiles abgeschlachtet. Dort begann die kommerzielle Jagd im Jahr 1687; sie dauerte an, bis man den Juan-Fernandez-Seebär *(Arcto-cephalus philippii)* gegen Ende des 19. Jahrhunderts für ausgestorben hielt. Schlagzeilen machte die kommerzi-elle Jagd auf Sattelrobben *(Phoca groenlandica)* vor der Küste von Neu-fundland und im Sankt-Lorenz-Golf (Kanada), die bereits Mitte des 17. Jahrhunderts begann. Zwischen 1825 und 1860 fielen den Robben-schlägern in insgesamt 11 Jahren mehr als 500 000 Tiere im Jahr zum Opfer; in mehreren dieser Jahre lag die Zahl der getöteten Robben bei knapp 750 000. Im Jahr 1850 betei-

ligten sich 370 Schiffe und 13 600 Mann an der Jagd. Bis 1911 sank die Ausbeute auf jährlich ungefähr 250 000 Tiere, danach auf durch-schnittlich etwa 160 000 (mit einem kurzfristigen Rückgang während und unmittelbar nach dem 2. Weltkrieg) bis Anfang der achtziger Jahre dieses Jahrhunderts. Seitdem lesen sich die Zahlen wie folgt: 200 162 (1981); 166 739 (1982); 57 889 (1983); 30 900 (1984); 18 225 (1985); 24 532 (1986); 49 000 (1987); 94 024 (1988); 65 072 (1989); 60 040 (1990); 52 565 (1991); 67 428 (1992); 25 175 (1993); und 56 465 (1994).

Zu weiteren Rekordfängen zählen 460 000 Sattelrobben im Jahr 1925 im Weißen Meer (Rußland); knapp 250 000 Kerguelen-Seebären *(Arcto-cephalus gazella)* 1821 auf den South Shetland Islands (Antarktis); 250 000 Bärenrobben *(Callorhinus ursinus)* 1868 auf den Pribylow-Inseln (Alas-ka); und 227 000 Kaspi-Robben 1935 *(Phoca caspica)* im Kaspischen Meer.

Am längsten bejagt wird das Walroß *(Odobenus rosmarus)*. Die Anfänge der kommerziellen Jagd gehen min-destens auf das 9. Jh. zurück. Die Tie-re wurden wegen ihrer wertvollen Hauer aus Elfenbein, ihrer dicken Haut und dem Tran sporadisch in vie-len Teilen der Arktis und Subarktis verfolgt. Heute beschränkt sich die Walroßjagd auf das Beringmeer und die Tschuktschensee.

Die weltweit längste Tradition hat die Verarbeitung von Robbenfellen in Uruguay. Dort begann die großange-legte kommerzielle Nutzung Süd-

amerikanischer Seebären *(Arctoce-phalus australis)* im Jahr 1724; seit 1808 untersteht sie staatlicher Kon-trolle. Bis 1982 wurden jährlich 4500–14 000 Tiere getötet. Die Jagd auf Seebären dauert bis heute an, wenn sie auch infolge der gesunkenen Nachfrage nach Pelzen nachgelassen hat.

Der polygamste Flossenfüßer ist eine männliche Bärenrobbe *(Callor-hinus ursinus)*, die sich auf den Priby-low-Inseln, Alaska (USA), nachweis-lich mit 161 Weibchen gepaart hat. Damit hält dieser Bulle nicht nur den Rekord unter Flossenfüßern, sondern vermutlich auch unter Säugetieren. Die meisten männlichen Bärenrobben paaren sich mit 15–30 Weibchen.

Auch der Nördliche See-Elefant *(Mirounga angustirostris)* lebt sehr polygam. In der kurzen fruchtbaren Phase innerhalb einer Paarungssaison paart sich ein dominanter Bulle mit rund 40–50 Weibchen. Bei einigen In-dividuen wurden innerhalb weniger Wochen bis zu 100 Paarungen festge-stellt. Doch aufgrund des unerbitt-lichen Konkurrenzkampfs müssen die Bullen mit ihren Kräften haushalten, um rangmäßig untergeordnete Bullen auf Distanz halten zu können. Nur einer von 100 Bullen erreicht das optimale Alter von 9 oder 10 Jahren, um in der sozialen Hierarchie domi-nant zu werden. Viele von ihnen ster-ben, ohne sich jemals gepaart zu haben. Aber selbst erfolgreiche Bullen auf dem Höhepunkt ihrer Zeugungs-fähigkeit können ihre Dominanz nur etwa 1 oder 2 Jahre behaupten, bevor sie sterben.

FLUSSPFERDE

Hippopotamidae
2 Arten: Nilpferd und Zwergflußpferd.

Das größte der beiden Flußpferde ist das Nilpferd *(Hippopotamus amphibius)*. Es erreicht durchschnittlich eine Körperlänge von 2,8–4 m, eine Schwanzlänge von 35–50 cm und eine Schulterhöhe von etwa 1,4 m. Männliche Tiere sind erheblich größer als weibliche Tiere ähnlichen Alters. Mit einem Gewicht von 1,3–2,5 t ist das Nilpferd nach Elefanten und einigen Nashornarten eines der schwersten Landtiere der Welt. Die größten registrierten Exemplare haben eine Körperlänge von 4,6 m, eine Schwanzlänge von 60 cm und eine Schulterhöhe von 1,65 m. In Einzelfällen wogen die Tiere über 4 t.

Zwergflußpferde wiegen nur einen Bruchteil des Gewichts ihrer wesentlich größeren Verwandten.

Das kleinste Flußpferd ist das Zwergflußpferd *(Choeropsis liberiensis)* mit einer durchschnittlichen Körperlänge von 1,5–1,85 m, einer Schwanzlänge von 15–21 cm, einer Schulterhöhe von 70–100 cm und einem Gewicht von 160–275 kg. Der Größenunterschied zwischen männlichen und weiblichen Tieren ist relativ gering.

> **Flußpferde fressen das Gras so kurz, daß ein Grasfeuer nicht über die Stellen springen kann, die zuvor von ihnen abgefressen wurden.**

Vom Aussterben bedroht ist nach Angaben der World Conservation Union (IUCN) das Zwergflußpferd *(Choeropsis liberiensis)*. Es kommt vor allem in Liberia vor, kleinere Gruppen leben aber auch in den Nachbarländern Elfenbeinküste, Guinea und Sierra Leone. Möglicherweise beheimatet auch Guinea-Bissau eine sehr kleine Anzahl. Unbestätigten Berichten zufolge wurde im Niger-Delta (Nigeria) die Unterart *Hexaprotodon l. heslopi* beobachtet; sollte das Zwergflußpferd in Nigeria tatsächlich noch nicht ausgestorben sein, so steht es sicherlich kurz davor. Der Gesamtbestand wird auf »einige Tausend« geschätzt. Gefahr droht den Tieren durch Entwaldung und Einengung ihrer Lebensräume, Bejagung, Verfolgung durch die einheimische Bevölkerung und durch die von der petrochemischen Industrie verursachte Verschmutzung.

> **Nach Sonnenuntergang verlassen Flußpferde die Seen und Flüsse, in denen sie sich tagsüber aufhalten, und grasen bis zum Morgengrauen auf den umliegenden Wiesen.**

Das Nilpferd *(Hippopotamus amphibius)* gilt zwar nicht als unmittelbar vom Aussterben bedroht, aber auch sein Lebensraum wird mehr und

Säugetiere

Wenn ein männliches Flußpferd neben einem weiblichen Flußpferd gähnt, dann heißt das nicht, daß es sich langweilt; das Gähnen ist vielmehr Teil der Brautwerbung und als Zeichen der Zuneigung zu verstehen.

sind ein immer beliebter werdender Ersatz für das Elfenbein von Elefanten, dessen Beschaffenheit sehr ähnlich ist. Die Spezies kommt in unterschiedlicher Anzahl in 39 Ländern vor; fast überall geht der Bestand zurück oder stagniert bestenfalls. Der Gesamtbestand wird auf mindestens 160 000 Nilpferde geschätzt, von denen die meisten im Osten und Süden Afrikas leben.

Die größten Populationen von Nilpferden *(Hippopotamus amphibius)* leben in Sambia (schätzungsweise 40 000). An zweiter Stelle steht Zaire mit rund 30 000 Nilpferden. Dagegen beschränkt sich die Zahl der in Ländern wie Gambia und Ghana lebenden Nilpferde auf ganze 100.

mehr vom Menschen eingeschränkt. Außerdem ist es wegen seines Fleisches, seiner Haut und seiner Zähne eine begehrte Jagdbeute. Die Zähne

Besonders schwergewichtige Nilpferde bringen mehr als 4 t auf die Waage.

Flußpferde besitzen keine Schweißdrüsen, sondern haben Drüsen unter der Haut, die eine ölige, rosafarbene Flüssigkeit absondern. Dieses Sekret schützt die Haut vor Sonnenbrand (und möglicherweise vor Infektionen) und war früher der Grund für die irrige Annahme, Flußpferde schwitzten Blut.

GIRAFFE UND OKAPI

Giraffidae
2 Arten: Giraffe und Okapi.

Das höchstgewachsene Tier der Gegenwart ist die in den Busch- und Baumsteppen Afrikas südlich der Sahara heimische Steppengiraffe *(Giraffa camelopardalis)*. Dank ihres langen Halses kann sie sich von den Blättern und Zweigen ernähren, die sich außerhalb der Reichweite der übrigen pflanzenfressenden Bewohner der Savanne befinden. Eine ausgewachsene männliche Giraffe hat durchschnittlich eine Gesamthöhe von 4,7–5,3 m (einschließlich der etwa 15–22 cm langen Stirnzapfen), eine Schulterhöhe von 2,7–3,3 m und ein Gewicht von 900–1600 kg. Die Scheitelhöhe weiblicher Tiere liegt in der Regel zwischen 3,7 und 4,7 m bei einer Schulterhöhe von 2,5–3 m und einem Gewicht von 600–1000 kg. Trotz ihrer langen Hälse haben Giraffen, wie die meisten Säugetiere, nur sieben Halswirbel.

Die am höchsten gewachsene Unterart ist die Masai-Giraffe *(Giraffa c. tippelskirchi)*, und das höchste jemals registrierte Exemplar war ein Masai-Bulle namens George. Das aus Kenia stammende Tier traf am 8. Januar 1959 im Alter von ungefähr 18 Monaten im Chester Zoo (GB) ein. Im Alter von 9 Jahren berührten seine Stirnzapfen fast das Dach des 6,1 m hohen Giraffenhauses. Weniger glaubwürdig sind unbestätigte Berichte von bis zu 7 m hohen Bullen, die in freier Wildbahn geschossen worden sein sollen.

> **Männliche Giraffen kämpfen, indem sie Köpfe und Hälse gegeneinanderstoßen.**

Die kleinste Giraffenart ist das Okapi *(Okapia johnstoni)*, dessen Lebensraum sich auf die tropischen Regenwälder Zaires in Zentralafrika beschränkt. Es erreicht durchschnittlich eine Scheitelhöhe von 1,7–1,8 m (Höchstwert 2,1 m), eine Schulterhöhe von 1,5–1,7 m (Höchstwert 1,8 m) und ein Gewicht von 220–250 kg. Sein Hals und seine Beine sind wesentlich kürzer als die seiner nahen Verwandten, der Steppengiraffe *(Giraffa camelopardalis)*.

Von den insgesamt neun anerkannten Unterarten ist die *Giraffa camelopardalis thornicrofti* die kleinste. Sie

Das Okapi hat eine außerordentlich lange Zunge: Sie erreicht eine Länge von bis zu 50 cm.

kommt ausschließlich im Luangwa-Tal (Sambia) vor und ist mit einer Scheitelhöhe von rund 5 m bei männlichen und etwa 4,5 m bei weiblichen Tieren nur wenig kleiner.

Erst unlängst entdeckt worden ist das Okapi *(Okapia johnstoni)*, das zu den wenigen großen Landsäugetieren zählt, die der Wissenschaft noch im letzten Jahrhundert unbekannt waren. Erstmals erwähnt wurde es in dem 1890 erschienenen Buch *In Darkest Africa* von Sir Henry Morton Stanley, der von den in den Ituri-Wäldern (heute Zaire; ehemals Uganda) lebenden Wambutti-Pygmäen von der Spezies erfahren hatte. Die Eingeborenen nannten das Tier *o'api* (das Apostroph wird als k ausgesprochen) und beschrieben es als scheu und einem Esel ähnlich, mit langem Hals, kräftigen Streifen an den Beinen und einer außerordentlich langen, blauen Zunge. Der erste unwiderlegbare Beweis für die Existenz des Okapi erfolgte 1901, als der Schwede Karl

Eriksson auf ein vollständiges Fell und zwei Schädel stieß. Am 18. Juni 1901 wurde die Spezies offiziell benannt (nach Sir Harry Johnston, damals Gouverneur von Uganda, der Stanleys Nachforschungen weiterverfolgt hatte). Die Neuentdeckung machte in aller Welt Schlagzeilen. 1982 wählte die Internationale Gesellschaft für Kryptozoologie (Wissenschaft der unbekannten Tierarten) das Okapi als offizielles Emblem.

> **Wenn sich Giraffen zum Äsen in hohen Bäumen aufrichten oder sich zur Erde hinabbeugen, um zu trinken, regulieren spezielle Venenklappen im Hals der Tiere den Blutstrom zum Gehirn.**

Unmittelbar vom Aussterben bedroht ist derzeit kein Mitglied der Familie der *Giraffidae*. Allerdings hat die Jagd auf Okapis *(Okapia johnstoni)* und die Zerstörung ihres Lebensraums bedrohliche Ausmaße angenommen. Nur noch ein paar Tausend Tiere dieser Spezies leben auf einem eng begrenzten Gebiet in den Regenwäldern im Osten Zaires. Zwar ist die Art seit 1933 gesetzlich geschützt, es ist jedoch schwierig, die Einhaltung der Bestimmungen zu überwachen. Der Lebensraum der Steppengiraffe *(Giraffa camelopardalis)* ist im Laufe der Zeit kleiner und kleiner geworden und wurde zunehmend zerstückelt. Zwar ist die Art noch in vielen Teilen Afrikas verbreitet, dennoch gilt ihr zukünftiges Überleben außerhalb geschützter Gebiete als fraglich.

Zwar hat das Fell aller in einer Region lebenden Giraffen das gleiche Grundmuster, dennoch sieht keine Giraffe aus wie die andere.

Schnelligkeit. Trotz ihrer Größe ist die Steppengiraffe *(Giraffa camelopardalis)* ausgesprochen beweglich. Auf kurzen Strecken erreicht sie Geschwindigkeiten, mit denen selbst ein Pferd nur mit Mühe Schritt halten könnte. Die registrierte Höchstgeschwindigkeit auf freiem Gelände liegt bei 56 km/h. Längere Distanzen legt die Giraffe mit einer Durchschnittsgeschwindigkeit von etwa 16 km/h zurück. Beim Laufen schwingt ihr langer Hals von einer Seite zur anderen, so daß er fast eine Acht beschreibt.

Ungewöhnlich lange Zungen haben beide Mitglieder der Familie der Giraffidae. Die Steppengiraffe *(Giraffa camelopardalis)* benutzt ihre durchschnittlich 45,6 cm (maximal 53 cm) lange und sehr bewegliche Zunge zum Sammeln von Nahrung. Die Zunge des Okapi *(Okapia johnstoni)* ist so lang (bis zu 50 cm), daß sich die Tiere damit über die Augen wischen können.

Das weiteste Blickfeld aller Säugetiere hat vermutlich die Steppengiraffe *(Giraffa camelopardalis)* aufgrund ihres außerordentlichen Sehvermögens, ihres bevorzugten Lebensraums auf offenem Gelände und nicht zuletzt dank ihrer Körperhöhe.

Mit einer Körperhöhe von bis zu 6,1 m ist die Giraffe das am höchsten gewachsene Tier der Gegenwart.

HASENTIERE

Lagomorpha
ca. 78 Arten (umstrittene Klassifikation): 24 Kaninchen, 29 Hasen und 25 Pikas oder Pfeifhasen.

Das größte Hasentier ist der *Lepus othus*, der in den offenen Tundragebieten im Westen und Südwesten Alaskas verbreitet ist. Er wiegt 3,2–6,5 kg (durchschnittlich 4,8 kg bei 83 stichprobenhaft ausgewählten Tieren) und hat eine Körperlänge von 51–61 cm.
Oft wird der Europäische Feldhase *(Lepus europaeus)*, der bis auf Irland, den Mittelmeerraum und Skandinavien in ganz Europa anzutreffen ist, als das größte Hasentier bezeichnet. Ein Exemplar, das im November 1956 in der Nähe von Welford, Northamptonshire (GB), geschossen wurde, brachte 6,83 kg auf die Waage; das Normalgewicht dieser Spezies bewegt sich jedoch zwischen 3 und 5 kg (durchschnittlich 3,8 kg). Die Körperlänge beträgt 52–60 cm.
Der in Grönland und im Norden Kanadas verbreitete Hase *Lepus arcticus* zählt mit einem Gewicht von durchschnittlich 4–5 kg ebenfalls zu den Schwergewichten unter den Hasentieren.

> **Die riesigen Ohren des Schwarzschwanz-Jackrabbits dienen nicht nur dem Gehör; sie regulieren auch die Körpertemperatur des Wüstentieres, indem sie überschüssige Wärme abgeben.**

Die größte Rasse unter den zahmen Kaninchen ist der Flämische Riese. Ausgewachsene Tiere wiegen 7–8,5 kg; aus zuverlässigen Quellen wurden auch Rekorde von bis zu 11,3 kg gemeldet. Ausgestreckt wird die Rasse durchschnittlich 91 cm lang. Das größte zahme Kaninchen wurde im April 1980 auf einer Messe in Réus (Spanien) ausgestellt: Das Weibchen (Französisches Hängeohr) wog im Alter von 5 Monaten 12 kg.

Die kleinsten Hasentiere sind Pikas oder Pfeifhasen, deren kleinste Art der Steppenpfeifhase *(Ochotona pusilla)* ist. Sein Lebensraum erstreckt sich über die Steppen vom Oberlauf der Wolga und dem südlichen Ural süd- und ostwärts bis an die chinesische Grenze. Er erreicht eine Körperlänge von nur 18 cm und wiegt 75–210 g.

Die kleinsten Rassen unter den zahmen Kaninchen sind das polnische und das niederländische Zwergkaninchen, die beide 0,9–1,13 kg wiegen. Jacques Bouloc aus Coulommière (Frankreich) hat 1975 durch die Kreuzung beider Rassen eine Mischform mit einem Gewicht von durchschnittlich 396 g gezüchtet.

> **Bei den spektakulären Boxkämpfen, die im Frühling zwischen Europäischen Feldhasen zu beobachten sind, handelt es sich vermutlich um Weibchen, die allzu aufdringliche Männchen zurückweisen.**

Die längsten Ohren aller Hasentiere hat der Schwarzschwanz-Eselhase *(Lepus alleni)*, der die Wüstenregionen im Süden der USA und im Nordwesten Mexikos bewohnt. Seine Ohren werden 13,8–17,3 cm (durchschnittlich 16,2 cm) lang.

Die längsten Ohren aller zahmen Kaninchen finden sich in der Familie der Hängeohren, insbesondere beim Englischen Hängeohr. Die Ohren eines durchschnittlichen Exemplars sind etwa 61 cm lang und maximal 14 cm breit. Sweet Majestic Star, ein preisgekröntes schwarzes Englisches Hängeohr im Besitz seiner Züchter Therese und Cheryl Seward aus Exeter, Devon (GB), hatte 72,4 cm lange und 18,4 breite Ohren. Das Tier starb am 6. Oktober 1992, aber sein Enkel Sweet Regal Magic hat ähnlich lange Ohren. Es wurde mindestens ein Tier mit noch längeren Ohren gemeldet, da man jedoch aufgrund zahlreicher Krampfadern annimmt, daß sie mit Gewichten gestreckt wurden, ist der Rekord ungültig.

Schnelligkeit. Anders als die meisten Kaninchen, die eine besondere Fähigkeit zum Graben von Erdhöhlen entwickelt haben, sind einige der größeren Hasen gute Läufer. Sie leben überwiegend auf offenem Gelände, wo sie Spitzengeschwindigkeiten von 80 km/h erreichen. Auf Langstrecken können sie Geschwindigkeiten von bis zu 50 km/h halten.

Das in den höchsten Höhen lebende Säugetier ist der Großohrige Pika *(Ochotona macrotis)*. Er lebt im Himalaya, im Pamir, im Karakorum und in anderen Hochgebirgsregionen Asiens in Höhen von 2500–6130 m und kommt damit in geringfügig höheren Lagen vor als der Yak *(Bos mutus)*.
Eine große Zahl anderer Hasentiere ist in Höhen von über 4000 m anzutreffen. Vor allem der Ladak-Pika *(Ochotona ladacensis)* erreicht in den Bergen Kaschmirs, in Indien sowie in Qinghai, Xizang und Xinjiang (China) Höhen von 4300–5450 m. Der Tibet- oder Wollhase *(Lepus oiostolus)* lebt in Tibet, China, Nepal und Kaschmir in Höhen von 2500–5400 m (ein Exemplar wurde sogar in 6035 m Höhe gesehen).

Vom Aussterben bedroht sind nach Angaben der World Conservation Union (IUCN) 23 Arten von Hasen, Kaninchen und Pfeifhasen. Als höchst gefährdet gelten der Buschmannhase *(Bunolagus monticularis)* aus Südafrika; das Borstenkaninchen *(Caprolagus hispidus)* aus Bangladesh, Indien und Nepal; der Tehuantepec-Jackrabbit *(Lepus flavigularis)* aus Mexiko; das Vulkankaninchen *(Romerolagus diazi)*, dessen Lebensraum sich auf zwei Vulkanberge 30 Autominuten von Mexico City entfernt beschränkt; das Amamikaninchen *(Pentalagus furnessi)*, das nur auf zwei Inseln des japanischen Ryukyu Archipels vorkommt; das Sumatra- oder Kurzohrkaninchen *(Nesolagus netscheri)* aus Sumatra (Indonesien); das Tres-Marias-Baumwollschwanzkaninchen *(Sylvilagus graysoni)* von den Tres Marias-Inseln (Mexiko); und das Omiltemen-Baumwollschwanzkaninchen *(Sylvilagus insonus)*, das in der Sierra Madre del Sur in der Nähe von Omilteme, Guerrero (Mexiko), lebt.
Weitere 10 Unterarten werden als gefährdet eingestuft – darunter die auf den Florida Keys (USA) verbreitete Unterart des Sumpfkaninchens *(Sylvilagus palustris hefneri)*.

> **Kaninchen und Hasen haben einen hochspezialisierten Verdauungsapparat (um große Mengen pflanzlicher Nahrung zu verarbeiten), der es erforderlich macht, daß die Tiere ihren eigenen Kot fressen.**

Bereits ausgestorben ist der *Prolagus sardus*, der im 18. Jh. von den Mittelmeerinseln Sardinien und Korsika verschwand.

Säugetiere

HIRSCHE

Cervidae
Cervidae: ca. 40 Arten und ein Vielfaches an Unterarten.
Moschidae: 4 Arten (Moschushirsche).
Tragulidae: 4 Arten (Zwerghirsche).

Die ersten Hirsche. Hirsche haben sich wahrscheinlich im Oligozän vor 30 Mio. Jahren aus waldbewohnenden Tieren entwickelt (ähnlich wie die heute lebenden Zwerghirsche aus der Familie der *Tragulidae*). Der erste echte Hirsch mit wechselndem Geweih war eine Spezies namens *Dicroceros*. Zum ersten Mal tauchte sie in Europa vor 20 Mio. Jahren auf. Es handelte sich um ein kleines Tier mit einfachem, gegabeltem Geweih, das vermutlich noch bis vor 3 Mio. Jahren existiert hat.

Der größte Hirsch ist der Elch *(Alces alces),* der in den nördlichen Wäldern Nordamerikas, Nord-Europas und Sibiriens vorkommt. Er erreicht eine durchschnittliche Körperlänge von 2,6–3 m, eine Schwanzlänge von 5–12 cm, eine Schulterhöhe von 1,6–2 m und ein Gewicht von 33–550 kg. Männliche Elche sind in der Regel 25 % größer als weibliche Tiere dieser Art.
Die größten bekannten Elche sind die männlichen Alaska-Elche *(Alces a. gigas).* Im September 1897 wurde am Yukon River im Yukon Territory (Kanada) ein männliches Exemplar mit einer Höhe von 2,34 m zum Widerrist und einem geschätzten Gewicht von 816 kg geschossen. Nach unbestätigten Angaben wurden Exemplare dieser Unterart mit einer Schulterhöhe von bis zu 2,59 m und einem Gewicht von sage und schreibe 1180 kg erlegt.

> **Die Sehnen in den langen Beinen der Elche knacken beim Gehen unüberhörbar.**

Der größte prähistorische Hirsch war der Europäische Riesenhirsch *(Megaloceros giganteus).* Er war mindestens so groß und schwer wie der heute lebende Elch, hatte aber ein noch mächtigeres Geweih. Fossilfunde (die meisten stammen aus Irland) sowie einige bemerkenswert gute Höhlenmalereien deuten darauf hin, daß er eine Schulterhöhe von 2 m und mehr erreichte und einem großen

Damhirschen *(Cervus dama)* ähnelte. Der Lebensraum des Europäischen Riesenhirschen erstreckte sich von den Grasgebieten Europas bis nach Sibirien im Osten und in den Norden Afrikas im Süden. In Europa ist er seit rund 10 000 Jahren ausgestorben.

Der kleinste unter den echten Hirschen (Familie der *Cervidae*) ist der in Chile und Argentinien beheimatete Pudu *(Pudu pudu)* mit einer Schulterhöhe von 33–38 cm und einem Gewicht von 6,3–8,2 kg. Sein Spießgeweih erreicht eine Länge von nur 7–10 cm. Der in Ecuador, Kolumbien und im äußersten Norden Perus verbreitete Nördliche Pudu *(Pudu mephistophiles)* ist etwas größer.
Noch kleiner ist dagegen das Kleinkantschil *(Tragulus javanicus).* Es zählt jedoch nicht zu den Echthirschen (s. a. *Der kleinste Paarhufer*).

> **Rentiere sind die einzigen Hirsche, die als Zugtiere genutzt werden. Nördlich des Polarkreises werden sie oft vor Schlitten gespannt, denn ein einziges Ren ist in der Lage, 200 kg schwere Lasten über Eis und Schnee zu ziehen und bis zu 40 km am Tag zurückzulegen.**

Das Geweih der Hirsche ist einzigartig in der Tierwelt. Trotz seiner äußerlichen Ähnlichkeit mit den Hörnern von Antilopen, Ziegen und anderen Säugetieren weist es einige grundlegende Unterschiede auf: Hirschgeweihe wachsen nicht direkt aus dem Schädel (Hörner wachsen aus dem Stirnbein oder aus der Stirn); sie bestehen ausschließlich aus Knochensubstanz (Hörner sind von einem Keratinmantel umgeben); sie werden nach einem Jahr abgeworfen und wachsen im darauffolgenden Jahr nach (Hörner werden nicht gewechselt und wachsen zeitlebens); sie werden fast nur von männlichen Tieren getragen (bei der Mehrzahl der Hornträger tragen beide Geschlechter Hörner); Geweihe verzweigen sich bei den meisten Arten (Hörner sind gerade, gebogen, geringelt, spiralförmig – niemals aber verzweigt). Außerdem haben Geweih und Gehörn unterschiedliche Funktionen: Während Hörner überwiegend als Angriffs- oder Verteidigungswaffen dienen, spielen Geweihe auch als Statussymbole eine wichtige Rolle.

In der Regel kommen Geweihe nur bei männlichen Tieren vor, es gibt jedoch zwei Ausnahmen: Bei den Rentieren *(Rangifer tarandus)* tragen beide Geschlechter, bei den Chinesischen Wasserrehen *(Hydropotes inermis)* trägt keines der beiden Geschlechter ein Geweih. Auch Moschushirsche (Familie der *Moschidae*) und Zwerghirsche (Familie der *Tragulidae*) sind keine Geweihträger, sie zählen allerdings auch nicht zu den Echthirschen.

Die größten Geweihe mit einer Länge von 1,5 m und mehr haben im allgemeinen der amerikanische Wapiti *(Cervus canadensis)* und das Rentier. Der Elch ist zwar selbst wesentlich größer, trägt aber ein in der Regel kleineres, wenn auch schwereres Geweih. Dennoch ist der Rekordhalter unter den heute lebenden Arten ein Elch, der im Oktober 1897 in der Nähe der Mündung des Stewart River in den Yukon (Kanada) erlegt wurde. Sein Geweih hatte eine Länge von 1,99 m (Schädel und Geweih wogen 41 kg) und ist heute im Field Museum in Chicago, Illinois (USA), zu sehen. Grundsätzlich hängt die Größe des Geweihs von verschiedenen Faktoren ab, wie der Qualität der verfügbaren Nahrung, der erblichen Veranlagung und dem Alter des Individuums.

Das größte Geweih aller bekannten Arten hatte der prähistorische Europäische Riesenhirsch *(Megaloceros giganteus),* der bis vor 10 000 Jahren das europäische Festland bevölkerte. Seine Geweihstangen waren 2,5 mal größer, als seine Körpergröße vermuten läßt. Ein Exemplar, das aus einem Sumpf in Irland geborgen werden konnte, trug Geweihschaufeln mit einer Spannweite von 4,3 m und einem Gewicht von 45 kg bei einer Schulterhöhe von 1,83 m und einem Körpergewicht von 500 kg.

Das kleinste Geweih trägt der Schopfhirsch *(Elaphodus cephalophus).* Es ist nicht verzweigt und oft vollständig von einem auf der Stirn wachsenden Haarbüschel verdeckt. Überhaupt kein Geweih haben das Chinesische Wasserreh *(Hydropotes inermis)* und die weiblichen Tiere aller übrigen Arten mit Ausnahme der weiblichen Rentiere.

Die Lebenserwartung liegt bei den meisten Hirscharten zwischen 10 und 20 Jahren. Das höchste jemals verzeichnete Alter erreichte ein Schottischer Rothirsch *(Cervus elaphus scoticus)* namens Bambi (*8. Juni 1963),

Säugetiere

der von Familie Fraser aus Kiltarlity, Beauly (GB), aufgezogen worden war. Er starb am 20. Januar 1995 im Alter von 31 Jahren, 7 Monaten und 12 Tagen.

Vom Aussterben bedroht sind nach Angaben der World Conservation Union (IUCN) insgesamt 20 Hirscharten (ungefähr die Hälfte aller existierenden Arten). Als am meisten gefährdet gelten: der Calamian-Schweinshirsch *(Axis calamianensis)* von den Calamian-Inseln (Philippinen); der Kuhlhirsch oder Bawean-Schweinshirsch *(Axis kuhlii)* von den Bawean-Inseln (Indonesien); der Visayan-Rothirsch *(Cervus alfredi)* von den Visayan-Inseln (Philippinen); der in Indien und Nepal heimische Barasingha *(Cervus duvauceli)*; der Mesopotamische Damhirsch *(Dama mesopotamicus)* aus dem Iran (im Irak möglicherweise bereits ausgestorben) und der Davidshirsch *(Elaphurus daviadianus)*, der in seiner Heimat China wieder angesiedelt wird. Gefahr droht den Hirschen aus vielen Richtungen. Die Hauptursachen für den Rückgang ihres Bestandes sind die Jagd, die Zerstörung ihrer Lebensräume, Krankheiten und Parasiten, die durch Hausrinder auf sie übertragen wurden.

> **Nordamerikanische Elche fressen oft Wasserpflanzen, die in beachtlicher Tiefe wachsen. Sie sind in der Lage, 5,5 m tief zu tauchen, und können 30 Sekunden und länger unter Wasser bleiben.**

In diesem Jahrhundert ausgestorben ist vermutlich nur eine Art – der Schomburgk-Rothirsch *(Cervus schomburgki)*, der zuletzt 1932 in seiner Heimat Thailand gesehen wurde. Auch eine Unterart gilt als ausgestorben – der *Cervus nippon grassianus*, der in China vorkam.

Am längsten für ausgestorben gehalten wurde der Tenasserim-Muntjak *(Muntiacus feae)*. Fast ein Jahrhundert waren der Wissenschaft nur zwei Exemplare bekannt. Beide stammten aus dem Grenzgebiet von Myanmar (früher Burma) und Thailand, wo sie in den achtziger Jahren des vorigen Jahrhunderts entdeckt worden waren. Dann wurde im Dezember 1977 ein weiblicher Tenasserim-Muntjak-Hirsch im Dusit Zoo, Bangkok (Thailand), eingeliefert, gefolgt von zwei weiteren weiblichen

Exemplaren dieser Spezies im Jahr 1981 sowie drei männlichen und drei weiblichen Tieren aus Xizang (Tibet) zwischen Februar 1982 und April 1983. Seither sind mehrere Individuen an Zoos übergeben worden. Die Art ist nun in Myanmar, Thailand, China, Vietnam und Laos verbreitet. Zahlen über den Bestand der Spezies liegen bisher jedoch nicht vor.

Vor dem Aussterben bewahrt wurde der Davidshirsch oder Milu *(Elaphurus davidianus)*, der einst über den gesamten Osten Chinas verbreitet war. Er starb vor 1500–2000 Jahren in freier Wildbahn aus und lebte nur noch im Emperor's Imperial Hunting Park bei Peking (China). Den Wissenschaftlern in der westlichen Welt war die Spezies unbekannt, bis der französische Missionar und Naturalist Père Armand David sie 1865 entdeckte. Er schickte zwei Felle nach Europa, um sie bestimmen zu lassen (später erhielt die Art seinen Namen) und ließ dann mehrere lebende Tiere in Zoos außerhalb Chinas bringen. Kurz darauf, während des Boxeraufstands im Jahr 1900, fiel die gesamte chinesische Population hungrigen Soldaten zum Opfer. So hat Père Armand David, vielleicht ohne es zu wissen, die Art vor dem Aussterben gerettet. Den vermutlich ersten bewußten Versuch, ein Säugetier vor dem Aussterben zu bewahren, unternahm der Duke of Bedford. Er holte Anfang dieses Jahrhunderts alle 18 verfügbaren Exemplare des Davidshirschen aus den Zoos in Europa, brachte sie in den Woburn Park, Bedfordshire (GB), und begann mit der Zucht der Spezies. Alle rund 1500 Davidshirsche, die heute in Zoos und Parks in aller Welt leben, stammen von dieser kleinen Herde ab (Inzucht scheint kein Problem gewesen zu sein). Die Wiederansiedlung in China ist geplant.

Erst in jüngster Vergangenheit entdeckt worden sind vier bisher unbekannte Hirscharten (s. a. S. 49), darunter drei Muntjakhirsche: der 1959 entdeckte Kleine Graue Spießhirsch *(Mazama chunyi)*, der im Süden Perus und im Norden Boliviens vorkommt; der 1982 auf Borneo entdeckte Muntjak *Muntiacus atherodes*; der 1990 entdeckte *Muntiacus gongshanensis*, der in China und möglicherweise auch in Myanmar (früher Burma) verbreitet ist; und der 1994 entdeckte *Megamuntiacus vuquangensis*, der im Norden Vietnams und im benachbarten Laos lebt. Offiziell wurde der Riesen-Muntjak im April 1994 entdeckt, als Dr. John

MacKinnon und seine Kollegen in einem Dorf in der Nähe des Vu Quang-Reservats (Nordvietnam) mehrere Schädel und Hörner in den Häusern einheimischer Jäger fanden. Das erste lebende Exemplar wurde jedoch bereits einen Monat früher von den Ornithologen Tom Evans und Rob Timmins gesehen. Es handelte sich um ein männliches Tier, das sich zufällig zusammen mit einem Muntjakhirsch *(Muntiacus muntjac)* in einem Käfig auf einem Firmengelände in Laos befand. Der *Megamuntiacus vuquangensis* erreicht eine Schulterhöhe von ca. 80 cm und wiegt 40–50 kg (mehr als doppelt so viel wie der Muntjak). Er hat ein braun-gräuliches Fell und einen schwarzen Fleck an der Spitze seines Schwanzes. Seine Geweihstangen werden etwa 20 cm lang. Sein Fleisch und sein Fell machen ihn zu einem der am meisten gejagten Säugetiere seiner Heimat (nur Wildschweine und Muntjaks werden noch häufiger gejagt). Der Bestand liegt derzeit bei einigen Tausend und geht mehr und mehr zurück.

> **Die Bezeichnungen für Hirsche sind irritierend – vor allem in der englischen Sprache: So heißen Elche in Nordamerika moose, während sie im englischsprachigen Europa elk genannt werden; die Bezeichnung elk wird dagegen in Nordamerika für eine Hirschart verwendet, die in Europa als Wapiti bekannt ist.**

Das Vu Quang-Naturreservat (Vietnam) hat in den vergangenen Jahren mit einer Reihe von zoologischen Entdeckungen Aufsehen erregt und gilt heute als das bedeutendste Reservat für wildlebende Tiere in Indochina.

MOSCHUSHIRSCHE

Trotz ihres Namens und ihrer äußerlichen Ähnlichkeit mit den Hirschen werden Moschushirsche im allgemeinen nicht zur Familie der Hirsche *(Cervidae)* gezählt. Sie weisen einige bedeutende Unterschiede auf und bilden daher eine eigene Familie *(Moschidae)*. Die Tiere erreichen durchschnittlich eine Schulterhöhe von nur 50–60 cm und ein Gewicht von 10–15 kg. Anders als bei den Hirschen sind die weiblichen Tiere schwerer als die männlichen. Beiden

Säugetiere

Geschlechtern fehlt ein Geweih, wie einige primitive Mitglieder der Hirschfamilie haben die männlichen Tiere jedoch große hauerartige obere Eckzähne. Moschushirsche kommen vereinzelt in den Hochwäldern der bergigen Regionen Zentral- und Ostasiens vor. Benannt wurden sie nach den Moschusdrüsen der männlichen Tiere. Über die Klassifizierung der Moschushirsche herrscht Uneinigkeit; derzeit ordnet man ihnen vier Arten zu.

Eines der wertvollsten Tierprodukte der Welt ist der Moschus – eine wächserne Substanz, die männliche Moschushirsche absondern. Sie wird im Westen bei der Herstellung von Parfums und Seifen, im Fernen Osten in der traditionellen Heilkunst (gegen die verschiedensten Krankheiten von Asthma und Epilepsie bis zu Lungenentzündung und Typhus) verwendet. Mitte der achtziger Jahre erzielte er auf dem internationalen Markt Preise von bis zu 45 US $/g. Zwar ist der Preis inzwischen auf 30–40 US $/g gesunken, er liegt aber noch immer um ein Vielfaches über dem Goldpreis. Zur Jahrhundertwende wurden jährlich etwa 1400 kg Moschus umgesetzt, was fast 50 000 Moschushirschen im Jahr das Leben kostete. Mitte der achtziger Jahre ging der Umsatz auf 300 kg zurück (davon gehen 85 % nach Japan), doch das ist nicht auf eine gesunkene Nachfrage, sondern auf den rapiden Rückgang der wildlebenden Population zurückzuführen. Zum Vergleich: der Marktwert asiatischer Rhinozeros-Hörner liegt in Taiwan gegenwärtig bei 60 US $/g.

Der stärkste natürliche Duftstoff ist der vom männlichen Moschushirschen produzierte Moschus. Eine winzige Menge reicht aus, um mehr als 50 000 m³ Luft spürbar zu parfümieren.

Mit einer Breite von bis zu 4,3 m hatte der prähistorische Europäische Riesenhirsch das größte Geweih aller bekannten Tiere; daneben zum Vergleich ein Rothirsch.

Vom Aussterben bedroht ist nach Angaben der World Conservation Union (IUCN) eine Spezies der Moschushirsche – der sibirische Moschushirsch *(Moschus moschiferus)*. Er kommt in Teilen Rußlands, in der Mongolei, in China sowie in Nord- und Südkorea vor. Berichten zufolge ist allein die russische Population in der Zeit von 1993–95 um 70 % zurückgegangen. Die Hauptursache hierfür ist der Bedarf an Moschus auf dem Weltmarkt.

Erst in jüngster Vergangenheit entdeckt wurde eine bisher unbekannte Art von Moschushirschen namens *Moschus fuscus*. Das erste lebende Exemplar wurde im März 1988 in einer Bergregion der Provinz Yunnan (China) eingefangen. Zunächst hielt man das Tier für einen Tenasserim-Muntjak, doch die Analyse der Chromosomen zeigte, daß es sich um eine der Wissenschaft bisher nicht bekannte Art handelte.

ZWERGHIRSCHE

Zwerghirsche oder Zwergböckchen (Familie der *Tragulidae*) sind kleine, scheue Tiere, die in den tropischen Regenwäldern und Sümpfen West- und Zentralafrikas, in Indien und in Teilen Südostasiens leben. Sie sind eine Zwischenform von Schweinen und Hirschen und tragen kein Geweih. Stattdessen haben sie lange obere Eckzähne (vor allem die männlichen Tiere), die wie Hauer unter den Lippen hervorstehen. Vier Arten sind bekannt.

Als primitivste Form der Wiederkäuer gelten Zwerghirsche oder Zwergböckchen. Sie haben sich allem Anschein nach seit ca. 30 Mio. Jahren

nicht weiterentwickelt und stellen ein lebendes Bindeglied zwischen wiederkäuenden Säugetieren (mit einem 4-teiligen Magen, in dem mit Hilfe von Mikroorganismen die zellulosereiche Nahrung verdaut wird) und nichtwiederkäuenden Säugetieren dar. Zu den Gemeinsamkeiten der Zwerghirsche mit den Wiederkäuern zählen der 4-kämmrige Magen (die dritte Kammer ist allerdings nur schwach entwickelt), das Fehlen der oberen Schneidezähne sowie verschiedene Verhaltensmuster. Mit den nichtwiederkäuenden Säugetieren haben sie das Fehlen von Hörnern

bzw. Geweihen, vier vollständig entwickelte Zehen und ebenfalls verschiedene Verhaltensmuster gemein. Als die primitivste der vier Arten wird im allgemeinen das Hirschferkel oder Wassermoschustier *(Hyemoschus aquaticus)* betrachtet.

Der kleinste Paarhufer der Welt ist das Kleinkantschil *(Tragulus javanicus)*, das in den Mangroven- und tropischen Regenwäldern Südostasiens verbreitet ist. Mit einer Körperlänge von 44–48 cm, einer Schwanzlänge von 6,5–8 cm, einer Schulterhöhe von 20–25 cm und einem Gewicht

von 1,7–3 kg ist ein ausgewachsenes Kleinkantschil nicht größer als ein Kaninchen. Männliche Tiere dieser Spezies sind in der Regel kleiner als die weiblichen.

Vom Aussterben bedroht ist nach Angaben der World Conservation Union (IUCN) nur eine Unterart der Zwerghirsche: das auf der Insel Balabac (Philippinen) heimische Balabac-Großkantschil *(Tragulus napu nigricans)*.

HUNDE, FÜCHSE UND WÖLFE

Canidae
ca. 36 Arten, einschließlich Haushunde, Füchse, Schakale, Kojoten, Wölfe, Schakalfüchse und Rothunde.

Die ersten Hunde. Die Caniden haben sich im späten Eozän vor 40 Mio. Jahren in Nordamerika entwickelt. In ihrer Urform hatten sie kurze Beine und ähnelten eher Mungos und Zibetkatzen als einer der heutigen Arten. Die erste bekannte Gattung hieß *Hesperocyon*. Sie hatte ein längliches Maul und einen langen Schwanz, war ziemlich schlank und erreichte eine Körperlänge von ca. 80 cm. Die älteste bis heute lebende Art ist der Graufuchs *(Urocyon cinereoargenteus)* aus Nord- und Mittelamerika, der zuerst vor 6–9 Mio. Jahren auftauchte. Seine Lebensweise entspricht noch der des *Hesperocyon* im späten Eozän.

Der größte unter den Caniden ist der weitverbreitete Graue Wolf *(Canis lupus)* mit einer Körperlänge von 1–1,6 m, einer Schwanzlänge von 31–51 cm, einer Schulterhöhe von 66–81 cm und einem Gewicht von 60–80 kg. Die männlichen Tiere sind im allgemeinen 15–20 % größer als die weiblichen. Je nach Verbreitungsgebiet schwankt die Größe der Wölfe beträchtlich. Die größten Arten leben in Kanada, Alaska und Sibirien, die kleinsten im Mittleren Osten. In der Regel werden die Arten kleiner, je südlicher ihr Lebensraum liegt. Der größte jemals registrierte Wolf war ein 103 kg schweres Exemplar aus dem Yukon Territory (Kanada).
Der Mähnenwolf *(Chrysocyon brachyurus)* aus dem zentralen und östlichen Südamerika hat extrem lange Beine und infolgedessen mit 74–87 cm die höchste Schulterhöhe unter den Caniden. Mit einer Körperlänge von 1,24–1,32 m, einer Schwanzlänge von 28–45 cm und einem Gewicht von nur 20–23 kg liegen seine übrigen Maße jedoch deutlich unter denen des Grauen Wolfes.

In Südafrika ist 1925 ein Dobermann namens Sauer, der von Kriminalmeister Herbert Kruger trainiert worden war, der Fährte eines Viehdiebes über eine Strecke von 160 km nur nach dem Geruch gefolgt.

Die schwersten Rassen unter den Haushunden sind der Bernhardiner und der Altenglische Mastiff. Die männlichen Tiere beider Arten wiegen durchschnittlich 77–91 kg. Der schwerste je bekanntgewordene Haushund ist Aicama Zorba of La-Susa (*26. September 1981), ein Altenglischer Mastiff, der Chris Eraclides aus London (GB) gehört. Zorba hat eine Schulterhöhe von 94 cm und brachte im November 1989 mit 155,58 kg sein Rekordgewicht auf die Waage.

Der größte Haushund, von dem je gehört wurde, war eine Deutsche Dogge mit einer Schulterhöhe von 1,05 m (daneben die kleinste Pferderasse der Welt; s. S. 90)

Die größte Rasse unter den Haushunden ist die Deutsche Dogge. Der größte je bekanntgewordene Haushund war Shamgret Danzas (*1975), eine Deutsche Dogge, die Wendy und Keith Comley aus Milton Keynes, Buckinghamshire (GB), gehörte. Shamgret Danzas hatte eine Schulterhöhe von 1,05 m und brachte es auf ein Höchstgewicht von 108 kg. Er starb am 16. Oktober 1984.

Der kleinste unter den Caniden ist der Fennek oder Wüstenfuchs *(Fennecus zerda)*. Er kommt in den Wüsten Nordafrikas und in Teilen Arabiens vor und erreicht eine Körperlänge von 24–41 cm, eine Schwanzlänge von 18–31 cm, eine Schulterhöhe von 19–21 cm und ein Gewicht von 1–1,5 kg.

Über den in Teilen Südwestasiens und vermutlich auch im arabischen Raum heimischen Afghanfuchs *(Vulpes cana)* ist nur wenig bekannt. Wahrscheinlich ist er größer als der Fennek (Körperlänge etwa 42 cm, Schwanzlänge 30 cm, Schulterhöhe 28–30 cm), obwohl einige Exemplare, die in Israel untersucht worden sind, nur zwischen 0,9 und 1,3 kg wogen.

Der Marder- oder Waschbärhund *(Nyctereutes procyonoides)* aus Asien (und aus Teilen Europas, wo er angesiedelt wurde) hat so kurze Beine, daß seine Schulterhöhe ganze 20 cm beträgt. Dennoch ist er ein stämmiges Tier mit einer Körperlänge von 50–60 cm und einer Schwanzlänge von 18 cm. Mit seinem Gewicht von 7,5 kg wiegt er sechsmal soviel wie der Fennek oder Wüstenfuchs.

In Teilen Südamerikas glaubt man, daß das Heulen des Mähnenwolfs vor Wetterveränderungen warnt und daß sein hypnotisierender Blick ein Huhn zur Strecke bringen kann.

Der kleinste Haushund war ein Yorkshire Terrier von der Größe einer Zigarettenschachtel, der Arthur Marples aus Blackburn, Lancashire (GB), gehörte. Der Winzling hatte eine Schulterhöhe von 6,3 cm, maß ganze 9,5 cm von seiner Nasenspitze bis zum Schwanz und wog gerade 113 g. Er starb 1945 im Alter von fast zwei Jahren.

Die längsten Beine aller Fleischfresser (im Verhältnis zur Körpergröße) hat der Mähnenwolf *(Chrysocyon*

Kein anderes Mitglied in der Familie der Hunde hat sich dem Leben in Dörfern und Städten so gut angepaßt wie der listige Rotfuchs.

brachyurus), der es damit auf eine Schulterhöhe von 74–87 cm bringt (s. a. *Der größte unter den Caniden).* Mit seinem spitzen Maul, dem hellen, kastanienbraunen Fell, dem buschigen Schwanz und seinen langen, schlanken Beinen erinnert er an einen Rotfuchs *(Vulpes vulpes)* auf Stelzen. Früher hielt man den Mähnenwolf wegen seiner langen Beine für einen guten Läufer. Da die Spezies aber einen eher hoppelnden Gang hat und nicht besonders schnell ist, nimmt man heute an, daß sich die langen Beine entwickelt haben, damit der Mähnenwolf das hohe Pampasgras seiner Heimat überblicken kann.

Die größten Ohren aller Fleischfresser (im Verhältnis zur Körpergröße) hat der Fennek oder Wüstenfuchs

Der Afrikanische Wildhund ernährt sich als einzige Spezies in der Familie der Caniden ausschließlich von Fleisch.

(Fennecus zerda). Mit einer Länge von 15 cm entsprechen sie fast der Schulterhöhe der Spezies (s. a. *Der kleinste unter den Caniden*). Die langen Ohren sind für den Fennek lebensnotwendig, denn sie regulieren den Wärmeaustausch dieses in der Wüste lebenden Tieres. Außerdem kann er mit ihrer Hilfe die feinsten Geräusche unter der Erde wahrnehmen und so Termiten und andere Beutetiere lokalisieren.

Auch andere wüstenbewohnende Füchse haben außergewöhnlich große Ohren. Die Ohren des im Süden und Osten Afrikas heimischen Löffelhundes *(Otocyon megalotis)* erreichen eine Länge von 12–13 cm (bei einer Schulterhöhe von 30–40 cm). Mit auf den Boden gerichteter Nase und nach vorn geneigten Ohren horcht er auf Insekten und wendet dann seinen Kopf hin und her, um deren genaue Position zu bestimmen.

Die wenigsten Zehen hat der Hyänenhund *(Lycaon pictus).* Mit nur vier Zehen an den Vorderpfoten ist er einzigartig unter den Caniden. An seinen hinteren Pfoten hat er wie alle anderen Arten fünf Zehen, verfügt insgesamt aber nur über 18 Zehen, während die übrigen Caniden 20 besitzen.

Die ersten Haushunde. Domestizierte Hunde gibt es vermutlich seit rund 12 000 Jahren. Die ersten unumstrittenen Hinweise auf eine Domestizierung liegen von vor 11 000 Jahren vor und stammen aus dem Iran. Zahlreiche Arten von Wildhunden sind im Laufe der Zeit domestiziert worden, doch allgemein gilt der Wolf *(Canis lupus)* als der Vorfahr aller 350–400 heute existierenden Haushunderassen. Ungefähr 2000 v. Chr. unternahmen die Ägypter erste selektive Zuchtversuche. Sie hatten zum Ziel, drei verschiedene Hundetypen zu schaffen: einen Wachhund, einen Jagdhund und einen dekorativen Luxushund. Die vielen heute existierenden Rassen sind das Ergebnis hochselektiver Zuchtprogramme der vergangenen Jahrhunderte.

Über die Lebenserwartung vieler wildlebender Caniden ist erstaunlich wenig bekannt. Während die meisten Arten in freier Wildbahn nicht einmal zehn Jahre alt werden, leben sie in der Obhut des Menschen etwas länger (vor allem weil sie nicht der Gefahr ausgesetzt sind, gejagt zu werden). Am langlebigsten ist der Kojote *(Canis latrans)*; er erreicht in freier Wildbahn ein Höchstalter von 14 ½ Jahren und wurde in Gefangenschaft schon 21 Jahre und 10 Monate alt. Die Lebenserwartung von Wölfen *(Canis lupus)* und Goldschakalen *(Canis aureus)* liegt in freier Wildbahn bei 16 und in Gefangenschaft bei 20 Jahren. Graufüchse *(Urocyon cinereoargenteus)* und Mähnenwölfe *(Chrysocyon brachyurus)* erreichen ein Höchstalter von 13 Jahren in freier Wildbahn und 15 Jahren in Gefangenschaft. Der Rothund oder Rotwolf *(Cuon alpinus)* wird in freier Wildbahn bis zu 10 Jahre und in der Obhut des Menschen bis zu 16 Jahre alt.

Die Lebenserwartung der meisten Haushunde liegt bei 8–15 Jahren. Zuverlässige Angaben über Hunde, die älter als 20 Jahre wurden, sind selten und betreffen überwiegend kleinere Rassen. Das Rekordalter von 29 Jahren und 5 Monaten erreichte ein Australischer Hirtenhund namens Bluey, der Les Hall aus Rochester, Victoria (Australien), gehörte. Bluey wurde 1910 als Welpe aufgenommen und mußte am 14. November 1939 eingeschläfert werden.

Die lautstärksten Caniden sind die Wölfe *(Canis lupus)*. Sie geben die verschiedensten Laute von sich. Sie bellen, knurren, winseln und quieken, doch am lautesten ist ihr Geheul, das die verschiedensten Funktionen hat: Es signalisiert die Anwesenheit eines Rudels, um unnötige Konfrontationen mit anderen Wölfen zu vermeiden; es dient der Verständigung, wenn sich das Rudel zerstreut hat oder sich nach langer Jagd wieder sammeln will; und es stärkt die sozialen Bindungen innerhalb eines Rudels. Wenn Angehörige eines Rudels in das Geheul eines ihrer Artgenossen einstimmen, sind die Tiere unter idealen Bedingungen noch in 10 km Entfernung zu hören.

Obwohl Hasen wesentlich schneller als Rotfüchse sind, rennen sie nicht weg, wenn sie einen Fuchs kommen sehen, sondern bleiben stehen. Hat der Fuchs erkannt, daß er bemerkt wurde, nimmt er die Verfolgung gar nicht erst auf.

Die gefährlichste Hundeart. Einige Caniden sollen dann und wann Menschen angefallen haben, vor allem kleine Kinder. Zuverlässige Angaben hierüber sind jedoch ausgesprochen selten. Stattdessen werden immer wieder Schauermärchen über gemeingefährliche Caniden verbreitet. Die Wahrheit ist aber, daß die meisten Arten Angst vor Menschen haben und sie nach Möglichkeit meiden.
Nur der Wolf stellt eine potentielle Gefahr für den Menschen dar. Dennoch gilt er zu Unrecht als bösartige Bestie. In Nordamerika hat entgegen anderslautender Behauptungen noch kein gesunder wildlebender Wolf einen Menschen angefallen, ohne vorher provoziert worden zu sein. Nordamerikanische Biologen berichteten von Rudeln hungriger Wölfe, die ihre Beute liegen ließen und die Flucht ergriffen, als sich die Wissenschaftler ihnen näherten. Die Tiere kehrten erst zu ihrer Beute zurück, als die Menschen etwa zehn Minuten außer Sichtweite waren. Zwar wur-

den einige unwesentliche Vorfälle registriert, doch die hatten sich unter ungewöhnlichen Umständen ereignet. Ein Mann wurde zum Beispiel 1927 in den Northwest Territories (Kanada) verletzt, als er in den Kampf eines wilden Wolfes mit seinen Huskies eingriff. Bei dem Versuch, den Wolf am Genick zu fassen, biß das Tier ihn in den Arm und floh.
Aus Europa und Asien sind dagegen Fälle bekannt, in denen offenbar gesunde wilde Wölfe Menschen angegriffen haben, ohne provoziert worden zu sein. Zwei Fälle erregten besonderes Aufsehen. Der erste ereignete sich in der Bergregion Lozère (Frankreich), wo ein einzelner Wolf, das sogenannte *Biest von Gevauden*, innerhalb von zwei Jahren Dutzende von Kindern und Erwachsenen anfiel. Mehr als hundert Wölfe wurden getötet, bis schließlich der Übeltäter selbst am 19. Juni 1766 geschossen wurde. Der zweite Fall wurde aus dem rund 1000 km östlich von Moskau gelegenen Bezirk Darovskoje (Rußland) gemeldet. Dort tauchte im Sommer 1948 plötzlich ein Rudel Wölfe auf und tötete ungefähr vierzig Kinder, bis die Wölfe dann so unversehens wieder verschwanden, wie sie gekommen waren.
Möglicherweise ist die Aggressivität europäischer Wölfe auf die Kreuzung mit großen Haushunden zurückzuführen. Die daraus entstehenden Hybriden gelten als weitaus gefährlicher als reinrassige Wölfe, denn sie sind meistens größer und zeigen Menschen gegenüber weniger Angst. Sie treten in der Regel in Rudeln von 12 oder mehr Tieren auf und stellen besonders in einigen Regionen Rußlands eine ernsthafte Bedrohung dar.

Am besten dem Stadtleben angepaßt hat sich der schlaue Rotfuchs *(Vulpes vulpes)*, der in manchen Teilen der Welt häufiger in Städten anzutreffen ist als in den umliegenden ländlichen Regionen. Sogar im riesigen Yankee Stadion, New York (USA), und auf dem Dachboden eines vierstöckigen Bürogebäudes in Bristol (GB) wurden Rotfüchse entdeckt, die ihre Jungen aufzogen.

Der beste Kletterer ist der Grauoder Baumfuchs *(Urocyon cinereoargenteus)*. Auch Rotfuchs *(Vulpes vulpes)*, Korsak *(Vulpes corsac)* und andere Caniden können auf Bäume klettern, aber keiner ist ein so geübter und wendiger Kletterer wie der Graufuchs aus Nord-, Mittel- und dem äußersten Norden von Südamerika. Mit Hilfe seiner langen Krallen

erklimmt er die Stämme und kann sogar von Ast zu Ast springen. Meistens sucht er Zuflucht in Bäumen, wenn er sich bedroht fühlt (ist die Gefahr vorüber, klettert er rückwärts wieder herunter), aber er ist auch ohne in Bedrängnis zu sein dort anzutreffen. Junge Graufüchse haben das Klettern bereits im Alter von einem Monat gelernt.

In Großbritannien wurde der letzte wilde Wolf offiziell 1743 geschossen. Angaben von Jägern, die noch 1848 einen Wolf erlegt haben wollen, sind unbestätigt.

Die längste Tragzeit aller Caniden hat der Hyänenhund *(Lycaon pictus)*. Er trägt seine Jungen 69–73 Tage. Die Tragzeit des Löffelhundes *(Otocyon megalotis)* ist im allgemeinen kürzer, kann aber auch 60–75 Tage betragen.

Die kürzeste Tragzeit aller Caniden hat der Fennek oder Wüstenfuchs *(Fennecus zerda)* aus Nordafrika. Sie beträgt durchschnittlich 50–52 Tage. Mit einer Tragzeit von in der Regel 51–52 Tagen liegen der Kama- oder Silberrückenfuchs *(Vulpes chama)* aus dem Süden Afrikas und der weitverbreitete Rotfuchs *(Vulpes vulpes)* knapp dahinter. In Ausnahmefällen trägt der Rotfuchs seine Jungen nur 49 Tage (kürzer als alle übrigen Caniden), höchstens aber 55 Tage, während der Durchschnitt der meisten anderen Arten unter 55 Tagen liegt.

Die meisten Jungen wirft der Hyänenhund *(Lycaon pictus)*. Weibliche Tiere dieser Art bringen durchschnittlich 7–10, gelegentlich auch bis zu 19 Junge zur Welt. Sie haben 12–14 Zitzen, mehr als alle übrigen Caniden. Der Eisfuchs *(Alopex lagopus)* hat normalerweise 6–16 Junge je Wurf, bringt es aber unter besonderen Umständen auf der Wrangelinsel vor der Nordküste Sibiriens auf bis zu 19 Junge; nach unbestätigten Angaben soll ein Individuum sogar 25 Junge geworfen haben. Bei den Kojoten *(Canis latrans)* liegt der Rekord bei 18 Jungen in einem Wurf. Hier handelt es sich jedoch wahrscheinlich um die Würfe von zwei verschiedenen Weibchen, denn diese Spezies hat normalerweise sechs Junge je Wurf.

Die wenigsten Jungen haben vermutlich Mähnenwolf *(Chrysocyon* brachyurus) und Afghanfuchs *(Vulpes cana)* mit 1 bis maximal 3 in einem Wurf. Auch andere Caniden gebären gelegentlich nur jeweils ein Junges, doch ihr Durchschnitt liegt in der Regel höher.

Der ausgeprägteste Fleischfresser ist der Hyänenhund. Als einziger Canide ernährt er sich ausschließlich von Fleisch. Die meisten übrigen Arten bevorzugen zwar ebenfalls andere Säugetiere als Hauptnahrungsmittel, geben sich jedoch auch mit wirbellosen Tieren, Früchten und Gemüse zufrieden.

> **Der Bau eines Eisfuchses auf der Wrangelinsel vor der Nordostküste Sibiriens wird vermutlich seit über 300 Jahren ununterbrochen von Generationen von Füchsen bewohnt.**

Der ausgeprägteste Insektenfresser unter den Caniden ist der Löffelhund *(Otocyon megalotis)*. Mit seinen vier bis acht zusätzlichen Backenzähnen (einzigartig unter den Fleischfressern) und der entsprechend größeren Kaufläche ist er der einzige Canide, der sich seine Beute im allgemeinen nicht unter Säugetieren sucht. Seine Nahrung besteht zu mehr als 50 % aus einer in seiner Heimat im Süden und Osten Afrikas verbreiteten Termitenart. Außerdem ernährt er sich von Käfern, Käferlarven, Heuschrecken, Spinnen und Skorpionen. Wirbeltiere wie Eidechsen, Vögel und Säugetiere machen nur etwa 10 % seiner Nahrung aus. Dennoch ist er auf Säugetiere angewiesen, denn seine Lieblingsinsekten halten sich nur dort auf, wo auch Huftiere zu finden sind.

Die abwechslungsreichste Kost nimmt vermutlich der Rotfuchs *(Vulpes vulpes)* zu sich. Er ernährt sich von Wirbeltieren (kleine Huf- und Nagetiere, Vögel und Fische), von den verschiedensten wirbellosen Tieren (von Käfern und Regenwürmern bis zu Heuschrecken), von Früchten (Beeren und Äpfel) und Gemüse und schreckt selbst vor Aas und Abfällen nicht zurück. In Australien fallen Rotfüchse über die Nachgeburten von Schafen her, und in den Städten in weiten Teilen der Welt haben sie schon alles Erdenkliche – von fettigem Frittenpapier bis zu Gummibändern – ausprobiert. Die meisten Caniden fressen, was sich mit dem geringsten Aufwand auftreiben läßt. Ihre Kost wechselt von Tag zu Tag und von Jahreszeit zu Jahreszeit. Wenn nötig kann sogar der Wolf von Mäusen und Insekten leben und wird zur Not auch zum Vegetarier, bis seine bevorzugten Beutetiere wieder zur Verfügung stehen.

Die größten Beutetiere reißt der Wolf *(Canis lupus)*. Einige seiner Opfer sind um ein Vielfaches schwerer als er selbst, wie Elche (200–825 kg) und Büffel (350–1000 kg). Normalerweise jagen Wölfe im Rudel und konzentrieren sich auf junge, alte, kranke oder verletzte Tiere, scheuen aber gelegentlich auch vor gesunden ausgewachsenen Tieren nicht zurück. Untersuchungen in Nordamerika haben jedoch ergeben, daß die Erfolgsquote eines jagenden Wolfes trotz seiner Kraft und seiner Qualitäten als Jäger nur bei 7–10 %

Der Eisfuchs übersteht niedrigere Temperaturen als jeder andere Canide.

liegt. Wölfe müssen daher oft mehrere Wochen ohne Nahrung auskommen.

Hyänenhunde *(Lycaon pictus)* jagen in der Regel die Säugetiere, die in ihrem Lebensraum am häufigsten vorkommen. Ihre Beutetiere wiegen durchschnittlich 14–45 kg. Jagen sie allerdings im Rudel, erlegen sie Tiere wie den Großen Kudu (200–300 kg) und das Steppenzebra (350 kg).

Die Ureinwohner Amerikas begegnen dem Kojoten mit großem Respekt; bei vielen Stämmen hat er Namen wie Kleiner Bruder, Erstgeborener oder Gotteshund.

Die größten Rudel bilden Wölfe und Hyänenhunde. Bei allen in Rudeln lebenden Caniden schwankt die Größe des Rudels je nach Spezies, Jahreszeit und regionalen Gegebenheiten. Im 19. Jh. waren Rudel aus über hundert Hyänenhunden keine Seltenheit. Es wurden sogar Rudel von 500 Tieren dieser Spezies beobachtet. Infolge des drastischen Rückgangs der Populationen in Afrika (s. a. *Vom Aussterben bedroht*) liegt die durchschnittliche Größe eines Rudels heute bei 10 ausgewachsenen Tieren und deren Jungen. Rudel aus mehr als 30 Tieren gibt es kaum noch. Jedes Rudel besteht in der Regel aus einem dominierenden, sich fortpflanzenden Paar, mehreren sich nicht fortpflanzenden ausgewachsenen Tieren (das dominante Paar hindert die übrigen Rudelmitglieder daran, sich fortzupflanzen) und den Jungtieren. Anders als bei den meisten rudelbildenden Säugetieren sind es bei den Hyänenhunden die weiblichen Tiere, die das Rudel verlassen, in das sie geboren wurden, um sich einem fremden Rudel anzuschließen.

Wolfsrudel sind im allgemeinen kleiner und bestehen durchschnittlich aus 8–12 Tieren. Aber auch Rudel von bis zu 36 Tieren werden hin und wieder beobachtet. Die Zahl der Rudelmitglieder steigt, wenn sich in Zeiten reicher Beute die ausgewachsenen Jungtiere nicht von ihren Rudeln trennen. Im Mittelpunkt der komplexen Sozialstrukturen steht ein dominierendes, sich fortpflanzendes Paar. Unter den übrigen sich nicht fortpflanzenden Rudelmitgliedern herrscht eine strenge Hierarchie. Sie helfen, die Jungen des dominanten Paares aufzuziehen, bis diese

alt genug sind, um den Anführern des Rudels die Macht streitig zu machen oder das Rudel zu verlassen und sich auf die Suche nach einem neuen Rudel zu begeben.

Den größten Aktionsradius aller Caniden haben die Wölfe. Er schwankt allerdings von Rudel zu Rudel erheblich und hängt von der Menge der vorhandenen Beutetiere ab. In der Regel erstreckt sich der Lebensraum eines Wolfsrudels über eine Fläche von 80–2000 km². Den größten je ermittelten Aktionsradius erreichte ein Rudel aus Alaska (USA), das eine Fläche von 13 000 km² durchstreifte. Auch der Lebensraum der Hyänenhunde ist mit einer Fläche von durchschnittlich 500–1500 km² bis maximal 3900 km² (wie bei einem Rudel in Südafrika) außergewöhnlich groß. Er überschneidet sich allerdings zu 50–80 % mit den Jagdrevieren anderer Rudel.

Das ungewöhnlichste Erscheinungsbild bietet der Marder- oder Waschbärhund *(Nyctereutes procyonoides)*. Von allen Caniden ähnelt er am wenigsten einem Hund, sondern – wie der Name schon sagt – eher einem Waschbären. Er hat in etwa dieselbe Größe, ein langes, dickes Fell und sogar eine schwarze, maskenartige Gesichtszeichnung. Er gilt als die primitivste Form der Caniden und lebt in den Wäldern und bewaldeten Flußtälern Asiens sowie im Westen Rußlands und in Europa, wo er eingebürgert wurde.

Der einzige winterschlafhaltende Canide ist der Marder- oder Waschbärhund *(Nyctereutes procyonoides)* aus Asien und Teilen Europas. Er erhöht sein Körpergewicht im Herbst von 4–6 kg auf 6–10 kg, zieht sich in seinen unterirdischen Bau zurück und zehrt dort den Winter über von seinen Fettreserven. Im äußersten Norden seines Lebensraums, wo die Winter besonders hart sind, verbringt er die Zeit von Anfang November bis Ende April in einem Zustand der Lethargie. Nur in milden Wintern verläßt er seinen Bau hin und wieder für ein paar Tage. In südlicheren Regionen lebende Waschbärhunde halten dagegen überhaupt keinen Winterschlaf.

In den wärmsten Regionen lebt vermutlich der Fennek oder Wüstenfuchs *(Fennecus zerda)*. Er hat sich der Hitze in seiner Heimat, der Sahara, so gut angepaßt, daß er zu zittern beginnt, sobald die Temperatur

unter 20° C sinken. Während der heißesten Stunden des Tages verkriecht sich das vorwiegend nachtaktive Tier in seinem unterirdischen Bau. Es hat außergewöhnlich große Ohren, die dem Wärmeaustausch dienen; die Sohlen seiner Pfoten sind mit Fell gepolstert, um sie vor dem heißen Wüstensand zu schützen; und es kann lange Zeit ohne Wasser auskommen. Doch seine eindrucksvollste Schutzmaßnahme gegen die Hitze ist wohl, daß seine Atmung bei Außentemperaturen von ca. 38° C eine Frequenz von 690 Atemzügen in der Minute erreicht.

Die kältesten Regionen bewohnt der Eis- oder Polarfuchs *(Alopex lagopus)*. Seine Heimat ist die Arktis, deren extremen Temperaturen von bis zu –70° C er sich auf verschiedene Weise angepaßt hat: mit einer kompakten Körpergröße, gedrungener Schnauze und kurzen Ohren und Beinen, um den Wärmeverlust gering zu halten; mit einem dicken Winterfell, das besonders gut isoliert; mit der Fähigkeit, den Blutfluß zur Haut zu reduzieren; mit Fell an den Sohlen seiner Pfoten, das vor Erfrierungen schützt; und mit reichlich Fettpolstern. Der Eisfuchs ist so gut gegen die Kälte gewappnet, daß erst bei Außentemperaturen von –50° C Störungen seines Stoffwechsels auftreten. Bei Tierversuchen haben Eisfüchse Temperaturen von –80° C überlebt.

Die in den höchsten Höhen lebenden Caniden. Mehrere Arten wurden in Höhen von über 5000 m angetroffen. Die Rekordhalter sind: ein kleines Rudel von fünf Hyänenhunden *(Lycaon pictus)*, das von einem Bergsteiger auf dem Kilimandscharo (Tansania) in einer Höhe von 5345 m gesehen wurde, ein Tibetfuchs *(Vulpes ferrilata)* in 5640 m Höhe und ein Wolf *(Canis lupus)* in 5791 m Höhe.

In den unterschiedlichsten Farben präsentieren sich Wolf *(Canis lupus)*, Eis- oder Polarfuchs *(Alopex lagopus)* und Hyänenhund *(Lycaon pictus)*. Beim Wolf reicht die Palette von fast Pechschwarz auf der Princess Royal Island, British Columbia (Kanada), bis zu fast Schneeweiß in einigen Regionen der Arktis, zum Beispiel auf Ellesmere Island.

Bei den Eisfüchsen unterscheidet man Weiß- und Blaufüchse. Das Fell der Weißfüchse ist im Winter weiß und im Sommer braun (Rücken und Schenkel sind braun, aber Bauch und

Säugetiere

Flanken sind gelb). Blaufüchse haben im Winter ein hellgraues Fell mit einem Stich ins Bläuliche, das im Sommer eine dunkelgraue oder schokoladenbraune Farbe annimmt. Beide Formen werden genetisch durch ein Gen bestimmt. Weiß ist die rezessive Form und kommt von Region zu Region unterschiedlich oft vor. Vermutlich hängt die Häufigkeit von der Schneemenge in der jeweiligen Region ab. So sind 99 % der auf dem Festland von Alaska (USA) verbreiteten Eisfüchse weiß, während auf der vorgelagerten Pribylow-Insel zu 90 % Blaufüchse leben.

Bei den Hyänenhunden hat jedes Tier seine individuelle Zeichnung, die so unverwechselbar ist wie die Fingerabdrücke eines Menschen. Schwarze, gelbe und weiße Sprenkel treten auf ihrem Fell in den verschiedensten Zusammenstellungen und Proportionen auf, so daß Experten einzelne Tiere anhand von Narben und anderen Kennzeichen auf den ersten Blick auseinanderhalten können.

> **In den zwanziger Jahren haben Wölfe in Rußland schätzungsweise 1 Million Rinder gerissen. Daraufhin wurden im Laufe der folgenden fünfzig Jahre jährlich 40 000–50 000 Wölfe getötet.**

Wachsende Bestände haben einige Canidenarten trotz starker Verfolgung zu verzeichnen. Zwei Beispiele hierfür sind der Kojote *(Canis latrans)* und der australische Dingo *(Canis familiaris dingo)*.

In Nordamerika ist der Kojote das am zahlreichsten vertretene große Raubtier. Während die meisten anderen Raubtiere mehr und mehr zurückgedrängt werden, dehnt sich sein Lebensraum zunehmend aus. Vermutlich aufgrund der Dezimierung von Wölfen hat sich der Kojote im Laufe des vergangenen Jahrhunderts nach Norden und Osten ausgebreitet und kommt heute auf dem gesamten Kontinent vor – von Alaska bis Costa Rica und von Kalifornien bis Nova Scotia. Selbst im Zentrum von Los Angeles, Kalifornien, und in anderen Metropolen leben große Populationen. Ihre Verfolgung geht unvermindert weiter – aber die Zahl der Kojoten wächst und wächst.

Dingos wurden wahrscheinlich vor 4000–6000 Jahren von südostasiatischen Seeleuten in Australien einge-

führt. Dort wurden sie teils domestiziert, teils breiteten sie sich wildlebend über das gesamte australische Festland aus. Heute nimmt ihr Bestand in den verschiedenartigsten Lebensräumen, in Wüsten wie Wäldern, ständig zu.

Die weiteste Verbreitung aller wilden Caniden hat heute der Rotfuchs *(Vulpes vulpes)*. Er kommt fast überall in der nördlichen und in Teilen der südlichen Hemisphäre vor – von der arktischen Tundra bis zu den Wüsten Nordafrikas, von British Columbia über Europa und die Steppen Asiens bis nach Japan. Er lebt auf Ellesmere Island, Northwest Territories (Kanada), auf einer geographischen Breite von 77° N ebenso wie in Australien auf einer geographischen Breite von 38° S. Er hat sich den verschiedenartigsten Lebensräumen angepaßt und ist gleichermaßen in Wäldern, Wüsten, Moor- und Heidelandschaften, landwirtschaftlich genutzten Gebieten und Städten zu Hause.

Noch vor wenigen hundert Jahren war der Wolf *(Canis lupus)* von allen Landsäugetieren, vom Menschen abgesehen, am weitesten verbreitet. Sein Lebensraum reichte von Grönland bis in die Wüsten der arabischen Halbinsel und erstreckte sich über Nordamerika, Europa, Asien und den Mittleren Osten. Doch die Verfolgung durch den Menschen hat zahlreiche Populationen ausgelöscht, so daß Wölfe heute nur noch in entlegenen Regionen vorkommen, in denen sie nicht mit den menschlichen Interessen in Konflikt geraten.

Die geringste Verbreitung haben der *Canis rufus*, der in freier Wildbahn bereits ausgestorben war (s. a. *Vom Aussterben bedroht*) und nun wieder angesiedelt wird, und der *Urocyon littoralis*. Bis vor kurzem vermutete man diesen nur noch auf den sechs größten der Channel Islands vor der Küste Südkaliforniens (die größte dieser Inseln ist gerade 38 km lang und 3–13 km breit). Inzwischen deutet jedoch vieles darauf hin, daß es sich bei benachbarten Populationen auf dem Festland, die man ursprünglich für Graufüchse *(U. cinereoargenteus)* hielt, ebenfalls um die Spezies *U. littoralis* handelt.

Vom Aussterben bedroht sind nach Angaben der World Conservation Union (IUCN) insgesamt 18 Canidenarten. Das entspricht mehr als 50 % aller vorkommenden Arten. Als am meisten gefährdet gelten der *Canis rufus* aus den USA, der Abessinische

Fuchs *(Canis simensis)* aus Äthiopien und der Hyänenhund *(Lycaon pictus)*. Auch die Bestände von Mähnenwolf *(Chrysocyon brachyurus)*, Wolf *(Canis lupus)*, Rothund *(Cuon alpinus)*, dem südamerikanischen Schakalfuchs *(Dusicyon griseus)* und dem Waldhund *(Speothos venaticus)* sind besorgniserregend.

Der Lebensraum des Abessinischen Fuchses beschränkt sich auf die Moor- und Heidelandschaften auf dem Tullu Deemtu, einem Gipfel im Äthiopischen Hochland, in 3000 –4377 m Höhe. Möglicherweise besteht die Population aus weniger als 500 Tieren, von denen die Hälfte (wahrscheinlich der einzige genetisch überlebensfähige Teil der Population) im Bale Mountains-Nationalpark im östlichen Teil des Äthiopischen Hochlands lebt. Die unmittelbarsten Gefahren drohen der Spezies durch die zunehmende Einengung ihres Lebensraums infolge der Ausweitung von Landwirtschaft und Viehhaltung, durch die Vermischung mit Haushunden sowie durch Krankheiten und Verfolgung durch den Menschen.

Während der vergangenen 30 Jahre ist der Hyänenhund aus 19 der 34 Länder, in denen er einst verbreitet war, so gut wie verschwunden – darunter Algerien, Mauretanien, Mali, Burundi, Ruanda, Uganda, Benin, Togo, Kongo, Gabun, Ghana und Zaire. Nur sechs Länder beheimaten noch lebensfähige Populationen. Doch in mindestens zwei dieser Länder hat sich der Bestand im Laufe des letzten Jahrzehnts um die Hälfte reduziert. Am gesichertsten ist die Population im Selous-Wildreservat (Tansania), wo rund 800 ausgewachsene Hyänenhunde leben (rund 40 % des gesamten Bestands an ausgewachsenen Tieren dieser Spezies). Weitere rund 90 ausgewachsene Tiere beheimatet der Mikumi-Nationalpark, der im Nordwesten an das Selous Wildreservat grenzt. Viele der vereinzelten Rudel, die sich anderswo über ungeschützte Gebiete verteilen, in denen es kaum noch Beutetiere für sie gibt, haben praktisch keine Überlebenschance. Der Gesamtbestand an Hyänenhunden liegt, einschließlich der Jungtiere, heute bei etwa 5000. Kann der Rückgang der Population nicht gestoppt werden, wird die Spezies innerhalb der nächsten zwanzig Jahre aussterben. Die Hauptgefahren sind Verlust und Dezimierung geeigneten Lebensraums, Verfolgung und Krankheiten.

Der *Canis rufus* bevölkerte einst den gesamten Südosten der USA, von Pennsylvania bis nach Texas. Doch die

Obwohl der Kojote stark verfolgt wird, ist in Nordamerika kein anderes großes Raubtier so zahlreich vertreten wie er. Diese Spuren wurden in Baja California (Mexiko) gefunden.

zunehmende Verkleinerung seines Lebensraums, die Verfolgung durch den Menschen und die Vermischung mit den sich nach Osten ausbreitenden Kojoten haben dazu geführt, daß er für einige Zeit das seltenste Säugetier der Welt war. Als 1980 der letzte im Südosten von Texas erlegt worden war, galt die Spezies offiziell in der freien Wildbahn als ausgestorben. Glücklicherweise hat eine kleine Anzahl von Tieren in Gefangenschaft überlebt, so daß am 14. September 1987 das erste in menschlicher Obhut gezüchtete Paar im Alligator River National Wildlife Refuge, North Carolina, ausgesetzt werden konnte. Seither sind weitere Wiederansiedlungen erfolgt. Die erste Wiederansiedlung auf dem Festland (bis dahin wurden die Tiere nur auf Inseln und einer Halbinsel freigelassen) hat 1991 im Great Smoky Mountains-Nationalpark (North Carolina und Tennessee) stattgefunden. Es ist geplant, mindestens 220 Tiere in freier Wildbahn auszusetzen und weitere 330 Tiere in Gefangenschaft zu halten. Diese Pläne stoßen jedoch auf den Widerstand der einheimischen Bevölkerung. Derzeit liegt der Bestand der wildlebenden Tiere bei rund 30, und Junge der zweiten Generation wurden erstmals 1991 in freier Wildbahn geboren. Ein Rückschlag erfolgte im Juni 1991, als die Ergebnisse einer DNS-Analyse bekannt wurden und ergaben, daß der *Canis rufus* möglicherweise keine eigene Spezies ist, sondern lediglich eine Kreuzung aus Wolf *(Canis lupus)* und Kojote *(C. latrans)*.

Unlängst ausgestorben ist der Falklandwolf *(Dusicyon australis)*. Er ähnelte dem Wolf *(Canis lupus)*, hatte aber kürzere Beine und eine Schulterhöhe von ca. 60 cm. Als er 1690 entdeckt wurde, war er als einziges säugendes Raubtier seiner Inselheimat im Südatlantik noch zahlreich vertreten. Da er jedoch als ausgesprochen zahm galt (er watete sogar ins Wasser, um ankommende Schiffe zu begrüßen), war er den frühen Siedlern eine leichte Beute. Weit mehr Tiere wurden von Pelzhändlern aus den USA getötet, und als in den sechziger Jahren des 19. Jahrhunderts schottische Siedler begannen, auf den Inseln Schafe zu züchten, fielen zahllose Falklandwölfe vergifteten Ködern zum Opfer. Der letzte bekannte Vertreter dieser Art starb 1876. Alles, was von der Spezies geblieben ist, sind 11 Exemplare, die sich auf ein paar Museen in der ganzen Welt verteilen.

Ebenfalls ausgestorben sind eine Reihe von Unterarten der Caniden, darunter sieben Wölfe. Einer von ihnen war der japanische *Canis lupus hodophilax*, die kleinste Unterart der Wölfe mit einer Schulterhöhe von nur 36 cm. Er wurde so lange gejagt, bis 1905 auch das letzte Tier zur Strecke gebracht war.

HYÄNEN

Hyaenidae
4 Arten: Tüpfelhyäne, Schabrackenhyäne, Streifenhyäne und Erdwolf.

Die ersten Hyänen haben sich vermutlich aus frühen Zibethkatzen und Mungos (Familie der *Viverridae*) vor etwa 20–22 Mio. Jahren entwickelt, als in Asien ein der Zibethkatze ähnliches Tier namens *Plioviverrops* lebte. Demnach sind Hyänen die jüngsten (und die kleinsten) aller Fleischfresser. Vorwiegend aasfressende Arten, die der heutigen Hyäne ähneln, tauchten erst vor rund 5 Mio. Jahren auf.

Die größte Hyäne ist die Tüpfelhyäne *(Crocuta crocuta)*, auch lachende Hyäne genannt. Mit einer Körperlänge von 1,2–1,7 m, einer Schwanzlänge von 25–35 cm, einer Schulterhöhe von 70–90 cm und einem Gewicht von 50–80 kg ist sie einer der größten Fleischfresser. Weibliche Tüpfelhyänen sind in der Regel größer als männliche Tiere gleichen Alters. Die Art ist in den Grassavannen Afrikas südlich der Sahara häufig anzutreffen (mit Ausnahme des Südens von Südafrika und der Wälder in Zaire).

Die größte bekannte prähistorische Hyäne war *Crocuta crocuta spelaea*. Sie war fast doppelt so groß wie die heutige Tüpfelhyäne *(Crocuta crocuta)*.

Die kleinste Hyäne ist der in den Grassavannen im südlichen Afrika und in Ostafrika heimische Erdwolf *(Proteles cristatus)*. Er hat eine Körperlänge von 55–80 cm, eine Schwanzlänge von 20–25 cm, eine Schulterhöhe von 40–50 cm und ein Gewicht von 8–12 kg.

Vom Aussterben bedroht ist nach Angaben der World Conservation Union (IUCN) nur die Schabrackenhyäne *(Hyaena brunnea)*. Sie kommt noch in Botswana, Namibia, Südafrika, Lesotho, im äußersten Westen und Südwesten von Zimbabwe, im Südwesten Mozambiques und bis in den Südwesten Angolas hinein vor. Vermutlich beheimatet Botswana die einzige große Population dieser Spezies. Als gefährdet gilt außerdem *Hyaena hyaena barbara*, eine Unterart der Streifenhyäne, die noch in Algerien, Marokko und Tunesien vorkommt.

Am einseitigsten ernährt sich der Erdwolf *(Proteles cristatus)*: Er hat sich auf Termiten der Gattung *Trinervitermis* spezialisiert und ergänzt seinen Speiseplan gelegentlich mit Termiten der Gattung *Hodotermes*. Obwohl er weder eine lange Schnauze, besonders zum Graben geeignete Vordergliedmaßen noch kräftige Krallen besitzt (und sich damit von allen übrigen Ameisen und Termiten fressenden Säugetieren unterscheidet), ist er ein sehr erfolgreicher Jäger. Im Sommer vertilgt ein einziger Erdwolf Nacht für Nacht bis zu 300 000 Termiten (etwa 1 kg). Er ortet seine Beute nach Gehör und Geruch und leckt sie dann mit schnellen Bewegungen seiner langen, klebrigen Zunge auf, zusammen mit jeder Menge Erde.

Der effizienteste Aasfresser aller Säugetiere und obendrein ein geschickter und routinierter Jäger ist die Tüpfelhyäne *(Crocuta crocuta)*. Während für die meisten Fleischfresser bis zu 40 % ihrer Beutetiere als Nahrung unbrauchbar ist, verwertet sie die Kadaver von großen Wirbeltieren wie Zebras und Gnus fast vollständig. Ihre Kaumuskeln und Zähne sind stark genug, um große Knochen zu zermahlen (die Zähne können einen Druck von bis zu 800 kg/cm^2 ausüben), und ihr Verdauungsapparat wird mit den organischen Stoffen von Knochen, Hufen, Hörnern und Fellen fertig; dazu ist kein anderes Tier in der Lage. Eine Gruppe von 38 Tüpfelhyänen wurde dabei beobachtet, wie sie ein ausgewachsenes Zebra in weniger als 15 Min. mit Haut und Haaren vertilgte und nichts als ein paar Fetzen zurückließ. Die wenigen unverdaulichen Bestandteile von Hörnern, Hufen und Fellen scheidet die Tüpfelhyäne innerhalb von 24 Std. wieder aus.

Aggressivität unter Geschwistern. Jüngste Untersuchungen von Biologen der University of California haben ergeben, daß die Tüpfelhyäne *(Crocuta crocuta)* als einziges wildlebendes Säugetier Junge zur Welt bringt, die genetisch auf Angriff programmiert zu sein scheinen und häufig ihre eigenen Geschwister töten. Die Tiere werden mit voll entwickelten Eckzähnen geboren – und mit der unverkennbaren Entschlossenheit, sie zu benutzen. In der Regel gebären Tüpfelhyänen Zwillinge, doch infolge der angeborenen Aggressivität hat ungefähr die Hälfte aller Muttertiere nur ein Junges aufzuziehen. In Gefangenschaft geborene Tüpfelhyänen greifen kurz nach der Geburt alle leblosen Objekte von etwa derselben Größe und Beschaffenheit eines Bruders oder einer Schwester an. Untersuchungen in freier Wildbahn lassen dagegen darauf schließen, daß sich die Aggression nur gegen gleichgeschlechtliche Zwillinge richtet. Es wurde sogar beobachtet, daß ein Zwilling den anderen Zwilling angriff, noch ehe der aus der Fruchtblase geschlüpft war. Dieses Verhalten gilt zwar unter Säugetieren als einzigartig, ist aber auch bei großen Vogelarten wie Adlern und Reihern verbreitet, wo dominante Jungvögel bei Nahrungsknappheit untergeordnete Jungvögel töten. Bei der Geschwisterrivalität unter Hyänen scheinen allerdings komplexere Faktoren eine Rolle zu spielen, die im großen und ganzen noch unbekannt sind.

Die Tüpfelhyäne ist der effizienteste Aasfresser aller Säugetiere. Sie frißt alles – von Knochen und Hufen bis zu Hörnern und Fellen.

INSEKTENFRESSER

Insectivora
350–400 Arten (umstrittene Klassifikation): Spitzmäuse, Maulwürfe, Madagaskar-Igel, Igel, Schlitzrüßler, etc.

Der primitivste aller Insektenfresser ist vermutlich der Große Ratten-Igel (Unterfamilie der *Galericinae*). Die Insektenfresser selbst gelten wiederum als die primitivste Form aller heute existierenden plazentalen Säugetiere. Die ersten echten Säuger waren spitzmausartige Lebewesen und lebten im späten Trias vor 200–220 Mio. Jahren. Viele ihrer primitiven Merkmale lassen sich noch bei den heutigen Insektenfressern feststellen, beispielsweise das relativ kleine Gehirn, die einfachen Zähne, der plattfüßige Gang und die Kloake (gemeinsamer Ausführungsgang für Darm, Harnblase und Geschlechtsorgane). Dennoch sind Insektenfresser für das Leben in der modernen Welt gut gerüstet, denn mit einer Reihe von Spezialisierungen sind sie in der Lage, eine Vielzahl ökologischer Nischen zu füllen.

Als größter Insektenfresser der Welt (ohne die insektenfressenden Säugetiere der Ordnungen *Monotremata* und *Edentata*) wird im allgemeinen der Große Ratten-Igel *(Echinosorex gymnurus)* bezeichnet, der in Myanmar (früher Burma), Thailand, Malaysia, Sumatra und Borneo heimisch ist. Mit einer Körperlänge von 26–46 cm, einer Schwanzlänge von 17–25 cm und einem Gewicht von 1–2 kg ist er ungefähr so groß wie ein Kaninchen. Weibchen sind etwas größer als Männchen.

> **Eine Goldmulle kann das 150-fache ihres Körpergewichts heben.**

Der Braunbrust-Igel *(Erinaceus europaeus)* erreicht lediglich eine Körperlänge von 20–30 cm und eine Schwanzlänge von 2–4 cm. Er wiegt normalerweise 0,5–1,4 kg, wohlgenährte Exemplare (vor allem in der Obhut des Menschen lebende Tiere) können aber bis zu 2,2 kg auf die Waage bringen.
Gelegentlich wird die Große Otterspitzmaus *(Potamogale velox)*, die in Bächen und Tümpeln in West- und Zentralafrika lebt, als der größte aller

Insektenfresser genannt. Ihre Größe ist jedoch oft irreführend, da sie leicht mit einem kleinen Otter zu verwechseln ist. Sie erreicht eine Körperlänge von 29–35 cm und eine Schwanzlänge von 25–29 cm.
Ein weiterer Anwärter auf den Titel des größten Insektenfressers ist mit einer Körperlänge von 25–39 cm, einer Schwanzlänge von 1–1,6 cm und einem Gewicht von 0,5–1,5 kg (in Gefangenschaft bis zu 2,4 kg) der Große Madagaskar-Igel oder Tanrek *(Tenrec ecaudatus)*, der in Madagaskar und auf den Komoren verbreitet ist.

Das kleinste Landsäugetier (siehe unter *Fledertiere*, S. 27) ist die Etruskerspitzmaus *(Suncus etruscus)*. Sie hat eine Körperlänge von 3,6–5,2 cm, eine Schwanzlänge von 2,4–2,9 cm und ein Gewicht von nur 1,5–2,5 g und ist so klein, daß sie sogar in die Erdlöcher großer Regenwürmer kriechen kann. Ihr Lebensraum erstreckt sich von der Mittelmeerküste bis nach Sri Lanka im Osten und bis nach Cape Province (Südafrika) im Süden. Andere Spitzmausarten sind nicht viel

> **Ein ausgewachsener Braunbrust-Igel hat durchschnittlich 5000 nadelspitze Stacheln, bei denen es sich im Grunde um eine Abwandlung von Haaren handelt. Außergewöhnlich große Tiere haben bis zu 7500 Stacheln.**

größer, wie die Kleine Zwergspitzmaus *(Sorex minutissimus)*, die von Skandinavien ostwärts bis nach Japan vorkommt, und die Zwergspitzmaus *(Sorex minutus)*, die von Europa über Sibirien bis in Teile Zentralasiens hinein anzutreffen ist. Die beiden Arten haben eine Körperlänge von 3,5–4,5 cm *(S. minutissimus)* und 3,9–6,4 cm *(S. minutus)*, eine Schwanzlänge von 2,1–3,2 cm *(S. minutissimus)* und 3,2–4,4 cm *(S. minutus)* und ein Gewicht von 1,5–4 g *(S. minutissimus)* und 2–6,3 g *(S. minutus)*.

Das kleinste im Süßwasser lebende Säugetier ist die Sumpfspitzmaus *(Neomys anomalus)*, die die Bäche und Sümpfe Süd- und Osteuropas bewohnt. Sie hat eine Gesamtlänge von 6,7–8,7 cm, eine Schwanzlänge von 4–5,2 cm und ein Gewicht von 8–17 g.

Das höchste Alter der meisten Arten von Insektenfressern liegt bei maximal 5–8 Jahren. Das zuverlässig verzeichnete Rekordalter von über 16 Jahren erreichte ein Kleiner Igeltanrek *(Echinops telfairi)*, der 1966 im Amsterdamer Zoo (Niederlande) geboren wurde und am 27. November 1982 im Jersey Zoo, Channel Islands (GB), starb.

> **Einige Spitzmausfamilien haben die Angewohnheit, sich im »Gänsemarsch« fortzubewegen: An der Spitze geht das Muttertier, dahinter ein Junges nach dem anderen, wobei sich jedes Tier am Hinterteil des Vordertiers festhält. Die Kette ist so stabil, daß man nur die Mutter in die Höhe halten muß, um die ganze Familie vom Boden zu heben.**

Die niedrigste Lebenserwartung aller Säugetiere haben Spitzmäuse (Familie der *Soricidae*). Sie führen ein so aktives Leben, daß sie sich sehr schnell verausgaben und weniger lange leben als andere Säugetiere vergleichbarer Größe. Die Lebenserwartung der meisten Arten liegt in freier Wildbahn bei 9–12 Monaten. In Gefangenschaft können die Tiere wesentlich älter werden, wie eine Hausspitzmaus *(Crocidura russula)*, die das Rekordalter von vier Jahren erreichte.

Mehr Junge als jedes andere »wilde« Säugetier brachte 1972 ein Großer Tanrek *(Tenrec ecaudatus)* im Wassenaarer Zoo (Niederlande) zur Welt: Er gebar 31 Junge in einem Wurf (30 überlebten). Die Spezies kommt normalerweise in Madagaskar und auf den benachbarten Komoren vor und bringt in den Savannen, die jahreszeitlich bedingten Klimaschwankungen unterworfen sind, durchschnittlich 20 Junge pro Wurf zur Welt (weniger in Regionen mit stabileren klimatischen Bedingungen). Die Weibchen haben bis zu 29 Zitzen – mehr als jedes andere Säugetier. Manche Nagetiere, wie Hausmäuse *(Mus domesticus)*, haben noch größere Würfe aufzuweisen, es besteht allerdings der Verdacht, daß sie mit Hormonen behandelt wurden.

Früher gebärfähig als alle übrigen Insektenfresser ist der Streifentanrek *(Hemicentetes semispinosus)* aus Madagaskar. Weibchen dieser Spezies

Spitzmäuse sind die kleinsten nichtfliegenden Säugetiere der Welt; sie haben die geringste Lebenserwartung und, im Verhältnis zu ihrer Größe, den größten Appetit.

Beim Menschen kann der Biß erhebliche Schmerzen verursachen und zu Hautrötungen führen, die oft mehrere Tage anhalten.

Den größten Appetit aller Insektenfresser haben Spitzmäuse (Familie der *Soricidae*). Sie führen ein so hektisches Leben, daß sie in Relation zu ihrer Körpergröße unverhältnismäßig viel Nahrung zu sich nehmen müssen. Um ihren hohen Energiebedarf zu decken, sind sie gezwungen, Tag und Nacht alle 2–3 Std. zu fressen, und können innerhalb von nur 4 Std. verhungern. Es ist nicht ungewöhnlich, daß sie sich an einem einzigen Tag das 1,3-fache ihres Körpergewichts einverleiben.

> **Als einziges Säugetier trägt der nordamerikanische Sternmull einen Kranz aus 22 fleischigen Strahlen um die Nasenlöcher. Mit Hilfe seiner dadurch berührungsempfindlicheren Nase lokalisiert er seine Beute.**

Vom Aussterben bedroht sind nach Angaben der World Conservation Union (IUCN) insgesamt 73 Arten von Insektenfressern: 2 Schlitzrüßler, 10 Madagaskar-Igel und Otterspitzmäuse, 13 Goldmullen, 1 Igel, 1 Großer Ratten-Igel, 2 Desmane, 1 Maulwurf und 43 Spitzmausarten. Als am meisten gefährdet gelten der Kubanische Schlitzrüßler *(Solenodon cubanus)*, der Dominikanische Schlitzrüßler *(Solenodon paradoxus)* aus Haiti und der Dominikanischen Republik und die Zwergotterspitzmaus *(Micropotamogale lamottei)*, die in Guinea, Liberia und in der Elfenbeinküste vorkommt. Gefahr droht den Arten vor allem durch die Zerstörung ihrer Lebensräume, durch Verschmutzung und durch eingeführte Arten wie Ratten, Mungos, Hunde und Katzen, zu deren Beutetieren sie zählen.

Unlängst ausgestorben sind fünf Arten von Insektenfressern – ausnahmslos Schlitzrüßler der ausgerotteten Gattung *Nesophontes*, die in der Dominikanischen Republik, auf Haiti, Kuba und den Cayman-Inseln

können schon im Alter von 3–5 Wochen Junge bekommen, die bereits fünf Tage nach der Geburt entwöhnt sind.

Giftproduzierende Speicheldrüsen besitzen mehrere Insektenfresser der Familien *Soricidae* und *Solenodontidae*: der Kubanische Schlitzrüßler *(Solenodon cubanus)*, der Dominikanische Schlitzrüßler *(Solenodon paradoxus)*, die Große Kurzschwanzspitzmaus *(Blarina brevicauda)* und die eurasische Wasserspitzmaus *(Neomys fodiens)*. Haben diese Arten ein Beutetier entdeckt, greifen sie es normalerweise von hinten an und beißen

in dessen Hals oder Schädelbasis. Dabei sondern Drüsen in der Nähe ihrer unteren Schneidezähne ein mit dem Speichel vermischtes Nervengift ab, das in die Bißwunden dringt und von dort direkt ins zentrale Nervensystem ihrer Opfer geleitet wird. Schon kleine Mengen reichen aus, um Lähmungserscheinungen hervorzurufen (die Große Kurzschwanzspitzmaus besitzt genug Gift, um damit 200 Mäuse zu töten), so daß diese Arten in der Lage sind, Tiere anzugreifen, die wesentlich größer sind als sie selbst. Auf diese Weise bringen sie Frösche, Fische, Eidechsen und kleine Vögel zur Strecke.

beheimatet waren. Ihnen wurden die Ratten, Mungos, Hunde und Katzen zum Verhängnis, die mit der Ankunft der Spanier eingeführt wurden, oder die Einengung ihrer Lebensräume zugunsten der Landwirtschaft. Die beiden noch existierenden Arten von Schlitzrüßlern kämpfen aus ähnlichen Gründen ums Überleben, viele Experten befürchten jedoch, daß sie das gleiche Schicksal ereilen wird (tatsächlich wurden sie bereits mehrfach für ausgestorben erklärt, wenn auch bisher fälschlicherweise).

> **Trotz ihres Namens ernähren sich Insektenfresser nicht ausschließlich von Insekten: Einige Arten bevorzugen eine Reihe von anderen wirbellosen Tieren, kleine Wirbeltiere und sogar Pflanzen.**

Rüsselspringer

Auf den ersten Blick ähneln Rüsselspringer den Spitzmäusen und wurden bisher auch mit ihnen gemeinsam der Ordnung der Insektenfresser zugerechnet, während sie zuvor bereits den Primaten und sogar den Huftieren zugeordnet worden waren. Aufgrund ihrer zahlreichen abweichenden Merkmale – die großen Augen (Spitzmäuse haben kleine, wache Augen), die rüsselartig verlängerte und bewegliche Nase und die langen Beine (Spitzmäuse haben kurze Beine, die kaum ihre Bäuche über den Boden tragen) – werden sie heute als eigene Ordnung *(Macroscelidea)* geführt. Die einzige Familie *(Macroscelididae)* hat 15 Arten. Bei allen Arten sind die Hinterbeine länger als die Vorderbeine. Sie sind die einzigen insektenfressenden Säugetiere, die hüpfen können, und kommen nur in Afrika vor, sind dort aber weitverbreitet.

Die größten Rüsselspringer sind die drei Rüsselhündchen der Gattung *Rhynchocyon.* Das größte der Rüsselhündchen ist das im Südosten Kenias heimische Goldsteiß-Rüsselhündchen *(Rhynchocyon chrysopygus)* mit einer Körperlänge von 27–31,5 cm, einer Schwanzlänge von 23–26,5 cm und einem Gewicht von durchschnittlich

> *Weibliche Streifentanreks aus Madagaskar sind schon im Alter von wenigen Wochen geschlechtsreif – früher als jeder andere Insektenfresser.*

etwa 500 g bei ausgewachsenen Tieren.

> **Wenn man sie berührt, stoßen Rüsselspringer oft einen schrillen Schrei aus, sind aber erstaunlich zahm und versuchen nur selten zu beißen.**

Der kleinste Rüsselspringer ist der Kurzohr-Rüsselspringer *(Macroscelides proboscideus)*. Er lebt im Süden Afrikas und hat eine Körperlänge von 10,4–11,5 cm, eine Schwanzlänge von 11,5–13 cm und ein Gewicht von durchschnittlich etwa 45 g bei ausgewachsenen Tieren.

Der schnellste Rüsselspringer ist das Goldsteiß-Rüsselhündchen, das mit einer Geschwindigkeit von mindestens 25 km/h über den Waldboden rennen kann. Das entspricht etwa der Geschwindigkeit des Menschen auf vergleichbarem Gelände.

Vom Aussterben bedroht sind nach Angaben der World Conservation Union (IUCN) zwei Arten von Rüsselspringern: das Goldsteiß-Rüsselhündchen aus Kenia und *Rhynchocyon petersi*, ein weiteres Rüsselhündchen, das in Kenia und Tansania vorkommt. Auch drei Unterarten gelten als gefährdet: *Petrodromus tetradactylus sangi*, eine Unterart der Vierzehen-Rüsselratte aus Kenia, sowie zwei Unterarten des Gefleckten Rüsselhündchens – *Rhynchocyon cirnei cirnei* aus Mosambik und *Rhynchocyon cirnei hendersoni* aus Malawi.

KAMELE UND LAMAS

Camelidae
6 Arten: Lama, Alpaka, Guanako, Vikunja, Dromedar und Trampeltier; drei dieser Arten (Dromedar, Lama und Alpaka) sind domestiziert und kommen im allgemeinen nicht mehr wildlebend vor.

Das größte Kamel ist das Dromedar oder Einhöckrige Kamel *(Camelus dromedarius),* das ursprünglich aus dem Mittleren Osten stammt, wildlebend aber heute nur noch in Australien vorkommt und ansonsten als Haustier gehalten wird. Mit einer Körperlänge von 2,3–3,5 m, einer Schwanzlänge von 55 cm, einer Schulterhöhe von 1,8–2,1 m (Maximum 2,4 m) und einem Gewicht von 450–690 kg ist es auch das größte unter den *Artiodáctyla* oder Paarhufern.

> **Die Schneidezähne der Vikunjas sind einzigartig unter den Huftieren, denn sie wachsen ständig weiter.**

Das Trampeltier oder Zweihöckrige Kamel *(Camelus bactrianus),* das wildlebend nur noch in den entlegenen Wüstengebieten der Mongolei und West-Chinas vorkommt und ansonsten als Haustier gehalten wird, ist nur unwesentlich kleiner.

Das kleinste Kamel ist das Vikunja *(Vicugna vicugna),* das in den südamerikanischen Anden lebt. Es hat eine Körperlänge von 1,3–1,9 m, eine Schwanzlänge von 15–25 cm, eine Schulterhöhe von 70–110 cm und ein Gewicht von 35–65 kg.

In den höchsten Höhen leben das Vikunja *(Vicugna vicugna)* und domestizierte Alpakas *(Lama pacos).* Beide bewohnen alpine Grasgebiete in Höhen von 3700–4800 m (Vikunja) und 4400–4800 m (Alpaka). Für die meisten Säugetiere ist die Luft dort zu dünn, um ein normales, aktives Leben führen zu können. Den bestätigten Höhenrekord hält ein Vikunja, das in den peruanischen Anden oberhalb der Schneegrenze in 5486 m gesehen wurde.

Als Haustiere gehalten werden Lamas *(Lama glama)* und Alpakas *(Lama pacos)* seit rund 4000–5000 Jahren. Seit dieser Zeit weiß man ihre hochwertige Wolle, ihr Fleisch, ihre Milch und ihre Qualitäten als Lasttiere zu nutzen. Die ersten Domestizierungen fanden in Peru statt – entweder in der Region um den Titicacasee oder auf dem etwa 100 km nordwestlich gelegenen Junin-Plateau.
Das Dromedar *(Camelus dromedarius)* wurde vor 4000–6000 Jahren in Zentral- oder Süd-Arabien als Haustier

entdeckt und ist als Wildform vermutlich seit 2000 Jahren ausgestorben. Die erste Domestizierung des Trampeltiers *(Camelus bactrianus)* fand vor rund 4500 Jahren auf den Hochebenen des nördlichen Iran und des südwestlichen Turkestan statt.

> **Kameldung ist so trocken, daß man ihn sofort nach dem Ausscheiden als Brennmaterial verwenden kann.**

Vom Aussterben bedroht sind zwei Vertreter der Familie der *Camelidae:* die Wildform des Trampeltiers *(Camelus bactrianus),* die noch in entlegenen Regionen der Wüste Gobi im Grenzgebiet Chinas und der Mongolei vorkommt, und das Vikunja *(Vicugna vicugna),* das in Argentinien, Bolivien, Chile und Peru lebt. Das Dromedar, das Lama und das Alpaka sind als Haustiere weitverbreitet, in ihrer Wildform (mit Ausnahme einer Population von Dromedaren in Australien) aber bereits ausgestorben. Möglicherweise sind das Lama und das

> *Keine Kamelart ist in so hohen Lagen anzutreffen wie das kleinste Mitglied der Familie, das Vikunja; ein Exemplar wurde in den peruanischen Anden in einer Höhe von 5486 m gesehen.*

Säugetiere

Kamel im Kirthar-Nationalpark (Pakistan). Kamele haben sich den Lebensbedingungen in der Wüste besser angepaßt als jedes andere Säugetier.

Alpaka jedoch domestizierte Nachkommen des Guanako *(Lama guanicoe)* und haben vielleicht nie als wildlebende Arten existiert.

Am deutlichsten erholt hat sich der Bestand an Vikunjas. Die Spezies war einst in der gesamten Andenregion verbreitet. Die Inkas hielten die Tiere für nicht domestizierbar, trieben aber alle 3 bis 5 Jahre wilde Herden zusammen, um sie zu scheren, denn die goldbraune Wolle der Vikunjas galt lange als die beste der Welt. Mit der Ankunft der Spanier begann der Bestand dramatisch zu sinken. Im Laufe der Jahrhunderte hatte sich die Zahl der einst über 2 Mio. Vikunjas bis 1965 auf 6000 Tiere reduziert. Dank konsequenter Maßnahmen zum Schutz der Spezies hat sich der Bestand jedoch inzwischen erholt (wenn auch neuerdings Wilderei und die zunehmende Ausbreitung von

Vieh auf ihrem Weideland wieder Anlaß zu Besorgnis geben). 1993/94 wurde der Bestand in Peru auf 48 000, in Argentinien auf 25 000 –28 000, in Chile auf 26 000 und in Ecuador auf 500 Tiere geschätzt.

Dem Leben in der Wüste besser angepaßt als fast jedes andere Säugetier haben sich das Dromedar *(Camelus dromedarius)* und das Trampeltier *(Camelus bactrianus)*.
Entgegen der weitverbreiteten Meinung speichern Kamele in ihren Höckern kein Wasser, sondern Fett, das im Körper aufgespalten und in Energie, Kohlendioxyd und Wasser umgewandelt werden kann. Auf diese Weise sind die Tiere in der Lage, Perioden von bis zu mehreren Monaten ohne Nahrung zu überstehen.
Kamele haben gelernt, mit Wasser zu haushalten: Sie beginnen erst zu schwitzen, wenn ihre Körpertemperatur 40,5° C erreicht hat; sie haben die Fähigkeit, im Laufe des Tages bei steigenden Umgebungstemperaturen die Wärme zu speichern und sie während der kühlen Nächte wieder abzugeben; ihr dickes Fell verringert den Wasserverlust durch Verdampfen;

ihre leistungsstarken Nieren sorgen dafür, daß der Wassergehalt im Urin auf ein Minimum reduziert wird; ihr Dung ist trocken, und sie können einen Wasserverlust von bis zu 40 % ihres Körpergewichts verkraften (beim Menschen liegt die Höchstgrenze bei unter 14 %). Außerdem sind sie in der Lage, lange Zeit ohne Flüssigkeitsaufnahme zu überleben (mindestens eine Woche, wenn sie bei sehr hohen Temperaturen arbeiten müssen, sonst mehrere Monate), um dann bei nächster Gelegenheit innerhalb von Minuten riesige Mengen von bis zu 60 l zu trinken.
Kamele sind die einzigen Säugetiere mit ovalen (und nicht runden) roten Blutkörperchen. Dadurch bleibt ihr Blut auch bei hohen Temperaturen dünnflüssig. Die Sohlen ihrer Hufe sind mit Schwielen versehen, damit sie im weichen Sand nicht versinken. Ihre Wimpern sind dick und lang und verhindern, daß Sand in ihre Augen weht. Ebenfalls um das Eindringen von Sand zu verhindern, können sie ihre Nasenlöcher fest verschließen.

KATZEN

Felidae
36 Arten.

Die ersten katzenartigen Fleischfresser waren Säbelzahnkatzen (Familie der *Felidae*). In Nordamerika wurden 35 Mio. Jahre alte Fossilien der ältesten Spezies namens *Hoplophoneus* gefunden. Sie hatten kräftige Kiefermuskeln und gewaltige Oberkiefereckzähne (durchschnittlich 20 cm lang), mit denen sie die dicke Haut von Büffeln, Mammuten und anderen großen Beutetiere durchdringen konnten.

Die bekannteste Säbelzahnkatze (und eine der letzten) war eine Art namens *Smilodon fatalis,* deren Größe etwa der eines Afrikanischen Löwen *(Panthera leo)* entsprach. Die Art hat während der vergangenen 2 Mio. Jahre gelebt und ist vor rund 10 000 Jahren ausgestorben. In einer ehemaligen Teergrube in Rancho La Brea (gehört heute zu Downtown Los Angeles) in Kalifornien (USA) wurden 1913 fast 100 000 fossile Knochen dieser Spezies gefunden – das entspricht annähernd 2000 Tieren. Zu diesem sensationellen Fund gehörten weiterhin Überreste ausgestorbener Pferde und Gabelböcke, Knochen von Mammuten, Büffeln und Faultieren.

Die größte Raubkatze ist der Sibirische Tiger *(Panthera tigris altaica).* Erwachsene Männchen haben eine Körperlänge von 2,7–3,3 m, weibliche Tiere sind 2,4–2,75 m lang (jeweils von der Nase bis zur Spitze des gestreckten Schwanzes). Die Schulterhöhe liegt bei 99–107 cm, und das Gewicht beträgt bei Männ-

chen 180–306 kg, bei Weibchen 100–167 kg. Es bestehen zahlreiche alte Jagdrekorde von Tieren, die eine Länge von 4 m und mehr erreicht haben sollen, doch für keinen dieser Rekorde liegen offizielle Bestätigungen vor (Längenangaben sind problematisch, da die Felle bis zu 30 % gestreckt werden können). Rekordhalter ist vermutlich ein männliches, 384 kg schweres Tier, das 1950 in den Bergen von Sikhote Alin Gory (Rußland) geschossen wurde. Als der Sibirische Tiger noch zahlreicher vertreten war, wird es wohl Exemplare gegeben haben, die noch größer waren.

> Anders als die übrigen Katzen können die vier Großkatzen (Löwe, Tiger, Jaguar, Leopard) brüllen, während die meisten kleineren Arten schnurren und hohe, schrille Töne von sich geben.

Ein ausgewachsener, männlicher Bengal- oder Königstiger *(Panthera tigris tigris),* der im November 1967 in Uttar Pradesh (Indien) geschossen wurde, war 3,22 m lang und wog 389 kg (die Normalmaße liegen zwischen 2,7 und 3,1 m, beziehungsweise 180 und 258 kg). Dieser Rekord ist jedoch etwas fragwürdig, da der Tiger am Abend zuvor einen Büffel erlegt und vermutlich einen sehr vollen Magen hatte (was bis zu 63 kg über seinem Normalgewicht ausmachen kann). Das präparierte Tier ist nun im US-Museum für Naturgeschichte in der Smithsonian

Institution, Washington DC (USA), zu sehen.

Ein männlicher Afrikanischer Löwe erreicht durchschnittlich eine Gesamtlänge von 2,4–2,8 m, eine Schulterhöhe von 91–97 cm und ein Gewicht von 150–189 kg (weibliche Tiere sind beträchtlich kleiner). Das schwerste wildlebende Exemplar war ein berüchtigter Menschenfresser und wog 313 kg. Als das Tier 1936 in der Nähe von Hectorspruit, Transvaal (Südafrika), geschossen worden war, galt sein Gewicht als so außergewöhnlich, daß es mehrmals überprüft werden mußte.

Die schwerste Hauskatze war ein kastrierter Kater namens Himmy. Als er am 12. März 1986 im Alter von 10 Jahren und 4 Monaten an Atmungsversagen starb, wog er 21,3 kg, hatte einen Halsumfang von 38,1 cm, eine »Taille« von 83,8 cm und eine Körperlänge von 96,5 cm. Himmy gehörte Thomas Vyse aus Redlynch, Queensland (Australien).

Die kleinste wildlebende Katzenart ist die Rostkatze *(Prionailurus rubiginosus),* die in Südindien und Sri Lanka vorkommt. Sie hat eine Körperlänge von 35–48 cm, eine Schwanzlänge von 12–25 cm und ein durchschnittliches Gewicht von 1,1 kg (Weibchen) und 1,5–1,6 kg (Männchen).

Fast ebenso klein ist die Karrookatze *(Felis nigripes)* aus dem südlichen Afrika. Sie erreicht eine Körperlänge

> *Ein Tiger, das größte Mitglied in der Familie der Katzen, verglichen mit einer Rostkatze, der kleinsten Katzenart.*

von 33,7–50 cm, eine Schwanzlänge von 15–20 cm, eine Schulterhöhe von rund 25 cm und ein Gewicht von 0,8–1,6 kg (Weibchen) bzw. 1,6–2,1 kg (Männchen). Trotz ihrer kleinen Statur gilt die Karrookatze bei einigen afrikanischen Stämmen als besonders wild und gefährlich. Es heißt sogar, sie falle Giraffen und ähnlich große Tiere an, doch in diesem Fall begegnen die meisten Experten den Berichten der Einheimischen mit Skepsis.

> **Unter optimalen Bedingungen ist das Gebrüll eines Löwen (das eine Stärke von 114 Dezibel erreichen kann) noch 5 km entfernt zu hören.**

Die kleinste Hauskatze ist Tinker Toy, ein Blaupunkt-Himalaya-Persianer-Kater, der Katrina und Scott Forbes aus Taylorville, Illinois (USA), gehört. Das Tier ist ganze 7 cm hoch und 19 cm lang.

Die ersten Hinweise auf domestizierte Katzen kommen aus dem altägyptischen Dorf Dier el Medina bei Luxor. In den Gräbern des Dorfes wurden 3500 Jahre alte Bilder mit Darstellungen häuslicher Szenen gefunden. Darauf sind auf Stühlen sitzende Frauen zu sehen, zu deren Seiten sich Katzen kuscheln. Aufgrund dieser Bilder nimmt man an, daß Katzen damals als Haustiere verbreitet waren. Es ist sogar wahrscheinlich, daß der Übergang von der Wildform zur Hauskatze noch viel früher stattgefunden hat, denn Hunde, Kühe und Schafe waren bereits seit Hunderten oder Tausenden von Jahren domestiziert. Zu den Hinweisen auf eine frühere Domestizierung zählt ein Fund auf Zypern. Dort waren Archäologen bei der Ausgrabung einer der ersten menschlichen Siedlungen (ca. 6000 v. Chr.) auf die Überreste eines Kieferknochens gestoßen, der unverkennbar von einer Katze stammt. Ob es sich dabei tatsächlich um ein Haustier oder um die Überreste einer menschlichen Mahlzeit gehandelt hat, ist allerdings unbekannt.

Leider wurden Tausende von mumifizierten Katzen aus Ägypten, die die Archäologen Ende des 19. Jh.s für uninteressant hielten, als Düngemittel oder Schiffsbalast verkauft. Damit ist jede Menge aufschlußreiches Informationsmaterial für immer verloren. Die Experten sind sich jedoch im großen und ganzen einig, daß die Hauskatze eine Unterart der Wildkatze *(Felis silvestris)* ist und von der Nubischen Falbkatze *(Felis silvestris lybica)* abstammt. Sie erhielt den lateinischen Namen *Felis silvestris catus.* Da die alten Ägypter jedoch auch andere Katzenarten mumifiziert haben, wie die Rohrkatzen *(Felis chaus),* die ebenfalls als Haustiere gehalten wurden, ist anzunehmen, daß zumindest eine weitere Spezies an der Entstehung der Hauskatze mitbeteiligt war. Im Grunde ist es möglich, daß sich mehrere Katzenarten praktisch selbst domestiziert haben, indem sie in die menschlichen Siedlungen kamen, wo es reichlich Beute in Form von Ratten, Mäusen und anderen Schädlingen gab, und dann von den menschlichen Bewohnern aufgenommen wurden.

Sozialverhalten. Die meisten Katzen sind Einzelgänger (mit Ausnahme der weiblichen Tiere und ihrer Jungen). Nur die Löwen *(Panthera leo)* bilden hier eine große Ausnahme. Ihre wichtigste Sozialgemeinschaft ist das

> *Das ausgeprägte Sozialverhalten der Löwen ist einzigartig in der Familie der Katzen. Dieses Rudel wurde nach nächtlicher Jagd im Londolozi-Reservat (Südafrika) fotografiert.*

Säugetiere

Rudel, das aus 5–15 miteinander verwandten Weibchen und ihren Jungen sowie 1–6 ursprünglich aus anderen Rudeln stammenden männlichen Tieren besteht. Die Mitglieder eines Rudels bleiben nicht ständig zusammen (sie verteilen sich oft einzeln oder in kleinen Untergruppen über das Revier), bilden jedoch eine feste Einheit. Einzigartig in der Familie der Katzen ist, daß sie gemeinsam jagen, ihre Beute untereinander teilen und sich sogar gegenseitig bei der Aufzucht der Jungen helfen.

Mehr Namen als jedes andere Säugetier hat der Puma *(Puma concolor)*. Zu den geläufigsten zählen Puma, Kuguar, Berglöwe und Silberlöwe. In der englischen Sprache sind bis zu vierzig Namen gebräuchlich. Obendrein sind 29 Unterarten oder geographische Rassen des Pumas registriert (davon leben 12 nördlich der mexikanisch/US-amerikanischen Grenze), von denen ebenfalls jede einzelne einen eigenen Namen trägt. Da gibt es zum Beispiel den Yuma Kuguar, den Östlichen Kuguar, den Wisconsin Puma und den Colorado Kuguar. Um das Durcheinander perfekt zu machen, existieren auf dem amerikanischen Kontinent weitere 43 Namen (mindestens 18 in Südamerika und 25 in Nordamerika), die die Ureinwohner dieser Spezies gegeben haben.

Das ungewöhnlichste Erscheinungsbild aller Katzen hat vermutlich die Flachkopfkatze *(Prionailurus planiceps)* aus Malaysia, Thailand, Indonesien und Brunei. Sie ist etwa so groß wie eine Hauskatze und hat einen flachen, breiten Kopf mit einer hohen, fliehenden Stirn. Ihre Ohren sind ungewöhnlich klein und sitzen tief an den Seiten des Kopfes, die eng zusammenstehenden Augen sind dagegen unverhältnismäßig groß. Die Flachkopfkatze ist ein scheues Tier, über das nur wenig bekannt ist. Sie scheint vor allem nachts aktiv zu sein und sich hauptsächlich von Fischen,

Fröschen und anderen Wassertieren zu ernähren.

Dennoch ist die Flachkopfkatze unverkennbar eine Katze. Einige Experten halten daher das Aussehen des Jaguarundis *(Felis yagouaroundi)* für noch ungewöhnlicher. Diese Spezies ist in der Region von Arizona (USA) bis in den Süden Argentiniens verbreitet und sieht dem Mungo (Familie der *Herpestidae*) zum Verwechseln ähnlich.

Die besten Weitspringer sind der Puma *(Puma concolor)* und der Schneeleopard *(Uncia uncia)*. Der Weitsprungrekord bei den Pumas liegt auf ebener Erde bei 11,7 m. Dieser gewaltige Satz wird aber durch den Sprung eines Schneeleoparden noch in den Schatten gestellt, der, wie russische Biologen beobachtet haben, über einen 15 m breiten Graben gesetzt ist. Zum Vergleich: Ein Weitsprungweltrekord beim Menschen liegt bei 8,95 m und wurde am 30. August 1991 von Michael Anthony »Mike« Powell in Tokio (Japan) aufgestellt. Sowohl Pumas als auch Schneeleoparden sind in der Lage, aus einer Höhe von 15–18 m in die Tiefe zu springen und unverletzt auf den Füßen zu landen. Vom Boden auf einen Baum oder Felsvorsprung in der Rekordhöhe von bis zu 5,4 m zu springen, schafft dagegen nur der Puma. Der wohl eindrucksvollste Rekord wurde jedoch von einem Puma aufgestellt, der mit dem Kadaver eines Hirsches im Maul auf einen 3,6 m hohen Ast sprang.

Das schnellste Landtier auf kurzen Strecken ist der Gepard *(Acinonyx jubatus)* (auf Langstrecken ist der Gabelbock *(Antilocapra americana)* schneller). Da exakte Geschwindigkeitsmessungen bei Tieren in freier Wildbahn problematisch sind (die Geschwindigkeit erscheint oft höher als sie ist), herrscht Uneinigkeit über die Höchstgeschwindigkeit von Geparden. Bei Distanzen von bis zu 500 m auf ebener Erde geht man jedoch allgemein davon aus, daß sie 96–101 km/h beträgt. Bei Tests, die 1937 in London (GB) auf einer ovalen Hunderennbahn von 316 m Länge durchgeführt wurden, erreichte eine Gepardin bei drei Läufen eine durchschnittliche Geschwindigkeit von 69,8 km/h. Allerdings zeigte das Tier nicht seine Höchstleistung und hatte große Mühe in den Kurven. Bei der Auswertung von 78 Läufen in freier Wildbahn ergab sich eine Höchstgeschwindigkeit von 87 km/h.

Die schnellste jemals gemessene Beschleunigung wurde anhand einer 1959 in Kenia von einem laufenden Geparden angefertigten Filmsequenz ermittelt. Demnach erreichte das Tier aus dem Stand innerhalb von 3 Sek. seine Höchstgeschwindigkeit von 90 km/h.

Zwar sind Beschleunigungs- und Sprintvermögen beim Geparden stark entwickelt, seine Ausdauer bei Höchstgeschwindigkeiten ist aber nur gering. Bei hohen Geschwindigkeiten steigt seine Körpertemperatur massiv an (bis zu lebensbedrohlichen 40,6° C), so daß er sein hohes Tempo bei einer Verfolgungsjagd über deutlich mehr als 500 m vermutlich nicht überleben würde. Die meisten Geparden geben nach 400–500 m oder nach rund 60 Sek. die Verfolgung auf. Im Durchschnitt führt eine Jagd gerade über 200–300 m und dauert nicht einmal 20 Sek. Anschließend braucht ein Gepard eine Ruhepause von bis zu 20 Min., um seine Körpertemperatur wieder zu normalisieren und sein Defizit an Sauerstoff auszugleichen (mit einer Atemfrequenz von 150–160 Atemzügen/Min., verglichen mit 15–20 Atemzügen/Min. im Normalzustand).

Zu den vielen anatomischen Besonderheiten des Geparden gehören seine nicht einziehbaren Krallen (sie haben dieselbe Funktion wie Metallstifte unter Rennschuhen), seine langen Beine und seine biegsame Wirbelsäule. Seine Schritte sind so lang und folgen so schnell aufeinander, daß seine vier Gliedmaßen bei Höchstgeschwindigkeit über mehr als 50 % der Strecke keinen Bodenkontakt haben; der Gepard kann also fast im wahrsten Sinne des Wortes fliegen.

Das höchste Alter unter den Katzen (ohne Hauskatzen) erreichte ein Rotluchs *(Lynx rufus)*, der 1942 im Erwachsenenalter von Fred Space von der Space Wild Animal Farm in Mear Sussex, New Jersey, (USA), eingefangen wurde. Das Tier mußte am 10. Mai 1974 im Alter von mindestens 34 Jahren eingeschläfert werden. Einige Löwen *(Panthera leo)* haben 30 Jahre lang in der Obhut des Menschen gelebt.

Die älteste Hauskatze war ein weibliches Tier namens Ma, das Alice St.

Der Gepard ist das schnellste Landtier auf kurzen Strecken und kann aus dem Stand innerhalb von nur 3 Sek. Spitzengeschwindigkeiten von mindestens 96 km/h erreichen.

Die fruchtbarste Katze ist die Europäische Waldkatze *(Felis silvestris silvestris)*. Sie wirft bis zu acht, durchschnittlich aber vier Junge (wie die Hauskatze). Auch der Gepard *(Acinonyx jubatus)*, der Kanadische Luchs *(Lynx canadensis)*, der Rotluchs *(Lynx rufus)* und verschiedene andere Arten können im Ausnahmefall bis zu acht Junge je Wurf gebären.

Die wenigsten Jungen, nämlich nicht mehr als eins je Wurf, bringen die Afrikanische Goldkatze *(Profelis aurata)*, die Tigerkatze *(Leopardus tigrinus)* und der Margay *(Leopardus wiedii)* zur Welt. Auch andere Arten werfen gelegentlich nur ein Junges, doch ihr Durchschnitt liegt normalerweise höher.

Die fruchtbarste Hauskatze hieß Dusty (*1935) und stammte aus Bonham, Texas (USA). Sie brachte im Laufe ihres Lebens 420 Junge zur Welt und hatte ihren letzten Wurf (ein einzelnes Junges) am 12. Juni 1952.

Infantizid. Es kommt vereinzelt vor, daß erwachsene männliche Pumas *(Puma concolor)*, Kanadische Luchse *(Lynx canadensis)*, Ozelots *(Leopardus pardalis)* und vor allem Tiger *(Panthera tigris)* Junge ihrer eigenen Art töten. Doch nur bei Löwen *(Panthera leo)* ist dieses Verhalten gang und gäbe. Löwen praktizieren den Infantizid aus zwei Gründen: um die Jungen der Männchen zu beseitigen, die sie selbst aus dem Rudel vertrieben haben, und um die Paarungsbereitschaft der Weibchen zu beschleunigen. Am gebräuchlichsten ist der Infantizid, wenn ein Männchen ein neues Rudel übernimmt. Dann verliert ein Weibchen ihre noch abhängigen Jungen im allgemeinen innerhalb eines Monats.

George Moore aus Drewsteignton, Devon (GB), gehörte. Ma wurde im Alter von 34 Jahren am 5. November 1957 eingeschläfert. Nach unbestätigten Angaben wurde Puss, ebenfalls ein weibliches Tier, das Mrs. T. Holway aus Clayhidon, Devon (GB), gehörte, noch zwei Jahre älter. Sie feierte am 28. November 1939 ihren 36. Geburtstag und starb am Tag darauf.

Hauskatzen sind im allgemeinen langlebiger als Hunde. Die durchschnittliche Lebenserwartung nicht sterilisierter, gut genährter Haustiere mit medizinischer Versorgung liegt bei Katern zwischen 13 und 15 Jahren, bei Katzen zwischen 15 und 17 Jahren. Sterilisierte Tiere leben durchschnittlich ein oder zwei Jahre länger.

Der größte Dimorphismus wurde bei Löwen *(Panthera leo)* festgestellt. Männliche und weibliche Tiere dieser Spezies sind besser voneinander zu unterscheiden als bei jeder anderen Katzenart. Männliche Löwen haben eine unverwechselbare Mähne (sie schützt bei Kämpfen ihren Hals und läßt die Tiere größer und bedrohlicher erscheinen), die Löwinnen vollständig fehlt. Da die Mähnen jedoch hinderlich und obendrein auffällig sind, gehen überwiegend die Löwenweibchen für das Rudel auf die Jagd. Zwischen beiden Geschlechtern besteht außerdem ein beträchtlicher Größen-

unterschied (Weibchen wiegen bis zu dreißig Prozent weniger als die Männchen), der jedoch bei anderen Arten noch ausgeprägter ist, vor allem bei Fischkatzen *(Prionailurus viverrinus)*: Männliche Tiere dieser Spezies sind fast doppelt so groß wie die Weibchen.

Die längste Tragzeit in der Familie der Katzen haben Löwinnen mit durchschnittlich 110 Tagen (100–114 Tage), dicht gefolgt von vier weiteren Arten: Schneeleopard *(Uncia uncia)* mit 93–110 Tagen, Jaguar *(Panthera onca)* mit 91–111 Tagen, Leopard *(Panthera pardus)* mit 90–105 Tagen und Tiger *(Panthera tigris)* mit 93–112 Tagen.

Die kürzesten Tragzeiten haben die kleinen Katzenarten, wie die Nubische Falbkatze *(Felis silvestris lybica)* mit 56–63 Tagen, die Bengalkatze *(Prionailurus bengalensis)* mit 56–70 Tagen, die Saharakatze *(Felis margarita)* mit 59–67 Tagen und die Asiatische Wüstenkatze *(Felis silvestris ornata)* mit 58–62 Tagen. Über die Flachkopfkatze *(Prionailurus planiceps)* liegen nur wenige Informationen vor; ein untersuchtes Exemplar war 56 Tage trächtig. Die kürzeste je bekanntgewordene Tragzeit hatte ein Rotluchs *(Lynx rufus)* mit 50 Tagen; normalerweise beträgt die Tragzeit dieser Spezies allerdings 62–70 Tage.

Die gefährlichsten Arten. Von mehreren Raubkatzenarten weiß man, daß sie Menschen anfallen. Puma *(Felis concolor)*, Jaguar *(Panthera onca)* und Leopard *(Panthera pardus)* haben alle schon einmal Menschen getötet, obwohl sie in der Regel nicht aggressiv sind und den Menschen selten als potentielle Beute betrachten. Die einzigen wirklichen »Menschenfresser« sind Löwe *(Panthera leo)* und Tiger *(P. tigris)*. Sie haben im Laufe der Zeit Tausende von Menschenleben gefordert. Aber selbst diese beiden Arten meiden den Menschen nach Möglichkeit, so daß die meisten Angriffe die Folge zufälliger Aufeinandertreffen sind.

Die am weitesten verbreitete Großkatze ist der Leopard. Er kommt in den verschiedensten Lebensräumen Afrikas, des Mittleren Ostens und Asiens vor.

Der Wüstenluchs oder Karakal kann in die Luft springen und fliegende Vögel fangen, indem er sie mit einer seiner Vorderpfoten zu Boden schlägt.

Das gefährlichste Tier war eine berüchtigte Tigerin, die sogenannte »Champawat Menschenfresserin«, die zuerst in Nepal ihr Unwesen trieb und dann in die nordindische Provinz Kumaon überwechselte. Innerhalb von nur acht Jahren tötete sie 436 Menschen. Die Angst der einheimischen Dorfbewohner war so groß, daß sie hinter verschlossenen Türen lebten und sich weigerten, ihre Häuser zu verlassen, bis die Tigerin schließlich 1911 von dem legendären Jim Corbett, Autor von *Man-Eaters in Kumaon,* geschossen wurde.

Anfang des 20. Jahrhunderts, als die Briten in Indien noch alle Zwischenfälle mit Raubtieren registrierten, forderten Tiger jährlich 800–900 Menschenleben (allerdings wurden zur Vergeltung wesentlich mehr Tiger von Menschen getötet). Schätzungen zufolge hat jedoch nur einer von 300 Tigern jemals einen Menschen angefallen. Demnach verdankt die gesamte Art ihren schlechten Ruf einer kleinen Minderheit.

Heutzutage sind menschenfressende Tiger selten. Nur in zwei Regionen sind sie noch zahlreich vertreten: Die weltweit größte Population von Tigern (insgesamt 500) lebt in der aus Mangrovenwäldern und Tideflüssen bestehenden Kustenlandschaft Sundarbans, die teilweise zu Bangladesh (5980 km²) und teilweise zu Indien (3900 km²) gehört und spätestens seit dem 17. Jh. als von menschenfressenden Tigern bewohnt gilt. Von 1956 bis 1983 wurden nicht weniger als 554 tödliche Konfrontationen mit Tigern aus dem zu Bangladesh gehörenden und knapp über 1000 aus dem indischen Teil Sundarbans gemeldet. Die Dunkelziffer liegt vermutlich wesentlich höher. Seit der Einführung von Gesichtsmasken im November 1986 sank die Zahl der Todesfälle rapide auf weniger als 50 im Jahr. Die in kräftigen Farben bemalten Masken werden am Hinterkopf getragen, um die Tiger, die fast immer hinterrücks angreifen, zu irritieren. Es ist vorgekommen, daß Tiger maskierten Menschen bis zu acht Stunden gefolgt sind, ohne sie anzufallen. Die zweite für menschenfressende Tiger berüchtigte Region ist der Dudhwa-Nationalpark in Uttar Pradesh (Indien), unweit der nepalesischen Grenze. Seit 1978 wurden im Park und in seiner näheren Umgebung mehr als 200 Menschen getötet. Die Bewohner der umliegenden Dörfer bauen bis an die Grenzen des Nationalparks Zuckerrohr an. Da sich Tiger in hohem Gras heimisch fühlen, betrachten sie die Zuckerrohrplantagen als Erweiterung ihres Lebensraums, so daß es heute häufiger zu direkten Konfrontationen kommt als noch vor wenigen Jahren.

Rudel menschenfressender Afrikanischer Löwen *(Panthera leo leo)* haben ganze Dörfer terrorisiert. Berühmt geworden sind die sogenannten »Menschenfresser von Tsavo«, die sich 1898 ihre Opfer unter den Bahnarbeitern suchten, die die Eisenbahnlinie von Mombasa nach Kampala in Ostafrika verlegten. Während der Bauarbeiten an einer Brücke über den Tsavo-Fluß (Kenia) töteten die Löwen innerhalb von neun Monaten 28 indische Gastarbeiter und »Dutzende«

Säugetiere

Die Iriomote-Katze lebt nur auf der kleinen Insel Iriomote (Japan) und ist damit die Katze mit dem weltweit kleinsten Verbreitungsgebiet.

von Einheimischen. Die Lage war so ernst, daß die Arbeit für drei Wochen niedergelegt werden mußte, bis die Löwen aufgespürt und geschossen worden waren. Interessanterweise wurden die Tiere in gutem Gesundheitszustand aufgefunden, so daß sie durchaus in der Lage gewesen wären, sich ihre Beute unter den reichen Wildbeständen der Region zu suchen. Der Asiatische Löwe *(P. l. persica),* der heute nur noch im Gir-Nationalpark und Wildreservat in Gujarat (Indien) vorkommt, galt lange als für den Menschen ungefährlich. In den siebziger und frühen achtziger Jahren gingen lediglich sechs Angriffe im Jahr auf das Konto der kleinen Population von weniger als 280 Tieren; durchschnittlich einer der Angriffe verlief für den Menschen tödlich. Nachdem das Gebiet 1987/88 von einer Dürreperiode heimgesucht wurde, stieg die Quote sprunghaft an. Von Januar 1988 bis April 1990 wurden 81 Menschen von Löwen angefallen, 16 von ihnen starben an den Folgen. Da der Bestand an Löwen im Reservat zunimmt, zieht es immer mehr Tiere in die angrenzenden Felder und Dörfer. Die jüngsten Vorfälle zeigen, daß es vorwiegend bei diesen Gelegenheiten zu Angriffen auf Menschen kommt. Doch die Hauptursache für die zunehmende Aggressivität der Löwen gegenüber Menschen ist wohl, daß viele Hausrinder, die mindestens 50 % der Beutetiere der Löwen ausgemacht haben, der Dürrekatastrophe zum Opfer gefallen sind.

Wenn Leoparden zu Menschenfressern werden, ist es nicht leicht, gegen sie vorzugehen, denn sie sind ausgesprochen schlaue Tiere. So tötete ein Indischer Leopard, bekannt als der »Menschenfresser von Panar«, 400 Menschen, bevor es Jim Corbett 1910 gelang, ihn zu erlegen. Mehr Schlagzeilen machte ein anderer Leopard, der sogenannte »Menschenfresser von Rudraprayag«. Am 9. Juni 1918 tötete er zum ersten Mal einen Menschen und terrorisierte anschließend acht Jahre lang (1918–26) die Bewohner eines Dorfes. Insgesamt hat er über 125 Menschenleben auf dem Gewissen. Was man auch unternahm, um ihn unschädlich zu machen – er entkam jeder Falle; er überlebte einen Giftanschlag und schaffte es sogar, sich aus einer gelegten Schlin-

ge zu befreien. Die Presse aus zehn Nationen verfolgte das Geschehen, bis das Tier kurz nach seinem letzten Anschlag am 14. April 1926 nach mehrmonatiger Jagd von Jim Corbett geschossen wurde.

Die in höchsten Höhen lebenden Katzenarten. Mehrere Katzenarten sind in Höhen von mindestens 4000 m anzutreffen, doch nur von fünf Arten weiß man, daß sie oberhalb von 5000 m vorkommen. Den Rekord hält ein Puma *(Felis concolor),* der vor kurzem in den Anden in 5800 m Höhe beobachtet wurde; normalerweise wagen sich Pumas allerdings nicht in Höhen von über 4500 m. Ebenfalls rekordverdächtig ist ein Leopard *(Panthera pardus),* dessen Kadaver 1926 auf dem Kilimandscharo am Kraterrand des Kibo in 5700 m Höhe gefunden wurde. Eine Population von Leoparden lebt in Höhen von 4000–5000 m an den höchsten Hängen der Vulkane Ruwenzori und Virunga in Zentralafrika. Im Sommer suchen Schneeleoparden *(Uncia uncia)* Höhenlagen von 2700–4500 m auf und sind sogar gelegentlich in Höhen von bis zu 5500 m anzutreffen, während sie im Winter meist unterhalb von 1800 m bleiben. Die in den Anden verbreitete Bergkatze *(Oreailurus jacobita),* die nur selten unterhalb von 3000 m vorkommt, erreicht, zumindest in Peru, Höhen von mindestens 5100 m. Auch die Pampaskatze *(Oncifelis colocolo)* wur-

de im westlichen Südamerika oberhalb von 5000 m gesehen.

Am 6. September 1950 folgte ein vier Monate altes Kätzchen einer Gruppe von Bergsteigern auf die Spitze des 4478 m hohen Matterhorns in den Alpen. Es gehörte Josephine Aufdenblatten aus Genf (Schweiz).

Die weiteste Verbreitung hat die Wildkatze *(Felis silvestris)* mit ihren drei anerkannten Unterarten. Die Europäische Waldkatze *(F. s. silvestris)* kommt fast überall in Europa (einschließlich GB, aber ausschließlich Skandinavien), in einigen Regionen des Mittleren Ostens sowie in Zentralasien vor; die Nubische Falbkatze *(F. s. lybica)* ist über ganz Afrika (mit Ausnahme einiger Regionen im Westen) und über weite Teile des Mittleren Ostens verbreitet; und der Lebensraum der Asiatischen Wüstenkatze *(F. s. ornata)* erstreckt sich über Südwestasien bis in den Norden Indiens. Die IUCN/SSC Cat Specialist Group schätzt den gesamten Lebensraum aller Wildkatzen auf zusammen ungefähr 34,17 Mio. km^2 (eine Fläche etwa von der Größe des afrikanischen Kontinents).

Die am weitesten verbreitete Großkatze ist der Leopard *(Panthera pardus).* Sein Lebensraum ist vielfältig: Afrika (südlich der Sahara und Nordwesten), Teile des Mittleren Ostens, einige Regionen im Westen Asiens sowie die tropischen Zonen

Asiens. Vereinzelte Populationen kommen außerdem im Osten Rußlands, im Norden Chinas, in Nord- und Südkorea, in Sri Lanka und auf Java (Indonesien) vor. Mit einem geschätzten Bestand von mehreren Hunderttausend ist der Leopard die am wenigsten bedrohte Art unter den Großkatzen (für einige seiner Unterarten gilt das leider nicht). Nach den Berechnungen der IUCN/SSC Cat Specialist Group beläuft sich sein gesamter Lebensraum auf rund 23,14 Mio. km² (eine Fläche von mehr als der doppelten Größe Chinas).

Die größte Nord-Süd-Ausbreitung hat der Puma (Felis concolor). Sein Lebensraum erstreckt sich über 14 400 km vom südöstlichen Alaska (USA) und dem südlichen Yukon (Kanada) bis nach Feuerland an der Südspitze Südamerikas. Er wurde von der IUCN/SSC Cat Specialist Group auf rund 17,12 km² geschätzt, was etwa der Gesamtfläche Südamerikas entspricht.

Die am wenigsten verbreitete Katzenart ist die Iriomote-Katze (Felis iriomotensis), die erst 1967 entdeckt wurde. Sie kommt ausschließlich auf der 293 km² kleinen Insel Iriomote (Japan) vor, die noch südlich der japanischen Ryukyu-Inseln und 200 km vor der Ostküste Taiwans liegt. Mit einem geschätzten Bestand von weniger als 100 ist die Iriomote-Katze wahrscheinlich die seltenste Katze der Welt.

Nach jüngsten Berechnungen der IUCN/SSC Cat Specialist Group beschränkt sich der Lebensraum einiger Katzenarten auf eine Gesamtfläche von jeweils weniger als 1 Mio. km² (eine Fläche etwa von der Größe Tansanias). Zu ihnen gehören der Spanische Luchs (Lynx pardinus), die Nachtkatze (Oncifelis guigna), die auf Borneo beheimatete Art Catopuma badia, die Chinesische Graukatze (Felis bieti), die Karrookatze (Felis nigripes), die in den Anden beheimatete Bergkatze (Oreailurus jacobita) und die Rostkatze (Prionailurus rubiginosus).

Den größten Bestand in der Familie der Katzen hat vermutlich die Wildkatze (Felis silvestris). In mehreren Regionen ist jedoch die genetische Reinheit einiger Populationen durch Vermischung mit Hauskatzen gefährdet.

Am wenigsten bekannt ist von der auf Borneo beheimateten Art Catopuma badia. Bis vor kurzem stützten sich sämtliche Kenntnisse dieser seltenen Spezies lediglich auf die Felle und Schädel von fünf Exemplaren, die zwischen 1855 und 1900 gefunden wurden und heute über Museen in aller Welt verteilt sind. Gesichtet wurde die Art bis 1928 nur einmal, bis Fallensteller am 4. November 1992 im Grenzgebiet von Sarawak und Indonesien ein weibliches Exemplar fingen und ins Sarawak-Museum brachten, wo es kurz darauf starb.

Auch von der in den Anden beheimateten Bergkatze (Oreailurus jacobita) kennt man nicht viel mehr als die Fell- und Schädelfunde, die heute in Museen zu sehen sind. Zwar weiß man über Biologie und Verhalten dieser Katzenart fast gar nichts, aber immerhin konnte die Spezies zweimal in freier Wildbahn beobachtet werden – davon einmal von Biologen, die im Nordosten der Provinz Tucumán (Argentinien) in einer Höhe von 4250 m einem einzelnen Tier länger als zwei Stunden über eine Entfernung von 15–50 m gefolgt sind.

Vom Aussterben bedroht sind nach Angaben der World Conservation Union (IUCN) 20 Katzenarten (54 % aller weltweit vorkommenden Arten). Als besonders gefährdet gelten der Spanische Luchs (Lynx pardinus), von dem es in Spanien und Portugal nicht einmal mehr 1200 Exemplare gibt (einschließlich der Jungtiere und der nur noch 350 gebärfähigen Weibchen), der Schneeleopard (Uncia uncia) aus Afghanistan, Pakistan, Indien, Nepal, Bhutan, China, der Mongolei, der Russischen Föderation, Kasachstan, Kirgistan, Tadschikistan und Usbekistan, dessen Bestand auf ganze 4500–7500 Tiere geschätzt wird, und der Tiger (Panthera tigris) aus Asien (s. a. Den schnellsten Rückgang seines Bestandes).

Der Schneeleopard, der in höheren Lagen vorkommt als die meisten anderen Arten, gehört zu den am meisten gefährdeten Katzen der Welt.

Ebenfalls gefährdet sind 13 Unterarten, darunter der Asiatische Löwe *(Panthera leo persica)* mit einer verbliebenen Population von rund 280 Tieren, die ausschließlich auf den 1412 km^2 des Gir-Nationalparks und Wildreservats in Gujarat (Indien) leben, und der Florida-Puma *(Puma concolor coryi)* aus Florida (USA) mit nur noch rund 30–50 erwachsenen Tieren.

Der Tiger kommt zwar noch in vielen Teilen der Welt vor – auf dem indischen Subkontinent (Indien, Bangladesh, Bhutan, Myanmar, Nepal), in Teilen Südostasiens (Malaiische Halbinsel, Kambodscha, Vietnam, Laos, Java und Sumatra, Thailand) sowie in China, Rußland, Tadschikistan, Kasachstan, Kirgistan, Turkmenistan und Usbekistan –, dennoch liegt sein Bestand lediglich bei 5100–7400 Tieren, von denen 2750–3750 allein in Indien leben. In Afghanistan, vermutlich auch in Nordkorea und auf verschiedenen Inseln ist die Spezies

Im Laufe des 20. Jahrhunderts ist der Bestand an Tigern um 95 % zurückgegangen – schneller als der Bestand jeder anderen Katzenart.

dagegen bereits ausgestorben. Außerdem bestehen 95 % der noch existierenden Populationen aus weniger als 120 Tigern, so daß Inzucht zu einem Problem zu werden droht (man nimmt an, daß Populationen mit weniger als 50 fortpflanzungsfähigen Tieren innerhalb von 100 Jahren genetisch erschöpft sind). Doch die Jagd nach ihren Knochen und, wenn auch inzwischen in geringerem Maß, nach ihren Fellen stellt die größte Gefahr für die Tiger dar. Aber auch die kontinuierlich wachsende Zahl von Menschen, die ihnen den Lebensraum streitig machen (allein die indische Bevölkerung hat sich im Laufe der letzten 20 Jahre mehr als verdoppelt), die zunehmende Entwaldung und Überweidung, der Bergbau und andere Formen der Zerstörung ihrer Lebensräume können den Tigern zum Verhängnis werden.

Von den acht bekannten Unterarten des Tigers gelten drei als wahrscheinlich ausgestorben: Der Bali-Tiger *(P. t. balica)* wurde seit den vierziger Jahren, der Kaspi *(P. t. virgata)* seit Anfang der siebziger Jahre und der Java *(P. t. sondaica)* seit 1982 nicht mehr nach zuverlässigen Angaben gesichtet. Spuren und Kot des Java-Tigers sind zwar 1990 noch gefunden worden,

doch 1993/94 verlief eine einjährige Suche nach Überlebenden der Art erfolglos. Den noch existierenden fünf Unterarten droht in naher Zukunft das gleiche Schicksal. Eine Zählung von Tigern ist schwer durchzuführen, doch die Zahlen, die anläßlich des Welt-Tiger-Forums 1994 in Neu-Delhi (Indien) vorgelegt wurden, vermitteln ein realistisches Bild ihres Bestandes. Der Sibirische Tiger *(P. t. altaica),* der hauptsächlich im Osten von Khabarovsk und Primoriye (Russische Föderation) vorkommt, wurde im Winter 1993/94 besonders schwer getroffen, als Wilderer 30–50 % des Bestandes töteten; der gegenwärtige Bestand wird auf 150–200 Tiere geschätzt. Die Zahl der China-Tiger *(P. t. amoyensis)* sank von 4000 im Jahr 1949 auf heute gerade 30–80. Die Zahl der überlebenden Sumatra-Tiger *(P. t. sumatrae)* liegt bei etwa 600–650. Der Bestand an Indo-Chinesischen Tigern *(P. t. corbetti)* beläuft sich insgesamt auf schätzungsweise 1050–1750 Tiere, die sich wie folgt verteilen: 600–650 in Malaysia, 150–600 in Thailand, 200–300 in Vietnam, 100–200 in Kambodscha und eine unbedeutende Zahl in Laos und Myanmar. Die häufigste Unterart ist der Bengal- oder

Königstiger *(P. t. tigris)* mit einem Gesamtbestand von ca. 3250–4700 Tieren. Davon leben 2750–3750 in Indien, 300–460 in Bangladesh, 150–250 in Nepal und 50–250 in Bhutan. Aber auch er gilt als selten.

Tigerschmuggel. Wilderer haben es vor allem auf die Knochen von Tigern *(Panthera tigris)* abgesehen, die als Knochenmehl in der traditionellen Heilkunst verwendet werden. 1994 brachten die Knochen eines einzigen Tieres bis zu 10 000 US$ ein. Die Felle sind zwar inzwischen nicht mehr so begehrt, doch auch sie finden noch Käufer, vorwiegend Sammler. Der wichtigste Absatzmarkt ist China, dicht gefolgt von Südkorea und Taiwan. Alle drei Länder haben den Verkauf von Tigerprodukten zwar offiziell verboten, doch der illegale Handel blüht. Weitere Märkte sind Hong Kong, Malaysia, Singapur, Thailand und, in kleinerem Umfang, alle Teile der Welt mit einem hohen chinesischen Bevölkerungsanteil (einschließlich Europa und Nordamerika). Die größte Lieferung von Tigerknochen ging 1993 nach Südkorea. Sie wog 1783 kg. Das entspricht dem Knochengewicht von 160–300 Tigern.

Den schnellsten Rückgang seines Bestandes hat der Tiger *(Panthera tigris)* zu verzeichnen. Um die Jahrhundertwende lebten in ganz Asien rund 100 000 Tiger, doch die Zerstörung ihrer Lebensräume und die unerbittliche Jagd haben ihren Tribut gefordert. Anfang der siebziger Jahre belief sich ihre Zahl nur noch auf 5000. Allein in Indien ging der Bestand an Bengal- oder Königstigern *(P. t. tigris)* von 40 000 auf 2000 zurück. Nachdem der World Wide Fund for Nature 1972 die *Operation Tiger* ins Leben gerufen hatte (Indiens eigenes *Project Tiger* wurde am 1. April 1973 in Zusammenarbeit mit der indischen Regierung gegründet), nahm der Bestand an Tigern im Laufe der folgenden 15 Jahre zunächst weltweit um 50 % zu (vor allem in Indien). Als die Schutzmaßnahmen dann jedoch gelockert wurden, tauchten die Wilderer wieder auf – sie schossen, vergifteten und fingen die Tiere in ihrem gesamten Verbreitungsgebiet. Das Resultat war ein erneuter dramatischer Rückgang der Population. Das bekannteste Beispiel ist das Ranthambhore-Tigerreservat 200 km südlich von Delhi (Indien). Man nimmt an, daß die Zahl der dort lebenden Tiger von 44–46 im Jahr 1991 innerhalb nur etwa eines Jahres auf rund 20 zurückgegangen ist.

KLEINBÄREN

Procyonidae
Bis zu 20 Arten (umstrittene Klassifikation): 7 Waschbären, 4 Nasenbären, 1 Bambusbär oder Panda, 1 Wickelbär, 5 Schlankbären und 2 Katzenfrette oder Cacomistles.

Der größte der Kleinbären ist der Gemeine Waschbär *(Procyon lotor)*, der in weiten Teilen Nord- und Mittelamerikas und im Norden Südamerikas vorkommt. In Teilen Europas und Asiens wurde er angesiedelt. Andere Arten – wie der Wickelbär oder Kinkaju *(Potos flavus)* und der Weißrüsselnasenbär *(Nasua narica)* – haben eine ähnliche Körperlänge (oder sind, einschließlich des Schwanzes, sogar länger), erreichen aber nicht das Höchstgewicht des Waschbären. Da bei den Kleinbären beträchtliche Größenunterschiede innerhalb der verschiedenen Arten auftreten, wer-

Ein Roter Nasenbär – einer der größten Vertreter aus der Familie der Kleinbären.

den die Durchschnittswerte häufig von einzelnen Tieren deutlich überschritten. Der Gemeine Waschbär hat eine Körperlänge von 46–71 cm, eine Schwanzlänge von 20–35 cm und ein Gewicht von in der Regel 2,5–12 kg. Ein männliches Exemplar in Wisconsin (USA) wog stattliche 28,3 kg.

> **Wenn ein Wickelbär nachts frißt, stößt er einen schrillen, bebenden Schrei aus, der noch bis zu 1,6 km entfernt zu hören ist.**

Der kleinste Kleinbär. Um diesen Titel wetteifern mehrere Arten. Wegen der starken Schwankungen innerhalb der verschiedenen Arten (und in einigen Fällen auch aufgrund mangelnder Meßwerte) ist es schwer, den kleinsten Vertreter der Familie zu benennen. Im allgemeinen gilt das im Süden und Westen der USA und über ganz Mexiko verbreitete Nordamerikanische Katzenfrett *(Bassariscus astutus)* als der kleinste der Kleinbären. Das anmutige Tier hat eine

Der Kleine Panda oder Katzenbär ist einer der am meisten gefährdeten Kleinbären.

Körperlänge von 31–38 cm, eine Schwanzlänge von 31–44 cm und wiegt nur 800–1100 g.

Vom Aussterben bedroht sind nach Angaben der World Conservation Union (IUCN) 12 Arten von Kleinbären (mehr als die Hälfte aller Arten). Dazu zählen der Kleine Panda oder Katzenbär *(Ailurus fulgens)* der in Bhutan, Nepal, China, Indien, Myanmar und Laos lebt und damit als einziger Vertreter der Kleinbären von Natur aus außerhalb der Neuen Welt verbreitet ist; das Mittelamerikanische Katzenfrett *(Bassariscus sumichrati)*, das in Mexiko und in allen sieben Ländern Zentralamerikas (möglicherweise mit Ausnahme von Honduras) anzutreffen ist; der Nelsons-Nasenbär *(Nasua nelsoni)* und der Cozumel-Waschbär *(Procyon pygmaeus)*, die beide auf der Insel Co-

Der Nordamerikanische Waschbär wird oft als der größte Spitzbube in der Tierwelt bezeichnet; dieses schuldbewußt wirkende Exemplar hat gerade eine Mülltonne auf einem Campingplatz in den Everglades, Florida, geplündert.

zumel (Mexiko) zu Hause sind. Von den zahlreichen Gefahren, denen Kleinbären ausgesetzt sind, sind vor allem die Zerstörung und Einengung ihrer Lebensräume (in erster Linie durch Entwaldung), Störungen durch den Menschen und Bejagung zu nennen.

Vermutlich unlängst ausgestorben ist als einziger Kleinbär der Barbados-Waschbär *(Procyon gloveralleni)*.

Als der größte Spitzbube in der Tierwelt wird oft der Nordamerikanische Waschbär *(Procyon lotor)* bezeichnet (allerdings ist er nicht der einzige Anwärter auf diesen Titel). Die hochintelligenten und äußerst anpassungsfähigen Tiere sind vorwitzig, ausgesprochen neugierig und haben gelernt, erfolgreich neben dem Menschen zu existieren (obwohl sie als begehrtes Jagdwild gelten). Sie gebrauchen ihre Vorderpfoten fast ebenso geschickt wie Affen, werfen Mülltonnen um, durchwühlen den Inhalt nach Brauchbarem, schrauben Deckel von Gläsern und entkorken Flaschen. Sie betteln am Straßenrand, wohlwissend, daß bei Passanten immer etwas zu holen ist, und brechen auf Campingplätzen in Zelte ein – und so sehen sie auch aus mit ihrer »Räubermaskierung«.

Säugetiere

KLOAKENTIERE

Monotremata
3 lebende Arten: Schnabeltier, Kurz-schnabeligel und Ameisenigel (aus-nahmslos eierlegende Säugetiere).

Das älteste bekannte Kloakentier ist in Form eines 100 Mio. Jahre alten fossilen Kieferfragments aus New South Wales (Australien) erhalten. Es stammt von einer Spezies namens *Steropodon galmani,* die man für einen Vorfahren des heutigen Schna-beltieres hält. Die wenigen Fossilfun-de, die im übrigen von Kloakentieren vorliegen, repräsentieren ausnahms-los entweder Ameisenigel oder Schna-beltiere – zum Erstaunen der Paläon-tologen, die eine Zwischenform der beiden Arten vermissen.
Man hat lange geglaubt, daß sich der Lebensraum von Kloakentieren schon seit jeher auf Australien und Neugui-nea beschränkt. Doch dann fand 1991 eine Gruppe argentinischer Paläonto-logen an der Küste Zentral-Patago-niens, im Golfo de San Jorge (Argen-tinien), einen fossilen Zahn, der von einem frühen Schnabeltier zu stam-men scheint. Der einzelne rechte Oberkieferbackenzahn (etwa 1 cm lang) wurde in Ablagerungen ent-deckt, die sich vor 62 Mio. Jahren in einer Süßwasserlagune oder einem Mangrovensumpf gebildet hatten. Er war der erste Hinweis auf das Vor-kommen von Kloakentieren außerhalb Australiens und Neuguineas und ist der bisher zweitälteste Fossilfund dieser Säugetierordnung.

Die primitivsten aller heute leben-den Säugetiere sind vermutlich die Kloakentiere: Sie legen Eier (einzigar-tig unter Säugetieren), und ihre Ske-lette weisen noch eine Reihe typi-scher Merkmale der Skelette von Rep-tilien auf. Tatsächlich hat das heutige Schnabeltier *(Ornithorhynchus anati-nus)* viel Ähnlichkeit mit Fossilien aus dem mittleren Miozän vor 10 Mio. Jahren. Dennoch sind Kloakentiere kein Bindeglied zwischen Reptilien und höher stehenden Säugetieren, wie man anfangs vermutete, sondern stellen möglicherweise eine frühere Seitenlinie in der Evolution dar.

Das größte Kloakentier ist der Lang-schnabel-Ameisenigel *(Zaglossus bru-ijni),* der in den Bergen Papua Neu-guineas und in Irian Jaya (Indonesien), der Westhälfte der Insel Neuguinea, vorkommt. Ausgewachsene Tiere haben eine Körperlänge von 45–90 cm, einen kurzen, stumpfen Schwanz

und ein Gewicht von 5–10 kg. Inner-halb einer Population sind Männchen in der Regel 25 % größer als weibliche Tiere gleichen Alters.

Das leichteste Kloakentier ist das Schnabeltier *(Ornithorhynchus anati-nus),* das entlang der Ostküste Austra-liens und in Tasmanien anzutreffen ist. Ausgewachsene Tiere erreichen eine Körperlänge von 45–60 cm (Männchen) und 39–55 cm (Weib-chen), eine Schnabellänge von 4,9–7 cm (Männchen) und 4,5–5,9 cm (Weibchen), eine Schwanzlänge von 10,5–15,2 cm (Männchen) und 8,5–13 cm (Weibchen) und wiegen 1–2,4 kg (Männchen) und 0,7–1,6 kg (Weibchen). Die kleinsten Schnabel-tiere leben im Norden Australiens.

Das kleinste Kloakentier ist der Australische Kurzschnabeligel *(Tachy-glossus aculeatus),* der in Australien, Papua Neuguinea und Irian Jaya (Indo-nesien), der Westhälfte der Insel Neu-guinea, lebt und in ausgewachsenem Alter eine Körperlänge von 30–45 cm erreicht (der Schwanz ist kurz und stumpf). Allerdings ist er mit einem Gewicht von 2,5–7 kg wesentlich schwerer als das Schnabeltier.

> **Während der Paarungszeit folgen bis zu 10 hoffnungsvolle männliche Ameisenigel im Gänsemarsch einem einzigen Weibchen – bis zu 36 Tage lang. Nur mit einem von ihnen wird sich das Weibchen paaren, bevor sich ihre Wege wieder trennen.**

Giftdrüsen besitzen nur drei Grup-pen von Säugetieren: einige Insek-tenfresser der Familien *Soricidae* und *Solenodontidae,* mindestens zwei Arten von Loris der Gattung *Nyctice-bus* und die Kloakentiere. Bei letzte-ren ist nur das männliche Schnabel-tier *(Ornithorhynchus anatinus)* in der Lage, Gift zu produzieren und abzu-sondern. Die Giftdrüse befindet sich in den Oberschenkeln der Hinterbei-ne und ist über einen Röhrenkanal mit einem hornigen Sporn an den Innenseiten der Hinterfußgelenke verbunden. Der hohle, gebogene Sporn kann bis zu 1,5 cm lang werden und wird mit Hilfe von Hautfalten auf-gerichtet. Das Schnabeltier hält sein Opfer mit den Hinterbeinen umklam-mert und injiziert ihm das Gift. Es kann bei einem Dingo innerhalb von Minuten tödlich wirken und verur-

Kloakentiere, wie dieser Lang-schnabel-Ameisenigel, sind die einzigen heute noch existieren-den eierlegenden Säugetiere.

sacht beim Menschen starke, bis zu mehrere Monate anhaltende Schmer-zen und Schwellungen. Weibliche Schnabeltiere verlieren ihre Giftspor-ne in den ersten Lebensjahren. Auch männliche Ameisenigel verfügen über einen Giftapparat, der jedoch nicht funktionsfähig ist.
Die Bedeutung der giftigen Sporne bei männlichen Schnabeltieren ist bisher weitgehend unbekannt. Da sich die Giftdrüsen in der Paarungs-zeit vergrößern, ist es denkbar, daß sie bei Auseinandersetzungen zwi-schen rivalisierenden Männchen eine Rolle spielen, doch da scheint das tödliche Gift eine unverhältnismäßig schwere Waffe zu sein.

Die einzigen eierlegenden Säuge-tiere der Gegenwart sind die drei Arten von Kloakentieren – das Schna-beltier *(Ornithorhynchus anatinus),* der Langschnabel-Ameisenigel *(Zag-lossus bruijni)* und der Australische Kurzschnabeligel *(Tachyglossus acule-atus).*
Obwohl Kloakentiere Eierleger sind, ist ihr Fortpflanzungsapparat in erster Linie kennzeichnend für den der Säu-getiere. Das weichschalige, lederne Ei ist etwa so groß wie eine kleine Traube. Der weibliche Ameisenigel bebrütet sein Ei in einem Brustbeutel, bis das Junge nach 10–10,5 Tagen schlüpft. Da Schnabeltiere vor allem im Wasser leben, besitzen weibliche Tiere dieser Spezies keinen Beutel; sie bebrüten ihre Eier in unterirdi-schen Nestern am Ende einer 5–10 m langen Erdröhre (maximal 30 m lang), wo sie die Eier halbsitzend mit ihrem

Körper bedecken. Nach 10–12 Tagen schlüpfen völlig nackte, blinde Junge, die nur 1,3–1,5 cm lang sind. Die Weibchen haben keine Zitzen, sondern geben über ein spezielles Drüsengewebe Milch ab, die von den Jungen aus dem Fell geleckt wird. Die Stillzeit beträgt bei Ameisenigeln ungefähr 200 Tage, bei Schnabeltieren 90–120 Tage.

Vom Aussterben bedroht ist von den Kloakentieren nach Angaben der World Conservation Union (IUCN) derzeit nur der Langschnabel-Ameisenigel *(Zaglossus bruijni),* der in Papua Neuguinea und in Irian Jaya (der indonesischen Westhälfte der Insel Neuguinea) vorkommt. Er ist zwar sowohl in Papua Neuguinea als auch in Indonesien gesetzlich geschützt, die Einhaltung der Bestimmungen zu überwachen, ist jedoch schwierig, zumal Artenschutzgesetze zumindest in Irian Jaya fast völlig mißachtet werden. Gefahr droht dem Langschnabel-Ameisenigel in erster Linie durch den Verlust seiner Lebensräume (insbesondere durch Abholzen der Wälder, Landwirtschaft und Bergbau), durch Bejagung und durch den Handel mit Haustieren.
Das Schnabeltier *(Ornithorhynchus anatinus)* ist seit der Jahrhundertwende in Australien gesetzlich geschützt, dennoch gilt die Art als potentiell gefährdet. Gegen Ende des letzten Jahrhunderts wurden die Tiere bejagt, weil sie den Fischfang behinderten und weil ihr Fell hohe Preise erzielte. Dementsprechend ging der Bestand dramatisch zurück. Heute gilt die Hauptsorge ihrem Lebensraum: Die Süßwassergebiete, in denen sie zu Hause sind, werden in zunehmendem Maße vom Menschen genutzt und sind stellenweise durch Verschmutzung gefährdet.

Am weitesten verbreitet ist der Australische Kurzschnabeligel *(Tachyglossus aculeatus).* In Australien ist kein anderes einheimisches Säugetier so zahlreich anzutreffen wie er. Auch in anderen Bereichen seines Lebensraums kommt er häufig vor (einschließlich Neuguinea und Tasmanien). In freier Wildbahn sieht man ihn trotzdem nur selten, und obwohl sich Wissenschaftler seit über 200 Jahren mit ihm beschäftigen, gehört er zu den am wenigsten bekannten Säugetieren Australiens. Er hat sechs anerkannte Unterarten, die nach der Länge ihrer Stacheln, ihrer Behaarung und der relativen Länge ihrer dritten Hinterkralle unterschieden werden.

Am schnellsten graben kann der Ameisenigel. Wenn er sich bedroht fühlt, gräbt er mit allen vier Gliedmaßen gleichzeitig – und nicht kopfüber mit den Vorderbeinen wie die meisten anderen Säugetiere. Ein Ameisenigel ist in der Lage, in weniger als einer Minute senkrecht im Erdboden zu verschwinden. Zu sehen ist von ihm dann nur noch ein Büschel spitzer Stacheln, die aus der aufgelockerten Erde ragen.

Die Lebenserwartung von Kloakentieren ist bis heute weitgehend unbekannt. Das älteste jemals registrierte Exemplar war ein Australischer Kurzschnabeligel, der 49 Jahre im Zoo von Philadelphia (USA) lebte. Das bestätigte Höchstalter eines in freier Wildbahn lebenden Kloakentiers erreichte ein Exemplar derselben Spezies, das 16 Jahre alt wurde.

Das urtümliche Schnabeltier ist das einzige Säugetier, von dem man weiß, daß es elektrische Felder orten kann; sein weicher Schnabel ist mit Zellen versehen, die elektrische Impulse wahrnehmen und bisher nur von einigen Fisch- und Kaulquappenarten bekannt waren.

Schnabeltiere werden in Gefangenschaft höchstens 20 und in freier Wildbahn maximal 12 Jahre alt.

Elektrische Felder orten kann von allen Säugetieren nur das Schnabeltier. Seine Augen und Ohren sind unter Wasser verschlossen, so daß es beim Tauchen weder sehen noch hören kann. Daher nahm man noch bis Mitte der achtziger Jahre an, daß es seine Nahrung ertastet, indem es in Flußbetten mit dem Schnabel unter Steinen stöbert. Wie australische und deutsche Wissenschaftler im Auftrag der Australien National University in Canberra jedoch herausgefunden haben, ist sein weicher Schnabel mit Rezeptorzellen versehen, die der Elektro-Ortung dienen und bisher nur von einigen Fisch- und Kaulquappenarten bekannt waren. Mit Hilfe dieser auf elektrische Reize reagierenden Zellen nimmt ein Schnabeltier die geringsten elektrischen Impulse wahr, die durch die Muskelbewegungen seiner wirbellosen Beutetiere ausgesandt werden. Selbst wenn die winzigen Tiere sich unter Schlamm oder Steinen bewegen, können sie von Schnabeltieren aus einer Entfernung von 7–10 cm aufgespürt werden.

Säugetiere

MARDER

Mustelidae
ca. 67 Arten, einschließlich Wiesel, Nerze, Marder, Dachse, Stinktiere und Otter.

Als die größte Marderart gilt im allgemeinen der in den Tundra- und Taigagebieten von Arktis und Antarktis heimische Vielfraß oder Bärenmarder *(Gulo gulo).* Sein robuster, stämmiger Körperbau und sein dichtes, langes Fell sind jedoch oft irreführend, denn er erreicht eine Körperlänge von nur 65–105 cm, eine Schwanzlänge von 17–26 cm und ein Gewicht von 7–30 kg.

Die schwerste Marderart ist der im Nordpazifik verbreitete See- oder Meerotter *(Enhydra lutris).* Er hat eine Körperlänge von 1–1,2 m, eine Schwanzlänge von 25–37 cm und ein Gewicht von 22–45 kg (Männchen) beziehungsweise 15–32 kg (Weibchen).

Die längste Marderart ist der seltene Riesenotter *(Pteronura brasiliensis),* der in Südamerika heimisch ist. Er erreicht eine Körperlänge von 86–140 cm und eine Schwanzlänge von 33–100 cm, ist aber mit einem Gewicht von 26–34 kg bei Männchen und 22–26 kg bei Weibchen deutlich leichter als der Seeotter.

> **Wenn es ums Fressen geht, ist dem Vielfraß nichts zu alt oder zu gefroren. Mit seinen kräftigen Kiefern und Zähnen macht er sich im tiefsten Winter selbst über gefrorenes Fleisch her.**

Der kleinste aller heute lebenden Fleischfresser ist das Mauswiesel *(Mustela nivalis),* dessen Lebensraum sich über Teile Europas, Nordamerikas, Asiens und Nordafrikas erstreckt (in Neuseeland wurde es angesiedelt). Es hat eine Körperlänge von 11–26 cm, eine Schwanzlänge von 1,3–8,7 cm und ein Gewicht von 30–200 g. Die kleinsten Mauswiesel leben im Norden ihres Lebensraums (vor allem in Sibirien) und in den Alpen. Die Tiere sehen aus wie lange, schlanke Mäuse und profitieren von ihrer Kleinwüchsigkeit vor allem auf der Jagd nach Mäusen, Wühlmäusen und anderen kleinen Säugetieren, denen sie in deren Löchern und Höhlen auflauern.

Das kleinste Meeressäugetier überhaupt ist der Chilenische Fischotter *(Lutra felina)* aus dem Westen Südamerikas. Mit einer maximalen Körperlänge von nur 1,15 m (von der Spitze seiner Schnauze bis zum Ende seines relativ kurzen Schwanzes) und einem Gewicht von 4–4,5 kg ist er beträchtlich leichter und etwas kürzer als die kleinsten Seehunde, Delphine und Tümmler. Er lebt jedoch nicht ausschließlich im Meer, sondern vermehrt sich an Land und wurde auch schon weit vom Meer entfernt in Flüssen gesehen. Außer ihm gibt es in der Familie der Marder nur noch einen Meeresbewohner – den See- oder Meerotter *(Enhydra lutris),* dessen Größe etwa der der kleinsten Delphine und Tümmler entspricht. Einige Exemplare vor der Küste Kaliforniens (USA) kommen niemals an Land.

> **Männliche Seeotter stehlen etwa ein Drittel ihrer Nahrung von den Weibchen; manchmal nehmen sie sogar ein Junges als »Geisel«, bis dessen Mutter ihren Fang herausrückt.**

Der mutigste aller Marder ist der Honigdachs *(Mellivora capensis).* Er nimmt es mit Tieren jeder Größe auf, vor allem wenn sie seinem Bau während der Aufzucht der Jungen zu nahe kommen. Sein Mut hat einen guten Grund: Seine Haut ist so widerstandsfähig, daß ihm Stiche von Bienen, die Stacheln von Stachelschweinen und sogar Schlangenbisse der meisten Schlangenarten nichts anhaben können.

Der kräftigste aller Marder und vermutlich aller Säugetiere vergleichbarer Größe ist der Vielfraß *(Gulo gulo).* Er ist nicht größer als ein mittelgroßer Hund, schafft es aber, stählerne Fallen aufzubrechen, erlegte Beutetiere, die um ein Vielfaches schwerer sind als er, mehrere Kilometer weit zu tragen oder hinter sich her zu schleifen, und greift sogar Rentiere und Elche an. Wie beobachtet wurde, gibt ihm seine Stärke scheinbar so viel Selbstvertrauen, daß er nicht einmal davor zurückschreckt, Bären und Pumas von ihrer Beute zu vertreiben. Hin und wieder soll er sogar Grizzlies und Schwarzbären mit einem Biß in deren Hinterteil verjagt haben, während sie damit beschäftigt waren, ihre Beute zu zerfleischen. Zu fürchten hat ein Vielfraß nur Wolfsrudel (und den Menschen).

Werkzeuge benutzt als einziges Meeressäugetier, und als eines von wenigen Säugetieren überhaupt, der See- oder Meerotter *(Enhydra lutris).* Er ernährt sich vorwiegend von Seeohren, Miesmuscheln, Venusmuscheln, Seeigeln und anderen Schalentieren, deren Schalen zu hart sind, um sie allein mit den Zähnen aufbrechen zu können. Statt dessen beweist er ein beachtliches Maß an Geschicklichkeit, indem er die Schalen mit Hilfe eines Steins zertrümmert, den er sich zuvor auf dem Meeresboden gesucht hat. Zunächst benutzt er den Stein, um damit, wie mit einem Hammer, das Schalentier von seinem Felsen zu lösen. Dann kehrt er an die Wasseroberfläche zurück, dreht sich auf den Rücken, legt sich den Stein auf die Brust und beginnt, das Schalentier wie auf einen Amboß auf den Stein zu schmettern. Der erste Hieb ist meist noch vorsichtig, doch dann folgt Schlag auf Schlag (wobei der Otter die Muschel regelmäßig nach fünf oder sechs Schlägen untersucht), bis das schmackhafte Fleisch schließlich frei liegt. Um eine Miesmuschel zu öffnen, braucht er durchschnittlich 35 Schläge, bei besonders harten Schalentieren sind bis zu 88 Schläge erforderlich. Seine bevorzugten Steine sind glatt und haben einen Durchmesser von etwa 15 cm und ein Gewicht von ungefähr 0,5 kg. Oftmals werden sie mehrfach benutzt und beim Tauchen unter den Achseln verwahrt.

> **Der Geruchssinn des Europäischen Dachses ist 700–800 Mal besser als der des Menschen.**

Die größten Höhlen. Alle Dachsarten graben Erdbaue, von denen die meisten recht einfach konstruiert sind. Nur der Europäische Dachs *(Meles meles),* der mehr als die Hälfte seines Lebens unter der Erde verbringt, baut ganze Höhlensysteme, die Jahrzehnte oder gar Jahrhunderte von einer Generation nach der anderen bewohnt werden können. Forscher haben mehr als 20 Dachsbaue freigelegt, vermessen und auf Karten verzeichnet. Der kleinste Bau war eine Höhle, die nur sporadisch genutzt wurde. Sie bestand aus nur einem Eingang und einem einfachen, L-förmigen, 2 m langen Gang. Das Tunnelsystem des größten Baus umfaßte dagegen ca. 879 m und hatte 178 Eingänge. Daran waren 50 unterirdische Kammern angeschlossen. Für einen anderen Bau hatten Dachse 25 t Erde ausgehoben.

> **Aus den Pelztierfarmen in Europa sind so viele Amerikanische Nerze entkommen, daß sie den einheimischen und wesentlich selteneren Europäischen Nerz aus vielen Regionen verdrängt haben.**

Stinkdrüsen. Marder verfügen über gut ausgebildete anale Stinkdrüsen, die zu Kommunikations- und Verteidigungszwecken eine dickflüssige, ölige Substanz mit stechendem Geruch produzieren. Die gelbe Flüssigkeit wird in einem Beutel gespeichert, der in den Mastdarm mündet. Bei Gefahr können manche Arten das unangenehme Sekret aus dem After auf den Angreifer spritzen. Seine Durch-

> *Mit dem dichtesten Fell aller Säugetiere ist der Seeotter gut gegen das kalte Wasser geschützt, in dem er den größten Teil seines Lebens verbringt.*

schlagskraft schwankt von Spezies zu Spezies, von Individuum zu Individuum und von Jahreszeit zu Jahreszeit. Die bekanntesten der stinkenden Marderarten sind die Stinktiere oder Skunks. Mit der auffälligen schwarzweißen Zeichnung ihres Fells warnen sie potentielle Angreifer vor ihrer unangenehmen und äußerst wirkungsvollen Waffe, zu der sie in der Regel aber nur im Notfall greifen. Zunächst stolzieren sie drohend mit steifen Beinen, gewölbtem Rücken, gen Himmel gerichtetem Schwanz und gesträubten Haaren umher. Der Fleckenskunk der Gattung *Spilogale* unterstreicht seine Drohgebärden sogar mit einem eindrucksvollen Handstand. Gibt der Angreifer noch immer nicht auf, muß er mit dem Inhalt der Stinkdrüsen abgewehrt werden. Die Tiere können 6–7 m weit und aus einer Entfernung von bis zu 2 m gezielt spritzen. Entweder stoßen sie das Sekret in zerstäubter Form aus, oder sie richten einen gebündelten Strahl auf die Augen des Angreifers. Die Folgen sind heftiges Brennen, starke Reizungen der Schleimhäute und zeitweilige Erblindung. Der schwefelige Geruch ist so ekelerregend, daß er häufig Übelkeit und Würgen verursacht. In Windrichtung ist er noch in einer Entfernung

von bis zu 2,5 km wahrzunehmen. Er haftet dem Opfer tagelang an und ist aus Kleidungsstücken praktisch nicht mehr zu entfernen. Bei jungen Skunks sind die Stinkdrüsen schon im Alter von einem Monat entwickelt. Wegen ihrer ungewöhnlichen Art, sich zu verteidigen, werden Stinktiere von den meisten Tieren gemieden. Nur der Amerika-Uhu *(Bubo virginianus)* läßt sich nicht davon abschrecken.

Eine ungewöhnliche Partnerschaft sind der Honigdachs *(Mellivora capensis)* und ein kleiner Vogel – der Honiganzeiger *(Indicator indicator)* – eingegangen. Hat der Vogel einen Bienenstock entdeckt, stößt er einen besonderen Ruf aus (er klingt, als würde man eine Streichholzschachtel schütteln), der die Aufmerksamkeit des Dachses erregt. Der Vogel setzt sein Rufen fort, während der Dachs mit Knurr- und Grunzlauten antwortet und sich vom Vogel zum Bienenstock führen läßt. Dort angekommen, bricht der Honigdachs, dem die Stiche der Bienen nichts anhaben können, den Bienenstock auf und verschlingt Larven und Honig. Der Vogel seinerseits ernährt sich von dem freigelegten Bienenwachs. Manchmal versuchen Bienenanzeiger, auch mit ande-

Säugetiere

Der Europäische Dachs baut riesige unterirdische Tunnelsysteme mit bis zu 50 Kammern und 178 separaten Eingängen.

ren Säugetieren auf diese Weise zusammenzuarbeiten, aber normalerweise ist der Honigdachs der einzige, der ihnen folgt.

Es kommt vor, daß weibliche Seeotter ihre toten Jungen tagelang bei sich tragen, bevor sie sie schließlich loslassen.

Der ausgeprägteste Meeresbewohner aller Marder ist der im nördlichen Pazifik verbreitete See- oder Meerotter *(Enhydra lutris)*. Er lebt ausschließlich im Meer, auch wenn er sich nur selten mehr als 1 km von der Küste entfernt. Er frißt, schläft und vermehrt sich im Wasser und kommt oft sein Leben lang nicht an Land. Das Leben im Wasser erfordert besonders

erfinderische Anpassungsmaßnahmen. So wickeln sich die meisten Seeotter vor dem Einschlafen in Stränge von Seetang, damit sie in der Nacht nicht aufs offene Meer getrieben werden. Oft legen sie sich im Schlaf die Pfoten auf die Augen. Im Gegensatz zu Delphinen und Seehunden haben sie keine dicken Fettschichten, die sie warm halten. Sie schützen sich mit ihrem dichten Fell gegen die Kälte, das infolge der zwischen den einzelnen Haaren eingeschlossenen Luft isolierend wirkt (s. a. *Das dichteste Fell aller Säugetiere*). Darüberhinaus sind sie dank ihrer regen Stoffwechseltätigkeit in der Lage, ihre Körpertemperatur konstant zu halten (ihr Stoffwechsel ist etwa 2,5 mal höher als der eines Landsäugetiers vergleichbarer Größe). Und sie haben einen kräftigen Appetit, so daß sie täglich mehr als 25–30 % ihres Körpergewichts zu sich nehmen. Der weibliche Seeotter bringt seine Jungen als einziges Mitglied in der Familie der Marder im Wasser zur Welt: Die in Rükkenlage auf der Wasseroberfläche schwimmende Mutter ergreift ihr

Neugeborenes und setzt es sich auf die Brust, wo sie es zu putzen und zu säugen beginnt.

Das dichteste Fell aller Säugetiere hat der See- oder Meerotter *(Enhydra lutris)* mit durchschnittlich 110 000–125 000 Haaren pro cm² (das entspricht etwa 800 Mio. einzelner Haare im Fell eines ausgewachsenen Tieres). Auf jedes Deckhaar entfallen damit 60–80 Unterwollhaare. Anders als die übrigen Meeressäugetiere hat der Seeotter keine Fettschichten, die ihn vor Kälte schützen – aber nur 1 cm seines Pelzes isoliert so gut wie 4 cm Fett. Im übrigen ist das Fell wasserabweisend und gewährleistet im Wasser eine gute Schwimmfähigkeit. Unglücklicherweise gilt es auch als sehr wertvoll (im letzten Jahrhundert nannte man es in Rußland das »weiche Gold«), was für den Seeotter in der Vergangenheit beinahe den Untergang bedeutete (s. a. *Rettung in letzter Minute*).

Die am weitesten verbreiteten Marderarten sind der Hermelin

(Mustela erminea) und das Mauswiesel (M. nivalis). Beide Arten bewohnen die verschiedenartigsten Lebensräume in weiten Teilen Europas und Nordamerikas und im Norden Asiens. Der Hermelin kommt außerdem in Teilen Grönlands vor.

Vom Aussterben bedroht sind nach Angaben der World Conservation Union (IUCN) 16 Marderarten. Als höchst gefährdet eingestuft werden das Kolumbienwiesel (Mustela felipei) aus Kolumbien und Ecuador, der Europäische Nerz (Mustela lutreola) aus Frankreich, Rumänien, Spanien, Rußland, Georgien, Weißrußland, Estland, Litauen und Lettland (in Finnland und Polen ist er wahrscheinlich vor kurzem ausgestorben) und der Schwarzfußiltis (Mustela nigripes), der in den USA wieder eingebürgert wurde. Von einer Reihe von Arten konnten die Bestände bisher nicht festgestellt werden: Entweder sind die Tiere nur durch eine Handvoll Felle und Skelette bekannt, oder sie wurden lediglich ein paar Mal in freier Wildbahn gesichtet. Die Hauptursachen für den Rückgang der Bestände sind Zerstörung und Verschmutzung der Lebensräume und Bejagung.

> **Seeotter werden so gut vom Wasser getragen, daß sie beim Tauchen manchmal Steine mit sich führen müssen, ähnlich wie auch menschliche Taucher sich mit Gewichten beschweren.**

Als gefährdet gelten weiterhin neun Unterarten – vor allem der Skunk *Conepatus mesoleucus telmalestes,* der möglicherweise bereits aus seiner Heimat Texas (USA) verschwunden ist, der Tayra *Eira barbara senex* aus Belize, Guatemala und Mexiko und der Buntmarder (Martes flavigula robinsoni) aus Java (Indonesien).

Bereits ausgestorben ist die Spezies *Mustela macrodon,* die in der Bay of Fundy im Südosten Kanadas und im Gulf of Maine im Nordosten der USA in Küstennähe lebte, bis sie gegen Ende des 19. Jahrhunderts von Fallenstellern ausgerottet wurde. Der Marder hatte eine Körperlänge von etwa 60–70 cm und eine Schwanzlänge von 25 cm. Da sein Bestand schon erloschen war, noch ehe Wissenschaftler die Spezies beschreiben konnten, ist über seine Lebensweise kaum etwas bekannt. Der letzte Überlebende der Art wurde vermutlich

1894 auf Campobello Island, New Brunswick (Kanada), gefangen.

Rettung in letzter Minute kam für zwei Marderarten, die kurz vor dem Aussterben waren: Der See- oder Meerotter (Enhydra lutris) wurde im 18. und 19. Jh. erbarmungslos von Pelztierjägern verfolgt, konnte sich aber dank drastischer Schutzmaßnahmen in vielen Teilen seines Lebensraums wieder erholen, während der Schwarzfußiltis (Mustela nigripes), der in freier Wildbahn bereits ausgestorben war, aufgrund erfolgreicher Zuchtprogramme überlebt hat. Er wird heute in Teilen seines einstigen Verbreitungsgebietes wieder angesiedelt.

> **Als am 24. März 1989 der 30 000-Tonnen-Supertanker Exxon Valdez im Prinz William Sund, Alaska, auf Grund lief, verlor er 35 000 t Rohöl. Daraufhin wurden mehr als 1000 tote Seeotter gefunden; weitere 114 Otter gingen ein, während man versuchte, sie vom Öl zu befreien; Tausende starben vermutlich unbemerkt.**

Man vermutet, daß vor allem russische, amerikanische und europäische Fallensteller in der Zeit von 1740–1911 bis zu 1 Mio. Seeotter ihrer wertvollen Pelze wegen getötet haben. Als 1911 eine internationale Vereinbarung zum Schutz der Spezies unterzeichnet wurde, gab es noch 13 Kolonien mit gerade 1000–2000 überlebenden Tieren, die sich über den nördlichen Pazifik verteilten. Einige der Kolonien konnten nicht mehr gerettet werden, aber andere begannen schon kurz nach der Einführung der Schutzgesetze, sich zu erholen. Inzwischen hat sich der Seeotter über die Hälfte seines historischen Lebensraums in Nordamerika und Rußland zurückerobert, während er in anderen Bereichen seines früheren Verbreitungsgebietes bis heute nicht anzutreffen ist. Derzeit leben 100 000–150 000 Seeotter in Alaska, 10 500–12 500 im westlichen Pazifik, 350 in British Columbia, über 200 in Washington und etwa 1400 in Kalifornien.

Der Nordamerikanische Schwarzfußiltis ernährt sich ausschließlich von Präriehunden (aus der Familie der Hörnchen). Da Präriehunde in der Landwirtschaft großen Schaden anrichten, wurden sie von Farmern und

> **Um im Winter ihre Jungen warm zu halten, legen Mauswiesel ihre Baue mit Mäusefellen aus.**

Ranchern mit Gift bekämpft, was wiederum fast zum Erlöschen der Population von Schwarzfußiltissen führte. Nur in Wyoming (USA) überlebten eine Handvoll Tiere. Seit 1970 galt die Spezies als selten, und schon zehn Jahre später fürchtete man, sie sei ausgestorben. Als dann am 25. September 1981 ein männlicher Schwarzfußiltis in der Nähe der Kleinstadt Meeteetse, Wyoming (USA), von einem Hund getötet wurde, strömten aufgeregte Biologen in das Städtchen und entdeckten in seiner Umgebung eine Population von fast 60 Tieren. Bis 1984 war ihre Zahl auf mindestens 129 gestiegen, aber dann fielen sie 1985 scharenweise einem tödlichen Staupevirus zum Opfer. Um den Schwarzfußiltis im letzten Moment vor dem Aussterben zu bewahren, wurden 18 überlebende Tiere eingefangen. Sie sollten den Grundstock für ein Zuchtprogramm bilden. Ein Jahr später war die Spezies in der freien Wildbahn ausgestorben. Von einigen unvermeidlichen Rückschlägen abgesehen, hat sich die Art in der Obhut des Menschen gut erholt. 1991 konnten die ersten Exemplare einer neuen Generation von Schwarzfußiltissen in einem ihrer früheren Verbreitungsgebiete in Wyoming (USA) wieder angesiedelt werden. Doch noch ist die Spezies nicht gerettet. Mittlerweile leben 40 Tiere in freier Wildbahn und ungefähr 380 in Gefangenschaft (April 1995). Bis heute hat das Programm über 3 Mio. US$ gekostet.

> **Wie beobachtet wurde, erregen Hermeline oft die Aufmerksamkeit von Kaninchen und anderen Beutetieren, indem sie »tanzen«: Sie springen auf und ab und jagen ihrem Schwanz hinterher – und warten darauf, daß ihr Publikum seine Deckung vernachlässigt; dann gehen sie zum Angriff über.**

MUNGOS, ZIBETKATZEN UND GINSTERKATZEN

Viverridae und Herpestidae
ca. 74 Arten.

Die primitivsten Formen. Viverriden und Herpestiden ähneln einer Wäldern der nördlichen Hemisphäre, bis die Evolution vor etwa 40 Mio. Jahren zwei Hauptgruppen von Säugetieren hervorbrachte: die bärenähnlichen *Artoiden* (aus denen die heutigen Bären, Seehunde, Hunde, Waschbären, Pandas und Marder entstanden sind) und die katzenähnlichen *Aeluroiden* (aus denen die heutigen Katzen, Hyänen, Ginsterkatzen, Zibetkatzen und Mungos hervorgingen).

Schwanzlänge von 56–89 cm erreicht, aber selten mehr als 14 kg wiegt (durchschnittlich 9–14 kg).

Der kleinste aller Viverriden und Herpestiden ist der in weiten Teilen Afrikas südlich der Sahara verbreitete Südzwergichneumon *(Helogale parvula).* Er erreicht eine Körperlänge von 18–28 cm, eine Schwanzlänge von 12–20 cm und ein Gewicht von

Die unmittelbaren Vorfahren der heutigen Fleischfresser – die Miaciden – ähnelten in Erscheinungsbild und Größe den heutigen Ginsterkatzen; dieses Exemplar wurde in Kenia aufgenommen.

Gruppe von Tieren der ausgestorbenen Familie der *Miacidae,* die man für die unmittelbaren Vorfahren der heutigen Fleischfresser hält. Die Miaciden waren kleine Säugetiere (in Größe und Erscheinungsbild vergleichbar mit den heutigen Ginsterkatzen), die sich kurz nach dem Aussterben der Dinosaurier vor 60 Mio. Jahren direkt aus dem Stamm der Insektenfresser entwickelt haben. Sie lebten in den

Der größte aller Viverriden und Herpestiden ist die in Afrika südlich der Sahara heimische Afrikanische Zibetkatze *(Civettictis civetta).* Sie hat eine Körperlänge von 68–89 cm, eine Schwanzlänge von 44–46 cm und ein Gewicht von 7–20 kg. Damit ist sie etwa 40 Mal schwerer als das kleinste Mitglied der Familie – der Südzwergichneumon *(Helogale parvula).*
Der Celebes-Roller *(Macrogalidia musschenbroekii)* aus Sulawesi (früher Celebes; Indonesien) ist zwar mit einer Körperlänge von bis zu 1 m und einer Schwanzlänge von bis zu 60 cm etwas länger, wiegt aber mit 3,5–6,1 kg wesentlich weniger. Ähnliches gilt für den Binturong *(Arctictis binturong)* aus Südostasien, der eine Körperlänge von 61–97 cm und eine

230–680 g (durchschnittlich 320 g). Die Spezies ist außerdem einer der kleinsten Fleischfresser Afrikas.

> **Mungos kommen sich oft gegenseitig zu Hilfe und können in gut organisierten Verbänden Raubtiere abwehren, die viel größer sind als sie selbst.**

Die am weitesten entwickelten Jungen aller Fleischfresser bringen die Ameisen-Schleichkatze oder Falanuk *(Eupleres goudotii)* und die Fanaloka *(Fossa fossa)* zur Welt, die beide in den Regenwäldern Madagaskars heimisch sind. Anders als bei allen übrigen Fleischfressern sind ihre Jungen gleich nach der Geburt aktiv. Die Einzeljungen (oder Zwillinge) werden in fortgeschrittenem Entwicklungsstadium mit geöffneten Augen geboren und begleiten die Mutter schon etwa 8 Tage nach der Geburt auf der Nahrungssuche. Ihre weitere Entwicklung verläuft allerdings etwas langsamer als bei anderen Fleischfressern vergleichbarer Größe.

Das von Zibetkatzen produzierte Duftsekret Zibet wird seit Jahrhunderten in der Parfümerie verwendet; obwohl es inzwischen synthetische Ersatzstoffe gibt, werden Zibetkatzen zur Gewinnung des wertvollen Produkts in vielen Teilen der Welt noch immer gejagt oder gezüchtet.

Einen Greifschwanz besitzt als einziger Viverride oder Herpestide der Binturong *(Arctictis binturong).* Sein langer (56–89 cm), dicker Schwanz

Der Südzwergichneumon ist die kleinste Zibetkatze der Welt und der kleinste Fleischfresser Afrikas.

dient ihm als zusätzliche Hand, mit der er sich beim Klettern in Bäumen im Geäst festhält. Einen echten Greifschwanz hat außer ihm nur ein anderer Fleischfresser – der in Mittel- und Südamerika verbreitete Wickelbär *(Potos flavus),* der der Familie der Waschbären angehört, aber ebenfalls ein Baumbewohner ist.

Entgegen der weitverbreiteten Ansicht ernähren sich Mungos nicht ausschließlich von Schlangen und sind auch nicht immun gegen Schlangengift; um nicht gebissen zu werden, wenn sie eine Schlange belauern und schließlich von hinten angreifen, vertrauen sie allein auf ihr Geschick, ihre Beweglichkeit und auf ihr dickes Fell.

Am wenigsten bekannt ist von der Otterzivette *(Cynogale bennetti lowei),* eine Unterart, die ursprünglich als eigene Spezies *(C. lowei)* geführt wurde. Von ihr liegen weder Schädel noch Skelette vor, lediglich das Fell eines Jungtiers, das 1926 in Nordvietnam gefunden wurde. Aber auch von einigen anderen Mungos, Zibet- und Ginsterkatzen weiß man relativ wenig.

Wegen seiner Vorliebe für ein alkoholisches Getränk namens Toddy wird der Gemeine Palmenroller auch »Toddy-Katze« genannt. Zur Herstellung von Toddy läßt man in Südostasien den Saft von Palmen auf natürliche Weise gären – oft sind die Zibetkatzen die ersten, die dann zur Stelle sind.

Vom Aussterben bedroht sind nach Angaben der World Conservation Union (IUCN) 18 Arten von Mungos, Zibet- und Ginsterkatzen. Als am meisten gefährdet gelten die Liberia-Kusimanse *(Liberiictis kuhni)* aus Liberia, Elfenbeinküste und Guinea; die Otterzivette *(Cynogale bennettii)* aus Brunei, Indonesien (Kalimantan und Sumatra), Malaysia (Halbinsel Malaysia, Sabah und Sarawak), Thailand, Vietnam und möglicherweise Singapur; und die *Genetta cristata* aus Kamerun und Nigeria. Die Bestände vieler anderer Arten sind unbekannt.

Säugetiere

NAGETIERE

Rodentia
ca. 1750 Arten (annähernd 40% aller Säugetierarten), einschließlich Bibern, Eichhörnchen, Mäusen, Ratten, Stachelschweinen, Wühlmäusen und Meerschweinchen.

Die ersten Nagetiere. Die ältesten Nagetierfossilien stammen aus dem späten Paleozän vor 57 Mio. Jahren und wurden in Asien und Nordamerika entdeckt. Sie repräsentieren eichhörnchenähnliche Tiere, die der ausgestorbenen Familie der *Paramyidae* angehörten. Da sie bereits alle wesentlichen Kennzeichen der Nagetiere aufwiesen, läßt sich der entwicklungsgeschichtliche Ursprung dieser Ordnung kaum zurückverfolgen.

Die primitivste Art aller heute vorkommenden Nagetiere ist das in den Nadelwäldern im Westen Nordamerikas heimische Stummelschwanz- oder Biberhörnchen *(Aplodontia rufa)*. Da es sich keiner bestehenden Familie eindeutig zuordnen läßt, wurde ihm eine eigene Familie *(Aplodontidae)* zugeteilt. Anders als die meisten Säugetiere verfügt es nur beschränkt über die Fähigkeit, seine Körpertemperatur zu regulieren. Es ist nicht in der Lage, Fett oder Feuchtigkeit zu speichern, und kann daher keinen Winterschlaf halten.

Das größte Nagetier der Gegenwart ist das Capybara oder Wasserschwein *(Hydrochoerus hydrochaeris)* aus dem Norden Südamerikas, wo es die dicht bewachsenen Ufer von Tümpeln, Seen, Flüssen und Sümpfen bewohnt. Es hat eine Körperlänge von 1–1,4 m (der Schwanz ist nur rudimentär vorhanden), eine Schulterhöhe von 50–62 cm und ein Gewicht von 35–66 kg.

Das kleinste Nagetier ist mit einer Körperlänge von 3,6–4,7 cm und einer Schwanzlänge von 7,2–9,4 cm die im Nordwesten Belutschistans (Pakistan) verbreitete Zwergspringmaus *(Salpingotulus michaelis)*. Ihre 1,8–1,9 cm langen Hinterfüße sind in Anbetracht ihrer Körpergröße gewaltig; sie erleichtern ihr das Springen.

Die meisten Zähne. Alle Nagetiere haben ein einziges Paar messerscharfer Schneidezähne je Kiefer und keine Eckzähne, aber die Zahl der hinteren und vorderen Backenzähne schwankt von Spezies zu Spezies beträchtlich. Rekordhalter ist mit 24 Backenzähnen

Lebensgroßer Fuß eines Capybara, das größte aller Nagetiere, und eine ebenfalls lebensgroße Eurasiatische Zwergmaus, einer der kleinsten Vertreter der Familie.

(und insgesamt 28 Zähnen) der Silbergraue Erdbohrer *(Heliophobius argenteocinereus)* aus Zentral- und Ostafrika.

Die wenigsten Zähne hat die *Mayermys ellermani*. Wie alle Nagetiere besitzt sie vier Schneidezähne und keine Eckzähne, hat aber, anders als die übrigen Säugetiere, keine vorderen und nur vier hintere Backenzähne (insgesamt also acht Zähne).

Die höchste Lebenserwartung aller Nagetiere haben die Stachelschweine, insbesondere die 11 Arten von Altweltstachelschweinen (Familie der *Hystricidae*). Das nachweisliche Höchstalter von 27 Jahren und 3 Monaten erreichte ein Kurzschwanz-Stachelschwein *(Hystrix brachyura)*, das am 12. Januar 1965 im National

Die Ernährungs- und Landwirtschaftsorganisation der Vereinten Nationen beziffert den weltweit durch Nagetiere entstandenen Schaden auf 42,5 Mio. Tonnen Lebensmittel (das entspricht ungefähr der Weltjahresproduktion von Getreide und Kartoffeln); dafür verantwortlich sind jedoch nur eine Handvoll verschiedener Arten.

Zoological Park in Washington DC (USA) starb. In freier Wildbahn liegt die Lebenserwartung der meisten kleinen Arten bei nur 1–3 Jahren; die größeren Arten werden durchschnittlich ungefähr 10 Jahre alt.

Die Fähigkeit zum Gleitflug haben zwei Nagetierfamilien entwickelt: die Flughörnchen (Familie der *Sciuridae*), die über Südostasien, Nordamerika und Nordeuropa verbreitet sind, und die in West- und Zentralafrika lebenden Dornschwanzhörnchen (Familie der *Anomaluridae*). Es gibt 38 Arten von Flughörnchen und 7 Arten von Dornschwanzhörnchen. Der längste registrierte Gleitflug eines gleitenden Säugetiers führte über 450 m; Rekordhalter ist ein Riesenflughörnchen der Gattung *Petaurista*. Rekordhalter bei den Dornschwanzhörnchen ist das Lord-Derby-Dornschwanzhörnchen *(Anomalurus derbianus)* mit einer Weite von 250 m. Bei den meisten Arten sind Gleitweiten von 50–100 m üblich.

Diese Nagetiere können nicht wirklich fliegen, sondern gleiten mit Hilfe einer behaarten Membran von Baum zu Baum. Die Membran spannt sich an jeder Körperseite zwischen Vorder- und Hintergliedmaßen und dient als eine Art Fallschirm. Nachdem die Tiere möglichst hoch auf einen Baum geklettert sind, schätzen sie die Entfernung zu ihrem beabsichtigten Landeplatz, springen ab und spreizen Arme und Beine, um die Membran (das sogenannte Patagium) zu entfalten. Sie steuern, indem sie ihre Arme heben oder senken, und benutzen ihren Schwanz als Stabilisator. Kurz vor der Landung bewegen sie Schwanz und Körper aufwärts, um zu bremsen.

Sobald ein Flughörnchen an einem Baumstamm gelandet ist, klettert es auf die andere Seite des Stammes, um sich vor Raubtieren wie Eulen zu verstecken, die ihm während seines Gleitfluges gefolgt sein könnten.

Das kleinste gleitende Säugetier der Welt ist der Zenker-Gleitbilch *(Idiurus zenkeri)*. Er hat eine Körperlänge von nur 6,8–7,9 cm, eine Schwanzlänge von 9,1–11,7 cm und ein Gewicht von 14–17,5 g. Nur wenig größer sind die drei Arten von Zwergflughörnchen der Gattung *Petaurillus*.

Die größten gleitenden Säugetiere sind die Riesenflughörnchen der Gattung *Petaurista* mit einer Körperlänge von 30,5–58,5 cm, einer Schwanzlänge von 34,5–63,5 cm und einem Gewicht von 1–2,5 kg. Bei einem ein-

zelnen Felsgleithörnchen *(Eupetaurus cinereus)* wurde eine Körperlänge von 61 cm und eine Schwanzlänge von 38 cm gemessen.

Den längsten Winterschlaf halten vermutlich die in Alaska und im Norden Kanadas lebenden Populationen des Arktischen Ziesels *(Spermophilus parryii)*. Ihr Winterschlaf dauert neun Monate. Während der restlichen drei Monate des Jahres fressen sie, paaren sich und legen in ihren Bauen Nahrungsvorräte an. Auch andere Ziesel der Gattung *Spermophilus* verbringen weit mehr als die Hälfte des Jahres im Winterschlaf; das gilt vor allem für solche Arten, die in extremen Klimazonen beheimatet sind. Einige verschlafen nicht nur den Winter, sondern bei Nahrungsknappheit in Dürreperioden auch einen Teil des Sommers.

Die besten Baumeister aller Säugetiere mit Ausnahme des Menschen

sind der Kanadische Biber *(Castor canadensis)* und der Europäische Biber *(Castor fiber)*. Sie bauen Dämme, künstliche Seen und Burgen (mit Wassergraben), die sowohl vor Raubtieren als auch vor strengen Wintern Schutz bieten.

Biberdämme sind durchschnittlich 23 m lang, in vielen Fällen aber auch wesentlich länger. Der vermutlich größte je gebaute Damm wurde am Jefferson River in Montana (USA) entdeckt. Er hatte eine Länge von 700 m und war so stabil, daß er dem Gewicht eines Reiters mit seinem Pferd standhielt.

Mit dem Bau von Dämmen stauen Biber einen Bach oder einen Fluß, um einen künstlichen See anzulegen, mit

Kurzschwanz-Stachelschweine können über 27 Jahre alt werden und haben damit die höchste Lebenserwartung aller Nagetiere.

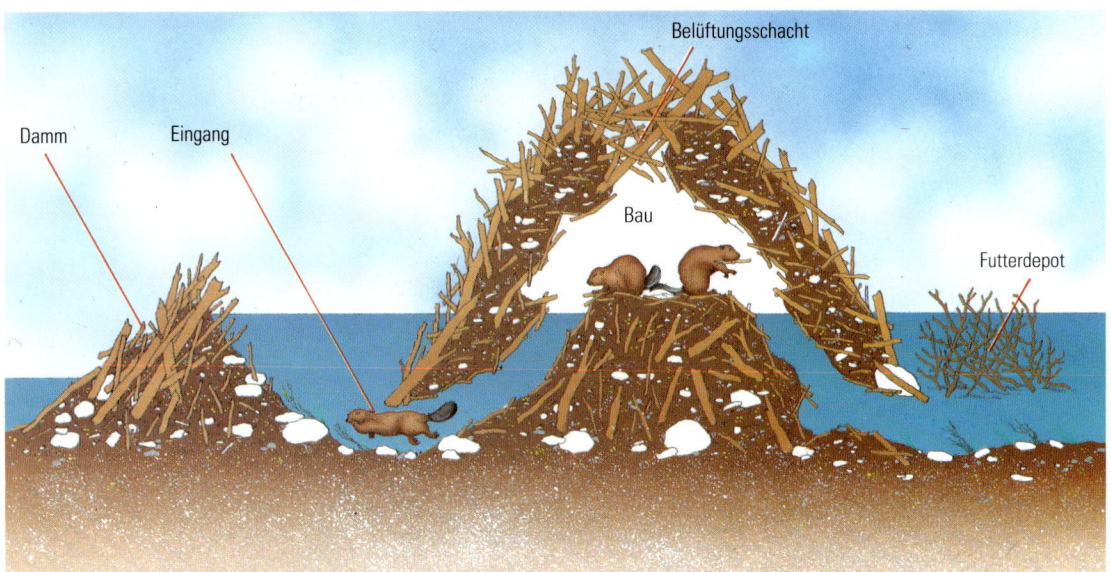

Damm · Eingang · Belüftungsschacht · Bau · Futterdepot

Eine Biberburg, errichtet von dem talentiertesten Baumeister aller nicht-menschlichen Säugetiere.

.dessen Hilfe sie den Wasserstand rund um ihre Burg regulieren. Auf diese Weise können sie sicherstellen, daß die Unterwassereingänge ihrer Burg während der Frostperioden im Winter unterhalb der Eisschicht liegen. Die aus Baumstämmen (die Schneidezähne der Biber sind so kräftig, daß die Tiere Bäume mit bis zu 1 m Durchmesser fällen können), Ästen und Zweigen bestehenden Dämme werden mit Schlamm, Schotter und größeren Steinen abgestützt und ständig abgedichtet und erweitert, manchmal über mehrere Generationen hinweg. Zum Schutz vor Wölfen und anderen Raubtieren errichten die Tiere in der Mitte des Stausees eine Burg aus Zweigen und Schlamm. Im oberen Teil des kuppelförmigen Dachs wird das Gehölz nur locker aufgeschichtet, damit ein Belüftungsschacht entsteht. Die Biberburg, die mehrere Unterwassereingänge hat, ragt oft über 2 m aus dem Wasser und kann an ihrem Sockel einen Durchmesser von über 12 m haben.

Die größten Kolonien. Noch vor 100 Jahren war der Westen Nordamerikas von Unmengen von Präriehunden (Familie der *Sciuridae*) bevölkert. Der Gesamtbestand aller fünf Arten lag vermutlich bei über 5 Billionen. Die größte je bekanntgewordene Kolonie von Säugetieren war eine 1901 im Westen von Texas entdeckte Kolonie von Schwarzschwanz-Präriehunden *(Cynomys ludovicianus)*, der etwa 400 Mio. Tiere angehörten. Sie verteilte sich über eine Fläche von 61 440 km² (das entspricht fast der Fläche der Republik Irland).

Die höchste je verzeichnete Bevölkerungsdichte von Nagetieren wurde 1926/27 im ausgetrockneten Bett des Buena Vista Lake in Kern County, Kalifornien (USA), registriert, als dort 205 000 Hausmäuse *(Mus musculus)* auf einem Hektar Land lebten. Eine ähnlich hohe Dichte von Hausmäusen wurde mit 200 000/ha in den Jahren 1941/42 im Central Valley, Kalifornien, festgestellt.

Eine unter Säugetieren einzigartige Arbeitsteilung herrscht in den Kolonien des Nacktmulls *(Heterocephalus glaber)*. Sie wird von einem einzigen sich fortpflanzenden Weibchen organisiert – ein System, das in ähnlicher Form nur von den sozialen Insekten wie Bienen, Wespen und Ameisen bekannt ist. Der fast haarlose Nacktmull lebt in den Trockensavannen Kenias, Somalias und Äthiopiens in unterirdischen Kolonien von 75–80 Tieren (gelegentlich auch mehr als 250). Die Fortpflanzung ist ausschließlich einem einzigen Weibchen (der Königin) und ein oder zwei Männchen vorbehalten. Der Rest der Kolonie unterteilt sich in arbeitende und nicht arbeitende Mitglieder. Die Arbeiter graben Gänge, transportieren Erde, gehen auf Futtersuche und tragen Nahrung und Nistmaterial in das gemeinschaftliche Nest, während die größeren nicht arbeitenden Koloniemitglieder sich die meiste Zeit im Nest aufhalten, die Königin umsorgen, sich um ihre Jungen kümmern, die Kolonie gegen Schlangen und andere Feinde verteidigen und schadhafte Stellen in den Gängen ausbessern. Die Hierarchie ist klar festgelegt: Die Königin und die sich fortpflanzenden Männchen dominieren die sich nicht fortpflanzenden Nacktmulle, und die größeren Tiere dominieren unabhängig vom Geschlecht die kleineren. Das sich fortpflanzende Weibchen bringt in 1–5 Würfen pro Jahr durchschnittlich jeweils 14 Junge pro Wurf zur Welt, die sie selbst säugt. Stirbt die Königin, wird sie durch ein anderes, geschlechtlich bisher nicht aktives Weibchen aus der Kolonie ersetzt, das schnell Aktivität zu entwickeln beginnt.

25 % der Muskelmasse eines Nacktmulls sind in der Kieferregion konzentriert (verglichen mit einem Prozent beim Menschen); daher sind für diesen Nager auch so harte Böden wie Beton kein Hindernis.

Auf der Suche nach den Knollen von Sukkulentengewächsen graben Nacktmulle gewaltige Tunnelsysteme. Die unterirdischen Gänge einer rekordverdächtigen Kolonie im Tsavo West-Nationalpark (Kenia), die sich über eine Fläche von 100 000 m² verteilte, hatten eine Länge von über 3 km. Dieselbe Kolonie hob monatlich Gänge von durchschnittlich 200 m Länge (und einem Durchmesser von

Aufgrund ihres ungewöhnlichen Sozialverhaltens sind die Mitglieder einer Kolonie von Nacktmullen genetisch fast identisch – als hätten sie sich über 60 Generationen durch Inzucht fortgepflanzt.

jeweils 4–7 cm) aus und beförderte mehr als 350 kg Erdreich aus 40 überirdischen Eingängen.

Genetisch fast identisch sind die Mitglieder einer Kolonie von Nacktmullen *(Heterocephalus glaber)*. Das haben zwei unabhängig voneinander durchgeführte Untersuchungen ergeben. Hudson Kern Reeve und seine Kollegen von der Cornell University, New York State (USA), und Christopher Faulkes und seine Kollegen vom Institute of Zoology, London (GB), haben herausgefunden, daß sich die Mitglieder einer Kolonie genetisch so sehr ähneln, als hätten sie sich über 60 Generationen durch Inzucht fortgepflanzt. Und tatsächlich machen Paarungen zwischen Eltern und deren Jungen oder zwischen Geschwistern schätzungsweise 85 % aus.

Der Winterschlaf des Arktischen Ziesels kann bis zu 9 Monate dauern.

Säugetiere

Fruchtbarkeit. Viele Nagetierarten vermehren sich sehr produktiv: Sie paaren sich oft, haben kurze Tragzeiten und große Würfe. Beim weiblichen Berglemming *(Lemmus lemmus)* aus Skandinavien setzt die Geschlechtsreife früher ein als bei jedem anderen Säugetier, nämlich schon im Alter von 14 Tagen. Mehrere Arten haben Tragzeiten von nur 19–21 Tagen; die mit 15–16 Tagen kürzeste Tragzeit hat der Syrische Goldhamster *(Mesocricetus auratus).* Die Hausmaus *(Mus musculus)* bringt es auf bis zu 14 Würfen im Jahr; den Rekord von acht Würfen in 167 Tagen stellte allerdings ein Paar von Berglemmingen auf (im Anschluß daran starb das Männchen).

> **Die Zähne von Nagetieren, die ständig durch die gegenüberliegenden Zähne des anderen Kiefers abgerieben werden, wachsen das ganze Leben lang mehrere Millimeter pro Woche nach.**

Massenselbstmorde. Der weitverbreitete Glaube, daß sich Lemminge (Unterfamilie *Arvicolinae)* massenhaft über Klippen ins Meer stürzen, um gemeinsam Selbstmord zu begehen, hat nicht viel mit der Realität zu tun. Allerdings wurde für ihre außergewöhnlichen Wanderungen – die zwangsläufig zum Tod vieler Tiere führen – bisher keine umfassende Erklärung gefunden, so daß sie auch weiterhin eines der faszinierendsten Rätsel der Tierwelt bleiben. Bei einer Reihe verschiedener Arten von Lemmingen treten erhebliche Schwankungen der Bestände auf. Das bekannteste Beispiel ist der sich stark vermehrende Berglemming *(Lemmus lemmus),* dessen Bestände ungefähr alle 3–5 Jahre ihren Höhepunkt erreichen. Eine Theorie lautet, daß die dann entstehende Überbevölkerung viele Tiere dazu zwingt, sich auf die Suche nach neuen Lebensräumen zu machen (normalerweise im Spätsommer oder Frühherbst). Anfangs gehen nur vereinzelte Tiere auf Wanderschaft, setzt dann aber die Massenwanderung ein, werden die Lemminge zunehmend leichtsinniger und scheinen es immer eiliger zu haben. (Es wurden Kolonnen von Lemmingen beobachtet, die Hauptverkehrsstraßen überqueren oder durch belebte Stadtzentren zogen.) Schließlich bricht eine Massenpanik aus, bei der einige Lemminge über Klippen

gedrängt werden und in den Tod stürzen oder bei dem Versuch ertrinken, über einen zu breiten oder zu schnellen Fluß zu schwimmen. Es mag aussehen wie ein Massenselbstmord, aber dahinter steckt eine logischere Erklärung.

Als Überträger von Krankheiten haben einige Arten von Nagetieren im letzten Jahrtausend vermutlich mehr Menschenleben gefordert als alle Kriege und Revolutionen zusammen. Die Tiere tragen teilweise über 20 Krankheitserreger in sich und verbreiten u.a. die Beulenpest, das Lassafieber, das Fleckfieber, Salmonellenerkrankungen und Leptospirose. In dieser Hinsicht am gefährlichsten für den Menschen sind die Arten, die in seiner direkten Umgebung leben. Vor allem die Hausratte *(Rattus rattus)* war im Europa des Mittelalters für die Verbreitung des Schwarzen Todes, der Beulenpest, verantwortlich (s. a. *Die gefährlichsten Insekten).*

Das einzige wechselwarme Säugetier ist der Nacktmull *(Heterocephalus glaber).* Bei ihm ist die Fähigkeit zur Temperaturregulation so schwach ausgeprägt wie bei keinem anderen Säuger. Das bedeutet, daß seine Körpertemperatur von der Umgebungstemperatur abhängig ist und durch bestimmte Verhaltensweisen reguliert werden muß. Obwohl Nacktmulle in gut isolierten unterirdischen Bauen leben und daher nur selten größeren Temperaturschwankungen ausgesetzt sind, müssen sich die Tiere hin und wieder in warmer Erde in der Nähe der Erdoberfläche wälzen oder sich während der Kälteperioden an ihre Artgenossen kauern.

Die weiteste Verbreitung aller Landsäugetiere haben vermutlich die Hausmaus *(Mus musculus)* und die Wanderratte *(Rattus norvegicus).* Sie sind auf jedem Kontinent, einschließlich der Antarktis, anzutreffen und kommen selbst auf vielen entlegenen Inseln vor. Die Hausmaus stammt aus Asien und den europäischen Mittelmeerländern, während die Wanderratte ursprünglich im Norden Chinas heimisch war. Beide Arten konnten ihre Lebensräume ausdehnen, weil sie die Gegenwart des Menschen nicht nur erduldeten, sondern auch davon zu profitieren lernten und sich zum Beispiel gern auf Schiffen als blinde Passagiere einschleichen.

Die ungewöhnlichste Entdeckung. Das einzige Säugetier, das auf einem TV-Bildschirm entdeckt wurde, ist

eine noch nicht benannte Maus, die man der Gattung *Chibchanomys* zurechnet. Als Wissenschaftler der Mammal Society 1994 im Rahmen einer Konferenz in Ripon, North Yorkshire (GB), einen Dokumentarfilm über die Tierwelt der Anden im Fernsehen verfolgten, erschien eine Maus auf dem Bildschirm, die in Bächen lebt und sich von Fisch ernährt. Da ein solches Tier aus den Anden nicht bekannt war, erregte der Film großes Aufsehen. Nachforschungen ergaben, daß es sich tatsächlich um eine der Wissenschaft bisher unbekannte Art handelte.

Vom Aussterben bedroht sind nach Angaben der World Conservation Union (IUCN) insgesamt vermutlich 118 Nagetierarten. Zu den als höchst gefährdet eingestuften Arten zählen der Mexikanische Präriehund *(Cynomys mexicanus)* aus Mexiko, das auf Vancouver Island (Kanada) heimische Murmeltier *Marmota vancouverensis,* die Rattenart *Solomys poncelet* aus Bougainville (Papua Neuguinea), die Felsenratte *Zyzomys pedunculatus* aus Australien und die Ferkelratte *Capromys sanfelipensis* aus Kuba.

> **Nachdem ein australischer Farmer nachts Gift ausgelegt hatte, fand er am nächsten Morgen 28 000 tote Hausmäuse auf seiner Veranda.**

Unlängst vermutlich ausgestorben sind nicht weniger als 28 Arten von Nagetieren – u.a. die Baumratte *Conilurus albipes,* die 1875 aus Australien verschwand; die Ratte *Rattus macleari,* die bis 1908 auf Christmas Island lebte; und die Reisratte *Oligoryzomys victus,* die 1897 zuletzt auf der Karibikinsel St. Vincent gesehen wurde.

> *Von den Berglemmingen heißt es, daß sie sich zu Tausenden von den Klippen ins Meer stürzen, um gemeinsam Selbstmord zu begehen – mit der Realität hat das nicht viel zu tun.*

NASHÖRNER

Rhinocerotidae
5 Arten: 2 in Afrika und 3 in Asien.

Die ersten Nashörner. Durch Fossilfunde sind zahlreiche Nashornarten bekannt (die Schätzungen schwanken zwischen 100 und 300 Arten aus mehr als 65 verschiedenen Gattungen). Ihre Vorfahren, langbeinige Vertreter der Familien *Hyracidae* und *Hyracodontidae,* tauchten erstmals im Eozän vor 50 Mio. Jahren auf und ähnelten den heutigen Pferden. Die ersten Tiere, die den neuzeitlichen Nashörnern ähnelten, waren *Caenopenes* und *Aceratheres.* Sie erschienen im Oligozän vor 30 Mio. Jahren im heutigen Nordamerika und Europa und hatten die typische Nashornstatur, trugen aber Stoßzähne anstelle der Hörner. Alle fünf heute vorkommenden Arten stammen von einem gemeinsamen Vorfahren ab. Vor rund 10 Mio. Jahren trennten sich die Linien der Afrikanischen und der Asiatischen Nashörner.

Die primitivste Nashornart der Gegenwart ist das Sumatra-Nashorn *(Dicerorhinus sumatrensis)* – ein dicht rötlich-dunkelbraun behaartes Tier, das sich vermutlich seit Millionen von Jahren nicht wesentlich verändert hat. Es ist das einzige überlebende Mitglied der Unterfamilie *Dicerorhinae,* zu der auch das ausgestorbene und sehr ähnliche Wollnashorn *(Coelodonta)* gehörte, das bis in die letzte Eiszeit vor etwa 15–20 000 Jahren überlebt hat.

> **Auf der ganzen Welt leben nur noch 9000 bis 11 500 Nashörner; vor 10 Jahren waren es noch ungefähr doppelt so viele.**

Das größte Nashorn ist das Breitmaulnashorn oder Weiße Nashorn *(Ceratotherium simum),* dessen Lebensraum sich auf den Süden Afrikas und Zentralafrika beschränkt. Es erreicht eine Schulterhöhe von bis zu 1,85 m und eine Körperlänge von 4,2 m; sein Maximalgewicht liegt bei etwa 3,6 t (männliche Tiere sind schwerer als weibliche).

Das kleinste Nashorn ist das spärlich über Südostasien verbreitete Sumatra-Nashorn *(Dicerorhinus sumatrensis).* Es erreicht eine Schulterhöhe von in der Regel wenig mehr als 1 m, höchstens aber 1,5 m, und wiegt durchschnittlich um die 800 kg.

Das größte bekannte Landsäugetier aller Zeiten war das Baluchitherium – ein hornloser Nashornverwandter mit langem Hals, der vor 35 Mio. Jahren Europa und den Westen Asiens bevölkerte. Die ersten fossilen Knochen wurden 1907/08 in den Bugti-Bergen in Belutschistan (Pakistan) gefunden. Ein im American Museum of Natural History, New York City (USA), ausgestelltes Exemplar mißt 5,41 m bis zum höchsten Punkt des Schulterbuckels und hat eine Gesamtlänge von 11,27 m. Die Tiere waren so groß, daß sie wie die heutigen Giraffen in den Wipfeln der Bäume äsen konnten. Das Baluchitherium starb vor rund 10 Mio. Jahren aus.

Das nachweislich längste vordere Nasenhorn ist 1,58 m lang und gehörte einem weiblichen Südlichen Breitmaulnashorn *(Ceratotherium simum simum),* das 1848 in Südafrika geschossen wurde. Das hintere Horn hatte eine Länge von 57 cm. Nach unbestätigten Angaben soll ein vorderes Nasenhorn sogar 2,06 m lang gewesen sein.

Vom Aussterben bedroht sind alle fünf Nashornarten: das Breitmaul- oder Weiße Nashorn *(Ceratotherium simum),* das Spitzmaul- oder Schwar-

Das größte Nashorn ist das Breitmaulnashorn, das eine Schulterhöhe von bis zu 1,85 m und ein Maximalgewicht von 3,6 t erreicht; dieses in Zaire lebende Exemplar gehört der sehr seltenen nördlichen Unterart an.

ze Nashorn *(Diceros bicornis)*, das Panzernashorn *(Rhinoceros unicornis)*, das Sumatra-Nashorn *(Dicerorhinus sumatrensis)* und das Java-Nashorn *(Rhinoceros sondaicus)*. Keine der großen Säugetierfamilien ist so gefährdet wie die der Nashörner. Da ihre Hörner als hochbezahlte Bestandteile der traditionellen chinesischen Heilkunst gehandelt werden (insbesondere in China, Taiwan und Südkorea), stellt die Wilderei die größte Gefahr dar. Der Handel mit Nasenhörnern ist zu einem ebenso lukrativen Geschäft wie der Drogenhandel geworden. Selbst die einheimischen Dorfbewohner, die am Anfang der Kette aller am Handel Beteiligten stehen, erliegen der Versuchung, zu wildern. 1994 wurden die Bestände wie folgt geschätzt: Nördliches Breitmaul – 32; Südliches Breitmaul – 5000–6750; Spitzmaul – unter 2550; Panzer – 1700; Sumatra – 500–900; und Java – 60–65.

Als das seltenste große Säugetier der Welt gilt das einhörnige Java-Nashorn *(Rhinoceros sondaicus)*. Einst erstreckte sich sein Lebensraum von Bangladesch ostwärts über Burma, Thailand, die malaysische Halbinsel und Indochina bis nach Sumatra und Java. Inzwischen hat sich sein Bestand infolge der Zerstörung seines Lebensraums und vor allem durch Bejagung auf nur zwei bekannte Populationen reduziert: Die eine lebt im Udjung Kulon-Nationalpark an der Westspitze

> Das Java-Nashorn ist wahrscheinlich das seltenste große Säugetier der Welt.

Javas (Indonesien), die andere in den Niederungen des Flusses Dong Nai zwischen den Provinzen Song Be und Lam Dong (Vietnam). Möglicherweise haben auch in Kambodscha und Laos vereinzelte Tiere unentdeckt überlebt. In Myanmar (früher Burma) und Thailand ist die Spezies vor kurzem ausgestorben.

> **Die Haut eines Breitmaulnashorns ist auf dem Rücken und an den Flanken zum Schutz vor den Hörnern seiner Artgenossen ungefähr 2,5 cm dick; andere Säugetiere gleichen Gewichts haben eine nur etwa 4 mm dicke Haut.**

Die größte Population ist im Udjung Kulon-Nationalpark beheimatet, aber auch dort leben nur noch etwa 50 Nashörner, wie eine 1993 mit Hilfe von 34 Kameras durchgeführte Zählung ergeben hat. Die Kameras, die an verschiedenen Stellen innerhalb des Parks installiert worden waren, hatten durchschnittlich alle fünf Tage ein Nashorn aufgenommen (die einzelnen Tiere wurden anhand von Hautzeichnungen, Geschlecht, Größe und geschätztem Alter identifiziert). Auf einigen Bildern waren Mütter mit ihren Kälbern zu sehen, was als das einzige ermutigende Zeichen gewertet wurde.

Das Breitmaulnashorn *(Ceratotherium simum)* ist in zwei Unterarten

unterteilt: das Nördliche Breitmaul *(Ceratotherium s. cottoni)* und das Südliche Breitmaul *(Ceratotherium s. simum)*. Die nördliche Unterart kommt heute nur noch im 4920 km² großen Garamba-Nationalpark (Zaire) vor und ist seltener als jede andere Nashornart. 1980 gab es noch 800–850 Exemplare (400 in Zaire, 400 im Sudan, 1 in Uganda und vermutlich 0 in der Zentralafrikanischen Republik), doch innerhalb von nur wenigen Jahren haben aufständische Soldaten und andere Wilderer fast den gesamten Bestand ausgerottet. 1984/85 erreichte die Population mit 13 Tieren ihren absoluten Tiefststand. Dank intensiver Schutzmaßnahmen hat sich der Bestand inzwischen mehr als verdoppelt – dennoch gilt die Unterart mit nur 32 Exemplaren als höchst gefährdet.

Den schnellsten Rückgang seines Bestandes hat das Schwarze oder Spitzmaulnashorn *(Diceros bicornis)* zu verzeichnen, dessen Anzahl von schätzungsweise 100 000 Anfang der sechziger Jahre auf 65 000 im Jahr 1970, 3500 im 1991 und 2550 in 1994 gesunken ist (die meisten leben in Südafrika, Zimbabwe, Namibia, Kenia und Tansania); Anfang 1995 wurde der Bestand auf etwas über 2000 geschätzt. Dieser dramatische Rückgang ist ausschließlich auf Wilderei zurückzuführen. Einem unveröffentlichten Sitzungsprotokoll der IUCN/SSC African Rhino Specialist Group vom Mai 1994 zufolge sollen sich die Zahlen stabilisiert haben, doch die Jagd nach dem Horn ist in

Der Bestand an Spitzmaulnashörnern ist in Afrika in den vergangenen 30 Jahren um rund 97,5 % zurückgegangen; damit hat die Spezies den schnellsten Rückgang aller großen Säugetiere zu verzeichnen.

Afrika noch immer an der Tagesordnung, so daß viele Experten das Schlimmste befürchten. Besorgniserregend ist außerdem, daß der rapide Rückgang der Bestände von einer ebenso alarmierenden Aufsplitterung in sehr kleine Populationen von ungewisser Lebensfähigkeit begleitet wurde. Der Gesamtbestand aller Nashornarten ist seit 1970 weltweit um sage und schreibe 85 % zurückgegangen.

Eine Gruppe von Nashörnern nennt man einen »crash«.

Am zahlreichsten vertreten ist das Südliche Breitmaulnashorn *(Ceratotherium simum simum)* – eine in Südafrika lebende Unterart des Breitmaulnashorns, die in Botswana, Kenia, Namibia, Swaziland, Zimbabwe und Sambia (wo sie möglicherweise bereits ausgestorben ist) wieder eingebürgert wurde. Doch auch der Gesamtbestand dieser Spezies beläuft sich nicht einmal auf 6750 Tiere.

Die Anzahl der in Südafrika (der Heimat von fast 95 % der überlebenden Population) vorkommenden Südlichen Breitmaulnashörner ist umstritten. Anläßlich der zweimal jährlich stattfindenden Konferenz über den Internationalen Handel mit Gefährdeten Arten gab die südafrikanische Regierung im November 1994 in Fort Lauderdale, Florida (USA), einen Bestand von 6300 wildlebenden Tieren an (darunter 2000 im Hluhluwe-Umfolozi Game Reserve in Natal – dem weltweit wichtigsten Reservat für Breitmaulnashörner). Bei einer im September 1994 aus der Luft durchgeführten vorläufigen Zählung kamen Mitarbeiter der Parkverwaltung aber lediglich auf einen Bestand von 1210 Tieren im Hluhluwe-Umfolozi-Park. Daher geht man nun allgemein davon aus, daß der Bestand weit unter 2000 liegt. Wichtiger noch ist aber, daß diese Diskrepanz die Frage nach der Genauigkeit des für ganz Südafrika geschätzten Bestandes aufwirft.

Das Südliche Breitmaulnashorn galt bereits seit 1882 als ausgestorben, bis um die Jahrhundertwende in Umfolozi, Zululand (Südafrika), eine kleine Population von 11 Tieren entdeckt wurde. Daraufhin traf man eine Reihe konsequenter Schutzmaßnahmen, um die Unterart am Leben zu erhalten. Als ihre Zahl bis Mitte der sechziger Jahre wieder auf etwa 500 gestiegen war, wurde die Population auf mehrere Parks und Reservate in Südafrika und in anderen Ländern verteilt. Trotz vereinzelter Rückschläge ist die Zahl der Tiere vor allem dank der intensiven Schutzmaßnahmen in Südafrika stetig angewachsen.

Nashörner kommunizieren auf verschiedene Weise miteinander; die wohl ungewöhnlichste Art der Verständigung ist eine hochkomplizierte Atemtechnik, die ungefähr mit der Technik des Morsens vergleichbar ist.

PFERDE, ESEL UND ZEBRAS

Equidae
6 Arten: Bergzebra, Grevy-Zebra, Steppenzebra, Afrikanischer Wildesel, Asiatischer Wildesel und Wildpferd. Hausesel und Hauspferd werden in der Regel als Unterarten des Afrikanischen Wildesels bzw. des Wildpferds betrachtet.

Über die Entwicklungsgeschichte von Pferden, Eseln und Zebras ist relativ viel bekannt. Der erste Vorfahr der Pferde war das Urpferdchen *(Hyracotherium)*, das im Eozän vor 55 Mio. Jahren die Wälder bewohnte. Es hatte vermutlich ein Gewicht von ca. 5,4 kg und eine Schulterhöhe von etwa 36 cm. Die Gattung *Equus,* der alle heute vorkommenden Arten angehören, tauchte erstmals im frühen Pleistozän vor 1,5–2 Mio. Jahren auf.

Die ersten Domestizierungen von Pferden fanden wahrscheinlich vor schätzungsweise 6500 Jahren in der heutigen Ukraine statt, als altsteinzeitliche Jäger eine kleine Zahl von Wildpferden *(Equus ferus)* zur Milchgewinnung zähmten (zum Vergleich: Die ersten Hunde wurden vor 12 000 Jahren, die ersten Schafe vor 9000 Jahren domestiziert). Ebenfalls aus der Ukraine stammende Hinweise deuten darauf hin, daß Pferde etwa zur gleichen Zeit bereits als Reittiere dienten.

Pferde, Zebras und Esel verfügen über ein ausgezeichnetes Sehvermögen: Ihr einziger blinder Fleck liegt direkt hinter dem Kopf; sie können geradeaus mit beiden Augen, also plastisch, sehen; sie besitzen vermutlich die Fähigkeit, Farben zu erkennen, und können nachts ebenso gut sehen wie eine Eule.

Die größte Art unter den wilden Equiden ist das Grevy-Zebra *(Equus grevyi).* Es erreicht durchschnittlich eine Körperlänge von 2,5–2,7 m, eine Schwanzlänge von 50–70 cm, eine Schulterhöhe von 1,5 m und ein Gewicht von 350–430 kg (maximal 450 kg). Wie bei allen Equiden sind männliche Grevy-Zebras normalerweise 10 % größer als die weiblichen

Tiere. Die Wildformen der Equiden sind in der Regel kleiner als die domestizierten Rassen.

Das größte und schwerste Hauspferd war der Wallach Sampson (später erhielt er den Namen Mammoth), ein Ackerpferd, das Thomas Cleaver aus Toddington Mills, Bedfordshire (GB), gehörte. Sampson, alias Mammoth, war 1846 gefohlt worden und hatte 1850 eine Größe von 2,19 m erreicht. In seinen besten Zeiten soll er 1524 kg gewogen haben.

Die kleinwüchsigste Pferderasse ist das Falabella, dessen kleinstes Exemplar gerade 38 cm hoch ist und nicht einmal 12 kg wiegt.

Die kleinste Art unter den wilden Equiden ist der Afrikanische Wildesel *(Equus africanas)* mit einer Körperlänge von durchschnittlich 2 m, einer Schwanzlänge von 42 cm und einem Gewicht von etwa 275 kg. Männliche Wildesel sind in der Regel 10 % größer als Eselinnen.

Das kleinste Hauspferd war der Hengst Little Pumpkin (gefohlt am 15. April 1973), der am 30. November 1975 ganze 35,5 cm groß war und 9,07 kg wog. Er gehörte J.C. Williams Jr. von der Della Terra Mini Horse Farm in Inman, South Carolina (USA).

Die kleinste Pferderasse ist das von Julio Falabella aus Recco de Roca (Argentinien) gezüchtete Falabella (s. Seite 50). Die Schulterhöhe ausgewachsener Tiere liegt im allgemeinen unter 76 cm; ihr Gewicht bewegt sich zwischen 36 und 45 kg. Das kleinste Exemplar war eine ausgewachsene, 38 cm hohe Stute mit einem Gewicht von 11,9 kg.

Das älteste Hauspferd war nach zuverlässigen Angaben Old Billy (gefohlt 1760), der 62 Jahre alt wurde. Das Tier, vermutlich eine Kreuzung aus einem Cleveland und einer östlichen Rasse, gehörte Edward Robinson aus Woolston, Lancashire (GB), der es 1762/63 als Zugtier an die Mersey and Irwell Navigation Company verkaufte. 1819 trat Old Billy in den Ruhestand und lebte auf einer Farm in Latchford (GB), bis er am 27. November 1822 starb.

Die Lebenserwartung wilder Equiden liegt in freier Wildbahn bei 10–25 Jahren. In Gefangenschaft lebende Tiere können bis zu 35 Jahre alt werden.

Vom Aussterben bedroht sind nach Angaben der World Conservation Union (IUCN) vier der sechs noch vorkommenden Arten aus der Familie der *Equidae:* der in Äthiopien und Somalia heimische Afrikanische Wildesel *(Equus africanas);* der Halbesel *(Equus hemionus),* der in China, Indien, Iran, Kasachstan, Turkmenistan und der Mongolei vorkommt (und in Israel und Usbekistan wieder angesiedelt wurde); das Grevy-Zebra *(Equus grevyi)* aus Äthiopien und Kenia; und das in Angola, Namibia und Südafrika lebende Bergzebra *(Equus zebra).* Gefahr droht den Tieren von vielen Seiten: durch die Rivalität mit Hausrindern bei der Nahrungssuche, durch Bejagung, durch Domestizierung, durch Entwässerungssysteme, durch das Errichten von Zäunen (die ihnen auf ihren Wanderungen den Weg versperren) und durch die Kreuzung mit domestizierten und verwilderten Pferden und Eseln.
Über die Bestände wildlebender Populationen der bedrohten Arten und

Unterarten liegen folgende Schätzungen vor: 7000 Hartmann-Bergzebras *(Equus z. hartmannae)*, 700 Kap-Bergzebras *(Equus z. zebra)*, 5000–6000 Grevy-Zebras, ein paar Hundert Afrikanische Wildesel und eine unbekannte Zahl Asiatischer Wildesel (wahrscheinlich mehrere Zehntausend).

Unlängst ausgestorben ist als einziges Mitglied der Equiden das Südafrikanische Quagga *(Equus quagga)*. Es ist eines der zwei großen Säugetiere, dessen Bestände innerhalb der letzten 200 Jahre in Afrika südlich der Sahara erloschen sind (die zweite Art ist der Blaubock *(Hippotragus leucophaeus)*, der bis 1800 in Südafrika vorkam). Das einst in Südafrika verbreitete Quagga war ein gelblichbraunes Zebra mit Streifen an Kopf, Hals und Vorderseiten. Das letzte wildlebende Exemplar wurde 1878 in Südafrika geschossen; das letzte bekannte Exemplar überhaupt starb 1883 im Amsterdamer Zoo.

> **Wildpferde und Wildesel kommen – teilweise sehr zahlreich – auf jedem Kontinent mit Ausnahme der Antarktis vor.**

Mehrere Unterarten der Equiden sind in freier Wildbahn ebenfalls vermutlich bereits ausgestorben, darunter der Mongolische Kulan oder Dschiggetai *(Equus hemionus hemionus)* und der Syrische Halbesel *(Equus hemionus himippus)*. Das Mongolische Wildpferd oder Przewalski-Pferd *(Equus ferus przewalskii)*, eine Unterart des Wildpferds, ist in den sechziger Jahren aus seiner Heimat, dem nördlichen Sinkiang (China) und den Altai-Bergen (westliche Mongolei), verschwunden. Zuletzt in freier Wildbahn gesehen wurde die Unterart vermutlich 1966, als der ungarische Zoologe Z. Kaszab auf dem Takhin-Shara-Nuru-Plateau eine Gruppe von acht Exemplaren sichtete, die er für einen Hengst und sieben Stuten dieser Spezies hielt. Glücklicherweise haben rund 1200 Przewalski-Pferde in Zoos

Przewalski-Pferde sind in den sechziger Jahren in freier Wildbahn ausgestorben, können aber wohl bald in ihrer Heimat, der Mongolei, wieder angesiedelt werden, da die Spezies in vielen Zoos in aller Welt überlebt hat.

in aller Welt überlebt (ausschließlich Nachkommen von nur 13 Elternpaaren – darunter ein Hauspferd). Es ist geplant, die Spezies in ihrer Heimat, der Mongolei, wiederanzusiedeln. (Bemerkung: Die zoologische Zugehörigkeit des Przewalski-Pferdes ist noch nicht eindeutig geklärt; jüngste Erkenntnisse weisen darauf hin, daß es sich um eine Unterart des Wildpferdes *Equus ferus* und nicht um eine eigene Spezies handelt.)

Das Steppenzebra ist das einzige Mitglied in der Familie der Pferde, das in freier Wildbahn häufig anzutreffen ist.

Kein Zebra gleicht einem anderen aufs Haar; jedes Tier hat ein einmaliges Streifenmuster. Selbst die zwei Seiten eines Tieres sind nicht exakt gleich.

Am zahlreichsten vertreten von allen Equiden ist nach dem Hauspferd *(Equus ferus caballus)* das Steppenzebra *(Equus burchellii)*. Mit einem Gesamtbestand von wahrscheinlich mehr als 750 000 zählt es in Afrika zu den am häufigsten vorkommenden Huftieren. Sein Lebensraum erstreckt sich etwa über ein Viertel des Kontinents. Von den sieben anerkannten Unterarten des Steppenzebras, die sich durch ihre Streifenmuster deutlich voneinander unterscheiden, ist das Böhm-Steppenzebra *(Equus b.*

boehmi) am häufigsten anzutreffen: Mit einem Bestand von 390 000 in Tansania und 141 000 in Kenia macht es mehr als 70 % der gesamten Population von Steppenzebras aus.

Die wertvollsten Tiere der Welt (in finanzieller Hinsicht) sind Rennpferde. Der teuerste Einjährige war Seattle Dancer. Er erzielte am 23. Juli 1985 in Keeneland, Kentucky (USA), den Rekordpreis von 13,1 Mio. $. Käufer war Robert Sangster.

Die schnellsten Rennpferde. Der Geschwindigkeitsrekord bei Pferderennen liegt bei 69,62 km/h – 20,8 Sek. auf einer ¼ Meile (402 m) – und wurde am 5. Februar 1945 in Mexico City (Mexiko) von einem Vierjährigen namens Big Racket aufgestellt (Gewicht des Jockeys: 51,7 kg). Der Rekord auf 1½ Meilen (2414 m) liegt bei 60,86 km/h. Rekordhalter ist der Dreijährige Hawkster (Gewicht des Jockeys: 54,9 kg), der die Strecke am 14. Oktober 1989 im Santa Anita Park, Arcadia, Kalifornien (USA), in 2 Min. 22,8 Sek. zurücklegte.

Die schnellsten Wildpferde *(Equus ferus)* sind die in einer unwirtlichen Region von Serrado, an Brasiliens Grenze mit Venezuela, lebenden »Wildpferde von Roraima«. Sie sind dafür bekannt, schneller als Rennpferde beschleunigen zu können. Nach Angaben des staatlichen brasilianischen Landwirtschaftsinstituts sind sie außerdem in der Lage, Höchstgeschwindigkeiten von 60 km/h wesentlich länger zu halten als ein Rennpferd. Ihr Bestand ist in den vergangenen Jahren auf wenige Hundert zurückgegangen.

Die stärksten Pferde. Am 23. April 1924 wurde auf der British Empire Exhibition in Wembley, London (GB), für den Wallach Vulcan (aus dem Besitz der Liverpool Corporation) anhand eines Dynamometers eine Zugkraft ermittelt, die einer Zuglast von 29–47 t entspricht. Auf derselben Veranstaltung zogen zwei Wallache gemeinsam mit Leichtigkeit eine Last von 51 t, dem Höchstwert auf der Skala des Dynamometers.

PRIMATEN

Primates
ca. 200 Arten, einschließlich Lemuren, Loris, Koboldmakis, Marmosetten, Affen, Gibbons, Menschenaffen.

Der erste bekannte Primat gehörte der Gattung *Purgatorius* an und hatte äußerlich Ähnlichkeit mit dem heutigen Spitzhörnchen (s. S. 104) aus der Ordnung *Scandentia.* Der älteste Fund bestand aus einem einzelnen Backenzahn und wurde zusammen mit Dinosaurier-Überresten in Purgatory Hill im Osten Montanas (USA) entdeckt. *Purgatorius* ist aus Nordamerika und Europa bekannt und lebte in der auslaufenden Kreidezeit vor 65 Mio. Jahren. Er erreichte eine Körperlänge von schätzungsweise 10 cm und ernährte sich vermutlich von kleinen wirbellosen Tieren.

Australopithecus, die erste Gattung in der hominiden oder frühmenschlichen Familie, tauchte vor mehr als 4,5 Mio. Jahren während des Pliozän in Afrika auf. Es gab mehrere verschiedene Arten, die häufig auch als »südliche Menschenaffen« bezeichnet werden und den Menschenaffen ebenso ähnelten wie dem Menschen. Es handelte sich um nur etwa 1,2 m große Zweibeiner mit einem fast aufrechten Gang, aber relativ kleinen Gehirnen.

Als erste Spezies der Gattung Mensch tauchte *Homo habilis* (»geschickter Mann«) vor knapp 3 Mio. Jahren in Afrika auf. Er hatte ein deutlich größeres Gehirn als *Australopithecus,* baute bereits einfache Unterstände und formte grobe Steinwerkzeuge. Auf ihn folgte *Homo erectus* (»aufrechter Mann«), der vor rund 1,5 Mio. Jahren hervortrat und sich von Afrika über Europa und Asien ausbreitete. Diese Spezies lebte in Lagern, nutzte das Feuer und verfügte vermutlich über eine Form von Sprache. Eine frühe Form des *Homo sapiens* (»kluger Mann«) erschien erstmals vor ungefähr 300 000 Jahren, der moderne Jetztzeit-Mensch *(Homo sapiens sapiens)* entwickelte sich jedoch erst vor etwa 30–40 000 Jahren. Im Laufe der gesamten menschlichen Evolution sind vor allem zwei Tendenzen erkennbar: eine zunehmende Körpergröße und ein wachsendes Gehirn (von einem Volumen von 500 cm³ beim *Australopithecus* bis zu einem Volumen von 1500 cm³ beim heutigen Menschen). Der älteste direkte Hinweis auf zweibeinig laufende Hominiden sind fossile Fußabdrücke aus Laetoli im Nordwesten Tansanias. Die 1977 freigelegten Fußspuren sind über 3,5 Mio. Jahre von vulkanischer Asche konserviert worden. Sie haben eine Länge von 27 m und bestehen aus zwei parallel verlaufenden Fährten: eine von einem einzelnen Individuum und eine von vermutlich zwei Individuen (möglicherweise von einem Erwachsenen und einem Kind).

> **Männliche Gorillas werden in ausgewachsenem Alter (13–15 Jahre) Silberrücken genannt, da sich ihr Fell auf dem Rücken silbrigweiß färbt und sich von dem ansonsten schwarzen Fell wie ein Sattel abhebt.**

Der größte Primat ist der Gorilla *(Gorilla gorilla),* wenn auch im Laufe der Jahre viele übertriebene Angaben ein falsches Bild von seiner tatsächlichen Größe vermittelt haben. Zweibeinig aufrecht stehend erreicht er eine Körperhöhe (vom Knochenkamm auf dem Schädel bis zur Ferse) von 1,4–1,8 m (Männchen) und 1,25–1,5 m (Weibchen). Sein Brustumfang beträgt 1,25–1,75 m (Männchen) und 95–128 cm (Weibchen); er wiegt durchschnittlich 135–175 kg (Männchen) und 68–114 kg (Weibchen). Es gibt drei Unterarten: der Küstengorilla *(G. g. gorilla),* der im Westen Zentralafrikas lebt und knapp die kleinste der Unterarten ist; der sehr seltene Berggorilla *(G. g. beringei)* aus Ruanda, Zaire und Uganda; und der Flachlandgorilla *(G. g. graueri)* aus dem Osten Zaires – die größte Unterart.

Der nach bestätigten Angaben größte wildlebende Primat war ein männlicher Flachlandgorilla (damals hielt man ihn für einen Berggorilla), der am 16. Mai 1938 von Kommandant E. Hubert und Dr. Serge Freckhof im Tchibinda Forest im Norden der Provinz Kivu (Zaire; früher Belgisch Kongo) vermessen wurde. Das Tier erreichte stehend eine Körperhöhe von 1,95 m, eine Armspanne von 2,7 m und ein Gewicht von 219 kg. Unbestätigten (aber allgemein anerkannten) Angaben zufolge erlegte Kommandant Attilio Gatti 1932 ebenfalls im Tchibinda Forest einen männlichen Flachlandgorilla (auch ihn hielt man anfangs für einen Berggorilla) mit einer Standhöhe von 2,06 m und einem Gewicht von 218,6 kg. Das Tier war für das Königliche Naturkundemuseum in Florenz (Italien) bestimmt.

In Gefangenschaft lebende Gorillas neigen wegen mangelnder Bewegung zu Fettleibigkeit. Das Rekordgewicht erreichte ein Männchen einer nicht identifizierten Unterart, das seit dem 5. Oktober 1931 im San Diego-Zoo, Kalifornien (USA), lebte. Das Tier namens N'gagi brachte 1943 sein Höchstgewicht von 310 kg auf die Waage. Zweibeinig stehend hatte es eine Körperhöhe von 1,72 m; sein Brustumfang lag bei rekordverdächtigen 1,98 m. Zum Zeitpunkt seines Todes am 12. Januar 1944 wog N'gagi 289 kg.

Die größte Affenart ist der Mandrill *(Mandrillus sphinx)* aus dem äquatorialen Westafrika. Das nach zuverlässigen Angaben verzeichnete Höchstgewicht von 54 kg erreichte ein in Gefangenschaft lebendes Männchen. Nach unbestätigten Berichten wog ein Exemplar sogar 59 kg (zum Vergleich: Das Durchschnittsgewicht der Spezies liegt bei 25 kg). Männliche und weibliche Tiere weisen beträchtliche äußerliche Unterschiede auf. So sind Weibchen ausgewachsen etwa halb so groß wie Männchen.

Der größte Baumbewohner unter den Säugetieren ist der Orang-Utan *(Pongo pygmaeus),* der nur noch auf den südostasiatischen Inseln Borneo und Sumatra vorkommt. Er hat zweibeinig stehend eine durchschnittliche Körperhöhe (vom Knochenkamm auf dem Schädel bis zur Ferse) von 1,15 m (Weibchen) und 1,37 m (Männchen). Sein Gewicht liegt bei 60–90 kg (Männchen) und 30–50 kg (Weibchen). Ein ungewöhnlich großes Exemplar auf Borneo soll eine Standhöhe von 1,8 m erreicht haben. In Gefangenschaft lebende Tiere sind oft wesentlich schwerer; der Rekord liegt bei 188 kg. Orang-Utans sind die einzigen echten Baumbewohner unter den Menschenaffen. Sie klettern langsam und bedächtig und strecken dabei oft ihre vier Gliedmaßen in verschiedene Richtungen, um ihr Gewicht zu verteilen.

Gorillas *(Gorilla gorilla)* halten sich zwar vorwiegend auf der Erde auf, aber insbesondere Jungtiere und selbst ausgewachsene Silberrücken klettern hin und wieder in Bäume, um Früchte zu sammeln. Längere Strecken legen Gorillas allerdings nur auf dem Erdboden zurück.

Der größte jemals existierende Primat war vermutlich der prähistorische Hominide *Gigantopithecus* aus dem mittleren Pleistozän. Sein Lebensraum erstreckte sich über das heutige Nordvietnam und den Süden Chinas. Anhand der wenigen bisher gefundenen Überreste (drei unvollständige Unterkiefer und mehr als 1000 Zähne) wird die Standhöhe männlicher Tiere auf 2,74 m und ihr Gewicht auf 272 kg geschätzt. Solange keine weiteren Fossilfunde zum Vorschein kommen, kann es sich bei diesen Angaben jedoch nur um Mutmaßungen handeln, da Kopf, Kiefer und Zähne des *Gigantopithecus* in Relation zu seiner Körpergröße möglicherweise unverhältnismäßig groß waren.

Der kleinste Primat ist eine erst vor kurzem wiederentdeckte Spezies – der Bilchmaki *(Microcebus myoxinus).* Er lebt im Westen Madagaskars und wurde erstmals vor rund 200 Jahren beschrieben. Bis zu seiner Wiederentdeckung 1993 hielt man ihn für ausgestorben. Mit einer Körperlänge von 6,2 cm, einer Schwanzlänge von 13,6 cm und einem Gewicht von 24,5–38 g ist er kaum größer als eine übergewichtige Maus. Bis zum Wiederauftauchen des Bilchmakis galt der in den Regenwäldern im Osten Madagaskars verbreitete Maki *(Microcebus rufus)* als der kleinste aller Primaten. Er hat eine Körperlänge von 10,1–12,5 cm, eine Schwanzlänge von 12,8–15 cm und ein Gewicht von 45–90 g.

Die größte Armspanne, die je bei einem nicht-menschlichen Primaten festgestellt wurde, hatte mit 2,79 m ein männlicher Berggorilla *(Gorilla gorilla beringei),* der 1932/33 von der Percy Sladen-Expedition im Norden Kameruns gefangen wurde.

Alle Menschenaffen, mit Ausnahme des Menschen, haben außergewöhnlich lange Arme. Die im Verhältnis zur Körpergröße längsten Arme finden sich beim Gibbon (Gattung *Hylobates)* und beim Orang-Utan *(Pongo pygmaeus).* Rekordhalter ist der Orang-Utan mit einer Armspanne von bis zu 2,5 m, in Ausnahmefällen sogar bis zu

Der Gorilla, der größte aller Primaten, erreicht aufrecht stehend eine Körperhöhe von bis zu 1,95 m und hat einen Brustumfang von bis zu 1,98 m.

3 m, (fast das Dreifache seiner Körpergröße von bis zu 97 cm), gefolgt vom Siamang *(H. syndactylus)* mit einer Armspanne von bis zu 1,5 m (das 1,7fache seiner maximalen Körpergröße von 90 cm).

Früher glaubte man, die langen Arme hätten sich mit der Fähigkeit zum Schwingklettern entwickelt. Die heutige Theorie ist dagegen nüchterner: Man geht davon aus, daß Menschenaffen faule Tiere sind. Sie sitzen gern inmitten der Pflanzen, die ihre Lieblingsfrüchte tragen, und möchten mit so wenig Aufwand wie möglich satt werden. Vielleicht dienen die langen Arme lediglich dem einen Zweck, daß die Tiere bei der Nahrungssuche aufgrund der verlängerten Reichweite Energie sparen.

Die längste Nase hat der Nasenaffe *(Nasalis larvatus),* der an den bewaldeten Flußufern und in den Mangrovenwäldern Borneos lebt. Er verdankt seinen Namen seiner riesigen, eher wie eine Zunge geformten Nase, die im ausgewachsenen Alter über Mund und Kinn herabhängt. Bei älteren Tieren kann sie bis zu 17,5 cm lang werden (bei einer Körperlänge von 66–76 cm). Die Funktion dieser langen Nase ist unbekannt. Möglicherweise dient sie als Resonanzkörper, wenn die männlichen Tiere ihre langgezogenen Huplaute ausstoßen (während des Rufens streckt sich die Nase nach vorn). Wahrscheinlicher ist aber, daß sie bei der Partnerwahl als visuelles Signal eine Rolle spielt. Junge Nasenaffen haben ziemlich lange, starre, vorwärts gerichtete Nasen; die Nasen der Weibchen hören im ausgewachsenen Alter zu wachsen auf.

Das bunteste Säugetier der Welt ist der männliche Mandrill *(Mandrillus sphinx)* – ein Pavianverwandter, der in den Regenwäldern Westafrikas anzutreffen ist. Er hat ein grün-braunes Fell, das an der Unterseite blaßgelb ist, einen orangegelben Backenbart, einen weißlichen Schnurr- und Kinnbart, rosafarbene Ohren, ein in den Farben Rot, Violett, Weiß und Blau leuchtendes Gesicht, eine schwarze Nase, ein nacktes, blaues und rotes Hinterteil und sogar einen roten Penis und einen blauen Hodensack. Ist der Mandrill aufgeregt, treten die Hautfarben besonders intensiv hervor. Die Farben von Weibchen und Jungtieren sind ähnlich, wirken aber verglichen mit denen männlicher Tiere erheblich blasser.

Die Lebenserwartung der Primaten ist im Vergleich zu vielen anderen Säugetieren relativ hoch. Das höchste Alter, das je für einen nicht-menschlichen Primaten zuverlässig registriert wurde, erreichte mit 59 Jahren und 5 Monaten ein Schimpanse *(Pan troglodytes)* namens Gamma. Er wurde im September 1932 im Yerkes Primate Research Center in Florida (USA) geboren und starb am 19. Februar 1992 in der Nebenstelle des Yerkes Center in Atlanta, Georgia (USA). Ebenfalls etwa 59 Jahre alt war ein männlicher Orang-Utan *(Pongo pygmaeus)* namens Guas, der am 9. Februar 1977 im Philadelphia Zoological Garden, Pennsylvania (USA), starb, wo er am 1. Mai 1931 im Alter von mindestens 13 Jahren eingeliefert worden war. Ein männlicher Berggorilla *(Gorilla gorilla beringei)* namens Beethoven, der einst im vulkanischen Grenzgebiet von Zaire, Ruanda und Uganda lebte, war Ende 40/Anfang 50, als er 1985 starb.

Der älteste Affe der Welt war ein männlicher Weißschulteraffe oder Weißschulterkapuziner *(Cebus capucinus)* namens Bobo. Er starb am 10. Juli 1988 im Alter von 53 Jahren an den Folgen eines Schlages. Das Tier, das ursprünglich aus Südamerika stammte, lebte seit dem 1. Januar 1935 im Mesker Park Zoo in Evansville, Indiana (USA). Als der Zoo seine Affenabteilung auflöste, wurde Bobo an Dr. Raymond T. Bartus, den Gründer des Forschungsprogramms für Altersheilkunde in den Lederle Laboratories, American Cyanamid Co., Pearl River, New York (USA), übergeben. Dort verbrachte er vom 31. Oktober 1981 an seine letzten Lebensjahre.

> **Gorillas und Schimpansen haben Schweißdrüsen unter den Armen und neigen – wie Menschen nach körperlicher Anstrengung – zu unangenehm riechenden Achselhöhlen.**

Der beste Schwimmer unter den Primaten ist vermutlich der Nasenaffe *(Nasalis larvatus),* der sich in den Regenwäldern und Mangrovensümpfen Borneos gewöhnlich in der Nähe von Süßwassergebieten aufhält. Er fühlt sich wohl im Wasser und sucht dort Schutz vor Gefahren. Er kann sowohl schwimmen als auch tauchen. Ganze Gruppen wurden dabei beobachtet, wie sie von Bäumen aus Höhen von bis zu 16 m ins Wasser sprangen und tauchten.

Auch andere Arten sind für ihre Schwimmkünste bekannt. Einer der wenigen im Meer schwimmenden Primaten ist der Rotgesichtsmakak *(Macaca fuscata),* der die Insel Koshima im äußersten Süden Japans bewohnt. Die Tiere lernten das Schwimmen erst, nachdem sie jahrelang am Ufer Süßkartoffeln gewaschen hatten (s. a. *Lernverhalten bei Primaten).* Inzwischen suchen sie das Wasser auch auf, um sich in den heißen Sommermonaten zu erfrischen, und vor allem die Jungtiere genießen es, von den Felsen zu springen und nach Seetang zu tauchen.

Die Verwandtschaft zwischen Mensch und Menschenaffen ist ein vielbehandeltes und sehr kontroverses Thema. Viele Experten würden

Säugetiere

uns am liebsten einer völlig separaten Familie zuordnen – mit Vorliebe einer Familie, die sich stammesgeschichtlich schon vor vielen Jahrmillionen von ihren Vorfahren getrennt hat. Das hat allerdings mehr mit Eitelkeit als mit Biologie zu tun. Tatsache ist, daß der Mensch zu den großen Menschenaffen zählt. Eine naturwissenschaftliche Kategorie, die Schimpansen *(Pan troglodytes)*, Bonobos oder Zwergschimpansen *(Pan paniscus)*, Gorillas *(Gorilla gorilla)* und Orang-Utans *(Pongo pygmaeus)* einschließt, den Menschen aber ausschließt, gibt es nicht. Wir *sind* Menschenaffen.

Unsere nächsten Verwandten sind Schimpansen und Bonobos, deren Gene zu 98,4 % mit denen des Menschen übereinstimmen. Damit sind Gorillas, Schimpansen und Bonobos näher mit dem Menschen als mit dem Orang-Utan verwandt. Das überrascht nicht, da der Orang-Utan bereits vor rund 12,5 Mio. Jahren in der Evolution eine separate Linie einschlug – mehr als 6 Mio. Jahre bevor sich die Linie des Menschen von der der Afrikanischen Menschenaffen trennte. Bisher ist nicht geklärt, ob die Linien von Gorilla, Schimpansen und Menschen zur gleichen Zeit voneinander abwichen oder ob sich der Gorilla zuerst abspaltete, wie viele Wissenschaftler heute annehmen. Biochemische und morphologische Untersuchungen scheinen eindeutig für die Theorie zu sprechen, daß Schimpansen und Bonobos näher mit dem Menschen als mit dem Gorilla verwandt sind.

Ein in den USA als Haustier gehaltener Gorilla namens Koko hatte sich mit einer jungen Katze angefreundet, um die er sich hingebungsvoll kümmerte. Als das Kätzchen von einem Auto überfahren wurde und starb, verfiel Koko in tiefe Trauer.

Hinweise aus der Molekularbiologie lassen vermuten, daß der gemeinsame Vorfahr von Menschen und Schimpansen vor 5–7 Mio. Jahren in Afrika lebte. Das entspricht einer halben Million Generationen, was in Anbetracht der gesamten Evolutionsgeschichte keine lange Zeit ist.

Lernverhalten bei Primaten. Daß Primaten durch Beobachten und Imitieren anderer Artgenossen verschiedene Verhaltensweisen erlernen und

später selbst anwenden, ist vielfach belegt. In den meisten Fällen lernen Jungtiere, indem sie ältere Tiere passiv beobachten und das Gesehene anschließend ausprobieren. Für aktives Unterrichten durch direkte Anweisungen gibt es dagegen kaum Anhaltspunkte. Die beiden bekanntesten Beispiele für das Lernverhalten bei Primaten sind das Kartoffelwaschen bei den Rotgesichtsmakaken *(Macaca fuscata)*, die damit den ersten Beweis für die Weitergabe von Verhaltensmustern innerhalb einer nicht-menschlichen Spezies geliefert haben, und das Nüsseknacken bei Schimpansen *(Pan troglodytes)*, die den ersten Beweis dafür lieferten, daß Verhaltenstechniken von einer Gruppe oder Sozialgemeinschaft an eine andere weitergeben werden können. Während einer Langzeitstudie einer Gruppe von Rotgesichtsmakaken auf der Insel Koshima im äußersten Süden Japans begannen Biologen, die Tiere regelmäßig mit Süßkartoffeln zu versorgen, und beobachteten, daß die Makaken stets mit den Händen den gröbsten Sand von den auf dem Strand bereitgelegten Kartoffeln wischten, bevor sie sie aßen. Dennoch muß die Mahlzeit ziemlich zwischen den Zähnen geknirscht haben, bis im September 1953 ein zwei Jahre altes Weibchen namens Imo eine Kartoffel in einen Bach tauchte, der über den Strand verlief, und im Nu eine saubere Kartoffel hatte. Andere Gruppenmitglieder hatten die neue Technik bald übernommen, und bis 1962 wuschen alle Makaken der Gruppe, mit Ausnahme der älteren Tiere, ihre Kartoffeln im Bach. Dann fanden sie heraus, daß Süßkartoffeln besser schmecken, wenn man sie statt in Süßwasser in Salzwasser taucht, und schon wenige Jahre später wuschen die meisten Angehörigen der Gruppe ihre Kartoffeln im Meer.

Während einer Untersuchung von Schimpansen in Westafrika wurde ein 31 jähriges Weibchen namens Yo beobachtet, das von seiner Geburtsgruppe an der Elfenbeinküste in eine 10 km entfernt in Guinea lebende Gruppe wechselte. In ihrer neuen Gruppe knackten die Tiere die mandelförmigen Nüsse der Ölpalme mit Hilfe von Steinen, die sie in einer bestimmten Technik wie Hammer und Amboß gebrauchten. Als die Biologen ihnen dann aber runde Coula-Nüsse gaben, die die Schimpansen bisher nicht gesehen hatten, gelang es den Tieren nicht, sie mit ihrer gewohnten Technik zu öffnen. Nur Yo, die Coula-Nüsse aus ihrer Zeit an

der Elfenbeinküste kannte, legte sofort eine der Nüsse auf ihren steinernen Amboß und knackte sie ohne Probleme. Schon nach wenigen Tagen hatten zwei Jungtiere der Gruppe (ein 5jähriges Weibchen und ein 6jähriges Männchen) die neue Technik erlernt und eine besondere Vorliebe für Coula-Nüsse entwickelt.

Schimpansen sind wahre Allesfresser; sie ernähren sich von Blättern ebenso wie von Tieren so groß wie Stummelaffen und Wildschweine. Einige Trupps jagen in gut organisierten Gruppen und teilen die Beute anschließend untereinander auf.

Werkzeuggebrauch. Von Orang-Utans *(Pongo pygmaeus)*, Apellas *(Cebus apella)* und mehreren anderen Primaten weiß man, daß sie einfache Werkzeuge benutzen. Dieses Verhalten wurde jedoch vor allem bei in Gefangenschaft lebenden Tieren und in vielen Fällen nicht in freier Wildbahn beobachtet. Die wichtigste Ausnahme ist der Schimpanse *(Pan troglodytes)* – das nach dem Menschen mit Abstand fähigste Lebewesen im Umgang mit Werkzeugen, sowohl in der freien Wildbahn als auch in Gefangenschaft.

Nicht weniger als 24 von 32 bekannten wildlebenden Schimpansengruppen benutzen Werkzeuge auf mindestens 20 verschiedene Weisen (allgemein gilt: je anspruchsvoller ihr Lebensraum, desto mehr Werkzeuge sind in Gebrauch). Sie benutzen steinerne Hämmer und Ambosse zum Nüsseknacken, Zweige als Zahnstocher, eine Handvoll zerkauter Blätter, um damit wie mit einem Schwamm das Wasser aus den sonst unzugänglichen Höhlungen der Bäume zu saugen, und werfen sogar mit Steinen nach Raubtieren wie Leoparden. Ein Individuum lernte, daß sich sein aggressives Imponiergehabe wirkungsvoller gestalten läßt, indem es leere Blechbüchsen gegeneinander schlägt. Andere Tiere wurden dabei beobachtet, wie sie ein Blatt als »Stößel« und eine Blattfaser als »Schwamm« benutzten, um an den Saft von Ölpalmen zu gelangen. Bisher liegen zwar keine Hinweise dafür vor, daß sie Werkzeuge benutzen, um andere Werkzeuge herzustellen (zum Beispiel um mit einem Stein einen anderen Stein zu einem Hammer

intelligenten Tieren, wie Delphinen, nicht vorhanden sind). Das bedeutet, daß verschiedene Arten einige Aufgaben nur deshalb besser als andere erfüllen, weil sie sich einer bestimmten Lebensweise angepaßt haben. Dennoch werden die großen Menschenaffen im allgemeinen als die intelligentesten nicht-menschlichen Tiere betrachtet. Sie lernen schnell, können Logik und Verstand einsetzen, um komplizierte Aufgaben und Rätsel zu lösen, und sie sind in der Lage, den Umgang mit Symbolen oder einer Zeichensprache zu erlernen und damit zu kommunizieren, wenn auch nur in Ansätzen.

Es war nicht möglich, Orang-Utans *(Pongo pygmaeus),* Gorillas *(Gorilla gorilla)* oder Schimpansen *(Pan troglodytes)* das Sprechen zu lehren, da sie nicht über die dafür erforderlichen Organe verfügen. Versuche, ihnen die Zeichensprache beizubringen, waren dagegen erfolgreicher. Insbesondere Schimpansen sind in der Lage, abstrakte Begriffe wie »gleich« und »verschieden« anzuwenden. Inwieweit das Aufschluß über ihre Fähigkeit zu denken oder zu sprechen gibt, ist allerdings noch nicht geklärt.

Evolutionsbiologen haben lange den deutlich größeren Stirnlappen im menschlichen Gehirn als Erklärung für das ausgeprägtere kreative Denk- und Sprechvermögen des Menschen angeführt. Jüngste Forschungsergebnisse zeigen jedoch, daß sich die Größe des menschlichen Stirnlappens nicht wesentlich von anderen Primaten unterscheidet: Beim Gorilla macht er 31,7%, beim Schimpansen 36,1% und beim Menschen 36,8% des Gehirns aus. Statt dessen wurden andere Unterschiede festgestellt. So findet sich im Stirnlappen des Menschen ein beträchtlich größerer »Weißkörper« – ein Gebilde, von dem aus sich die Nervenfasern fächerförmig ausbreiten und Kontakt zu anderen Teilen des Gehirns herstellen.

Säugetiere

Schimpansen sind die nächsten Verwandten des Menschen – wir sind so nah miteinander verwandt, daß 98 % unserer Gene identisch sind.

zurechtzuschlagen), aber sie bearbeiten ihre Werkzeuge für bestimmte Zwecke: Sie kürzen dürre Zweige mit den Zähnen auf eine gewünschte Länge, schälen die Rinde ab, entfernen die Blätter, fransen den Zweig an einem Ende aus und benutzen ihn

dann, um Termiten aus Termitenhügeln zu fischen.

Gorillas haben sehr geschickte Hände und beweisen beim Öffnen und Verzehren der genießbaren Teile der verschiedensten Pflanzen eine erstaunliche Fingerfertigkeit. Werkzeuge scheinen sie in freier Wildbahn jedoch nicht zu benutzen.

Intelligenz ist bei Tieren schwer meßbar, nicht zuletzt da viele psychologische Tests den Gebrauch der Hände erfordern (die bei mehreren hoch-

Bei einer in Zentralafrika verbreiteten Unterart der Schimpansen sind die ausgewachsenen Tiere glatzköpfig: Während die Glatze bei den Männchen ein Dreieck bildet, das sich von der Stirn zum Hinterkopf verjüngt, tragen die Weibchen eine Vollglatze.

Die längste Tragzeit aller Primaten haben die Menschenaffen. Sie beträgt

Einige Primaten haben ein ungewöhnliches Erscheinungsbild, aber am seltsamsten von allen sieht vermutlich das Fingertier aus: Es scheint aus Einzelteilen der verschiedensten Tiere zusammengesetzt zu sein.

ungefähr 220–245 Tage beim Gibbon (Gattung *Hylobates*), 230–240 Tage bei Schimpansen *(Pan troglodytes)* und Zwergschimpansen oder Bonobos *(Pan paniscus)*, 250–270 Tage beim Gorilla *(Gorilla gorilla)*, 260–270 Tage beim Orang-Utan *(Pongo pygmaeus)* und 250–285 Tage beim Menschen.

Der an ein Buschbaby erinnernde Koboldmaki hat größere Augen als jedes andere Säugetier ähnlicher Größe; beim Menschen wären sie im Verhältnis zur Körpergröße so groß wie Grapefruits.

Die kürzeste bekannte Tragzeit aller Primaten wurde beim Maki *Microcebus rufus* und beim Grauen Mausmaki *(Microcebus murinis)* festgestellt. Beide Arten tragen ihre Jungen nur 54–68 Tage, aber auch das ist verglichen mit anderen Säugetieren ähnlicher Größe relativ lang (die etwas kleinere Haselmaus hat zum Beispiel eine Tragzeit von 22–24 Tagen).

Ein ungewöhnliches Erscheinungsbild haben einige Primaten: beispielsweise der Rote Uakari *(Cacajao rubicundus)* mit seinem nackten, leuchtend roten Gesicht, der männliche Nasenaffe *(Nasalis larvatus)* mit der langen, herabhängenden Nase, der Kaiserschnurrbarttamarin *(Saguinus imperator)* mit seinem gewaltigen weißen Schnurrbart und der männliche Orang-Utan *(Pongo pygmaeus)* mit seiner auffallenden »Gesichtsmaske«. Kein Primat sieht aber wohl so seltsam aus wie das seltene und scheue Fingertier oder Aye-Aye *(Daubentonia madagascariensis)* aus Madagaskar, das sich aus den verschiedensten Tieren zusammenzusetzen scheint. Es ähnelt einer großen Katze mit den Ohren einer Fledermaus, mit den mächtigen Schneidezähnen eines Bibers, den großen Augen einer Eule, dem buschigen Schwanz eines Eichhörnchens und einem langen Mittelfinger, der aussieht wie ein verdorrter Zweig. Dennoch gehört das Aye-Aye zu den Lemuren (als einzige Art der Familie der *Daubentoniidae)* und ist das größte Nachttier aller Primaten (mit einer Körperlänge von 36–44 cm und einer Schwanzlänge von 50–60 cm).

Die lautesten Primaten und mit die lautesten Landtiere überhaupt sind die Brüllaffen *(Alouatta Sp.)* aus Mittel- und Südamerika. In ihrem stark vergrößerten Unterkiefer befindet sich am oberen Ende der Luftröhre das eiförmige Zungenbein, das ihre Brüll- und Heullaute widerhallen läßt. Da diese Kammer beim Männchen größer ist, haben männliche Tiere eine wesentlich lautere und tiefere Stimme als Weibchen. Die Lautstärke läßt sich schlecht in Zahlen ausdrükken; ein aus voller Kehle brüllendes Männchen ist im Urwald noch in einer Entfernung von mindestens 3 km und über Wasserflächen noch 5 km entfernt zu hören. Im Morgengrauen stimmen die Männchen einer Herde ein gemeinschaftliches Gebrüll an und markieren so ihr Revier, um benachbarte Herden auf Abstand zu halten. Aus einiger Entfernung lassen sich die verschiedenen Arten von Brüllaffen an der Art ihres Gebrülls unterscheiden: Mantelbrüllaffen *(A. palliata)* klingen zum Beispiel wie ein jubelndes Publikum in einem Fußballstadion, während sich Rote Brüllaffen *(A. seniculus)* wie die Brandung an einer entfernten Küste anhören.

Selbstheilung. Mehrere Primaten ernähren sich von Pflanzen, die neben ihrem Nährwert auch heilende Kräfte besitzen. Allerdings machen wohl die wenigsten Tiere bewußt davon Gebrauch. Nur die Schimpansen *(Pan troglodytes)* sind neben dem Menschen die einzigen Lebewesen, von denen man weiß, daß sie verschiedene Bestandteile ihrer Nahrung mit der Linderung von Krankheiten oder Schmerzen in Verbindung bringen. Im tropischen Afrika weisen zahlreiche Anzeichen darauf hin, daß sich die Schimpansen bei einer Reihe von Beschwerden selbst behandeln, indem sie bestimmte Blätter und Samen gezielt nach ihrer medizinischen Heilkraft auswählen. Tatsächlich wenden sie sogar oft die gleichen Pflanzen bei ähnlichen Beschwerden an wie die Einheimischen und wissen möglicherweise ebenso gut über Heilkräuter Bescheid wie sie.

Das bekannteste Beispiel lieferten die renommierte Schimpansen-Forscherin Jane Goodall und Richard Wrangham, Professor für Anthropologie an der Harvard University, bei einer Untersuchung der Schimpansen im Gombe Stream-Nationalpark (Tansania). Sie fanden heraus, daß die Tiere zwar die verschiedensten Heilpflanzen fressen, vor allem aber nach drei Arten der Gattung *Aspilia* suchen. Die jungen Blätter dieser unscheinbaren Sonnenblumenart enthalten hohe Konzentrationen des hellroten Öls Thiarubrine-A, das als starkes Antibiotikum und als ebenso wirksames Mittel gegen Pilz- und Wurmkrankheiten bekannt ist. Bei in-vitro-Tests hat Thiarubrine-A sogar eine durchschlagendere Wirkung als das Krebs-Mittel Vinblastine erzielt. Zwar gibt es keine eindeutigen Beweise dafür, daß Schimpansen die Pflanzen bewußt als Heilmittel einsetzen, allerdings deutet vieles darauf hin. Während die Tiere ihre pflanzliche Nahrung normalerweise hastig in sich hineinstopfen, wählen sie die *Aspilia*-Blätter sehr sorgfältig aus und rollen sie zunächst im Mund, bevor sie

sie unzerkaut schlucken, statt sie wie sonst üblich erst zu zerkauen und dann zu schlucken. Es ist unwahrscheinlich, daß die Blätter der Ernährung dienen, denn sie werden unverdaut wieder ausgeschieden. Man vermutet daher, daß sie beträchtliche Mengen chemischer Substanzen freisetzen, bevor sie in den Darm gelangen. Die Einheimischen vom Volk der Tongwe bereiten aus den *Aspilia*-Blättern einen Tee, mit dem sie Magenbeschwerden und äußerliche Verletzungen wie Wunden und Verbrennungen behandeln. Inzwischen beschäftigt sich auch die Wissenschaft mit dieser Pflanze, in der Hoffnung, sie möge sich auch für die westliche Medizin als nützlich erweisen – aber die eigentlichen Entdecker der Heilpflanze sind die Schimpansen.

Zum ersten Mal wurde die Genesung eines Schimpansen direkt mit seiner Fähigkeit zur Selbstheilung in Verbindung gebracht, als in den späten achtziger Jahren Primatologen im Mahale Mountains-Nationalpark (Tansania) ein Weibchen beobachteten, das offensichtlich unter starkem Durchfall litt. Sie suchte nach einer Pflanze namens *Vernonia amygdalina,* sog den

| Eines der lautesten Tiere der Welt: ein heulender Brüllaffe im Amazonas-Dschungel (Brasilien).

bitteren Saft aus den Trieben und legte sich anschließend in einem Baum zur Ruhe, während sich ihre Gefährten in ihrer Nähe aufhielten. Innerhalb von 24 Std. war sie wieder auf den Beinen und schien vollkommen erholt.

Echopeilung. Das Fingertier oder Aye-Aye *(Daubentonia madagascariensis)* ist der einzige Primat, von dem man annimmt, daß er seine Nahrung mit Hilfe einer einfachen Form der Echopeilung aufspürt. Untersuchungen haben ergeben, daß das Aye-Aye auf der Suche nach Insektenlarven, die sich in Hohlräumen unter der Rinde von Bäumen verbergen, weder Sehvermögen noch Gehör oder Geruchssinn einsetzt. Statt dessen klopft es mit seinem langen, dürren Mittelfinger die Oberfläche eines Baumstammes oder Zweiges ab und scheint dann mit seinen unverhältnismäßig großen Ohren auf Veränderungen des Echos zu horchen. Diese Technik, auch »perkussorische Futtersuche« genannt, ist so effektiv, daß die Tiere 2 cm unter der Rinde verborgene Hohlräume ausfindig machen und feststellen können, ob sich darin Larven befinden. Ungeklärt ist, ob das Aye-Aye dafür nur den Klopfschall benötigt oder auch auf das Rascheln der aufgestörten Larven horcht. Sobald es fündig geworden ist, nagt es mit den Schneidezähnen ein Loch in die Rinde und angelt sich mit seinem verlängerten Mittelfinger die Larven.

Als gefährlichster und wildester Primat galt lange der Gorilla *(Gorilla gorilla).* Erst nachdem er in freier Wildbahn erforscht wurde, neigt man vor allem in den letzten Jahren dazu, ihn als harmlosen, sanftmütigen Riesen darzustellen. Die Wahrheit liegt wohl irgendwo dazwischen: In erster Linie sind Gorillas friedliche Tiere, und dennoch können wütende Silberrücken zu den gefährlichsten aller Primaten werden. Um ihre Familien zu verteidigen, stürzen sie mit einem ohrenbetäubenden Gebrüll auf Eindringlinge los, und diese eindrucksvolle Demonstration ihrer Stärke ließ die Tiere als bösartig und wild erscheinen. Dank der starken Nerven von vor Ort arbeitenden Biologen und Park Rangern weiß man heute, daß es sich bei der großen Mehrzahl der vermeintlichen Angriffe lediglich um Abschreckungsmanöver handelt. Allerdings sind Bluff und Angriff oft erst zu unterscheiden, wenn es schon zu spät ist. Dennoch enden nur wenige Konfrontationen damit, daß der Gorilla wirklich zuschlägt oder beißt.

Die in den nördlichsten Regionen lebenden Primaten (abgesehen vom Menschen) gehören einer in der Bergregion Jigokudani auf Zentral-Honshu (Japan) beheimateten Population von Rotgesichtsmakaken *(Macaca fuscata)* an. In den schneereichen Wintern sinken die Temperaturen dort auf mindestens −15° C. Die Makaken dieser Region halten sich während der Frostperioden in Thermalquellen auf, deren Wassertemperatur bis zu 43° C erreicht. Oft lassen sich ganze Gruppen badender Rotgesichtsmakaken beobachten, die bis zum Hals im warmen Wasser sitzen − manchmal mit einer mehrere Zentimeter hohen Schneeschicht auf ihren aus dem Wasser ragenden Köpfen. Die Tiere müssen die heißen Quellen rechtzeitig verlassen, um bis Einbruch der Dunkelheit vollständig zu trocknen,

Paviane können in trockeneren Regionen leben als jeder andere Primat, abgesehen vom Menschen.

ansonsten könnten sie im Schlaf erfrieren.

Die in den trockensten Regionen lebenden Primaten (abgesehen vom Menschen) gehören einer 1986 im Süden Afrikas entdeckten Gruppe von 15 Bärenpavianen *(Papio cynocephalus ursinus)* an. Conrad Brain von der Desert Ecological Research Unit of Namibia fand die Tiere im unteren Bereich des Kuiseb River Canyon im Herzen der Namib-Wüste und erforscht seitdem ihre Lebensweise. Die Tiere leben in einem Gebiet, in dem die Tagestemperaturen häufig 45° C erreichen und in dem es ungefähr 8 Monate im Jahr keine überirdischen Wasservorräte gibt. In der Namib-Wüste fallen jährlich etwa 27 mm Regen, so daß der Fluß Kuiseb nur wenige Wochen zwischen Dezember und März Wasser führt. Sind die letzten Pfützen unter der sengenden Sonne verdunstet, bleiben als einzige Trinkwasserquellen ein Rinnsal, das aus einer Spalte hoch oben in der Cañyon-Wand sickert, und die von Gemsbok und Bergzebra im Sand gegrabenen Wasserlöcher. Das Wasser ist so knapp, daß nur einzelne Tiere hin und wieder trinken können, bis gegen Ende der Trockenzeit oft auch der letzte Tropfen versiegt ist. Während in anderen Teilen Afrikas beob-

achtete Bärenpaviane täglich trinken müssen, kommt der in der Namib-Wüste lebende Trupp regelmäßig über eine Woche ohne Wasser aus. Die längste Durststrecke hatten die Tiere in den letzten Monaten des Jahres 1992 zu überstehen, als sie 116 Tage kein Wasser bekamen und sich mit der in wilden Feigen enthaltenen Feuchtigkeit begnügen mußten. Als der Fluß endlich wieder anschwoll, waren die Paviane so erleichtert, daß sie gar nicht aufhören wollten zu trinken und sogar im Fluß badeten.

Die meisten Primatenarten leben in Brasilien. Das Land beheimatet 68 verschiedene Arten und damit etwa 34 % aller bekannten Arten – mehr als jedes andere Land der Welt.

Der einzige in Europa vorkommende Primat (abgesehen vom Menschen) ist der Magot oder Berberaffe *(Macaca sylvanus)* – ein schwanzloser Makak, der aus Marokko und Nordalgerien stammt und Mitte des 18. Jh.s von der britischen Garnison auf dem Felsen von Gibraltar an der Südküste Spaniens als Jagdwild angesiedelt wurde. Seither ist dort eine kleine, frei lebende Kolonie zu Hause. Es heißt, daß Gibraltar nicht länger zu Großbritannien gehören würde, sobald die Affen von dort verschwun-

> *Der einzige in Europa vorkommende nicht-menschliche Primat lebt auf Gibraltar: der Magot oder Berberaffe.*

den seien. Dieser Legende haben die Tiere es zu verdanken, daß sie seit 1915 unter dem Schutz der britischen Armee stehen. Ihre Zahl schwankte im Laufe der Zeit und fiel von 130 im Jahr 1900 auf ein Rekordtief von nur vier Exemplaren im Jahr 1943 (woraufhin Winston Churchill 24 Tiere aus Nordafrika orderte). Heute besteht die Population aus rund 100 Tieren, die sich vor allem auf die Gebiete Middle Hill und Queen's Gate verteilen.

Neuentdeckungen. Trotz der intensiven Primatenforschung und des hohen Interesses an dieser Säugetierordnung werden noch immer neue Arten entdeckt. Im Laufe der letzten zehn Jahre (1985–1995) stieß man auf nicht weniger als 11 bisher unbekannte Primatenarten – darunter *Callithrix nigriceps,* ein 1992 im brasilianischen Amazonasgebiet entdeckter Vertreter der Marmoraffen; die Meerkatze *Cercopithecus sclateri* und der Braunrote Guereza *(Colobus badius),* die beide an den Ufern des Niger in Afrika entdeckt wurden; der Koboldmaki *Tarsius dianae,* den man 1988 in Sulawesi entdeckte; und eine möglicherweise neue Lori-Art *(Nycticebus Sp.)* aus Vietnam. Hinzu kommen nach einer jüngsten Überprüfung der Bestände von Buschbabys und Galagos (Familie der *Lorsidae*) bis zu fünf neue Arten, deren Beschreibung in den nächsten Jahren erfolgen wird.

Der Rio-Maués-Krallenaffe *(Callithrix mauesi)* wurde im April 1985 zum ersten Mal gesichtet, aber erst im Oktober 1992 als neue Spezies benannt. Der schweizer Primatologe Marco Schwartz hatte das blaß, zebraähnlich gestreifte Tier mit Ohrbüscheln aus Fell am Rio Maués im Herzen des brasilianischen Amazonasgebietes entdeckt.

In einem kleinen Stück Regenwald zwischen dem Rio Japura und dem Amazonas (Brasilien) stieß der Primatologe Dr. Marcio Ayres vom Sao Paulo National Institute for Amazonian Research auf das Totenkopfäffchen *Saimiri vanzolinii,* das 1985 offiziell benannt wurde.

Im Januar 1990 entdeckten brasilianische Biologen, die auf der nur 250 km südlich der brasilianischen Metropole São Paulo gelegenen Insel Superaguí im Staat Paraná arbeiteten, den Löwenaffen *(Leontopithecus caissara).* Nur etwa ein halbes Dutzend dieser gelbfarbenen Tiere von der Größe eines Eichhörnchens wurden lebend gesichtet (man nimmt an, daß weniger als 200 auf der Insel vorkommen). Ein von den Biologen Dr. Vanessa Guerra Persson und Dr. Maria Lucia Lorini am Straßenrand tot aufgefundenes Tier dient der Wissenschaft heute als Musterexemplar. Die Spezies, die am 21. Juni 1990 ihren offiziellen Namen erhielt, ist vermutlich die Primatenart mit der geringsten Verbreitung.

Cercopithecus solatus wurde erstmals 1984 von dem Primatologen Dr. Mike Harrison auf der abendlichen Tafel eines einheimischen Jägers im Forêt des Abeilles (Gabun) gesichtet. Die schöne Affenart mit einer goldenen Schwanzspitze erhielt 1988 ihre wissenschaftliche Beschreibung.

1985 stieß die französische Forscherin Corrine Dague in einem Regenwald in der Nähe von Ranomafana, 46 km östlich von Fianarantsoa (Madagaskar), auf den Halbmaki *Hapalemur aureus,* der damals noch nicht als neue Spezies betrachtet wurde. Seinen offiziellen Namen erhielt der Goldene Halbmaki 1987.

1989 beschrieb der amerikanische Zoologe Dr. Elwyn Simons vom Primaten-Zentrum der Duke University in North Carolina (USA) den Sifaka *Propithecus tattersalli* für die Wissenschaft. Die Spezies wurde bereits 1974 von dem Säugetierforscher Dr. Ian Tattershall in einem Trockenwald in der Nähe von Daraina in der Provinz Antseranana (Madagaskar) gesehen. Da Tattershall den Goldschädel-Sifaka damals jedoch nicht als neue Spezies betrachtete, blieb seine Entdeckung praktisch unbemerkt. Es ist erstaunlich, daß die aufgrund ihres goldfarbenen Schädels schon aus einiger Entfernung auffällige Art nicht schon viel früher entdeckt wurde.

Irrtümlich für ausgestorben gehalten wurden mehrere Primatenarten. Eines der bekanntesten Beispiele ist der Große Halbmaki *(Hapalemur simus),* dessen Bestand man seit der Jahrhundertwende für erloschen hielt, bis der französische Zoologe Dr. André Peyriéras 1972 etwa 100 dieser

Der Handel mit Haustieren stellt nur eine von vielen Gefahren für die Primaten dar; dieses bedrückende Foto von einem Gibbon entstand auf einem Tiermarkt in Ho-Chi-Minh-Stadt (Vietnam).

rötlich-grauen Tiere in den Überresten eines abgeholzten Regenwaldes in der Nähe des Dorfes Ranomafana im Südosten Madagaskars entdeckte. Auch ein anderer Lemur, der Kleine Katzenmaki *(Allocebus trichotis),* galt lange als ausgestorben. Er war nur durch vier tote Exemplare, die im letzten Jahrhundert gefunden worden waren, und ein lebendes, 1964 gefangenes Tier bekannt. Im April 1989 wurde er während einer Expedition zu den Regenwäldern im Norden Madagaskars 40 km südwestlich von Mananara wiederentdeckt. Der Zoologe Bernhard Meier hatte schon alle Hoffnung aufgegeben, als der erste Kleine Katzenmaki plötzlich in das Licht seines Scheinwerfers sprang und kurz darauf wieder in der Dunkelheit verschwand. Später fand er in einer Höhle zwei ausgewachsene Tiere und ein Jungtier. Weitere Funde folgten. Dennoch besteht kaum ein Zweifel, daß die Existenz des Kleinen Katzenmakis bedroht ist.

Im Verborgenen lebende Primaten. Zahlreichen Berichten zufolge sollen in einigen der unberührten und entlegenen Regionen der Erde nichtidentifizierte menschenartige Primaten leben. Viele dieser Meldungen haben sich als unseriös entpuppt, andere sind aus wissenschaftlichen Gründen unhaltbar, aber einige wenige werden von den Experten ernst genommen. Expeditionen und Forschungsprojekte sollten den Angaben auf den Grund gehen, blieben bisher jedoch ohne nennenswerten Erfolg. Die bekanntesten dieser umstrittenen Lebewesen sind der Orang Pendek, der Yeti, der Yeren und der Yahoo.

Auf Madagaskar leben mehr gefährdete Primatenarten als in jedem anderen Land der Welt; dieser Lemur wurde im Süden des Landes aufgenommen.

> **Ein auf Madagaskar heimisches Rebengewächs wird ausschließlich von Lemuren bestäubt; von keiner anderen Pflanze ist bekannt, daß sie auf diese Weise auf einen Primaten angewiesen ist.**

In den Wäldern im Westen Sumatras (Indonesien) entzieht sich bis heute ein zweibeinig laufender Primat, der sogenannte Orang Pendek, den Nachforschungen der Wissenschaft. Es wird jedoch zunehmend wahrscheinlicher, daß ein solcher Menschenaffe/Hominide tatsächlich existiert. 1994 wurde er von der Zoologin Debbie Martyr drei Mal kurz gesichtet, was den Angaben der Einheimischen

zusätzliches Gewicht verleiht. Der Orang Pendek wird als intelligenter Zweibeiner mit einer Körperhöhe von bis zu 1,2 m, rötlichem, seidig glänzendem Körperhaar und einem nackten Gesicht beschrieben. Für 1995 war im Kerinci Seblat National Park (Sumatra) eine Suchexpedition geplant.

Der Schneemensch oder Yeti wird von einigen Experten in den hohen Lagen Zentralasiens vermutet. Seit Jahrhunderten geben ausländische Reisende wie Einheimische an, ihn gesehen zu haben. Auch von fachkundigen Beobachtern wurde er möglicherweise mehrfach gesichtet, aber niemandem ist es bisher gelungen, konkrete Beweise für seine Existenz zu liefern. Die sensationellste Entdeckung machte der Himalaya-Forscher Eric Shipton, als er 1951 bei einer Überquerung des Menlung-Gletschers eine Reihe riesiger Fußabdrücke im Schnee fotografierte. Sein Foto, das einen einzigen Fußabdruck mit einem zum Größenvergleich daneben gelegten Eispickel zeigt, ging um die Welt.

Der Abdruck hatte eine Länge von 46 und eine Breite von 33 cm und schien von einem zweibeinigen Lebewesen mit drei kleineren und einem großen, rundlichen Zeh zu stammen (er könnte allerdings auch von einem kleineren Tier stammen, da nicht auszuschließen ist, daß sich die Form des Abdrucks im schmelzenden Schnee verändert hat). Drei Jahre später tauchten in einigen Klöstern im Himalaya mehrere »Yeti-Kopfhäute« auf; nach eingehender Untersuchung stellte sich jedoch heraus, daß die Häute einer bestimmten Ziegenart gehörten. Seither wurden bei verschiedenen Gelegenheiten weitere Fußabdrücke fotografiert. Aber auch das konnte die meisten Experten nicht von der Existenz des Yeti überzeugen.

Seit mehr als 2000 Jahren kursieren unter den Dorfbewohnern in vielen Teilen Chinas Berichte von einem Tier, das sie Yeren (»wilder Mann«) nennen. Es ist durchaus möglich, daß in einem Land wie China, das in weiten Teilen gänzlich unerforscht ist, große Tiere unentdeckt überleben können. Daher haben sich im Auftrag der chinesischen Akademie der Wissenschaften mehrere Expeditionen auf die Suche nach dem Yeren gemacht, den einige Experten für einen Nachkommen des Menschenaffen *Gigantopithecus* aus dem Pleistozän halten. Es gibt noch immer keine eindeutigen Beweise für seine Existenz, aber in den Provinzen Sezuan, Guizhou und Hunan wurden unabhängig voneinander einige Haare gefunden, die möglicherweise von einem Yeren stammen. Nach mehreren Untersuchungen in China und GB unter Anwendung modernster Verfahren scheinen sich die Haare deutlich von den Haaren aller bekannten Tiere, einschließlich des Menschen, zu unterscheiden. Einige ihrer Eigenschaften veranlassen manche Experten zu der Vermutung, daß sie von einem unbekannten höheren Primaten stammen. Solange jedoch kein lebendes oder totes Exemplar zum Vorschein kommt, wird die Existenz des »wilden Mannes« von der Mehrzahl der Wissenschaftler weiterhin bezweifelt.

Viele Berichte, vor allem aus dem letzten Jahrhundert, sprechen von einem in Australien lebenden Primaten von der Größe eines Menschen. Das Wesen, das vage einem angeblich seit 38 000 Jahren ausgestorbenen Beuteltier namens *Hulitherium thomasetti* ähnelt, erhielt von den frühen Siedlern den Namen *Yahoo.* Die meisten Fachleute sind skeptisch, daß ein solches Lebewesen existiert.

Vom Aussterben bedroht sind nach Angaben der World Conservation Union (IUCN) 113 Primatenarten – mehr als die Hälfte aller vorkommenden Arten. Dazu zählen alle 33 auf Madagaskar heimischen Arten und Unterarten von Lemuren. Als besonders gefährdet werden 43 Primaten eingestuft – darunter der Orang-Utan *(Pongo pygmaeus),* der heute nur noch mit einem Gesamtbestand von rund 27 000 wildlebenden Tieren auf den Inseln Borneo und Sumatra verbreitet ist; der Schopfgibbon *(Hylobates concolor)* aus Kambodscha, Laos, Vietnam und China; der Langur *(Presbytis comata)* aus Java (Indonesien); der Wanderu *(Macaca silenus)* aus Indien; die Meerkatze

(Cercopithecus solatus) aus Gabun; das Goldgelbe Löwenäffchen *(Leontopithecus rosalia)* aus Brasilien; und das Fingertier oder Aye-Aye *(Daubentonia madagascariensis)* aus Madagaskar. Primaten sind zahlreichen Gefahren ausgesetzt; dazu zählen vor allem Entwaldung und andere Formen der Zerstörung oder Einengung ihrer Lebensräume sowie Bejagung und der Handel mit Haustieren.

Weitere 61 Unterarten gelten als gefährdet, darunter die in Brasilien heimische Unterart des Brüllaffen *(Alouatta fusca fusca)*, der Bergwollaffe *(Lagothrix lagotricha lugens)* aus Kolumbien und insbesondere der Berggorilla *(Gorilla gorilla beringei)* aus Ruanda, Zaire und Uganda (dessen Bestand auf weniger als 650 Tiere gesunken ist).

SPITZHÖRNCHEN

Spitzhörnchen gelten als eine der primitivsten Formen plazentaler Säugetiere. Sie weisen auffallende Gemeinsamkeiten mit frühen fossilen Primaten auf und wurden daher lange als primitive Mitglieder in der Ordnung der Primaten geführt. Andere Merkmale lassen an eine Verwandtschaft mit Insektenfressern wie Spitzmäusen schließen, von denen sie sich wiederum durch verschiedene Verhaltensweisen, durch anatomische Besonderheiten und in der Art ihrer Fortpflanzung unterscheiden, so daß man die Spitzhörnchen nun einer separaten Gruppe (der Ordnung der *Scandentia*) zugeordnet hat. Es gibt 19 anerkannte Arten, die vorwiegend in den tropischen Regenwäldern Ostindiens und Südostasiens leben.

Das größte Spitzhörnchen ist das Gewöhnliche Spitzhörnchen *(Tupaia glis)* mit einer maximalen Körperlänge von 23 cm, einer Schwanzlänge von bis zu 20 cm und einem Höchstgewicht von 185 g. Der Philippinentupaja *(Urogale everetti)* ist zwar mit einer maximalen Körperlänge von 22 cm und einer Schwanzlänge von bis zu 17,5 cm etwas kürzer, ausgewachsene Männchen können aber ein Gewicht von bis zu 350 g erreichen.

Das kleinste Spitzhörnchen ist der seltene Federschwanztupaja *(Ptilocercus lowii),* der eine Körperlänge von 10–14 cm, eine Schwanzlänge von 13–19 cm und ein Gewicht von 25–60 g erreicht. Nur wenig größer sind der Zwergtupaja *(Tupaia minor)* und der Bergtupaja *(Dendrogale murina).*

RIESENGLEITER

Dermoptera
2 Arten (auch als Flattermakis bekannt).

Die größten gleitenden Säugetiere sind die Riesengleiter. Ihre Größe entspricht der einer Katze. Die größte der beiden Arten ist der Südasiatische oder Malaien-Gleitflieger *(Cynocephalus variegatus),* der in den Regenwäldern und Kautschukplantagen Südostasiens verbreitet ist. Er hat eine Körperlänge von 34–42 cm, eine Schwanzlänge von 17,5–27 cm und wiegt 1–1,75 kg. Die Spannweite seiner Gleitmembran beträgt 70 cm.

Der kleinste der beiden Riesengleiter ist der Philippinen-Gleitflieger *(Cynocephalus volans).* Er lebt auf den Philippinen und hat eine Körperlänge von 33–38 cm, eine Schwanzlänge von 17,5–27 cm und ein Gewicht von 1–1,5 kg.

Die größte Gleitmembran. Die am besten ausgebildete Gleitmembran (das sogenannte *Patagium*) besitzen die beiden Arten der Riesengleiter. Sie spannt sich vom Hals bis zu den Enden der Vorder- und Hintergliedmaßen und der Schwanzspitze. Wenn ein Riesengleiter seine Gliedmaßen ausbreitet, bildet die Membran eine straff gespannte Gleitfläche. Bewegt er sich in Bäumen, muß er die dann überflüssige Haut unter seine Arme klemmen, damit sie sich nicht in Ästen und Zweigen verfängt.

Der längste registrierte Gleitflug war 136 m lang. Das Tier flog von einem Baum zum anderen und verlor auf dieser Strecke lediglich 10,5–12 m an Höhe. Zwar konnten nur wenige Gleitflüge exakt gemessen werden, dennoch gelten Strecken von über 70 m bei beiden Arten als durchaus üblich.

Als Nachttiere sind Riesengleiter in der Lage, sich im Dunkeln von den Wipfeln der Bäume in die Luft zu schwingen. Da sie nachtsichtig sind und räumlich sehen können, verfügen sie über die für eine sichere Landung erforderliche Tiefenwahrnehmung. Sie berechnen ihre Flüge mit erstaunlicher Genauigkeit und landen zumeist an einem vorher bestimmten Baumstamm, oft nur 3–4 m oberhalb der Erde.

SCHLIEFER

Procaviidae
(auch als Klippschliefer oder Klippdachse bekannt)
3–11 Arten (umstrittene Klassifikation).

Die ersten Schliefer haben sich vermutlich aus frühen Huftieren entwickelt, von denen auch Elefanten und Seekühe abstammen. Diese Tiere, die sogenannten *Paenungulata,* lebten vor 55 Mio. Jahren. Die heutigen Schliefer haben noch viel mit ihnen gemein, u.a. die flach behuften Zehen. Vor rund 40 Mio. Jahren waren die Schliefer die wichtigsten der mittelgroßen weidenden Huftiere ihrer Zeit. 15 Mio. Jahre später begann ihr Bestand zurückzugehen, als die Rivalität von Rindern und Antilopen die Tiere zwang, sich auf Geröllfelder, in Felsen und auf Bäume zurückzuziehen.

> **Schliefer sind nicht in der Lage, ihre Körpertemperatur so wirkungsvoll zu regulieren wie andere Säugetiere; um sich warm zu halten, müssen sie sich in der Sonne aalen oder sich in Gruppen dicht aneinanderdrängen.**

Die größte Schlieferart ist der Johnston-Klippschliefer *(Procavia johnstoni)* mit einem Höchstgewicht von 5,4 kg und einer Körperlänge von bis zu 58 cm. Wie alle Schliefer hat auch er keinen äußerlich sichtbaren Schwanz. Der Südliche Baumschliefer *(Dendrohyrax arboreus)* ist zwar mit einem Höchstgewicht von schätzungsweise 5 kg etwas leichter, kann aber bis zu 60 cm lang werden.

Die größten prähistorischen Schliefer gehörten der ausgestorbenen Familie der *Geniohyidae* an. Sie waren etwa so groß wie ein Tapir oder ein kleines Pferd. Eine der bekannteren Arten dieser Riesenschliefer war eine Spezies mit dem passenden Namen *Titanohyrax,* deren Fossilien in Nordafrika gefunden wurden.

Die kleinste Schlieferart ist der Buschschliefer *(Heterohyrax brucei),* der ausgewachsen gerade 1,3–2,4 kg wiegt und 32,5–47 cm lang wird. Wie alle Schliefer hat auch er keinen äußerlich sichtbaren Schwanz.

In alpinen Regionen von mehr als 3500 m über dem Meeresspiegel sind mehrere Schlieferarten der Gattungen *Procavia* und *Dendrohyrax* anzutreffen. Die in den höchsten Höhen lebenden Arten kommen auf dem Vulkan Kenia (Kenia, 5199 m), auf dem Kilimandscharo (Tansania, 5894 m)

und auf dem Mount Stanley (5119 m) in den Ruwenzori-Bergen (Uganda/Zaire) vor. Daß ein Schliefer jemals den Gipfel eines dieser Berge erreicht hat, ist zwar unwahrscheinlich, aber der Südliche Baumschliefer *(Dendrohyrax arboreus)* zum Beispiel wurde immerhin schon in Höhen von mindestens 4500 m in den Ruwenzori Bergen gesehen.

In den tiefsten Lagen lebt eine Population Abessinischer Klippschliefer *(Procavia syriaca),* die 400 m unter dem Meeresspiegel entlang der Küste des Toten Meeres anzutreffen ist.

Vom Aussterben bedroht ist nach Angaben der World Conservation Union (IUCN) der Bergwald-Baumschliefer *(Dendrohyrax validus).* Er kommt in Kenia und Tansania vor und wurde wegen seines Fells vor allem in den Wäldern rund um den Kilimandscharo intensiv bejagt.

Die einzigen Kletterer unter den echten Huftieren sind die Schliefer. Ihre behuften Zehen sind zwar nicht besonders geeignet, um auf Bäume zu

> *Wahrscheinlich sind Schliefer, wie dieser Klippschliefer in Cape Province (Südafrika), näher mit Elefanten als mit jedem anderen Tier verwandt.*

Säugetiere

Säugetiere

klettern, dafür gewährleisten ihre feuchten, gummiartigen Fußsohlen eine gute Haftung. Darüber hinaus können sie die Ballen ihrer Füße mit Hilfe eines speziellen Muskels einziehen, so daß wie bei Saugnäpfen ein Vakuum entsteht, das es ihnen ermöglicht, sich auf jeder erdenklichen Oberfläche festzusaugen. Angeblich halten diese »Saugnäpfe« so gut, daß Schliefer oft noch nach ihrem Tod an fast vertikalen Flächen haften bleiben.

> **Die Ähnlichkeit von Nagetieren und Schliefern ist nur oberflächlich; Schliefer sind nämlich näher mit Elefanten verwandt als jedes andere Säugetier (sie haben einen gemeinsamen Vorfahren, und vor allem ihre Füße weisen bemerkenswerte Übereinstimmungen auf).**

Lebensgemeinschaften verschiedener Arten, die in der Klasse der Säugetiere sonst nur von den Primaten bekannt sind, bilden Buschschliefer *(Heterohyrax brucei)* und Johnston-Klippschliefer *(Procavia johnstoni).* Sie leben in der dichten Vegetation der Serengeti-Kopjes (Tansania) harmonisch zusammen, schlafen nachts in gemeinsamen Höhlen, drängen sich am frühen Morgen dicht aneinander, um sich zu wärmen, beschnüffeln herzlich die Jungen der jeweils anderen Art, die gemeinsam aufwachsen und zusammen spielen. Sogar die Laute, mit denen die Arten untereinander kommunizieren, sind ähnlich. Diese friedliche Koexistenz ist vor allem deshalb möglich, weil sich die beiden Arten nicht kreuzen können (ihr Paarungsverhalten ist unterschiedlich, und ihre Geschlechtsorgane passen nicht zusammen) und weil keine Rivalität bei der Nahrungssuche besteht (Buschschliefer ernähren sich von Blättern, Johnston-Klippschliefer hauptsächlich von Gräsern). Dennoch sind beide Arten nicht gleichberechtigt: Im Zweifelsfall hat grundsätzlich der wesentlich größere Johnston-Klippschliefer Vorrang, ob bei einem Bad im Staub oder beim Trinken an einem Wasserloch.

SCHUPPENTIERE

Pholidota
7 Arten (auch bekannt als Tannenzapfentiere oder Pangoline): 4 in Afrika südlich der Sahara und 3 in Asien.

Das größte Schuppentier ist das in Teilen Afrikas südlich der Sahara verbreitete Riesenschuppentier *(Manis gigantea).* Es hat eine Körperlänge von 80–90 cm, eine Schwanzlänge von 65–80 cm und ein Gewicht von 25–33 kg.

Das kleinste Schuppentier ist das Langschwanz-Schuppentier *(Manis tetradactyla),* das in Teilen Afrikas südlich der Sahara heimisch ist. Es hat eine Körperlänge von 30–35 cm, eine Schwanzlänge von 50–60 cm und ein Gewicht von 1,2–3 kg.

Schuppenpanzer. Als einzige Säugetiere tragen Schuppentiere einen Panzer aus sich überlappenden Hornschuppen, die aus der darunter liegenden Haut wachsen (andere gepanzerte Säugetiere sind durch eine dicke Haut oder durch mit einer Hornschicht überzogene Knochenplatten geschützt). Auf den ersten Blick ähneln Schuppentiere eher Reptilien als Säugetieren. Der Schuppenpanzer schützt den ganzen Körper, mit Ausnahme des Bauches und der Innenseite der Gliedmaßen. Die Schuppen werden abgeworfen und wachsen bei Verlust nach.

> **Bei Gefahr kugeln sich Schuppentiere so fest zusammen, daß sie praktisch nicht mehr auseinanderzurollen sind.**

Die längste Zunge hat das Riesenschuppentier *(Manis gigantea).* Ausgestreckt mißt sie außerhalb der Schnauze 36–40 cm; ihre Gesamtlänge beträgt 70 cm. Im Ruhezustand liegt sie zusammengerollt im Maul des Tieres. Ihre muskulösen Wurzeln führen durch den Brustkasten und sind im Becken verankert. Mit der vor- und zurückschnellenden Zunge fängt das Riesenschuppentier seine Lieblingsbeute – Ameisen und Termiten.

Den längsten Schwanz hat das Langschwanz-Schuppentier *(Manis tetradactyla),* das 46–47 Schwanzwirbel besitzt – mehr als jedes andere Säugetier.

SCHWEINE UND NABELSCHWEINE

Suidae und Tayassuidae
10 Arten von Schweinen (darunter das Hausschwein und das ausgestorbene *Sus bucculentus*-Wildschwein) und 3 Arten von Nabelschweinen.

Das größte aller Schweine und Nabelschweine ist das Riesenwaldschwein *(Hylochoerus meinertzhageni),* das in verstreuten Populationen in Zentral- und in Teilen West- und Ostafrikas lebt. Es hat eine Körperlänge von 1,3–2,1 m, eine Schwanzlänge von 30–45 cm, eine Schulterhöhe von 85–105 cm und ein Gewicht von 130–275 kg. Wildschweine *(Sus scrofa)* können bis zu 200 kg, Pustelschweine *(Sus verrucosus)* bis zu 185 kg schwer werden.

Das schwerste Hausschwein *(Sus domesticus),* das je verzeichnet wurde, war ein Mastschwein namens Big Bill. Das Tier brachte 1157,5 kg auf die Waage, bevor es 1933 eingeschläfert werden mußte, nachdem es sich auf dem Weg zu seiner Präsentation auf der Weltausstellung in Chicago ein Bein gebrochen hatte. Seine übrigen Maße waren eine Schulterhöhe von 1,52 m und eine Länge von 2,74 m.

> **Während ausgewachsene Schweine von einheitlicher Farbe sind, sind die Jungen vieler Arten gestreift.**

Das kleinste aller Schweine und Nabelschweine ist das Zwergwildschwein *(Sus salvanius),* das einst in den Ausläufern des Himalaya weitverbreitet war, heute aber nur noch in Assam (Indien) vorkommt (in Bhutan und Nepal ist es vermutlich ausgestorben). Es erreicht eine Körperlänge von 50–65 cm, eine Schwanzlänge von 3 cm, eine Schulterhöhe von 25–30 cm und ein Gewicht von 6–10 kg.

Die kleinste Rasse des Hausschweins *(Sus domesticus)* ist das Mini Maialino, das von Stefano Morini aus St. Golo d'Enza (Italien) gezüchtet wurde. Die Schweinchen wiegen bei der Geburt 400 g und in ausgewachsenem Alter 9 kg.

Vom Aussterben bedroht sind nach Angaben der World Conservation

Union (IUCN) fünf Arten von Schweinen und Nabelschweinen: der auf den indonesischen Inseln Buru, Sula, Sulawesi und Togian heimische Hirscheber oder Babirussa *(Babyrousa babyrussa)*, das Cebu-Bartschwein *(Sus cebifrons)* von den philippinischen Inseln Cebu und Negros, das Zwergwildschwein *(Sus salvanius)*, das in Indien in den Ausläufern des Himalaya vorkommt, das auf den indo-

nesischen Inseln Bewean und Java verbreitete Pustelschwein *(Sus verrucosus)* und das Chacopekari *(Catagonus wagneri)* aus Bolivien, Paraguay und Argentinien. Zu den zahlreichen Gefahren, denen wildlebende Schweine und Nabelschweine ausgesetzt sind, zählen insbesondere der Verlust ihrer Lebensräume, Störungen durch den Menschen, Bejagung und in einigen Fällen möglicherweise

Der Hirscheber hat die ungewöhnlichsten Eckzähne aller Schweine: Zwei der vier Eckzähne durchbohren das Fleisch und wachsen direkt auf der Schnauze des Tieres.

auch durch Vieh übertragene Krankheiten.

Weitere sieben Unterarten gelten als gefährdet – darunter das Warzenschwein *(Phacochoerus aethiopicus delamari)* aus Kenia und Somalia, das Riesenwaldschwein *(Hylochoerus meinertzhageni ivoriensis)* aus Westafrika und das Wildschwein *(Sus scrofa riukiuanus)* von den Ryukyu-Inseln (Japan).

Vermutlich ausgestorben ist das *Sus bucculentus*, das nur aus Vietnam bekannt war. Ebenfalls als ausgestorben gilt das Kap-Warzenschwein *(Phacochoerus a. aethiopicus)*, eine Unterart des Gemeinen Warzenschweins *(Phacochoerus aethiopicus)*. Es lebte in der Kapprovinz (Südafrika).

Am längsten für ausgestorben gehalten wurde das Chacopekari *(Catagonus wagneri)*, das lange Zeit nur durch Fossilfunde bekannt war. Seit seiner Entdeckung 1930 gab es

Ein Riesenwaldschwein im Aberdare-Nationalpark (Kenia): das größte aller Schweine und Nabelschweine.

Säugetiere

keine Anzeichen für die Existenz der Spezies über das Pleistozän (vor 2 Mio. bis 10 000 Jahren) hinaus. Man nahm an, daß das Chacopekari während der letzten Eiszeit vor 10 000 Jahren ausstarb. Doch dann wurde es 1975 überraschend in der Region Gran Chaco im Westen Paraguays gesichtet. Dr. Ralph Wetzel und seine Kollegen von der Connecticut University fanden heraus, daß die Einheimischen drei lebende Arten von Nabelschweinen unterschieden (der Wisschenschaft waren bis dahin nur zwei bekannt). Schließlich machten sie einige Schädel ausfindig, die Wetzel mit dem prähistorischen Nabelschwein *Platygonus wagneri* verglich. Wie sich herausstellte, gehörten sie ein und derselben Spezies an. Wetzel kam jedoch zu dem Ergebnis, daß sie eher der Gattung *Catagonus* als der Gattung *Platygonus* ähnelten. Daraufhin wurde die Art umbenannt.

Auch in der Gran Chaco-Region im Norden Argentiniens und im Südosten Boliviens stieß man später auf Chacopekaris. Seit ihrer Entdeckung ist ihre Zahl jedoch aufgrund von Überjagung, Zerstörung der Lebensräume und möglicherweise infolge von Krankheiten stark zurückgegangen. Überwiegend in kleinen, weit verstreuten Populationen leben heute vermutlich nicht mehr als ein paar tausend Tiere dieser Spezies.

Einige Jahre später stellte die wissenschaftliche Welt bestürzt fest, daß die Haut des Chacopekaris seit jeher von New Yorker Kürschnern als Besatz für Hüte und Mäntel verwendet wurde.

Das Land mit der meisten Schweinehaltung war 1993 (das Jahr, für das die aktuellsten Zahlen vorliegen) China. Dort wurden schätzungsweise 384,2 Mio. der weltweit insgesamt 754,3 Mio. Schweine gehalten.

Die ungewöhnlichsten Eckzähne hat der Hirscheber oder Babirussa (*Babyrousa babyrussa*). Statt wie bei allen anderen Wildschweinen aus den Seiten der Schnauze über die Lippen zu wachsen, dringen zwei seiner vier Eckzähne durch die Haut auf der Schnauze und krümmen sich bogenförmig nach hinten bis an die Stirn. Der Name Babirussa bedeutet in der Sprache der Einheimischen »Schweinehirsch« und bezieht sich darauf, daß die Eckzähne des Tieres eher dem Geweih eines Hirsches als den Eckzähnen eines Schweins ähneln.

SEEKÜHE UND DUGONGS

Sirenia
4 lebende Arten: 3 Seekühe und 1 Dugong.

Über die Entwicklungsgeschichte der Sirenen ist relativ wenig bekannt. Möglicherweise hat es von ihnen selbst während ihrer Blütezeit weltweit nicht mehr als rund ein Dutzend Gattungen gegeben. Die Stammformen lebten im frühen Eozän vor etwa 55 Mio. Jahren. Die ältesten bekannten Fossilien repräsentieren eine Art namens *Protosiren* und wurden auf Jamaika gefunden. Die erste bekannte echte Seekuh, eine Art namens *Potamosiren,* lebte im mittleren Miozän vor 13–16 Mio. Jahren und unterschied sich von den heute lebenden Arten vor allem durch ihr Gebiß: Ihr fehlten noch die ständig nachwachsenden Backenzähne, die für die heutigen Seekühe (als eine Form der Anpassung an ihre pflanzliche Nahrung) charakteristisch sind.

> **Der Dugong ist das einzige »hochseetüchtige« Säugetier, das sich von Pflanzen ernährt.**

Die größte der heutigen Sirenenarten ist mit knappem Vorsprung der Nagel-Manati (*Trichechus manatus*), der in der Karibik, im Golf von Mexiko und im westlichen Atlantik zu Hause ist. Oft wird die Spezies in zwei Unterarten unterteilt, die beide durchschnittlich 3 m lang und 500 kg schwer werden (männliche und weibliche Tiere sind ungefähr gleich groß). Während jedoch der *Trichechus m. latirostris* eine maximale Körperlänge von 3,9 m und ein Höchstgewicht von 1660 kg erreichen kann, sind die größten Exemplare des *Trichechus m. manatus,* der zweiten Unterart, etwas kleiner. Unbestätigten Angaben zufolge wurde 1910 vor der texanischen Küste (USA) ein 4,7 m langer Florida-Manati gefangen. Weitere Informationen liegen jedoch nicht vor, so daß die meisten Experten dieser Meldung mit Skepsis begegnen.

Die größten bereits ausgestorbenen Sirenen waren verschiedene prähistorische Arten mit einer Körperlänge von vermutlich weit über 9 m. Das belegen 3–8 Mio. Jahre alte

Fossilfunde der Spezies *Hydrodamalis cuestae* aus Kalifornien (USA).

Der Riese unter den fünf neuzeitlichen Arten war die ausgestorbene Stellersche Seekuh (*Hydrodamalis gigas*), die im kalten Beringmeer gelebt hat (als einzige der jüngeren Arten hatte sie sich dem Leben in kalten Gewässern angepaßt). Ausgewachsene Tiere erreichten vermutlich eine Körperlänge von mindestens 8 m (durchschnittlich ca. 7 m) und wogen nach unterschiedlichen Schätzungen 4–10 t. Der größte jemals verzeichnete Körperumfang betrug 6,2 m.

Der kleinste unter den Sirenen ist der Amazonas-Manati (*Trichechus inunguis*) mit einer durchschnittlichen Körperlänge von etwa 2,5 m und einem Gewicht von ca. 350 kg. Die größten jemals verzeichneten Exemplare waren 3 m lang; das bisher schwerste Individuum wog 480 kg und wurde in Ecuador gefangen. Gemessen an seinen Verwandten mag der Amazonas-Manati klein sein, dennoch ist er der größte Pflanzenfresser im südamerikanischen Amazonasbecken.

Über die Lebenserwartung von Seekühen und Dugongs ist wenig bekannt. Nagel-Manatis (*Trichechus manatus*) haben über 40 Jahre in Gefangenschaft gelebt. Anhand der Wachstumsschichten in den Ohrenknochen von Seekühen und in den Stoßzähnen von Dugongs läßt sich eine durchschnittliche Lebenserwartung von 50–60 Jahren ablesen. Das nachweisliche Höchstalter erreichte ein Dugong (*Dugong dugong*), der 73 Jahre alt wurde.

Ausschließlich in Süßwasser lebt als einziger Sirene der Amazonas-Manati (*Trichechus inunguis*). Der Dugong (*Dugong dugong*) begibt sich zwar hin und wieder auch in Brack- oder Süßgewässer, ist aber ein Meeresbewohner. Nagel-Manatis (*Trichechus manatus*) und Westafrikanische Manatis (*Trichechus senegalensis*) bevorzugen dagegen eine Mischung aus Süß- und Salzwasser.

Tauchen können alle vier Sirenenarten. Schätzungen zufolge müssen die drei Arten von Seekühen durchschnittlich alle 2–4 Min. und der Dugong (*Dugong dugong*) ungefähr alle 11/4 Min. zum Luftholen auftauchen (die Länge der Unterwasserzeiten hängt allerdings von der Aktivität ab; aktive Tiere müssen öfter atmen). Rekordhalter ist ein Nagel-Manati (*Trichechus manatus*) aus Florida, der mit

24 Min. länger unter Wasser blieb, als es bei einer der anderen Arten beobachtet werden konnte. Da jedoch ausgewachsene Tiere im Ruhezustand oft 15–20 Min. tauchen, ist es wahrscheinlich, daß einige Seekühe ihren Atem auch länger anhalten können.

Die längsten Wanderungen. Mit Hilfe von gekennzeichneten Tieren wurde festgestellt, daß zumindest einige Florida-Manatis *(Trichechus manatus latirostris)* im Sommer nach Norden und im Winter nach Süden ziehen und dabei oft mehr als 850 km zurücklegen. Über das Wanderverhalten der übrigen zwei Arten von Seekühen ist wenig bekannt. Es gilt allerdings als wahrscheinlich, daß auch sie kürzere Strecken zurücklegen und damit auf die jahreszeitlich bedingten Änderungen der Nahrungs- und Wetterverhälnisse reagieren. Vieles deutet darauf hin, daß der Dugong *(Dugong dugong)* lange Wanderungen unternimmt: Ein mit einem Satellitensender ausgerüstetes Tier schwamm in neun Wochen dreimal zu einer 200 km entfernten Bucht; außerdem wurden Dugongs mehrfach vor Sydney (Australien) gesichtet – 700 km südlich ihres nächsten bekannten regelmäßigen Aufenthaltsorts.

Die Stoffwechseltätigkeit bei Seekühen beträgt nur etwa ein Drittel der bei anderen Säugetieren gleichen Gewichts ermittelten Werte. In Gefahrensituationen sind sie zwar in der Lage, sich schnell zu bewegen (es wurden Schwimmgeschwindigkeiten von bis zu 25 km/h festgestellt), doch im allgemeinen sind sie eher langsam und träge.

Die längste Tragzeit aller Sirenen hat der Dugong *(Dugong dugong)* mit durchweg 13–14 Monaten. Der Nagel-Manati *(Trichechus manatus)* trägt seine Jungen 12–13 Monate, in Gefangenschaft auch bis zu 14 Monate. Bei den übrigen Sirenenarten beträgt die Tragzeit ungefähr ein Jahr.

Als einzige Sirenenart lebt der Amazonas-Manati ausschließlich in Süßwasser; dieses verletzte Tier wird in einem Forschungszentrum bei Manaus (Brasilien) versorgt.

Seekühe betätigen sich gelegentlich als Unkrautvertilger: Sie werden in künstlichen Wasserstraßen, wie Bewässerungskanälen, ausgesetzt und bahnen sich fressend ihren Weg, indem sie bis zu 75 kg Pflanzennahrung am Tag vertilgen und so die Kanäle freihalten.

Vom Aussterben bedroht sind alle vier Sirenenarten – der Dugong *(Dugong dugong)*, der Amazonas-Manati *(Trichechus inunguis)*, der Nagel-Manati *(Trichechus manatus)* und der Westafrikanische Manati *(Trichechus senegalensis)*. Aufgrund ihrer langsamen Art sich zu bewegen, ihres friedfertigen Temperaments und ihres relativ schlechten Gehörs sind sie äußerst verwundbar. Die Hauptursachen für den Rückgang ihrer Bestände sind Bejagung, die Zerstörung ihrer Lebensräume, Fischernetze, in denen sie sich verfangen, Verschmutzung und starker Schiffsverkehr. Zahlen über die Bestände liegen nur für den

Säugetiere

Florida-Manati *(Trichechus m. latirostris)* vor, eine Unterart des Nagel-Manatis, die im Südosten der USA verbreitet ist; er zählt noch 1850 Überlebende.

> **Seekühe und Dugongs lassen sich anhand ihrer Schwanzflossen voneinander unterscheiden: Die Schwanzflosse einer Seekuh ist groß und rundlich, während die eines Dugongs gegabelt ist, ähnlich wie bei den Delphinen.**

Bereits ausgestorben ist die Stellersche Seekuh *(Hydrodamalis gigas).* Sie ist neben der Karibischen Mönchsrobbe *(Monachus tropicalis)* das einzige Meeressäugetier, das in jüngster Vergangenheit (seit 1600) für immer aus den Ozeanen verschwand. Fossilfunde lassen vermuten, daß sie vor ca. 20 000 Jahren über die nördliche Pazifikküste, von Japan bis nach Kalifornien, verbreitet war. Als die Spezies entdeckt wurde, beschränkte sich ihr Lebensraum bereits hauptsächlich auf die zwischen Kamtschatka und der Westspitze der Aleuten-Inseln im westlichen Beringmeer gelegene Bering-Insel und die benachbarte Copper-Insel.

> **Die nächsten lebenden Verwandten der Sirenen sind die Elefanten und – nach Ansicht einiger Experten – die Schliefer.**

Entdeckt wurde die Stellersche Seekuh von der Besatzung der russischen Brigg St. Peter, die im November 1741 Schiffbruch erlitt und auf einer unbewohnten Insel (der heutigen Bering-Insel, benannt nach Vitus Bering – dem Kapitän der Brigg) in der Nähe der entlegenen Aleuten-Inseln, Alaska (USA), strandete. Während sie ein neues Boot bauten, das sie nach Hause bringen sollte, ernährten sich die Überlebenden des Schiffsunglücks zehn Monate lang von den großen, unbekannten Meeressäugetieren. Unter den Gestrandeten befand sich der Naturforscher Georg Wilhelm Steller, der sich während seines unfreiwilligen Aufenthalts auf der Insel mit der dortigen Tier- und Pflanzenwelt beschäftigte. Ihm sind die einzigen detaillierten schriftlichen Aufzeichnungen über Lebensgewohnheiten und Erschei-

Die Verletzungen am Schwanz dieses Nagel-Manatis aus Florida (USA) stammen von einer Schiffsschraube; der starke Schiffsverkehr ist eine der Hauptursachen für den Rückgang aller vier Sirenenarten.

nungsbild der Seekuh zu verdanken, die später seinen Namen tragen sollte. Kaum war seine Entdeckung bekannt geworden, wurden die Bering-Insel und die benachbarte Copper-Insel das Ziel zahlloser russischer Jagdexpeditionen. Zum Zeitpunkt ihrer Entdeckung lag der Bestand der Seekühe vermutlich bei ungefähr 1500–2000. Es wurden jedoch so viele dieser trägen, arglosen Tiere getötet, daß die gesamte Art nach nur 27 Jahren ausgerottet war. Verschiedene Anzeichen deuten darauf hin, daß einige Exemplare noch bis Mitte des 19. Jahrhunderts überlebt haben. Auch heute wird noch hin und wieder von ungewöhnlichen Tieren vor der Küste Sibiriens berichtet, auf die die Beschreibung der Stellerschen See-

kuh paßt. Zuletzt definitiv gesehen wurde die Spezies jedenfalls 1768, und nach Ansicht der meisten Experten starb sie kurz darauf aus.

> **Seekühe besitzen nur hintere und vordere Backenzähne, die ständig nachwachsen: Sie werden hinter den »aktiven« Zähnen neu gebildet und wandern dann nach vorn, um die abgenutzten Zähne zu ersetzen.**

Am zahlreichsten vertreten ist vermutlich der Dugong *(Dugong dugong).* Er kommt, wenn auch in unterschiedlicher Anzahl, im Indischen Ozean und im westlichen Pazifik vor den Küsten von nicht weniger als 43 Ländern vor. Die mit rund 85 000 Tieren größte Population lebt in australischen Gewässern.

TAPIRE

Tapiridae
4 Arten: Schabrackentapir aus Südostasien; sowie Südamerikanische, Mittelamerikanische und Bergtapire aus Mittel- und Südamerika.

Der älteste Tapir. Tapire haben vermutlich noch viel Ähnlichkeit mit den gemeinsamen Vorfahren aller Unpaarhufer, die vor über 40 Mio. Jahren lebten. Die neuzeitliche Gattung *Tapirus* tauchte erstmals im Miozän vor knapp 20 Mio. Jahren auf.

Der größte Tapir ist der auffallend schwarzweiß gezeichnete Schabrackentapir *(Tapirus indicus)* mit einer Körperlänge von 2,2–2,5 m, einer Schwanzlänge von 5–10 cm, einer Schulterhöhe von 95–110 cm und einem Gewicht von 250–360 kg.

> **Tapire sind gute Schwimmer und können ihren Atem lange genug anhalten, um sich bei drohender Gefahr mehrere Minuten unter Wasser zu verstecken.**

Der kleinste Tapir ist der Bergtapir *(Tapirus pinchaque)*. Er hat durchschnittlich eine Körperlänge von 1,8 m, eine Schwanzlänge von 5 cm, eine Schulterhöhe von 75 cm und wiegt im allgemeinen etwa 225 kg.

Vom Aussterben bedroht sind nach Angaben der World Conservation Union (IUCN) drei der vier Arten von Tapiren: der Mittelamerikanische Tapir *(Tapirus bairdii),* der Schabrackentapir *(Tapirus indicus)* aus Südostasien und der Bergtapir *(Tapirus pinchaque)* aus Kolumbien, Ecuador, Peru und Venezuela. Gefahr droht den Tapiren als Lieferanten hochbezahlter Häute sowie durch die Zerstörung ihrer Lebensräume infolge von Entwaldung, Bebauung und Landwirtschaft.

WALE, DELPHINE UND TÜMMLER

Cetacea
79–80 Arten.

Die ersten walartigen Tiere, die sogenannten Urwale *(Archaeoceti),* erschienen vor rund 50 Mio. Jahren. Sie gelten nicht als die direkten Vorfahren der heutigen Wale, waren ihnen aber vermutlich sehr ähnlich, wenn auch in vieler Hinsicht primitiver. So hatte sich ihre Nasenöffnung zur Erleichterung des Atmens an der Wasseroberfläche noch nicht an den höchsten Punkt des Kopfes verlagert. Es gab viele Arten von Urwalen der unterschiedlichsten Größe: Ihre Körperlänge reichte von 2 m bis 21 m. Sie lebten ausnahmslos in Küstengewässern und seichten Meeren. Ihre Gestalt war torpedoförmig, und ihre Vordergliedmaßen hatten sich zu Paddeln entwickelt. Die Urwale starben vor etwa 30 Mio. Jahren aus und sind nur durch Fossilien bekannt.

Das fehlende Glied zwischen den Walen und ihren vierbeinigen, landbewohnenden Vorfahren war vermutlich ein Lebewesen, dem man den Namen *Ambulocetus natans* (»gehender und schwimmender Wal«) gab. Es lebte vor 50 Mio. Jahren, als die ersten Wale die Meere eroberten. Der erste Fossilfund – ein unvollständiges Skelett – tauchte 1993 in den Kala Chitta-Bergen (Pakistan) auf. In gewisser Hinsicht ähnelte *Ambulocetus* einem Seelöwen, vor allem in seiner Art, sich an Land und mit Hilfe von Hintergliedmaßen und Brust fortzubewegen. Im Gegensatz zu den Seelöwen, die beim Schwimmen vorwiegend ihre Vordergliedmaßen einsetzen, benutzte *Ambulocetus* seine Vordergliedmaßen zum Steuern und schwamm, indem er seine vergrößerten hinteren Schwimmfüße und den Schwanz auf und ab bewegte. Ob es sich bei *Ambulocetus* um den tatsächlichen Vorfahren der Wale oder um ein Überbleibsel aus früheren Stadien

Der auffallend schwarzweiß gezeichnete Schabrackentapir ist das größte Mitglied in der Familie der Tapire.

in der Evolution der Wale handelte, ist unklar.

Das größte und schwerste Tier der Gegenwart ist der Blauwal *(Balaenoptera musculus).* Die durchschnittliche Körperlänge ausgewachsener Tiere beträgt 25 m bei Bullen und 26,2 m bei Kühen; ihr Gewicht liegt bei 90–120 t. Kühe sind in der Regel größer als Bullen gleichen Alters. Die größten Blauwale leben in der südlichen Hemisphäre.

> **Am leichtesten sind Wale, Delphine oder Tümmler anhand ihrer Schwanzflossen von den Fischen zu unterscheiden: Die Mitglieder der Familie der Wale haben waagerechte Schwanzflossen (oder »Fluken«), die sich auf und ab bewegen, während die Schwanzflosse eines Fisches senkrecht im Wasser steht und seitwärts schwingt.**

Bis heute konnte kein Blauwal »am Stück« gewogen werden. Alle bekannten Gewichtsangaben wurden entweder ermittelt, indem man die Tiere zerteilte, oder indem man die Kapazität der mit dem Fleisch, den Knochen und dem Speck einzelner Wale gefüllten Herde in den Walfangstationen an Land oder auf den Fangschiffen addierte. Der nach den Aufzeichnungen schwerste Blauwal war eine Kuh, die am 20. März 1947 im Südpolarmeer gefangen wurde; sie wog 190 t. Ein zweiter weiblicher Blauwal, der 1931 in der Landstation in Prince Olaf Harbor (South Georgia) im Südatlantik eingeliefert wurde, hatte eine Länge von 29,5 m. Sein Gewicht wurde anhand der Anzahl der gefüllten Herde ursprünglich auf 166 t geschätzt. Nach einigen Korrekturen und nach dem Hinzurechnen von 6,5 % für den Verlust von Blut und anderen Körperflüssigkeiten belief sich die endgültige Schätzung auf 199 t.

Der längste je verzeichnete Blauwal war ebenfalls eine Kuh. Sie war 33,58 m lang und strandete 1909 bei Grytviken (South Georgia) im Südatlantik.

Der größte Zahnwal ist der Pottwal *(Physeter macrocephalus).* Bullen haben im allgemeinen eine Körperlänge von etwa 15 m und ein Gewicht von 45 t; die weiblichen Tiere sind mit einer Länge von um die 12 m und

Säugetiere

einem Gewicht von durchschnittlich 20 t wesentlich kleiner. Der nach offiziellen Messungen größte Pottwal war ein 20,7 m langer Bulle, der im Sommer 1950 vor den Kurilen im Nordwesten des Pazifik gefangen wurde. Im Natural History Museum (GB) ist hingegen ein 5 m langer Unterkieferknochen ausgestellt, der einem annähernd 25,6 m langen Pottwal-Bullen gehört haben soll. Der nach zuverlässigen Angaben schwerste Pottwal war ein 18,1 m langer und 57,1 t schwerer Bulle; er war am 24. Februar 1937 an der Küste der Niederlande gestrandet.

Der größte Delphin ist der Schwertwal oder Orca *(Orcinus orca).* Bullen erreichen normalerweise eine Körperlänge von bis zu 8 m, die deutlich kleineren Weibchen werden dagegen selten länger als 7 m. Das größte bekannte Exemplar war ein 9,8 m langer Bulle im westlichen Nordpazifik.

Der größte je in Gefangenschaft gehaltene Wal war ein weiblicher Grauwal *(Eschrichtius robustus),* den Mitarbeiter von Sea World am 13. März 1971 in der Scammons Lagune, Baja California (Mexiko), fingen. Zu diesem Zeitpunkt war die Kuh

> *Der größte Zahnwal ist der Pottwal mit einer Körperlänge von durchschnittlich 15 m und einem Gewicht von um die 45 t bei männlichen Tieren.*

etwa 6–10 Wochen alt und 5,54 m lang. Vier Tage nach ihrer Ankunft in San Diego (USA) taufte man sie auf den Namen Gigi. Im Alter von 1 Jahr hatte Gigi eine Körperlänge von 8,23 m erreicht und wog schätzungsweise 6,35 t. Da sie über ihre Umgebung hinauszuwachsen drohte, entließ man sie am 13. März 1972 ungefähr 6 km nördlich von Port Loma, Kalifornien (USA), wieder in die Freiheit. Ihre Freilassung stimmte zeitlich mit der alljährlichen Wanderschaft der Grauwale von ihren Wurfplätzen in Mexiko zu ihren Sommerquartieren in der Arktis überein. Gigi schloß sich der Herde an und wurde 5 Tage lang beobachtet, während sie mit ihren Artgenossen nach Norden zog. Im Herbst 1979 wurde sie in der Lagune San Ignacio, Baja California (Mexiko), mit einem neugeborenen Kalb gesichtet.

Die kleinste Walart. Um diesen Titel wetteifern vier wahrscheinlich ebenbürtige Kandidaten: der Chile-Delphin *(Cephalorhynchus eutropia),* der Hektor- oder Neuseeland-Delphin *(Cephalorhynchus hectori),* der Indische Schweinswal oder Neutümmler *(Neophocaena phocaenoides)* und der Kalifornische Schweinswal *(Phocoena sinus).* Bei allen genannten Arten ist eine Körperlänge von 1,2 m bei ausgewachsenen Tieren keine Seltenheit, geht man aber von der durchschnittlichen Körperlänge aus, sind der Hektor- oder Neuseeland-Delphin und der Kalifornische Schweinswal

etwas kleiner. Das Leichtgewicht unter diesen vier Arten ist mit 30–45 kg vermutlich der Indische Schweinswal oder Neutümmler; knapp 3000 Neutümmler wiegen gerade soviel wie ein Blauwal. Ausgewachsene Chile-Delphine, Kalifornische Schweinswale und La-Plata-Delphine *(Pontoporia blainvillei)* wiegen oft nur rund 30 kg, ihr durchschnittliches Gewicht liegt jedoch höher. Auch der Jacobita oder Commerson-Delphin *(Cephalorhynchus commersonii)* ist ausgesprochen klein: Bei 19 Tieren vor der Küste Südamerikas lag das Gewicht zwischen 26 und 44,5 kg.

Der kleinste Bartenwal ist der Zwergglattwal *(Caperea marginata),* für den eine maximale Körperlänge von 6,45 m für ein Weibchen und 6,09 m für einen Bullen verzeichnet wurde. Das Gewicht konnte nur bei zwei Exemplaren festgestellt werden: Eine 6,21 m lange Kuh wog 3,2 t und ein 5,47 m langer Bulle brachte es auf 2,85 t. Beide Tiere stammten aus dem Südatlantik.

Der am eingehendsten erforschte freilebende Wal ist wahrscheinlich ein weiblicher Buckelwal *(Megaptera novaeangliae)* namens Salt (»Salz«). Biologen, die das Leben der Wale rund um die Stellwagen-Bank vor der Küste von New England (USA) studierten, sichteten die Kuh erstmals am 1. Mai 1976. Sie schätzten ihre Körperlänge auf 14–15 m und ihr Gewicht auf

ungefähr 30 t und benannten das Tier nach einem auffallenden weißen Fleck und mehreren weißen Punkten an seiner Rückenflosse. Seit 1976 wird Salt in jedem Sommer von Dutzenden von Wissenschaftlern und Tausenden von Interessierten in der Umgebung der Stellwagen-Bank beobachtet und fotografiert. Nachdem sie 1978 zum ersten Mal vor der Küste der Dominikanischen Republik gesehen wurde, hat man sie auch an ihren Paarungsplätzen in der Karibik jahrelang studiert. Lange Zeit wußte niemand, ob es sich bei Salt um einen Bullen oder eine Kuh handelte, bis sie 1980 mit einem Kalb an ihrer Seite auftauchte. Seither hat sie viele Junge zur Welt gebracht und wurde 1992 zum ersten Mal Großmutter.

Das größte Junge bringt der Blauwal (*Balaenoptera musculus*) zur Welt. In den zwei Monaten vor seiner Geburt erhöht sich das Gewicht des Ungeborenen um 2 t – damit wächst es 1000 Mal schneller als der menschliche Fötus. Das neugeborene Kalb ist 6–8 m lang und wiegt 2–3 t. Es trinkt täglich rund 200 l Muttermilch und nimmt mit jedem Tag 90 kg zu (was in etwa dem Gewicht eines ausgewachsenen Mannes entspricht). Bis zu seiner Entwöhnung im Alter von 7 Monaten hat es seine Körperlänge ungefähr verdoppelt und wiegt stattliche 20 t.

Im Verhältnis zur Größe seiner Mutter ist das Blauwal-Kalb nicht besonders groß: Die Körpergröße der meisten Neugeborenen aus der Familie der Wale entspricht etwa einem Drittel der Länge ausgewachsener Tiere. Bei manchen Arten sind die neugeborenen Kälber annähernd halb so groß wie ihre Mütter; dazu zählen der Beluga oder Weißwal (*Delphinapterus leucas*), der Nördliche Entenwal (*Hyperoodon ampullatus*), der Amazonas-Sotalia (*Sotalia fluviatilis*), der Atlantische Weißseitendelphin (*Lagenorhynchus acutus*) und Dalls Weißflankenschweinswal (*Phocoenoides dalli*).

Die längste bekannte Tragzeit wurde mit 15–17 Monaten (und einem möglichen Rekord von 18 Monaten und 28 Tagen) beim Pottwal (*Physeter macrocephalus*) und mit bis zu 17 Monaten beim Baird-Wal (*Berardius bairdii*) festgestellt. Die Länge der Tragzeit ist unabhängig von der Körpergröße: Der Blauwal (*Balaenoptera musculus*), das größte Tier der Gegenwart, trägt seine Jungen nicht einmal 12 Monate.

Wenn Wale und Delphine unter Wasser ihre Augen öffnen, werden sie durch fetthaltige Tränen vor dem brennenden Salz geschützt.

Die kürzeste Tragzeit ist nicht bekannt, bei vielen Arten sind jedoch Tragzeiten von 10–12 Monaten die Regel. Noch kürzere Tragzeiten wurden bei folgenden Arten festgestellt: 7 Monate bei einem Dalls Weißflankenschweinswal (*Phocoenoides dalli*),

Dieser weibliche Buckelwal namens Salt vor der Ostküste der USA ist wahrscheinlich der am meisten erforschte freilebende Wal der Welt.

8 Monate bei einem Kleinen Tümmler oder Schweinswal (*Phocaena phocaena*) und 9 Monate und 15 Tage bei einem Spinnerdelphin (*Stenella longirostris*) – hierbei scheint es sich aber um Extremfälle zu handeln.

Barten. Von den Oberkiefern der Bartenwale hängen Hunderte von bewimperten, kammähnlichen Hornplatten herab – die sogenannten Barten. Sie bilden ein Sieb, mit dem die Tiere ihre Nahrung aus dem Meerwasser filtern. Die Zahl der Barten schwankt von Spezies zu Spezies und von Individuum zu Individuum. Die mit 3–4 m längsten Barten wurden bei mehreren Grönlandwalen (*Balaena mysticetus*) gefunden. Bei den im 19. Jh. getöteten Walen sollen bis zu 5,18 m lange Barten vorgekommen sein, und eine Hornplatte eines 1849 getöteten Grönlandwals war umstrittenen Angaben zufolge sogar 5,80 lang. Die mit höchstens 30 cm kürzesten Barten trägt der Zwergwal (*Balaenoptera acutorostrata*). Die Anzahl der Barten im Maul eines Wals reicht von mindestens 280 beim Grauwal (*Eschrichtius robustus*) bis zu höchstens 946 beim Finnwal (*Balaenoptera physalus*).

Gewichtsverlust. Während der Monate, in denen eine 120 t schwere

Säugetiere

Blauwal-Kuh *(Balaenoptera musculus)* ihr Kalb säugt, verliert sie pro Woche bis zu 1 t Gewicht – was bei der 7-monatigen Stillzeit mehr als 25 % ihres Körpergewichts ausmacht.

Die längsten Zähne. Der männliche Narwal oder Einhornwal *(Monodon monoceros)* besitzt zwei Zähne. Der Zahn auf der rechten Seite ist normalerweise nicht sichtbar, während der linke Zahn zu einer beachtlichen Länge heranwächst. Er dringt durch die Oberlippe des Tieres, entwickelt sich zu einem langen Stoßzahn und sieht schließlich aus wie ein knorriger, in sich gewundener Spazierstock. Von seiner Wurzel aus betrachtet, dreht er sich spiralförmig gegen den Uhrzeigersinn. Mindestens ein Drittel aller Narwal-Stoßzähne brechen im Laufe der Zeit ab; geschieht das nicht, erreichen sie durchschnittlich eine Länge von 2 m und ein Gewicht von 8–9 kg. In Ausnahmefällen werden sie über 3 m lang und mehr als 10 kg schwer (bei einem Umfang von höchstens 23 cm). Ungefähr einer von 500 Bullen besitzt zwei Stoßzähne, und einer von 30 Kühen wächst ein Stoßzahn. Bisher ist lediglich ein Weibchen mit zwei Stoßzähnen bekanntgeworden: Der Schädel mit den über 2 m langen Zähnen wurde 1684 von dem Walfang-Kapitän, der das Tier bei Spitzbergen in der Arktis getötet hatte, einem

Museum in Hamburg übergeben. Ähnlich wie das Geweih bei männlichen Hirschen dienen die Stoßzähne der Narwale vermutlich zur Erlangung von Dominanz bei der Fortpflanzung.

> Die schwarzweißen Zeichnungen an der Unterseite der Schwanzflossen von Buckelwalen sind so unverwechselbar wie die Fingerabdrücke beim Menschen, so daß man mit ihrer Hilfe die Tiere voneinander unterscheiden kann; die Farbskala reicht von reinem Weiß über die verschiedensten Schattierungen bis zu Tiefschwarz.

Der männliche Layard-Wal *(Mesoplodon layardii)* besitzt zwei Zähne, die aus seinem Unterkiefer bogenförmig nach oben wachsen und sich dann um den Oberkiefer krümmen. Bei älteren Tieren erreichen sie eine Länge von 30 cm und mehr. Oft kreuzen sich die Zähne in der Mitte und bilden eine Art Maulkorb, so daß die Tiere ihre Kiefer nicht mehr weit öffnen können (verhungern müssen sie trotzdem

nicht, denn sie fangen die Tintenfische, ihr Hauptnahrungsmittel, indem sie sie nach dem Prinzip des Staubsaugers aufsaugen).

Die größten »normalen« Zähne der Tierwelt trägt der Pottwal *(Physeter macrocephalus)*. Bei Bullen können sie annähernd 25 cm lang und einzeln über 1 kg schwer werden. Die Zähne der Kühe sind etwa halb so groß. Die größten jemals gefundenen Zähne eines Pottwals befinden sich im Besitz des Old Dartmouth Historical Society Whaling Museum in Massachusetts (USA). Sie haben beide eine Länge von 27,9 cm und wiegen 1,98 kg, bzw. 1,90 kg. Der Unterkiefer eines Pottwals besteht im allgemeinen aus 36–50 Zähnen; der Oberkiefer ist zahnlos.

Die meisten Zähne aller Waltiere finden sich beim Spinnerdelphin *(Stenella longirostris)*. Ihre Zahl schwankt zwischen 172 und 252. Der La-Plata-Delphin *(Pontoporia blainvillei)* bringt es auf ebenfalls rekordverdächtige 208 bis 228 (in Ausnahmefällen auch auf 240) Zähne.

Das schlechteste Sehvermögen haben Ganges-Delphine *(Platanista gangetica)* und Indus-Delphine *(Platanista minor)*. Anders als bei allen übrigen Waltieren sind ihre Augen nicht

mit einer Linse ausgestattet. Die Sehöffnung ist so winzig wie ein Nadelstich und kaum groß genug, um Licht einzulassen. Die Tiere sind praktisch blind, wenngleich jüngste Forschungsergebnisse die Vermutung nahelegen, daß sie die Richtung und möglicherweise auch die Intensität von Licht wahrnehmen können. Diese zu den Flußdelphinen zählenden Arten leben in schlammigen Flüssen, in denen Augen ohnehin sinnlos wären. Die Tiere orientieren sich, indem sie sich mit Hilfe der Echo-Ortung ein »Lautbild« von ihrer Umgebung machen – ein System, das ähnlich wie bei den Fledermäusen funktioniert.

Die meisten Plattenverkäufe haben die männlichen Buckelwale *(Megaptera novaeangliae)* zu verzeichnen. Als ihre schwermütigen Gesänge in den siebziger Jahren erstmals zu hören waren, übte ihr unheimliches Seufzen, Stöhnen, Heulen, Schnarchen, Quieken und Pfeifen auf viele Leute eine große Faszination aus.

Die längsten und kompliziertesten Lieder der Tierwelt singen die

> *Pottwale erreichen Tauchtiefen von über 2000 m und bleiben bis zu 1 Std. 52 Min. unter Wasser.*

männlichen Buckelwale *(Megaptera novaeangliae)*. Jedes Lied dauert mindestens eine halbe Stunde und besteht aus mehreren Hauptpassagen, die immer in derselben Reihenfolge wiederkehren und ständig verbessert und verfeinert werden. Alle Buckelwale einer Region singen weitgehend das gleiche Lied, wobei sie stets die Improvisationen der anderen mit aufnehmen. Die Gesänge der in den verschiedenen Teilen der Welt lebenden Buckelwale unterscheiden sich deutlich. Gesungen wird fast nur an den Paarungsplätzen, wo die Bullen Tag und Nacht, von kurzen Pausen zum Atemholen unterbrochen, ein Ständchen nach dem anderen bringen. Vermutlich umwerben sie auf diese Weise die Weibchen und schüchtern rivalisierende Bullen ein.

> **Manchmal benutzen Buckelwale die Blasen ihrer Atemluft als Fischernetze.**

Belugas oder Weißwale *(Delphinapterus leucas)* wurden von frühen Seeleuten auch »Kanarienvögel der Meere« genannt, denn sie geben eine Fülle der seltsamsten Laute von sich – sie pfeifen, heulen, klappern, muhen und jaulen. Zu ihrem Repertoire gehören auch Geräusche, die wie ein klangvolles Glockenläuten oder wie das Gekicher von Kindern klingen. Oft dringen die Gesänge der Weißwale bis an die Wasseroberfläche und sind selbst im Bauch eines Schiffes noch zu hören.

Am tiefsten tauchen kann vermutlich der Pottwal *(Physeter macrocephalus)*. Insbesondere von älteren Bullen ist bekannt, daß sie größere Tiefen erreichen als alle übrigen Waltiere. Der Tauchtiefe scheinen eher durch die Zeit als durch den Druck des Wassers Grenzen gesetzt zu sein. Die größten bekannten Tiefen wurden 1991 vor Dominica in der Karibik von Wissenschaftlern des Woods Hole Oceanographic Institute verzeichnet. Die Wissenschaftler stellten bei der Beobachtung von zwei männlichen Pottwalen fest, daß die Tiere regelmäßig in Tiefen von 400–600 m vordrangen und durchschnittlich 30–40 Min. unter Wasser blieben. Einmal tauchte der größere der beiden Wale (seine Körperlänge betrug etwa 15 m) bis auf den Meeresboden in 2000 m Tiefe; er hatte eine Geschwindigkeit von bis zu 4 m/s und hielt sich 1 Std.

13 Min. unter Wasser auf. Die maximale Tauchtiefe des zweiten Wals lag bei »nur« 1185 m, aber auch damit übertraf er alle bisher bekannten Tauchtiefen.

Indirekte Anzeichen sprechen sogar dafür, daß Pottwale mindestens 3000 m tief tauchen können. Am 25. August 1969 wurde 160 km südlich von Durban (Südafrika) ein männlicher Pottwal getötet, als er nach 1 Std. 52 Min. wieder an die Wasseroberfläche zurückkehrte. In seinem Magen befanden sich zwei kleine Haie, die der Wal nach Ansicht von Experten etwa eine Stunde vor seinem Tod zu sich genommen hatte. Die Haie wurden später einer Spezies *(Scymnodon Sp.)* zugeordnet, die nur auf dem Meeresboden anzutreffen ist. Da das Wasser in diesem Gebiet im Umkreis von 48–64 km tiefer als 3193 m ist, muß der Pottwal bei seiner Nahrungssuche in ähnliche Tiefen vorgedrungen sein.

Auch von vielen Schnabelwalen nimmt man an, daß sie sehr tief tauchen. Möglicherweise können sich manche Arten in dieser Hinsicht durchaus mit den Pottwalen messen. Das Tauchvermögen der Schnabelwale ist jedoch kaum erforscht, so daß derzeit nur wenige Angaben hierzu vorliegen.

Am längsten tauchen wahrscheinlich Nördliche Entenwale *(Hperoodon ampullatus)*, die sich den Angaben früher Walfänger zufolge mehr als zwei Stunden unter Wasser aufhalten sollen; allerdings handelt es sich hierbei nicht um wissenschaftlich bestätigte Angaben. Auch Pottwale *(Physeter macrocephalus)* erreichen möglicherweise Tauchzeiten von zwei Stunden. Am 25. August 1969 wurde 160 km südlich von Durban (Südafrika) ein männlicher Pottwal getötet, nachdem er nach 1 Std. 52 Min. an die Wasseroberfläche zurückgekehrt war.

Die schnellsten Wale. Am 12. Oktober 1958 wurde für einen männlichen Schwertwal oder Orca *(Orcinus orca)* im östlichen Nordpazifik eine Schwimmgeschwindigkeit von 55,5 km/h registriert. Ähnliche Geschwindigkeiten wurden auch von Dalls Weißflankenschweinswalen *(Phocoenoides dalli)* gemeldet, allerdings nur über kurze Distanzen.

Vom Aussterben bedroht sind nach Angaben der World Conservation Union (IUCN) alle Arten von Waltieren. Als unmittelbar gefährdet gelten fünf Arten: der Nordkap- oder Bis-

Säugetiere

kaya-Wal *(Eubalaena glacialis),* der Blauwal *(Balaenoptera musculus),* der Kalifornische Schweinswal *(Phocoena sinus),* der Chinesische Fluß- oder Jangtse-Delphin *(Lipotes vexillifer)* und der Indus-Delphin *(Platanista minor).*

Das seltenste aller Waltiere ist vermutlich der Chinesische Flußdelphin oder Jangtse-Delphin *(Lipotes vexillifer).* Sein Bestand wird auf 150 Tiere geschätzt und geht weiter zurück, vor allem infolge der Nahrungskonkurrenz durch die Fischerei, durch zufälliges Verfangen in Fischnetzen, durch Bejagung sowie durch die Verschmutzung und Zerstörung seiner Lebensräume. Die wenigen Überlebenden konzentrieren sich auf den mittleren Flußabschnitt des Jangtsekiang (China). Nach Ansicht vieler Experten droht der Jangtse-Delphin als erstes Waltier direkt aufgrund der Einwirkungen durch den Menschen auszusterben.

Der Indopazifische Schnabelwal *(Mesoplodon pacificus)* ist lediglich durch zwei Schädelfunde bekannt: Der eine wurde 1922 an einem Strand bei MacKay, Queensland (Australien), entdeckt, der zweite 1955 bei Mogadishu (Somalia). Daß dieser Schnabelwal bisher nicht freilebend gesehen wurde, muß jedoch nicht zwangsläufig bedeuten, daß die Spezies selten ist – zumal nur wenige Schnabelwale regelmäßig gesichtet werden.

Mehrere andere Arten von Waltieren mit kleinen und in den meisten Fällen schrumpfenden Beständen sind ernstlich bedroht. Das gilt insbesondere für die »wenigen Hundert« (mindestens 100, höchstens 500) Kalifornischen Schweinswale *(Phocoena sinus),* die ausschließlich am Nordrand des Golfs von Kalifornien (Mexiko) leben. Bei einer Konferenz im Jahr 1990 prophezeite ein Experte das Erlöschen der Population innerhalb von weniger als 10 Jahren. Andere Fachleute sind nicht ganz so pessimistisch.

Das Einhorn – ein sagenumwobenes weißes Pferd mit einem Horn auf der Stirn – war in Wirklichkeit ein Narwal. Lange bevor die Existenz der Narwale allgemein bekannt war, wurden ihre Stoßzähne in Europa als Hörner des Fabelwesens verkauft.

Die längsten Wanderungen aller Säugetiere unternimmt wahrscheinlich der Grauwal *(Eschrichtius robustus).* Er hält sich dicht an die Küste Nordamerikas und schwimmt Jahr für Jahr von seinen Paarungsplätzen in Baja California (Mexico) zu seinem Sommerquartier im Beringmeer – und wieder zurück. Damit legt er alljährlich Entfernungen von

12 000–20 000 km zurück, die sich im Laufe seines Lebens von 40 oder mehr Jahren zu einer Strecke summieren, die einer Hin- und Rückfahrt zum Mond gleichkommt.

Nach jüngsten Untersuchungen von wandernden Buckelwalen *(Megaptera novaeangliae)* ist es denkbar, daß sie ebensolche, vielleicht sogar größere Entfernungen als Grauwale zurücklegen. Von einer Population weiß man, daß sie einmal im Jahr von Hawaii nach Alaska und wieder zurück wandert; eine andere pendelt einmal jährlich zwischen der Karibik und Grönland oder Island, ein dritte zwischen der Antarktis und Kolumbien.

Der höchste Blåst. Die Wolke von Wassertröpfchen, die beim Ausatmen über dem Kopf eines Wals erscheint, nennt man Blåst oder Spaut. Den höchsten Strahl bläst der Blauwal *(Balaenoptera musculus)* in die Luft. Sein schmaler, senkrechter Blåst schießt 6–9 m in die Höhe; es wurden sogar Höhen von bis zu 12 m gemeldet.

Die größte Rückenflosse besitzt der männliche Schwertwal oder Orca *(Orcinus orca).* Sie kann eine Höhe

Der Jangtse-Delphin ist wahrscheinlich das seltenste Waltier der Welt; sein auf 150 Tiere geschätzter Bestand nimmt weiter ab.

von 1,8 m erreichen und wird damit ungefähr mannshoch. Im Vergleich dazu ist die Rückenflosse des Blauwals *(Balaenoptera musculus)* mit einer Höhe von selten mehr als 40 cm relativ klein.

Den größten Appetit aller Waltiere hat der Blauwal *(Balaenoptera musculus),* der täglich bis zu 4 t Krill vertilgt. Da jedes dieser winzigen krabbenähnlichen Lebewesen gerade etwa 1 g wiegt, besteht sein Tagesbedarf aus 4 Mio. dieser Tierchen. Der Wal frißt nicht das ganze Jahr über, sondern schlemmt oft nur vier Monate in den krillreichen Polargewässern (und nimmt dabei wöchentlich um circa 770 kg zu). Während der restlichen Monate des Jahres, die er auf Wanderschaft oder an seinen Wurf- und Paarungsplätzen in wärmeren Gewässern verbringt, nimmt er fast keine Nahrung zu sich.

Mitte der sechziger Jahre des 19. Jahrhunderts wurden im Magen eines männlichen Schwertwals oder Orca *(Orcinus orca)* 13 Tümmler und Reste von 14 Robben gefunden (die er allerdings nicht notwendigerweise alle selbst gefressen haben muß).

Ein Pottwal *(Physeter macrocephalus)* verzehrt täglich bis zu 1 t Tintenfische, von denen manche nur wenige cm und andere über 12 m groß sein können.

Die größten Beutetiere. Schwertwale oder Orcas *(Orcinus orca)* – auch Killerwale genannt – suchen sich ihre Beute unter 25 verschiedenen Arten von Walen und Delphinen. Dazu zählen der Pottwal *(Physeter macrocephalus),* der Südliche Glattwal *(Eubalaena australis),* der Grauwal *(Eschrichtius robustus),* der Buckelwal *(Megaptera novaeangliae)* und verschiedene andere Arten, die beträcht-

lich größer sind als er selbst. In einem ausführlich dokumentierten Fall wurde im Mai 1978 ein junger Blauwal *(Balaenoptera musculus)* vor der Küste von Cabo San Lucas, Baja California (Mexiko), von einer Gruppe von Schwertwalen eingekreist und angegriffen. Nachdem seine Jäger ihm große Stücke Fleisch aus dem Leib gerissen hatten, konnte der Blauwal zwar entfliehen, überlebt hat er den Angriff aber wohl nicht.

Der größte »Riesenkrake«, den je ein Pottwal *(Physeter macrocephalus)* nachweislich verschlungen hat, war einschließlich der Fangarme 14,5 m lang; er wurde auf den Bahamas gefangen. Viele Berichte von Kämpfen zwischen Pottwalen und riesigen Kraken sind wahrscheinlich übertrieben, dennoch sind die Kraken zweifellos ernst zu nehmende Gegner, die sich zur Wehr setzen, indem sie ihre Fangarme um den Kopf des Wals schlingen.

Am stärksten kontaminiert sind wohl die Belugas oder Weißwale *(Delphinapterus leucas)* im Sankt-Lorenz-Golf (Kanada). Sie sind so sehr mit Schwermetallen, dem stark krebserregenden Benzoapyren (das beim Einschmelzen von Aluminium entsteht) und anderen Substanzen verseucht, daß ihre Körper nach ihrem Tod eigentlich als Giftmüll entsorgt werden müßten.

Anzahl der Jungen. Anders als die meisten Säugetiere bringen Wale, Delphine und Tümmler in der Regel bei jedem Wurf nur ein Junges zur Welt. Verschiedentlich wurden bei Finnwalen *(Balaenoptera physalus)* bis zu sechs Föten registriert, die jedoch meistens noch vor der Geburt abstarben. Selbst wenn mehr als ein Kalb geboren wird, hat die Mutter im allgemeinen nur für ein Junges genug Milch. Dennoch liegen vereinzelte Angaben darüber vor, daß nach Zwillingsgeburten bei Schwertwalen *(Orcinus orca),* Belugas *(Delphinapterus leucas)* und Grönlandwalen *(Balaena mysticetus)* beide Kälber großgezogen werden konnten.

Erst unlängst entdeckt wurden mehrere Arten von bis dahin unbekannten Waltieren. Zuletzt benannt wurde der Peruanische Schnabelwal *(Mesoplodon peruvianus),* der erstmals die Aufmerksamkeit der Wissenschaft auf sich lenkte, als 1976 auf einem Fischmarkt bei San Andres (Peru) ein Schädel auftauchte. Das erste vollständige Exemplar wurde 1985 auf einem Fischmarkt südlich von Lima (Peru) entdeckt. Ihren Namen erhielt die neue Spezies im Jahr 1991.

Der sogenannte »nicht identifizierte Schnabelwal« *(Mesoplodon Sp.)* wurde ungefähr 30 Mal in der Indopazifischen Hochseeregion gesichtet, konnte bisher jedoch nicht näher untersucht werden. Einen Namen hat die Spezies daher noch nicht.

Mehrere Delphine werden erst seit wenigen Jahren als eigene Arten geführt – so der Kurzschnabel-Spin-

In den vergangenen Jahren wurden zwei unterschiedliche Formen des Eigentlichen Delphins identifiziert; sollten sie zu separaten Arten erklärt werden, wären sie die letzten von mehreren Waltieren, die in jüngster Vergangenheit entdeckt wurden.

nerdelphin *(Stenella clymene),* den man zuvor für eine von vielen Varianten des Spinnerdelphins *(Stenella longirostris)* gehalten hatte; er wird seit 1981 offiziell als separate Spezies betrachtet. Die Klassifizierung des Gewöhnlichen Delphins *(Delphinus delphis)* ist aufgrund der vielen individuellen Unterschiede innerhalb der Spezies sehr schwierig. Jüngste Untersuchungen haben jedoch zwei unterschiedliche Formen aufgedeckt: langschnäblige und kurzschnäblige Delphine. Da sie sich sowohl in physischer und genetischer Hinsicht als auch in ihren Verhaltensweisen deutlich voneinander unterscheiden, wird man sie wohl in naher Zukunft zwei separaten Arten zuordnen *(D. capensis* und *D. delphis).*

Die lautstärksten Lebewesen sind der Blauwal *(Balaenoptera musculus)* und der Finnwal *(Balaenoptera physalus).* Die Niedrigfrequenztöne, mit denen sie in den Meeren über weite Strecken hinweg miteinander kommunizieren, erreichen eine Lautstärke von bis zu 188 Dezibel. Die Laute liegen außerhalb der menschlichen

Hörgrenze, nimmt man aber technisches Gerät zu Hilfe, sind sie noch in einer Entfernung von 850 km wahrnehmbar. Biologen haben herausgefunden, daß die Rufe von Blauwalen vor der Küste von Neufundland (Kanada) im gesamten westlichen Nordatlantik, möglicherweise bis zu den Westindischen Inseln im Süden, zu hören sind. Der Ruf eines Finnwals vor der Küste von North Carolina (USA) dringt bis nach Nova Scotia, Puerto Rico und zu den Bermuda-Inseln.

Das schwerste Gehirn aller Lebewesen hat der Pottwal *(Physeter macrocephalus),* obwohl es nur 0,02 % seines gesamten Körpergewichts ausmacht. Bei einer japanischen Walfangexpedition 1949/50 zum Nordpazifik wurde das Gewicht der Gehirne von 16 ausgewachsenen Bullen ermittelt: Das schwerste wog 9,2 kg, das leichteste 6,4 kg, und der Durchschnitt lag bei 7,8 kg. Zum Vergleich: Das Gehirn eines erwachsenen Menschen hat ein Durchschnittsgewicht von 1,4 kg.

Größenunterschiede innerhalb einer Spezies treten am stärksten bei den Großen Tümmlern oder Flaschennasen *(Tursiops truncatus)* auf. Die Körperlänge ausgewachsener Tiere schwankt zwischen 1,9 m und 3,9 m; ihr Gewicht bewegt sich in einem Bereich von 150 kg bis 650 kg.

Die Größenunterschiede zwischen den Geschlechtern sind wahrscheinlich bei den Indischen Grindwalen *(Globicephala macrorhynchus)* am ausgeprägtesten. Während Bullen im Durchschnitt eine Länge von 5,6 m und ein Gewicht von 2,2 t erreichen, liegen die Durchschnittswerte der weiblichen Tiere bei 4,2 m und 0,88 t. Damit sind die Weibchen um 25 % kleiner und um 60 % leichter als die Bullen.

Die dickste Speckschicht aller Tiere besitzt der Grönlandwal *(Balaena mysticetus).* Sie ist im allgemeinen 43–50 cm dick und schützt die Tiere vor dem eisigen Wasser in ihrer Heimat, der Arktis.

Die geringste Verbreitung aller meeresbewohnenden Waltiere hat vermutlich der Kalifornische Schweinswal *(Phocoena sinus).* Inzwischen ist er nur noch in einem Umkreis von 48 km im äußersten Norden des Golfs von Kalifornien (Mexiko) anzutreffen, während sich sein Lebensraum früher wahrscheinlich wesentlich weiter nach Süden ent-

lang der Westküste Mexikos erstreckte. Am häufigsten wird er im Mündungsgebiet des Colorado gesehen. Auch die Lebensräume mehrerer Arten von Flußdelphinen sind extrem klein. So kommt der Indus-Delphin *(Platanista minor)* nur noch im Fluß Indus innerhalb der Provinzen Sind und Punjab (Pakistan) vor. Stromaufwärts bildet der Jinnah-Staudamm im Nordwesten des Punjab die Grenze seines Verbreitungsgebietes, und stromabwärts ist es vermutlich der Kotri-Staudamm in Sind, der die Grenze seines Lebensraums markiert. Über 80 % der Population lebt ausschließlich in einem 170 km langen Flußabschnitt zwischen den Staudämmen Sukkur und Guddu im Unterlauf des Indus.

> **Man nimmt an, daß Wale und Delphine über die Fähigkeit verfügen, Veränderungen im Magnetfeld der Erde wahrzunehmen; einige Wissenschaftler glauben, daß sie sich auf diese Weise wie mit Hilfe einer Landkarte in den Meeren orientieren.**

Am meisten von Parasiten heimgesucht wird der Grauwal *(Eschrichtius robustus).* Das mag zum Teil daran liegen, daß er sich, verglichen mit den meisten anderen Arten, relativ langsam fortbewegt. Noch dazu sind Grauwale von einer größeren Vielzahl verschiedener Arten von äußerlichen Parasiten befallen als jedes andere Waltier. Vor allem haben es Rankenfüßer und Walläuse auf sie abgesehen. Jeder Grauwal trägt fast sein ganzes Leben lang 100–200 kg Rankenfüßer an Kopf und Körper mit sich herum. Diese Krebstiere verankern sich bis in die Speckschicht fest in seiner Haut. Sie verletzen ihren Wirt jedoch nicht, sondern lassen sich von ihm lediglich von einem Ort zum anderen befördern. Eine Spezies von Rankenfüßern, *Cryptollepas rhachianecti,* sucht ausschließlich den Grauwal auf und ist an keinem anderen Tier zu finden. Bei den Walläusen handelt es sich nicht um Läuse, sondern um winzige Schalentiere, die sogenannten Ringelkrebse. Sie ernähren sich von der Haut des Wals und sammeln sich bei verletzten Tieren in deren Wunden, die sie sauber halten, indem sie das faulende Gewebe

Bei den Flaschennasen schwankt die Körpergröße der einzelnen Tiere stärker als innerhalb anderer Arten von Waltieren; manche Individuen wiegen mehr als das Vierfache einiger ihrer Artgenossen.

abfressen. An einem einzigen Grauwal wurden 100 000 Walläuse gezählt. Parasiten, die im Körperinneren eines Wals leben, hat der Grauwal dagegen erstaunlich wenig.

Die höchste Lebenserwartung hat wahrscheinlich der Finnwal *(Balaenoptera physalus),* der schätzungsweise 90–100 Jahre alt werden kann. Auf ihn folgt der Baird-Wal *(Berardius bairdii):* Das für diese Spezies registrierte Höchstalter von 82 Jahren erreichte ein Bulle, der 1975 vor der Küste Japans erlegt wurde. Wale sind langlebige Tiere. Ihr genaues Alter zu schätzen hat sich jedoch als problematisch erwiesen. Daher ist die Lebenserwartung der meisten Arten unbekannt.
Ein männlicher Schwertwal oder Orca *(Orcinus orca),* den man liebevoll Old Tom nannte, wurde von 1843 bis 1932 alljährlich im Winter in der Twofold Bay, New South Wales (Australien), gesehen. Damit hätte er ein Alter von mindestens 89 Jahren erreicht. Die Angaben wurden jedoch nie offiziell bestätigt, und nach der Untersuchung des Skeletts, das vermutlich Old Tom gehörte, schätzte man sein Alter zum Zeitpunkt seines Todes auf nur 35 Jahre.

Die geringste Lebenserwartung aller Waltiere hat wohl der Kleine Tümmler oder Schweinswal *(Phocoena phocoena).* Die meisten Wale dieser Spezies sterben, bevor sie das 8. Lebensjahr erreicht haben. Der älteste bekannte Kleine Tümmler wurde 15 Jahre alt.

Am spätesten geschlechtsreif wird vermutlich der männliche Pottwal *(Physeter macrocephalus),* nämlich im Alter von etwa 18–21 Jahren. Groß und stark genug, um sich paaren zu können, ist er aber erst im Alter von 20–25 Jahren.

> **Wale und Delphine schlafen nicht, wie wir es gewohnt sind, sondern ruhen oder dösen für kurze Zeit an der Wasseroberfläche; dabei bleibt abwechselnd immer eine Gehirnhälfte wach, während sich die andere »abschaltet«.**

Weibliche Indische Grindwale *(Globicephala macrorhynchus)* werden ungefähr im Alter von 9 Jahren geschlechtsreif und gebären dann alle 4–6 Jahre ein Kalb. Ihr letztes Kalb bringen sie im Alter von etwa 37 Jahren zur Welt, produzieren aber vereinzelt noch bis Anfang 40 Milch und säugen andere Kälber der Gruppe.

Am frühesten geschlechtsreif wird – soweit bekannt ist – der weibliche Kleine Tümmler oder Schweinswal *(Phocoena phocoena).* Bei ihm setzt die Geschlechtsreife bereits im Alter von etwa 3 Jahren ein.

Die besten Akrobaten. Viele Waltiere sind für ihre akrobatischen Kunststücke in der Luft bekannt. Von den größeren Arten gilt das vor allem für den Südlichen Glattwal *(Eubalaena australis),* den Buckelwal *(Megaptera novaeangliae)* und den Schwertwal oder Orca *(Orcinus orca).* Vor Hawaii (USA) wurde mehrfach beobachtet, daß Buckelwale 70–80 Mal hintereinander fast vollständig aus dem Wasser sprangen. In Anbetracht des Gewichts eines durchschnittlichen Buckelwals, das etwa dem von 400 Menschen entspricht, ist das eine unglaubliche Leistung.
Auch unter den Delphinen gibt es viele herausragende Akrobaten. Zu den bekannteren zählen der Große Tümmler oder Flaschennasendelphin *(Tursiops truncatus),* der Fleckendelphin *(Stenella attenuata),* der Streifendelphin *(Stenella coeruleoalba)* und der Dunkle Delphin *(Lagenorhynchus obscurus).* Sie werfen sich manchmal bis zu 7 m hoch in die Luft

Weibliche Indische Grindwale bringen ihr letztes Kalb zur Welt, wenn sie bereits auf die 40 zugehen; damit gebären sie in höherem Alter als die meisten übrigen Arten von Waltieren.

Der Dunkle Delphin gilt zu Recht als einer der besten Akrobaten der Tierwelt.

und schlagen Purzelbäume, bevor sie wieder im Wasser landen. Aber die spektakulärsten Kunststücke vollbringt wohl der Spinnerdelphin *(Stenella longirostris),* der sich hoch in die Luft schraubt und sich während eines einzigen Sprunges bis zu 7 Mal um die eigene Achse dreht.

Die längsten Flossen hat der Buckelwal *(Megaptera novaeangliae).* Bei großen Tieren werden sie durchschnittlich 4,6 m lang, sie können aber auch zu einer Länge heranwachsen, die 23–31 % der gesamten Körperlänge ausmacht (das ergibt eine mögliche Maximallänge von mehr als 5,5 m). Die Tiere gebrauchen ihre Flossen, um Fische zusammenzutreiben, um beim Schwimmen zu steuern, um Körperkontakt zu ihren Jungen herzustellen und um sie auf die Wasseroberfläche zu schlagen.

Die gewaltigen Flossen des Buckelwals erreichen häufig eine Länge von über 4 m.

ZAHNARME SÄUGETIERE (EDENTATA)

Xenarthra
29 Arten: 20 Gürteltiere, 5 Faultiere und 4 Ameisenbären; nur in Nord-, Mittel- und Südamerika verbreitet.

Der größte der Edentaten (»Zahnarme«) ist der Große Ameisenbär *(Myrmecophaga tridactyla),* der in den Savannen und Wäldern Zentral- und Südamerikas vorkommt. Er erreicht eine Körperlänge von 1–1,2 m, eine Schwanzlänge von 70–90 cm und ein Gewicht von 20–60 kg. Die männlichen Tiere sind durchschnittlich 10–20 % schwerer als die weiblichen. Auch Riesengürteltiere *(Priodontes maximus)* haben in Ausnahmefällen ein Gewicht von 60 kg erreicht, hierbei handelte es sich jedoch um überfütterte Zootiere. Die durchschnittliche Körperlänge dieser Spezies liegt bei 75–100 cm (Schwanzlänge ca. 50 cm).

> **Der Große Ameisenbär schläft auf der Seite und benutzt seinen langen buschigen Schwanz als Decke.**

Die größten prähistorischen Edentaten. Die heute lebenden Edentaten sind klein, verglichen mit vielen ihrer prähistorischen Verwandten. Vor allem Riesenfaultiere aus der Familie der *Megalonychidae* waren mindestens so groß wie die heutigen Elefanten, so zum Beispiel die Spezies *Megatherium.* Sie erschienen im frühen Oligozän vor 34 Mio. Jahren und bevölkerten noch vor 8500 bis 11 000 Jahren Nord- und Südamerika und die Karibik.

Das größte dem Gürteltier ähnliche Lebewesen war eine Spezies namens *Glyptodon* von der Größe eines Nashorns. Das ungefähr 5 m lange Tier trug einen knöchernen, etwa 3 m langen Panzer auf dem Rücken, der den frühen Indianern Südamerikas als Dach oder Grabmal diente.

Der kleinste der Edentaten ist die Gürtelmaus *(Chlamyphorus truncatus),* die im Herzen Argentiniens lebt. Sie trägt einen blaßrosafarbenen Panzer und hat eine Körperlänge von 12,5–15 cm, eine Schwanzlänge von 2,5–3 cm und ein Gewicht von 80–100 g; damit ist sie etwa so groß wie eine kleine Ratte.

Am verschlafensten sind einige Gürteltiere (Familie der *Dasypodidae),* Faultiere (Familien der *Bradypodidae* und *Megalonychidae)* und Opossums (Famile der *Didelphidae).* Sie schlafen oder dösen bis zu 80 % ihres Lebens. Die Stoffwechseltätigkeit bei Faultieren liegt nur bei etwa 40–45 % im Verhältnis zu anderen Tieren ihrer Größe. Da sich Faultiere ausschließlich von nährstoffarmen Blättern ernähren, müssen sie mit ihrer Energie besonders sparsam umgehen. Infolgedessen scheinen sie sich fortwährend in Zeitlupe zu bewegen. Selbst wenn sie sich in Alarmbereitschaft befinden, sind ihre Bewegungen methodisch und bedächtig.

Das langsamste Säugetier der Welt ist wohl das Aschgraue Ai *(Bradypus tridactylus),* ein Dreifinger-Faultier, das in den Tropen Südamerikas lebt und sich auf der Erde mit einer Durchschnittsgeschwindigkeit von 1,8–2,4 m/Min. (0,1–0,16 km/h) fortbewegt. Nur etwa einmal pro Woche verläßt es die Bäume, um auf dem Erdboden seinen Darm zu entleeren. Wie alle Faultiere ist es dem Leben in den Bäumen so gut angepaßt, daß es die Fähigkeit verloren hat, zu gehen oder zu laufen. Da mit seinen langen, sichelförmigen Krallen und schwach ausgebildeten Hinterbeinen (Faultiere haben nur etwa halb soviel Muskelmasse wie andere Tiere vergleichbarer Größe) eine normale Fortbewegung unmöglich ist, legt es sich auf den Bauch, sucht im Erdboden nach einem Halt für seine Krallen und zieht sich buchstäblich vorwärts. In den Bäumen bringt es das Ai immerhin auf eine Geschwindigkeit von 4,6 m/Min. (0,27 km/h).

> **Ein Ameisenbär vertilgt pro Tag ungefähr 30 000 Ameisen und Termiten.**

Erstaunlicherweise sind Faultiere gute und ausdauernde Schwimmer. In der Regel wenden sie die Technik des Brustschwimmens an, können aber auch sehr elegant kraulen.

Am längsten mit dem Rücken nach unten hängen die Faultiere (Familien der *Bradypodidae* und *Megalonychidae).* Sie verbringen mehr Zeit ihres Lebens in dieser Haltung als jedes andere Säugetier (einschließlich der nicht Winterschlaf haltenden Fledertiere). Sie essen, schlafen, hangeln, paaren sich und gebären mit dem Rücken nach unten hängend. Selbst ihr Fell wächst »verkehrt« herum – vom Handgelenk in Richtung Schulter und vom Magen in Richtung Rücken. Auch nach ihrem Tod verharren sie oft in dieser Haltung und hängen förmlich an ihren 8–10 cm langen Krallen im Geäst fest.

> **Obwohl die Bezeichnung »Edentata« wörtlich »ohne Zähne« bedeutet, sind nur Ameisenbären wirklich zahnlos (Gürteltiere und Faultiere haben einfache hintere und vordere Backenzähne, ähnlich wie die Schweine).**

Vierlingsgeburten sind in der Klasse der Säugetiere eine Spezialität des Neunbinden-Gürteltiers *(Dasypus novemcinctus),* das im südlichen Nordamerika, in Mittel- und Südamerika verbreitet ist. Seine Würfe bestehen aus vier Jungen mit identischen Chromosomen, die alle demselben Geschlecht angehören und aus einem einzigen Ei entstehen, das sich sofort nach der Befruchtung zu teilen beginnt.

Die längste Zunge hat der Große Ameisenbär *(Myrmecophaga tridactyla).* Ausgestreckt hat sie eine Länge von 61 cm (außerhalb der Schnauze) und kann bis zu 150 Mal/Min. vorschnellen. Die Scheide, die die Zunge

und die Zungenmuskeln umschließt, ist im Brustbein verankert.

Vom Aussterben bedroht sind nach Angaben der World Conservation Union (IUCN) sechs Edentaten-Arten.

Der Große Ameisenbär ist der größte der Ameisenbären und wird (einschließlich Schwanz) bis zu 2 m lang.

Das Kragenfaultier *(Bradypus torquatus)* und das Kugelgürteltier *(Tolypeutes tricinctus),* beide heimisch in Brasilien, gelten als die am meisten gefährdeten Arten. Die übrigen vier Arten sind der Burmeister-Gürtelmull oder Pichiciego *(Chlamyphorus retusus)* aus Argentinien, Bolivien und Paraguay, die Gürtelmaus *(Chlamyphorus truncatus)* aus Argentinien, das Riesengürteltier *(Priodontes maximus)* aus Südamerika und der Große

Dreifinger-Faultier im Amazonasgebiet (Brasilien): das langsamste und eines der verschlafensten Säugetiere der Welt.

Ameisenbär *(Myrmecophaga tridactyla)* aus Mittel- und Südamerika. Die Jagd, der Handel mit lebenden Tieren und die Zerstörung ihrer Lebensräume stellen heute die größten Gefahren für die Edentaten dar.

VÖGEL

Aves

8500–9700 Arten (keine allgemein anerkannte Zahl, da über die Klassifizierung von Vögeln wenig Einigkeit besteht).

PRÄHISTORISCHE VÖGEL

Der unbestritten älteste fossile Vogel ist *Archaeopteryx lithographica*. Er weist sowohl charakteristische Merkmale von Vögeln wie von Reptilien auf und lieferte den Paläontologen den eindeutigsten Beweis dafür, daß Vögel von Reptilien abstammen. Daher zählt er zu den bedeutendsten Fossilien, die je gefunden wurden. Entdeckt wurde er 1861, nachdem bereits ein Jahr zuvor der Abdruck einer einzelnen Feder zum Vorschein gekommen war. Der Urvogel ist nur durch sechs vollständige Exemplare dokumentiert, die ausnahmslos aus dem Solnhofener Plattenkalk im heutigen Bayern geborgen wurden. Mit den Vögeln hatte *Archaeopteryx* vor allem zweierlei gemein: sein Gefieder und ein Gabelbein (das vor kurzem auch bei einigen höher entwickelten Dinosauriern entdeckt wurde). Obwohl er ein Gefieder besaß, weiß man nicht, ob er aus eigenem Antrieb fliegen konnte oder ob er lediglich ein Gleiter war. *Archaeopteryx* lebte im späten Jura vor ca. 150 Mio. Jahren. Er war etwa so groß wie eine Elster. Es besteht aber auch die Möglichkeit, daß eine Spezies namens *Protoavis*

texensis den ältesten fossilen Vogel repräsentiert. Teile zweier Skelette wurden 1984 in 220 Mio. Jahre altem Gestein in Texas (USA) gefunden. Die 1991 benannte Spezies von der Größe eines Fasans gibt Anlaß zu großen Kontroversen, denn sie könnte das Alter der Vögel um viele Millionen Jahre vor das Alter des bekannteren *Archaeopteryx* datieren. Es ist nach wie vor fraglich, ob *Protoavis* jemals allgemein als echter Vogel anerkannt werden wird, denn einige prominente Paläontologen vertreten die Ansicht, daß die Fossilfunde nicht die Knochen eines einzigen Vogels darstellen, sondern daß es sich vielmehr um eine Ansammlung von Knochen verschiedener nicht miteinander verwandter Arten von kleinen Dinosauriern handelt.

Der schwerste Vogel aller Zeiten war der prähistorische *Dromornis stirtoni* – ein riesiger, flugunfähiger Vogel von der Gestalt eines Emus, der vor 25 000 bis 15 Mio. Jahren in Zentralaustralien lebte. 1974 wurden in der Nähe von Alice Springs fossile Beinknochen gefunden, die darauf schließen lassen, daß das Tier stehend ungefähr 3 m hoch war und ein Gewicht von etwa 500 kg erreichte. Lange galt der flugunfähige Elefantenvogel (*Aepyornis maximus*) aus Madagaskar als der schwerste aller Vögel. Nach neuesten Schätzungen brachte er es jedoch auf ein Gewicht von »nur« 450 kg bei einer Standhöhe von ebenfalls rund 3 m. Einige halten den Elefantenvogel für das Vorbild des Fabelwesens Rukh oder Roc, das in *Tausendundeine Nacht* seine Jungen mit Elefanten fütterte.

Der größte Vogel aller Zeiten war vermutlich der Riesenmoa (*Dinornis maximus*) aus Neuseeland. Mit 227 kg wog er nur etwa die Hälfte des *Dromornis stirtoni* und war vergleichsweise schlank, seine Körperhöhe lag aber bei mindestens 3 m. Das größte bisher gefundene Skelett mißt eine Höhe von 3,7 m. Vor der Ankunft von Polynesiern und Europäern lebten in Neuseeland 12–20 Arten von Moas, die vermutlich alle vor Beginn oder im Laufe des 17. Jahrhunderts ausstarben.

Die furchterregendsten Vögel waren wohl die sogenannten Schreckensvögel oder *Phorusrhacoiden*. Man nimmt an, daß sie von vor 62 Mio. bis vor etwa 2 Mio. Jahren die landbewohnende Tierwelt Südamerikas dominierten. Einige dieser kräftigen, aber flugunfähigen Fleischfresser mögen

knapp 3 m groß gewesen sein. Möglicherweise erreichten sie Spitzengeschwindigkeiten von bis zu 70 km/h. Ihre großen Köpfe und seitlich abgeflachten, adlerähnlichen Schnäbel legen die Vermutung nahe, daß es sich vorwiegend um Aasfresser gehandelt hat, die ihre Beute zerfleischten. Bis heute sind 25 Arten von Schreckensvögeln bekannt. Als ihre nächsten lebenden Verwandten gelten die Seriemas (Familie der *Cariamidae*) aus dem Norden Südamerikas.

Der größte flugfähige Vogel aller Zeiten war der prähistorische Neuweltgeier (*Argentavis magnificens*), der vor 6–8 Mio. Jahren die Pampas Südamerikas bewohnte. Fossile Überreste, die 1979 ungefähr 160 km westlich von Buenos Aires (Argentinien) gefunden wurden, lassen darauf schließen, daß die Flügelspannweite dieser gewaltigen Vögel bei über 6 m (vielleicht sogar bei bis zu 7,6 m) lag, was etwa der Größe eines kleinen Segelflugzeugs entspricht. Aus den verfügbaren Fossilien läßt sich entnehmen, daß es sich vermutlich um einen aufsteigenden Vogel handelte, der nur gelegentlich mit den Flügeln schlug. Dennoch brachte seine Entdeckung die Vogelwelt ins Wanken und zwang die Experten, ihre Theorien über das Verhältnis zwischen Körpergröße und Flugfähigkeit zu überdenken. Das Gewicht des *Argentavis* wird auf 80 kg geschätzt und liegt damit deutlich über dem theoretischen Grenzwert für den Flatterflug. Seine Standhöhe bewegte sich wahrscheinlich um die 1,5 m; seine Schwungfedern waren ungefähr 1,5 m lang und 18 cm breit.

Das größte fliegende Lebewesen überhaupt war ein Reptil – der Pterosaurier *Quetzalcoatlus northropi* (»fliegende Schlange«). Vor 70 Mio. Jahren lebte er in Texas, Wyoming und New Jersey (USA), in Alberta (Kanada) sowie im Senegal und in Jordanien. Unvollständige Überreste, die 1971 im Big Bend-Nationalpark, Texas (USA), gefunden wurden, deuten auf eine Flügelspannweite von 11–12 m und ein Gewicht von 86–113 kg hin.

Die größten Eier legte der ausgestorbene Elefantenvogel (*Aepyornis maximus*) aus Madagaskar. 1841 hat man dort das größte Ei entdeckt, das je auf Erden gefunden wurde. Das 39 cm lange und 32,5 cm breite Exemplar ist heute in der Académie des Sciences, Paris (Frankreich), zu sehen. Seine Größe läßt auf ein Fassungsvermögen von über 12 l schließen – das entspricht 16 000 Eiern von

Archaeopteryx gilt als der älteste fossile Vogel; er war ungefähr so groß wie eine Elster und lebte wahrscheinlich vor rund 150 Millionen Jahren.

Vögel

Hummelkolibris, 220 Eiern von Haushühnern, 9 Straußeneiern oder 3–4 der größten je gefundenen Eiern von Dinosauriern. Es muß mit Inhalt ungefähr 12,2 kg gewogen haben. An einigen Stränden im Süden Madagaskars werden auch heute noch hin und wieder Eier von Elefantenvögeln aus dem Sand gespült, um dann gelegentlich von den Einheimischen zum Wasserholen verwendet zu werden. Sie haben durchschnittlich ein Fassungsvermögen von 8–10 l.

Die primitivsten Vogelarten der Gegenwart. Nur von zwei neuzeitlichen Gruppen von Vögeln weiß man, daß sie bereits vor mehr als 65 Mio. Jahren existiert haben: die Unterordnung *Charadrii* (Möwen, Seeschwalben, Skuas und Alke) und die Überfamilie *Procellarioidea* (Albatrosse, Sturmvögel, Pinguine, Seetaucher und Fregattenvögel). Beide sind durch Fossilfunde aus der späten Kreidezeit belegt.

Oft wurde der Hoatzin oder das Zigeunerhuhn *(Opisthocomus hoazin)* aus den Tropen Südamerikas als die primitivste Vogelart der Gegenwart bezeichnet. Der Hoatzin wirkt tatsächlich beinahe prähistorisch und weist mehrere einzigartige Merkmale auf, wie einen außerordentlich großen Kropf und Klauen an den Flügeln der Jungvögel. Seine bizarre Erscheinung hat zu der Annahme geführt, daß er mit *Archaeopteryx,* einem der ältesten Vögel überhaupt, nahe verwandt ist und das »fehlende Glied« zwischen den neuzeitlichen Vögeln und ihren Urahnen darstellt. Die Ergebnisse jüngster Genanalysen lassen jedoch eher auf eine Verwandtschaft mit den Kuckucken (Ordnung *Cuculiformes*) schließen und deuten im übrigen darauf hin, daß sich seine einzigartigen Merkmale erst vor relativ kurzer Zeit (nämlich vor 25 Mio. Jahren) entwickelt haben.

VOGELSTATISTIK

Der größte lebende Vogel ist der in Afrika heimische (und in Australien eingebürgerte) Strauß *(Struthio camelus).* Die größte der fünf Unterarten ist der Rothalsstrauß *(Struthio c. camelus),* dessen Lebensraum sich südlich des Atlasgebirges vom Oberlauf des Senegal und Niger bis zum Sudan und nach Zentraläthiopien erstreckt. Die Hähne sind im allgemeinen größer als die Hennen. Sie erreichen eine Höhe von bis zu 2,74 m (davon entfallen 1,4 m auf Hals und Kopf); die durchschnittliche Körperhöhe liegt bei knapp 2 m. Das Schwergewicht unter den Straußen ist der Südafrikanische Strauß *(Struthio c. australis),* der vermutlich bis zu 160 kg wiegt.

Als der kleinste Vogel der Welt gilt im allgemeinen der Hummelkolibri *(Mellisuga helenae)* – ein schöner rotköpfiger Vogel aus Kuba und von der Isla de Pinos. Er wird 57 mm lang, wobei Schnabel und Schwanz die Hälfte seiner Körperlänge ausmachen, und wiegt gerade 1,6 g. Die Weibchen sind zwar etwas größer, aber auch sie wirken neben vielen Schmetterlingen und Nachtfaltern in ihren heimatlichen Regenwäldern winzig. Einige Ornithologen halten die Hummelelfe *(Acestrura bombus)* aus Ecuador und dem Norden Perus sogar für noch etwas kleiner.

Der kleinste flugunfähige Vogel war vermutlich der Scheinzaunkönig *(Xenicus lyalli)* aus Neuseeland, der 1894 entdeckt wurde und wenige Monate später ausstarb. Er hatte eine Länge von nur 10 cm. Obwohl er nie fliegend, sondern nur wie eine Maus über den Boden laufend gesehen wurde, sprechen sein Knochenbau, seine kurzen, rundlichen Flügel und sein weiches Gefieder jedoch dafür, daß er ein schwach ausgeprägtes Flugvermögen besaß. Sollte diese Vermutung zutreffen, wäre die Atlantisralle *(Atlantisia rogersi)* von der Inselgruppe Tristan da Cunha im Südatlantik der kleinste unbestritten flugunfähige Vogel. Mit einer Länge von 12,5 cm und einem Gewicht von 35 g ist diese in Höhlen im Unterholz lebende Ralle gerade so groß wie das frisch geschlüpfte Küken eines Haushuhns.

Der schwerste Meeresvogel ist der Kaiserpinguin *(Aptenodytes forsteri)* mit einem Gewicht von durchschnittlich 30 kg. Seine Körperlänge beträgt in der Regel ungefähr 1,15 m, seine Standhöhe bei waagerecht gehaltenem Kopf etwa 1 m. Das schwerste jemals verzeichnete Exemplar wurde im November 1915 bei einer britischen Antarktis-Expedition im Rossmeer gefangen. Das Tier wog 42,6 kg und hatte einen Brustumfang von 1,32 m.

Der größte Meeresvogel ist der Wanderalbatros *(Diomedea exulans).* Er hat eine Körperlänge von 1,1–1,4 m und wiegt 6–11 kg.

Der kleinste Meeresvogel ist die Zwergsturmschwalbe *(Halocyptena microsoma),* deren Lebensraum sich auf den östlichen Pazifik beschränkt. Sie erreicht eine Körperlänge von 12,5–15 cm, ein Gewicht von 28–34 g und eine Flügelspannweite von nur 32 cm.

Der Strauß ist mit einer durchschnittlichen Körperhöhe von etwa 2 m der größte lebende Vogel der Welt.

Vögel

Der Wanderalbatros hält gleich
zwei Rekorde: Er hat die größte
exakt vermessene Flügelspannweite aller heute lebenden
Vögel und wird nach dem
Schlüpfen später flugfähig
als alle übrigen Vogelarten.

Der größte Greifvogel. Der schwerste bekannte Greifvogel war eine weibliche Harpyie *(Harpia harpyja)* namens Jezebel, die dem früheren Manager der Dadanawa-Ranch (Guayana) gehörte. Sie wog 12,3 kg. Das Durchschnittsgewicht dieser Spezies aus den Regenwäldern in Zentralamerika und dem Norden Südamerikas liegt dagegen bei nur 4,5 kg. Weibchen sind größer als Männchen. Genaugenommen zählt der Kondor nicht zu den Greifvögeln, dennoch wird er im allgemeinen zu dieser Gruppe gerechnet. Geht man daher nach dem Durchschnittsgewicht, ist der Kondor *(Vultur gryphus)* der größte aller Greifvögel. Er lebt in Südamerika und ist dort vorwiegend in den Anden verbreitet. Große Männchen erreichen ein Gewicht von 9–12 kg und eine Flügelspannweite von 3 m und mehr.

Der kleinste Greifvogel – diesen Titel teilen sich der Finkenfalke *(Microhierax fringillarius),* der vom südlichen Burma über Malaya, Sumatra, Borneo und Java bis nach Bali verbreitet ist, und der nur im Nordwesten Borneos anzutreffende Nordborneo-Zwergfalke *(M. latifrons).* Beide Arten erreichen durchschnittlich eine Länge von 14–15 cm (einschließlich des 5 cm langen Schwanzes) und ein Gewicht von ungefähr 35 g. Sie ernähren sich hauptsächlich von Insekten, insbesondere von Libellen, die sie wie Fliegenschnäpper von den Ästen der Bäume aus fangen.

Die größte Eule ist der Europäische Uhu *(Bubo bubo)* mit einer Länge von 66–71 cm, einem Gewicht von 1,6–4 kg und einer Flügelspannweite von über 1,5 m.

Als die kleinste Eule gilt im allgemeinen das Elfenkäuzchen *(Microthene whitneyi)* aus dem Südwesten der USA und Mexiko. Aber auch zwei andere Arten wetteifern um diesen Titel: der vielleicht etwas kräftiger gebaute Zwerg-Sperlingskauz *(Glaucidium minutissimum)* aus Mexiko, Zentral- und Südamerika und der Weißbrauenkauz *(Xenoglaux loweryi)* aus dem Norden Perus. Alle drei Arten sind ungefähr so groß wie ein Spatz:

Sie haben eine durchschnittliche Länge von 12–14 cm und wiegen in der Regel weniger als 50 g.

Die größte bekannte Flügelspannweite aller heute lebenden Vogelarten hat der Wanderalbatros *(Diomedea exulans),* der die Ozeane der südlichen Hemisphäre bewohnt. Bei völlig ausgebreiteten Flügeln liegt sie durchschnittlich bei 2,54–3,51 m. Den Rekord hält ein am 18. September 1965 von Mitgliedern einer Antarktis-Forschungsexpedition in der Tasmansee gefangener sehr alter, männlicher Wanderalbatros, bei dem eine Flügelspannweite von 3,63 m gemessen wurde. Nach unbestätigten Angaben sollen es einige Exemplare dieser Spezies sogar auf Spannweiten von bis zu 4,22 m bringen; da bisher nur eine relativ kleine Zahl von Tieren vermessen werden konnte, liegen Angaben dieser Größenordnung jedoch im Bereich des Möglichen.

Die größte Flügelspannweite aller Landvögel findet sich beim geierähnlichen Afrikanischen Marabu *(Leptoptilus crumeniferus)* aus dem tropischen Afrika. Bei männlichen Tieren liegt das Durchschnittsmaß bei

2,63 m, aber auch Spannweiten von bis zu 2,87 m sind keine Seltenheit. Bei einem Exemplar, das 1934 geschossen wurde, betrug die Flügelspanne unbestätigten Schätzungen zufolge sogar 4,06 m.

Ebenfalls rekordverdächtig ist die Flügelspannweite des in Südamerika heimischen Kondors *(Vultur gryphus),* die bei einigen Individuen vermutlich über 3 m mißt.

Mit einer Flügelspannweite von sage und schreibe mehr als 6 m (möglicherweise bis zu 7,6 m) war der prähistorische Neuweltgeier *Argentavis magnificens* – der größte Vogel aller Zeiten – etwa so groß wie ein kleines Segelflugzeug.

Den längsten Schnabel aller Vögel besitzt der australische Brillenpelikan *(Pelecanus conspicillatus).* Er erreicht eine Länge von 34–47 cm.

Über den längsten Schnabel im Verhältnis zur Körperlänge verfügt der hauptsächlich in den hohen Lagen der

Der Afrikanische Marabu hat mit
einem möglichen Höchstmaß von
etwas über 4 m die größte Flügelspannweite aller Landvögel.

Der Schwertschnabel-Kolibri hat im Verhältnis zu seiner Körpergröße einen längeren Schnabel als jeder andere Vogel.

Anden von Venezuela bis Bolivien verbreitete Schwertschnabel-Kolibri *(Ensifera ensifera)*. Sein Schnabel ist mit 10,2 cm länger als der Körper des Vogels (ohne Schwanz). Mit seiner Hilfe sammelt das Tier (das von der Spitze seines Schnabels bis zum Schwanzende bis zu 25 cm mißt) den Nektar verschiedener Pflanzen mit sehr langen, trompetenförmigen Blüten.

Die kürzesten Schnäbel im Verhältnis zur Körpergröße tragen die kleineren Segler (Familie der *Apodidae*), insbesondere der Gemeine Salangane *(Collocalia esculenta),* dessen Schnabel mit einer Länge von nicht einmal 4 mm praktisch nicht vorhanden ist.

Die längsten Beine aller existierenden Vogelarten hat der in Afrika heimische (und in Australien eingebürgerte) Strauß *(Struthio camelus).* Ihre kräftigen Beine können in Ausnahmefällen bis zu 1,3 m lang werden.
Die längsten Beine im Verhältnis zur Körpergröße hat der Strandreiter oder Stelzenläufer *(Himantopus himantopus)* – ein Watvogel mit schwarz-weißem Gefieder, der in vielen Teilen Europas, Afrikas und Asiens weitverbreitet ist. Seine roten, 17–24 cm langen Beine machen bis zu 60 % seiner gesamten Körperhöhe von 35–40 cm aus. Im Flug ragen sie bis zu 18 cm über die Schwanzspitze hinaus und dienen als Gegengewicht zum langen ausgestreckten Hals und dem Schnabel.

Die kürzesten Beine finden sich bei mehreren Arten von Seglern, deren Familienname *Apodidae* wörtlich übersetzt »fehlende Beine« bedeutet. Da sich die Segler überwiegend in der Luft aufhalten, haben sich ihre Beine fast vollständig zurückgebildet. Bei manchen Arten sind nur die Füße unter dem Gefieder sichtbar.

Die längsten Zehen im Verhältnis zur Körpergröße weisen die acht Arten von Blatthühnchen (Familie der *Jacanidae*) auf, die in vielen Teilen der Tropen und Subtropen Afrikas, Asiens, Lateinamerikas, Australiens und Ozeaniens zu Hause sind. Jede ihrer gespreizten, lang bekrallten Zehen kann länger als der Tarsus (der

Teil des Beins zwischen »Knöchel« und »Knie«) werden. Sie dienen dem Zweck, das Gewicht der Vögel zu verteilen und ihnen so zu ermöglichen, auf dem Teppich der auf dem Wasser schwimmenden Pflanzen zu laufen. Einige der größeren Arten, die zu einer maximalen Körperhöhe von 31 cm heranwachsen, haben eine »Zehenspannweite« von mindestens 15 cm. Im Flug sind die langen Beine und die Zehen deutlich hinter dem Körper sichtbar.

Die längsten Federn aller Vögel trägt das Yokohama-Huhn – eine Rasse des Bankivahuhns *(Gallus gallus),* die seit Mitte des 17. Jahrhunderts im südwestlichen Japan als Ziervogel gezüchtet wird. Seine Oberschwanzdecken werden selten gemausert und können bis zu 6 Jahre lang ununterbrochen wachsen. 1972 wurde eine 10,6 m lange Schwanzfeder gemeldet; sie stammte von einem Hahn, der Masasha Kubota aus Kochi auf der Insel Shikoku (Japan) gehörte.

Zu den längsten Federn aller fliegenden Vögel zählen die Schwanzfedern der Hähne des in Südostasien beheimateten Rheinartsfasans *(Rheinartia ocellata),* die regelmäßig eine Länge von 1,73 m und eine Breite von 13 cm erreichen. Die mittleren Schwanzfedern des Königsfasans *(Syrmaticus reevesii)* aus Zentral- und Nordchina werden in Ausnahmefällen bis zu 2,43 m lang.

Der kürzeste Schwanz. Mehrere flugunfähige Vogelfamilien besitzen praktisch keinen Schwanz. Hierzu gehören die Kiwis (Familie der *Apterygidae*), die Kasuare (Familie der *Casuariidae*), die Nandus (Familie der *Rheidae*) und die Emus (Familie der *Dromaiidae*). Im Gegensatz zu den meisten anderen Vögeln, die ihren Schwanz während des Fliegens zum Steuern benötigen, verfügen diese Arten nicht über Schwanzfedern, die sich erkennbar von den übrigen Körperfedern abheben.
Die meisten Federn. Die Anzahl der Federn eines Vogels ist abhängig von der Spezies, der Größe des Individuums, seinem Geschlecht, Alter und Gesundheitszustand sowie von der

Jahreszeit und der geographischen Verbreitung. Bei einer zwischen 1937 und 1949 von einem Team (sehr geduldiger) Ornithologen durchgeführten Zählung der Federn verschiedener Vogelarten wurde bei einem Zwergschwan *(Cygnus columbianus)* die höchste Anzahl festgestellt: Sein Gefieder bestand aus 25 216 Federn (davon entfielen 80 % auf Kopf und Hals).

Die wenigsten Federn wurden bisher bei einem Rubinkolibri *(Archilochus colubris)* gezählt: Er besaß 940 Federn. Interessanterweise hat diese kleine Spezies (mit einer Körperlänge von nur 9 cm) im Verhältnis zu ihrer Körpergröße mehr Federn als die meisten anderen Arten. So haben kleinere Vögel proportional zu ihrer Größe in der Regel mehr Federn als die größeren Vögel: Während ein Zwergschwan *(Cygnus columbianus)* 2000mal größer als ein Kolibri ist, besitzt er nur etwa 27mal mehr Federn.

VOGELFLUG

Die schwersten Flugvögel der Welt sind die Riesentrappe *(Ardeotis kori)* aus dem nordöstlichen und südlichen Afrika und die in Europa und Asien verbreitete Großtrappe *(Otis tarda)*. Daß die Riesentrappe bis zu 19 kg schwer wird, ist mehrfach berichtet worden. Unbestätigten Angaben zufolge soll eine in der Mandschurei geschossene männliche Großtrappe 21 kg gewogen haben, damit war sie allerdings zum Fliegen zu schwer. Die nach zuverlässigen Angaben schwerste Großtrappe wog 18 kg.

Auch der Höckerschwan *(Cygnus olor)* bringt es in Ausnahmefällen auf ein Gewicht von 18 kg. Ein besonders schwergewichtiger männlicher Schwan aus Polen wog sogar 22,5 kg, war aber mit dieser Körperlast zeitweise flugunfähig.

Die größten Flugvögel sind der Saruskranich *(Grus antigone)* aus Asien und der in Texas (USA) heimische Schreikranich *(Grus americana)*, die beide mit einer Körperlänge von bis zu 1,53 m fast mannshoch werden.

Der kleinste Flugvogel und der kleinste Vogel überhaupt ist der Hummelkolibri *(Mellisuga helenae)*, der die Inseln Kuba und Isla de Pinos bewohnt. Männchen sind von der Schnabelspitze bis zum Schwanzende 57 mm lang und wiegen ganze 1,6 g.

Die höchste Geschwindigkeit aller Lebewesen erreicht der Wanderfalke *(Falco peregrinus)*, der sich mit bis zu mindestens 200 km/h aus großer Höhe herabstürzt, um in niedriger

In Relation zu seiner Körpergröße unternimmt der Braune Kolibri längere Wanderungen als die meisten anderen Vogelarten; auf seinen Herbst- und Frühjahrszügen legt er mindestens 10 000 km zurück.

Höhe fliegende ·Vögel zu schlagen. Über die Höchstgeschwindigkeit des Wanderfalken herrscht jedoch Unei-

nigkeit. Anhand mathematischer Formeln wurde errechnet, daß ein etwas über 1 kg schwerer Falke mit angelegten Flügeln und geschlossenen Schwanzfedern im freien Fall über 1524 m eine maximale Geschwindigkeit von 385 km/h erreicht. Bei Versuchen in Deutschland und Rußland hat man festgestellt, daß die Geschwindigkeit vom Winkel des Sturzfluges abhängt: Es wurden Geschwindigkeiten von 270 km/h bei einem Winkel von 30° bis zu maximal 350 km/h (Deutschland) und 360 km/h (Rußland) bei entsprechend steileren Winkeln registriert. Die Genauigkeit dieser Messungen ist aber noch umstritten. Selbst wenn die Geschwindigkeiten nicht ganz so hoch sein sollten, weiß niemand, wie dieser Düsenjäger unter den Vögeln es schafft, seine rasanten Sturzflüge abzubremsen, ohne dabei das Bewußtsein zu verlieren oder in Stücke gerissen zu werden.

Die höchste Geschwindigkeit bei gleichbleibender Flughöhe wurde für Enten und Wildgänse *(Anatidae)* registriert. So kräftige Arten wie der Mittelsäger *(Mergus serrator)*, die Eiderente *(Somateria mollissima)*, die Riesentafelente *(Aythya valisineria)* und die Spornflügelgans *(Plectropterus gambiensis)* können wahrscheinlich in Ausnahmefällen Geschwindigkeiten von 90–100 km/h erreichen.

Den schnellsten je registrierten Langstreckenflug schafften sechs Wanderalbatrosse *(Diomedea exulans)*, die in den späten achtziger Jahren den Südwesten des Indischen Ozeans überqueraten. Die Distanz von über 800 km legten sie mit der gleichbleibenden Geschwindigkeit von 56 km/h zurück.

Die langsamsten Flugvögel sind die Amerikanische *(Scolopax minor)* und die Eurasische Waldschnepfe *(S. rusticola)*. Für beide Arten wurde während ihrer Balzflüge eine Geschwindigkeit von 8 km/h gemessen.

Den schnellsten Flügelschlag aller Vögel haben die Kolibris. Allgemein gilt: Je kleiner der Vogel, desto schneller der Flügelschlag. Bei vielen Arten bewegen sich die Flügel so schnell, daß sie für das menschliche Auge nur verschwommen oder gar nicht wahrnehmbar sind. Um die Flügelschläge zu zählen, sind technische Hilfsmittel wie ein Stroboskop erforderlich. Die höchste Frequenz wurde mit 90 Schlägen/Sek. bei der Schweifelfe *(Heliactin cornuta)*, einem im tropi-

schen Südamerika lebenden Kolibri, festgestellt. Möglicherweise erreicht ein zweiter Kolibri aus Südamerika, der Amethystkolibri *(Calliphlox amethystina)*, eine ähnlich hohe Quote. Für eine Reihe anderer Kolibri-Arten wurden 70–80 Schläge/Sek. verzeichnet.

Der langsamste Flügelschlag. Viele größere Vögel, wie Kondore und Albatrosse, können sich lange von Luftströmen tragen lassen und schlagen dabei gar nicht oder sehr selten mit den Flügen. Die wenigsten Flügelschläge im Geradeausflug wurden mit 1/Sek. für mehrere Arten von Neuweltgeiern (Familie der *Cathartidae*), mit 2/Sek. für den Fisch- oder Graureiher *(Ardea cinerea)* und mit 2,3/Sek. für die Saatkrähe *(Corvus frugilegus)* festgestellt.

Schwirrflügler. Nur wenige Arten zählen zu den echten Schwirrflüglern, dennoch können viele Arten für kurze Zeit in der Luft stehen, indem sie mit den Flügeln schwirren, wobei manche auf die Unterstützung des Windes angewiesen sind. Der größte Vogel, der den Schwirrflug über längere Zeit ohne Windunterstützung beherrscht, ist der Graufischer *(Ceryle rudis)* aus Afrika und Asien. Er hat eine Länge von 25–29 cm und hält sich auf der Jagd nach Süßwasserfischen schwirrend fast senkrecht und kopfüber stehend in der Luft.

Die Experten für ausdauernden Schwirrflug ohne Windunterstützung sind jedoch die Kolibris (Familie der *Trochilidae*). Unter Versuchsbedingungen hielt sich ein Vogel ununterbrochen 50 Min. lang schwirrend in der Luft.

Die besten Akrobaten. Viele Vögel sind für Präzision, Schnelligkeit und Beweglichkeit in der Luft wie geschaffen. Selbst einfache Manöver, wie die Landung auf einem Ast oder der Flug in einem dichten Schwarm, erfordern ein hohes Maß an Koordination und ein perfektes Timing. Am besten entwickelt ist die Flugkontrolle bei den Greifvögeln, die ihre beweglichen Ziele bei hoher Geschwindigkeit fangen, ohne selbst dabei zu Schaden zu kommen. In dieser Hinsicht gilt der Baumfalke *(Falco subbuteo)* aus Europa, Nordafrika und weiten Teilen Asiens als einer der besten Akrobaten. Er ist schnell genug, um im Flug Rauchschwalben *(Hirundo rustica)* und Mauersegler *(Apus apus)* zu schlagen, und auch wendig genug, um Fledermäuse und große Insekten, wie Libellen, zu fangen.

Was die Wendigkeit in der Luft betrifft, sind wohl die Kolibris (Familie der *Trochilidae*) unschlagbar. Wie ein Pilot den Winkel der Rotorblätter eines Hubschraubers, so ändern sie die Neigung ihrer Flügel, um mal vorwärts, rückwärts oder seitwärts zu fliegen, sich um die eigene Achse zu drehen oder sich gar umzudrehen und verkehrt herum zu fliegen.

Die längsten Nonstop-Flüge unternehmen die Rußseeschwalbe *(Sterna fuscata)* und verschiedene Arten von Seglern (Familie der *Apodidae*). Man nimmt an, daß die Jungvögel einiger Arten nach dem Verlassen ihrer Brutkolonien mehrere Jahre ohne Unterbrechung fliegen, bis sie als ausgewachsene Vögel an den Ausgangspunkt ihrer Reise zurückkehren. So wurde berechnet, daß der Mauersegler *(Apus apus)* innerhalb von zwei Jahren vom Zeitpunkt des Flüggewerdens bis zu seiner ersten Landung an einem möglichen Brutplatz 500 000 km zurücklegt.

Die längsten jährlichen Wanderungen aller Vögel werden der Kü-

Bei seinen spektakulären Sturzflügen erreicht der Wanderfalke Geschwindigkeiten von mindestens 200 km/h und ist damit das schnellste Tier der Welt.

stenseeschwalbe *(Sterna paradisaea)* zugeschrieben, die hauptsächlich an den Küsten des Nordpolarmeeres brütet und dann ans andere Ende der Welt fliegt, um den Rest des Jahres in der Antarktis zu verbringen. Würde sie schnurgeradeaus fliegen, wäre das eine Reise von mindestens 16 000 km. Vereinzelte Anzeichen deuten darauf hin, daß die meisten Küstenseeschwalben nicht die direkte Route nehmen, sondern den kontinentalen Küstenlinien folgen. Rechnet man die Strecken hinzu, die die Tiere täglich auf der Futtersuche zurücklegen, bewältigen viele Vögel dieser Spezies jährlich mehr als 50 000 km.

Wenn sich ein Wanderfalke auf einen kleineren, in niedrigerer Höhe fliegenden Vogel stürzt, fliegen in einem weiten Umkreis die Federn durch die Luft; manchmal wird dem Opfer durch die Wucht des Zusammenpralls sogar der Kopf abgeschlagen.

Die weiteste für einen beringten Vogel registrierte Strecke führte über 22 530 km. Der Rekordhalter ist eine Küstenseeschwalbe *(Sterna paradisaea)*, die am 5. Juli 1955 als Nestling im Naturschutzgebiet Kandalak-

sha an der russischen Küste des Weißen Meeres beringt und am 16. Mai 1956 etwa 13 km südlich von Freemantle (Westaustralien) lebend von Fischern eingefangen wurde. Der Vogel war vermutlich über den Atlantischen Ozean in Richtung Süden geflogen, hatte dann Afrika umflogen, um anschließend den Indischen Ozean zu überqueren. Er hat die Strapazen der Reise nicht überlebt.

Die längsten Flüge zur Nahrungsbeschaffung. Da Vögel auf der Suche nach Nahrung selten ständig dieselbe Route nehmen, sind die Entfernungen schlecht meßbar. 1990 wurde die Futtersuche von sechs Wanderalbatrossen *(Diomedea exulans)* quer über den Indischen Ozean per Satellit verfolgt. Pierre Jouventin und Henri Weimerskirch vom Staatlichen Zentrum für Wissenschaftliche Forschungen in Beauvoir (Frankreich) hatten die Vögel mit Peilsendern versehen, mit deren Hilfe sie feststellten, daß die Albatrosse bei ihren 10–33 Tage dauernden Futterflügen 3600–15 000 km mit Geschwindigkeiten von bis zu 80 km/h zurückgelegt hatten. Nach den Angaben der beiden Forscher waren die Tiere zu diesen weiten Reisen in der Lage, weil sie sich nach dem vorherrschenden Wetter richteten: Während sie sich auf dem Hinflug den Wind zunutze machten, schlugen sie auf der Heimreise einen Bogen ein, um nicht direkt gegen den Wind fliegen zu müssen.

Die längste Wanderung im Verhältnis zur Körpergröße. Hier zählt der nur 10 cm lange Braune Kolibri *(Selasphorus rufus)* zu den Titelanwärtern. Zweimal im Jahr fliegt er die gesamte Westseite des nordamerikanischen Kontinents entlang – von Alaska im Norden, seinem Sommerquartier, bis zu seinem Winterquartier im südlichen Mexiko. Für einige Kolibris bedeutet das eine Hin- und Rückreise von mindestens 10 000 km.

Der ausgeprägteste Bewohner der Lüfte ist die im Gebiet der tropischen Ozeane weitverbreitete Rußseeschwalbe *(Sterna fuscata)*. Nach dem Verlassen ihrer Nistplätze halten sich die Jungvögel wahrscheinlich 3–10 Jahre ausschließlich in der Luft auf, bis sie alt genug sind, um zum ersten Mal selbst zu brüten. Forschungsergebnisse legen die Vermutung nahe, daß Rußseeschwalben nicht auf die Erde zurückkehren müssen um sich auszuruhen, sondern für unbegrenzte Zeit in der Luft bleiben können, vorausgesetzt, sie finden dort genug

Im Himalaya wurden Streifengänse beobachtet, die in fast 9000 m Höhe flogen; in noch größerer Nähe wurde ein einzelner Sperbergeier gesichtet.

Nahrung. Auch wenn sie Fische oder Tintenfische fangen, lassen sie sich nicht auf der Wasseroberfläche nieder, sondern lauern ihrer Beute im Schwirrflug auf oder schnappen sich die Fische im Flug, wenn sie auf der Flucht vor anderen Feinden aus dem Wasser springen.

Von den Landvögeln am häufigsten in der Luft anzutreffen ist der Mauersegler *(Apus apus),* der sich nach dem Flüggewerden 2–4 Jahre nur in der Luft aufhält, wo er schläft, sich ernährt und sich auch paart. Mit seinen langen Flügeln und der im Verhältnis zur Flügelfläche geringen Kör-

permasse (zur Verringerung des Energiebedarfs) ist er ein um etwa 70 % leistungsfähigerer Flieger als andere Vögel vergleichbarer Größe. Auch sein flacher, gegabelter Schwanz kommt ihm dabei zugute, der den Luftwiderstand reduziert und den Auftrieb verstärkt. Wie die Rußseeschwalbe *(Sterna fuscata)* muß sie nur aus der Luft auf die Erde kommen, um zu brüten.

Die kürzesten echten Wanderungen unternehmen verschiedene Arten von Waldhühnern und Wachteln (Familie der *Phasianidae),* die lediglich ihrer der Jahreszeit entsprechenden Nahrung einen Berghang hinauf oder hinunter folgen. Die kürzesten Strecken legt dabei wahrscheinlich das Felsengebirgshuhn *(Dendragapus obscurus)* aus Nordamerika zurück, das in den Kiefernwäldern höherer Lagen überwintert

und zum Brüten gerade 300 m talwärts kommt, wo es in den Laubwäldern frische Blätter und Samen vorfindet.

Die Wachtel *Oreortyx picta* nistet in Zentralkalifornien in Höhen von bis zu 2900 m und zieht bei Einbruch des Winters im September in Gruppen von 10–30 im Gänsemarsch zu geschützteren Tälern in einer Höhe von um die 1500 m. Im nächsten Frühling tritt sie ebenfalls zu Fuß die Rückreise an.

Die höchsten Flughöhen. Die meisten Vogelarten fliegen auch während ihrer Wanderungen unterhalb von 1500 m. Der beglaubigte Höhenrekord liegt bei 11 277 m. Er wurde von einem Sperbergeier *(Gyps rueppellii)* aufgestellt, der am 29. November 1973 über Abidjan (Elfenbeinküste) mit einem Verkehrsflugzeug kollidierte. Bei dem Zusammenstoß wurde eines der Triebwerke so stark beschädigt, daß es abgeschaltet werden mußte. Das Flugzeug konnte dennoch sicher landen. Sperbergeier werden nur selten in Höhen von über 6000 m gesehen. Jedes Säugetier ähnlicher Größe würde in der dünnen Luft dieser Höhen das Bewußtsein verlieren.

Über dem Himalaya wurden Streifengänse *(Anser indicus)* in annähernd 9000 m Höhe gesehen. Am 9. Dezember 1967 sichtete der Pilot eines Flugzeugs über den Äußeren Hebriden etwa 30 Singschwäne *(Cygnus cygnus)* in einer Höhe von ungefähr 8230 m (die Höhe wurde auf dem Radar von der Flugleitung bestätigt). Die Tiere flogen von Island nach Lough Foyle an der Grenze von Nordirland und der Republik Irland, um dort zu überwintern.

Die in den niedrigsten Lagen wildlebenden Vögel waren – soweit bekannt ist – drei Haussperlinge *(Passer domesticus),* die von Sommer 1975 bis Frühjahr 1978 in Frickley Colliery, Yorkshire (GB), in einer Tiefe von 640 m lebten, wo zwei der Tiere sogar brüteten. Alle drei Küken starben jedoch kurz nach der Geburt. In Großbritannien stellten die Bergleute des 19. Jahrhunderts die Qualität der Luft in ihren Kohlegruben mit Hilfe von Kanarienvögeln *(Serinus canaria)* fest, die ursprünglich auf den Kanarischen Inseln, Madeira und den Azoren zu Hause waren. Sobald die Vögel in ihren Käfigen umkippten, wußten sie, daß die Luft vermutlich mit dem tödlichen Methangas verseucht war.

ANZAHL VON VÖGELN

Die Anzahl der Vogelarten, die je die Erde bewohnt haben, wird auf etwa 150 000 geschätzt. Fast 94 % sind inzwischen ausgestorben. Über die Zahl der heute lebenden Arten herrscht Uneinigkeit: Die Schätzungen schwanken zwischen 8500 und 9700. Hier soll von einer Gesamtzahl von 9200 anerkannten Arten ausgegangen werden.

Die Anzahl der auf der Erde lebenden Vögel zu schätzen, hat sich als beinahe unmöglich erwiesen – zum einen weil die Größe der Populationen sehr unterschiedlichen jahreszeitlich bedingten Schwankungen unterworfen ist und zum anderen aufgrund der vielen Arten, für die keine genauen Bestandszahlen vorliegen. Dementsprechend weichen die Schätzungen stark voneinander ab: Sie bewegen sich zwischen 100 000 Mio. und 300 000 Mio.

Die größte Vogelordnung bilden mit Abstand die Singvögel oder *Passeriformes*. Nach dem Klassifizierungssystem, das diesem Buch zugrunde liegt, zählt die Ordnung 5425 Mitglieder und umfaßt fast 60 % aller auf der Welt vorkommenden Vogelarten. Zu den Singvögeln gehören die vertrautesten aller Gartenvögel, wie Meisen, Rotkehlchen und Sperlinge, aber auch eine Vielzahl anderer Arten aus den verschiedensten Lebensräumen. Die meisten Singvögel sind Baumvögel. Sie sind im allgemeinen klein oder mittelgroß.

Die kleinste Vogelordnung stellt die Ordnung der *Struthioniformes* dar, die aus nur einer Art besteht: dem Strauß *(Struthio camelus)*.

Die größte Vogelfamilie bildet nach dem Klassifizierungssystem, das diesem Buch zugrunde liegt, die Familie der *Emberizidae* mit 286 Arten. Dazu zählen Ammern, Sperlinge, Finken, Kardinäle und Tangare. Die Mitglieder einer Familie werden als Abkömmlinge eines gemeinsamen Vorfahren betrachtet.

Die kleinste Vogelfamilie. Es gibt mehrere Vogelfamilien, die aus nur einer einzigen Spezies bestehen:

Der Braunpelikan ist nur eine von schätzungsweise 150 000 verschiedenen Vogelarten, die seit der Entstehung der Vögel die Erde bewohnt haben.

Struthionidae (Strauß), *Dromaiidae* (Emu), *Scopidae* (Schattenvogel), *Balaenicipitidae* (Schuhschnabel), *Pandionidae* (Fischadler), *Sagittariidae* (Sekretär), *Eurypygidae* (Sonnenralle), *Rhynochetidae* (Kagu), *Aramidae* (Rallenkranich), *Pedionomidae* (Steppenläufer), *Ibidorhynchidae* (Ibisschnabel), *Dromadidae* (Reiherläufer), *Opisthocomidae* (Hoatzin), *Steatornithidae* (Fettschwalm), *Leptosomatidae* (Kurol), *Upupidae* (Hopf), *Oxyruncidae* (Feuerkopf), *Dulidae* (Palmschwätzer) und *Coerebidae* (Gelbbrustzuckervogel).

Am zahlreichsten vertreten von allen Vögeln ist heute, abgesehen vom Haushuhn, der Blutschnabelweber *(Quelea quelea)* – ein Körnerfresser aus den afrikanischen Trockengebieten südlich der Sahara. Sein Bestand wird auf 1500 Mio. Brutvögel geschätzt. Aus der Entfernung wirken die dichten Schwärme aus Abertausenden oder gar Millionen von Vögeln wie Rauchwolken am Himmel. Jeder Vogel wiegt nur etwa 20 g, lassen sich die riesigen Schwärme aber auf Bäumen nieder, brechen unter dem Gewicht der Vögel oft ganze Äste ab. Die nordamerikanische Wandertaube *(Ectopistes migratorius)* gilt allgemein als der Vogel, der von allen Vogelarten, die je existiert haben, am zahlreichsten auf der Erde vertreten war.

> *Der weltweit am zahlreichsten vertretene Vogel ist der Blutschnabelweber, dessen Bestand auf 1500 Millionen Brutvögel geschätzt wird.*

Ihr einstiger Bestand läßt sich nicht genau beziffern, vorsichtigen Schätzungen zufolge soll er jedoch in der ersten Hälfte des 19. Jahrhunderts bei rund 10 000 Mio. gelegen haben. Zu jener Zeit machte die Wandertaube möglicherweise 35–45 % aller in Nordamerika vorkommenden Vögel aus. Sie lebte in gewaltigen Schwärmen aus bisweilen mehr als 2000 Mio. Tauben. Manchmal verdunkelte ein einziger Schwarm drei Tage lang den Himmel, bis er schließlich vorübergezogen war. Dann setzte die Verfolgung durch den Menschen ein. Die Vögel wurden als Lieferanten von Fleisch geschossen und bei Jagdveranstaltungen zu Zehntausenden von Sportjägern getötet. Trophäen gab es erst bei einer Ausbeute von mehr als 30 000 toten Vögeln zu gewinnen. Die fortschreitende Entwaldung tat ein übriges, so daß am 24. März 1900 die letzte freilebende Wandertaube geschossen wurde. Damit wurde die Spezies innerhalb von weniger als 100 Jahren ausgerottet. Die letzte überlebende Wandertaube namens Martha starb am 1. September 1914 im Zoo von Cincinnati (USA).

Die größten Ansammlungen von Vögeln bilden sich in der Regel nachts – entweder in kalten Winternächten, wenn die Vögel sich zusammenkauern, um sich gegenseitig zu wärmen, oder an Brennnpunkten innerhalb von Gebieten, in denen viele tagsüber auf Nahrungssuche gehen. Gesellschaften von mehreren Millionen Vögeln sind keine Seltenheit. Die größte Ansammlung aller

lebenden Arten wurde im Winter 1951/52 in der Schweiz beobachtet, als sich in der Nähe des Städtchens Hünibach wochenlang schätzungsweise 70 Mio. Bergfinken *(Fringilla montifringilla)* niederließen.

Aus dem Sudan wurde eine Gesellschaft von Blutschnabelwebern *(Quelea quelea)* gemeldet, die aus 32 Mio. Vögeln bestanden haben soll; möglicherweise handelt es sich bei dieser Zahl jedoch um eine stark überhöhte Schätzung. Nächtliche Gesellschaften von mehr als 1 Mio. Vögeln sind u.a. beim Rotschulterstärling *(Agelaius phoeniceus),* beim Star *(Sturnus vulgaris)* und bei der Rauchschwalbe *(Hirundo rustica)* nicht unüblich.

Zu den größten Brutkolonien von Seevögeln zählt die Kolonie der Goldschopfpinguine *(Eudyptes chrysolophus)* auf South Georgia im Südatlantik, die möglicherweise aus über 5 Mio. brütenden Paaren besteht, zu denen sich auch viele nicht-brütende Vögel gesellen. An der peruanischen Küste brüten Guanokormorane *(Phalacrocorax bougainvillei)* in einer Dichte von 5000 Nestern/ha. Die gesamte Kolonie besteht aus 4–5 Mio. Vögeln.

Am zahlreichsten von allen Seevögeln ist die kleine Bundfuß-Sturmschwalbe *(Oceanites ocenicus)* vertreten. Man nimmt an, daß mehr als 50 Mio. Paare auf dem antarktischen Kontinent und den benachbarten subantarktischen Inseln brüten. Außerhalb der Brutzeit ziehen die Vögel, die etwa so groß wie Spatzen sind, in Richtung Norden und verteilen sich über die drei großen Ozeane.

VERBREITUNG VON VOGELARTEN

Die meisten Vogelarten. Kolumbien (Südamerika) beheimatet 1700 Arten von Brutvögeln und ist damit das Land mit den meisten Vogelarten. Zum Vergleich: In Kanada und den USA kommen zusammen nur etwas mehr als 600 Arten einheimischer Brutvögel vor. Die mit Abstand vielfältigste Vogelwelt findet sich in der Region der Neotropis, die die tropischen Gebiete Mexikos, Zentral- und Südamerikas sowie der Karibik umfaßt. Dort leben 3425 einheimische Arten von Brutvögeln und damit deutlich mehr als ein Drittel aller weltweit vorkommenden Arten und fast doppelt so viel als in jeder anderen Region der Welt. Weitere 175 Arten suchen die Neotropis regelmäßig zum Überwintern auf. Während in verschiedenen, nur wenige km² großen Gebieten in der Amazonasregion weit mehr als 500 Arten heimisch sind, beheimaten Gebiete vergleichbarer Größe in den Tropen Afrikas und Asiens lediglich 300–350 Arten.
Vergleicht man die tiergeographischen Regionen der verschiedenen Kontinente entsprechend ihrer Größe, ist die orientalische Region (Indien und Südostasien bis zum Westen Indonesiens) mit 196 Arten von Brutvögeln auf 1 Mio. km² Land die Heimat der meisten Arten; gefolgt von der Neotropis mit 177 Arten auf 1 Mio. km² Land; der Australis (Neuguinea, Australien, Neuseeland und die dazugehörigen Inseln) mit 154 Arten; der äthiopischen Region (Afrika südlich der Sahara und der Süden Arabiens) mit 66 Arten; der Nearktis (Nordamerika und die gemäßigten Zonen Mexikos) mit 34 Arten; der Paläarktis (Europa, Nordafrika und Asien nördlich des Himalaya) mit 31 Arten und der antarktischen Region (Antarktis und die Inseln südlich der Antarktischen Konvergenz) mit nur drei Arten. Die beiden noch fehlenden Tierreiche der Erde sind Madagaskar (Madagaskar und die Inseln im Westen des Indischen Ozeans) und die pazifische Region (die Inseln in den tropischen Regionen des Pazifik). Dort leben theoretisch 328 beziehungsweise 4894 Arten einheimischer Brutvögel auf 1 Mio. km² Land. Da es sich bei diesen Regionen jedoch nicht um Kontinente, sondern um viele zum Teil kleine und weitverstreute Inseln handelt, wäre es irreführend, ihre Bestände mit denen der anderen Regionen zu vergleichen.

Die wenigsten Arten kommen innerhalb der Antarktischen Konvergenz vor, wo lediglich 51 einheimische Vogelarten regelmäßig brüten: 31 Albatrosse und Sturmvögel, 7 Pinguine, 2 Kormorane, 2 Raubmöwen, 2 Seeschwalben, 2 Scheidenschnäbel, 3 Enten, 1 Möwe und 1 Pieper.

Außerdem wurden folgende Arten eingebürgert: Stockenten *(Anas platyrhynchos)* auf den Kerguelen, Wekarallen *(Gallirallus australis)* auf den Macquarie-Inseln sowie Stare *(Sturnus vulgaris)* und Birkenzeisige *(Acanthis flammea)* erst in Neuseeland und später auf den Macquarie-Inseln. Auf dem antarktischen Kontinent selbst brüten nur 12 Arten, und lediglich drei dieser Arten sind dort auch heimisch: die Antarktische Raubmöwe *(Catharacta maccormicki),* der Kaiserpinguin *(Aptenodytes forsteri)* und der Weißflügel-Sturmvogel *(Thalassoica antarctica).*

Als erster Vogel wurde vor mehr als 5000 Jahren das Asiatische Dschungelhuhn domestiziert.

Die meisten Einbürgerungen. Im Laufe der Zeit wurden auf den Inseln in den tropischen Zonen des Pazifik mehr als 150 Vogelarten eingebürgert

– teilweise absichtlich, teilweise versehentlich durch entflohene Käfigtiere. Die »Einwanderer« haben entweder als direkte Feinde oder als Rivalen bei der Suche nach Nahrung und Nistplätzen großen Schaden in der einheimischen Vogelwelt angerichtet. Viele der eingebürgerten Populationen starben schnell aus, aber über 60 Arten sind inzwischen vollständig eingegliedert. Die Hawaii-Inseln stehen mit mindestens 50 eingebürgerten und heimisch gewordenen Arten vor besonders großen Problemen. Am meisten verbreitet sind der Frankolin *(Francolinus pondicerianus)*, das Sperbertäubchen *(Geopelia striata)*, der Hirtenmaina *(Acridotheres tristis)*, der Haussperling *(Passer domesticus)*, das Silberschnäbelchen *(Lonchura malabarica)* und der Hausgimpel *(Carpo-*

In der Region südlich der Antarktischen Konvergenz brüten weniger Vogelarten als in jedem anderen Gebiet ähnlicher Größe; der Weißgesicht-Scheidenschnabel ist eine von nur 51 Arten, die dort regelmäßig nisten.

dacus mexicanus). Da der Japanische Brillenvogel *(Zosterops japonica)* bereits 1930 auf Oahu (Hawaii) eingebürgert wurde, ist er heute von allen auf Hawaii vorkommenden Vögeln am zahlreichsten vertreten.

Am erfolgreichsten eingebürgert hat sich der Haussperling *(Passer domesticus)*, dessen Brutgebiet sich ursprünglich auf Eurasien beschränkte. Vor allem durch Reisende wurde die Spezies jedoch in vielen anderen Teilen der Welt eingeführt, so daß sie inzwischen über zwei Drittel der Landmasse der Erde (insbesondere über die Länder des ehemaligen Britischen Weltreichs) verbreitet ist. Der Lebensraum der Spatzen dehnt sich weiter aus. In vielen Regionen sind die Vögel bereits zu einer Plage geworden. In den siebziger Jahren des 19. Jahrhunderts wurden sie zum Beispiel als Insektenvertilger in Argentinien angesiedelt und haben sich dort nun selbst zu Schädlingen entwickelt, die Obst- und Getreideernten beeinträchtigen, Parasiten verbreiten und einheimischen Arten die Nistplätze streitig machen.

Als die am weitesten verbreitete Vogelart gilt im allgemeinen der Wanderfalke *(Falco peregrinus)*, der mit Ausnahme der Antarktis und vielen Ozeaninseln auf jedem Kontinent brütet. Innerhalb seines Lebensraums weist die Spezies große geographische Unterschiede auf. So finden sich die größten Wanderfalken mit der meist blaßesten Färbung im Norden des Verbreitungsgebiets, während die südlichen Formen kleiner und entweder dunkler oder heller gefärbt sind. Die Größe des Verbreitungsgebiets läßt nicht auf die Größe des Gesamtbestandes schließen: Der Wanderfalke ist nach wie vor zahlreichen Gefahren ausgesetzt, so daß die Bestände in einer Reihe von Ländern besorgniserregend sind. Die Schleiereule *(Tyto alba)*, der Fischadler *(Pandion haliaetus)*, die Rauchschwalbe *(Hirundo rustica)* und einige andere Arten kommen ebenfalls praktisch überall auf der Erde vor. Dennoch ist eine weltweite Verbreitung bei Vogelarten ansonsten äußerst selten.

Auf natürliche Weise ihren Lebensraum ausgedehnt hat die Türkentaube *(Streptopelia decaocto)*, die ursprünglich aus dem Norden Indiens stammt. Bis zum 16. Jh. reichte ihr Lebensraum bereits bis Südosteuropa. Dann kam die Spezies aus unbekannten Gründen zum Stillstand, um sich etwa ab 1930 plötzlich über ganz Europa auszubreiten. 1952 erreichte sie Großbritannien, und seit den siebziger Jahren brütet sie bereits auf den Färöer-Inseln und auf Island. In anderen Richtungen hat die Türkentaube ihren Lebensraum bis in den Süden Asiens und nach Japan ausgedehnt.
Auch der Kuhreiher *(Bubulcus ibis)* breitet sich von seiner Heimat Afrika seit einigen Jahren zunehmend in andere Teile der Welt aus.

Die in den höchsten Höhen lebende Vogelart ist die Alpendohle *(Pyrrhocorax graculus)*. Im Himalaya kommt sie das ganze Jahr über in Höhen von 3500–6250 m vor. Bei einer Expedition zum Mount Everest wurde eine kleine Gruppe sogar in der Rekordhöhe von 8235 m gesichtet. Man nimmt an, daß auch Bartkönigshühner *(Tetraogallus himalayensis)* in Höhen von über 5000 m brüten. Zum Vergleich: Bei Tierversuchen sind Mäuse in einer Überdruckkabine kaum in der Lage, eine Höhe zu erreichen, die 6100 m entspricht.

Die am südlichsten brütenden Vögel. Die meisten in der Antarktis

Die Südliche Skua taucht gelegentlich auch am Südpol auf – südlicher kann kein Vogel ziehen.

heimischen Vögel brüten auf Inseln im Südpolarmeer oder entlang der Küste des antarktischen Kontinents. Nur wenige Arten brüten regelmäßig im »Landesinneren«. Am weitesten südlich brütet der Schneesturmvogel *(Pagodroma nivea),* der bis zu 240 km landeinwärts auf den felsigen, aus dem Eis ragenden Berggipfeln nistet. Fast ebenso weit im Süden brütet der Adeliepinguin *(Pygoscelis adeliae).* Die südlichste Kolonie lebt direkt vor Sir Ernest Shackleton's Hütte bei Cape Royds auf der Ross-Insel ungefähr bei 77° 24´S und 167° 07´O. Dort nisten 1250 Paare von Adeliepinguinen.

Die südlichsten Vogelnester, die je gefunden wurden, stammten von Weißflügel-Sturmvögeln *(Thalassoica antarctica)* in den Thiel Mountains bei 80° 30´S und 25° 00´W, von Schneesturmvögeln auf Mount Provender in den Shackelton Mountains bei 80° 23´S und 29° 55´W und von Antarktischen Raubmöwen *(Catha-*

Das gutgetarnte Alpenschneehuhn ist eine von nur einer Handvoll von Vogelarten, die das ganze Jahr über die Arktis bewohnen.

racta maccormicki) in den Theron Mountains bei 79° S und 30° W.

Südliche Skuas *(Catharacta antarctica)* und Antarktische Raubmöwen suchen überall da nach Futter, wo Menschen etwas Eßbares zurücklassen, und wurden selbst am Südpol schon gesehen. Auch Pinguine wandern weit nach Süden: Am 31. Dezember 1957 stieß eine Gruppe von Forschern, die den antarktischen Kontinent durchquerten, mehr als 400 km von der nächsten Küste entfernt auf die Spuren eines Kaiserpinguins *(Aptenodytes forsteri).*

Der am nördlichsten brütende Vogel ist – am Durchschnitt gemessen – die Elfenbeinmöwe *(Pagophila eburnea),* deren Brutgebiet sich fast ausschließlich nördlich des 70. Breitengrades erstreckt. Sie brütet vor allem auf Svalbard, Franz-Josef-Land, Novaya Zemlya sowie im Norden Kanadas und Grönlands.

Nistplätze einiger Vogelarten wurden an den nördlichsten Küsten Grönlands bei 83°N entdeckt – u.a. von Knut *(Calidris canutus)*, Rosenmöwe *(Rhodostethia rosea)*, Elfenbeinmöwe und Küstenseeschwalbe *(Sterna paradisaea)*. Einige ihrer Nester befanden sich weniger als 750 km vom Nordpol entfernt. Steinwälzer *(Arenaria interpres)*, Schneegans *(Anser caerulescens)*, Schneeammer *(Plectrophenax nivalis)* und mehrere andere Arten brüten regelmäßig in der Umgebung des Lake Hazen auf Ellesmere Island (Kanada) auf 82°N. Der Gerfalke *(Falco rusticolus)* nistet auf 82°N in Grönland.

Obwohl etwa 145 Vogelarten regelmäßig in der Arktis brüten, zählen nur relativ wenige zu den echten hocharktischen Vögeln, und noch weniger bewohnen die Arktis das ganze Jahr über. Die einzigen Arten, die sich ununterbrochen dort aufhalten, sind Alpenschneehuhn *(Lagopus mutus)*, Kolkrabe *(Corvus corax)*, Schnee-Eule *(Nyctea scandiaca)*, Gerfalke, Birkenzeisig *(Acanthis flammea)*, Rosenmöwe, Elfenbeinmöwe, Gryllteiste *(Cepphus grylle)* und Eiderente *(Somateria mollissima)*. Wenn genügend Nahrung vorhanden ist, wagt sich die Schnee-Eule im Winter weiter nach Norden als jede andere Vogelart. Sie wurde im tiefsten Winter in der Dunkelheit und bitterer Kälte auf Ellesmere Island (Kanada) bei 82°N gesichtet.

Nur drei Vögel wurden bisher am Nordpol selbst gesehen: eine Schneeammer *(Plectrophenax nivalis)* im Mai 1987, eine Dreizehenmöwe *(Rissa tridactyla)* im Juli 1992 und ein Eissturmvogel *(Fulmarus glacialis)* im August 1993.

BRÜTENDE VÖGEL

Das größte Gelege. Die Zahl der Eier in einem Gelege schwankt je nach Spezies und Individuum und hängt außerdem von der Jahreszeit, dem Alter des Weibchens, der Dichte seiner Population, der geographischen Lage des Lebensraums und seiner Beschaffenheit sowie von anderen örtlichen Gegebenheiten ab. Die Zahl

In dem Bemühen, ein vollzähliges Gelege zu produzieren, legte eine weibliche Stockente bei einem erbarmungslosen Tierversuch in den zwanziger Jahren 146 Eier.

der Eier, die das Weibchen bebrüten kann, und die Zahl der Küken, die die Eltern ernähren können, legen die maximale Größe eines Geleges fest. Manche Haushühner legen fast täglich Eier (d.h. bis zu 360 im Jahr). Unter den Wildvögeln gilt im allgemeinen das Rebhuhn *(Perdix perdix)* als die Spezies mit den größten Gelegen; sie umfassen durchschnittlich 15–16, aber auch bis zu 20 Eier.

Noch größere Gelege entstehen, wenn zwei oder mehr Weibchen ihre Eier in ein Nest legen, wie es bei den Straußen üblich ist. Der männliche Strauß paart sich mit bis zu sechs Weibchen, die ihre Eier alle in dieselbe Erdmulde legen. Ein Straußengelege kann aus mehr als 40 Eiern bestehen, aus denen das dominante Weibchen in der Regel etwa 20 auswählt, um sie zu bebrüten; die übrigen werden einfach beiseite gerollt.

Werden Eier aus einem Vogelnest entfernt, legen viele Weibchen nach und übersteigen auf diese Weise deutlich die normale Größe ihrer Gelege. Bei einem solchen Experiment legte eine weibliche Stockente *(Anas platyrhynchos)* in den zwanziger Jahren sage und schreibe 146 Eier in dem Bemühen, ein vollzähliges Gelege zu produzieren; die normale Größe ihrer Gelege liegt bei nur 10–12 Eiern.

Das kleinste Gelege. Viele Vögel legen nur ein Ei. Das gilt vor allem für Seevögel wie Sturmvögel und Albatrosse (Familien der *Procellariidae* und *Diomedeidae*), aber auch für einige der großen Greife (Familie der *Accipitridae*), Königspinguine *(Apte-*

nodytes patagonicus), Kaiserpinguine *(A. forsteri)* und eine Vielzahl anderer Arten.

Die meisten Gelege werden bei in Gefangenschaft gehaltenen Vögeln beobachtet. So kommen bei Zebrafinken *(Poephila guttata)* verschiedenen Berichten zufolge bis zu 21 Bruten hintereinander vor. Einige Vögel haben unter künstlichen Bedingungen sogar ein Gelege nach dem anderen produziert.

Der weibliche Drosseluferläufer *(Actitis macularia)* paart sich mit vier verschiedenen Männchen und legt viermal im Jahr kurz hintereinander. Danach versorgt jedes Männchen sein jeweiliges Gelege, während das Weibchen normalerweise nur dem Männchen der letzten Brut bei der Aufzucht der Jungen hilft. Bei mehreren anderen Arten – wie Rothuhn *(Alectoris rufa)* und Temminckstrandläufer *(Calidris temminckii)* – paart sich das Weibchen mit nur einem Männchen, legt aber zweimal in kurzen Abständen: Das erste Gelege wird vom Männchen, das zweite vom Weibchen bebrütet.

Die wenigsten Gelege. Bei den meisten Vogelarten, mit Ausnahme der kleineren und einigen größeren Sperlingsvögel, erstreckt sich der Brutzyklus oder die Brutpflege über einen so langen Zeitraum, daß sie nur einmal im Jahr zur Eiablage kommen. Nur ein Ei in 2–3 Jahren legt der Affenadler *(Pithecophaga jefferyi)*. Einige Albatros-Arten (Familie der *Diomedeidae*) brüten nur alle zwei

Die größten Eier der Welt legt der Strauß; hier ein mittelgroßes Exemplar neben einem Hühnerei.

Zwergkolibri *(Mellisuga minima)*. Sein Ei ist kaum erbsengroß. Zwei Exemplare, die weniger als 10 mm lang waren, wogen 0,365 g und 0,375 g.

Das kleinste Ei im Verhältnis zur Körpergröße stammt vom Kaiserpinguin *(Aptenodytes forsteri)*. Das Weibchen legt ein einzelnes Ei, das nur 1,4 % seines eigenen Gewichts von etwa 30 kg wiegt. Auch das Ei eines weiblichen Straußes *(Struthio camelus)* von durchschnittlicher Körpergröße wiegt erstaunlicherweise nur 2 % des Gewichts der Mutter.

Die seltensten Eier. Von mehreren ausgestorbenen Vogelarten existiert jeweils nur ein Ei. So befinden sich die einzigen erhaltenen Eier der beiden Rallenarten *Cabalus modestus* und *Parendiastes pacificus* im Besitz des britischen Natural History Museum.

Das größte Nest baute ein Weißkopfseeadler-Paar *(Haliaeetus leucocephalus)* und vermutlich deren Nachfolger in der Nähe von St. Petersburg, Florida (USA). Es war 2,9 m breit und 6 m tief. Als Wissenschaftler das Nest 1963 untersuchten, schätzten sie sein Gewicht auf annähernd 3 t. Auch der Steinadler *(Aquila chrysaetos)* baut riesige Nester. Ein 1954 in Schottland entdecktes Nest hatte eine Tiefe von 4,57 m und war 45 Jahre lang benutzt worden.

Bruthügel. Mehrere Arten von Großfußhühnern (Familie der *Megapodiidae*) legen ihre Eier in Bruthügeln ab. Dafür scharrt der Hahn eine 1–1,5 m tiefe Mulde in den Erdboden, wobei er oft große Gegenstände aus dem Weg räumen muß (ein 1 kg schwerer Vogel wurde beobachtet, als er einen 6,9 kg schweren Stein beiseite schob). Dann füllt er die Mulde mit Humus und scharrt einen riesigen Hügel aus Blättern und Erde oder Sand darüber. In diesen Hügel legt das Weibchen die Eier, die durch die Sonnenwärme und durch die beim Gärungsprozeß der faulenden Pflanzenteile entstehende Wärme ausgebrütet werden. Anschließend ist der Hahn damit beschäftigt, die Temperatur im Inneren dieses »Komposthaufens« bei konstant 32–35° C zu halten. Der bekannteste Vertreter der Großfußhühner ist der Wallnister

Jahre. Da die meisten außerdem erst im Alter von 10–15 Jahren zu brüten beginnen, zählen diese Arten zu den Vögeln, die im Laufe ihres Lebens die wenigsten Eier legen.

Das größte Ei legt der Strauß *(Struthio camelus)*. Ein Straußenei hat in der Regel eine Länge von 15–20 cm, einen Durchmesser von 10–15 cm, ein Gewicht von 1,0–1,78 kg und ein Fassungsvermögen, das durchschnittlich dem von etwa zwei Dutzend Hühnereiern entspricht. Die Schale ist zwar nur 1,5 mm dick, hält aber ohne weiteres dem Gewicht eines erwachsenen Menschen stand. Das nach den Aufzeichnungen größte Ei wog 2,3 kg und wurde am 28. Juni 1988 von einer 2jährigen Henne (eine Kreuzung aus *Struthio c. camelus* und *S. c. australis*) im Kibbuz Ha'on (Israel) gelegt.

Die größten Eier im Verhältnis zur Körpergröße legen die Kiwis (Familie der *Apterygidae*). Jedes ihrer Eier wiegt ungefähr 25 % des Körpergewichts des ausgewachsenen Weibchens. Der Streifenkiwi *(Apteryx australis)* aus Neuseeland ist etwa so groß wie ein Huhn, seine Eier haben

aber einen mehr als zehnmal größeren Umfang als ein Hühnerei. Der weibliche Kiwi wiegt 1,7 kg und legt im allgemeinen nur ein oder zwei je etwa 450 g schwere Eier (deren Entwicklung bis zur Ablage 34 Tage dauert – auch das ist ein Rekord in der Vogelwelt).

Nicht alle Enten quaken: Einige pfeifen, bellen, quieken, gurren oder geben eine Vielzahl anderer Geräusche von sich.

Die schwersten Gelege im Verhältnis zur Körpergröße. Die im Verlauf von mehreren Tagen oder Wochen gelegten Eier sind zusammen bei vielen Arten schwerer als die Eltern selbst. So legt die 17 g leichte Kohlmeise *(Parus major)* beispielsweise durchschnittlich 11 Eier, von denen jedes einzelne etwa 1,7 g wiegt.

Das kleinste Ei aller Vogelarten legt nach dem derzeitigen Stand der Forschung der auf Jamaica und auf zwei benachbarten Inseln heimische

(Leipoa ocellata) aus dem Süden Australiens, der bis zu 4,57 m hohe und 10,6 m lange Bruthügel aus Blättern und Erde anhäuft. Für einen Hügel dieser Größe müssen die Vögel in einem normalen Jahr bis zu 250 m³ Pflanzen und Erde mit einem Gewicht von über 300 t sammeln und transportieren. Der Hügel wird in jedem Jahr aufs neue zum Brüten verwendet.

Die kleinsten Nester bauen die Kolibris (Familie der *Trochilidae*). Ihre unauffälligen, napfförmigen Nester bestehen aus Pflanzenfasern, die durch seidige Fäden von Spinnweben zusammengehalten werden und oft mit kleinen Moosstücken oder Flechten verziert sind. Der auf Jamaica und auf zwei benachbarten Inseln heimische Zwergkolibri *(Mellisuga minima)* konstruiert die flachsten Nester; sie sind ungefähr halb so groß wie eine Walnußschale. Etwas tiefer, aber schmaler sind die Nester des Hummelkolibris *(Mellisuga helenae)* aus Kuba und von der Isla de Pinos. Ihre Größe entspricht der eines Fingerhuts.

Einige Vogelarten bauen gar keine Nester, sondern verscharren ihre Eier beispielsweise einfach in der Erde. Die Trottellumme *(Uria aalge)* legt ein einzelnes Ei auf einen nackten Felsvorsprung unmittelbar an der Küste; die Feenseeschwalbe *(Gygis alba)* legt ihr Ei direkt auf den Ast eines Baumes, wo es ständig der Gefahr ausgesetzt

ist, herunterzufallen; viele Schleiereulen (Familie der *Tytonidae*) und Falken (Familie der *Falconidae*) benutzen verlassene Nester anderer Vögel als Brutplätze; und Königs- *(Aptenodytes patagonicus)* und Kaiserpinguine *(A. forsteri)* balancieren ihre Eier (jeweils eins) einfach auf den Füßen.

> **Beim Hoatzin aus Südamerika ist das Flugvermögen so schwach ausgebildet, daß die meisten seiner Landungen wenig mehr als kontrollierte Bruchlandungen sind.**

Die eifrigsten Nestbauer sind die männlichen Zaunkönige (Familie der *Troglodytidae*) und Webervögel (Familie der *Ploceidae*), die eine stattliche Zahl von Nestern bauen, unter denen das zukünftige Weibchen eines als Brutstätte auswählen wird. Rekordhalter ist der Langschnabel-Sumpfzaunkönig *(Cistothorus palustris)*: Bigamistische Männchen bauen im Durchschnitt 24,9, monogame Männchen 22,1 Nester für die scheinbar sehr anspruchsvollen Weibchen. Die Nester, die als Brutstätte abgelehnt werden, dienen als Nestattrappen, um potentielle Raubtiere abzulenken.

Die längsten Nisthöhlen. Der Nashornlund *(Cerorhinca monocerata)*, ein dem Papageitaucher ähnlicher

> Die Bruthaufen der Großfußhühner sind größer als die größten Nester aller anderen Vogelarten; dieser besonders eindrucksvolle Hügel wurde auf der Insel Komodo (Indonesien) entdeckt.

Seevogel, der auf kleinen, grasbewachsenen Inseln im Nordpazifik nistet, gräbt zum Brüten Erdröhren von einer durchschnittlichen Länge von 2–3 m. Auch Röhren von 6 m Länge sind keine Seltenheit; eine Niströhre soll sogar 8 m lang gewesen sein. Am Bau des Nistplatzes beteiligen sich beide Geschlechter. Ist eine Röhre fertiggestellt, legt das Weibchen an ihrem Ende ein einzelnes weißes Ei. Warum die 35 cm großen Vögel so aufwendige Höhlen graben, ist bis heute ein Rätsel.

Die am dichtesten bevölkerten Nester. Der in den Steppen im Südwesten Afrikas lebende Siedelsperling *(Philetarius socius)* baut an Bäumen und Telegrafenmasten riesige Gemeinschaftsnester, die Ähnlichkeit mit einem großen Heuhaufen haben. Ein »Heuhaufen« besteht aus bis zu 300 einzeln aus Gras geflochtenen Kammern, die sich unter einem kuppelförmigen Strohdach aneinanderschmiegen. Jede Kammer beherbergt jeweils ein Sperlingspaar und seine Brut. Das Gemeinschaftsnest wird ständig ausgebessert und erweitert und kann bis 2 m hoch und

Die schöne Feenseeschwalbe macht sich nicht die Mühe, ein Nest zu bauen: Sie legt ihr einzelnes Ei einfach auf den Ast eines Baumes.

8 m lang sein. Seiner Größe sind vor allem durch das Gewicht Grenzen gesetzt: Es kommt vor, daß Bäume unter dem Gewicht der Nester zusammenbrechen, woraufhin die Vögel einfach anderswo mit dem Bau neuer Nester beginnen.

Alle Flugvögel haben hohle Knochen, damit sie beim Fliegen leichter sind.

Ungewöhnliches Nistmaterial wird von vielen Vögeln verwendet. Als 1909 das 600 kg schwere Nest eines Weißstorchs *(Ciconia ciconia)* vom Turm des Doms von Colmar (Frankreich) entfernt werden mußte, weil sich der Turm unter dem Gewicht zu neigen begann, fanden Arbeiter in den Wänden des Nestes 17 schwarze Damenstrümpfe, 5 Fellmützen, 3 alte Schuhe, den Ärmel einer weißen Seidenbluse, ein großes Stück Leder und 4 Knöpfe von der Uniform eines Bahnschaffners. In Bombay (Indien) baute ein Hauskrähen-Paar *(Corvus splendens)* sein Nest ausschließlich aus goldfarbenen Brillenrahmen, die die Vögel aus einem offenen Schaufenster gestohlen hatten. Auf den Galapagos-Inseln (Ecuador) besorgen sich Erdspottdrosseln *(Nesomimus trifasciatus)* für den Bau ihrer Nester gelegentlich Haare von den Köpfen der Touristen. Und in Australien haben Flötenvögel *(Gymnorhina tibicen)* eine Vorliebe für Draht aus den Umzäunungen der Farmen entwickelt (ein Nest enthielt nicht weniger als 243 Drahtstücke mit einer Gesamtlänge von 100 m).

Die wertvollsten Nester der Welt bauen mehrere Arten von Salanganen, insbesondere die Tafelsalangane *(Aerodramus fuciphagus)* aus Südostasien. Alle Segler (Familie der *Apodidae*) produzieren in vergrößerten Speicheldrüsen unter ihren Zungen eine Speichelflüssigkeit, mit deren Hilfe sie ihre Nester zusammenleimen. Aber die Nester der Salangenen bestehen hauptsächlich aus Speichel und werden seit 1500 Jahren in China zu einer gallertartigen Suppe verarbeitet und verzehrt. Heute gelten sie als besondere Delikatesse und

werden teuer bezahlt. Für den westlichen Gaumen schmeckt die Suppe aus »eßbaren Vogelnestern«, bei der es sich im Grunde um eine Eiweiß-Zucker-Lösung handelt, eher fade. Doch in der Heimat der Vögel wird das sogenannte »weiße Gold« in waghalsigen Unternehmungen von Höhlenwänden und -decken geborgen, denn die Nachfrage ist groß. 60 Prozent der gesammelten Nester gehen nach Hong Kong, das jährlich etwa 8 Mio. (im Wert von fast 20

Mio. £) importiert. Um eine Schale Suppe zu bereiten, sind zwei Nester erforderlich.

Die längsten Brutzeiten wurden bei zwei Arten von Albatrossen und bei allen vier Arten von Kiwis (1993 stellte sich bei einer DNS-Analyse heraus, daß es sich beim Streifenkiwi *(Apteryx australis)* im Grunde um zwei verschiedene Arten handelt) festgestellt. Der Wanderalbatros *(Diomedea exulans)* hat eine durchschnittliche

Königspinguine kümmern sich um ihre Jungen, die den Winter mit wenig Nahrung in Kinderkrippen überstehen, bis sie 360 Tage nach dem Schlüpfen flügge werden; nur bei sehr wenigen Vogelarten sind die Jungen so lange völlig von den Eltern abhängig.

Brutzeit von 75–82 Tagen; beim Königsalbatros *(Diomedea epomophora)* liegt sie durchschnittlich bei 75–81 Tagen. Die Kiwis (Familie der *Apterygidae)* bebrüten ihre Eier im allgemeinen 78–82 Tage, gelegentlich schwanken ihre Brutzeiten auch zwischen 71 und 84 Tagen. Bei allen genannten Arten wurden unter außergewöhnlichen Bedingungen auch Brutzeiten von bis zu 85 Tagen beobachtet. Die meisten Vögel bebrüten ihre Eier jedoch nicht länger als 70 Tage.

Die längste ununterbrochene Brutzeit hat der männliche Kaiserpinguin *(Aptenodytes forsteri)*, der sein einzelnes Ei 62–67 Tage fortwährend in einer Hautfalte auf seinen Füßen bebrütet. Albatrosse und Kiwis verlassen ihre Nester dagegen gelegentlich, um zu fressen.

Die kürzesten Brutzeiten haben vermutlich einige kleine Sperlingsvögel, die ihre Eier gerade 10 Tage bebrüten. Dazu zählen die Ohrenlerche *(Eremophila alpestris)* mit 10–14 Tagen, der Kernbeißer *(Coccothraustes coccothraustes)* mit 10–14 Tagen, die Zaungrasmücke *(Sylvia curraca)* mit 10–11 Tagen und der Hänfling *(Carduelis cannabina)* mit 10–14 Tagen.

Eine Sumpfmeise kann sich genau erinnern, wo sie hunderte von Samen versteckt hat.

Der jüngste Brutvogel. Das Weibchen der in Australien, Neuguinea und auf einigen Pazifikinseln heimischen Salanganen-Art *Aerodramus spodiopygius* legt im Abstand von mehreren Wochen zwei Eier. Bis zur Ablage des zweiten Eis ist das Küken des ersten geschlüpft und bereits alt genug, um das letzte Ei zu bebrüten.

Die meiste Zeit für ein Gelege braucht das Hammerhuhn *(Macrocephalon maleo)*, ein Großfußhuhn aus Sulawesi (Indonesien). Es legt seine insgesamt 6–8 Eier im Abstand von 10–12 Tagen, so daß es mehr als drei Monate dauern kann, bis ein Gelege vollzählig ist. Oft schlüpfen die ersten Küken, noch bevor die letzten Eier gelegt sind.

Dauer des Schlüpfens. Der Zeitraum zwischen dem ersten Riß in der Eischale und dem Erscheinen des Kükens ist je nach Spezies verschieden und schwankt auch innerhalb eines Geleges. Der gesamte Vorgang kann von etwa 30 Min. – wie bei vielen kleinen Sperlingsvögeln (Ordnung *Passeriformes)* – bis zu 6 Tagen dauern – wie bei einigen der größeren Albatrosse (Familie der *Diomedeidae)*.

Die kürzeste Zeit der Aufzucht. Bei soeben geschlüpften Vogeljungen unterscheidet man zwischen *Nesthockern* und *Nestflüchtern*. Nesthocker werden blind und mit nur wenigen oder ganz ohne Flaumfedern geboren. Sie können weder laufen noch fliegen und sind nicht einmal in der Lage, ihre Körpertemperatur selbst zu regulieren. Noch Tage, Wochen oder sogar Monate nach dem Schlüpfen sind sie völlig auf ihre Eltern angewiesen. Nestflüchter schlüpfen dagegen in einem fortgeschrittenen Entwicklungsstadium und verlassen das Nest gewöhnlich schon nach kurzer Zeit. Oft sind sie innerhalb von 24 Std. nach dem Schlüpfen in der Lage, ein selbständiges Leben zu führen.

Am längsten dauert die Aufzucht bei den Jungen von Fregattvögeln (Familie der *Fregatidae*), Königspinguinen *(Aptenodytes patagonicus)* und Kalifornischem Kondor *(Gymnogyps californianus)*. Die jungen Fregattvögel werden im Alter von 5–6 Monaten flügge, kehren aber noch ins Nest zurück, um sich füttern zu lassen, bis sie etwa ein Jahr alt sind. Der vom Aussterben bedrohte Kalifornische Kondor füttert und pflegt seine Jungen ein Jahr und länger in seinem Horst entlang der Felsküsten.

Am schnellsten flügge werden die Jungen von Großfußhühnern (Familie der *Megapodiidae*). Sie kommen nicht wie die meisten anderen Vögel mit Daunen zur Welt, sondern mit hochentwickelten Federn, mit denen sie schon kurz nach dem Schlüpfen flugfähig sind und vor Raubtieren fliehen können. Das bekannteste Beispiel ist der Wallnister *(Leipoa ocellata)* aus dem Süden Australiens, der aus Blättern und Erde einen riesigen Bruthaufen errichtet. Es dauert 2–15 Std., bis sich das frisch geschlüpfte Küken seinen Weg durch den Bruthügel ans Tageslicht gebahnt hat und dort zum

ersten Mal die Augen öffnet. Dann taumelt es den Hügel hinab und sucht Schutz unter dem nächsten Busch, wo es sich von der Anstrengung erholt. Innerhalb einer Stunde kann der junge Wallnister laufen, nach zwei Stunden flattert er bereits 10–15 m über den Erdboden, und nur 24 Stunden nach dem Verlassen des Bruthaufens ist er in der Lage, richtig zu fliegen.

GEFÄHRDETE VOGELARTEN

Die seltenste Vogelart herauszufinden, ist angesichts der praktischen Schwierigkeiten, die Größe von Populationen zu schätzen, beinahe unmöglich. Hinzu kommt, daß die Bestände ständigen Schwankungen unterworfen sind. Dennoch kann kaum ein in Freiheit lebender Vogel seltener sein als der Spix-Ara *(Cyanopsitta spixii)*. Als sich Ornithologen im Juni/Juli 1990 auf die Suche nach ihm machten, fanden sie lediglich ein überle-

Bei keiner anderen Vogelart setzt die Geschlechtsreife so spät ein wie bei den Albatrossen, von denen einige erst im Alter von 10 Jahren zu brüten beginnen; dieser junge Schwarzbrauenalbatros wurde auf den Falkland Inseln fotografiert.

bendes Exemplar (vermutlich ein Männchen) in einer entlegenen Waldregion im Nordosten Brasiliens. Seither untersteht die Spezies dem Artenschutz. Die Hauptursache für ihr drohendes Erlöschen ist der Fang für den Handel mit Käfigvögeln. Erst 1987 wurden zwei Spix-Aras beschlagnahmt, die für rund 25 000 £ nach Deutschland verkauft werden sollten. Zum Verhängnis wurden den Vögeln als Fleischlieferanten außerdem die Jagd, eine eingeführte Bienenart, die mit ihnen um Nistplätze rivalisierte, und die Zerstörung ihrer Lebensräume. Nun können nur noch die 31 in Gefangenschaft gehaltenen Spix-Aras die Art vor dem Aussterben bewahren. Im August 1994 wurde ein in Brasilien im Käfig gehaltenes Weibchen in ein Freigehege gebracht, das sich in der Nähe des Lieblingsbaums des in Freiheit überlebenden Männchens befand. Schon wenig später begannen die beiden Vögel, miteinander zu kommunizieren, so daß das Weibchen wohl bald freigelassen werden wird.

Leider gibt es noch eine Reihe anderer aussichtsreicher Kandidaten auf den Titel des »seltensten Vogels der Welt«: So gibt es beispielsweise nur noch etwa 28 Echosittiche *(Psittacula echo)* auf der Insel Mauritius, 48 Eulenpapageien oder Kakapos *(Strigops habroptilus)* in Neuseeland und gerade 26 Hawaiikrähen *(Corvus hawaiiensis)*, von denen 12 in Freiheit und 14 in Gefangenschaft leben.

Viele Vögel sind lediglich durch ein Exemplar bekannt und – vorausgesetzt sie sind der Aufmerksamkeit der Ornithologen nicht entgangen – entweder extrem selten oder bereits ausgestorben. Hierzu zählen das 1927 in der Nähe von Ho-Chi-Minh-Stadt (Vietnam) entdeckte Rebhuhn *Arborophila davidi* und die Schwalbenart *Hirundo perdita,* die 1984 in einem Leuchtturm vor Port Sudan (Sudan) entdeckt wurde. Zahlreiche andere Arten sind in diesem Jahrhundert nur ein- oder zweimal gesehen worden – wie der Blütenpicker *Dicaeum quadricolor,* der nach 80-jähriger »Abwesenheit« 1992 auf der Insel Cebu (Philippinen) wiederentdeckt wurde. Das Abholzen der Wälder schreitet auf Cebu, der einzigen Heimat des Vogels, so schnell voran, daß das Aussterben der Spezies unausweichlich schien.

Vor dem Aussterben bewahrt wurden durch strenge Schutzmaßnahmen mehrere Vogelarten. Die bekanntesten Beispiele sind der Kalifornische Kondor *(Gymnogyps californianus),*

der Mauritius-Turmfalke *(Falco punctatus)* und *Petroica traversi,* eine auf den Chatham Islands heimische Art von Petroicas.

Der Kalifornische Kondor war einst über weite Teile des US-amerikanischen Südwestens weitverbreitet, bis Bejagung, das Einsammeln seiner Eier, Bleivergiftungen durch Kugeln in seinen Beutetieren, Raubtiere, Hochspannungsleitungen und Pestizide eine dramatische Dezimierung seines Bestandes verursachten. Bis in die achtziger Jahre war die Zahl der Vögel so alarmierend zurückgegangen, daß man sich entschloß, alle bekannten Überlebenden zu ihrem Schutz in menschlichen Gewahrsam zu nehmen. Am 5. Juni 1986 wurde das letzte freilebende Weibchen eingefangen, am 19. April 1987 das letzte in Freiheit lebende Männchen. Damit lag die Zahl der in Gefangenschaft – im San Diego Wild Animal Park und im Zoo von Los Angeles – gehaltenen Vögel bei 27. Zum ersten Mal seit 2 Mio. Jahren lebte kein Kalifornischer Kondor mehr in freier Wildbahn. Am 29. April 1988 schlüpfte in San Diego das erste von vielen in Gefangenschaft ausgebrüteten Küken. Die Wiedereinbürgerung in freier Wildbahn begann im Januar 1992, als zwei 8 Monate alte Vögel namens Chocuyens (ein Männchen) und Xewe (ein Weibchen) im Los Padres National Forest, 120 km nördlich von Los Angeles, Kalifornien, in die Freiheit entlassen wurden. Anfang 1994 lag der Bestand weltweit bei 75 Vögeln, die bis auf neun alle in Gefangenschaft lebten. Weitere Wiederansiedlungen sind geplant, bis mindestens zwei lebensfähige Populationen aus jeweils etwa 100 Vögeln wieder eingebürgert sind.

Als 1973 eine Organisation zum Schutz des Mauritius-Turmfalken gegründet wurde, belief sich die Zahl der freilebenden Vögel dieser Spezies auf ganze vier Tiere. In Gefangenschaft durchgeführte Zuchtprogramme retteten die Art vor dem Aussterben, so daß inzwischen wieder mehr als 300 Mauritius-Turmfalken in Freiheit leben, darunter mindestens 60 Brutpaare. Sie bewohnen drei Regionen auf Mauritius: die Bambou Mountains, Moka Mountains und die Black River Gorges. Es ist geplant, auch weiterhin in Gefangenschaft gezüchtete Vögel auszusetzen und ihr Leben in freier Wildbahn zu überwachen, bis auf der Insel wieder mindestens 100 Brutpaare heimisch sind. Die Spezies *Petroica traversi* lebt auf den Chatham Islands, 800 km östlich von Neuseeland. Der Rückgang des Bestandes dieser Art von Petroicas begann, als auf den Chathams Katzen und Ratten eingeführt wurden. Bis zur Jahrhundertwende hatten nur etwa 25 Paare überlebt, 1976 waren es gerade noch sieben Vögel – zwei Paare und drei Männchen. Dank der Umsiedlungen in sicherere Gebiete innerhalb der Chathams, dem Einsatz von Pflegeeltern zum Ausbrüten einiger Eier und geschickter Manipulationen der Brutpaare stieg die Population bis 1986 auf 37 Tiere. Noch im selben Jahr fielen 14 Petroicas einem Sturm zum Opfer, aber seither steigt ihr Bestand langsam an und liegt inzwischen bei 160 Vögeln, die sich auf zwei Inseln verteilen.

Irrtümlich für ausgestorben gehalten wurden mehrere Vogelarten. Schon oft haben extrem seltene Arten jahrelang unbemerkt überlebt, und buchstäblich Dutzende sind »von den

Toten wiederauferstanden«. Eine der spektakulärsten Wiederentdeckungen der letzten Jahre war die des Macgillivraysturmvogels *(Pterodroma macgillivrayi),* der früher nur durch ein 1855 auf der Insel Gau (Fidschi) gefundenes Exemplar bekannt war. Die Spezies blieb verschollen, bis dem Ornithologen Dick Watling in der Nacht des 30. April 1984 ebenfalls auf Gau ein Exemplar an den Kopf flog. Der Vogel wurde untersucht, fotografiert und wieder freigelassen. Seit man ein Jahr später auf derselben Insel auch auf einen Jungvogel stieß, wurde die Spezies jedoch nicht mehr gesichtet.

Auch andere Sturmvögel (Familie der *Procellariidae)* sind nach langer »Abwesenheit« wieder in Erscheinung getreten. Am längsten irrtümlicherweise für ausgestorben gehalten wurde der Bermuda-Sturmvogel *(Pterodroma cahow),* der erstmals Anfang des 16. Jahrhunderts auf den Bermudas entdeckt wurde, wo er in großer Zahl brütete. Mitte des 17. Jahrhunderts fürchtete man schon, er sei ausgestorben. Er hatte jedoch fast 300 Jahre unbemerkt überlebt. Nachdem 1916 bereits einige tote Vögel identifiziert worden waren, fand man 1951 auf fünf kleinen, den Bermudas vorgelagerten Inseln – den sogenannten Castle Rocks – mehrere Nester der Spezies. Der Chatham-Sturmvogel *(Pterodroma magentae)* wurde erstmals 1867 auf den Chatham-Inseln (Neuseeland) gesehen und konnte dann erst wieder 1970 gesichtet werden. Die wenigen Vögel dieser Spezies, die auch heute noch auf den Inseln leben, kommen so gut wie nie zum Vorschein.

Auch aus anderen Teilen der Welt sind ähnlich ungewöhnliche Entdeckungen zu melden. In einem kleinen Waldstück am Ostufer des Rio Negro (Brasilien) wurde 1992 die Spezies *Hemitriccus inornatus* wiederentdeckt – 161 Jahre nach ihrem einzigen Erscheinen im Jahr 1831. Die Pitta *Pitta gurneyi,* ein drosselgroßer Vogel in leuchtenden Farben aus Südostasien, galt nach langer Unauffindbarkeit seit 1985 als ausgestorben und tauchte prompt ein Jahr später wieder auf. Die Madagaskar-Eule *(Tyto soumagnei)* wurde seit 1934 nur einmal gesehen, bis man 1994 in Andapa (Madagaskar) ein Exemplar entdeckte, das in einem Käfig gehalten wurde und fast 300 km nördlich vom letzten bekannten Verbreitungsgebiet der Spezies eingefangen worden war. Im Laufe des 19. Jahrhunderts sind in Neuseeland ganze vier Exemplare der Takahe *(Notornis mantelli)* registriert worden; bis Mitte des 20. Jahrhunderts konnte nicht ein einziger dieser seltsam aussehenden Vögel mehr gefunden werden. Doch dann tauchten 1948 nicht weniger als 200 Paare in den Murchison Mountains und in zwei benachbarten Bergketten am Westufer des Lake Te Anau auf. Zwar kommt die Takahe auch heute noch in dieser Region vor, ihr Überleben in Freiheit ist aber noch immer fraglich.

Bereits ausgestorben sind seit dem Jahr 1600 insgesamt 114 Vogelarten und wesentlich mehr Unterarten. Viele andere Vögel, von denen es seit Jahren kein Lebenszeichen mehr gibt, sind möglicherweise ebenfalls inzwischen ausgestorben, während andere verschwanden, ohne daß wir jemals von ihrer Existenz wissen werden. Der genaue Zeitpunkt des Erlöschens einer Spezies läßt sich nie mit Bestimmtheit feststellen.

Die Spezies, die als letzte ausgerottet wurde, ist vermutlich der Elfenbeinspecht *(Campephilus principalis)* – ein stattlicher Vogel in den Farben Schwarz, Weiß und Rot, der noch vor einem Jahrhundert im Südosten der USA und auf Kuba weitverbreitet war. In den USA ist er seit Anfang der siebziger Jahre nicht mehr gesehen worden. Auf Kuba wurde er zuletzt im März 1987 in einem kleinen Waldgebiet in Ojito de Agua im Osten der Insel gesehen. Als Ornithologen aus den Niederlanden und vom kubanischen Instituto de Investigaciones Forestales drei Monate lang die Region Ojito de Agua intensiv absuchten, konnten sie keinerlei Spuren des Vogels entdecken. Das einzige Gebiet, das sich auf Kuba noch als Lebensraum für den Specht eignen würde, ist ein Wald bei Sierra Maestra in der Provinz Granma. Es sprechen jedoch keine Anzeichen dafür, daß die Spezies jemals dort gelebt hat. Von der einheimischen Bevölkerung wurde der Vogel nie gesehen, und eine zweiwöchige Suche verlief ergebnislos. 1993 gaben die Experten die Hoffnung schließlich auf.

Der genaue Zeitpunkt des Aussterbens ist von einigen Vogelarten und Unterarten bekannt – u.a. vom Riesenalk *(Pinguinus impennis)* und von der Wandertaube *(Ectopistes migratorius)*. Die letzten beiden Überlebenden des flugunfähigen Riesenalks (ein Brutpaar, das sein einzelnes Ei bewachte) wurden am 3. Juni 1844 auf der Felseninsel Eldey, wenige Kilometer vor der Südwestspitze Islands, entdeckt. Jon Brandsson und Sigurdur Isleifsson erschlugen die beiden Vögel, und Ketill Ketilsson trat versehentlich auf das Ei. Sie verkauften die Häute und ließen das Ei achtlos liegen. Die drei isländischen Fischer waren wahrscheinlich die letzten Menschen, die einen Riesenalk lebend gesehen haben. (Nach unbestätigten Angaben wurde die Spezies noch gelegentlich gesichtet.) Die letzte nordamerikanische Wandertaube, ein 29jähriges Tier namens Martha, starb am 1. September 1914

Dank erfolgreicher Zuchtprogramme wurde der Mauritius-Turmfalke vor dem Aussterben bewahrt, nachdem sein Bestand in freier Wildbahn bereits auf nur vier Tiere gesunken war.

um 13.00 Uhr Eastern Standard Time im Cincinnati Zoo (USA).

Der einzige in den letzten 400 Jahren ausgestorbene Greifvogel ist der Guadalupe-Karakara *(Polyborus lutosus)*, der die 250 km vor der Küste Baja Californias (Mexiko) gelegene Insel Guadalupe bewohnte. Er wurde von Siedlern ausgerottet, die glaubten, die Vögel suchten sich ihre Beute unter den Jungen ihrer eingeführten Ziegen. Zuletzt gesehen wurde der Karakara im Jahr 1900.

Vom Aussterben bedroht sind nach Angaben der World Conservation Union (IUCN) derzeit vermutlich weltweit 971 Vogelarten – mehr als 10 % aller bekannten Arten.

Die meisten vom Aussterben bedrohten Arten gehören der Gruppe der Singvögel (Ordnung *Passeriformes*) an: Insgesamt gelten 478 Singvögel als gefährdet; das entspricht annähernd 10 % aller Singvogelarten. Soviele bedrohte Mitglieder hat keine andere der großen Vogelgruppen zu beklagen. Proportional gesehen sind jedoch die Kranichvögel (Ordnung

Gruiformes) mit 52 von insgesamt 190 Arten (27 %) stärker betroffen. Von Hühnervögeln (Ordnung *Galliformes)*, Albatrossen und Sturmvögeln (Ordnung *Procellariiformes)*, Papageienvögeln (Ordnung *Psittaciformes)* und Steißfüßen (Ordnung *Podicipediformes)* stehen jeweils ungefähr 23 %, 22 %, 19 % und 19 % aller Arten auf der Liste der gefährdeten Vögel.

Das Land mit den meisten bedrohten Arten ist Indonesien. 123 der dort heimischen Arten gelten international als vom Aussterben bedroht. An zweiter Stelle folgt Brasilien mit 100, gefolgt von China mit 88 gefährdeten Arten.

Die weltweit meisten ausgestorbenen Vogelarten hat Mauritius zu verzeichnen. Die Insel im Indischen Ozean war die einzige oder letzte Heimat von 21 inzwischen ausgerotteten Arten. Das entspricht 18,4 % aller seit 1600 erloschenen Vogelarten.

Die wenigsten ausgestorbenen Vogelarten wurden auf dem afrikanischen Festland, in Südamerika und auf dem antarktischen Kontinent registriert. Dort ist in den letzten 400 Jahren offiziell keine Art ausgestorben. Allerdings wurden mehrere Arten extrem selten gesehen und sind möglicherweise erloschen, aber noch haben die Experten die Hoffnung nicht aufgegeben. Außerdem gilt es als sehr wahrscheinlich, daß einige Arten ausstarben, ohne je entdeckt und benannt worden zu sein.

Der Zeitraum mit den größten Verlusten an Vogelarten waren die 23 Jahre von 1885 bis 1907, als 24 Arten, 14 Rassen und 38 Formen offiziell ausstarben.

Der am unmittelbarsten vom Aussterben bedrohte Meeresvogel ist vermutlich der Madeira-Sturmvogel *(Pterodroma madeira)*, der ausschließlich in den Gebirgsregionen Madeiras brütet. Nach einem dramatischen Rückgang seines Bestandes infolge der Verfolgung durch Ratten, Katzen und Menschen wird die Brutpopulation heute auf nur noch 20–30 Paare geschätzt. Die größten Bruterfolge seit vielen Jahren wurden 1993 verzeichnet, als acht Junge flügge wurden.

Die größte Vogeljagd findet alljährlich statt, wenn über 6 Billionen Vögel 140 verschiedener Arten einer der bedeutendsten Vogelzugstrecken Europas von der baskischen Region der

Pyrenäen nach Nordafrika und weiter nach Süden folgen. 900 Mio. der Zugvögel (15 %) fallen Jahr für Jahr Jägern zum Opfer.

> **Tölpel haben Luftpolster unter der Haut, die die Wucht des Aufpralls mindern, wenn die Vögel aus großen Höhen kopfüber ins Wasser stürzen.**

Die meisten Vogeljäger leben auf der Mittelmeerinsel Malta, wo auf einen km² Land mehr als 60 linzenzierte Vogeljäger entfallen. Damit geht ungefähr einer von 20 der insgesamt 350 000 Malteser dieser Beschäftigung nach. Zusammen schießen sie über 3 Mio. Vögel im Jahr – darunter 50 000–100 000 Greifvögel, 80 000 Pirole, 200 000 Feldlerchen und 400 000 Schwalben. Keine Spezies ist vor ihnen sicher, nicht einmal die offiziell geschützten Arten.

Darüber hinaus werden auf Malta weitere 3 Mio. Vögel im Jahr von Vogelstellern gefangen. Dabei handelt es sich vor allem um Finken, denen ein kurzes Leben als Haustiere im Käfig bevorsteht.

Die sinnloseste Vogeljagd. Von den vielen Beispielen für sinnloses Töten von Vögeln in allen Teilen der Welt ist die Jagd auf den Königskleidervogel oder Mamo *(Drepanis pacifica)* besonders befremdend. Mehr als 80 000 dieser auf Hawaii heimischen Vögel wurden getötet, um aus ihren Federn den berühmten Federmantel für Kamehameha I., König von Hawaii (1810–19), anzufertigen. Vor ihm hatten bereits acht andere Monarchen von Hawaii einen solchen Umhang getragen. Die Vogelfänger durften die »königlichen« Vögel nicht töten, sondern sollten sie freilassen, sobald ihnen die gelben Federn ausgerupft worden waren. Es hat jedoch den Anschein, als wären nur wenige Vögel wieder in die Freiheit entlassen worden. Ohne Federn hätten sie wohl auch nur eine geringe Überlebenschance gehabt. Der Kleidervogel ist seit 1899 ausgestorben, was in erster Linie auf die Jagd nach seinen kostbaren, leuchtend gelben Bürzelfedern und bis zu einem gewissen Grad auch auf die Zerstörung seines Lebensraums zurückzuführen ist.

Der Riesenalk ist einer von sehr wenigen Vögeln, für die der genaue Zeitpunkt ihres Aussterbens bekannt ist: In diesem Fall war es der 3. Juni 1844; das hier abgebildete Exemplar erstanden die Bewohner Islands 1971 für £ 9300 – so viel war nie zuvor für einen ausgestopften Vogel gezahlt worden.

Fuglinn sem hér er til sýnis var drepinn um 1820. Hann var keyptur fyrir samskotafé á uppboði í Lundúnum árið 1971, og er einn af fáum geirfuglum sem til eru. Enn færri egg hafa varðveist, en það sem hér er eignaðist safnið árið 1954.

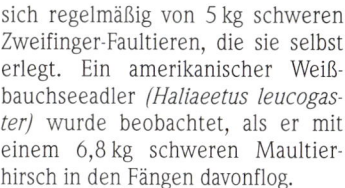

Die Purpurtaube ist nur eine von vermutlich 971 weltweit vom Aussterben bedrohten Vogelarten.

Mit nur einer Handvoll überlebenden Exemplaren ist der Echosittich einer der seltensten Vögel der Welt; er lebt auf der Insel Mauritius, die die einzige oder letzte Heimat von mehr inzwischen ausgestorbenen Vogelarten war als irgendein anderes Land der Welt.

ERNÄHRUNG DER VÖGEL

Das größte Beutetier, das nachweislich von einem Vogel getötet und abtransportiert worden ist, war ein 7 kg schwerer männlicher Roter Brüllaffe, der 1990 im Manu-Nationalpark (Peru) von einer Harpyie *(Harpia harpyja)* geschlagen wurde. Dieser Greif bewohnt die Urwälder Zentral- und Südamerikas und gilt allgemein als der kräftigste aller weltweit vorkommenden Greifvögel, obwohl er selbst nur 9 kg wiegt. Die Harpyie ernährt sich regelmäßig von 5 kg schweren Zweifinger-Faultieren, die sie selbst erlegt. Ein amerikanischer Weißbauchseeadler *(Haliaeetus leucogaster)* wurde beobachtet, als er mit einem 6,8 kg schweren Maultierhirsch in den Fängen davonflog.

Die meiste Nahrung im Verhältnis zur Körpergröße nehmen die Kolibris (Familie der *Trochilidae)* zu sich, die täglich mindestens die Hälfte ihres Gewichts vor allem in Form von Nektar und winzigen Insekten brauchen. Diese Vögel haben – möglicherweise abgesehen von den Spitzmäusen – die höchsten Stoffwechselwerte aller bekannten Tiere.

Die einseitigste Ernährung. Viele Vögel sind auf eine bestimmte Nahrung spezialisiert. Die Schnäbel und Füße einiger Arten haben sich den entsprechenden Erfordernissen so sehr angepaßt, daß die Vögel nicht in der Lage sind, ihre Ernährung umzustellen, wenn ihre Lieblingsspeise nicht zur Verfügung steht. Diese Arten leiden besonders unter den Schwankungen in der Verfügbarkeit ihrer Nahrung und sind demnach eher gefährdet als andere. Das gilt vor allem für den Schneckenmilan *(Rostrhamus sociabilis),* der sich ausschließlich von Schnecken der Gattung *Pomacea* ernährt, und für seine im südlichen Florida heimische Unterart *(R. s. plumbeus),* deren einzige Nahrung die Schneckenart *Pomacea paludosa* ist. Auch die Existenz des in Afrika, Madagaskar und in Teilen Indiens lebenden Zwergflamingos *(Phoeniconaias minor)* ist durch seine fast völlige Abhängigkeit von einer bestimmten Algenart *(Spirulina)* bedroht.
Tauben (Familie der *Columbidae)* und Flamingos (Familie der *Phoenicopteridae)* beider Geschlechter und männliche Kaiserpinguine *(Aptenodytes forsteri)* füttern ihre Jungen ausschließlich mit einem eiweißreichen Sekret, das sie aus dem Kropf absondern (Flamingos aus der Speiseröhre). Dieses Sekret ähnelt in seiner Zusammensetzung der Milch der Säugetiere.

Die abwechslungsreichste Kost. Einseitige Ernährung ist in der Vogelwelt die Ausnahme. Die meisten Arten ernähren sich sehr vielfältig. Vom Kragenhahn *(Bonasa umbellus)* aus Nordamerika weiß man beispielsweise, daß er Teile von mindestens 518 Tier- und 414 Pflanzenarten zu sich genommen hat. Auch die Geschmäcker von Rabenvögeln (Familie der *Corvidae)* und Möwen (Familie der *Laridae)* sind ausgesprochen breitgefächert. Ihre Kost besteht aus den verschiedensten Pflanzen, vielen Arten von lebenden Wirbellosen und Wirbeltieren, aus Aas und in der Umgebung menschlicher Siedlungen sogar aus Abfällen.

Filtern von Nahrung. Der einzige Vogel, der seine Nahrung wirklich filtert, ist der Flamingo (Familie der *Phoenicopteridae*). Beim Fressen taucht er seinen Kopf in einen Süßwassersee, wobei er den unteren Teil des Schnabels parallel zur Wasserfläche hält, und wendet eine Filtertechnik an, die der Methode der Bartenwale ähnelt, Krill und Fisch aus dem Meerwasser zu seihen. Wenn er mit Hilfe seiner Zunge Wasser und Schlamm durch seinen Schnabel saugt, bleiben die eßbaren Partikel an speziellen Hornlamellen hängen.

Die längste Zeit ohne Nahrung muß von allen nicht im Winterschlaf befindlichen Vögeln der männliche Kaiserpinguin *(Aptenodytes forsteri)* überstehen, der mehrere Monate ohne zu fressen in der Eiswüste der Antarktis verbringt. Das Weibchen legt Ende Mai oder Anfang Juni das einzelne Ei und überläßt es dem Männchen, es 62–67 Tage bis zum

Flamingos sind die einzigen Vögel, die ihre Nahrung filtern, wobei sie eine Technik anwenden, die der der Bartenwale ähnelt, die Krill oder Fische aus dem Meerwasser seihen; dieser farbenprächtige Schwarm wurde im Kratersee des Ngorongoro (Tansania) aufgenommen.

Schlüpfen des Jungen zu bebrüten. Nachdem das Männchen vom Meer zur Brutkolonie gewandert ist, das Weibchen umworben und das Ei bebrütet hat, muß es erst die Rückkehr des Weibchens abwarten, bis es sich endlich selbst auf den Weg zum offenen Meer machen kann, um dort nach 115–120 Tagen ohne Nahrung zum ersten Mal wieder zu fressen. Die längste ununterbrochene Fastenperiode, die je für einen männlichen Kaiserpinguin registriert wurde, dauerte 134 Tage. In dieser Zeit zehrt das Männchen von seiner 3–4 cm dicken Fettschicht unter der Haut. Sein Gewicht sinkt von 40 kg zu Beginn des Winters auf nur noch 20 kg gegen Ende des Winters.
Die nordamerikanische Winternachtschwalbe *(Phalaenoptilus nuttallii)* fastet bis zu fünf Monate, während sie in den kältesten Wintermonaten in einer Felsspalte oder unter einem Strauch ihren Winterschlaf hält.

> **In den sehr ergiebigen Rift Valley Seen (Ostafrika) vertilgen eine Million Zwergflamingos bis zu 60 t Algen am Tag.**

Die eigenen Federn verspeisen als einzige Vögel (soweit bekannt ist) die Lappentaucher (Familie der *Podicipedidae*), die häufig auch ihre Jungen damit füttern. Der Magen eines Kükens des Renntauchers *(Aechmophorus occidentalis)* enthielt 300 Federn von einem ausgewachsenen Vogel. Da diese eigentümliche Gewohnheit vor allem bei den fischfres-

senden Arten zu beobachten ist, lautet eine Theorie, daß die Federn möglicherweise dazu beitragen, aus Schuppen und Knochen Gewölle zu bilden.

Die merkwürdigsten Eßgewohnheiten hatte wohl ein Strauß *(Struthio camelus)* im Zoo von London (GB). Nach seinem Tod fand man in seinem Magen einen Wecker, eine Filmrolle, ein Taschentuch, ein 91 cm langes Stück Seil, ein Fahrradventil, einen Bleistift, drei Handschuhe, einen Kamm, einen Teil einer goldenen Halskette, einen Kragenknopf, einen belgischen Franc, vier halbe Pennies und einen Viertelpenny.

Von Blut ernährt sich der Zwerggrundfink *(Geospiza difficilis)*, der wahrscheinlich der einzige echte Parasit unter den Vögeln ist. Er fügt brütenden Masken- *(Sula dactylatra)* und Rotfußtölpeln *(Sula sula)* zwischen den Federn ihrer Schwingen Wunden zu, aus denen er das Blut trinkt. Erstaunlicherweise scheinen sich die Tölpel dadurch nicht sonderlich belästigt zu fühlen.

Der Muskelmagen ist der Teil des Vogelmagens, in dem die Nahrung zermahlen wird. Er erfüllt die Aufgabe, die bei den Säugetieren die Zähne übernehmen. Bei den meisten Vögeln enthält er Sandkörner oder kleine Steine, die den Zerkleinerungsprozeß unterstützen. Den stärksten Muskelmagen hatte ein Truthuhn *(Meleagris gallopavo)*, der es fertigbrachte, innerhalb von nicht einmal 4 Std. 24 Walnüsse (mit Schale) vollständig zu verdauen.

Lappentaucher wie dieser Renntaucher, der in Kalifornien (USA) fotografiert wurde, sind die einzigen Vögel, die sich ihre eigenen Federn ausrupfen und sie auch verspeisen.

SINNESORGANE DER VÖGEL

Die schärfsten Augen. Viele Angaben über die ungeheure Sehschärfe von Vögeln sind übertrieben. Tatsächlich ist über das Sehvermögen der Vögel erstaunlich wenig bekannt. Zwar sind einige Arten zweifellos in der Lage, Objekte aus großer Entfernung detailliert wahrzunehmen, konkrete Daten liegen jedoch kaum vor. Die schärfsten Augen haben vermutlich die Greifvögel, deren Sehfeld im Zentrum leicht vergrößert ist. Große Arten, deren Augen etwa so groß sind wie die des Menschen, können verglichen mit dem menschlichen Auge Einzelheiten wahrscheinlich bereits aus 2,5- bis 3-facher Entfernung erkennen. Das bedeutet, daß beispielsweise ein Steinadler *(Aquila chrysaetos)* unter idealen Bedingungen aus mehr als 2 km Entfernung ein sich bewegendes Kaninchen ausmachen kann oder daß ein Wanderfalke *(Falco peregrinus)* eine über 8 km entfernte Taube erkennt.

Der weltweit größte Schädling unter den Vögeln ist wahrscheinlich der Blutschnabelweber *(Quelea quelea).* Jeder einzelne dieser Vögel frißt durchschnittlich 3 g Samen am Tag; bei einem Schwarm aus einer Million Vögeln macht das eine Tagesration von 3 t, und umgerechnet auf die gesamte Population besteht der Tagesbedarf aus schätzungsweise 4500 t Nahrung. Man nimmt an, daß ein Viertel der Population etwa 30 Tage im Jahr über die Getreidefelder herfällt und in Afrika einen Schaden von rund 15 Mio. £ im Jahr anrichtet. Mindestens 200 Mio. dieser »gefiederten Heuschrecken« werden alljährlich getötet, indem man ihre Brutkolonien mit Flammenwerfern, Dynamit und Giftgas vernichtet, ohne daß dadurch die Größe der Population langfristig beeinflußt wird.

Die schärfsten Augen aller Vögel haben vermutlich Greifvögel, wie dieser Schwarzmilan, der in Pakistan beobachtet wurde.

Nachtsichtigkeit. Die Augen von Nachtvögeln, wie Schleiereulen (Familie der *Tytonidae*) und Ziegenmelkern (Familie der *Caprimulgidae*), sind sehr lichtempfindlich. Zu sagen, diese Vögel könnten »im Dunkeln sehen«, wäre dennoch falsch, denn in absoluter Dunkelheit sehen auch sie nicht mehr als wir. Aber absolute Dunkelheit kommt in der Natur selten vor. In Nächten, in denen der Mensch nicht die Hand vor den Augen sieht, beweisen sie ein außerordentliches Sehvermögen. Versuche haben gezeigt, daß manche Eulenarten leblose Objekte bei einer Lichtintensität ausmachen, die nur einem Prozent der Lichtmenge entspricht, die das menschliche Auge braucht, um dieselben Objekte sehen zu können. Die Augen von Nachtvögeln unterscheiden sich vom menschlichen Auge vor allem dadurch, daß ihre Netzhäute mit deutlich mehr lichtempfindlichen Zellen besetzt sind.

Farbwahrnehmung. Als Klasse verfügen Vögel vermutlich über eine ausgeprägtere Farbwahrnehmung als jede andere Klasse von Tieren. Durch die einzigartige Kombination von Lichtrezeptoren auf der Netzhaut, die

farbempfindlich sind, und der Fetttröpfchen, die wie Filter arbeiten, indem sie das Spektrum der empfangenen und von jedem Rezeptoren entschlüsselten Wellenlänge bündeln, nimmt das Vogelauge auch feinste Schattierungen wahr. Die Anordnung dieser Sinneszellen und Filter ist von Spezies zu Spezies verschieden und auf die jeweiligen Bedürfnisse abgestimmt. Es ist jedoch wahrscheinlich, daß die meisten, wenn nicht alle Vögel auf die eine oder andere Weise Farben erkennen können.

Wahrnehmung von Ultraviolett.
Von Stockenten *(Anas platyrhynchos),* dem Kolibri *Archilochus alexandri,* dem Halsbandfischer *(Megaceryle alcyon)* und anderen Arten weiß man, daß sie den ultraviolett-nahen oder sogar den ultravioletten Bereich des Lichtspektrums wahrnehmen. Angesichts der taxonomischen Vielfalt der bisher untersuchten Arten besitzt vermutlich die Mehrzahl der Vögel diese Fähigkeit, die sie in die Lage versetzt, Farben zu sehen, die für Säugetiere unsichtbar sind. Die Wahrnehmung ultravioletten Lichts bietet verschiedene Vorteile. Sie kommt Kolibris möglicherweise bei der Suche nach bestimmten Blüten zugute, die diese Lichtfarbe stark reflektieren.

Das Gesichtsfeld von Vögeln
schwankt zwischen einem Winkel von wenigen Grad bis zu vollen 360° und ist ein Merkmal, anhand dessen sich

Raubvögel von Beutevögeln unterscheiden lassen. Bei den Beutevögeln sind die Augen in der Regel seitlich angeordnet, so daß ihr Blickwinkel bei 360° liegt. Auf diese Weise können sie ihre Umgebung besser überschauen und mögliche Gefahren leichter erkennen. Das beste Beispiel hierfür ist die Waldschnepfe *(Scolopax rusticola),* die nicht nur über ein horizontales Rundum-Gesichtsfeld verfügt, sondern auch über sich Feinde erkennen kann, ohne den Kopf bewegen zu müssen. Der Nachteil dieser Anordnung der Augen ist das stark eingeschränkte beidäugige oder binokulare Sehen (direkt nach vorn und nach hinten), was die Scharfsichtigkeit und die Fähigkeit, Größe und Entfernung von Ojekten einzuschätzen, beeinträchtigt und außerdem die Empfindlichkeit der Augen bei schwachem Licht reduziert. All dies sind Aufgaben, die die Augen von Raubvögeln erfüllen müssen. Ihre Augen stehen im allgemeinen weiter vorn am Kopf, so daß sie einerseits über ein weites binokulares Gesichtsfeld, andererseits aber über einen großen »toten Winkel« hinter sich verfügen. So liegt der Blickwinkel für das beidäugige vorwärts gerichtete Sehen beim Waldkauz *(Strix aluco)* bei 60°, während der »tote Winkel« hinter ihm 130° ausmacht. Das Gesichtsfeld der meisten anderen Vögel bewegt sich zwischen diesen beiden Extremen.

Das Gehör von Vögeln zu messen
ist sehr schwierig. Es gilt jedoch als

sicher, daß viele Arten über eine bemerkenswerte Hörschärfe verfügen. Das leistungsfähigste Gehör findet sich wahrscheinlich bei den Schleiereulen der Gattung *Tyto,* die lebende Beutetiere in totaler Finsternis allein anhand von Geräuschen aufspüren können. Wie sich unter Laborbedingungen herausgestellt hat, ist die Schleiereule *(Tyto alba)* in der Lage, die Quelle der feinsten Laute innerhalb nur eines Grades sowohl auf horizontaler als auch auf vertikaler Ebene auszumachen. Dabei kommt ihr die Fähigkeit zugute, Unterschiede in der Lautstärke der Geräusche und in dem Zeitpunkt ihrer Ankunft in ihren Ohren bis auf 100 Mikrosekunden genau zu schätzen. Die Eule kann Geräusche nicht nur wahrnehmen und exakt lokalisieren, sie identifiziert auch deren Verursacher.
Auch der Fettschwalm *(Steatornis caripensis)* und einige Segler (Familie der *Apodidae)* besitzen ein hervorragendes Gehör, das sie bei der EchoOrtung einsetzen. Jedes der Klickgeräusche, die ein Fettschwalm ausstößt, dauert ungefähr 0,01 Sek. und ist aus mehreren Einzelimpulsen zusammengesetzt, die ihrerseits etwa 0,001 Sek. lang sind. Das menschliche Ohr hört lediglich das Klikken, aber der Fettschwalm nimmt mit seinem empfindlichen Gehör jeden Impuls als einzelnes Geräusch wahr und orientiert sich, indem er das Echo deutet.

Der Hörbereich von Vögeln ist allgemein gesehen kleiner als der von Säugetieren.
Die Empfindlichkeit ihrer Gehörgänge für Geräusche verschiedener Frequenzen schwankt jedoch von Spezies zu Spezies beträchtlich. In Laboratorien haben Wissenschaftler mit Hilfe empfindlicher Instrumentarien herausgefunden, daß Tauben (Familie der *Columbidae)* noch Geräusche mit einer Frequenz von nur 0,1 Hz wahrnehmen (das entspricht einer Schwingung im Abstand von 10 Sek.). Da die Ohren von Tauben offenbar keine Besonderheiten aufweisen, scheint es wahrscheinlich, daß auch viele andere Vögel Laute so niedriger Frequenzen hören (es besteht allerdings die Möglichkeit, daß die Vögel die Laute nicht wirklich »hören«, sondern sie durch Berührungsorgane an anderen Körperteilen auffangen). Die Wahrnehmung von

DIE ATHLETEN UNTER DEN VÖGELN

Der schnellste Schwimmer aller Vögel ist wahrscheinlich der Eselspinguin *(Pygoscelis papua)*, für den auf kurzen Strecken Höchstgeschwindigkeiten von etwa 27 km/h festgehalten wurden. Frühere Angaben von Spitzengeschwindigkeiten von annähernd 60 km/h werden heute von den meisten Fachleuten als das Ergebnis ungenauer Messungen betrachtet.

Die größten exakt vermessenen Tauchtiefen von Vögeln wurden bei einer Untersuchung von Kaiserpinguinen *(Aptenodytes forsteri)* von Oktober – Dezember 1990 im Roßmeer (Antarktis) ermittelt. Ein Team französischer und amerikanischer Wissenschaftler vom Centre National de la Recherche Scientifique in Straßburg und von der Scripps Institution of Oceanography in San Diego registrierte über 14 Tage die Tauchtiefen eines einzelnen Kaiserpinguins. Dabei stellte sich heraus, daß das Tier einige Male zum Meeresboden oder in dessen Nähe hinabtauchte, meistens aber auf halbem Wege wieder umkehrte. Am sechsten Tag der Untersuchung tauchte es viermal in Tiefen von 444–483 m bei einer Meerestiefe von 450–500 m.

Die längste Tauchzeit für einen Vogel wurde 1969 am Kap Corzier (Antarktis) von einem Team US-amerikanischer Wissenschaftler ermittelt, die für eine kleine Gruppe von zehn Kaiserpinguinen *(Aptenodytes forsteri)* eine maximale Tauchzeit von 18 Min. festhielten.

Über das Wasser laufen können als einzige Vögel die Sturmschwalben (Familie der *Hydrobatidae*). Sie ernähren sich von kleinen Tieren, die sie aus dem Meer picken, während sie über die Wasseroberfläche trippeln. Dabei nehmen sie allerdings die Flügel zu Hilfe und lassen sich vom Wind tragen.
Blatthühnchen (Familie der *Jacanidae*) laufen über schwimmende Seerosenblätter (s. a. *Die längsten Zehen*).

Im Grunde unfähig zu laufen sind mehrere Vogelfamilien – darunter Kolibris (Familie der *Trochilidae*), Segler (Familie der *Apodidae*), Tropikvögel (Familie der *Phaethontidae*) und Seetaucherartige (Ordnung *Gaviiformes*). An Land bewegen sich Seetaucher sehr unbeholfen: Sie verlagern ihr Körpergewicht auf die Brust und hüpfen wie Frösche, indem sie sich mit den Hinterbeinen abstoßen.

Tauben nehmen Geräusche mit einer Frequenz von nur 0,1 Hz wahr; das entspricht gerade einer Schwingung alle 10 Sekunden.

Lauten niedriger Frequenzen (Infraschall) hat viele mögliche Vorteile. So können Vögel wahrscheinlich einen Sturm nahen hören und sind auf diese Weise frühzeitig vor schlechtem Wetter gewarnt. Am anderen Ende der Skala stehen einige Eulenvögel (Familien der *Tytonidae* und *Strigidae*). Sie nehmen Schallreize im Frequenzbereich von etwa 15–20 kHz wahr und sind damit in der Lage, Beutetiere in beinahe absoluter Dunkelheit aufzuspüren. Zum Vergleich: Der menschliche Hörbereich liegt zwischen 20 Hz und annähernd 20 kHz.

Die Anwendung der Echo-Ortung wurde bisher nur bei einigen Vertretern von Seglern (Familie der *Apodidae*) aus Südostasien und bei dem in Südamerika heimischen Fettschwalm *(Steatornis caripensis)* nachgewiesen. Beide brüten und schlafen in der absoluten Finsternis von Höhlen und wenden eine relativ einfache Form der Echo-Ortung an, um sich dort zu orientieren. Auf diese Weise nehmen sie Höhlenwände und andere große Hindernisse wahr und können ihnen im Flug selbst bei hohen Geschwindigkeiten rechtzeitig ausweichen. Wie die Fledermäuse und viele Wale senden sie Lautsignale aus und machen sich ein »Lautbild« ihrer Umgebung, indem sie deren Echos analysieren. Anders als bei der Echo-Ortung der Säugetiere stehen den Vögeln jedoch lediglich Laute aus dem Niedrigfrequenzbereich (die für den Menschen als tiefes Klicken wahrnehmbar sind) zur Verfügung; daher finden sich die Vögel in der Dunkelheit nicht ganz so mühelos zurecht. Fettschwalme können z.B. nur Objekte ausmachen, die einen Durchmesser von mindestens 20 cm haben – das schaffen auch einige blinde Menschen, die gelernt haben, sich vom Gehör leiten zu lassen. Bei den Seglern ist die Echo-Ortung dagegen höher entwickelt: Sie können bis zu 6 mm kleinen Objekten ausweichen, aber auch damit sind sie nicht so leistungsfähig wie die Säugetiere, die sich anhand von Ultraschall-Signalen orientieren.

Der Geruchssinn der meisten Vögel ist nur schwach ausgebildet, obwohl ihm bei den verschiedenen Arten ganz unterschiedliche Bedeutung zukommt. Eine kleine Zahl von Vogelarten ist bei der Nahrungssuche auf ihren Geruchssinn angewiesen, daher nehmen die entsprechenden Sinneszentren in ihrem Gehirn viel Platz ein. Aber nur die Kiwis (Familie der *Apterygidae*) aus Neuseeland sind für die Fähigkeit bekannt, Würmer, Schnecken und andere unter Laub und in der Erde lebende Beutetiere nach dem Geruch aufzuspüren.

Vögel

Der schnellste Schwimmer unter den Vögeln ist vermutlich der Eselspinguin, der mit Geschwindigkeiten von bis zu 27 km/h buchstäblich unter Wasser »fliegt«.

Die größten Schritte macht der Strauß *(Struthio camelus)*. Wenn er mit Sprintgeschwindigkeit unterwegs ist, sind seine Schritte oft länger als 7 m.

Die höchste Laufgeschwindigkeit wurde für einen männlichen Strauß *(Struthio camelus)* registriert, der 1964 über eine Strecke von 732 m eine Geschwindigkeit von 72 km/h erreichte; damit hätte das Tier auch ein Pferderennen gewinnen können. Ein anderer Strauß erzielte auf einer kurzen Distanz in der Mara-Ebene (Kenia) eine Geschwindigkeit von 60 km/h. Bei kurzen Sprints liegen die Spitzengeschwindigkeiten von Straußen wahrscheinlich noch über diesen beiden Rekorden. Unbestätigten Meldungen zufolge sollen die Vögel sogar bis zu 96,5 km/h schnell werden; diese Angaben scheinen jedoch übertrieben hoch zu sein und müssen noch bewiesen werden. Die meisten Strauße können bis zu 20 Min. Geschwindigkeiten von 45–48 km/h halten, ohne scheinbar zu ermüden.

Der schnellste Läufer unter den Flugvögeln ist der Rennkuckuck oder Roadrunner *(Geococcyx californianus)* aus den Trockengebieten im Südwesten der USA. Er erreicht Geschwindigkeiten von mindestens 42 km/h und kann sogar rechtwinklige Kurven laufen, ohne sein Tempo zu verlangsamen. Er streckt seinen Hals vor, breitet leicht die Flügel aus, um das Gleichgewicht zu halten, und rennt durch die Wüste, auf der Jagd nach Insekten, Eidechsen und Klapperschlangen.
Im allgemeinen laufen Flugvögel verglichen mit Säugetieren ähnlicher Größe jedoch eher langsam, was vor allen Dingen daran liegen mag, daß ihre Flugmuskulatur stärker ausgebildet ist als ihre Beinmuskeln. Darüberhinaus sind die Beine vieler Flugvögel wesentlich kürzer, da sie in erster Linie zum Hocken dienen.

Der Energieverbrauch eines Kolibris ist im Verhältnis zu seiner Größe höher als der eines Düsenjägers. Er nimmt täglich die Hälfte seines Körpergewichts in Form von nährstoffreichem Nektar auf und verbraucht in Relation zu seiner Größe mehr Energie als jeder andere Vogel. Hätte der Mensch einen ebenso hohen Energieverbrauch, würde seine Körpertemperatur auf schätzungsweise annähernd 400° C steigen.

VERHALTENSWEISEN VON VÖGELN

Die Verwendung von Werkzeugen ist bei über 30 Vogelarten nachgewiesen. Zu den bekannteren Beispielen zählen der Schmutzgeier *(Neophron percnopterus),* der die hartschaligen Eier von Straußen *(Struthio camelus)* mit Steinen bewirft, um sie aufzubrechen und den nahrhaften Inhalt zu verspeisen; der Blasse Galapagosfink *(Camarhynchus pallidus),* der sich mit Hilfe von Kaktusstacheln, die er im Schnabel hält, Larven aus den Hohlräumen in Bäumen holt; die Singdrossel *(Turdus philomelos),* die Steine als Amboß verwendet, um darauf die Häuser von Schnecken zu zerschlagen; und der Mangrovenreiher *(Butorides striatus),* der Stücke von Zweigen, Kekse oder andere verfügbare Kleinigkeiten ins Wasser wirft, um damit Fische zu ködern (einige hatten die Zweige zuvor sogar auf die richtige Länge gekürzt).

Zu Aggressivität neigen viele freilebende Vögel während der Brutzeit, wenn sie ihre Territorien verteidigen oder um Nistplätze und Weibchen rivalisieren. Einer der aggressivsten Vögel ist das europäische Rotkehlchen *(Erithacus rubecula)*. Die Kämpfe zwischen rivalisierenden Männchen enden nicht selten tödlich (bis zu 10 Prozent der ausgewachsenen Rotkehlchen sterben infolge von territorialen Auseinandersetzungen).
Massentötungen sind sehr ungewöhnlich, dennoch haben Biologen bei der Erforschung der Stare *(Sturnus vulgaris)* in Wellington (Neuseeland) herausgefunden, daß der Mangel an Brutplätzen verheerende Auswirkungen auf das Verhalten der Vögel haben kann. Wenn die Nistplätze für so viele Vögel nicht ausreichen, nahm die Rivalität unter den Staren so ernste Formen an, daß innerartliche Auseinandersetzungen zur Todesursache Nr. 1 wurden.

Die gefährlichsten Vögel. Im allgemeinen stellen Vögel keine Gefahr für den Menschen dar. Zu den meisten »Angriffen« kam es, nachdem Vögel belästigt oder provoziert worden waren. Möwenvögel (Familie der *Laridae*), Skuas (Familie der *Stercorariidae*), Eulenvögel (Familien der *Tytonidae* und *Strigidae*) und viele andere verteidigen im Notfall mit aller Kraft ihr Nest, während eine Vielzahl anderer Arten mit Hacken oder Treten auf Berührung reagiert.
Die einzigen Vögel, von denen man weiß, daß sie in freier Wildbahn Menschen angegriffen und getötet haben,

sind Strauße *(Struthio camelus)*, Höckerschwäne *(Cygnus olor)* und die drei Arten von Kasuaren (Familie der *Casuariidae*) – die vielleicht gefährlichsten von allen. Die bis zu 2 m hohen Kasuare leben in Neuguinea und im Nordosten von Queensland (Australien) und haben bis zu 12 cm lange, dolchartige Krallen. Ein in die Enge getriebener oder verletzter Vogel kann äußerst gefährlich werden. Er springt in die Luft und schlägt aus, wobei er leicht lebenswichtige Organe trifft oder stark blutende Wunden verursacht.

Daß Krähen (Familie der *Corvidae*) oft mit Schicksal und Unglück in Verbindung gebracht werden, mag an ihrem pechschwarzen Gefieder liegen und an ihrer Gewohnheit, Aas zu fressen. Obwohl sie abergläubische Menschen in aller Welt in Angst versetzen, sind sie nicht gefährlich.

Eine hierarchische Arbeitsaufteilung ist nur von den in Neuseeland verbreiteten Keas *(Nestor notabilis)* bekannt. Diese lautstarken Mitglieder aus der Familie der Papageien sind die einzigen Vögel, von denen man weiß, daß sie in sozialen Strukturen leben,

> Mandschurenkraniche sind leidenschaftliche Tänzer: Sie springen in die Luft, schlagen mit den Flügeln, schwingen die Köpfe hin und her und machen tiefe Verbeugungen, während sie umherrennen; sobald ein Kranich zu tanzen beginnt, können die anderen Mitglieder des Schwarms nicht widerstehen und schließen sich an.

in denen rangmäßig höhergestellte Individuen andere für sich arbeiten lassen können. Im Rahmen von Versuchen mit einer in Gefangenschaft gehaltenen Brutkolonie von Keas am Konrad-Lorenz-Institut (Österreich) stellte man den Vögeln eine hölzerne Wippe zur Verfügung, die an einem Ende mit einer Stange versehen war, mit deren Hilfe sich der Deckel eines Futterkastens am anderen Ende anheben ließ. Die Wippe war so konstruiert, daß der Vogel auf der Stange nicht selbst ans Futter gelangen konnte; sobald er aber die Stange verließ,

senkte sich der Deckel und verschloß den Futterkasten. Wie sich herausstellte, waren es immer die dominanten Vögel, die sich über das Futter hermachten, während die rangniedrigeren Keas den Dienst auf der Stange versahen. Verweigerten sie den Dienst, wurden sie von den dominanten Keas zurückgeschickt. Es deutete nichts darauf hin, daß sich die untergeordneten Vögel bei der Bedienung der Wippe oder beim Fressen abwechselten.

Die eifrigsten Sammler. Um die Weibchen zu beeindrucken, geben sich männliche Laubenvögel (Familie der *(Ptilonorhynchidae)* größte Mühe. In ihren heimatlichen Wäldern in Australien und Neuguinea bauen sie monatelang an kunstvollen »Lauben« auf dem Erdboden, die je nach Spezies verschieden sind und von einfachen Grasbetten bis zu soliden überdachten Hütten reichen. Nur einige Lauben werden mit dem Saft von Beeren bemalt, aber alle sind sie reich mit auffallenden Gegenständen ausgeschmückt, wie Beeren, Blüten, Pilzen, Steinen, Schneckenhäusern, Knochen, Känguruhkot und sogar mit Aluminiumfolie, Plastikteilen oder Glas. Die Rivalität unter den Männchen ist groß. Oft stehlen sie sich gegenseitig begehrte Objekte aus ihren Sammlungen. Allgemein gilt: Je unauffälliger das Männchen, desto prachtvoller seine Laube (offenbar um die eigenen Mängel auszugleichen). Dabei scheint ein direkter Zusammenhang zwischen der Farbe seines Gefieders und der Farbe der Schätze aus seiner Sammlung zu bestehen. Sobald ein Weibchen Interesse zeigt, beginnt das Männchen, zu gackern und zu tanzen, und führt sorgfältig seine Schätze vor, als wären es wertvolle Juwelen. Verläuft alles nach Plan, paaren sich die beiden wenig später in der Laube oder in ihrer Nähe. Dann zieht sich das Weibchen zurück und baut ein Nest.

Vögel greifen nur selten Menschen an, doch wenn sie ihre Eier oder Jungen verteidigen, können manche Arten sehr aggressiv werden – wie diese Schmarotzerraubmöwe auf Spitzbergen, die in der Nähe ihres Nests im Sturzflug auf einen Eindringling losgeht und ihm blutende Kopfwunden zufügt.

Vögel

SPRECHENDE VÖGEL

Die gesprächigsten Vögel sind die Graupapageien oder Jakos *(Psittacus erithacus)* aus Afrika, deren Sprachbegabung (d.h. die Fähigkeit der Nachahmung menschlicher Wörter) die der übrigen sprechenden Arten übertrifft. Ein Weibchen namens Prudle, das nach dem Tod ihrer früheren Besitzerin Lyn Logue im Januar 1988 von Iris Frost aus East Sussex (GB) versorgt wurde, gewann 12 Jahre hintereinander (1965-76) den Preis des »Sprachbegabtesten Papageienvogels«, der alljährlich im Dezember von der National Cage and Aviary Bird Show in London vergeben wird. Prudle, deren Vokabular aus fast 800 Wörtern bestand, war 1958 in Jinja (Uganda) aus einem Nest genommen worden und sprach noch zwei Tage vor ihrem Tod am 13. Juli 1994. Wegen ihrer Fähigkeit zu sprechen hat man in Afrika Tausende von freilebenden Papageien eingefangen, um sie als Haustiere zu verkaufen. In der Zeit von 1983–89 wurden offiziell 346 782 Vögel dieser Spezies aus 20 afrikanischen Ländern exportiert.

Den größten Wortschatz hat jedoch ein Wellensittich *(Melopsittacus undulatus)* namens Puck, der Camille Jordan aus Petaluma, Kalifornien (USA), gehört. Sein Vokabular wurde am 31. Januar 1993 auf 1728 Wörter geschätzt.

Das Nachahmen menschlicher Wörter ist im Grunde eine Form von Mimikry (Schutzanpassung) der Stimme, die bei vielen wildlebenden Vögeln vorkommt. Einige Arten, wie der Sumpfrohrsänger *(Acrocephalus palustris),* sind in der Lage, die verschiedensten Vogelstimmen nachzumachen, während nie beobachtet wurde, daß sie Menschen imitieren. Auf der anderen Seite können Arten wie der Beo *(Gracula religiosa)* zwar Wörter erlernen, die ihnen ihre Besitzer vorsprechen, ahmen aber in der Wildnis nie andere Vögel nach.

Der lauteste Gesang. Laute aus dem Niedrigfrequenzbereich, wie die Rufe von Fasanvögeln (Familie der *Phasianidae*), Kuckucken (Familie der *Cuculidae*) und Eulen (Familie der *Strigidae*) eignen sich am besten, um über weite Entfernungen zu kommunizieren. Am Boden haben die dumpfdröhnenden Laute des männlichen Eulenpapageien oder Kakapos *(Strigops habroptilus)* die größte Reichweite. Der seltene Nachtvogel, der heute nur noch auf zwei kleinen Inseln vor der Küste Neuseelands vorkommt, produziert seine dröhnenden Rufe, indem er zwei gewaltige Luftsäcke aufbläst, die Brust und Kehle anschwellen lassen, bis das Tier die Größe und beinahe die Form eines Fußballs hat. Sein Gesang ist in einem Umkreis von 5 km deutlich zu hören und wurde sogar in 7 km Entfernung noch wahrgenommen.

> **Papageien sind normalerweise entweder Linksfüßer oder Rechtsfüßer.**

Im Verhältnis zu seiner Körpergröße von 9–10 cm singt der Zaunkönig *(Troglodytes troglodytes)* so laut wie kaum ein anderer Vogel. Teile seines Gesangs, das aus einem lauten, auf ein rasselndes *Zerrr* endenden Trällern besteht, sind noch über 500 m weit zu hören.

Zwei oder mehr Laute gleichzeitig bringen mehrere Vogelarten hervor. Den Rekord hält aber der Rotsichelspötter *(Toxostoma rufum)* aus Nord-

Der Kea ist der einzige Vogel, von dem man weiß, daß er in sozialen Strukturen lebt, in denen rangmäßig höher gestellte Artgenossen andere für sich arbeiten lassen.

Der dumpfdröhnende Ruf des männlichen Kakapo hat die größte Reichweite aller Vogelgesänge; dieses vom Regen durchnäßte Exemplar wird auf Codfish Island (Neuseeland) von einem Kakapo-Spezialisten untersucht und anschließend wieder freigelassen.

amerika, der an einer Stelle seines Gesangs vier verschiedene Laute gleichzeitig ausstößt. Die Gouldamadine (Chloebia gouldiae) aus dem Norden Australiens bringt das Kunststück fertig, zwei Melodien auf einmal zu singen und gleichzeitig ein dudelsackartiges Summen von sich zu geben. Der Teichrohrsänger (Acrocephalus scirpaceus) ist ebenfalls in der Lage, gleichzeitig zwei Melodien zu singen, wobei er aus jeder der beiden Hälften seines »unteren Kehlkopfs« (Syrinx) jeweils zwei verschiedene Töne hervorbringt.

Die meisten Lieder singt der Rotaugenlaubwürger (Vireo olivaceus) aus Nord- und Südamerika, bei dem innerhalb von 10 Std. 22 197 Tonfolgen gezählt wurden.

VERSCHIEDENES

Den einzigen seitwärts gebogenen Schnabel besitzt der Schiefschnabel (Anarhynchus frontalis) aus Neuseeland. Die Spitze seines Schnabels krümmt sich (bis zu einem Drittel der Gesamtlänge) in einem Winkel von 12–22° nach rechts. Hierbei scheint es sich um eine Anpassungsmaßnahme an die Nahrungsgewohnheiten des Vogels zu handeln: Er ernährt sich von winzigen Schalentieren, die er entlang der Küste und in Mündungsgebieten fängt, indem er seinen Schnabel seitlich durch den Schlamm zieht.

Zwei ungleich lange Schnabelhälften finden sich bei den drei Arten von Scherenschnäbeln (Familie der Rynchopidae). Sie leben auf dem amerikanischen Kontinent, in Afrika und in Asien und sind die einzigen Vögel, deren Unterschnabel wesentlich länger als der Oberschnabel ist. Im Tiefflug über der Wasseroberfläche lassen sie den Unterschnabel durchs Wasser gleiten und nehmen alle Fische und Schalentiere auf, die ihnen dabei in die Quere kommen.

Den Kopf um 280° drehen können einige Eulenvögel (Ordnung Strigiformes). Von einer Seite wenden sie den Kopf schnell zur anderen, um den Überblick zu behalten. Angaben, nach denen Eulen in der Lage sein sollen, ihre Köpfe um volle 360° zu drehen, sind unzutreffend.

Der einzige Winterschlaf haltende Vogel ist (soweit bekannt) die in den Wüsten Nordamerikas heimische Winternachtschwalbe (Phalaenoptilus nuttallii). Diese Entdeckung machten Wissenschaftler erstmals im Dezember 1946 in den Chuckwalla Mountains in der Wüste Colorado, Kalifornien (USA), obwohl der Vogel bei den Hopi Indianern seit jeher als Holchko (»der Schlafende«) bekannt ist. Bei

Einbruch des Winters sucht er sich eine Felsspalte, die nach Süden weist, oder ein bequemes Plätzchen unter einem Wüstenstrauch, um dort während der kältesten Zeit des Winters bis zu fünf Monate zu bleiben. Herztätigkeit und Atmung sinken auf kaum mehr meßbare Frequenzen, und die Körpertemperatur des Vogels fällt von etwa 41° C auf 6° C. Nach dem Erwachen dauert es ungefähr 7 Std., bis das Tier seine Normaltemperatur wieder erreicht hat.

Mehr Zeit im Tageslicht als jeder andere Vogel verbringt die Küstenseeschwalbe (Sterna paradisaea), die sich während des nördlichen Sommers in der Arktis und während des südlichen Sommers in der Antarktis aufhält.

Die bemerkenswertesten Unterschiede zwischen den Geschlechtern traten in der Vogelwelt beim Lappenhopf (Heteralocha acutirostris) aus Neuseeland auf. Aufgrund ihrer völlig unterschiedlichen Schnäbel hielt man männliche und weibliche Lappenhopfe jahrelang für zwei verschiedene Arten. Beide waren große, vorwiegend schwarze Vögel, etwa von der Größe einer Krähe, und beide trugen sie einen leuchtend orangefarbenen Hautlappen an jeder Seite des Gesichts. Aber der starenartige Schnabel des Männchens war kurz und dick und wurde zum Abbrechen morscher Baumrinde auf der Suche nach Insekten eingesetzt, während das Weibchen einen langen, schmalen und nach unten gebogenen Schnabel hatte, mit dem es in Spalten nach Insekten stocherte, die sich außerhalb der Reichweite des Männchens befanden. Leider ist dieser ungewöhnliche Vogel Anfang dieses Jahrhunderts ausgestorben.

Die einzigen giftigen Vögel sind (soweit bekannt ist) drei Arten von Pitohuis aus Papua Neuguinea: der

Die Scherenschnäbel sind die einzigen Vögel, deren Unterschnabel wesentlich länger als der Oberschnabel ist.

Kein Tier verbringt jährlich so viel Zeit im Tageslicht wie die weltreisende Küstenseeschwalbe.

Zweifarben-Pitohui *(Pitohui dichrous),* sowie *Pitohui ferrugineus* und *Pitohui kirhocephalus.* Der giftigste von allen ist der Zweifarben-Pitohui. 1992 wurde einem Ökologiestudenten aus Chicago (USA), der die Vogelwelt der Wälder erforschte, in denen auch die Pitohuis zu Hause sind, von einem »besonders unruhigen« Exemplar die Hand verkratzt, während er das Tier aus einem Netz befreite. Er saugte die Wunden aus und hatte einen »prickelnden« Geschmack auf der Zunge. Ein Jahr später fing er ein Exemplar ein, untersuchte es anhand einer chemischen Analyse, und indem er an einer seiner Federn leckte. Dabei stellte er fest, daß Haut und Federn des Singvogels einen Giftstoff enthalten, der mit dem Gift der Pfeilgiftfrösche aus dem Amazonas fast identisch ist. Eine Injektion von 10 mg dieses Stoffes aus der Haut des Vogels würde eine Maus innerhalb von 20 Min. töten, und nur ein Gramm wäre ausreichend, um etwa 20 Mio. Mäuse zu töten. Vermutlich ist das Gift ein Abwehrmechanismus gegen Greifvögel und Schlangen, die der Vogel schon durch sein schwarz- und orangefarbenes Gefieder vorwarnt.

Sein ganzes Leben im Meer verbringt als wahrscheinlich einziger Vogel der Kaiserpinguin *(Aptenodytes forsteri),* der nie einen Fuß an Land setzen muß. Im Sommer findet er seine Nahrung im Meer, und im tiefsten antarktischen Winter brütet er auf dem Packeis.

Größte Ähnlichkeit. Nahe verwandte Vogelarten sehen sich oft sehr ähnlich, während übereinstimmende Entwicklungen bei nicht miteinander verwandten Arten seltener sind. Eines der bekanntesten Beispiele liefern der Östliche Wiesenstärling *(Sturnella magna),* ein amselartiger Vogel aus Nordamerika, und die Safranspornstelze *(Macronyx croceus),* ein den Piepern ähnlicher Vogel aus dem südlichen Afrika. Beide Arten leben auf offenem Grasland, haben die gleiche Ernährungsweise, füllen vergleichbare Nischen und sehen sich zum Verwechseln ähnlich. Sie weisen lediglich leichte Unterschiede in der Zeichnung ihrer Köpfe und in der Form ihrer Krallen auf, während Gefieder, Gestalt und Größe fast identisch sind.

> **Beim Verzehr einiger Arten von überreifen, gärenden Früchten geraten Vögel oft in einen Rauschzustand und fallen manchmal sogar benommen zu Boden.**

Die höchste Herzfrequenz. Der Herzschlag eines Vogels im Ruhezustand ist nur etwa halb so schnell wie der eines Säugetieres vergleichbarer Größe und reicht von etwa 93/Min. beim Truthuhn *(Meleagris gallopavo)* bis zu mehr als 500/Min. bei den Kolibris (Familie der *Trochilidae*). Im Flug steigt die Herzfrequenz dramatisch an und erreicht bei manchen Kolibris im Schwirrflug einen Höchstwert von bis zu 1300/Min.

Widerstandsfähigkeit gegen Kälte beweist vor allem der männliche Kaiserpinguin *(Aptenodytes forsteri).* Er wird mit Wetterverhältnissen fertig, die zu den extremsten zählen, die dieser Planet zu bieten hat, und erträgt im tiefsten antarktischen Winter Temperaturen von bis zu -60° C und eisige Winde, die Geschwindigkeiten von 200 km/h erreichen können. Während die meisten anderen Tiere nach Norden wandern, sobald die Oberfläche des Südpolarmeers bei Einbruch des Winters zu gefrieren beginnt, ziehen die Kaiserpinguine in Richtung Süden, um zu brüten. Die Männchen bebrüten ihre einzelnen Eier ununterbrochen 62–67 Tage lang, die sie zum Teil in absoluter Dunkelheit verbringen. Sie tragen die Eier in einer losen Hautfalte zwischen den Füßen und dem Unterleib. Bei großer Kälte kauern sie sich zu Gruppen aus bis zu 6000 Tieren zusammen, um sich gegenseitig zu wärmen. Dabei stehen sie abwechselnd an der dem Wind zugewandten und am windgeschützten Rand der Gruppe und schließlich in der Mitte, wo es bis zu 60° C wärmer ist als außen. Auf diese Weise verlieren sie 50 % weniger Körperwärme, als wenn sie allein stehen würden. Bei einer Untersuchung der Isolierfähigkeit der Bruttaschen von brütenden Kaiserpinguinen in der Antarktis kam man zu folgendem Ergebnis: Wurden die Eier länger als ein paar Sekunden den Außentemperaturen ausgesetzt, gefroren sie. Die Wärmeübertragung durch die Bruttasche des Männchens funktioniert jedoch so gut, daß das bebrütete Ei bei Außentemperaturen von -26° C eine Temperatur von 31° C hatte – also einen Unterschied von 57° C zur Umgebungstemperatur aufwies.

Unter Laborbedingungen sind Stieglitz *(Carduelis carduelis)*, Purpurfink *(Carpodacus purpureus)*, Fichtenzeisig *(Carduelis pinus)* und einige andere kleine Sperlingsvögel in der Lage, ihre normale Körpertemperatur zu halten, wenn sie Außentemperaturen von −70° C ausgesetzt werden – vorausgesetzt, sie haben genügend Energie in Form von Nahrung gespeichert.

Widerstandsfähigkeit gegen Hitze.

Viele wüstenbewohnende Vögel sind regelmäßig Lufttemperaturen von 40° C und mehr ausgesetzt. Sie besitzen keine Schweißdrüsen, haben aber eine Reihe von physischen und physiologischen Tricks entwickelt, mit deren Hilfe sie ihre Körpertemperatur unter 46–48° C (höhere Körpertemperaturen überleben die meisten Arten nicht) halten können. Ein Extremfall ist der Braunmantel-Scherenschnabel *(Rynchops flavirostris)*, der an den Ufern des Lake Rudolph (Kenia) nistet. Dort steigen die Bodentemperaturen häufig auf über 60° C, während die Lufttemperaturen direkt über dem Boden 40° C erreichen.

Die Lebenserwartung der meisten

kleinen Vögel liegt in freier Natur bei nur 2–5 Jahren, und wenige größere Arten leben länger als 20–30 Jahre. Da sich das Höchstalter von freilebenden Vögeln sehr schlecht ermitteln läßt, sind nur wenige überdurchschnittliche Daten bekannt. Der älteste je bekanntgewordene Vogel war ein männlicher Schneekranich *(Grus leucogeranus)*, der nach unbestätigten Angaben ungefähr 82 Jahre alt wurde. Er soll etwa 1905 in einem Zoo in der Schweiz geschlüpft sein und starb Ende 1988 in der International Crane Foundation in Baraboo, Wisconsin (USA), nachdem er sich bei der Abwehr eines allzu aufdringlichen Besuchers den Schnabel gebrochen hatte.

Das höchste Alter eines Papageien

liegt bei »über 80 Jahren« und wurde für einen männlichen Gelbhaubenkakadu *(Cacatua galerita)* namens Cocky registriert, der am 28. Oktober 1982 im Zoo von London (GB) starb. Er war dem Zoo 1925 übergeben worden, nachdem er seit 1902 als bereits voll ausgewachsener Vogel bei seinem vorherigen Besitzer gelebt hatte. Einigen Berichten zufolge sollen in Gefangenschaft gehaltene Papageien (Familie der *Psittacidae*) 100 Jahre und älter geworden sein; diese Angaben konnten jedoch nie bestätigt werden und gelten als äußert unglaubwürdig.

Der älteste bekannte Brutvogel

und der älteste beringte Meeresvogel überhaupt ist ein weiblicher Königsalbatros *(Diomedea epomophora)* namens Blue-White. Er wurde zum ersten Mal 1937 beringt, als er als ausgewachsener Vogel auf Taiaroa Head (Neuseeland) eintraf, um zu brüten. Da die meisten Königsalbatrosse erst im Alter von mindestens 9 Jahren zu brüten beginnen, muß Blue-White etwa im Jahr 1928 oder früher geschlüpft sein. Seither kam sie Jahr für Jahr zu ihrer Brutstätte auf Taiaroa Head zurück und zog zusammen mit dem Männchen Green White Green 10 eigene und 3 Junge anderer Eltern auf. Sogar im Alter von 60 Jahren, als man sie in Granma umbenannte, legte sie im November 1988 noch ein Ei. Ende 1990 kehrte sie nicht zu ihrer Kolonie zurück und ist nicht mehr gesehen worden.

Der überlriechendste Vogel ist ver-

mutlich das südamerikanische Zigeunerhuhn oder Hoatzin *(Opisthocomus hoazin)*, das nach Kuhmist riecht. In Kolumbien wird es oft auch *pava hedionda* genannt, was übersetzt etwa »stinkender Fasan« bedeutet. Sein Körpergeruch wird auf seine Ernährung, die fast ausschließlich aus grünen Blättern besteht, in Verbindung mit seinem hochspezialisierten Verdauungsapparat zurückgeführt (der einzigartig in der Vogelwelt ist, weil die Nahrung ähnlich wie bei wiederkäuenden Säugetieren, wie Kühen, Schafen und Hirschen, in einer Art Vorderdarm gegoren wird). Auch mehrere andere Vogelarten sind für einen strengen Körpergeruch bekannt. So verbreiten z.B. Kiwis (Familie der *Apterygidae*) einen erdigen, süßlichen Geruch ähnlich dem von Säugetieren, der sich oft tagelang hält.

Das übelriechendste Vogelnest

wird dem Wiedehopf *(Upupa epops)* zugeschrieben. Der stechende Geruch tritt aus seiner großen Bürzeldrüse hervor und dient vermutlich der Abschreckung von Feinden.

VÖGEL BEOBACHTEN UND STUDIEREN

Weltweit die meisten Vögel beobachtet hat Phoebe Snetsinger aus Webster Groves, Missouri (USA), die seit 1965 über 7772 der insgesamt 9672 gelisteten Vogelarten Buch geführt hat – das entspricht 80% der laut dieser Liste bekannten Arten.

Der erste beringte Vogel war nach den Aufzeichnungen ein Fischreiher *(Ardea cinerea)*, der Anfang des 18. Jahrhunderts in der Türkei mit einem Ring am Bein versehen wurde. Die erste Wiederauffindung eines Rings datiert aus dem Jahr 1710, als derselbe Vogel in Deutschland entdeckt wurde.

Ein Vogel als Überbringer von Botschaften wurde erstmals 218–201 v. Chr. eingesetzt, als Quintus Fabius Pictor, ein römischer Offizier, einer Schwalbe (Familie der *Hirundinidae*) einen Faden ans Bein band und den Vogel fliegen ließ, um einer belagerten römischen Garnison mitzuteilen, wann sie mit Hilfe rechnen konnte.

Erst in jüngster Vergangenheit entdeckt wurden mehrere Vogelarten. Durchschnittlich beläuft sich die Zahl der Neuentdeckungen auf 3–4 Arten im Jahr (zusätzlich zu den Arten, die manchmal zutage treten, wenn Wissenschaftler Änderungen an der Klassifizierung von einzelnen Vogelgruppen vornehmen). Meistens handelt es sich bei den neuentdeckten Vögeln um kleine, dunkel gefärbte Insektenfresser, die ungesellig im dichten Unterholz leben und der Aufmerksamkeit der Wissenschaftler ganz einfach entgangen waren. Dennoch gibt es einige Ausnahmen – wie die Rebhuhnart *Xenoperdix udzungwensis*, die 1991 in den Udzungwa Bergen (Tansania) entdeckt wurde, und *Doliornis remseni*, eine Spezies, die man in den Bergwäldern der Anden im südlichen Ecuador fand und die 1994 offiziell beschrieben wurde.

Zum ersten Mal wildlebend gesehen wurde erst vor kurzem der Blaukehlara *(Ara glaucogularis)*, der jahrelang lediglich durch Häute aus Museen und als im Käfig gehaltenes Haustier bekannt war. Bis August 1992 hatte ihn kein Ornithologe in seinem natürlichen Lebensraum ausfindig machen können. Das Verbreitungsgebiet dieser offenbar seltenen Art scheint sich auf das bolivianische Tiefland zu beschränken.

Vögel

DINOSAURIER

Dinosauria
1300 formal anerkannte Arten, weitere werden ständig neu entdeckt.

Der früheste Fund wird in einer Beschreibung des chinesischen Gelehrten Chang Qu dokumentiert, der um etwa 300 v. Chr. über ein Fossil schrieb, das in Wucheng, der heutigen Provinz Sichuan (China), gefunden wurde. Zu dieser Zeit glaubte man, die Knochen eines Drachens entdeckt zu haben. In den folgenden Jahren wurden viele Dinosaurierknochen und -zähne in China ausgegraben. Lange Zeit wurden sie für ihre magischen und medizinischen Kräfte geschätzt.
Erst im Jahr 1822 wurden die Überreste der Dinosaurier als solche erkannt: Mary Mantell fand in Sussex (GB) fossile Zähne, und man stellte fest, daß diese zu einem riesigen, bis dato unbekannten Reptil gehört hatten. Später stellte sich heraus, daß die Zähne von einem Dinosaurier stammten, dem man 1825 offiziell den Namen Iguanodon gab.

Die erste wissenschaftliche Beschreibung wurde 1824 von Dean William Buckland, einem Professor der Geologie an der University of Oxford (GB), über den *Megalosaurus bucklandi* (»große, fossile Eidechse«) angefertigt. Die Überreste dieses zweibeinigen Fleischfressers (ein

Theropoda) wurden 1818 von Arbeitern in einem Schieferbruch in der Nähe von Woodstock, Oxfordshire (GB), gefunden und später im University Museum in Oxford, ausgestellt. Tatsächlich wurde der erste fossile Knochen eines *Megalosaurus*, ein Oberschenkelknochen, bereits 1677 in der Nähe von Oxford gefunden, jedoch wurde erst viel später erkannt, worum es sich wirklich handelte.
Es dauerte wiederum viele Jahre, bis den neuentdeckten Riesen 1841 der Name Dinosaurier (aus dem Griechischen: *deinos* heißt schrecklich, *saurus* die Eidechse) gegeben wurde. Vom Anatomen Professor Richard Owen erdacht, wurde dieser Name zum ersten Mal 1841 in Plymouth (GB) auf einer Versammlung der British Association for the Advancement of Science benutzt.

Der primitivste Dinosaurier, der bis heute entdeckt wurde, ist der 1993 benannte *Eoraptor Iunensis* (»Dieb der Dämmerung«). Das Skelett wurde im selben Jahr in den Vorbergen der Anden in Argentinien gefunden, wo es aus etwa 228 Mio. Jahren alten Gesteinsmassen entfernt wurde. Eine der primitivsten Eigenschaften, die bei diesem 1 m langen Dinosaurier festgestellt wurden, der als fleischfressender Theropoda gilt, ist das Fehlen des Doppelgelenks am Kiefer, das bei allen anderen Migliedern dieser Gruppe zu finden ist. Das genaue Alter der vulkanischen Asche, die in den Gesteinsmassen enthalten war, in

denen das Fossil entdeckt wurde, konnte durch Argon-Isotopendiagnostik errechnet werden, einer neuen und sehr präzisen Datierungstechnik, die von Carl Swisher vom Institute of Human Origins in Berkeley, Kalifornien (USA), entwickelt wurde. Frühere Techniken zur Datierung von Fossilien waren relativ ungenau.
Andere Dinosaurier der späten Trias sind von unvollständigen Überresten bekannt, die in Brasilien, Marokko, Indien und Großbritannien gefunden wurden.

Das Ende des Dinosaurierzeitalters liegt etwa 65 Mio. Jahre zurück; viele andere Tiere und Pflanzen starben zur gleichen Zeit aus. Allerdings ist der genaue zeitliche Ablauf nicht bekannt. Der Prozeß des Aussterbens könnte in einer sehr kurzen Zeitspanne vonstatten gegangen sein, es könnte jedoch auch Tausende oder gar Millionen von Jahren gedauert haben. Beweismaterial aus der Hell Creek Formation in Montana (USA) deutet darauf hin, daß die Dinosaurier im Laufe von 5–10 Mio. Jahren an Bedeutung verloren und zunehmend von kleinen Säugetieren ersetzt wurden. Dies geschah wahrscheinlich durch langfristige Klimaveränderungen, die durch Kontinentalverschiebung, Gebirgsbildung und die Veränderung des Meeresspiegels auftraten. Es ist jedoch genauso plausibel, daß die Dinosaurier von einem katastrophalen Ereignis, das das Erdklima drastisch änderte, hinweggefegt wurden, bevor sie die Chance hatten, sich den neuen Konditionen anzupassen. Die momentan vielleicht populärste Hypothese für das plötzliche Verschwinden der Dinosaurier besagt, daß ein riesiger Asteroid mit einem Durchmesser von bis zu 10 km auf die Erde niedergerast sei und eine gewaltige Staubmasse in die Stratosphäre hochgeschleudert habe. Starke Winde hätten die Wolke um den Erdball getrieben und so eine globale, viele Monate andauernde Dunkelheit bewirkt. Diese Theorie wird stark gestützt von dem Fund mehrerer Schichten des Elementes Iridium, einem Metall, das in Meteoriten gewöhnlich, auf der Erde jedoch rar ist. Es ist daher ein guter Indikator dafür, daß außerirdischer Einfluß eine Rolle spielte, zumal das Iridium in

Der primitivste Dinosaurier, der bislang entdeckt wurde, ist der fleischfressende Theropoda, bekannt als Eoraptor Iunensis oder »Dieb der Dämmerung«.

Gesteinsmassen gefunden wurde, die 65 Mio. Jahre alt sind. Es gibt außerdem fossile Beweise für ein plötzliches Verschwinden von blühenden Pflanzen in Nordamerika zu etwa derselben Zeit. Weitere Beweise sprechen dafür, seit 1991 der mögliche Einschlagskrater auf dem Meeresboden vor der nordwestlichen Spitze der Halbinsel Yukatan (Mexiko) gefunden wurde. Der sogenannte Chicxulub-Krater hat einen Durchmesser von 180 km und ist 65 Mio. Jahre alt. Er wird mit Iridium und Schmelzgasen in Verbindung gebracht sowie mit dem Auftreten von Tsunamis (plötzliche riesige Meereswellen, die durch Veränderungen des Meeresbodens entstehen) in der Karibik. Was jedoch immer noch zu erklären bleibt, ist, warum Krokodile und andere Tiere überlebten.

Eine weitere populäre Hypothese besagt, daß es eine Periode mit heftiger Vulkantätigkeit gegeben hätte, in der riesige Mengen von Kohlendioxyd und Säure in die Luft ausströmten. Dies könnte zu einer Überhitzung der Erdathmosphäre, tödlichem sauren Regen, der Zerstörung des athmosphärischen Ozons und schließlich zur Ausrottung der Dinosaurier geführt haben.

Die letzten Dinosaurier lebten wahrscheinlich im westlichen Nordamerika zum Ende des Mesozoikums, vor 75 Mio. Jahren. Unter ihnen waren zwei der bekanntesten Dinosaurier: *Tyrannosaurus* und *Triceratops*. Es wurden Dinosaurierfossilien in Europa, Amerika und Asien gefunden, von denen angenommen wird, daß sie aus dem Känozoikum (ange-

fangen vor 65 Mio. Jahren, bis heute andauernd) stammen. Es sind jedoch nicht viel mehr als Bruchstücke von Knochen, die sich lange vor ihrer Entdeckung einfach aus älteren Gesteinsmassen verlagert haben könnten.

Obwohl die Geschichte der Familie Feuerstein den Eindruck erwecken könnte – Höhlenmenschen lebten nie in der Nähe von irgendwelchen Dinosauriern. Wäre es möglich, die gesamte Zeitspanne, die vergangen ist, seitdem die ersten Dinosaurier auf Erden lebten, auf einen Tag zu komprimieren, dann wären sie gegen Mitternacht aufgetaucht und etwa um fünf Uhr morgens ausgestorben; die Menschen dagegen wären erst seit weniger als einer Minute vor Mitternacht des anschließenden Abends auf der Erde.

Die größten je an Land lebenden Tiere der Welt waren, soweit bekannt, die Sauropoden, eine Gruppe von langhalsigen, langschwänzigen, vierbeinigen Pflanzenfressern, die in vielen Teilen der Welt während der Jura- und der Kreidezeit, vor 65–208 Mio. Jahren, lebten. Leider ist es schwierig, genau festzulegen, welcher dieser Sauropoden der absolut größte (längste, schwerste, höchste) war. Es ist möglich, Längen und Höhen von Dinosauriern zu schätzen, jedoch nur, wenn ein vollständiges

Skelett zur Analyse zur Verfügung steht. In den meisten Fällen wurden allerdings nur unvollständige Überreste gefunden, wodurch die Erkenntnisse zur Zeit begrenzt sind.

Der hochgewachsenste Dinosaurier, von dem ein vollständiges Skelett existiert, ist *Brachiosaurus brancai* (»Arm-Echse« – ein Name, der sich auf die Vorderläufe bezieht, die viel länger sind als die Hinterläufe) aus dem Tendaguru-Gelände in Tansania. Er stammt wahrscheinlich aus dem späten Jura (vor 144–150 Mio. Jahren). Das Gelände wurde zwischen 1909 und 1911 von einer deutschen Expedition ausgehoben und die Knochen für das Humboldt-Museum für Naturkunde in Berlin (Deutschland) zusammengetragen und präpariert. Ein komplettes Skelett wurde aus den Überresten mehrerer Exemplare zusammengesetzt und 1937 ausgestellt. Es bildet das höchste Dinosaurierskelett der Welt. Einer massiven Giraffe ähnelnd, mißt es 22,2 m Gesamtlänge, mit einer Schulterhöhe von 6 m und einer Kopfhöhe von 14 m. In den letzten Jahren wurde von zwei weiteren, riesigen Sauro-

Der Supersaurus war, mit einem geschätzten Gewicht von über 50 t, einer der schwersten Dinosaurier, die je auf Erden lebten.

Reptilien

Der Tyrannosaurus rex ist, mit einer maximalen Größe von 5,9 m und einem Gewicht von bis zu 7,4 t, als größter fleischfressender Dinosaurier bekannt.

poden berichtet: *Supersaurus,* einem Mitglied der Familie der Diplopoda, und *Ultrasauros* (kürzlich umbenannt, um eine Verwechslung mit dem vorher bereits benannten *Ultrasaurus* zu vermeiden) aus der Famile der Brachiosauridae. Die begrenzten Überreste beider Arten, die in Colorado (USA) gefunden wurden und auf den späten Jura datiert werden, weisen darauf hin, daß sie erheblich größer gewesen sein könnten als der *Brachiosaurus*. Die Länge des *Ultrasauros* wurde auf bis zu 27 m, die des *Supersaurus* auf mehr als 30 m geschätzt. Leider gibt es von beiden Sauriern zu wenig fossile Überreste, um mehr Sicherheit hinsichtlich ihrer Größe zu haben.

Die schwersten Dinosaurier waren wahrscheinlich der Titanosaurus *Antarctosaurius giganteus* (»Antarktis-Echse«) aus Argentinien und Indien (40–80 t); der Brachiosaurus *Brachiosaurus altithorax* (45–55 t); und die Diplodocus *Seismosaurus halli* (»Erdbeben-Echse«) sowie *Supersaurus vivianae* (beide über 50 t).
Diese Gewichte repräsentieren nicht unbedingt die absolute Grenze für ein Landwirbeltier. Theoretische Berechnungen deuten darauf hin, daß einige Dinosaurier das für ein Landtier maximal mögliche Körpergewicht von etwa 120 t erreicht haben könnten; ein Dinosaurier mit einem größeren Gewicht hätte solch massive Beine haben müssen, daß er sich nicht mehr hätte bewegen können.

Der längste Dinosaurier, basierend auf dem Fund von Fußspuren, könnte der Brachiosaurier *Breviparopus* gewesen sein. Möglicherweise erreichte er eine Länge von 48 m, was ihn zum längsten bislang bekannten Wirbeltier machen würde. Allerdings wurde 1991 in New Mexico (USA) ein Diplodocus mit dem Namen *Seismosaurus halli,* basierend auf dem Vergleich einzelner Knochen, auf eine Länge von 39–52 m geschätzt.
Der längste, aufgrund eines vollständigen Skeletts bekannte Dinosaurier ist der Diplodocus *Diplodocus carnegii* (»Doppel-Balken«), ausgestellt im Carnegie-Museum in Pittsburgh,

Pennsylvania (USA). Die Überreste wurden 1899 in Wyoming gefunden. *Diplodocus*, der einst als »wandelnde Hängebrücke« beschrieben wurde, war 26,6 m lang. Den Großteil dieser Länge machte sein langer Hals und sein extrem langer, peitschenähnlicher Schwanz aus. Er könnte zwischen 5,8 und 18,5 t gewogen haben, wobei ein Gewicht von etwa 12 t am wahrscheinlichsten ist. Das aufgerichtete Skelett war so spektakulär, daß andere Museen eine Ausstellung erbaten und Kopien von ihm in London, La Plata, Washington und Paris zu sehen sind.

Den längsten Hals aller Tiere, die je auf Erden gelebt haben, besaß der Sauropode *Mamenchisaurus* (»Mamen-Bach-Echse«), der 1957 in 160 Mio. Jahre alten Gesteinsmassen in Taihezhen in der Provinz Sichuan (China) gefunden wurde. Einige Exemplare hatten möglicherweise Hälse von mehr als 11 m Länge, die sie wahrscheinlich dazu benutzten, um besonders hoch hängende Äste

abzuweiden. Die Gesamtlänge eines *Mamenchisaurus* könnte um die 22–25 m betragen haben. Zum Vergleich: Eine Giraffe, die den längsten Hals aller heutzutage lebenden Tiere besitzt, hat eine Gesamtlänge von 4–6 m.
Der Sauropode *Barosaurus* (»schwere Echse«) hatte ebenfalls einen extrem verlängerten Hals, der 9 m weit über die Schultern hinausragte. Wenn er sich auf den Hinterbeinen aufrichtete, könnte er Nahrung in bis zu 15 m Höhe erreicht haben.
Die Experten können sich nicht darüber einigen, wie es diesen langhalsigen Tieren möglich war, Blut so hoch ins Gehirn zu pumpen. Eine Theorie besagt, daß ein massives 1–2 t schweres Herz benötigt wurde, eine andere, daß sie mit einem Herz von mäßiger Größe auskamen, das durch spezielle Arterienklappen unterstützt wurde, und starke Muskeln im Hals besaßen, die das Blut davon abhielten, wieder zurückzulaufen. Eine dritte Theorie spricht gar davon, daß diese Saurier mehrere Herzen besaßen.

Der größte fleischfressende Dinosaurier, der bislang bekannt ist, ist der *Tyrannosaurus rex* (»Königs-Tyrannen-Echse«), der über das heutige Gebiet von Colorado, Montana, New Mexico und Wyoming (USA) sowie über die Provinzen Alberta und Saskatchewan (Kanada), vor etwa 75 Mio. Jahren regierte. Das größte und schwerste Exemplar wurde in South Dakota (USA) entdeckt, war 5,9 m lang, besaß eine Gesamtlänge von 11,1 m und wog geschätzte 6–7,4 t. Es wird angenommen, daß der *Tyrannosaurus* bis zu 12 m groß werden konnte; eine Frau oder ein Mann hätte ihm kaum bis zu den Knien gereicht. Trotz seiner enormen Größe waren seine schwachen, zweifingrigen »Hände« und seine »Arme« nicht länger als unsere.

Der längste räuberische Dinosaurier war wahrscheinlich ein Allosaurus namens *Epanterias amplexus*. Exemplare aus Masonville, Colorado (USA), deuten darauf hin, daß er eine Länge von 15,24 m erreichte und 4 t wog. Die Überreste sind allerdings unvollständig. Ähnliche Längen wurden auch vom *Spinosaurus aegyptiacus* (»Dornen-Echse«), der in Niger und in Ägypten gefunden wurde, erreicht.

Der hochgewachsenste fleischfressende Dinosaurier war vermutlich der *Dynamosaurus imperiosus* (»dynamische Echse«) aus der Provinz Shan-

dong (China), der eine Höhe von 6,1 m und eine Gesamtlänge von 14 m hatte. Allerdings war dieser Tyrannosaurier nicht so kräftig gebaut wie der *Tyrannosaurus* aus Nordamerika.

Der kleinste Dinosaurier war, soweit bekannt, der zart gebaute *Compsognathus* (»schöner Kiefer«) aus dem Süden Deutschlands und dem Südosten Frankreichs. Ausgewachsen war er ganze 70 cm lang und wog wahrscheinlich etwa 3 kg. Nicht größer als ein Huhn, ernährte er sich wahrscheinlich von wirbellosen Tieren und Echsen.
Ein bislang unbenannter Fabrosaurier aus Colorado (USA) maß 75 cm von der Schnauze bis zur Schwanzspitze und wog etwa 6,8 kg.

Die größten Eier produzierte, soweit bekannt, der *Hypselosaurus priscus* (»hoher Nasenrücken«), ein 12 m langer Titanosaurus, der vor etwa 80 Mio. Jahren lebte. Einzelne Eier, die im Oktober 1961 im Durance-Tal, in der Nähe von Aix-en-Provence (Frankreich), gefunden wurden, hätten unzerschmettert eine Länge von etwa 30 cm und einen Durchmesser von 25,5 cm gehabt (3,3 l Volumen).

Die längsten Zähne aller bekannten Dinosaurier besaß der bekannte Fleischfresser *Tyrannosaurus rex*; seine wie Messerschneiden gezackten Zähne hatten eine Länge von bis zu 18 cm.

Die größten Klauen aller bekannten Tiere besaßen die Therizinosaurier (»Sensen-Echsen«) aus dem Nemegt-Becken (Mongolei), die in der späten Kreidezeit lebten. Im Falle des *Therizinosaurus cheloniformis* maßen die Klauen entlang der äußeren Krümmung 91 cm (für den *Tyrannosaurus rex* waren es 20,3 cm). Es wird vermutet, daß sie dafür konstruiert waren, große Beutetiere zu ergreifen und zu zerreißen. Allerdings hatten diese Tiere einen schwachen Schädel, nur wenige oder keine Zähne und ernährten sich wahrscheinlich von Termiten.
Der Dinosaurier *Baryonyx walkeri* (»schwere Klaue«), der in Europa und Afrika vor etwa 120 Mio. Jahren lebte, wurde nach den scharfen, gebogenen Daumen benannt, die mit seinen zwei Klauen verbunden waren. Zusammen mit der hornigen Haut maß jede Klaue etwa 30 cm entlang der Krümmung. Es gibt zwei Theorien darüber, wie diese Klauen benutzt wurden: Die eine besagt, daß *Baryonyx* (ein Spinosaurus mit einer Gesamtlänge von über 9 m) andere große Dinosaurier jagte und die Klauen benutzte, um sie aufzuschlitzen, die andere, daß er sie nutzte, um Fische zu fangen (das einzige bekannte Fossil eines *Baryonyx* weist Fischschuppen in der Magenregion auf, was darauf hindeutet, daß Fisch zumindest Teil seiner letzten Mahlzeit war).

Der lauteste Dinosaurier ist nicht zu definieren. Dinosaurier waren vermutlich zu einer großen Bandbreite von Kreischen,

Der gewaltige Stegosaurus hat die nicht gerade beneidenswerte Eigenschaft, einer der dümmsten Dinosaurier gewesen zu sein, die es je auf Erden gab.

Reptilien

Grunzen, Zwitschern, Knurren, Brüllen und Schreien fähig, aber der bislang einzige echte Beweis hierfür findet sich bei den Hadrosauriern, die eine Reihe von Nasaltrompeten und Luftsäcken besaßen. Einer der besser bekannten Dinosaurier dieser Art ist der 10 m lange *Parasaurolophus*, der eine knochige Röhre auf seinem Kopf besaß, die bis zu 1 m lang war. Das hohle Innere der Röhre beinhaltete eine komplexe Anordnung von Pfeifen und Kammern. Zunächst wurde angenommen, daß die Röhre als eine Art Schnorchel diente, um es dem Tier zu ermöglichen, sich von Wasserpflanzen zu ernähren. Man hat jedoch herausgefunden, daß die Röhre kein Loch an der Spitze besaß und ein Luftholen so nicht möglich war. Eine andere Möglichkeit ist, daß die Röhre für die Hadrosaurier eine visuelle Rolle spielte und ihnen half, andere Mitglieder der eigenen Spezies zu identifizieren. Die populärste Erklärung ist jedoch, daß die Röhre als Resonanzkörper diente, ähnlich den Pfeifen in einer Posaune, um ein tiefes charakteristisches Brüllen oder Trompeten zu produzieren. Da ein Ton von kleiner Frequenz über eine große Reichweite zu hören, aber gleichzeitig schwer zu lokalisieren ist, könnte die Röhre den Dinosaurier dazu befähigt haben, andere Mitglieder der Herde bei aufkommender Gefahr zu warnen, ohne dabei selbst zum Mittelpunkt der Aufmerksamkeit zu werden.

Die seltsamste Art der Verteidigung findet sich beim *Ankylosaurus*. Dieser ca. 10 m lange Dinosaurier besaß eine große knochige Keule an seinem Schwanzende. Wenn er von einem größeren Dinosaurier angegriffen wurde, drehte er sich um und schwang seine Keule: Die Kraft des Schlages war vermutlich groß genug, um dem Angreifer das Bein zu brechen oder seinen Körper schwer zu verletzen.

Den größten Schädel aller bekannten, an Land lebenden Tiere hatten die langhalsigen Ceratopsia, kulminierend in dem langhalsigen *Torosaurus* (»durchbohrende Echse«). Dieser etwa 7,6 m lange, bis zu 8 t schwere Planzenfresser besaß einen bis zu 3 m langen und 2 t schweren Schädel. Sein Verbreitungsgebiet reichte von Montana bis Texas (USA).

Der »dümmste« Dinosaurier ist nicht genau zu definieren. Eine große Anzahl Dinosaurierschädel sind gut genug erhalten, um es Wissenschaftlern zu ermöglichen, die Größe der Hirnschale verschiedener Arten zu schätzen. Unter Berücksichtigung der Tatsache, daß das Gehirn nicht unbedingt die gesamte Hirnschale ausgefüllt haben muß, ist es möglich, das ungefähre Volumen zu errechnen. Diese Kalkulationen kommen erwartungsgemäß zu sehr unterschiedlichen Gehirngrößen.
In jedem Fall hatten die meisten Dinosaurier kleinere und leichtere Gehirne als Vögel oder Säugetiere, und einige besaßen in der Tat winzige Gehirne. Der 9 m lange *Stegosaurus* (»gepanzerte Echse«), der sich vor etwa 150 Mio. Jahren in Colorado, Oklahoma, Utah und Wyoming (USA) aufhielt, hatte eines der kleinsten Gehirne aller Dinosaurier; es war kaum walnußgroß und wog nur 60 –70 g. Dies kommt 0,002 Prozent seines errechneten Körpergewichts von 3,3 t gleich (dreißigmal weniger als das eines Elefanten von derselben Größe). Das Verhältnis von Gehirn-zu Körpergewicht ist bei den großen Sauropoden noch drastischer: Es beträgt 0,001 Prozent (100 000 : 1). Kleine Gehirngrößen implizieren nicht unbedingt Dummheit: Wichtiger ist das Verhälnis von Gehirn- zu Körpergröße, kombiniert mit dem Gehirnanteil, der für relativ einfache Aufgaben wie Sehen, Schmecken und Koordination der Gliedmaßen benutzt wird.

Die »intelligentesten« Dinosaurier waren vermutlich die flinken, agilen und scharfsichtigen Coelurosaurier wie zum Beispiel der *Troodon*, welcher kleine Säugetiere und Echsen jagte. Doch selbst *Troodons* Gehirn betrug wenig mehr als 0,1 Prozent seines Körpergewichts (im Vergleich zu 2,0–2,5 Prozent des menschlichen Gehirns).
Obwohl viele Dinosaurier für ihre Körpergröße relativ kleine Gehirne besaßen, gab es auch einige wenige, deren Gehirngröße mit der von Säugetieren und Vögeln vergleichbar ist. Laut Forschungsergebnissen des Professors James Hopson von der University of Chicago (USA) waren die intelligentesten Dinosaurier (in aufsteigender Reihenfolge): die Sauropoden, die Ankylosaurier, die Ceratopsia, die Ornithopoden, die Carnosaurier und die Coelurosaurier.

Die größten Mahlzeiten wurden vermutlich von den größten Dinosauriern, den pflanzenfressenden Sauropoden, verspeist. Das nächstliegendste, heutige Äquivalent wäre der Afrikanische Elefant, der, um zu überleben, täglich etwa 185 kg pflanzliche Nahrung zu sich nehmen muß, was 4 Prozent seines Körpergewichts entspricht. In diesem Verhältnis müßte ein 30 t schwerer *Brachiosaurus* täglich mehr als 1 t pflanzliche Nahrung benötigt haben.

Die längsten Spuren stammen von vier Apatosauriern. Sie laufen auf einer Strecke von über 215 m parallel zueinander und wurden in der 145 Mio. Jahre alten Morrison-Schicht im südöstlichen Colorado (USA) gefunden.

Der Name Brontosaurus, der soviel heißt wie »Donner-Echse«, wurde einem 25 t schweren Dinosaurier gegeben, um das Geräusch, das sein schwerer Schritt vermutlich produzierte, zu vermitteln. Leider mußte der Name wieder geändert werden, als festgestellt wurde, daß die sogenannten Brontosaurus-Fossilien von einem Dinosaurier stammten, der bereits den Namen Apatosaurus trug.

Die größten Fußabdrücke auf Erden wurden von einem großen, zweifüßigen Hadrosaurier hinterlassen. Sie messen unglaubliche 1,36 m Länge und 81 cm Breite. Sie wurden 1932 in Salt Lake City, Utah (USA), entdeckt. Andere Berichte aus Colorado und Utah (USA) beziehen sich auf Fußabdrücke von 95–100 cm Länge, die hauptsächlich den größten Brachiosauriern zugeschrieben werden. Es ist möglich, daß zukünftig noch größere Fußspuren entdeckt werden.

Der schnellste Dinosaurier ist nicht leicht zu definieren. Es ist zwar möglich, jedoch extrem schwierig, die Laufgeschwindigkeit ausgestorbener Dinosaurier anhand ihrer Spuren zu schätzen. Eine dieser Spuren, die 1981 in Texas (USA) gefunden wurde, deutet darauf hin, daß der fleischfressende Dinosaurier sich mit einer Geschwindigkeit von 40 km/h fortbewegte. Einige Ornithischier waren sogar noch schneller, und der 100 kg schwere, aus der späten Kreidezeit stammende *Dromiceiomicus* aus Alberta (Kanada) könnte sogar einen Strauß im Sprint geschlagen haben, der eine Höchstgeschwindigkeit von über 60 km/h erreicht.

Reptilien

ECHSEN

Sauria
ca. 3800 Arten.

Das älteste fossile Reptil, mit dem Spitznamen Lizzie the Lizard, wurde im März 1988 von dem Paläontologen Stan Wood in einem kleinen Steinbruch in Bathgate, in der Nähe von Edinburgh (GB), gefunden. Das 20 cm lange Reptil (dessen Geschlecht nicht zu definieren ist) wird auf ein Alter von 340 Mio. Jahren geschätzt. Damit ist es ca 40 Mio. Jahre älter als das bisher als ältestes bekannte Reptil aus Kanada. Lizzie bekam 1991 den offiziellen Namen *Westlothiana lizziae* und wurde von ihrem Finder für 1 950 000 £ an das National Museum of Scotland verkauft.
In letzter Zeit kamen durch gründliche Studien des Gaumens des Tieres und die Entdeckung eines weiteren Exemplars Zweifel darüber auf, ob Lizzie wirklich von den Reptilien abstammt.

Lizzie the Lizard ist das älteste fossile Reptil der Welt.

Die größte Echse der Welt ist der Komodowaran *(Varanus komodoensis)*, der auf den indonesischen Inseln Komodo, Rintja, Padar und Flores zu Hause ist. Männliche Komodowarane erreichen eine durchschnittliche Länge von 2,25 m und ein Gewicht von etwa 59 kg, weibliche Komodowarane sind normalerweise um ein Drittel kleiner. Es gibt Behauptungen, daß Komodowarane mit einer Länge von bis zu 9,15 m gesichtet wurden, aber es handelt sich dabei wahrscheinlich um wilde Übertreibungen. Das größte, genau gemessene Exemplar war ein männlicher Komodowaran, den der birmesische Sultan 1928 einem amerikanischen Zoologen schenkte. 1937 war er 3,10 m lang und wog 166 kg. Es gibt derzeit weniger als 5000 überlebende Komodowarane. Die Insel Komodo selbst wurde zum Nationalpark erklärt – sie ist eines der wenigen, speziell für Echsen geschützten Gebiete der Welt.

Zu den kleinsten Echsen gehören die Geckos (Familie der *Gekkonidae*), die eine maximale Länge von etwa 30 cm erreichen. Es gibt jedoch eine extreme Ausnahme: Der Riesengecko *(Hoplodactylus delcourti)* mißt von der Schnauze bis zur Schwanzspitze etwa 60 cm. Zum ersten Mal wurde er in den achtziger Jahren des 20. Jahrhunderts als präpariertes Exemplar im Museum für Naturkunde in Marseille (Frankreich) entdeckt. Es existieren weder Aufzeichnungen über seine Herkunft, noch wurde bislang ein anderes Exemplar gefunden. Man nimmt jedoch an, daß er zur neuseeländischen Gattung *Hoplodactylus* gehört und wahrscheinlich im 19 Jh. von einer französischen Expedition mitgebracht wurde.

Die längste Echse der Welt ist der schlanke Bindenwaran *(Varanus salvadorii)* aus Papua Neuginea. Normalerweise ist er kürzer als der Komodowaran *(Varanus komodoensis)* und sehr viel weniger massig, aber es wurden verlässliche Messungen vorgenommen, die Längen von bis zu 4,75 m ergaben. Allerdings nimmt bei dieser Spezies der Schwanz 70 Prozent der Länge ein.

Die kleinste Echse ist wahrscheinlich der *Sphaerodactylus parthenopion*, ein winziger Gecko, der auf den britischen Virgin Islands zu Hause ist.

Die größte Echse der Welt ist der bedrohte Komodowaran, der nur auf einigen wenigen indonesischen Inseln zu finden ist.

Es sind nur 15 Exemplare bekannt, darunter einige trächtige Weibchen, die zwischen dem 10. und dem 16. August 1964 gefunden wurden. Die drei größten Weibchen maßen 1,8 cm von der Schnauze bis zum After und besaßen einen Schwanz von etwa derselben Länge.

Ein weiterer Mitstreiter um den Titel der »kleinsten Echse« ist das kleinste Chamäleon der Welt. Das Stummelschwanz-Chamäleon *(Brookesia peyrieresi)* aus Madagaskar hat maximale Schnauze-After-Maße von 1,9 cm und eine Schwanzlänge von 1,6 cm. Es besitzt drehbare Augen und eine ausstreckbare Zunge, andere Chamäleon-Eigenschaften fehlen ihm jedoch.

Die schlankesten Echsen, im Verhältnis zur Körperlänge, sind die aus der Familie der Pygopodidae, die Blindschleiche *(Anguis fragilis)* und die Glas-Echsen aus der Familie der Anguidae. Alle diese Arten sind langgestreckt, dünn und gliederlos. Das beste Beispiel ist wahrscheinlich die australische *Lialis burtoni*, welche eine Länge von 50 cm und mehr erreicht, aber deren Körper nicht dicker als ein Bleistift ist.

Die breitesten Echsen im Verhältnis zur Körperlänge sind wahrscheinlich die Hornechsen der Gattung *Phrynosoma*, die bis zu 15 cm lang werden und die Form einer Untertasse besitzten. Sie werden oft als Horn-»Kröten«

bezeichnet, da sie eine krötenähnliche Form besitzen und das lateinische *Phrynosoma* tatsächlich »Krötenkörper« bedeutet. Die insgesamt 14 Arten leben in den trockeneren Gebieten der USA und Mexikos.

> **Chamäleons sind eine der wenigen Kreaturen, die jedes Auge einzeln bewegen und so in zwei Richtungen gleichzeitig sehen können; auf der Jagd benutzen sie ein Auge, um nach leckeren Insekten Ausschau zu halten, während das andere sorgsam auf Raubtiere und Feinde achtetet.**

Die giftigsten Echsen und gleichzeitig die einzigen als giftig bekannten sind die Gila-Krustenechse *(Heloderma suspectum)*, die in den südwestlichen USA und in Mexiko vorkommt, und die Mexikanische Krustenechse *(Heloderma horridum)*, die in den südwestlichen Küstengebieten Mexikos zu Hause ist. Bei beiden finden sich gut entwickelte Giftdrüsen in den Unterkiefern (Giftschlangen haben diese im Oberkiefer), und beide verfügen über genug Gift, um zwei erwachsene Menschen zu töten. Das Gift wird nicht injiziert, sondern sikkert in die Bißwunde; folglich kann es passieren, daß die Echse bei einem

ernsten Angriff mehrere Minuten hängenbleibt und rege kaut (die kräftigen Kiefer müssen unter Umständen gewaltsam auseineindergehebelt werden, um das Opfer zu befreien). Der Biß ist sowohl unangenehm wie potentiell gefährlich, da das Gift eine schmerzhervorrufende Substanz namens Serotonin, Gewebe zerstörende Enzyme, Anti-Gerinnungs-Wirkstoffe und ein starkes Neurotoxin enthält. In einer Studie über 34 Leute, die von diesen Tieren gebissen (meistens in Gefangenschaft) wurden, gab es acht Todesfälle. Die Mehrzahl derer, die starben, waren zur Zeit des Angriffs entweder bei schlechter Gesundheit oder hatten Alkohol konsumiert. Es wird angenommen, daß das Gift fast ausschließlich zur Verteidigung verwandt wird und nicht, um die relativ kleinen und harmlosen wirbellosen Beutetiere zu besiegen, die neben Vogeleiern den Hauptbestandteil ihrer Nahrung ausmachen. Die Gila-Krustenechse erreicht eine Gesamtlänge von etwa 50 cm, womit sie die größte Echse in den USA ist; die Mexikanische Krustenechse ist mit

Die Gila-Krustenechse ist eine von zwei bekannten giftigen Echsen. Sie trägt genug Gift, um zwei erwachsene Menschen zu töten; dieses Exemplar wurde im Death Valley, Kalifornien (USA), aufgenommen.

Der Taggecko (Phelsuma guen-theri) ist eine der seltensten Echsen der Welt. Sein Verbreitungs-gebiet beschränkt sich auf eine kleine Baumgruppe auf Round Island vor der Küste von Mauritius im Indischen Ozean.

einer maximalen Länge von 90 cm bedeutend größer.

Die seltsamste Art der Verteidigung findet sich bei drei Arten der Hornechsen *(Phrynosoma solare, P. cornutum und P. coronatum)*. Sie können über eine Distanz von bis zu 1,2 m Blut aus ihren Augen spritzen, indem sie den Blutdruck in den Fistelgängen ihrer Augenhöhlen so stark erhöhen, daß die Wände platzen. Allerdings ist dies normalerweise nur ein letztes Mittel dieser merkwürdig aussehenden Echsen aus den Wüstengebieten des westlichen Nordamerikas: Sie haben daneben auch traditionelle Mittel der Verteidigung zu ihrer Verfügung. Sie können ihre Farbe dem Wüstensand oder dem Stein anpassen, oder sie können sich aufblasen, um einschüchternder aus-

Die Familie der Iguanas lebt südlicher als jede andere Gruppe von Echsen; dies ist ein Grüner Leguan, der in Mittel- und Südamerika beheimatet ist.

zusehen, vorwärts springen und zischen. Wenn jedoch sowohl die Tarnungs- als auch die Einschüchterungsstrategie fehlschlägt, dann hat das Blutspritzen meist den gewünschten Effekt.

> **Einige Skinks wurden dabei beobachtet, wie sie nach unangenehmen Begegnungen mit Räubern zu dem Punkt zurückkehrten, wo sie ihren Schwanz verloren hatten und diesen dann auffraßen - eine einzigartige Form des gegen sich selbst gerichteten Kannibalismus.**

Die seltsamste Fluchtstrategie, nämlich das Abschmeißen des Schwanzes in Gefahrensituationen (ein Prozeß, der Autotomie genannt wird), findet sich bei den meisten Echsenarten. Normalerweise bricht der Schwanz nur dann ab, wenn er von einem Raubtier gepackt wird. Einige Echsenarten jedoch schmeißen ihn vorher freiwillig ab. Obwohl das Rückgrat gebrochen wird, bereitet der Schwanzverlust dem Tier wenig Unbehagen, da dies an einer spezifisch dafür eingerichteten Bruchstelle passiert. Spezielle Muskeln lassen den abgelösten Schwanz sich weiter winden, um das Interesse des Angreifers auf ihn zu lenken, während die Echse flüchtet. Der Schwanz wächst schließlich nie genau so sein wie der ursprüngliche und wird durch Knochen statt durch Knorpel gestützt); es können unbegrenzt Schwänze abgeworfen werden und wieder nachwachsen.

Die ungewöhnlichste Art des Schwanzabwurfes findet sich bei dem 1,5 m langen Scheltopusik *(Ophisaurus apodus)*, einer beinlosen Echse. Er besitzt die außerordentliche Fähigkeit, seinen Körper zu zerschmettern. Unter Streß zerbricht er seinen Schwanz (der zwei Drittel seiner gesamten Körperlänge einnimmt) an allen oder fast allen Gelenken. Jeder einzelne Teil des Schwanzes windet sich krampfhaft ein paar Minuten lang, während der auf ein Drittel seiner ursprünglichen Größe reduzierte »Körper« der Echse flüchtet.

Die Zungen aller Echsen, bei denen gut ausgebildete, dehnbare Zungen die Regel sind, besitzen die 140 bekannten Chamäleonarten (Familie der *Chamaeleonidae*). Sie können ihre Zungen zu einer Länge ausdeh-

nen und hervorschnellen lassen, die mindestens ihrer eigenen Körperlänge (höchstens das 1,5fache ihrer Körperlänge) entspricht. Nachdem das Chamäleon seinen Kopf einem passenden, ahnungslosen Insekt zugewandt hat, ist es bereit zum »Feuern« – und zwar mit großer Genauigkeit. Ein klebriger Schleim an der Spitze der Zunge (die etwa die Hälfte des Körpergewichts des Chamäleons hereinziehen kann) hilft das Insekt zu fangen. Nur Hochgeschwindigkeitsfotografie könnte die Bewegung einfangen, da die Zunge innerhalb von weniger als einer halben Sekunde über eine Distanz von mehr als einer Körperlänge hervorschnellen, ein kleines, manchmal bewegtes Ziel treffen und wieder zurückrollen kann. Das Chamäleon benutzt einen speziellen, mit einem eigenen Muskel ausgestatteten Knochen, um die Zunge hervorschnellen zu lassen, andere Muskeln ziehen sie dann wieder zurück.

Die größten Mahlzeiten nimmt der Komodowaran *(Varanus komodoensis)* zu sich. Im Gegensatz zu Schlangen besitzen Echsen nicht die Fähigkeit, ihren Kiefer zu verrenken, und können daher nur Nahrung zu sich nehmen, die kleiner ist als die Breite ihres Kopfes. Allerdings können sie Nahrung zerreißen, und viele Arten können zudem kauen. Folglich fressen die größeren Warane jedes Tier, das sie fangen können. Der Rekordhalter hierbei ist der Komodowaran. Diese riesige, 2,25 m lange Echse ernährt sich hauptsächlich von Aas, wurde jedoch auch schon dabei beobachtet, Tiere in der Größe von Pferden, und in einem Fall sogar einen 590 kg schweren, ausgewachsenen Büffel, mit Erfolg anzugreifen.

Eine höchst spezialisierte Ernährung besitzen eine Reihe von Echsenarten. Die meisten Geckos (Familie der *Gekkonidae*) und Chamäleons zum Beispiel sind ausschließlich insektenfressend, während Hornechsen *(Phrynosoma)* sich hauptsächlich von Ameisen ernähren und der *Pygopus nigriceps* haupsächlich Skorpione zu sich nimmt. Viele dieser Arten sind jedoch anpassungsfähig und können ihre Ernährung umstellen, wenn die lokalen Bedingungen oder jahreszeitlichen Veränderungen das Nahrungsangebot verändern.

Den merkwürdigsten Nahrungsspeicher besitzen mehrere Wüstenechsen, die für magere Zeiten Fett in ihren Schwänzen lagern. Das beste Beispiel hierfür ist wahrscheinlich die

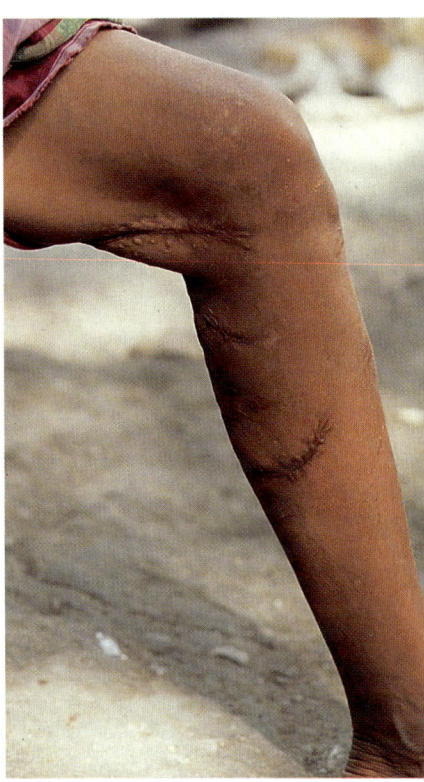

Der Komodowaran frißt jedes Tier, das er fangen kann. Manchmal fällt er sogar die Bewohner seiner Heimatinsel Komodo (Indonesien) an; einer der wenigen Überlebenden eines Komodowaran-Angriffes behielt dieses vernarbte Bein zurück.

Gila-Krustenechse *(Heloderma suspectum)*, die in den südwestlichen USA und in Mexiko lebt und sich von wirbellosen Tieren, kleinen Reptilien, Vogeleiern und kleinen Nagetieren ernährt. In Zeiten reichen Nahrungsangebots kann die Gila-Krustenechse pro Mahlzeit mehr als 35 Prozent ihres eigenen Körpergewichts zu sich nehmen. Wenn es jedoch an Nahrung mangelt, kommt sie mit sehr wenigen Mahlzeiten aus, indem sie das in ihrem Schwanz gespeicherte Fett verbraucht. Nach einer langen Periode ohne Nahrung kann sich der Schwanzumfang um bis zu 80 Prozent reduziert haben.

Die jüngste Entdeckung. Es werden relativ regelmäßig neue Echsenarten und sogar bislang gänzlich unbekannte Gattungen gefunden. Zum Beispiel wurden bei einer jüngst unternommenen größeren herpetologischen Studie des madagassischen Waldes – unter der Führung von Ron Nussbaum und Chris Raxworthy (1988

–1993) – mehrere Arten entdeckt, die der Wissenschaft neu sind: Darunter sind der Gecko *Phelsuma antanosy* (1993 formell beschrieben) und nicht weniger als sechs Stummelschwanz-Chamäleone der Gattung *Brookesia* (1995 formell beschrieben).

Im Januar 1979 wurde eine neue Leguanart, *Brachophylus vitiensis*, auf der Fidschi-Insel Yaduatabu entdeckt. Mehrere Exemplare wurden gefangen und ins Cultural Centre auf der Orchideen-Insel gebracht. Eines der Weibchen legte drei Eier, die mit Erfolg ausgebrütet wurden. Es war das erste Mal, daß sich eine neue Tierspezies erfolgreich in Gefangenschaft vermehrt hat, bevor man sie formell klassifiziert und ihr einen wissenschaftlichen Namen gegeben hatte.

Vom Aussterben bedroht sind (mit Sicherheit oder hoher Wahrscheinlichkeit) laut World Conservation Union (IUCN) 149 Arten (4 Prozent der gesamten Weltpopulation). Es ist wahrscheinlich, daß mit fortschreitendem Wissensstand weitere Arten auf diese Liste gesetzt werden müssen. Nicht weniger als 18 Arten werden als besonders ernsthaft gefährdet betrachtet, darunter fünf Leguane, fünf Skinks, zwei Geckos und ein Chamäleon. Beide Arten der Tuatera (Ordnung der *Rhynchocephalia*) stehen ebenfalls als gefährdet auf der

> Die Stimme des riesigen Geckos aus Südostasien ist so laut, daß sein abgehacktes Bellen etwa die Lautstärke von Hundegebell erreicht.

Liste. Die vielen Bedrohungen der Echsen und ihrer Verwandten beinhalten: die Zerstörung ihrer Verbreitungsgebiete, ihr Verzehr, die Verwertung ihrer Haut, der Tierhandel und der gedankenlose Import von Raubtieren und Konkurrenten aus anderen Teilen der Welt.

Das Land mit den meisten gefährdeten Arten ist Südafrika. Es beherbergt insgesamt 25 international gefährdete Echsen (den Blattfingergecko *Phyllodactylus peringueyi,* dessen Zustand im Land ungeklärt ist, nicht mitgezählt). Australien landet mit 22 gefährdeten Arten knapp auf dem zweiten und Chile mit 20 Arten auf dem dritten Platz. Diese Zahlen zeigen sowohl einen hohen Stand der Erforschung in diesen Ländern, aber auch eine tatsächlich hohe Zahl an bedrohten Arten.

Bereits ausgestorben sind mit hoher Wahrscheinlichkeit seit 1600 elf Echsenarten. Bis auf zwei (*Hoplodactylus delcourti* aus Neuseeland und *Tetradactylus eastwoodae* aus Südafrika) lebten alle ausgestorbenen Echsenarten auf Inseln, darunter der Gecko *Phelsuma gigas*, der Kapverdische Riesenskink (*Macroscincus coctei*) und der Ameive *Ameiva major*. Es ist allerdings wahrscheinlich, daß zumindest einige weitere Arten aussterben, bevor der Zustand ihrer Populationen richtig bewertet werden konnte oder sie der Wissenschaft überhaupt bekannt sind – und daher nicht verzeichnet werden.

Die wasserliebendste Echse ist zugleich die einzige wirklich im Was-

ser lebende. Die Meerechse (*Amblyrhynchus cristatus*) lebt auf den Galapagos-Inseln, vor der Küste von Ecuador. Diese 1,75 m lange Echse ernährt sich fast ausschließlich von Seetang, kann bis zu 9,3 m tief tauchen und bis zu 20 Min. unter Wasser verweilen. Während sie auf Futtersuche ist, verlangsamt sich ihr Herzschlag und ihre Blutzirkulation auf etwa die Hälfte, um den Wärmeverlust einzudämmen (das Wasser des Humboldtstroms ist extrem kalt) und den Sauerstoffbedarf auf ein Minimum zu reduzieren. Sie schwimmt graziös und ruhig, wobei sie ihren langen, flachen Schwanz und ihre teils mit Schwimmhäuten versehenen Füße als Antrieb benutzt; sie besitzt außerdem spezielle Drüsen in ihren Nasenlöchern, die überschüssiges Salz ausschütten. Trotz all dieser Anpassung frißt die Meerechse nur alle 3–5 Tage und verbringt die restliche Zeit zumeist damit, sich auf den heißen vulkanischen Steinen in der tropischen Sonne zu aalen.

Der schlechteste Kletterer unter den baumbewohnenden Echsen ist wahrscheinlich der Westliche Zaunleguan (*Sceloporus occidentalis*). Wissenschaftler der Hastings Natural History Reservation in Monterey County, Kalifornien (USA), haben errechnet, daß sich bei dieser Spezies jährlich etwa 12 000 Stürze/ha ereignen. Sie fallen aus ihren Eichenbaum-Heimen und landen mit einem dumpfen Schlag auf dem Waldboden. Die Unsicherheit des Tritts wird auf die übermütige Verfolgung von Insekten, auf verzweifelte Anstrengungen bei der Flucht vor Räubern und, im Falle

von Männchen, auf übermäßiges Angeben vor potentiellen Partnerinnen zurückgeführt.

Viele Echsen leben in Bäumen, der Scheltopustik *(Ophisaurus apodus)* jedoch ist die einzige beinlose Art, von der man weiß, daß sie klettern kann. Allerdings steigt er selten höher als auf kleines Buschwerk und tendiert dazu herunterzuklettern, wenn er gestört wird.

Die schnellste Echse.

Echsen sind allgemein für ihre Fähigkeit zur schnellen Beschleunigung und ihre durchgängig hohe Geschwindigkeit bekannt: Einige Arten können aus dem Stand innerhalb einer Viertelsekunde auf 95 Prozent ihrer Maximalgeschwindigkeit beschleunigen. Die höchste Geschwindigkeit jedoch, die in einer Reihe von Experimenten von Professor Raymond Huey von der University of Washington (USA) und Kollegen der University of California, Berkeley (USA), bei einem Landreptil gemessen wurde, waren 34,9 km/h, erbracht von der Leguanart *Ctenosaura* aus Costa Rica. Es wurde eine spezielle Echsen-Rennstrecke benutzt, die mit mehreren Lichtschranken und einem computergesteuerten Zeitmeßgerät ausgestattet war.

Nur knapp auf dem zweiten Platz landet *Cnemidophorus sexlineatus,* dessen Zeit 1941 in der Nähe von McCormick, South Carolina (USA), mit 29 km/h gestoppt wurde. Er wurde von einem Auto gejagt und behielt seine Geschwindigkeit auf allen vier Beinen für über eine Minute bei, bevor er dann in das Unterholz am Straßenrand schoß.

Die größte Sehkraft.

Viele Echsen können gut sehen, und der optische Sinn ist wahrscheinlich für fast alle Arten der wichtigste. Es ist schwierig, direkte Vergleiche anzustellen, aber wenn man davon ausgeht, daß es einen gewissen Zusammenhang zwischen Geruchs-, Hör- und Sehvermögen gibt, können Chamäleons wahrscheinlich besser sehen als die meisten anderen Echsenarten. Sie sind die einzigen, die weder eine externe Ohröffnung noch ein Mittelohrloch besitzen, so daß sie so taub sind, daß man neben einem schlafenden Chamäleon herumschreien kann, ohne es aufzuwecken. Außerdem haben sie einen schlechten Geruchssinn. Folglich sind Chamäleons fast ausschließlich auf ihr Sehvermögen angewiesen, um Rivalen, Raubtiere, Partnerinnen und Beute ausfindig zu machen. Es wird angenommen, daß sie eine besonders gute Farbwahr-

Die Meerechse ist die einzige Echsenart, die wirklich im Meer lebt. Sie ist fähig, 20 Min. ohne Unterbrechung zu tauchen.

nehmung haben, und, da jedes Auge einen Winkel von 180° einschließt und unabhängig operieren kann, besitzen sie sowohl 3-D-Sicht wie den Vorteil, zur Seite und nach hinten zu schauen.

Die stimmhaftesten Echsen

sind die Geckos (Familie der *Gekkonidae*) und die Echsen der Familie der Pygopodidae; Laute sind ein wichtiges Mittel ihrer artspezifischen Kommunikation. Beide Arten sind vor allem Nachttiere und benutzen verschiedenste Bell-, Grunz- und Kreischlaute, um miteinander in Verbindung zu bleiben. Mehrere Arten stehen in dem Ruf, besonders laut zu sein oder über ein besonders großes Repertoire an Lauten zu verfügen. Pfeifgeckos *(Ptenopus garrulus),* die in den Wüsten Südwestafrikas leben, sind einzigartig unter den Echsen, weil die Männchen alle zusammen im Chor rufen, wie viele Frösche es tun; nachts und an wolkigen Tagen sitzt jedes Männchen am Eingang seiner Höhle und ruft lauthals, wobei es die Höhle als Verstärker benutzt. Der *Gecko gecko,* der in Südostasien lebt und eine eindrucksvolle Länge von 50 cm erreicht, besitzt ein Stakkato-Gebell, das so laut ist, daß es mit Hundegebell konkurrieren könnte.

Die Echsen unterscheiden sich grundlegend dadurch von Schlangen, daß sie vier Beine und bewegliche Augenlider besitzen; die wenigen Echsen, die während der Evolution ihre Beine verloren, besitzen immer noch Schultern und Hüftknochen.

Die merkwürdigste Art der Fortbewegung

findet sich beim Helmbasilisk *(Basiliscus basiliscus):* Er kann mit einer Geschwindigkeit von bis zu 12 km/h über die Wasseroberfläche laufen. Er lebt in der dichten Vegetation, die die Flüsse und Ströme in Mittelamerika säumt, und rennt, wenn er bedroht wird, auf seinen Hinterläufen davon. Wenn er plötzlich mit Wasser in Berührung kommt, rennt er einfach weiter – und geht nicht unter. Dazu ist er fähig, weil er unglaublich schnell läuft (er besitzt

von allen Echsen die hochentwickeltste Form der zweibeinigen Fortbewegung) sowie kräftige Hinterläufe und lange fransige Zehen besitzt, die als Flossen dienen. Ein 80 cm langer Basilisk wurde dabei beobachtet, wie er über einen 40 m breiten See lief, ohne unterzugehen. Normalerweise sinkt er allerdings nach wenigen Schritten. Der Basilisk ist aber auch ein guter Schwimmer und kann die Luft lange genug anhalten, um den meisten Räubern zu entgehen.

Der beste Gleitflieger. Keine Echse kann wirklich fliegen, jedoch sind einige Arten fähig, von einem Baum zum anderen, von einem Ast oder Stamm zu Boden zu gleiten. Am besten kann dies der *Draco volans*, der in den Regenwäldern Südostasiens lebt. Wie andere Echsen der Gattung *Draco*, die am besten für das Gleiten ausgestattet sind, besitzt er sogar »Flügel«. Diese setzen sich aus mehreren, verlängerten Rippenpaaren zusammen, zwischen denen ein breiter Hautlappen gespannt ist, und können nach Belieben geöffnet oder geschlossen werden. Wie alle fliegenden Echsen steuert der Flugdrache mit seinem Schwanz.

> Der »green-blood-skink« ist einzigartig unter den Wirbeltieren, weil er grüne Pigmente in seinem Blut aufweist; es ist unklar, wozu die Pigmente gebraucht werden.

Eine seltene Art der Fortpflanzung unter Wirbeltieren ist die sogenannte Parthenogenese, eine unter Insekten und anderen wirbellosen Tieren verbreitete Fähigkeit der Weibchen, sich zu vermehren und lebensfähigen Nachwuchs zu produzieren, ohne Männchen zur Befruchtung der Eier zu benötigen. Parthenogenese findet sich bei einigen Echsenarten, am extremsten jedoch bei den Rennechsen (Gattung der *Cnemidophorus*), die in Nord- und Mittelamerika leben. Einige Arten sind ausschließlich parthenogenetisch – Männchen sind beispielsweise bei der Rennechse *Cnemidophorus exsanguis*, die in Texas (USA) und in Mexiko lebt, völlig unbekannt. Die Parthenogenese besitzt in Gebieten, in denen die Wahrscheinlichkeit von periodisch eintretenden Naturkatastrophen wie Überflutungen und Bränden groß ist, offensichtliche Vorteile, da nur ein einziges Weibchen überleben muß, um die Population neu aufzubauen. Ein großer Nachteil ist, daß der Nachwuchs mit der Mutter identisch ist (d.h. sie sind geklont), und so haben sie wenig Chancen zur Anpassung, sollten sich die lokalen Bedingungen ändern.

Die fruchtbarste Echse ist das *Chamaeleo melleri*, das im Jahresdurchschnitt 70 Eier legt. Dabei gibt es zwei Strategien, um große Mengen an Nachwuchs zu produzieren: Entweder es werden einmal jährlich sehr viele Eier gelegt (oder viele Junge geboren) oder mehrmals jährlich eine kleine Menge. Leguane (Familie der *Iguanidae*) und Geckos (Familie der *Gekkonidae*) zum Beispiel wählen die Strategie, mehrmals jährlich kleine Mengen an Eiern zu legen (normalerweise ein bis zwei Eier zur Zeit).

Chamäleons sind so taub, daß sie nicht einmal aufwachen, wenn direkt neben ihnen jemand schreit; allerdings wird angenommen, daß sie ein besseres Sehvermögen besitzen als alle anderen Echsen.

Es kommt vor, daß eine Reihe von Weibchen der gleichen Spezies ihre Eier gemeinsam in ein großes Versteck legen. Das größte bekannte Versteck gehörte einer unbekannten Anzahl von weiblichen *Kentropyx calcaratus* und beinhaltete insgesamt 800 Eier (ganz und zerbrochen). Es wird angenommen, daß das Versteck über mehrere Jahre hinweg benutzt wurde.

Die älteste Echse zu definieren bereitet einige Schwierigkeiten, da es nur sehr wenig Informationen darüber gibt, wie hoch die Lebenserwartung von Echsen in der Wildnis ist. Folglich beziehen sich die meisten belegbaren Informationen auf Echsen, die in Gefangenschaft gehalten wurden. Allerdings ist bekannt, daß nur wenige Echsen ein sehr langes Leben führen, und einige kleinere Arten wie der Seitenfleckenleguan *(Uta stansburiana)* werden sogar nur selten älter als ein Jahr. Die durchschnittliche Lebenserwartung der ganzen Gruppe (ohne die hohe Sterblichkeitsrate von Neugeschlüpften oder Neugeborenen miteinzubeziehen) beträgt wahrscheinlich etwa 5–10 Jahre.

Viele Echsen und beide Tuateras besitzen ein »drittes Auge«: eine kleine Öffnung an der Oberseite des Schädels; es wird angenommen, daß durch das Eindringen von Tageslicht Sonnenbestrahlung, Winterschlaf und jahreszeitlich bedingte Werbung kontrolliert werden können.

Frost vertragend sind, soweit bekannt, nur wenige Wirbeltiere, darunter vier Amphibien, mehrere Schildkröten, eine Schlange und zwei Echsen, die alle interzellularen Gefrierungen standhalten können. Diese Echsen sind die Mauereidechse *(Podarcis muralis)* aus Zentral- und Südosteuropa und der Stachelleguan *Sceloporus grammicus*, der in großen Höhen an den Hängen des Iztacci-huatl-Vulkans in Mexiko lebt. Die Frosttoleranz des *Sceloporus grammicus* wurde durch Zufall von Wissenschaftlern der University of Nebraska-Lincoln (USA) entdeckt. Am 29. Juni 1991 sammelten sie an den Hängen des Iztaccihuatl insgesamt 14 Echsen ein: sieben *Sceloporus grammicus* und sieben Exemplare einer mit den Stachelleguanen nah verwandten Art

namens *Sceloporus mucronatus*. Sie wurden alle in eine Haushaltsgefriertruhe (mit einer Innentemperatur von 0° C) gesteckt, um sie so vor der Präparation zu töten. Am nächsten Tag (28 Std. später) wurden die tiefgefrorenen Echsen wieder herausgenommen. Nach etwa einer halben Stunde Erwärmung bei Zimmertemperatur, bemerkten die Wissenschaftler, daß Bewegung in die Tiere der *Sceloporus grammicus*-Spezies kam. Nachdem die Echsen völlig aufgetaut waren, stellte sich heraus, daß alle sieben *Scelopus grammicus* gesund und munter waren, alle sieben *Sceloporus mucronatus* dagegen tot.

Der Skink *Spenomorphus quoyi*, der in den subalpinen Regionen Südostaustraliens lebt, kann, selbst wenn seine Körpertemperatur unter den Gefrierpunkt fällt, aktiv bleiben. Seine optimale Körpertemperatur beträgt 26–34° C, doch dank einer kleinen Menge Frostschutzmittel (Glycerin) in seinem Blut kann er sich selbst dann noch bewegen, wenn seine Temperatur auf −1,2° C sinkt.

Der effektivste Temperaturregler. Wie alle Reptilien, sind Echsen unfähig, innerlich Wärme zu produzieren, und hängen in erster Linie von der Sonne ab, um ihre optimale Körpertemperatur zu erreichen. Von der schwarzen *Liolomus multiformis*, die in den peruanischen Anden lebt, wird angenommen, daß sie Sonnenstrahlen wirkungsvoller absorbiert als jede andere Echse. Bei Temperaturen nahe dem Gefrierpunkt erhöht sich nach nur 1 Stunde Sonnenbestrahlung ihre Körpertemperatur auf 33° C, während die Lufttemperatur ihrer Umgebung auf kaum 1,5° C ansteigt.

TUATERA

Im Jahr 1867 verkündete Albert Günther vom British Museum einer staunenden Gemeinschaft von Wissenschaftlern, daß die echsenähnliche Tuatera *(Sphenodon punctatus)* gar keine Echse sei, sondern ein letztes überlebendes Mitglied einer uralten Ordnung von Reptilien namens *Rhynchocephalia*. Die Ordnung lebte zur Zeit der Dinosaurier in vielen Teilen der Welt. Alle Mitglieder außer der Tuatera starben vor mehr als 65 Mio. Jahren aus. Jüngste Studien unterstützen Günthers Aussage: Sie ist keine Echse, da sie keine einzelnen Zähne, sondern nur einfache Auszackungen der Kieferknochen hat, weil die Struktur des Schädels anders ist und sie kein Trommelfell oder

Mittelohr besitzt. Die Studie enthüllte außerdem, daß es eine zweite überlebende Art gibt: Die auf North Brother Island in der Cookstraße zwischen Neuseelands North und South Islands lebenden Exemplare unterscheiden sich genetisch und stellen somit eine neue Spezies namens *Sphenodon guntheri* dar; die ursprüngliche Spezies ist als »Cookstraßen«-Tuatera bekannt.

Die Tuateras sind seltene Tiere, wiegen bis zu 1,3 kg, erreichen eine maximale Gesamtlänge von 61 cm (Männchen sind größer als Weibchen) und sind vor allem nachts aktiv. Sie sind nur auf etwa dreißig entlegenen, sturmgepeitschten Inseln vor der Küste Neuseelands zu finden. Verglichen mit den Echsen brechen sie einige bedeutende Rekorde: die längste Zeitspanne zwischen Paarung und Eiablage (37 Monate); längste Brutzeit (15 Monate – das ist die längste bekannte Brutzeit aller Reptilienarten); höchstes Alter, um die Geschlechtsreife zu erlangen (20 Jahre); längste Wachstumsphase (60 Jahre); und höchste Lebenserwartung (wahrscheinlich mehr als 100 Jahre).

SCHLEICHEN

Schleichen gehören nicht wirklich zu den Echsen, sondern zu einer separaten Unterordnung *(Amphisbaenia)* der Reptilienordnung *Squamata* (die sowohl Schlangen wie Echsen einschließt). Es gibt insgesamt ungefähr 130 Arten, die alle in Größe, Farbe und allgemeiner Erscheinung Regenwürmern ähneln. Bis auf drei haben alle keine Beine, und es wird angenommen, daß sie sich hauptsächlich von wirbellosen Höhlentieren und kleinen Wirbeltieren ernähren. Die meisten Schleichen werden 15–35 cm lang, die größte jedoch, eine Art mit dem Namen *Amphisbaena alba,* die im Regenwald des nördlichen Südamerika und auf der Insel Trinidad beheimatet ist, wird bis zu 75 cm lang. Die kürzeste Schleiche ist nur 10 cm lang. Als Gruppe sind die Schleichen in Nord- und Südamerika, Afrika, im Westen Asiens, im Mittleren Osten und im südlichsten Europa zu finden.

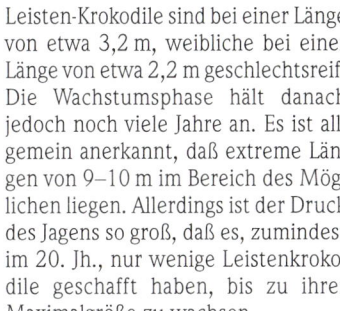

KROKODILE UND ALLIGATOREN

Crocodylia
22 Arten (oder 23, wenn man den Südlichen Krokodilkaiman als eigenständige Art betrachtet).

Die ersten Krokodile tauchten vor etwa 200 Mio. Jahren, in der späten Trias, auf. Die 22 heute lebenden Krokodilarten sind, abgesehen von den Vögeln, näher mit den Dinosauriern verwandt als jede andere Kreatur der Erde.

Die größten Krokodile, zu denen das Mohren-Krokodil *(Melanosuchus niger)*, der Mississippi-Alligator *(Alligator mississippiensis)*, das Spitz-Krokodil *(Crocodylus acutus)*, das Nil-Krokodil *(Crocodylus niloticus)*, das Orinoco-Krokodil *(Crocodylus intermedius)*, das Leisten-Krokodil *(Crocodylus porosus)* und der Ganges-Gavial *(Gavialis gangeticus)* zählen, können eine Länge von 5,5 m und mehr erreichen. Solche extremen Maße sind jedoch die Ausnahme.

> **Obwohl die meisten Menschen vor Krokodilen Angst haben, ist der Schaden, den sie uns zufügen, minimal im Vergleich zu dem, was wir mit ihnen machen.**

Die größte heute existierende Krokodilart (und gleichzeitig das größte Reptil der Welt) ist das Leisten-Krokodil *(Crocodylus porosus)*, welches in den tropischen Zonen Asiens und des Pazifiks anzutreffen ist. Männliche Leisten-Krokodile sind bei einer Länge von etwa 3,2 m, weibliche bei einer Länge von etwa 2,2 m geschlechtsreif. Die Wachstumsphase hält danach jedoch noch viele Jahre an. Es ist allgemein anerkannt, daß extreme Längen von 9–10 m im Bereich des Möglichen liegen. Allerdings ist der Druck des Jagens so groß, daß es, zumindest im 20. Jh., nur wenige Leistenkrokodile geschafft haben, bis zu ihrer Maximalgröße zu wachsen.

Das größte Exemplar der modernen Zeit könnte ein Leisten-Krokodil *(Crocodylus porosus)* gewesen sein, das Anfang des 20. Jahrhunderts vom Volk der Seluke (ansässig am Segama-Fluß im nördlichen Borneo) als heilig angesehen wurde. Der dortige Kautschuk-Plantagenbesitzer James Montgomery sichtete das riesige Tier eines Tages auf einer Sandbank im Fluß. Nachdem es sich davongemacht hatte, vermaß Montgomery den Abdruck, den das Tier im Sand hinterlassen hatte. Dieser deutete darauf hin, daß das Krokodil eine Länge von 10,05 m besaß. Längen von über 6,1 m wurden auch vom Ganges-Gavial *(Gavialis gangeticus)* bestätigt, der in den Flüssen Indiens und Pakistans lebt. Das größte Tier war ein Ganges-Gavial, der von Matthew George im Januar 1924 im Kosi-Fluß im nördlichen Bihar (Indien) getötet wurde und eine Länge von 7,1 m hatte. Es wurde von Maßen von bis zu 9,1 m Länge berichtet, dafür gibt es jedoch keine Belege.

Der größte prähistorische Landräuber, der je existierte, könnte ein Alligator gewesen sein, der in 8 Mio. Jahre alten Gesteinsschichten am Ufer des Amazonas gefunden wurde. Die geschätze Schädellänge von 1,5 m (mit Zähnen von 10 cm Länge) weist auf eine Gesamtlänge von 12 m und ein Gewicht von etwa 18 t hin, womit der Alligator größer gewesen wäre als der gefürchtete Dinosaurier *Tyrannosaurus rex.* Das Tier wurde später als riesiges Exemplar des *Purussaurus brasiliensis* identifiziert, eine Spezies, die 1892 auf der Grundlage von kleineren Exemplaren benannt wurde.

Der größte Räuber der Erde war wahrscheinlich der *Deinosuchus riograndensis*, der in den Seen und Mooren des heutigen Texas (USA) vor etwa 75 Mio. Jahren lebte. Fragmentarische Überreste, die im Bend-Nationalpark in Texas (USA) gefunden wurden, deuten auf eine Länge von 15–16 m

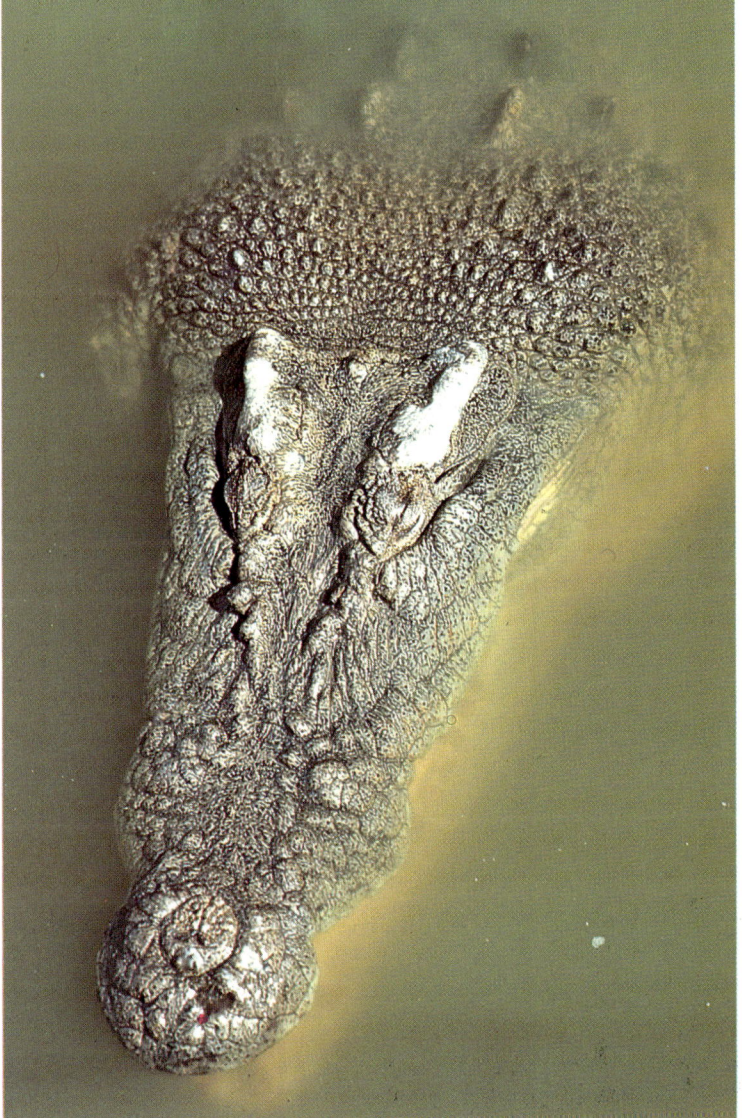

Das größte Reptil der Welt ist das Leisten-Krokodil, das in Extremfällen 9–10 m lang wird.

Reptilien

und ein Gewicht von mindestens 6 t. Ein komplett erhaltener Schädel dieser Spezies mißt über 2 m.

Die kleinste heute existierende Krokodilart

der Welt ist der Brauen-Glattstirnkaiman (Paleosuchus palpebrosus), der im Norden Südamerikas zu Hause ist. Weibliche Brauen-Glattstirnkaimane überschreiten selten eine Länge von 1,2 m, männliche Brauen-Glattstirnkaimane selten eine Länge von 1,5 m.

Das Stumpfkrokodil (Osteolaemus tetraspis), welches in West- und Zentralafrika lebt, ist auch sehr klein, jedoch erreicht eine Reihe von Individuen eine Länge von 2 m, einige wenige werden sogar noch länger.

Die am weitesten verbreitete Krokodilart

ist das Leisten-Krokodil (Crocodylus porosus), das in den tropischen Zonen Asiens und des Pazifiks zu finden ist; von der Westküste Indiens über Sri Lanka, Bangladesh, Malaysia, Indonesien und die Philippinen, Neuguinea und Australien, bis zu den Salomonen und den Fidschis. Es kommt in Süßwassergebieten vor, die bis zu 1130 km weit im Landesinneren liegen, und wurde sogar mehr als 1000 km vom Festland entfernt im offenen Meer angetroffen.

Das kleinste Verbreitungsgebiet

besitzt das Rauten-Krokodil (Crocodylus rhombifer), das sich derzeit auf den Zapata-Sumpf im Südwesten Kubas beschränkt. Bis vor kurzem

überlebte noch eine kleine Restpopulation auf der nahegelegenen Isle of Pine, scheint jedoch heute ausgestorben zu sein.

Eine Unterart des Brillen-Kaimans (Caiman crocodylus), der Gewöhnliche Krokodilkaiman (C. c. apaporiensis), beschränkt sich auf ein 200 km langes Gebiet entlang des Rio Apaporis im Südosten Kolumbiens.

> **Krokodile können ihre Kiefer mit verheerender Kraft schließen, die Muskeln jedoch, die zum Öffnen der Kiefer gebraucht werden, sind extrem schwach; tatsächlich genügt normalerweise ein Gummiband, um das Maul eines bis zu 2 m langen Krokodils geschlossen zu halten.**

Die marinste Krokodilart

ist das Leisten-Krokodil (Crocodylos porosus). Verschiedene Krokodilarten leben in Küstengebieten, und einige wenige wurden weit draußen im offenen Meer gefunden. Das Leisten-Krokodil (Crocodylus porosus) ist jedoch besonders bemerkenswert, da es unbegrenzt im Salzwasser leben und große Entfernungen im Meer zurücklegen kann. Den Rekord stellte ein 3,8 m langes, männliches Tier auf, das auf einer der östlichen Caroline Islands (auf Ponape) im Pazifischen Ozean mindestens 1360 km von der

nächsten Population entfernt, lebend aufgefunden wurde. Ein anderes Leisten-Krokodil (Crocodylus porosus) schaffte es 1100 km weit, von den Andamanen-Inseln im Golf von Bengalen bis zum Krishna Sanctuary in Andhra Pradesh (Indien), zu schwimmen. Das Leisten-Krokodil besitzt eine spezielle Drüse an der Unterseite der Zunge, die eine konzentrierte Sodiumchlorid-Lösung aussondert und das Tier so vor einer Salzüberlastung schützt.

Die 7 gefährlichsten Krokodilarten,

zu denen der Mohren-Kaiman (Melanosuchus niger), der Mississippi-Alligator (Alligator mississippiensis), das Nil-Krokodil (Crocodylus niloticus), das Leisten-Krokodil (Crocodylus porosus), das Spitz-Krokodil (Crocodylus acutus), das Orinico-Krokodil (Crocodylus intermedius) und das Sumpf-Krokodil (Crocodylus palustris) gehören, sind alle dafür bekannt, gelegentlich über Menschen herzufallen. Es wurden zwar auch öfter menschliche Überreste und Schmuck in den Mägen von Ganges-Gavialen gefunden; es ist jedoch wahrscheinlich, daß sich die Tiere von menschlichen Leichen ernährten, die

> *Man schätzt, daß das Leisten-Krokodil jährlich bis zu 2000 Menschen tötet. Dies macht es zu dem mit Abstand gefährlichsten Mitglied der Krokodilfamilie.*

Das Nil-Krokodil ist die am weitesten verbreitete Krokodilart.

von den brennenden »ghats« aus den Ganges entlangtrieben, und daß sie niemals Menschen töten. Verschiedene andere Arten sind groß genug, um Menschen ernsthafte oder gar tödliche Verletzungen zuzufügen, wenn sie sich bedroht fühlen; das relativ kleine Rauten-Krokodil *(Crocodylus rhombifer)* zum Beispiel hat den Ruf, Menschen gegenüber aggressiv zu sein. Aber nur das Nil- und das Leisten-Krokodil können mit Recht beschuldigt werden, echte »Menschenfresser« zu sein und gelegentlich kleinere Boote anzugreifen. Einigen Exemplaren wurde angelastet, bis zu 400 Menschen getötet zu haben; diese Berichte sind jedoch wahrscheinlich übertrieben.

Der Mythos der Krokodilstränen geht auf das Jahr 1565 zurück, als der Forschungsreisende Sir James Hawkins das Warnbrüllen eines Alligators als Weinen interpretierte, welches dieser angeblich vortäuschte, um einen mitfühlenden Menschen dazu zu bringen, sich der Reichweite seines Mauls zu nähern.

Es wird geschätzt, daß jährlich 2000 Menschen den Leisten-Krokodilen zum Opfer fallen, wobei die Mehrheit der Fälle nicht gemeldet wird. Die Nacht vom 19. zum 20. Februar 1945 steht in dem Ruf, die meisten Menschenleben gefordert zu haben: Alliierte Truppen überfielen die Ramree-Insel vor der Westküste Burmas im Golf von Bengalen und umzingelten 800–1000 japanische Infanteristen in einem an der Küste gelegenen Mangroven-Sumpf. Während der Nacht wurden einige Japaner von Gewehrschüssen getroffen, einige ertranken oder starben aus anderen Gründen. Es wird jedoch angenommen, daß die bei weitem größte Zahl Krokodilen zum Opfer fiel, die, nachdem die Dunkelheit hereinfiel, *en masse* auftauchten. In den vergangenen Jahren wurde die Authentizität dieses oft zitierten Berichts angezweifelt. Augenzeugen erklärten damals allerdings, daß am Morgen nur noch 20 Männer am Leben gewesen seien. Es besteht wenig Zweifel, daß eine große Population von Leisten-Krokodilen diese Männer getötet haben könnte, wenn ihnen die Möglichkeit dazu

geboten wurde. In einem weniger umstrittenen Bericht heißt es, daß im Dezember 1975 40 Menschen von Leisten-Krokodilen angegriffen und gefressen wurden, als ihr Urlaubsboot im Malili River in Zentralsulawesi (Celebes), in Indonesien, sank.
Das Nil-Krokodil *(Crocodylus niloticus)* hat ebenfalls einen schlechten Ruf; es tötet jährlich bis zu 1000 Menschen. Als diese Spezies noch zahlreicher vertreten war, sprachen Schätzungen von bis zu 20 000 Toten im Jahr.

Die größte Beute verschlingen das Leisten-Krokodil *(Crocodylus porosus)* und das Nil-Krokodil *(Crocodylus niloticus)*. Anfang des Jahrhunderts packte ein Leisten-Krokodil einen gerade aus England in die Staaten exportierten, 1 t schweren Hengst und zerrte ihn in den Fluß. Andere Fälle sind bekannt, in denen Leisten-Krokodile wilde Büffel und Hausvieh verspeisten. Es gibt weiterhin Berichte von Nil-Krokodilen, die erfolgreich voll ausgewachsene Nashörner, Gnus, Giraffen, Löwen und anderes Großwild angegriffen haben. In den sechziger Jahren des vergangenen Jahrhunderts wurde ein Nil-Krokodil in Natal (Südafrika) dabei beobachtet, wie es an einem Wasserloch das Hinterbein eines voll ausgewachsenen Afrikanischen Elefantens packte;

der Elefant jedoch zog seinen Angreifer aus dem Wasser, und ein anderes Herdenmitglied zertrat ihn.
Im Magen eines berüchtigten Nil-Krokodils, das im November 1968 im Okavango-Delta (Botswana) getötet wurde, fanden sich die Überreste einer Frau, zwei Ziegen und ungefähr ein halber Esel.

Die ältesten Krokodile werden 50 bis 200 Jahre alt. Die Schätzungen der maximalen Lebenserwartung differieren stark, da wenig Fakten vorliegen. Das älteste in Gefangenschaft gehaltene Krokodil war angeblich ein Mississippi-Alligator *(Alligator mississippiensis)* namens Jean-qui-rit (der lachende John), der 85 Jahre lang (1852–1937) in der Ménagerie du Jardin des Plantes, in Paris (Frankreich), gelebt haben soll. Die Richtigkeit dieses Berichts ist allerdings unsicher. Das höchste, bestätigte Alter erreichte mit 66 Jahren ein weiblicher Mississippi-Alligator, der am 5. Juni 1914 im Alter von zwei Jahren im Adelaide-Zoo in Südaustralien ankam und dort am 26. September 1978 starb.

Die meisten Eier, die je von einem Krokodil in ein einzelnes Nest gelegt wurden, produzierte ein Ganges-Gavial *(Gavialis gangeticus)* im Jahr 1982. 67 der 97 gelegten Eier wurden spä-

ter in einem Brutkasten ausgebrütet. Durchschnittlich legt der Ganges-Gavial allerdings nur 40 Eier pro Nest, was relativ wenig ist. Das Mohren-Krokodil *(Melanosuchus niger)* legt durchschnittlich 50–60 Eier pro Nest und somit mehr als jedes andere Krokodil. Bei einigen Arten kommt es vor, daß sich zwei Weibchen zur Eiablage ein Nest teilen, wodurch es in bestimmten Fällen zu ungewöhnlich hohen Zahlen kommt.

Die wenigsten Eier legen die Keil-kopf-Glattstirnkaimane *(Paleosuchus trigonatus)* mit selten mehr als 15 Eiern, das Australien-Krokodil *(Crocodylus johnsoni)* mit 4–18 Eiern, das Stumpfkrokodil *(Osteolaemus tetraspis)* mit etwa 10–17 Eiern und das Philippinen-Krokodil *(Crocodylus mindorensis)* mit 7–14 Eiern.

> Krokodil- und Alligatoreier »sprechen« regelmäßig miteinander. Die jungen Tiere kommunizieren, indem sie gegen die Innenseite ihrer Schalen klopfen. Dies könnte dazu dienen, die Eier gleichmäßig auszubrüten.

Die größten Eier legt der weibliche Sunda-Gavial *(Tomistoma schlegelii)*, normalerweise von etwa 10 × 7 cm.

Die größte mütterliche Fürsorge zeigt das Mississippi-Krokodil *(Crocodylus mississippiensis)*: Das Weibchen sorgt die ersten 3 Jahre (in Ausnahmefällen 4 Jahre) für ihre Jungen. Im Gegensatz dazu werden junge Nil-

Krokodile *(Crocodylus niloticus)* schon nach wenigen Wochen sich selbst überlassen, und beim China-Alligator *(Alligator sinensis)* und einigen anderen Arten wurde überhaupt keine mütterliche Fürsorge festgestellt. Dies kann jedoch auch daran liegen, daß diese Arten nicht sorgfältig genug in freier Wildbahn beobachtet wurden.

Das seltenste Krokodil präzise zu definieren, stellt ein Problem dar, da die totalen Populationszahlen in der Wildnis oft unbekannt sind. Allerdings gibt es wenig Zweifel daran, daß es von einigen Arten mittlerweile weniger als 1000 Überlebende gibt. Vom Siam-Krokodil *(Crocodylus siamensis)* sind nur noch zwei kleine Populationen in der Wildnis bekannt. Eine davon befindet sich im Bung Boraphet-Becken in der Provinz Nakhon Sawan (Thailand). Es wurden allerdings in letzter Zeit keine Exemplare mehr gesichtet, was bedeutet, daß es mittlerweile ausgestorben sein könnte. Die andere Population befindet sich in Kalimantan (Indonesien), wo vielleicht noch eine kleine Zahl an Siam-Krokodilen überlebt. Weitere wilde, bislang unentdeckte Populationen könnte es noch in Kambodscha, Laos oder Vietnam geben, aber die Zahlen sind zweifellos klein. In der Samut-Prakan-Krokodilfarm in der Nähe von Bangkok (Thailand) existiert bemerkenswerterweise eine große, in Gefangenschaft gehaltene Gruppe.
Die gesamte wilde Population des geschützten China-Alligators *(Alligator sinensis)* am unteren Yangtsekiang, in den Provinzen Anhui, Zhejiang, und Jiangsu (China), besteht derzeit schätzungsweise aus gerade einmal ein paar hundert Exemplaren.

> *Das höchste nachgewiesene Alter erreichte mit 66 Jahren ein Mississippi-Alligator. Allerdings gab es über die Jahre viele unbelegte Berichte über noch ältere Krokodile.*

Diese winzige Population verteilt sich auf ein Gesamtgebiet von 25 000 km². Zuchtprogramme haben sich zwar als erfolgreich erwiesen, aber die Wiedereingliederung des Alligators in die Wildnis ist problematisch, da die Zerstörung seines Lebensraumes anhält und er immer noch getötet beziehungsweise für den Verkauf an Zoos gejagt wird. Es wird damit gerechnet, daß der China-Alligator vor dem Ende dieses Jahrhunderts in der Wildnis ausgestorben sein wird.

Vom Aussterben bedroht sind (mit Sicherheit oder hoher Wahrscheinlichkeit) laut World Conservation Union (IUCN) insgesamt 12 Krokodilarten, was über 50 Prozent der gesamten Weltpopulation entspricht. 7 dieser Arten werden als besonders gefährdet betrachtet. Der Ernsthaftigkeit der Gefährdung nach geordnet sind dies, angefangen mit dem kritischsten Fall: das Siam-Krokodil *(Crocodylus siamensis)* aus Südostasien; das Philippinen-Krokodil *(Crocodylus mindorensis)* von den Philippinen; der China-Alligator *(Alligator sinensis)* aus China; das Rauten-Krokodil *(Crocodylus rhombifer)* aus Kuba; der Sunda-Gavial *(Tomistoma schlegelii)* aus Südostasien; das Orinoco-Krokodil *(Crocodylus intermedius)* aus Südamerika; und der Ganges-Gavial *(Gavialis gangeticus)* vom indischen Subkontinent. Schuld daran sind vor allem die anhaltende Verwertung ihrer kostbaren

Haut, das wahllose Töten der Tiere, die Zerstörung ihrer Lebensräume und die Umweltverschmutzung.

Die Länder mit den meisten gefährdeten Arten sind: Indien, Indonesien, Malaysia, Kolumbien und Venezuela. Jedes dieser Länder beherbergt drei der international vom Aussterben bedrohten Krokodilarten. Auch Bangladesh und Thailand gehören zu dem natürlichen Vorkommensgebiet dreier bedrohter Arten, jedoch könnten eine oder sogar mehrere davon bereits ausgestorben sein.

Die erste für kommerzielle Zwecke gejagte Krokodilart war der Mississippi-Alligator *(Alligator mississippiensis)*. Anfang des 19. Jahrhunderts wurde vor allem das Fett des Tieres verwertet: Man ölte mit ihm die Maschinen der Baumwollspinnereien und die Getriebe von Dampfmaschinen. Die Nachfrage nach ihrer Haut vermehrte sich, als in den siebziger Jahren des vergangenen Jahrhunderts Produkte aus Alligatorhaut in Mode kamen.

Der stärkste Handel mit Krokodilleder fand in den späten fünfziger und frühen sechziger Jahren dieses Jahrhunderts statt. 5–10 Mio. Häute wurden jährlich auf den Weltmarkt gebracht. Heute ist die Zahl auf etwa 1,5 Mio. Häute jährlich gefallen; die meisten davon kommen auf illegale Weise in den Handel und stammen vom Brillen-Kaiman *(Caiman crocodylus)* und vom Südlichen Krokodilkaiman *(Caiman yacare)*.

Die spektakulärste Bestandserholung erfuhr der Ganges-Gavial *(Gavialis gangeticus)*, durch kurz vor seinem endgültigen Aussterben ergriffene Maßnahmen zu seiner Erhaltung. In den frühen siebziger Jahren gab es nur noch 60–70 freilebende Exemplare. Nachdem 1975 ein Wiedereingliederungsprogramm gestartet wurde, gibt es heutzutage wieder 1500 dieser Tiere in der Wildnis und 500 in Gefangenschaft. Die wilde Population beschränkt sich derzeit auf vier Flußsysteme im nördlichen Teil des indischen Subkontinents: den Indus (Pakistan), den Ganges (Indien), den Mahanadi (Indien) und den Brahmaputra (Bangladesh, Indien, Nepal).

Die schnellste Bewegung an Land stellt bei den Krokodilen der selten zu sehende Galopp dar. Die Hinterläufe des Krokodils stoßen das Tier zum Sprung ab, die Vorderläufe strecken sich aus und treffen am Ende des Sprunges auf den Boden. Dann schwingen die Hinterläufe nach vorne, während sich der Rücken krümmt, und stoßen sich erneut ab. Nur wenige Arten können galoppieren. Zum schnellsten Galopp ist das Australien-Krokodil *(Crocodylus johnsoni)* fähig, das damit Geschwindigkeiten bis zu 17 km/h erreichen kann.

Das am meisten im Wasser lebende Krokodil ist der Ganges-Gavial *(Gavialis gangeticus)*. Die ausgewachsenen Tiere besitzen sehr schwache Beine, sind unfähig, in einer halb aufrechten Stellung zu laufen (wie andere Krokodilarten es können), und entfernen sich selten mehr als ein paar Meter vom Wasser.

Die längsten Tauchgänge kann der Mississippi-Alligator *(Alligator mississippiensis)* unternehmen. Die meisten Krokodile tauchen normalerweise nicht länger als ein paar Minuten unter, obwohl viele Arten die Fähigkeit besitzen, länger als eine Stunde unter Wasser zu verweilen. 1925 wurden Krokodile in einer Reihe von grausigen Experimenten solange unter Wasser gehalten, bis sie ertranken. Ein Mississippi-Alligator *(Alligator mississippiensis)* überlebte 6 Stunden und 5 Minuten.

In den kältesten Gebieten leben der China-Alligator *(Alligator sinensis)* und der Mississippi-Alligator *(Alligator mississippiensis)*. Da, wo während der Wintermonate die Temperaturen unter den Gefrierpunkt fallen, heben diese beiden Krokodilarten Erdlöcher aus, in die sie sich vor dem schlimmsten Wetter zurückziehen. Das kann im nördlichen Teil ihres Verbreitungsgebietes von Oktober bis März andauern. Wenn sie im Wasser bleiben, lassen sie die Spitze ihrer Schnauze unbedeckt, um atmen zu können, während sie den Rest ihres Kopfes und Körpers im Eis eingefrieren lassen. Obwohl ihre Körpertemperatur auf bis zu 5° C abfällt (verglichen mit normalerweise etwa 33° C), können sie auf diese Weise überleben, bis das Eis schmilzt.

Die lautesten Reptilien sind die Krokodile. Sie können in vielfältigster Weise husten, zischen, brüllen und heulen. Am ausgeprägtesten ist dies beim Mississippi-Alligator *(Alligator mississippiensis)*. Dies liegt wahrscheinlich an seinem Verbreitungsgebiet, in dem die visuelle Kommunikation möglicherweise schwer aufrechtzuerhalten ist. Sein Heulen, das vage an das Brüllen eines Löwen erinnert, ist über eine Distanz von 150 m zu hören. Aus einer Distanz von 5 m ist es beinahe so laut, als stände man neben dem Motor einer kleinen Propellermaschine. Das Heulen wird während der Balz eingesetzt und könnte dazu dienen, die Integrität der Gruppe zu bewahren.

In vielen Teilen der Welt werden Krokodilarten, wie dieser Kaiman, wegen ihrer wertvollen Haut getötet; dies ist eine der Hauptursachen dafür, daß sie vom Aussterben bedroht sind.

SCHILDKRÖTEN

Chelonia
265 Arten.

Die ersten Schildkröten tauchten in der späten Trias oder im frühen Jura, also vor mindestens 185 Mio. Jahren auf. Fossile Arten wie *Proganochelys* und *Proterochersis*, die in triassischen Ablagerungen in Deutschland gefunden wurden, haben große Ähnlichkeit mit den heutigen Schildkröten. Darüber hinaus weisen sie aber auch entscheidende Unterschiede auf; zum Beispiel hatten die fossilen Tiere noch Zähne an beiden Kiefern und waren nicht fähig, den Kopf in ihren Panzer einzuziehen.

Die größte lebende Schildkröte ist die weit verbreitete Lederschildkröte *(Dermochelys coriacea)*, die auf tropischen Stränden im Atlantik, im Indischen und Pazifischen Ozean nistet, und in wärmeren Gewässern auf Futtersuche geht. Die Gesamtlänge, von der Spitze des Mauls bis zum Schwanzende, beträgt normalerweise 1,83–2,13 m (die Panzerlänge ist durchschnittlich 1,52–1,67 m) und der vordere Flossenabstand etwa 2,13 m. Ausgewachsene Exemplare wiegen normalerweise mindestens 450 kg. Die größte Lederschildkröte, von der je zuverlässig berichtet wurde, war ein männliches Tier, das am 23. September 1988 tot auf dem Strand in Harlech, Gwynedd (GB), gefunden wurde. Es hatte eine Gesamtlänge von 2,91 m (mit einer Panzerlänge von 2,56 m) und maß 2,77 m zwischen den vorderen Flossen. Es wog 961,1 kg.

Die größte Süßwasserschildkröte ist die Geierschildkröte *(Macrochelys temminckii)* aus dem Südosten der USA. Die wirklich großen Exemplare kommen hauptsächlich im nördlichen Teil ihres Verbreitungsgebietes vor, wo die Spezies nur selten angetroffen wird. Männchen sind sehr viel größer als Weibchen und können eine Gesamtlänge von 90 cm und ein Höchstgewicht von 100 kg erreichen. Es gibt einen unbestätigten Bericht über ein riesiges Tier, das im Fulk's Lake, in der Nähe der Kleinstadt Churubusco, Indiana, leben soll, und zum ersten Mal im Sommer 1948 gesichtet wurde; trotz vieler Versuche wurde es nie eingefangen und korrekt vermessen. Augenzeugenberichte beschreiben es jedoch als »so groß wie ein Eßtisch« und schätzen das Gewicht auf rund 227 kg.

Mehrere Arten der Dreikralligen Weichschildkröte (Familie der *Trionychidae*) können es mit der Geierschildkröte *(Macrochelys temminckii)* längenmäßig aufnehmen, jedoch nicht dem Gewicht nach. Gesamtlängen von 90 cm wurden bei der Afrikanischen Weichschildkröte *(Trionyx triunuis)*, der Kurzkopf-Weichschildkröte *(Chitra indica)* und der Riesen-Weichschildkröte *(Pelochelys bibroni)* gemessen; die Rekordlänge der letzteren Spezies beträgt angeblich 127,5 cm.

> **Schildkröten besitzen keine Zähne; sie sind auf die scharfen Ecken ihres Kiefers angewiesen, um Nahrung zu zerreißen.**

Die größte prähistorische Schildkröte war die *Stupendemys geographicus* (Familie der *Pelomedusidae*), die vor etwa 5 Mio. Jahren lebte. Fossile Überreste, die 1972 von Paläontologen der Harvard University im nördlichen Venezuela gefunden wurden, deuten auf eine Gesamtlänge von etwa 3 m (mit einer Panzergröße von etwa 2,18–2,30 m) hin. Es wurde

für sie ein Gewicht von 2040 kg errechnet.

Die größte prähistorische Landschildkröte war wahrscheinlich die *Geochelone atlas*, die vor etwa 2 Mio. Jahren im heutigen Gebiet des nördlichen Indiens, Burmas, Javas, der Celebes und Timors lebte. 1927 wurden die Überreste eines Exemplars mit einem Panzer von 1,80 m Länge und 89 cm Höhe in der Nähe von Chandigarh in den Siwalik Hills (Indien) entdeckt. Das Tier hatte eine Gesamtlänge von 2,44 m, und es wurde errechnet, daß es etwa 850 kg wog.

Die kleinste Schildkröte der Welt ist die Gewöhnliche Moschusschildkröte *(Sternotherus odoratus)*, die vom südlichen Kanada bis zum nördlichen Mexiko verbreitet ist und ausgewachsen eine durchschnittliche Panzerlänge von 7,62 cm und ein Gewicht von nur 227 g besitzt. Eine Unterart der Streifen-Klappschildkröte *(Kinosternon baurii baurii)*, deren Verbreitungsgebiet sich von Süd-Georgia bis zu den Florida Keys erstreckt, ist mit einer maximalen Panzerlänge von nur 9,7 cm ebenfalls sehr klein.

Die kleinste Landschildkröte der Welt ist die Gesägte Flachschildkröte *(Homopus signatus)*, die im west-

lichen Südafrika und südwestlichen Namibia beheimatet ist. Ausgewachsen besitzt sie eine maximale Panzerlänge von etwa 9,6 cm (die durchschnittliche Länge beträgt 6–8 cm). Die kleinste der 7 Meeresschildkröten (und die meistbedrohte) ist die Bastardschildkröte *(Lepidochelys kempii)*, die vor allem in Rancho Nuevo, an der Golfküste Mexikos, nistet. Sie hat eine durchschnittliche Panzerlänge von 50–70 cm und ein maximales Gewicht von etwa 80 kg.

Die längsten Hälse im Vergleich zu ihrer Körperlänge besitzen eine Reihe von Schlangenhalsschildkröten (Familie der *Chelidae*). Die bemerkenswertesten sind Mitglieder der australischen Gattung *Chelodina* (acht Arten) und der südamerikanischen Gattung *Hydromedusa* (zwei Arten), da bei ihnen der Hals fast genauso lang sein kann wie ihr Körper. Die Schlangenhalsschildkröte *Chelodina expansa*

Die größten Landschildkröten sind die auf den Galapagos-Inseln und den Seychellen angesiedelten Riesenschildkröten, die eine maximale Länge von 1,4 m und ein Gewicht von bis zu 385 kg erreichen.

zum Beispiel besitzt eine Körperlänge von bis zu 30 cm, ihre Gesamtlänge beträgt jedoch fast das Doppelte, wenn Kopf und Hals vollkommen vorgestreckt sind.

Den stärksten Kiefer besitzt die Geierschildkröte *(Macrochelys temminckii)*. Es gibt Geschichten darüber, wie Schildkröten dieser Art Besenstiele zerbissen, und auch wenn diese Erzählungen übertrieben sein mögen, besitzen sie doch mehr als nur ein Fünkchen Wahrheit. Diese Spezies ist durchaus fähig, einen menschlichen Finger oder Zeh abzutrennen, wenn ihr die Möglichkeit dazu gegeben wird.

Einige Raubvögel ernähren sich von Schildkröten, indem sie diese aus großer Höhe (oft mehrere Male) fallenlassen, um ihren Panzer aufzubrechen.

Die älteste Schildkröte, über die es Belege gibt – und gleichzeitig das älteste an Land lebende Tier –, war mit 152 Jahren eine männliche *Geochelone gigantea sumeirei*, eine Unterart der *Geochelone gigantea*. 1766 wurden fünf Exemplare von dem französischen Forscher Marion de Fresne von den Seychellen nach Mauritius gebracht und der Garnison von Port Louis, der Hauptstadt der Insel, geschenkt. Als die Briten 1810 die Insel einnahmen, wurden die Schildkröten zusammen mit der Insel offiziell von den kapitulierenden französischen Truppen an die Briten übergeben. Die letzte überlebende der fünf Schildkröten wurde zum britischen Maskottchen. 1908 wurde sie blind, und 1918 starb sie bei einem Unfall, als sie durch einen Geschützstand fiel. Da das Tier bereits vollkommen ausgewachsen war, als es eingefangen wurde, könnte es knapp 200 Jahre alt gewesen sein, als es starb – allerdings ist jede Schätzung, die über 152 Jahre hinausgeht, rein spekulativ. Es war das letzte überlebende Exemplar dieser Unterart, die damit 1918 offiziell ausstarb. Es gibt viele unbelegte Behauptungen, daß Schildkröten 200–300 Jahre lang gelebt hätten. Die vielleicht berühmteste handelte von einer geplagten *Geochelone radiata*, die liebevoll Tu'imalilia (König der Malilia) genannt wurde und das hohe Alter von 193 Jahren erreichte. Es wird gesagt, daß sie der König von Tonga 1773 von Captain Cook geschenkt

bekam und diese, nach einem ereignisreichen Leben, in dessen Verlauf sie zwei Waldbränden entkam, von einem Karren überfahren und von einem Pferd getreten wurde, am 19. Mai 1966 starb. Selbst wenn die Geschichte wahr ist (leider existiert kein Eintrag über das Geschenk an den König von Tonga in Captain Cooks Tagebüchern), könnte der Bericht eine Zusammenfassung der Leben zweier oder mehrerer Schildkröten gewesen sein, die nacheinander die Insel bewohnten.

Es gibt zahlreiche, verläßliche Berichte über Maurische Landschildkröten *(Testudo graeca)*, Sumpfschildkröten *(Emys orbicularis)* und Mitglieder einiger anderer Arten, die ein Alter von über 100 Jahren erreichten.

Meeresschildkröten scheinen ein relativ kurzes Leben zu haben verglichen mit ihren mehr terrestrischen Artgenossen, jedoch gibt es hier noch weniger verläßliche Informationen. Die älteste aquatische Schildkröte, die verzeichnet wurde, war eine Geierschildkröte des Zoos von Philadelphia (USA). Als sie am 7. Februar 1949 versehentlich getötet wurde, war sie 58 Jahre, 9 Monate und 1 Tag alt.

Die langsamste Schildkröte. Alle Landschildkröten sind bekannt dafür, sehr langsame, schwerfällige Kreaturen zu seien, weil ihre großen sperrigen Panzer ihre Bewegung stark behindern. Die langsamste unter ihnen zu definieren ist deshalb schwer, weil die Geschwindigkeit über eine größere Distanz gemessen werden müßte, um eine Aussage machen zu können. Allerdings haben Tests an der *Gopherus agassitii* eine Durchschnittsgeschwindigkeit von 0,22–0,48 km/h ergeben. Ähnliche Tests, die mit der Landschildkröte *Geochelone gigantea* in Mauritius durchgeführt wurden, enthüllten, daß sie eine Geschwindigkeit von 0,27 km/h selbst dann nicht überschreiten kann, wenn sie hungrig ist und mit einem Salat geködert wird. Interessanterweise stoppte Charles Darwin bei einer *Geochelone elephantopus* 6,4 km am Tag, was im Durchschnitt 0,27 km/h entspricht.

Die schnellsten Schildkröten sind die Meeresschildkröten (Familien der *Cheloniidae* und *Dermochelyidae*). Die höchste Geschwindigkeit, die je bei einem Reptil im Wasser gemessen wurde, betrug 35 km/h, erbracht von einer verängstigten Lederschildkröte *(Dermochelys coriacea)*. Der Rekord bei den britischen National Tortoise Championships beträgt 5,48 m in

Schildkröten sind dafür bekannt, langsame und schwerfällige Tiere zu sein, mit einer maximalen Laufgeschwindigkeit von etwa 0,2-0,5 km/h. Dies ist eine indische »starred tortoise«, die das Leben langsam angeht.

43,7 Sek. auf einer Steigung von 1:12. Aufgestellt wurde er am 2. Juli 1977 von Charlie in Tickhill, South Yorkshire (GB). Freilebende Schildkröten erreichen jedoch wahrscheinlich regelmäßig höhere Geschwindigkeiten (s.a. *Die langsamste Schildkröte*).

Die längsten Wanderungen unternehmen die Meeresschildkröten (Familien der *Cheloniidae* und *Dermochelyidae*). Sie sind dafür bekannt, enorme Strecken zwischen ihren Futterplätzen im Meer und ihren Tausende von Kilometern entfernten Nistplätzen am Strand zurückzulegen. Die Rekordhalter sind wahrscheinlich die Unechten Karettschildkröten *(Caretta caretta)*, die in Japan geboren werden und 10 000 km durch den Pazifik schwimmen, um zu ihrem Futterplatz vor der Küste von Baja California (Mexiko) zu gelangen. Sie treten ihre Reise kurz nach dem Schlüpfen an und erreichen, von starken Meeresströmungen getragen, etwa zwei Jahre später ihr Ziel. Sie fressen und wachsen die nächsten fünf Jahre und schwimmen dann als ausgewachsene Tiere zurück nach Japan. Lederschildkröten *(Dermochelys coriacea)* nisten auf tropischen Stränden im Atlantik, Pazifik und Indischen Ozean und gehen vor allem in seichten Gewässern auf Futtersuche. Fünf Lederschildkröten wurden im Guayana-Becken, im nördlichen Südamerika, mit Markierungen versehen, und man stellte fest, daß sie über 5000 km reisten, um zurück nach Mexiko, Ghana und den USA an ihre Futterplätze zu gelangen. Der Rekordhalter ist jedoch eine Lederschildkröte, die in Surinam, im nördlichen Südamerika, markiert und später auf der anderen Seite des Atlantiks, etwa 6800 km entfernt, lebend wiederentdeckt wurde.

Die tiefsten Taucher sind die Lederschildkröten *(Dermochelys coriacea)*. Im Mai 1987 berichtete Dr. Scott Eckert, daß eine Lederschildkröte, die mit einem druckempfindlichen Meßgerät ausgestattet war, vor der Küste der Virgin Islands eine Tiefe von 1200 m erreichte. Es wird allerdings angenommen, daß Lederschildkröten sogar über 1500 m tief tauchen, um

dichte Ansammlungen von Quallen zu erreichen.

Die seltenste Schildkröte der Welt (jedoch nicht unbedingt die bedrohteste) ist die geschützte Flache Spitzkopfschildkröte *(Pseudemydura umbrina)*, die nur auf den Insel Ellen Brook (65 ha) und Twin Swamps (155 ha), in der Nähe von Perth, im westlichen Australien, zu finden ist. Das erste Exemplar wurde 1839 entdeckt, danach wurde die Spezies lange Zeit nicht wieder gesichtet. Erst 1953 fand ein Schuljunge mitten auf einer Straße in einem Vorort nördlich von Perth wieder eine Flache Spitzkopfschildkröte. Er nahm sie mit nach Hause und führte sein neues Haustier später auf einer lokalen Wildtierausstellung in Warbrook, im westlichen Australien, vor. Zufällig war der Direktor des Western Australian Museum anwesend, der das Tier als seltenste Schildkröte der Welt identifizierte, von der viele Experten zu der Zeit annahmen, daß sie bereits ausgestorben sei. Das Gebiet, in dem der Junge ahnungslos seine Entdeckung gemacht hatte, wurde peinlich genau durchsucht und weitere Überlebende gefunden. In Gefangenschaft durchgeführte Brutprogramme haben in den letzten Jahren die Weltpopulation auf 180 Exemplare (darunter 42 in der Wildnis) erhöht, und ein Wiedereingliederungsprogramm ist in Planung.

Ferner weiß man nur von einem überlebenden Exemplar einer Unterart der

Geochelone elephantopus, die als *Geochelone elephantus abingdoni* bekannt ist. Liebevoll Lonely George genannt, lebt das Tier, seitdem es 1972 gefunden wurde, in der Charles Darwin Research Station auf der Insel Santa Cruz. 1981 wurden Schildkrötenexkremente, die nicht älter als ein paar Jahre sein konnten, auf Pinter (ehemals Abingdon) gefunden und nährten damit die Hoffnung, daß ein zweites überlebendes Exemplar existieren könnte. Es wurde jedoch keines gefunden.

Vom Aussterben bedroht sind (mit Sicherheit oder hoher Wahrscheinlichkeit) laut World Conservation Union (IUCN) insgesamt 82 Schildkrötenarten. Das sind 31 Prozent der Weltpopulation. Mindestens 25 weitere Arten bedürfen in Teilen ihres Verbreitungsgebietes, oder auch im gesamten, dringend eiliger Schutzmaßnahmen. Die *Geochelone yniphora* wird allgemein als die bedrohteste Art angesehen; sie ist auf das nur 100 km² große Gebiet um den Baly Bay im nordwestlichen Madagaskar beschränkt und leidet darunter, daß ihr Lebensraum sich verkleinert und ihre Eier von Wildschweinen geraubt und von Menschen gesammelt werden. Es wird angenommen, daß es nur noch 400 Überlebende gibt.

Als nächstes sind besonders bedroht: die Batagurschildkröte *(Batagur baska)* und die Callagurschildkröte *(Callagur borneoensis)* aus Südostasien; die Gopherschildkröte *(Gopherus*

flavomarginatus) aus Mexiko; die südamerikanische Arrauschildkröte *(Podocnemis expansa);* die Flache Spitzkopfschildkröte *(Pseudemydura*

An den Stränden in der Nähe von Karachi (Pakistan) werden die Eier von bedrohten Suppen- und Bastardschildkröten sofort nach Ablage eingesammelt und in gut geschützten Einzäunungen untergebracht.

umbrina) aus Australien; und fünf Arten von Meeresschildkröten: die Suppenschildkröte *(Chelonia mydas)*, die Echte Karettschildkröte *(Eretmochelys imbricata)*, die Bastardschildkröte *(Lepidochelys olivacea)* und die Lederschildkröte *(Dermochelys coriacea)*.

Das Land mit den meisten bedrohten Arten sind die USA. Es gibt hier zur Zeit 16 international bedrohte Schildkrötenarten; dazu gehört die Bastardschildkröte *Lepidochelys kem-*

Eine bestimmte Population von Suppenschildkröten wandert regelmäßig 2250 km zwischen ihrem Futterplatz vor der Küste Brasiliens und ihrem Nistplatz Ascension Island, im Südatlantik hin und her.

pii, die nur spärlich innerhalb der USA nistet. Es werden Versuche unternommen, eine Brutkolonie auf Padre Island anzusiedeln. Mexiko ist mit 15

bedrohten Arten knapper Zweiter. Diese Zahlen spiegeln sowohl einen hohen Stand der Erforschung in diesen Ländern wider, als auch eine tatsächlich hohe Zahl bedrohter Arten.

Bereits ausgestorben sind, soweit bekannt, in den letzten 300 Jahren 7 Arten von Riesenschildkröten. Alle gehören der Gattung *Geochelone* an und wurden auf den Inseln Mauritius, Rodrigues, Réunion und den Seychellen, im Indischen Ozean, gefunden.

Das kleinste Verbreitungsgebiet besitzt die Weichschildkröte *Trionyx nigricans*, von der nur eine einzige, halb in Gefangenschaft gehaltene Population existiert, die in einem künstlichen Teich lebt, der einen Teil des Schreins des islamischen Heiligen Hazrad Sultan Byazid Bostami in Nasirabad, in der Nähe der Stadt Chittagong (Bangladesh), bildet. Der Teich ist derzeit 100 m lang und 50 m breit und beinhaltet weniger als 200

Die Echte Karettschildkröte ist eine der am stärksten bedrohten Chelonia; trotzdem werden immer noch viele getötet und an Touristen verkauft. Dieses ausgestopfte Exemplar wird als Touristen-Kuriosität in Bali (Indonesien) angeboten.

Schildkröten. Die Tiere sind fast vollständig auf Nahrung angewiesen, die Menschen künstlich herbeischaffen. Die Herkunft der Population ist unbekannt (obwohl sie seit 1875 beschrieben wird), und kein Exemplar der *Trionyx nigricans* wurde je anderswo auf der Welt entdeckt.

> **Bei vielen Schildkrötenarten nimmt die Temperatur, bei der die Eier ausgebrütet werden, direkten Einfluß auf das Geschlecht der Nachkommenschaft.**

Die jüngste Entdeckung ist eine neue Gattung und Art von Schlangenhalsschildkröte (Familie der *Chelidae*), die 1994 zum ersten Mal beschrieben und benannt wurde – obwohl die Wissenschaftler seit etwa 25 Jahren von ihrer Existenz wissen. Die Schildkröten tauchten seit 1961 in australischen Heimtierläden in Adelaide, Melbourne, Brisbaine und Sidney auf, jedoch wollte niemand preisgeben, wo sie gefangen wurden. Im Oktober 1990 fand dann der Biologe John Cann 4 ausgewachsene Tiere im Mary River, im extremen Südosten von Queensland (Australien), und zum ersten Mal konnten die entscheidenden, fehlenden Informationen zusammengesetzt werden. Die Spezies wurde *Elusor macrurus* genannt; *Elusor* spielt darauf an, daß sie frustrierenderweise so lange Zeit nicht auffindbar war, und *macrurus* bezieht sich auf ihren langen fleischigen Schwanz.

Die meisten Eier legte eine Echte Karettschildkröte *(Eretmochelys imbricata)*. Alle Schildkröten legen Eier, die Wasserschildkröten jedoch legen die meisten (Familien der *Cheloniidae* und *Dermochelyidae*). In Abständen von 9–30 Tagen legen sie zwischen 70 und 180 Eier in mehrere Nester. Der Rekordhalter ist eine Echte Karettschildkröte, die auf Cousin Island, Seychellen, nistete und insgesamt 242 Eier in ein einziges Nest legte.

Die wenigsten Eier legen unter anderem die Spaltenschildkröte *(Malacochersus tornieri)* und die Großkopfschildkröte *(Platysternon magecephalum)*. Sie legen, wie viele andere Arten auch, in ihr Nest nur ein Ei (manchmal zwei).

Die größten Eier legen die Lederschildkröte *(Dermochelys coriacea)*,

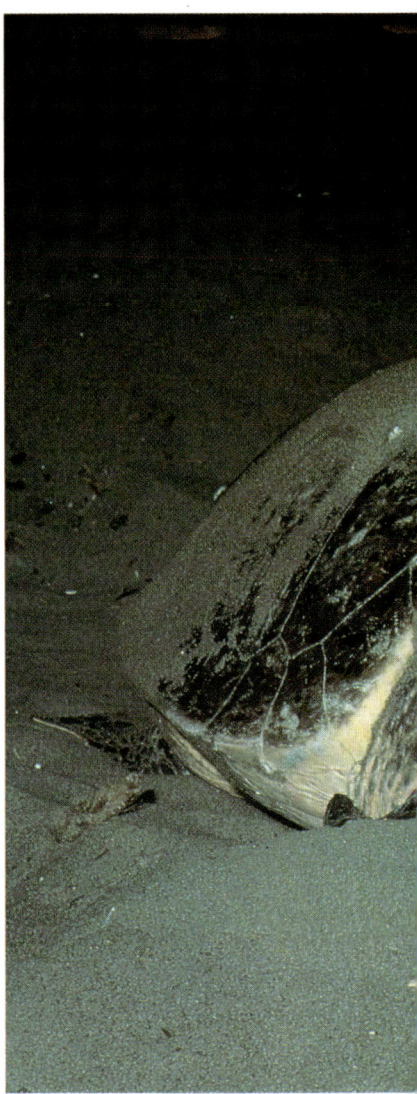

> **Mittelamerikanische Indios behaupten, daß es in ihrer Umgebung eine Schildkröte gibt, die sich durch den Körper eines Krokodils fressen kann, um sich aus ihm zu befreien.**

die Landschildkröte *Geochelone elephantopus* und die Borneo-Flußschildkröte *(Orlitia borneensis)*. Die meisten Schildkröten legen entweder kugelförmige oder längliche Eier. Da die Größe der Eier tendenziell von der Körpergröße abhängt, überrascht es nicht, daß die größten, kugelförmigen Eier von der Lederschildkröte und der *Geochelone elephantopus* gelegt werden; sie haben einen durchschnittlichen Durchmesser von 5–6 cm. Unter den Arten, die längliche Eier legen, produziert die Borneo-Flußschildkröte, die einen Panzer von etwa 80 cm Länge besitzt, die größ-

Wasserschildkröten legen mehr Eier als andere Schildkröten; diese weibliche Unechte Karettschildkröte wird ihre Eier am Ende des Strandes auf der griechischen Insel Zakinthos ablegen.

schlag oder Blutzirkulation und nur schwer feststellbare neurologische Aktivität. Da sich die Temperatur im Winter ständig ändert, müssen die Jungen immer wieder gefrieren und auftauen, bevor sie im Frühling endgültig hervorkommen.

Wüstenschildkröten, die immer bereit sind, Wasser bestmöglich zu nutzen, können innerhalb einer guten Stunde eine Wassermenge zu sich nehmen, die 40 Prozent ihres eigenen Körpergewichts entspricht.

Die einzige unter Wasser nistende Schildkröte ist die Schlangenhalsschildkröte *Chelodina rugosa*. Die meisten Reptilien legen ihre Eier auf trockenem Land ab, da die sich entwickelnden Embryos Sauerstoff benötigen und unter Wasser ertrinken würden. Aber die *Chelodina rugosa* aus Australien stellt eine Ausnahme dar; sie legt ihre Eier unter Wasser ab, normalerweise in 15–20 cm tiefen Höhlen, die sie in den schlammigen Grund gräbt. Die Eier überleben, indem ihre Entwicklung ruht, bis das Hochwasser sinkt, und sie sich unter dem harten Schlamm entwickeln können. Tests haben gezeigt, daß die Embryos, sobald sie angefangen haben zu wachsen, ein Untertauchen im Wasser nicht überleben.

ten; im Durchschnitt sind die Eier 7,6 cm lang und haben einen Durchmesser von 4,05 cm, sie können jedoch in beide Richtungen bis zu 0,5 cm größer sein. Es gibt allerdings auch Ausnahmen im Bezug auf das Verhältnis von Ei- zu Körpergröße. Die größten Eier im Verhältnis zur Körpergröße legt die Erdschildkröte *Rhinoclemmys funerea*; diese Art besitzt eine maximale Panzerlänge von 33 cm, und legt dennoch Eier von durchschnittlich 6,7 cm Länge und 3,7 cm Durchmesser; ein Weibchen, das selbst nur 20 cm lang war, legte Eier von 7,5 cm Länge.

Die größte Ansammlung nistender Meeresschildkröten (und tatsächlich die größte Ansammlung von Schildkröten überhaupt) findet sich einmal im Jahr auf einem 10 km langen Stück Strand in Orissa (Indien) ein. In einer Woche im Februar 1994 tauchten bei Nachteinbruch etwa 520 000 Bastardschildkröten *(Lepido-*

chelys olivacea) aus der Brandung auf, um ihre Eier am Strand abzulegen; bei Morgendämmerung waren sie alle wieder verschwunden. Ein Spitzenwert von 610 000 nistenden Schildkröten wurde 1991 ermittelt. Jedes Jahr legen diese nistenden Schildkröten mehr als 50 Mio. Eier.

Die einzigen Reptilien, die gefrieren während der kalten Wintermonate, sind junge Zierschildkröten *(Chrysemys picta)*, erwachsene Dosenschildkröten *(Terrapene Spezies)* und die Strumpfbandnatter. Anstatt nach dem Schlüpfen im Spätsommer das Nest zu verlassen, bleiben junge Zierschildkröten, gut versteckt vor Räubern, bis zum kommenden Frühling, wo sie sind. Labortests, die an der Carleton University in Ottawa, Ontario (Kanada) durchgeführt wurden, zeigten, daß die Schildkröten gefrieren, sobald die Temperatur unter –3° C fällt. Gefroren zeigen sie keinerlei Bewegung, Atmung, Herz-

SCHLANGEN

Serpentis
ca. 2700 Arten.

Die ersten Schlangen tauchten wahrscheinlich in der frühen Kreidezeit, vor etwa 120 Mio. Jahren, zum ersten Mal auf und stammen von echsenähnlichen Vorfahren ab. Die ältesten Schlangenfossilien wurden in Algerien in Ablagerungen gefunden, die etwa 100 Mio. Jahre alt sind. Es handelt sich hierbei jedoch fast ausschließlich um ein paar wenige Wirbelknochen. Das älteste vollständige Schlangenfossil wurde in etwa 94–96 Mio. Jahre alten Ablagerungen im Mittleren Osten gefunden. Es war etwa 1 m lang und gehörte zu einer Spezies namens *Paryachis problematicus*; allerdings fragen sich einige Experten immer noch, ob es sich um eine verlängerte Echse (das Tier hatte kleinste Hinterbeine) oder um eine primitive Schlange handelte.

Die längste Schlange. Geschichten von Riesenschlangen gibt es im Überfluß. Dies liegt an der wilden Phantasie früher Entdeckungsreisender, an der Schwierigkeit, die Länge von lebenden Tieren zu schätzen oder zu messen, und an der Tatsache, daß Schlangen ihre Häute bis zu 30 Prozent ausdehnen können, ohne daß sichtbare Schäden entstehen. In Wirklichkeit findet man selbst unter den Pythons *(Pythoninae)* und den Boas *(Boinae)* selten riesige Exemplare. Es gibt allerdings einige beglaubigte Berichte über Schlangen, die eine Länge von 9,14 m überschreiten. Der Rekordhalter ist der Netzpython *(Python reticulat)* aus Südostasien, Indonesien und den Philippinen, der durchschnittlich etwa 6,25 m lang ist. Die größte belegte Länge dieser Spe-

zies erreichte mit 10 m ein im Jahr 1912 in Celebes (Indonesien) erschossenes Exemplar; es wurde von Ingenieuren, die in einem nahegelegenen Bergwerk arbeiteten, mit einem Maßband exakt vermessen. Die Zweitplazierte ist mit 9,81 m ein Afrikanischer Felsenpython *(Python sebae)*, der 1932 von Mrs. Charles Beart in einem Schulhof in Bingerville, an der Elfenbeinküste, Westafrika, erschossen wurde; allerdings war dieses spezielle Exemplar wirklich einzigartig, da die Durchschnittslänge dieser Spezies nur 3–5 m beträgt.
Die hauptsächlich aquatische Anakonda *(Eunectes murinus)* aus Südamerika ist ein starker Mitstreiter im Wettkampf um den Titel der längsten Schlange, obwohl die Berichte über ihre Länge wahrscheinlich öfter übertrieben sind als bei jedem anderen lebenden Tier. Frühe spanische Siedler in Südamerika sprachen von Exemplaren mit einer Länge von 18–24 m, andere Berichte sprechen sogar von noch längeren Schlangen. In Wirklichkeit jedoch überschreitet sie selten eine Länge von 6,25 m. Der vielleicht berühmteste, je ernstgenommene Bericht kam 1907 von Percy Fawcett von der Royal Artillery. Er erschoß eine ungewöhnlich große Anakonda, als diese, während er sein Schiff durch den Rio Abunã, nahe seines Zusammenflusses mit dem Rio Negro im Amazonas (Brasilien), steuerte, aus dem Wasser kam und auf das Flußufer zusteuerte. Er behauptete, daß sich, soweit es möglich war, Messungen vorzunehmen, 13,7 m des Tieres außerhalb des Wassers befanden und 5,2 m in ihm, was eine Gesamtlänge von 18,9 m ergibt. Fawcett schrieb alle seine Beobachtungen peinlich genau in ein Tagebuch. Die Aufzeichnungen über seine Forschungen lesen sich jedoch vielfach wie ein Comic-Abenteuer, so daß die

Glaubwürdigkeit seines Berichtes über die Riesenanakonda oft in Frage gestellt wurde. Die Wahrheit wird vermutlich nie mit absoluter Sicherheit herausgefunden werden.

> **Von keiner Schlangenart ist bekannt, daß sie sich um ihren Nachwuchs kümmert; einmal geboren, wird er sich selbst überlassen.**

Die meisten modernen Herpetologen haben ein gesundes Mißtrauen gegenüber jeder Schlange, von der behauptet wird, sie sei länger als 9,14 m. Allerdings wurde errechnet, daß – wenn man die biomechanischen und physiologischen Belastungen mit einbezieht, denen eine große Schlange ausgesetzt ist, die sich über Land bewegt – die oberste Grenze für die Länge einer Schlange wahrscheinlich bei etwa 15 m liegt: Eine noch längere Schlange müßte die meiste Zeit im Wasser verbringen, um ihr gewaltiges Gewicht zu stützen.

Die längste aller Seeschlangen ist die *Hydrophis spiralis*, die im nördlichen Indischen Ozean und vielen Gebieten Südostasiens zu Hause ist und bis zu 2,75 m lang werden kann.

Die längste Giftschlange der Welt ist die Königskobra *(Ophiophagus hannah)*, die in Indien und Südostasien weit verbreitet ist und eine durchschnittliche Länge von 3,65–4,57 m besitzt. Ein 5,54 m langes Exemplar, das im April 1937 in der Nähe von Fort Dickson in Malaysia lebend eingefangen wurde, wuchs später im Londoner Zoo (GB) auf eine Länge von 5,71 m. Die Königskobra ist eine der wenigen Schlangen, die

Die längste Giftschlange der Welt ist die Königskobra, die eine Länge von knapp 6 m erreichen kann.

Reptilien

sich fast ausschließlich von anderen Schlangen ernähren.

Die längste prähistorische Schlange. Als riesige Dinosaurier die Erde durchstreiften, waren die Schlangen grundsätzlich genauso groß wie heute. Die längste unter ihnen war die pythonähnliche *Gigantophis garstini*, die vor etwa 38 Mio. Jahren das heutige Gebiet von Ägypten bewohnte. Teile der Wirbelsäule und ein kleines Stück Kiefer, die in Fayum gefunden wurden, deuten auf eine mögliche Länge von etwa 11 m.

Die kürzesten Schlangen der Welt sind die Schlankblind- oder Wurmschlangen (Familie der *Leptotyphlopidae*). Es gibt etwa 60 Arten, die im tropischen Amerika, Afrika und Teilen Westasiens weit verbreitet sind. Alle sind kürzer als 40 cm. Die kürzeste von allen ist die seltene Fadenschlange *(Leptotyphlops bilineata)*, die nur auf den karibischen Inseln Martinique, Barbados und St. Lucia bekannt ist. Das längste bekannte Exemplar maß 10,8 cm und hatte einen solch kleinen, streichholzdünnen Körper, daß sie in das Loch gepaßt hätte, das übrigbleibt, wenn man das Blei aus einem normalen Bleistift entfernt.

Einige wurmähnliche Blindschlangen (Familie der *Typhlopidae*), die in den wärmeren Gebieten der Welt weit verbreitet sind, sind ebenfalls sehr klein. *Typhlops fornasinii* aus Ostafrika, *T. caecatus* und *T. hallowelli* aus Westafrika und *T. anchietae* aus Angola messen alle 12,7–15,2 cm. Die kleinste unter den »Riesenschlangen« (Boas und Pythons – die alle ihre Beute erwürgen) ist die in Kuba entdeckte Zwergboa *(Tropidophis pardalis)*, die eine Länge von etwa 30 cm aufweist.

Die kürzeste Giftschlange ist die Namagua-Zwergnatter *(Bitis schneideri)*, die hauptsächlich in den Küstenregionen im Mündungsgebietes des Orange River in Namibia vorkommt und eine durchschnittliche Länge von 24 cm besitzt. Ab und zu werden Menschen von ihr gebissen, doch, obwohl sie leicht giftig ist und ihr Biß lokale Schwellungen und Schmerz verursacht, gibt es keine Berichte über Todesfälle.

Die schwerste Schlange der Welt ist die Anakonda *(Eunectes murinus)* aus dem tropischen Südamerika und Trinidad: Sie erreicht ein beträchtlich höheres Körpergewicht als der schlanke Netzpython *(Python reticulatus)*; eine 5,2 m lange Anakonda würde zum Beispiel etwa genauso viegen wie ein 7,3 m langer Netzpython. Die Rekordhalterin ist eine weibliche Anakonda, die um 1960 in Brasilien erschossen wurde. Sie war 8,45 m lang, besaß einen Umfang von 1,11 m und wog Schätzungen zufolge knapp 227 kg.

Die schwerste Giftschlange ist wahrscheinlich die Gebänderte Schauer-Klapperschlange *(Crotalus adamanteus)*, die in spärlichen Waldungen und tiefgelegenen Küstenregionen der südöstlichen USA lebt. Sie wiegt durchschnittlich 5,5–6,8 kg. Das schwerste bekannte Exemplar wog allerdings 15 kg bei einer Länge von 2,36 m.

Die Gabunotter *(Bitis gabonica)* aus dem tropischen Afrika ist wahrscheinlich massiger als die Gebänderte Schauer-Klapperschlange, ihre Län-

Die Gabunotter besitzt die längsten Fangzähne aller Schlangen; sie können bis zu 5 cm lang werden.

ge beträgt jedoch durchschnittlich nur 1,22–1,52 m. Eine mit 1,83 m ungewöhnlich lange, weibliche Gabunotter wog 11,34 kg, eine andere maß 1,74 m und wog 8,2 kg mit leerem Magen.

Alle Schlangen sind taub und unfähig, Geräusche aus der Luft wahrzunehmen. Das heißt, daß Schlangen nicht mit Musik beschwört werden können (Schlangenbeschwörer »beschwören« die Tiere durch die Bewegung ihres Instruments); statt dessen nehmen sie durch ihren Körper Vibrationen auf dem Boden wahr.

Die größte Mahlzeit nahm ein Felsenpython *(Python sebae)* zu sich. Schlangen können ihre Nahrung weder kauen noch zerreißen, so daß sie gezwungen sind, sie am Stück zu verschlucken. Sie sind hervorragend ausgestattet, Beute zu verschlingen, deren Umfang größer ist als ihr eigener: die Knochen des Unterkiefers und bestimmte Knochen des Schädels können zeitweilig verschoben bzw. ausgehakt werden, wenn die breiteren Teile des Körpers in den Mund gelangen. Sobald die Beute verschlungen ist, gähnt die Schlange einige Male, um die verschiedenen Teile ihres Schädel wieder in ihre Ausgangsposition zu bringen. Die größte bekannte Beute war eine 59 kg schwere Antilope, die aus einem 4,87 m langen Felsenpython *(Python sebae)* entfernt wurde. Felsenpythons nehmen regelmäßig große Beute zu sich, sind jedoch, wenn sie von ihr

angeschwollen sind, ein leichtes Opfer für wilde Hunde und Hyänen und bevorzugen daher, bescheidenere Mahlzeiten in kürzeren Zeitabständen einzunehmen.

Menschenfressend sind die wenigsten Schlangen. Zwar gibt es viele Geschichten darüber, daß Schlangen Menschen verschlungen hätten, aber nur wenige davon sind belegt – und in den meisten Fällen waren die Opfer entweder kleine Kinder oder Babys. Einer der bekanntesten Vorfälle trug sich im November 1979 im nördlichen Transvaal (Südafrika) zu, als ein Tswana-Hirte von einem 4,5 m langen Felsenpython *(Python sebae)* ergriffen wurde. Sein Freund rannte los, um Hilfe zu holen, doch als er 20 Minuten später mit zwei Ältesten zurückkam, war das Opfer bereits von der Schlange vollkommen verschlungen worden. Die Männer bombardierten sie mit Steinen und versuchten die Schlange mit einer Spitzhacke zu töten, bis sie am Ende ihre Beute erbrach; unglücklicherweise war der junge Mann bereits tot.

Die längste Fastenzeit. Die meisten Schlangen fressen nicht jeden Tag, sondern durchschnittlich einmal pro Woche. Wenn nötig, zum Beispiel wenn sie Winterschlaf abhalten oder wegen ungünstiger Umweltbedingungen keine geeignete Beute finden, können sie auch beträchtlich länger ohne Nahrung überleben. Die längste Fastenzeit wird von der hochgiftigen Habu-Schlange *(Trimeresurus flavoviridis)* abgehalten, der größten asiatischen Grubenotter der Familie der *Crotalidae*, die auf den Ryukyu-Inseln, zwischen Japan und Taiwan im westlichen Pazifik, zu finden ist. Am 10. September 1977 startete das Amami Kanko Centre für Grubenottern in Naze City (Japan) ein Fastenexperiment mit fünf Exemplaren dieser Schlange. Vier von ihnen starben am 207ten beziehungsweise 696ten,

1101ten und 1184ten Tag, die fünfte jedoch war immer noch am Leben und anscheinend gesund (wenn sich jemand näherte, brachte sie sich in Angriffsstellung), als das Experiment am 1189ten Tag (12. Dezember 1980) beendet wurde.

Die giftigste Seeschlange. Alle 50 Seeschlangen der Welt sind giftig, aber die giftigste – und tatsächlich die giftigste Schlange der Welt überhaupt – ist wahrscheinlich die *Hydrophis belcheri* aus der australisch-pazifischen Region (vor allem in den Gewässern um das Ashmore Reef in der Timorsee verbreitet). Sie besitzt ein Muskelgift, das um ein Vielfaches wirksamer ist als das jeder Landschlange. Trotzdem sind menschliche Todesfälle selten, da die Stärke des Giftes durch das freundliche Temperament der Schlange ausgeglichen wird (sie muß einer unnachgiebigen, schlechten Behandlung ausgesetzt werden, bevor sie sich dazu verleiten läßt zu beißen) und weil sich Seeschlangen und Menschen selten begegnen. Meistens werden Fischer gebissen, die mit ihren Netzen hantieren – und selbst dann zeigen nur etwa 25 Prozent der Gebissenen Zeichen von Vergiftung, da die Schlange selten große Mengen ihres Giftes injiziert.

Die giftigste Landschlange. Etwa 680–700 der 2700 Schlangenarten der Welt sind giftig (fast ein Drittel davon sind für Menschen ungefährlich). Die bei weitem giftigste Landschlange der Welt ist jedoch die *Oxyuranus microlepidotus*, die an einzelnen abgelegenen Stellen, die über ein sehr großes Gebiet im östlichen Zentralaustralien verteilt sind, zu finden ist. Sie scheint am häufigsten in den Flußgebieten des Diamatina River und des Cooper Creek in Queensland und dem westlichen New South Wales vorzukommen, wo sie sich hauptsächlich von Ratten ernährt; eine Ratte, die gebissen wurde, ist wahrscheinlich innerhalb weniger Sekunden tot, da das Gift der Schlange stark neurotoxisch ist. Die durchschnittliche Menge Gift, die nach dem Melken erhalten wird, beträgt 44 mg. Ein männliches Exemplar jedoch erbrachte den Rekord von 110 mg – genug, um 250 000 Mäuse zu töten. Glücklicherweise kommt die Schlange durch die Abgelegenheit ihres Verbreitungsgebietes selten in Kontakt mit Menschen, und bis jetzt wurde von keinen menschlichen Todesfällen berichtet.

Die größte durchschnittliche Menge Gift (350–600 mg) hat wahrscheinlich die Gabunnotter *(Bitis gabonica)* aus dem tropischen Afrika; nur 60 mg des Gabunottergiftes reichen aus, um einen erwachsenen Mann zu töten. Wenn auch die größte Menge Gift, die jemals bekannt wurde, 1530 mg Trockengewicht betrug, erbracht von einer Jararacussi *(Bothrops jararacussi)*, die im südlichen Brasilien, im östlichen Bolivien, in Paraguay und Nordargentinien lebt, war dies eindeutig eine Ausnahme, denn die durchschnittliche Menge Gift dieser Spezies beträgt 150–200 mg.

Der Champion im Schlangenmelken ist Bernard Keyter (*1918), einer der Leiter des South African Institute for Medical Research in Johannesburg (Südafrika). Er hat über einen Zeitraum von 10 Jahren, der im Dezember 1970 endete, 780 000 Schlangen persönlich gemolken und 3960 l Gift für die Forschung und die Herstellung von Serum gewonnen. Sein Rekord wurde nie geschlagen.

Die längsten Giftzähne besitzt die hochgiftige Gabunotter *(Bitis gabonica)* aus dem tropischen Afrika. Bei einem Exemplar von 1,83 m Länge messen die Zähne bis zu 5 cm.

Das Land mit den meisten Todesfällen, die durch Schlangenbisse verursacht wurden, ist Indien. Etwa 1 Mio. Menschen werden jährlich weltweit von Schlangen gebissen. Allerdings sind nur wenige der dafür verantwortlichen Schlangen sehr gefährlich, und tatsächlich hat die Wissenschaft herausgefunden, daß bei 50 Prozent der Bisse kein Gift injiziert wird. Folglich ist in den meisten Ländern die Wahrscheinlichkeit größer, von einem Blitz getroffen als von einer Schlange getötet zu werden. Dennoch schätzt die Weltgesundheitsorganisation, daß jährlich 30–40 000 Menschen von Schlangenbissen getötet werden (obwohl diese Zahl nicht mehr ist als eine grobe Schätzung), und in einigen Gebieten ist das Risiko relativ hoch.

In Indien sterben, mit einer durchschnittlichen Zahl von 10–20 000 Todesfällen jährlich, mehr Menschen an Schlangenbissen als in jedem anderen Land der Welt. Dies liegt zum Teil daran, daß in Indien besonders viele Giftschlangen vorkommen, zum anderen ist in vielen Gebieten eine medizinische Versorgung nicht sofort möglich, so daß mehr Schlangenbisse tödlich enden; der Tod könnte oft durch sofortige medizinische Behandlung verhindert werden, und tatsächlich sind die meisten Schlangenbisse mit Todesfolge in Gegenden zu verzeichnen, die weit entfernt von Krankenhäusern und anderen medizinischen Einrichtungen liegen. In einigen Gebieten erhöhen auch lokale Gepflogenheiten und Umstände die Häufigkeit von Schlangenbissen; in Bombay zum Beispiel zieht die mangelnde Hygiene viele Ratten und andere Nagetiere an, die wiederum eine große Zahl von Kobras (Familie der *Elapidae*) anziehen.

Die ungefähren Zahlen der tödlichen Schlangenbisse und die dafür wahrscheinlich verantwortlichen Spezies, bezogen auf größere Regionen der Welt, lauten wie folgt: Nordamerika (10–12): Texas-Klapperschlange *(Crotalus atrox)* und Rauten-Klapperschlange *(C. adamanteus)*; Europa (10–15): Sandviper *(Vipera ammodytes)*; Australien (2–4): Tigerotter *(Notechis scutatus)* und *Pseudonaja textilis*; Afrika (1000): Puffotter *(Bitis arietans)*, Sandrasselotter *(Echis carinatus)* und Uräusschlange oder Ägyptische Brillenschlange *(Naja haje)*; Südamerika (2000): Lanzenotter *(Bothrops atrox)*, andere *Bothrops*-Arten, Tropenklapperschlange *(Crotalus dirissus)* und Korallenschlange der Gattung *Micrurus*; Indien (10–12 000): Brillenschlange *(Naja naja)*, Kettenviper *(Vipera russelli)* und Sandrasselotter *(Echis carinatus)*.

Das Gebiet mit den meisten Schlangenbissen stellen bestimmte Inseln der Ryukyu-Gruppe dar, die zwischen Japan und Taiwan im westlichen Pazifik liegen. Im Durchschnitt werden jährlich 0,2 Prozent der Bevölkerung – einer von 500 Menschen – von Schlangen gebissen. Bei jeder Person in diesem Gebiet besteht eine Wahrscheinlichkeit von mindestens 1:7, früher oder später im seinem Leben von einer Schlange gebissen zu werden. Die Schlange, die die Hauptverantwortung hierfür trägt, ist

Madagaskar ist mit seiner großen und variationsreichen Population von Schlangen einzigartig auf der Welt; keine davon ist jedoch giftig.

Reptilien

die Habu-Schlange *(Trimeresurus flavoviridis)*; glücklicherweise genesen die meisten ihrer Opfer.

Die Gebiete mit den wenigsten Giftschlangen sind zunächst einmal diejenigen Inseln und Länder, in denen überhaupt keine Schlangen vorkommen. Dazu gehören: Island, Neuseeland, Irland, Neufundland und die Falkland-Inseln. Auf den meisten Inseln im pazifischen Ozean und auf vielen der karibischen Inseln gibt es keine giftigen Landschlangen. Allerdings ist bei denjenigen Inseln, die in Äquatornähe liegen, die Wahrscheinlichkeit groß, daß es giftige Seeschlangen direkt vor der Küste gibt. Madagaskar ist insofern ungewöhnlich, als daß es hier große Populationen verschiedenster Schlangenarten gibt – insgesamt fast 90 Arten –, von denen jedoch keine gefährlich ist (eine kleine Zahl ist giftig, aber diese Arten sind durch die Anordnung ihrer Zähne für Menschen völlig ungefährlich).

Die Kreuzotter *(Vipera berus)* ist die einzige Giftschlange in Großbritannien. Ihr Biß hat seit 1890 10 Todesopfer gefordert, darunter die von sechs Kindern. Der jüngste Vorfall war am 1. Juli 1975, als ein Fünfjähriger in Callander, Perkshire (GB), 44 Stunden nachdem er gebissen wurde, starb.

Das Land mit den meisten Giftschlangen weltweit ist Australien. Außerdem hat das Land die nicht beneidenswerte Besonderheit, Heimat von nicht weniger als 9 der 10 giftigsten Schlangen der Welt zu sein. Interessanterweise ist Australien der einzige Kontinent mit proportional mehr giftigen Schlangen als ungiftigen: Von insgesamt fast 170 Arten (einschließlich über 30 Seeschlangen) sind etwa 120 giftig. Ungefähr 20–25 davon werden als für Menschen sehr gefährlich betrachtet, wobei der häufigste Verursacher ernsthafter Bisse die Tigerotter *(Notechis scutatus)* ist. Obwohl nur wenige Teile Australiens vollkommen frei von Giftschlangen sind, sind Schlangenbisse mit Todesfolge relativ selten. Seit dem Beginn des Jahrhunderts ist die Anzahl der Todesfälle drastisch zurückgegangen, da Gegengifte immer leichter verfügbar wurden: Jährlich bedürfen 200–500 der Opfer von Schlangenbissen einer Behandlung mit Gegengiften, ohne die ihre Überlebenschancen gering wären. Zwischen 1981 und 1991 verzeichnete das Commonwealth Serum Laboratory in Melbourne nur 18 durch Schlangenbisse verursachte Todesfälle; vier dieser Menschen wurden von Schlangen gebissen, als sie diese aufhoben oder mit ihnen spielten. Braunschlangen (Gattung der *Pseudonaja*) waren für fünf Todesfälle verantwortlich; Tigerottern *(Notechis cutatus)* für vier; und eine Todesotter *(Acanthopis australis)* für einen.

Die gefährlichste Schlange der Welt zu definieren ist schwierig, da die Auswirkungen eines Schlangenbisses von einer Kombination vieler Faktoren abhängen, die über die Spezies selbst hinausgehen: das Alter, das Gewicht und die Gesundheit des Opfers; die Größe der Schlange, die Anzahl der Bisse und das Volumen des injizierten Giftes; und natürlich die Geschwindigkeit und Effizienz der Ersten Hilfe und einer Behandlung. Nimmt man jedoch die 5 für den Vergleich am weitesten akzeptierten Charakteristika (Stärke und Menge des Giftes, Länge der Fangzähne, Temperament und Bißhäufigkeit) zur Grundlage, so wird die Sandrasselotter *(Echis carinatus)* allgemein als gefährlichste Schlange der Welt betrachtet. Sie kommt von Westafrika über den Mittleren Osten bis nach Indien und Sri Lanka vor und beißt und tötet wahrscheinlich mehr Menschen als jede andere Schlangenart der Welt. Allein in Asien tötet sie Berichten zufolge jährlich mehr als 8000 Menschen. Ihr Gift ist stärker als das jeder anderen Viper, sie ist klein und leicht zu übersehen, und darüber hinaus wird sie extrem aggressiv, wenn sie erschreckt oder gestört wird. Tatsächlich setzen viele Experten die Sandrasselotter ganz

Die gefährliche Tigerotter ist nur eine der knapp 170 Schlangenarten, die in Australien beheimatet sind, wo es mehr Giftschlangen gibt als in jedem anderen Land der Welt.

oben auf die Liste der leicht reizbaren Schlangen.

Die Gemeine Seeschlange *(Enhydrina schistosa)* wird allgemein als gefährlichste Seeschlange der Welt bezeichnet. Verantwortlich für viele Todesfälle, besonders in Südostasien, wächst sie zu einer Länge von etwa 1,2 m und jagt Zwergfische in seichten Buchten.

Die Resistenz gegen Schlangengifte ist bei einigen Menschen überdurchschnittlich. Es gibt vielzählige Beispiele von Schlangenhändlern und Schlangenbeschwörern, besonders um die Zeit der Jahrhundertwende, die kaum Symptome nach einem Schlangenbiß zeigten.

Im Jahr 1958 führte Saul Wiener eine Reihe bizarrer Experimente durch, die die Theorie überprüfen sollten, daß Menschen eine Immunität gegen Schlangenbisse entwickeln können. Sein williges menschliches Versuchskaninchen war der 46 Jahre alte Charles Tanner, ein Tierpfleger des Alfred Hospital in Melbourne (Australien). Tanner war bereits mehrmals von Giftschlangen gebissen worden und allergisch gegen das Gegengift. Die Experimente beinhalteten, daß Tanner das Gift einer Tigerotter *(Notechis scutatus)* injiziert wurde, wobei sich die Dosis innerhalb eines Zeitraums von 13 Monaten von 0,002 mg auf 25 mg erhöhte. Die Reaktion auf die letzte Injektion – die unter normalen Umständen 30 Männer hätte töten können – war nichts weiter als Wundheit und Muskelsteife.

August Eichhorn, der zur Zeit der Jahrhundertwende in Australien jedem ein Begriff war, verbrachte viele Jahre damit, ein Gegenmittel gegen Schlangenbisse zu finden. Er hatte ein solches Vertrauen in sein Produkt (das mit größter Wahrscheinlichkeit zu überhaupt keiner Immunität verhalf), daß er zu einem richtigen Schauspieler wurde – und Schlangen dazu brachte, ihn zu beißen, um die Wirksamkeit seines Mittels unter Beweis

zu stellen. Es gibt vielzählige Fotos aus der Zeit, die Eichhorn dabei zeigen, wie er einige der giftigsten Schlangen Australiens – darunter die Tigerotter *(Notechis scutatus)* und *Pseudonaja textilis* – in seine Arme, in seine Hände und in sein Gesicht beißen ließ. Es gibt Fotografien davon, wie Tigerottern an seinen Wangen haften und von seinem Hals hängen, und er erlaubte es ihnen sogar, ihn unter der Zunge zu beißen. Einmal ermutigte er drei Tigerottern, ihn simultan zu beißen – und zeigte immer noch keine Reaktion. Er starb schließlich im hohen Alter von 85 Jahren an Blutvergiftung.

Im allgemeinen sind Schlangen gegen ihr eigenes Gift und das anderer Mitglieder ihrer eigenen oder nah verwandten Art resistent. Der Grad der Immunität ist jedoch unklar und könnte sogar von Individuum zu Individuum verschieden sein. Es gibt Fälle, in denen Giftschlangen von einem ihrer Artgenossen gebissen wurden und wenig mehr als eine Schwellung zeigten. Aber es kommt auch vor, daß Giftschlangen sich aus Versehen selber beißen und innerhalb weniger Tage sterben. Wenn eine Giftschlange eine andere verschlingt, zeigt sie durch das aufgenommene Gift keine Symptome, da die Giftschlangen einen »Schutzfaktor« im Blut aufweisen; man hofft, durch diesen Faktor ein »Mehrzweck«-Gegengift für Menschen zu finden, die von tödlichen Schlangen gebissen wurden (existierende Gegengifte helfen jeweils nur bei bestimmten Schlangenarten).

Die längste, durch einen Schlangenbiß verursachte Krankheit, von der je berichtet wurde, erlitt ein neunjähriger Junge, der 1978 in der Nähe von Noosa, Queensland (Australien), von einer *Tropidechus carinatus* gebissen wurde. Der Junge erlitt eine Herz- und eine Nierenstörung, Muskelschwund und Lähmungen, die ihn insgesamt 18 Monate lang im Krankenhaus hielten: Mehr als die Hälfte dieser Zeit hing sein Leben von künstlicher Beatmung und lebensunterstützenden Medikamenten ab. Als er schließlich, nach 6 Monaten wieder zur Schule ging, hatte er durch eine Halsverengung immer noch Schwierigkeiten zu essen.

Die längste Zeit mit Schlangen verbrachte Austin James Stevens im Frühjahr 1986. Rekordbrechende 107 Tage und Nächte hielt er sich zusammen mit 36 stark giftigen Schlangen in einem nur 4 m langen und 3 m brei-

ten Käfig auf. Seine »Heldentat« vollbrachte er im Hartebeespoort Dam Snake and Animal Park in Südafrika, und seine Genossen im Käfig waren: 6 Boomslangs *(Dispholidus typus)*, 18 Ägyptische Brillenschlangen *(Naja haje)*, 6 Schwarze Mambas *(Dendroaspis polylepsis)* und 6 Puffottern *(Bitis arietans)*. Während der Aktion, die dem Zweck diente, Gelder für den Park zu sammeln, war eine seiner nervenzerreißendsten Erfahrungen, eines Morgens mit 7 fest schlafenden Kobras in der Pyjamahose aufzuwachen. Ein Parkkollege mußte den Käfig betreten und jede Schlange einzeln mit einem hakenförmigen Stock herausziehen. Stevens wurde nur einmal – am 92. Tag – von einer Ägyptischen Brillenschlange gebissen. Diese injizierte eine große Menge Gift in sein Handgelenk, was bei Stevens eine ernsthafte, viertägige Erkrankung auslöste, während der er jedoch im Käfig blieb.

Die größte Zielgenauigkeit beim Spucken besitzen verschiedene Kobraarten. Sie sind durch eine geringfügige Abwandlung ihrer Fangzähne dazu fähig, ihr Gift über beachtliche Distanzen zu spucken oder präzise gesagt auszustoßen. Landet das Gift auf menschlicher Haut, sind die Auswirkungen minimal (es sei denn, es tritt in eine offene Wunde ein), trifft es jedoch die Augen, stellt sich eine schmerzvolle, brennende Reaktion ein, und es kann sogar zur Erblindung kommen. Eine *Naja mossambica* kann ihr Gift mit bemerkenswerter Genauigkeit auf die Augen eines sich nähernden Menschen zielen, selbst wenn dieser 3 m und mehr entfernt ist.

Der größte Variationsreichtum an Zeichnungen findet sich bei mehreren Schlangenarten. Eines der besten Beispiele ist die Strumpfbandnatter *(Thamnophis sirtalis)*: Die Tiere können leuchtende Streifen, helle Flecken oder starke Sprenkelungen besitzen, sie können eher schwache und fade Zeichnungen aufweisen oder sogar, in einigen Teilen ihres Verbreitungsgebietes, völlig schwarz sein.

Die größte Schlangenjagd findet in den USA statt. Überall auf der Welt werden Schlangen gejagt: als Nah-

rung, als Schädlinge, wegen ihrer Haut und wegen des Glaubens, daß sie Kräfte des Bösen seien. Die größte organisierte Schlangenjagd jedoch gibt es in den USA, wo die gemeinschaftliche Jagd seit 1860 Tradition hat, angeblich um die ländliche Umgebung der Siedlungen von gefährlichen Schlangen zu befreien. Allerdings sind die Jagden seit Mitte des 18. Jahrhunderts zu populären, festlichen Aktivitäten geworden. Mehr als 50 »Rattlesnake-Round-Ups« werden jährlich in Texas, Oklahoma, Pennsylvania, Georgia, Alabama und Florida abgehalten. Das größte und bekannteste von ihnen ist der »Sweetwater Rattlesnake Round-Up«, der in der Stadt Sweetwater, etwa 320 km von Dallas-Fort Worth entfernt, im westlichen Texas stattfindet. Jedes Jahr am zweiten Märzwochenende zieht es bis zu 35 000 Zuschauer zu dem Spektakel, welches im Einfangen und Töten von 18 000 Texas-Klapperschlangen (Crotalus atrox) seinen Höhepunkt findet. Der »Round-Up« begann im Jahr 1958, und bis einschließlich 1991 wurden 174 996 Schlangen getötet. Die eingefangenen Schlangen werden zum Nolan County Coliseum, der Zentrale des Festes, gebracht, wo sie gewogen und als lebende Demonstration in einer Schlangengrube deponiert werden, bis man sie schließlich schlachtet und an Händler verkauft. Einige andere Arten, die auf dieser Jagd gefangen werden, sind: die Prärie-Klapperschlange (Crotalus viridis), die Kutscherpeitschen-Natter (Masticophis flagellum) und die Pituophis melanoleucus.

Das höchste Alter, von dem je berichtet wurde, erreichte mit 40 Jahren, 3 Monaten und 14 Tagen eine Königsschlange oder Boa Constrictor (Boa constrictor constrictor) mit dem Namen Popeye, die am 15. April 1977 im Zoo von Philadelphia, Pennsylvania (USA), starb. Soweit bekannt, besitzt in der Wildnis die Natter Elaphe obsoletai mit etwa 30 Jahren die höchste natürliche Lebenserwartung.

Die schnellste Landschlange der Welt ist die gefürchtete Schwarze Mamba (Dendroaspis polylepsis), die im östlichen Teil des tropischen Afrika beheimatet ist. Es gibt viele Geschichten darüber, wie Menschen, die auf ihren Pferden galoppierten, von Tieren dieser Spezies überholt wurden. Obwohl man beim Anblick einer sich bewegenden Schlange den trügerischen Eindruck von hoher Geschwindigkeit hat, sind diese Berichte stark übertrieben. Aber es wurden auf kurzen Distanzen und ebenem Grund Spitzengeschwindigkeiten von 16–19 km/h bei Schwarzen Mambas verzeichnet – mit Sicherheit schnell genug, um einen zu Fuß gehenden Menschen einzuholen – und Geschwindigkeiten von 10–11 km/h* sind wahrscheinlich nicht ungewöhnlich.

Vom Aussterben bedroht sind, mit Sicherheit oder hoher Wahrscheinlichkeit, laut World Conservation Union (IUCN), derzeit 71 Arten, die 2,6 Prozent der gesamten Weltpopulation darstellen. Von 10 von ihnen wird angenommen, daß sie in besonders ernsthafter Gefahr sind: der Schwarzkopfpython (Aspidites ramsayi) aus Australien; die Rundinsel-Boa (Casarea dussumieri) von Round Island, vor der nördlichen Küste von Mauritius; Alsophis antiguae von Great Bird Island, in Antigua und Barbuda; Alsophis ater aus Jamaica; Liophis ornatus von Maria Major Island, St. Lucia; Liophis cursor von Rocher de Diamant, Martinique; die Bergwassernatter (Opisthotropis kikuzatoi) aus Nansei-shoto, Japan; Simoselaps calonotus aus Australien; die Latifi-Otter (Vipera latifii) aus dem Lar-Tal, im Iran; und Vipera schweizeri aus Griechenland. Einige von ihnen wurden seit Jahren nicht mehr gesichtet und könnten mittlerweile ausgestorben sein.

Die seltenste Schlange. Wenn man davon ausgeht, daß die Mauritius-Boa (Bolyeria multicarinata), eine der zwei Boas, die auf Round Island vor der nördlichen Küste von Mauritius heimisch sind, bereits ausgestorben ist, so ist nach Expertenmeinung die Liophis ornatus die seltenste Schlange der Welt. Schätzungen von Dr. David Corke von der Polytechnic of East London (GB) bezifferten 1989 die Population auf weniger als 100 Exemplare, wovon sich keines in Gefangenschaft befindet.

Bereits ausgestorben sind, soweit bekannt, die Typhlops cariei, eine Art Blindschlange der Familie der Typhlopidae, die im 17. Jh. aus ihrer Heimat Mauritius verschwand, und Alsophis sancticrucis, die irgendwann in diesem Jahrhundert von den US-amerikanischen Virgin Islands verschwand. Die Mauritius-Boa (Bolyeria multicarinata), eine der zwei Boas, die auf Round Island vor der nördlichen Küste von Mauritius heimisch sind, wurde seit 1935 nur viermal gesichtet (das letzte Mal 1975), und könnte, auch wenn man das nicht mit Sicherheit sagen kann, bereits ausgestorben sein.

Das Land mit den meisten bedrohten Arten ist Australien. Mit insgesamt 9 Arten beherbergt das Land mehr international gefährdete Schlangen als jedes andere Land der Welt. Die Türkei ist mit 8 Arten knapper Zweiter, und Südafrika mit 7 Dritter.

Diese Ziffern deuten sowohl auf einen hohen Stand der Erforschung der Schlangen in diesen Ländern hin, wie auf eine tatsächlich hohe Zahl bedrohter Arten.

Die besten Springer sind die Schmuckbaumnatter *(Chrysopelea ornata)* und die Lanzenotter *Bothrops nummifer*. Eine Reihe von Schlangen kann über kleine Distanzen springen oder gleiten. Die Schmuckbaumnatter jedoch, die in Südostasien beheimatet ist, kann über eine Distanz von mindestens 10 m von Baum zu Baum gleiten: Während des »Flugs« hält sie ihren Körper kerzengerade und läßt ihre Bauchdecke einsinken, um einen größeren Luftwiderstand zu bieten. Die Lanzenotter *Bothrops nummifer* aus Mittelamerika stößt sich so stark ab, daß ihr gesamter Körper dadurch vorwärtsbewegt wird. Sie ist fähig, eine Höhe von bis zu 1 m zu überwinden, indem sie ihren Körper zu einer S-Form aufrollt, und ihn so als Feder oder Spirale benutzt.

Weibchen, die Sperma speichern, bevor sie es dazu benutzen, ihre Eier zu befruchten, finden sich bei vielen Arten. Dies ist eine Samenbank der Natur, denn die Weibchen können von den besten Männchen befruchtet werden, wann immer diese zur Verfügung stehen, unabhängig davon, ob es auch die beste Zeit dafür ist, Junge in die Welt zu setzen. In nahrungsreichen Zeiten und bei passender Wetterlage wird das Ei schließlich befruchtet. Hausschafe können Sperma bis zu 2 Tagen speichern, Menschen bis zu 5 Tagen, Truthähne bis zu 117 Tagen und bestimmte Schlangen und Schildkröten bis zu 5 Jahren. Den Rekord hält weltweit die Warzenschlange *(Acrochordus javanicus)*, die Sperma bis zu 7 Jahre lang in ihren Reproduktionsorganen speichern kann.

Die einzigen Schlangen, die ihre Eier ausbrüten, sind, soweit bekannt, die Pythons (Familie der *Boidae*). Da Pythons kaltblütig sind, ist es teilweise schwierig, die Eier warm zu halten. Einige Arten können jedoch ihre Körpertemperatur auf bis zu 7° C über die ihrer Umgebung steigern, indem sie ihre Muskeln schnell zusammenziehen oder die Eier vorsichtig zwischen Sonne und Schatten hin- und herschleifen.

> **Schlangen verschlingen sich manchmal aus Versehen gegenseitig; besonders wenn zwei Tiere um die gleiche Beute kämpfen, wird eine Schlange oft, zusammen mit der Beute, von der anderen verschluckt.**

Sich bei Gefahr tot stellen ist eine Taktik vieler Schlangen, zum Beispiel der europäischen Ringelnatter *(Natrix natrix)* und der nordamerikanischen Hakennatter *(Heterodon sp.)*; auf dem Rücken liegend, mit hängendem Kiefer, herausgestreckter Zunge und einem leblosen Ausdruck auf dem »Gesicht« wirken sie wirklich überzeugend. Die vielleicht eindrucksvollste Vorstellung gibt die Kubanische Zwergboa *(Tropidophis sp.)*: Bei Gefahr rollt sie sich zu einer festen Spirale zusammen, um Totenstarre vorzutäuschen, und strömt, mit Hilfe von Flüssigkeiten, die den ganzen Körper überziehen, einen faulen Geruch nach verwesendem Fleisch aus. Um die Täuschung perfekt zu machen, besitzt sie sogar spezielle Blutgefäße, die aufplatzen, um die Augen rot anlaufen zu lassen und ein Rinnsal von Blut, das aus dem offenen Maul fließt, zu produzieren. Der Gesamteindruck überzeugt die meisten Räuber erfolgreich davon, daß die Schlange schon seit einiger Zeit tot ist.

Die höchste Konzentration an Schlangen auf engstem Raum wurde 1932 festgestellt: Millionen von Seeschlangen der Spezies *Astrotia stokesii* versammelten sich in der Straße von Malakka vor der Küste Malaysias und bildeten einen dichten, 3 m breiten und 100 km langen Strang.

In höchster Höhe (4900 m) wurde die Himalaya-Grubenotter *(Agkistrodon himalayanus)* gefunden. Die Klapperschlange *Crotalus willardi* aus Mexiko ist knapper Zweiter: Sie wird regelmäßig in Höhen von über 4000 m gesichtet.

Die größte Meerestiefe, zu der gesunde Seeschlangen abtauchen, beträgt selten mehr als 100 m. Die meisten Schlangen, sogar die meisten Individuen aller tauchenden Arten, sind normalerweise in seichteren Gewässern anzutreffen.

Die längsten Tauchgänge werden bei der Plättchen-Seeschlange *(Pelamis platurus)* gemessen. Untersuchungen, bei denen Plättchen-Seeschlangen mit druckempfindlichen, akustischen Sendern ausgestattet wurden, haben gezeigt, daß sie durchschnittlich 87 Prozent ihrer Zeit unter der Wasseroberfläche verbringen. Der längste Tauchgang dauerte 3,33 Stunden, und 20 Prozent aller Tauchgänge dauerten länger als 1 Stunde. Die Zeitspanne, die sie zwischendurch an der Wasseroberfläche verbrachten, betrug oft nur 1 Sekunde.

Das höchste Alter erreichte, soweit bekannt, eine in Gefangenschaft gehaltene Boa Constrictor: Sie wurde stolze 40 Jahre, 3 Monate und 14 Tage alt.

Reptilien

Amphibien

BLINDWÜHLEN

Blindwühlen werden oft für große Regenwürmer gehalten, sind jedoch lange, gliederlose Amphibien.

Gymnophiona
ca. 170 Arten (ausschließlich in den Tropen und Subtropen beheimatet).

Die ersten Blindwühlen gehörten zu einer Spezies mit dem Namen *Eocaecilia micropodia*. Bis vor kurzem war fossiles Material über Blindwühlen so gut wie nicht existent und bestand nur aus zwei wirbellosen Exemplaren (eines aus dem Paläozoikum in Brasilien und eines aus der späten Kreidezeit in Bolivien). 1993 wurde jedoch von Wissenschaftlern der Harvard University und der University of London die aufregende Entdeckung einer umfangreichen Gruppe Blindwühlen aus dem frühen Jura im Coconino County, Arizona (USA), bekanntgegeben. Von den 200 Mio. Jahre alten Fossilien wird angenommen, daß sie zu der prähistorischen Spezies mit Namen *Eocaecilia micropodia* gehören. Sie weisen eine Reihe von Eigenschaften (wie zum Beispiel Gliedmaßen) auf, die bei modernen Blindwühlen unbekannt sind.
Der Fund ist auch deswegen aufregend, weil er Beweise liefert für wesentliche, evolutionäre Abweichungen zwischen Blindwühlen und anderen modernen Gruppen von Amphibien. Die neue Spezies ist älter als die ältesten, bekannten Salamander, aber jünger als die ältesten, bekannten Frösche, was bestätigt, daß die drei Gruppen sich zur Zeit des Jura bereits unterschiedlich entwickelt hatten, und daher wahrscheinlich in der Trias oder früher entstanden waren.

Die größte Blindwühle der Welt ist eine Spezies mit dem Namen *Caecilia thompsoni*, die in Kolumbien lebt und maximal etwa 1,5 m lang und 3 cm breit wird. Diese Maße stellen allerdings eine Ausnahme dar, da die meisten Blindwühlen nur zwischen 30–70 cm lang werden.
Eine Reihe von Arten sind kürzer, jedoch sehr viel massiger als die *C. thompsoni*. Die Körperform variiert bei Blindwühlen stark; einige haben ein Verhältnis von Länge zu Durchmesser von 15:1, andere, schlankere Arten ein Verhältnis von 100:1.

Die kleinste Blindwühle ist eine Spezies der Gattung *Idiocranium*, die in Westafrika lebt und eine Länge von etwa 8 cm von der Schnauze bis zum Schwanzende mißt. Sie ist mit 7 cm ausgewachsen.

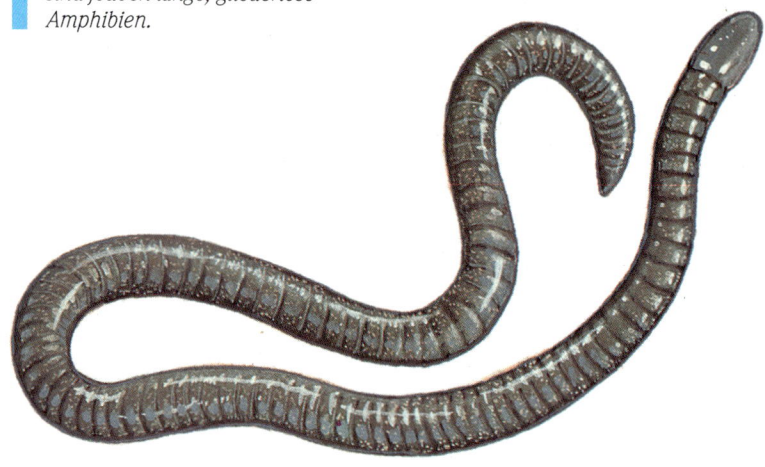

FRÖSCHE UND KRÖTEN

Antura
ca. 3800 Arten (jedes Jahr werden 15–20 neue Arten beschrieben).

Von den ersten Fröschen und Kröten ist so gut wie nichts bekannt. Die erste bekannte froschähnliche Kreatur war eine Spezies mit dem Namen *Triadobatrachus*. Sie wurde in 210–225 Mio. Jahre alten, und somit aus der frühen Trias stammenden Ablagerungen in Frankreich gefunden. *Triadobatrachus* war etwa 10 cm lang, hatte einen breiten flachen Kopf (wie heutige Frösche) und einen kurzen Schwanz. Die erste Spezies, von der angenommen wird, daß sie fast identisch mit heutigen Fröschen war, tauchte im frühen Jura vor etwa 150 Mio. Jahren auf.

> **Ein Baumfrosch in Nordamerika hat einen Ruf, der Hundegebell sehr ähnelt.**

Die primitivsten Frösche der Welt sind die Mitglieder der Gattungen *Ascaphus* und *Leiopelma*. Drei Arten leben in Neuseeland und eine im nordwestlichen Nordamerika (was allein schon Indiz dafür ist, daß diese Frösche Überlebende uralter Zeiten sind, als die Kontinente noch verbunden waren und große Landmassen bildeten). Eine Anzahl kurioser Eigenschaften (wie zum Beispiel der Besitz eines Schwanzes und schwanzbewegender Muskeln sowie, bei der *Asca-*

phus, das Fehlen des freischwimmenden Kaulquappenstadiums) deutet darauf hin, daß diese Frösche Überlebende einer Zeit sind, da die Evolution der Frösche noch in den Anfängen war.

Der größte Frosch ist der *Conraua goliath* aus Westafrika, der regelmäßig eine Länge von 30 cm (von Schnauze zu After) erreicht. Ein Exemplar, das im April 1989 im Sanaga River in Kamerun gefangen wurde, maß von der Schnauze bis zum After 36,83 cm (mit ausgestreckten Beinen besaß es 87,63 cm Gesamtlänge) und wog am 30. Oktober 1989 3,66 kg.
Es gibt einige wenige Berichte über längere Frösche, keiner davon übersteigt jedoch das Gewicht des Exemplars aus dem Sanaga-Fluß. Nach belegten Aufzeichnungen war der längste ein Ochsenfrosch *(Rana catesbeiana)*, der 1949 im Martha-See auf Alderwood Manor, Washington (USA), gefangen wurde. Er maß 91,4 cm Gesamtlänge (mit ausgestreckten Beinen) und wog 3,29 kg.

Die größte Kröte, von der je berichtet wurde, war eine männliche Riesenkröte *(Bufo marinus)* mit dem Namen Prinsen (Prinz), im Besitz von Håkan Forsberg aus Ükers Styckebruk (Schweden). Sie wog 2,65 kg und maß im März 1991 von der Schnauze bis zum After 38 cm (ausgestreckt 53,9 cm). Das längste weibliche Exemplar, das je verzeichnet wurde, war eine Riesenkröte mit dem Spitznamen Totally Awesome, im Besitz des Blank Park Zoo in Des Moines, Iowa (USA); sie erreichte am 19. November 1987 mit 2,31 kg ihr persönliches Höchstgewicht und eine Länge von Schnauze zu After von 24,13 cm. Allerdings ist die durchschnittliche Größe von Riesenkröten, die im tropischen Südamerika und in Queensland (Australien) leben (in letzteres wurden sie eingeführt), wesentlich geringer; ein durchschnittliches Exemplar wiegt 453 g und mißt etwa 15 cm (Schnauze zu After). Mehrere Krötenarten übersteigen jedoch die durchschnittlichen Maße: Die Blombergkröte *(Bufo blombergi)* aus Kolumbien zum Beispiel erreicht regelmäßig eine Länge von 24 cm.

> **Ein wilder, afrikanischer Ochsenfrosch drang einmal in ein Schlangengehege im Zoo vom Pretoria (Südafrika) ein und verspeiste 16 lebende Ringhalskobras; er wurde eingefangen, als er gerade dabei war, die siebzehnte zu fressen.**

Der kleinste Frosch der Welt – und gleichzeitig die kleinste bekannte Amphibie – ist der winzige Kubanische Zwergfrosch *(Sminthillus limbatus)*, der ausgewachsen 0,85–1,2 cm lang ist (Schnauze zu After). Eine Reihe anderer Arten wetteifern um den Titel: mehrere *Eleutherodactylus*-Arten (die vom nördlichen Mexiko, in südlicher Richtung bis nach Argentinien und hinüber nach Westindien verbreitet sind), das kleinste Mitglied der weitverbreiteten Familie der Microhylidae, und der *Psyllophryne didactyla* aus Brasilien besitzen alle im ausgewachsenen Zustand eine durchschnittliche Körperlänge (Schnauze-zu-After) von knapp unter 10 mm.

Die kleinste Kröte der Welt ist die Unterart *Bufo taitanus beiranus*, die in Afrika beheimatet ist und eine maximale Länge von 3 cm erreicht.

Der kleinste Frosch im Vergleich zu seiner Kaulquappe ist der Harlekinfrosch *(Pseudis paradoxus)*. Das im Amazonas und auf der Insel Trinidad beheimatete Tier verwandelt sich von einer riesigen Kaulquappe in einen winzigen Frosch. Die Kaulquappe wächst normalerweise zu einer Größe von 16,8 cm (der Rekord liegt bei 25 cm), dann jedoch schrumpft ihr gesamter Körper, einschließlich des Herzens und anderer lebenswichtiger Organe, während sie sich in einen viel kleineren Frosch verwandelt (der ausgewachsene Frosch ist winzige 5,6–6,5 cm groß, manchmal noch

kleiner). Die Differenz ist so drastisch, daß die Wissenschaftler viele Jahre lang nicht glauben konnten, daß die beiden Tiere zur gleichen Spezies gehören – und selbst heute kennt niemand den Grund für solch eine Größenveränderung.

Der giftigste Frosch ist der Pfeilgiftfrosch *Phyllobates terribilis*. Frösche und Kröten haben keinen giftigen Biß oder Stich, mit dem sie ihre Feinde abschrecken könnten, sondern geben eine toxische oder auch überriechende Substanz über ihre Haut ab. Die tödlichsten Gifte werden von den etwa 60 Arten von Farbfröschen der Gattungen *Dendrobates* und *Phyllobates* produziert. Diese farbenfrohen Arten (die grellen Farben warnen Räuber davor, daß sie es mit einem hochgiftigen Tier zu tun haben, welches sie als potentielle Mahlzeit besser verschmähen sollten) sind in Mittel- und Südamerika zu Hause. Eine Reihe dieser Frösche produzieren einige der tödlichsten, biologischen Gifte, die der Wissenschaft bekannt sind, und tatsächlich ist ein winziger Schmierfleck ausreichend, um ein Pferd zu töten.

Die Hautabsonderung des Pfeilgiftfrosches aus dem westlichen Kolumbien ist die giftigste von allen. Die grellgelbe oder orange Spezies, die erst 1973 entdeckt und 1978 beschrieben wurde, wird etwa 3,5 cm lang. Die Kombination von Batrachotoxinen und Homobatrachotoxinen, die in ihrem Sekret gefunden wurde, ist

20mal so giftig wie die jedes anderen Farbfrosches. Ein durchschnittliches, ausgewachsenes Exemplar trägt genug Gift (0,0019 g), um knapp 1000 Menschen zu töten, was die Spezies so gefährlich macht, daß Wissenschaftler, um sich zu schützen, dicke Handschuhe tragen müssen, wenn sie die Tiere anfassen. Der *Phyllobates terribilis* hat nur zwei Feinde: die Schlange *Leimadophis epinephelus*, von der angenommen wird, daß sie gegen das Gift immun ist, und Chocó-Indianer, die das Gift benutzen, um ihre Blasrohrpfeile darin zu tränken, welche dann große Raubtiere innerhalb von Sekunden töten können.

Viele Jahre lang wurde angenommen, daß die Farbfrösche ihr Gift selbst produzieren. Jüngste Forschungsergebnisse deuten jedoch darauf hin, daß, obwohl sie einen Teil wirklich selbst synthetisieren, beträchtliche Mengen durch die Nahrung aufgenommen werden. Tatsächlich könnte es sein, daß sie aus diesem Grund giftige Insekten fressen.

Der überriechendste Frosch ist der *Aromobates nocturnus*, der 1991 zum ersten Mal beschrieben wurde. Er lebt im Regenwald der venezuelanischen Anden, wird 6,2 cm lang und ist der größte der Farbfrösche (Familie der *Dendrobatidae*). Anders als andere Mitglieder der Familie, die zur Verteidigung auf die giftigen Sekrete ihrer Haut angewiesen sind, sondert der *Aromobates nocturnus* statt des-

Amphibien

Der längste Frosch, von dem je berichtet wurde, war ein 91,4 cm langer Amerikanischer Ochsenfrosch, der 1949 in Washington (USA) gefangen wurde.

sen eine übelriechende Substanz ab. Die Chemikalie, die für den Geruch verantwortlich ist, ist die gleiche Schwefel-Verbindung, die auch von dem bekannteren Skunk (oder Stinktier) abgegeben wird.

Die meisten Eier werden von der weiblichen Riesenkröte *(Bufo marinus)* produziert. Pro Laich legt sie 30 000–35 000 Eier. Sie setzt sie allerdings dann der Gnade von Wetter und Räubern aus, so daß die Sterblichkeitsrate extrem hoch ist.

Die wenigsten Eier produziert der winzige Kubanische Zwergfrosch *(Sminthillus limbatus)*, der zu den Farbfröschen gehört. Er legt nur ein Ei, tut jedoch alles, damit es überlebt. Eine Reihe anderer Anura-Arten (besonders kleine Bodenfrösche) legen nur 3–6 Eier.

Die einzigen wirklich viviparen Anura (bei denen der Nachwuchs in der Gebärmutter lebt und sich von der mütterlichen Milch ernährt) sind zwei Krötenarten aus Zentralafrika: *Nectophrynoides liberiensis* und *N. occidentalis.* Darüber hinaus gibt es drei Arten, die als ovovivipar (die Eier entwickeln sich im Mutterleib, ernähren sich jedoch von ihrem eige-

nen Protoplasma) bekannt sind: zwei weitere Kröten aus Zentralafrika, *Nectophrynoides tornieri* und *N. viviparus,* und ein Frosch aus Puerto Rico mit dem Namen *Eleutherodactylus jasperi.*

> **Der Unterschied zwischen Fröschen und Kröten ist eher vage: Terrestrische, laufende Arten mit warziger Haut werden normalerweise als Kröten, aquatische, springende Arten mit glatter Haut meist als Frösche bezeichnet; es gibt allerdings viele Ausnahmen von dieser Regel.**

Die einzigen Magenbrüter der Welt sind, soweit bekannt, die Magenbrüter-Frösche *Rheobatrachus vitellinus* und *R. silus,* die beide in Australien leben. Sie zeigen mit Sicherheit die bemerkenswerteste Form elterlicher Fürsorge unter allen Anura: Das Weibchen verschluckt das befruchtete Ei, welches sich in ihrem Magen erst zu einer Kaulquappe und dann zu einem Frosch entwickelt; nach einer Trächtigkeitsphase von 6 oder 7 Wochen gebiert sie schließlich durch ihren

Farbfrösche der Spezies Phyllobates terribilis produzieren ein so hochgiftiges Hautsekret, daß Wissenschaftler dicke Handschuhe tragen müssen, wenn sie mit ihnen experimentieren; das Gift eines ausgewachsenen Tieres reicht aus, um nahezu tausend Menschen zu töten.

Mund. Während der gesamten Zeit ist das Weibchen unfähig zu essen (die Kaulquappen besitzen genügend Protoplasma, um sich selbst zu ernähren), und der Verdauungsapparat ist durch eine vom Nachwuchs produzierte Chemikalie ausgeschaltet, um sicherzustellen, daß ihre Verdauungssäfte diesen nicht zersetzen. Der Magenbrüterfrosch *Rheobatrachus silus* wurde 1972 zum ersten Mal entdeckt, scheint jedoch einige Jahre später ausgestorben zu sein. Er wurde seit 1983 nicht mehr lebend angetroffen. Merkwürdigerweise wurde der *Rheobatrachus vitellinus* nur einige Monate später entdeckt, und auch bei ihm gibt es Sorge darum, daß er mittlerweile ausgestorben ist.

Der Weltrekord im Weitsprung. Es gibt erhebliche Unterschiede in der Sprungfähigkeit, sowohl zwischen den einzelnen Arten als auch zwischen Mitgliedern derselben Art. Die Größten springen nicht unbedingt am weitesten: In einer Studie mit 82 verschiedenen Arten aus der ganzen Welt sprangen einige der kleinsten Exemplare am weitesten. Der Weltrekordhalter ist der Südafrikanische *Ptychadena oxyrhynchus*, der nur 5,5 cm (männlich) beziehungsweise 6,5 cm (weiblich) lang ist. Bei dem jährlich stattfindenden Calaveras County Jumping Frog Jubilee, welches in Angels Camp, Kalifornien (USA), abgehalten wird, sprang ein Exemplar namens Ex Lax 1975 erstaunliche 5,35 m weit – von keiner anderen Amphibie wurde je ein weiterer Sprung verzeichnet. Bei Wettbewerben wird normalerweise die Summe dreier aufeinanderfolgender Sprünge als Bewertungsgrundlage genommen. Die größte Distanz, die bei einem Dreifachsprung zurückgelegt wurde, war 10,3 m. Dieser Rekord wurde am 21. Mai 1977 von einem Südafrikanischen *Ptychadena oxyrhynchus* mit dem Namen Santjie bei einem Frosch-Derby im Lurula Natal Spa, Paulpietersburg, Natal (Südafrika), aufgestellt.

Eine Vielzahl von Farbvariationen finden sich bei mehreren Froscharten. Eines der besten Beispiele hierfür ist der Afrikanische Riedfrosch *(Hyperolius marmoratus)*, der drei verschiedene Phasen aufweist: leuchtend gestreift, stark gesprenkelt und einfarbig. Alle drei Varianten können in derselben Population vertreten sein – oft Seite an Seite mit anderen Arten, die ähnliche Phasen haben – und sie sind so unterschiedlich, daß es schwer zu glauben ist, daß sie alle zur Art *H. marmoratus* gehören. Dies kann die Identifizierung stark erschweren, da zwei ähnlich gestreifte Frösche desselben Teiches zu zwei unterschiedlichen Arten, und ein gestreifter und ein gesprenkelter Frosch zur selben Art gehören können.

Es gibt in bezug auf die Farbe wenig Geschlechtsdimorphismus bei Fröschen und Kröten: Bei den meisten Arten ähneln sich Männchen und Weibchen stark. Die größte Ausnahme bilden mehrere Krötenarten der Gattung *Bufo,* ein Afrikanischer Ried-

frosch namens *Hyperolius hieroglyphicus* und der Südliche Schaufelfuß *(Scaphiopus couchi)*.

Die beste Hautatmung besitzt der Andenpfeilfrosch *(Telmatobius culeus)*. Alle ausgewachsenen Frösche besitzen funktionelle Lungen und können auch über ihre Haut Sauerstoff aufnehmen (entweder aus der Luft oder aus dem Wasser). Die Spezies jedoch, die am wirkungsvollsten durch die Haut atmet, ist der Andenpfeilfrosch. Er hat ein sehr runzeliges Äußeres, da die Oberfläche seiner Haut stark vergrößert werden kann, so daß ein Maximum an Sauerstoff diffundieren kann. Dieses

Die Erdkröte hält zwei Weltrekorde: den einen über die höchste Höhe, in der je eine Amphibie angetroffen wurde, den anderen über die niedrigste.

ermöglicht dem Frosch, sein ganzes Leben unter Wasser zu verbringen, wenn er will.

Die durchsichtigsten Frösche sind Glasfrösche (Familie der *Centrolenidae*). Einige von ihnen sehen so aus, als seien sie aus Milchglas gemacht – und sind von unten betrachtet teilweise durchsichtig. Diese im mittel- und südamerikanischen Regenwald beheimateten, eher zarten Frösche sind normalerweise oben von grüner Farbe, dabei aber so durchsichtig, daß all ihre Knochen, Muskeln und inneren Organe sehr leicht zu erkennen sind.

Vom Aussterben bedroht sind mit Sicherheit oder hoher Wahrscheinlichkeit laut World Conservation Union (IUCN) insgesamt 130 Frosch- und Krötenarten (mit fortschreitender Erkenntnislage werden wahrscheinlich weitere Arten der Liste hinzugefügt werden müssen). Die Überlebenschancen von nicht weniger als 27 dieser Arten, darunter der Roses Gespenstfrosch *(Heleophryne rosei)* aus Südafrika und der *Litoria spenceri* aus Australien, werden als sehr gering betrachtet, falls derzeitige Bedrohungen in Zukunft nicht beseitigt werden können.

Das Land mit den meisten bedrohten Arten ist Australien. Das Land beheimatet zur Zeit 37 international bedrohte Frosch- und Krötenarten. Chile landet mit 21 bedrohten Arten auf dem zweiten Platz. Diese Zahlen deuten sowohl auf einen hohen Stand der Wissenschaft in diesen Ländern als auch auf ein tatsächlich hohes Aufkommen bedrohter Arten.

Bereits ausgestorben sind in jüngster Zeit, soweit bekannt, 4 Arten: der Schwarzbäuchige Scheibenzüngler *(Discoglossus nigriventer)*, der im Lake Huleh in Israel lebte; der Echte Frosch *Rana fisheri*, der 1960 aus seiner Heimat in den USA verschwand; eine Spezies mit dem Namen *Arthroleptides dutoiti*, die auf Mount Elgon in Kenya lebte; und *Rana tlaloci*, der in Mexiko lebte. Von drei weiteren Arten wird angenommen, daß sie ausgestorben sind: die Kröte *Bufo periglenes* aus Costa Rica, welche 1987 gesichtet wurde, als sich mehr als 1000 Exemplare in einem Gebiet versammelten, um sich zu paaren, und von der dann bei einer Untersuchung im Jahr 1990 nur noch 11 gefunden wurden (verantwortlich für ihr Verschwinden ist wahrscheinlich eine vorausgegangene Dürre); und die Magenbrüter-Frösche *Rheobatrachus vitellinus* und *R. silus* aus Australien. Eine Anura-Unterart könnte ebenfalls ausgestorben sein: die Insubrische Knoblauchkröte *(Pelobates fuscus insubricus)*, die in Italien und in der Schweiz lebte. Außerdem ist es wahrscheinlich, daß zumindest einige Arten und Unterarten aussterben, bevor der Zustand ihrer Populationen richtig bewertet werden kann oder sie der Wissenschaft überhaupt bekannt sind – und daher nicht verzeichnet werden.

Die Rekorde über die höchste Höhe und die tiefste Tiefe, in der je eine Amphibie angetroffen wurde, werden beide bemerkenswerterweise von der Erdkröte *(Bufo bufo)* gehalten. Den Rekord über das höchstgelegenste Vorkommen stellte ein Exemplar auf, das 8000 m hoch im Himalaya gefunden wurde, den über den tiefgelegensten Lebensräumen ein anderes Exemplar, das in 340 m Tiefe in einer Kohlengrube angetroffen wurde. Ein dritter möglicher Rekord stammt von einer Erdkröte, die von Tauchern in einem überfluteten Steinbruch in Leicestershire (GB) entdeckt wurde: Sie saß gesund und munter in einer Tiefe von 22,5 m (wo die Wassertemperatur 8° C betrug) auf einem Stein.

Das kleinste Verbreitungsgebiet besitzt der Hamilton-Frosch *(Leiopelma hamiltoni)*, der nur auf zwei kleinen, küstennahen Inseln in der Cookstraße, Neuseeland, anzutreffen ist. Eine Population (die 1919 entdeckt wurde) lebt auf Stephens Island zwischen einem Haufen von Felsen, die als *Frog Bank* bekannt sind; die andere (1959 entdeckt) lebt in einem kleinen Waldstück auf Maude Island. Die Kröte *Alytes muletensis* hat ebenfalls ein stark begrenztes Verbreitungsgebiet. Sie kommt nur in einigen kleinen Kolonien vor, die in den Spalten der Kalksteinklippen auf der Insel Mallorca leben.

Die schnellste Verbreitung erfuhr die Riesenkröte *(Bufo marinus)*, heimisch in Mittel- und Südamerika. 1935 wurden 100 ausgewachsene Exemplare nach Australien importiert, um den Käfer *Dermolepida albohirtum* zu kontrollieren, der das Zuckerrohr in Queensland zerstörte. Die Kröten legten mehr als 1,5 Mio. Eier, von denen 62 000 schlüpften. Danach wurden sie in der Wildnis ausgesetzt, wo sich die Art schnell etablierte und sich mit einer Geschwindigkeit von 35 km/Jahr über Australien ausbreitete.

> *Die schnellste Verbreitung einer Frosch- oder Krötenart, von der je berichtet wurde, ereignete sich, als 1935 hundert ausgewachsene Riesenkröten in Australien eingeführt wurden; innerhalb von 50 Jahren nahm ihre Zahl dermaßen zu, daß sie in einigen Gebieten zur Plage wurden.*

SALAMANDER UND MOLCHE

Caudata
ca. 355 Arten (330 Salamander und 25 Molche).

Die erste bekannte Amphibie – und tatsächlich das älteste bekannte Landwirbeltier – ist eine Spezies mit dem Namen *Ichthyostega*, die vor etwa 360 Mio. Jahren, am Ende des Devon, auftauchte. *Ichthyostega* ähnelte eher einem neuzeitlichen Salamander (mit 4 gut ausgebildeten Beinen und einem langen Schwanz), besaß jedoch auch eine Reihe von Fisch-Charakteristika. Die Spezies wurde in devonischen Ablagerungen in Grönland gefunden und war etwa 1 m lang. Es wird angenommen, daß sie vor etwa 100 Mio. Jahren ausstarb.
Trotz vieler Ähnlichkeiten zwischen *Ichthyostega* und Molchen und Salamandern war die Spezies kein direkter Vorfahre heutiger Amphibien. Die erste bekannte Spezies der Caudata tauchte in der späten Trias, vor etwa 200 Mio. Jahren auf.

> **Bei vielen Salamanderarten können verlorene Augen, Gliedmaßen oder Schwänze innerhalb weniger Monate nachwachsen; allerdings haben diese oft eine andere Farbe und manchmal eine andere Form.**

Die größten Amphibien sind die Riesensalamander (Familie der Cryptobranchidae), von denen es drei Arten gibt. Der Rekordhalter ist der Chinesische Riesensalamander *(Andrias davidianus)*, der in Gebirgsbächen in Nordost-, Mittel- und Südchina lebt. Ein ausgewachsenes Tier mißt im Durchschnitt 1,14 m in der Länge und wiegt 25–30 kg. Ein Exemplar, das in der Hunan-Provinz gefunden wurde, maß 1,8 m in der Länge und wog 65 kg. Unglücklicherweise gilt diese Spezies als Delikatesse in China und ist dadurch stark gefährdet.
Der Japanische Riesensalamander *(Andrias japanicus)*, der im südwestlichen Honshu und Zentralkyushu (Japan) lebt, kann ähnlich lang werden, besitzt jedoch einen proportional längeren Schwanz und wiegt daher erheblich weniger. Die dritte Art ist der Hellbender *(Cryptobranchus alleganiensis)*, der größte nordamerikanische Salamander; er ist jedoch nicht einmal halb so groß wie seine asiatischen Verwandten und erreicht eine maximale Länge von nur 74 cm. Der größte Landsalamander ist der Axolotl *(Ambystoma tigrinum)*, der eine Gesamtlänge von 33 cm erreichen kann.

Die größte prähistorische Amphibie war *Mastodonsaurus*. Während der späten Trias, vor etwa 200 Mio. Jahren, gab es eine Reihe riesiger Amphibien, die wesentlich größer waren als neuzeitliche Arten. Die größte war die krokodilgroße *Mastodonsaurus*, der von der Schnauzenspitze bis zum Schwanzende eine Länge von 4 m erreichte. Allein sein Schädel war 1,25 m lang.

Die kleinste Caudata-Art der Welt ist der Mexikanische Pilzzungensalamander *(Bolitoglossa mexicana)*, der einschließlich des Schwanzes eine maximale Länge von etwa 2,54 cm erreicht.

Das höchste Alter einer Amphibie, von dem je verlässlich berichtet wurde, erreichte mit 55 Jahren ein Japanischer Riesensalamander *(Andrias japanicus)*, der 1881 im Zoo von Amsterdam, Niederlande, starb. Im selben Zoo wurde am 10. November 1903 ein weiteres Exemplar geboren, das am 6. Juli 1955 im Alter von 51 Jahren, 7 Monaten und 2 Tagen starb.

Die längste Trächtigkeitszeit aller Wirbeltiere hat mit bis zu 38 Monaten der wunderschöne, schwarze Alpensalamander *(Salamandra atra)*, der in den Bergregionen Europas, vor allem in der Schweiz, in Bosnien, Kroatien und Albanien, lebt. Exemplare, die in großer Höhe (über 1400 m) leben, tendieren dazu, die längste Trächtigkeitszeit zu besitzen; die, die in geringen Höhen leben (unter 600 m), haben mit 24–26 Monaten die kürzeste Trächtigkeitszeit dieser Spezies. Ein oder zwei Junge werden normalerweise im Abstand von wenigen Stunden an Land geboren.

Die geringste Entwicklung findet bei einigen Salamandern und Molchen statt. Die Larven werden nie zu »normalen«, ausgewachsenen Tieren, welche fähig sind, an Land zu leben. Trotzdem werden sie geschlechtsreif und können sich fortpflanzen (dieser Zustand wird als Neotenie bezeichnet). Das beste Beispiel hierfür ist der Querzahnmolch *(Abystoma mexicanum)*, der einst in den Seen des mexikanischen Hochlandes weit verbreitet war (er ist heute seltener, da er von Menschen gejagt und von eingeführten Forellen gefressen wird). Diese Spezies sieht eher wie eine riesige Molchkaulquappe aus, ist bis zu 25 cm lang, hat kleine Gliedmaßen, einen senkrecht abgeflachten Schwanz und leuchtend rote, weiche Kiemen. Der *Ambystoma mexicanum* ist fähig, sich in ein ausgewachsenes, terrestrisches Tier zu verwandeln – zum Beispiel, wenn sein Wasserdomizil austrocknet – pflanzt sich jedoch normalerweise in seiner aquatischen Form fort.

> **In einigen Bergwäldern im östlichen Nordamerika gibt es so viele Salamander, daß ihre Gesamtzahl die aller Vögel und Säugetiere zusammengenommen überschreiten kann.**

Andere Arten mit einer ähnlich beschränkten Entwicklung sind zum Beispiel der Gefleckte Furchenmolch *(Necturus maculosus)* und der Grottenolm *(Proteus anguinus)*, der in kalten, unter Wasser gelegenen Kalksteinhöhlen an der Adriaküste Italiens und Kroatiens lebt.
Eine kleine Gruppe Aal-ähnlicher Amphibien bleibt dauerhaft im Larvenstadium, behält ihr Leben lang äußere Kiemen und besitzt kleine Vorderbeine, jedoch keine Hinterbeine. Diese Tiere sind so merkwürdig, daß einige Wissenschaftler sie als eine eigene, vierte Gruppe von Amphibien klassifizieren; normalerweise werden sie jedoch zu den Molchen und Salamandern (in der Familie *Serenidae*) gerechnet. Es gibt nur drei verschiedene Arten, die in den südöstlichen USA und in Mexiko leben und deren Größe zwischen 25 cm beim Gestreiften Zwergarmmolch *(Pseudobranchus striatus)* und mehr als 90 cm beim Großen Armmolch *(Siren lacertina)* schwankt.

Die merkwürdigsten Rippen besitzt der Spanische Rippenmolch *(Pleurodeles waltl)*, der in Marokko und Teilen von Süd- und Westiberien lebt und eine Reihe von warzenähnlichen Schwellungen entlang seiner Flanken aufweist. Diese markieren die Punkte, an denen die Rippen gegen die Haut des Tieres drücken. Bei einigen Exemplaren durchstoßen die Rippen sogar die Haut (wobei sie aussehen wie eine Zahnreihe), und die Enden sind zum Teil so scharf, daß sich Wissenschaftler daran leicht verletzen können, wenn sie die Tiere in die Hand nehmen. Es ist nicht sicher, warum die Rippen hervorstehen, aber sie könnten eine Form der Verteidigung darstellen, indem sie das 30 cm lange Tier davor schützen, von einem seiner vielen Feinde gefressen zu werden.

Der *Echinotriton andersoni*, der in China zu Hause ist, besitzt ein ähnliches System. Wenn er von einem Räuber erfaßt wird, stoßen seine langen spitzen Rippen über Giftdrüsen durch die Haut und verabreichen dem Angreifer eine sehr schmerzhafte Injektion in den Mund.

Besonders ausgeprägter Kannibalismus findet sich beim Alpensalamander *(Salamandra atra)*, der in den Bergregionen Europas lebt und die einzige Amphibie ist, deren Jungen schon vor der Geburt kannibalistisch sind. Das Weibchen trägt etwa 60 befruchtete Eier in ihrem Körper, die

Der Chinesische Riesensalamander ist die größte Amphibie der Welt; ein besonders langes Exemplar maß 1,8 m.

meisten davon werden jedoch von den ersten paar Embryos, die sich entwickeln, verschlungen. Sie gebiert letztendlich zwischen einem und vier Jungen.

Der Nebel-Tigerquerzahnmolch *(Ambystoma tigerinum nebulosum)* ist ebenfalls oft kannibalistisch. Die Exemplare, die ihresgleichen fressen (einige entwickeln sich zu relativ gutmütigen Allesfressern, während andere vorwiegend fleischfressend werden), sind durch verlängerte, gebogene Zähne und einen breiteren Kopf schwerer bewaffnet als ihre armen Zeitgenossen. Merkwürdigerweise sind die Kannibalen ziemlich wählerisch, wenn es darum geht, wen sie fressen: Sie ziehen einen ihrer weiter entfernten Verwandten einem nächsten Angehörigen als Mahlzeit vor.

Einer der giftigsten Caudata ist der Kalifornische Molch *(Taricha torosa)*. Viele Molche und Salamander sondern Gifte aus zahlreichen Drüsen in ihrer Haut ab. Bei einigen Arten ist das Gift relativ mild und fungiert entweder als Reizmittel oder läßt das Tier einfach unangenehm schmecken. Bei anderen Arten kann es jedoch extrem

toxisch sein. Die Haut, die Muskeln und das Blut des Kalifornischen Molchs beinhalten die hochgiftige Substanz Tetrodontoxin, ein starkes Nervengift, das auch bei Kugelfischen und anderen Tieren zu finden ist. Das Gift ist so stark, daß ein winziger Tropfen ausreicht, um mehrere tausend Mäuse zu töten (der Molch selbst ist allerdings bis zu extrem hohen Konzentrationen immun gegen das Gift).

Der einzige giftspritzende Caudata ist, soweit bekannt, der Salamander *Ensatina eschscholtzi* aus den westlichen USA. Das 15–18 cm lange Tier scheidet über spezielle Drüsen, die sich am unteren Teil seines Schwanzes befinden, ein starkes, milchiges Neurotoxin aus und spritzt dieses mit bemerkenswerter Zielsicherheit über eine Distanz von 1,2 m und weiter. Dabei bringt er seinen Körper in die richtige Stellung, um seinen Angreifer anzupeilen – häufig zielt er auf das Gesicht und besonders auf die Augen; bei Menschen erzeugt ein direkter Treffer starke Schmerzen und sogar vorübergehende Erblindung. Die einzige andere Amphibie, von der man

Die Besonderheit des seltsam aussehenden Querzahnmolches (Ambystoma mexicanum): Er wird schon als Larve geschlechtsreif und kann sich fortpflanzen.

weiß, daß sie die gleiche Fähigkeit besitzt, ist die Riesenkröte *(Bufo bufo)*, die ihr toxisches Sekret aus Drüsen verspritzt, die direkt hinter ihrem Kopf liegen. Sie kann die Augen oder den Mund ihres Angreifers über eine Distanz von bis zu 1 m treffen. Man erwartet, mit Fortschreiten der Wissenschaft noch andere giftspritzende Amphibien zu finden.

Am frostunempfindlichsten ist der Sibirische Winkelzahnmolch *(Hynobius keyserlingii)*. Diese 10 cm lange Kreatur lebt in Sümpfen und Teichen des riesigen Birken- und Nadelwaldgürtels Rußlands, wo die Temperaturen im Winter bis auf −56° C sinken. Durch den dort herrschenden Dauerfrost ist es dem Tier unmöglich, sich tief in die Erde zu vergraben, und so ist es immer wieder nahe der Oberfläche im gefrorenen Boden oder Wasser gefangen. Wenn die Temperaturen

steigen, taut der Sibirische Winkelzahnmolch buchstäblich auf, und während des Sommers ähnelt sein Leben dem anderer Salamander.

Am vegetarischsten ernährt sich der Schwarze Baumsalamander *(Aneides flavipunctus niger)*, der in den Bergen von Santa Cruz an der Westküste der USA beheimatet ist. Er ist der einzige Salamander, von dem bekannt ist, daß er lieber vegetarische Kost zu sich nimmt (obwohl er auch Insekten und andere Tiere frißt). Er ernährt sich von Pilzstückchen, die er von Baumrinden abreißt. Es ist nicht sicher, ob diese eher ungewöhnliche Nahrung als eine direkte Quelle für bestimmte Nährstoffe dient, oder ob der Salamander von den zahlreichen Bakterien profitiert, die den Pilz überziehen.

Vom Aussterben bedroht sind, mit Sicherheit oder hoher Wahrscheinlichkeit, laut World Conservation Union (IUCN) insgesamt 39 Salamander- und Molcharten (weitere Arten werden wahrscheinlich mit fortschreitendem Wissensstand der Liste hinzugefügt werden müssen). Falls derzeitige Bedrohungen in Zukunft weiterhin existieren, wird das Überleben von fünf dieser Salamander und Molche als sehr unwahrscheinlich

angesehen. Dazu gehören: die Winkelzahnmolche *(Hynobius Abei* und *H. takedai)* von der Insel Honshu (Japan); und der Wurmsalamander *(Batrachoseps aridus)*, der Waldsalamander *(Plethodon shenandoah)* und der Rathbunsche Brunnenmolch *(Typhlomolge rathbuni)* aus den USA. Weder von einem Molch, noch von einem Salamander ist bekannt, in jüngster Zeit ausgestorben zu sein. Es ist jedoch wahrscheinlich, daß zumindest einige Arten und Unterarten aussterben, bevor der Zustand ihrer Populationen korrekt bewertet werden kann oder sie der Wissenschaft überhaupt bekannt sind – und daher nicht verzeichnet werden.

Der Kammolch *(Triturius christatus)* ist die einzige Art, die als international vom Aussterben bedroht angesehen wird, und wird nun unter der European Community Habitats and Species Directive geschützt.

Das Land mit den meisten bedrohten Arten (14 an der Zahl) sind die USA. Italien landet mit acht bedrohten Arten auf dem zweiten, Japan mit sieben auf dem dritten Platz. Diese Zahlen deuten sowohl auf ein tatsächlich hohes Vokommen bedrohter Arten, als auch auf einen hohen Stand der Erforschung in diesen Ländern.

FISCHE

Chondrichthes, Osteichthyes und Agnatha
ca. 24 000 Arten (etwa 100 neue Arten werden jährlich entdeckt).

Die ersten fossilen Fische – und gleichzeitig die ältesten bekannten Wirbeltiere (Tiere mit Rückgratknochen) – stammen aus dem späten Kambrium/ frühen Ordovizium, vor etwa 515 Mio. Jahren. Die Ur- oder Panzerfische waren bis zu 4,5 cm lang und besaßen Zähne von bis zu etwa 2 mm Länge. Das Vorkommen von Zähnen ist höchst bedeutsam, da sie den Urfischen zum ersten Mal die Fähigkeit gaben, Nahrung zu kauen, die zu groß war, um in einem Stück heruntergeschluckt zu werden, und sie so zu unseren ältesten Vorfahren machen. Der erste vollständige fossile Urfisch wurde 1983 in einer Kohlenschicht in der Nähe von Edinburgh (GB) gefunden.

> *Der größte Fisch der Welt ist der Walhai, von dem Längen von über 12 m nachgewiesen wurden. Es wird angenommen, daß er in Ausnahmefällen sogar bis zu 18 m lang werden kann.*

> **Es gibt so viele Fischarten wie alle Amphibien-, Reptilien-, Vögel- und Säugetierarten zusammengenommen.**

Der größte Fisch der Welt ist der Walhai *(Rhincodon typus)*, der in tropischen und warmen, seichten Gewässern des Pazifiks, Atlantiks und des Indischen Ozeans zu finden ist. Es gibt viele unbelegte Berichte über Exemplare, die eine Größe von 17–18 m gehabt haben sollen, und wahrscheinlich ist dies die maximal erreichbare Länge für diese Spezies. Allerdings glauben die meisten Experten, daß die Mehrheit der Walhaie eine Länge von 12 m nicht überschreitet. Nur wenige wurden wirklich eingefangen und gewogen oder vermessen, so daß die meisten der Berichte auf unbewiesenen, visuellen Schätzungen beruhen (die für ihre Unzuverlässigkeit bekannt sind). Es ist vor allem schwierig, die Länge eines großen Tieres zu schätzen, das sich im Wasser befindet, und leider besteht die Tendenz sie zu überschätzen. Das größte wissenschaftlich vermessene Exemplar wurde am 11. November 1949 vor Baba Island in der Nähe von Karachi (Pakistan) eingefangen. Es war 12,65 m lang und besaß am breitesten Teil seines Körpers einen Umfang von 7 m; sein Gewicht wurde auf 15–21 t geschätzt. Trotz seiner enormen Größe ernährt sich der Walhai von Plankton und ist von Natur aus freundlich und harmlos.

Der Riesenhai *(Cetorhinus maximus)*, der am häufigsten im Nordatlantik vorkommt, aber auch in seichten Gewässern des Atlantiks und Pazifiks zu finden ist, ist der zweitgrößte Fisch der Welt. Indizienbeweise deuten auf eine maximale Länge von 14–15 m. Allerdings existieren nur einige unbelegte Berichte, die von Exemplaren dieser oder noch größerer Länge sprechen, und es gibt keine überprüften Aufzeichnungen. Das längste, korrekt vermessene Exemplar war ein 12,3 m langer Riesenhai, der sich am 6. August 1851 im Musquash Harbor im Bay of Fundy, New Brunswick (Kanada), in einem Herings-Stellnetz verfing. Wie sein größerer Verwandter ernährt sich der Riesenhai von Plankton.

Fische

Der größte Süßwasserfisch, der je gefangen wurde, war ein Wels oder Waller, der unglaubliche 4,57 m lang und 336,3 kg schwer war.

Der größte räuberische Fisch ist der vergleichsweise seltene Weiß- oder Menschenhai *(Carcharodon carcharias)*, der am häufigsten in kühlen, seichten Gewässern vor den Küsten Nordamerikas, West- und Südaustraliens, des südlichen Afrikas, Neuseelands, Chiles und Japans, wie in einigen Teilen des Mittelmeeres und der Adria anzutreffen ist. Ausgewachsene Exemplare (Weibchen sind größer als Männchen) besitzen im Durchschnitt eine Länge von 4,3–4,6 m und wiegen im allgemeinen 522–771 kg. In Geschichten über Menschenhaie wurde in bezug auf deren Größe oft stark übertrieben, und es gibt viele unbelegte Berichte, die von Exemplaren von 6–7,5 m Länge sprechen; einige Schriftsteller und Fischer berichten sogar über Längen von über 10 m. Es gibt einige bestätigte Längenangaben von 5,9 m, aber im großen und ganzen wird von einer bedeutenden Anzahl der Experten ein 7,01 m langer Menschenhai, der 1987 von Alfred Cutajar vor der Küste Maltas im Mittelmeer gefangen wurde, als der wahrscheinlich größte anerkannt.

Es existieren außerdem zwei weithin bekannte Berichte, die eine Bemerkung wert sind. Im Mai 1945 wurde ein großer weiblicher Menschenhai vor Castillo de Cojiar (Kuba) mit einem Angelhaken gefangen, der mit einem Köder versehen und an einer schwimmenden Öltonne festgemacht war. Angeblich war dieser Hai 6,4 m lang und wog 3314 kg. Allerdings wurden 1987 die Fotografien von dem Exemplar neu bewertet, und man kam zu dem Ergebnis, daß es nicht länger als 5 m war. Einige Jahre später, im Juni 1978, wurde ein weiteres weibliches Exemplar von Fischern harpuniert und im Hafen von San Miguel auf den Azoren an Land

gebracht. Es wurde behauptet, daß das Tier eine Länge von 8,9 m besaß; leider haben gründliche Untersuchungen des Hai-Experten Richard Ellis in den achtziger Jahren bewiesen, daß diese Behauptung ebenfalls eine grobe Übertreibung war.

Es gibt nur 4 weitere räuberische Hai-Arten, die bekannter- oder angenommenermaßen eine Länge von 6,1 m erreichen: der Tigerhai *(Galeocerdo cuvier)*, der Grönlandhai *(Somniosus microcephalus)*, der Pazifische Eishai *(Somniosus pacificus)*, der Drescher oder Seefuchs *(Alopias vulpinus)* und der Große Hammerhai *(Sphyrna mokarran)*.

Zitronenhaien hat man mit Hilfe von Futterbelohnungen beigebracht, Glocken zu läuten und sogar durch Labyrinthe zu schwimmen.

Der längste Knochenfisch (Gruppe der *Osteichthyes*) ist der Bandfisch *(Regalecus glesne)*, der weltweit in seichten und tropischen Gewässern zu finden ist. Er ist ein auffälliger Fisch, der wie ein flaches silbernes Band aussieht und einen roten Kamm sowie eine lange rote Flosse entlang des Rückens besitzt. Ein Exemplar, das von einem Team von Wissenschaftlern des Sandy Hook Marine Laboratory vor Ashbury Park, New Jersey (USA), gesichtet wurde, wurde auf eine Länge von 15,2 m geschätzt. Obwohl dies eine reine Schätzung ist, wird sie von vielen Experten anerkannt, da sie von geschulten Beobachtern vorgenommen wurde, die sich zu der Zeit an Bord des 26 m langen Forschungsschiffes *Challenger* befanden, welches ihnen einen Maß-

stab für die Länge des Fisches gab. Laut wissenschaftlich belegter Messungen gibt es eine Reihe von Bandfischen, die eine Länge von 7 m überschreiten; zum Beispiel wurde ca. 1885 ein 7,6 m langes und 272 kg schweres Exemplar von Fischern vor Pemaquid Point, Maine (USA), gefangen.

Der schwerste und breiteste Knochenfisch der Welt ist der Mondfisch *(Mola mola)*, der in allen tropischen, subtropischen und seichten Gewässern zu finden ist. Die durchschnittliche Größe eines ausgewachsenen Exemplares beträgt 1,8 m von der Schnauzspitze bis zum Ende der Schwanzflosse (horizontale Länge) und 2,4 m zwischen der Spitze der Rückenflosse und der Spitze der Bauchflosse (vertikale Länge); das durchschnittliche Gewicht beträgt bis zu 1 t. Am 18. September 1908 rammte die *SS Fiona* vor Bird Island, etwa 65 km von Sydney, New South Wales (Australien), entfernt, aus Versehen einen Mondfisch und zog ihn nach Port Jackson. Er maß horizontal 3,1 m, vertikal 4,26 m und wog 2235 kg – und ist somit der größte Mondfisch, von dem je berichtet wurde.

Auch vom Hausen *(Huso huso)* wurden enorme Größen verzeichnet, vor allem in früheren Zeiten, als er noch häufiger war. Das größte Exemplar war ein trächtiges Weibchen, das 1827 im Mündungsbecken der Wolga gefangen wurde und eine Länge von 7,3 m und ein Gewicht von 1474 kg aufwies; die durchschnittliche Größe dieser Spezies ist allerdings beträchtlich geringer.

Der größte Süßwasserfisch ist der seltene Große Mekong-Wels *(Pangasianodon gigas)*, der sein gesamtes

Fische

Leben in süßen oder brackigen Gewässern zubringt, und zwar ausschließlich im Mekong und seinen größten Nebenflüssen in China, Laos, Kambodscha und Thailand. Das größte Exemplar, gefangen in dem Fluß Ban Mee Noi in Thailand, war laut Bericht 3 m lang und 242 kg schwer. Den Individualrekord für den größten Süßwasserfisch hält jedoch ein Wels (Silurus glanis), der im 19. Jh. in dem Fluß Dnepr in Rußland gefangen wurde und eine Länge von 4,57 m und ein Gewicht von 336,3 kg aufwies. Bevor man mit der starken Ausbeutung der Welspopulation begann, wuchsen Welse zu außergewöhnlichen Größen an – es gab oft furchtbare Berichte über kleine Hunde und sogar Kinder, die von besonders großen Welsen gefressen worden waren – heute wird jedoch jeder Wels mit einer Länge von über 1,83 m als groß angesehen.

Störe (Familie der Acipenseridae) sind ebenfalls starke Mitbewerber um den größten Süßwasserfisch, obwohl einige von ihnen im Meer leben und nur zum Brüten Süßwasser aufsuchen. Die größten Arten sind der Weiße Stör (Acipenser transmontanus) aus Nordamerika, der Hausen (Huso huso) und der Sibirische Hausen (Huso dauricus). Das längste Exemplar war ein Weißer Stör, der 1912 im Columbia River (USA und Kanada) gefangen wurde und eine Länge von 3,8 m und ein Gewicht von 580 kg besaß. Es sind eine Reihe von Exemplaren verschiedener Arten verzeichnet, die ein Gewicht von über 1000 kg aufwiesen.

Vom Arapaima (Arapaima gigas), der u. a. im Amazonas beheimatet ist, wird oft behauptet, der größte Süßwasserfisch der Welt zu sein. Allerdings war das größte verzeichnete Exemplar, welches im Rio Negro (Brasilien) gefangen wurde, »nur« 2,48 m lang und 147 kg schwer. Die durchschnittliche Größe dieser Spezies beträgt 2 m, das durchschnittliche Gewicht 68 kg.

Die größten prähistorischen Fische waren, soweit bekannt, nicht viel größer als der Walhai (Rhincodon typus) oder der Riesenhai (Cetorhinus maximus), die beiden größten neuzeitlichen Arten. Allerdings war ein prähistorischer Hai namens Megalodon (Carcharodon megalodon) – ein ausgestorbener Verwandter des modernen Menschenhais (Carcharodon carcharias) – bei weitem der größte räuberische (im Gegensatz zum Plankton fressenden) Hai, der, soweit bekannt, je auf Erden lebte. Jüngste Untersuchungen deuten darauf hin, daß er eine maximale Länge von 13,7 m erreichte, allerdings wird, seitdem im frühen 19. Jh die ersten fossilen Zähne gefunden wurden, heftig über die Größe des Megalodon diskutiert. Einige Schätzungen ergaben eine Länge von bis zu 30 m, aber man

weiß heute, daß viele dieser Vermutungen falsch waren. Alle Schätzungen basieren auf den Größenverhältnissen fossiler Zähne (die bis zu 17,8 cm groß sind), die derzeit die einzigen Beweise für die Existenz dieser außergewöhnlichen Art liefern. Megalodon durchstreifte die Weltmeere im mittleren und späten Tertiär, vor etwa 4,5–50 Mio. Jahren.

Der kleinste Fisch (und tatsächlich das kleinste Wirbeltier) ist der Gründling Trimmatom nanus vom Chagos-Archipel inmitten des Indischen Ozeans. Bei der Joint Services Chagos Research Expedition der British Armed Forces in den Jahren 1978/79 wurden 92 Exemplare eingefangen, deren durchschnittliche Größe später mit 8,6 mm für Männchen und 8,9 mm für Weibchen angegeben wurde.

Der kleinste Fisch (und wieder auch das kleinste Wirbeltier) Europas ist ein weiterer Gründling, Economidichthys trichonis, der jüngst im westlichen Griechenland entdeckt wurde; das Weibchen ist nur 2,7 cm lang, das Männchen unwesentlich größer.

Der Fächerfisch Istiophorus platypterus ist mit einer Maximalgeschwindigkeit von über 100 km/h über kurze Distanz wahrscheinlich der schnellste Fisch.

Vom Südamerikanischen Arapaima wird oft behauptet, er sei der größte Süßwasserfisch der Welt; allerdings scheint man in vielen Berichten stark übertrieben zu haben.

Der kleinste Hai ist wahrscheinlich der *Squaliolus laticaudus*, der in tiefen tropischen Gewässern weit verbreitet ist. Das Männchen erreicht seine Reife mit nur 15 cm Länge (Weibchen mit 18 cm), und die maximale Größe eines ausgewachsenen Exemplars beträgt ganze 25 cm.

Etwa die Hälfte aller lebenden Haie sind unter 1 m lang. Es gibt daher mehrere andere mögliche Bewerber für den Titel des kleinsten Hais. Insbesondere wären da der *Eridacnis radcliffei*, der in den Tiefen des Indischen Ozeans und in Teilen des Südpazifiks zu Hause ist und mit 18 cm (Männchen) beziehungsweise 16 cm Länge (Weibchen) seine Reife erlangt; und der erst 1985 beschriebene Schwarze Dornhai *(Etmopterus perryi)*, der die Tiefen der Karibik bewohnt und mit 16–17 cm (Männchen) beziehungsweise 19–20 cm (Weibchen) Länge zur Reife gelangt.

Der kleinste und leichteste Süßwasserfisch ist die Zwerggrundel *(Pandaka pygmaea)*, eine farblose und fast durchsichtige Spezies, die in den Bächen und Seen der Insel Luzon (Philippinen) zu finden ist. Männchen sind nur 7,5–9,9 mm lang und 0,004–0,005 g schwer.

Das leichteste Wirbeltier von allen und der kleinstmögliche Fang für jeden Fischer ist der winzige Gründling *Schindleria praematurus* aus Samoa. Er wiegt nur 0,002 g und ist 12–19 mm lang.

Die längsten Flossen besitzen die drei Fuchshai-Arten (Familie der *Alopiidae*). Sie haben eine riesige, sensenförmige Schwanzflosse, welche etwa genauso lang ist wie der Körper selbst. Die größte und häufigste Art *Alopias vulpinus*, die weltweit in tropischen und seichten Gewässern anzutreffen ist, kann bis zu 6 m lang werden, wovon fast 3 m aus der stark verlängerten oberen Schwanzflosse bestehen. Man nimmt an, daß der Fuchshai seinen außergewöhnlichen Schwanz dazu benutzt, kreisende Fischschwärme zunächst zusammenzutreiben und dann zu lähmen, um sie zu verzehren (dies ist jedoch reine Spekulation, denn ein solches Verhalten wurde nie in der Wildnis beobachtet).

Den stärksten Biß unter allen Fischen ausfindig zu machen stellt einige Schwierigkeiten dar. Experimente, die mit einem »Snodgrass gnathodynamometer« (Haibiß-Meßinstrument) ausgeführt wurden, zeigten, daß ein 2 m langer Braunhai der Spezies *Carcharhinus obscurus* eine Kraft von 60 kg zwischen seinen Kiefern einsetzen kann. Dies kommt einem Druck von 3 t an den Spitzen seiner Zähne gleich. Der Biß eines größeren Hais, wie zum Beispiel eines Weiß- oder Menschenhais *(Carcharodon carcharias)*, dürfte noch bedeutend wirkungsvoller sein. Solche Bisse wurden jedoch bisher nie gemessen.

Der schnellste Fisch über kurze Distanzen ist wahrscheinlich der kosmopolitische Fächerfisch *(Istiophorus platypterus)*. Allerdings machen es einige praktische Hindernisse extrem schwierig, genaue Messungen zu sichern. Der Körper dieses großen Meeresbewohners ähnelt einem Torpedo und besitzt Stromlinienform. In einer Versuchsreihe, die im Long Key Fishing Camp in Florida (USA) ausgeführt wurde, legte ein *Istiophorus platypterus* 91 m auf gerader Strecke in 3 Sek. zurück, was einer Geschwindigkeit von 109 km/h entspricht (ein Gepard erreicht auf Land 96 km/h). Einige amerikanische Fischer glauben, daß der Thunfisch *(Thunnus thynnus)* der schnellste Fisch der Welt sei. Geschwindigkeiten von 104 km/h sollen von dieser Spezies erreicht worden sein. Allerdings ist die höchste belegte Geschwindigkeit bisher 70 km/h für 20 Sek. Der Marlin (Spezies der *Makaira)*, der Gelbflossen-Thunfisch *(Thunnus albacares)* und der Wahoo *(Acanthocybium solandri)* sind mit Zeiten von 80 km/h, 74,6 km/h und 77,1 km/h, die bei Sprints von jeweils 10–20 Sek. gestoppt wurden, ebenfalls extrem schnell.

*Der älteste Fisch, der je
registriert wurde, war ein
88 Jahre alter Flußaal,
der 1948 starb.*

Die meisten Haie sind langsame
Schwimmer (selbst größere Arten
schwimmen meist mit 1–4 km/h
umher). Auf der Jagd nach Beute sind
jedoch viele zu extremen Geschwindigkeiten fähig. Der schnellste Hai ist
wahrscheinlich der 2,4–3,9 m lange
Makrelenhai *(Isurus oxyrinchus)*, der
möglicherweise eine Geschwindigkeit von bis zu 88,5 km/h erreichen
kann.

**In Südafrika wurde im
April 1991 zum ersten Mal
weltweit das Abschlachten
von Weiß- oder Menschenhaien
verboten – in vielen Teilen ihres
Verbreitungsgebietes sind sie
durch kommerzielle und
Sportfischerei bedroht.**

Die langsamsten Meeresfische sind
die Seenadeln oder Seepferdchen
(Familie der *Syngnathidae*), von
denen es etwa 35 Arten gibt. Ihre
Schwimmfähigkeit ist durch die starre Struktur ihres Körpers extrem eingeschränkt. Die einzigen Teile, die
schnell bewegt werden können, sind
die Brustflossen an beiden Seiten des
Hinterkopfes und die Rückenflosse.
Die Hauptantriebsquelle bilden die

Wellenbewegungen der Rückenflosse:
Diese erzeugen ein Kräuseln, das den
Fisch in aufrechter Haltung voran-
treibt. In ruhigem Wasser bewegen
sich einige kleinere Arten wie das
Zwerg-Seepferdchen *(Hippocampus
zosterae)*, das eine maximale Länge
von nur 4,2 cm besitzt, wahrscheinlich nie schneller als mit einer
Geschwindigkeit von 0,016 km/h.
Seepferdchen sind unfähig, gegen die
Strömung zu schwimmen, und halten
sich, um nicht weggeschwemmt zu
werden, mit ihrem Greifschwanz an
Korallen und Wasserpflanzen fest.

Die längsten Wanderungen festzustellen, die einzelne Arten oder
Exemplare unternehmen, ist extrem
schwierig. Viele Arten legen, zum Beispiel zwischen ihren Brutplätzen und
ihren favorisierten Futtergebieten,
jedes Jahr große Distanzen zurück.
Die längste gerade Strecke, die von
einem Fisch bekanntermaßen zurückgelegt wurde, beträgt 9335 km.
Erbracht wurde dieser Rekord von
einem Thunfisch *(Thunnus thynnus)*,
der 1958 vor der Küste von Baja California (Mexiko) markiert und im April
1963 483 km südlich von Tokio
(Japan) eingefangen wurde. Während
seiner Reise erhöhte sich sein
Gewicht von 16 kg auf 121 kg.

Die längsten »Flugstrecken« (keine
Art ist wirklich fähig zu fliegen, aber
mehrere können über die Wasseroberfläche gleiten) legen die Fliegenden Fische (Familie der *Exocoetidae*)
zurück, die speziell angepaßte Brust-

flossen (und manchmal auch Becken-
flossen) besitzen. Je nach Wind- und
Seebedingungen können einige Arten
maximal 30–40 Sek. in der Luft bleiben, dabei eine Höhe von bis zu 10 m
erreichen (wenn sie gute Luftströ-
mungen abpassen) und eine Distanz
von über 400 m zurücklegen. Sie fliegen normalerweise, wenn sie von
Räubern gejagt werden, und können
sich mit einem schnellen Flattern
ihres Schwanzes mit einer Geschwindigkeit von bis zu 30 km/h in die Luft
katapultieren; werden sie immer
noch verfolgt, wenn sie wieder ins
Wasser fallen, starten sie mit einem
erneuten Flattern ihres Schwanzes
schnell zum nächsten Flug. Wenn
Fliegende Fische schwimmen, werden ihre riesigen, fächerartigen Flossen am Körper zusammengefaltet.

Der älteste Fisch ist schwer zu definieren, da es wenig verläßliche Information darüber gibt, wie alt Fische in
der Wildnis maximal werden können.
Folglich bestehen die meisten Aufzeichnungen über Exemplare, die
über längere Zeitspannen in Gefangenschaft gehalten wurden. Der
älteste dieser Fische war ein 88 Jahre
alter, weiblicher Flußaal namens Put-
te, der im Aquarium des Hälsingborg-
Museums (Schweden) lebte. Er wurde angeblich 1860 im Sargassomeer
(Nordatlantik) geboren und mit drei
Jahren in einem Fluß gefangen. Er
starb 1948.
Es ist möglich, durch Studien mit
Langzeitmarkierungen oder durch
Zählen der Altersringe in Schuppen

und Knochen, das Alter von Fischen zu schätzen. Untersuchungen der Altersringe deuten darauf hin, daß der Rote Stör *(Acipenser fulvescens)* aus Nordamerika eine der langlebigsten Arten in der Wildnis ist. In einer Studie der Altersringe der größten Knochenstrahlen in den Brustflossen von 966 Exemplaren, die man zwischen 1951 und 1954 in der Lake-Winnebago-Region, Wisconsin (USA), fing, wurde das höchste Alter mit 82 Jahren bei einem männlichen, 2,01 m langen Stör abgelesen. Es gibt mehrere unbelegte Berichte über noch ältere Rote Störe, insbesondere über ein Exemplar, das 1953 gefangen und auf 154 Jahre geschätzt wurde.

Von den meisten Haien wird angenommen, daß sie eine maximale Lebenserwartung von etwa 20–40 Jahren besitzen, von dem Gemeinen Dornhai *(Squalus acanthias)* jedoch wird aus guten Gründen vermutet, daß er mehr als 70 Jahre, bei einigen nordpazifischen Populationen vielleicht sogar 100 Jahre alt werden kann. Ähnliche Zahlen werden teilweise für den Weiß- oder Menschenhai *(Carcharodon charcharias)* angegeben.

Der älteste Goldfisch *(Carassius auratus)* war ein Exemplar mit dem Namen Fred, das sich im Besitz von A.R. Wilson aus Worthing, West Sussex (GB), befand und am 1. August 1980 im Alter von 41 Jahren starb. Von einigen Goldfischen aus China wurde berichtet, daß sie über 50 Jahre lang gelebt hätten, es gibt jedoch nur wenige Belege.

Die kurzlebigsten Fische sind wahrscheinlich bestimmte Arten von Leuchtaugenkärpflingen (Familie der *Aplocheilidae*), die in Afrika beheimatet sind. In der Wildnis werden sie normalerweise etwa acht Monate alt.

Der häufigste Fisch ist wahrscheinlich die 7,6 cm lange Tiefsee-Elritze *(Cyclothone elongata)*, die (bis auf in der Antarktis) weltweit zu finden ist. Um 0,45 kg dieses Fisches auf die Waage zu bringen, wären etwa 5000 Exemplare nötig.

Der häufigste Hai ist der Gemeine Dornhai *(Squalus acanthias)*, der eine maximale Größe von etwa 1,6 m erreicht und weltweit in seichten und kalten Gewässern zu finden ist. Über die Jahre war diese Spezies bedeutend für die Fischindustrie mehrerer Länder: Der größte Fang wurde wahrscheinlich 1904/05 gemacht, als etwa 27 Mio. Gemeine Dornhaie allein vor der Küste von Massachussetts aus dem Meer geholt wurden.

Das kleinste Verbreitungsgebiet aller Wirbeltiere hat wahrscheinlich der Zahnkarpfen *(Cyprinodon diabolis)*, der sich auf einen kleinen Quellwasserteich (als Devil's Hole bekannt) in Ash Meadows, Nevada (USA), beschränkt (obwohl eine kleine Anzahl kürzlich in eine andere, nahegelegene Quelle umgesetzt worden ist). Der Teich ist etwa 20 m lang und 2,5–3,1 m breit. Er befindet sich in einer ansonsten wasserlosen Wüste, liegt etwa 15 m unter dem Meeresspiegel und war einst Teil einer mit Wasser gefüllten Höhle – bis die Decke vor vielen Jahren einstürzte und den Teich der Wüstensonne aussetzte. Die Ernährung des Zahnkarpfens hängt von einem begrenzten Bestand an wirbellosen Tieren ab, die in den Algen eines Felsvorsprungs leben, der nur knapp unter der Wasseroberfläche liegt und ganze 6 m lang und 3 m breit ist. Glücklicherweise befindet sich sein unsicheres

Die Tiefsee-Elritze Cyclothon elongata ist wahrscheinlich der am häufigsten vorkommende Fisch der Welt.

Fische

Zuhause in einem geschützten Gebiet im Death Valley National Monument. Sein Überleben hängt jedoch von der Aufrechterhaltung des Wasserspiegels ab (wenn der Felsvorsprung der Sonne ausgesetzt wird, wird die einzige Nahrungsquelle zerstört), und dieser ist schon jetzt dadurch gesunken, daß weit entfernt das Grundwasser abgepumpt wird. Die Population schwankt je nach den lokalen Bedingungen zwischen 200–500 Exemplaren.

Der seltenste Fisch ist kaum zu definieren: Viele Arten sind noch nicht entdeckt und von anderen ist der Zustand der Populationen völlig unbekannt. Allerdings kennt man einige Arten nur durch ein oder höchstens eine Handvoll Exemplare. Der Schwarze Dornhai *(Etmopterus decacuspidatus)* ist nur durch ein Exemplar bekannt, das 1966 beschrieben

Haifischflossen auf dem Markt in Sri Lanka: Die Zukunft vieler Hai-Populationen ist durch den verschwenderischen Handel mit ihren Flossen gefährdet.

wurde; und der enorm große Riesenmaulhai *(Megachasma pelagios)* ist nur durch sechs Exemplare bekannt (s.a. *Der Wissenschaft am längsten unbekannt).*

> **Haie besitzen ein unendliches »Fließband« für neue Zähne: Wann immer ein alter Zahn ausfällt, rückt ein neuer nach, um ihn zu ersetzen; ein einziger Hai kann im Laufe seines Lebens viele tausend Zähne verlieren.**

Vom Aussterben bedroht sind, mit Sicherheit oder hoher Wahrscheinlichkeit, laut World Conservation Union (IUCN) nicht weniger als 979 Spezies, was 4 Prozent der gesamten Weltpopulation darstellt (es ist wahrscheinlich, daß mit fortschreitendem Wissensstand weitere Arten der Liste hinzugefügt werden müssen). Nicht weniger als 158 von ihnen werden als besonders ernsthaft gefährdet angesehen, darunter der *Aulopyge hugeli* aus Jugoslawien und der Shiner

Notropis mekistocholas aus den USA. Diese Zahlen beinhalten 252 Arten von Buntbarschen aus der Familie der *Cichlidae*, die im Lake Victoria leben (s.a. *Das Land mit den meisten international bedrohten Arten).* Zu den zahlreichen Bedrohungen, denen die Fische weltweit ausgesetzt sind, gehören unter anderem die Zerstörung ihrer Lebensräume, der kommerzielle Fischfang, die Sportfischerei, der Handel mit Fischen zur Haltung in Aquarien, die Umweltverschmutzung und die unachtsame Einführung räuberischer oder konkurrierender Fische aus anderen Teilen der Welt.

Das Land mit den meisten international bedrohten Arten sind mit 174 Spezies die USA (was sowohl auf einen hohen Stand der Forschung, wie auf eine tatsächlich hohe Anzahl bedrohter Arten verweisen kann). Dies berücksichtigt nicht die 252 bedrohten Arten von Buntbarschen (Familie der *Cichlidae*), die im Lake Victoria zu finden sind, da über die Verbreitung und den Zustand der einzelnen Arten zu wenig Informationen

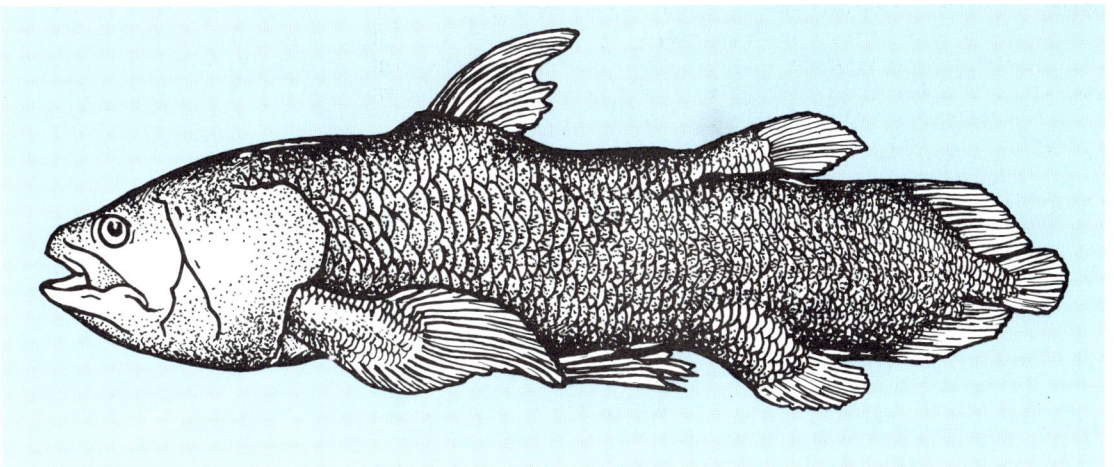

Man glaubte, der Coelacanthide sei vor über 65 Millionen Jahren ausgestorben: Zunächst nur durch fossile Überreste bekannt, wurde er unerwarteterweise 1938 wiederentdeckt. Seitdem wurden fast 200 Exemplare gefunden.

Fische

vorhanden sind. Die 1960 vorgenommene Einführung des Nilbarsches *(Lates niloticus)* in den See (der von Kenia, Tansania und Uganda geteilt wird) war für die bereits anwesenden einheimischen Fische eine vollkommene Katastrophe. Der Nilbarsch ist ein unersättlicher Räuber und mit einer maximalen Länge von 2 m der größte Süßwasserfisch Afrikas.

Bereits ausgestorben sind seit 1600 wahrscheinlich insgesamt 33 Fischarten. Dazu gehören (mit der Jahresangabe in Klammern) das Neunauge *Lampetra minima* (USA, 1953); der *Evarra tlahuacensis* (1970); der Forellenhechtling *Prototroctes oxyrhynchus* (20er Jahre dieses Jahrhunderts); und der Renke *Coregonus johannae* (Great Lakes, Kanada und USA, 1955). Es ist wahrscheinlich, daß zumindest einige weitere Arten ausstarben, bevor der Zustand ihrer Populationen korrekt bewertet werden konnte oder sie der Wissenschaft überhaupt bekannt waren – und daher nicht verzeichnet wurden.

Am längsten außerhalb von Wasser überleben können die 6 Arten von Lungenfischen (Familien der *Lepidosirenidae*, *Protopteridae* und *Ceratodidae*). Sie werden bis zu 1,5 m lang und leben in Süßwassersümpfen, die regelmäßig monate- oder gar jahrelang austrocknen. Eine Art findet sich im Amazonasgebiet in Südamerika,

eine im Mary River und im Burnett River in Queensland (Australien) und 4 Spezien in West-, Zentral- und Südafrika. Sie können alle unter widrigen Bedingungen lange Zeit außerhalb des Wassers überleben, zwei der Afrikanischen Lungenfische werden jedoch als die eigentlichen Experten angesehen. Wenn das Wasser verschwindet, graben sie sich tief in die Erde ein und scheiden einen Schleim aus, mit dem sie eine Schutzhülle um den Körper bilden, um ihre Feuchtigkeit zu bewahren. Dann setzen sie einen durchlässigen Schlammpfropfen in den Eingang ihrer Höhle, rollen sich zusammen – und warten. Indem sie die Kiemenatmung aussetzen und statt dessen durch ihre Lungen Luft holen, können sie in diesem ruhenden Zustand bis zu vier Jahre lang überleben und darauf warten, daß der Regen schließlich wieder einsetzt. Wenn der Sumpf sich dann mit Wasser füllt, erwachen sie innerhalb weniger Stunden zu neuem Leben, winden sich aus ihrer Höhle und schwimmen weg.

Eine Reihe anderer Fischarten ist, vorausgesetzt, daß ihre Haut die Feuchtigkeit bewahrt, fähig, unterschiedlich lange außerhalb von Wasser zu überleben. Am bekanntesten sind wahrscheinlich die Grundeln (Familie der *Gobiidae*), die die meiste Zeit ihres Lebens außerhalb von Wasser verbringen. Sie leben in den tropischen Sumpfniederungen und Mangrovenhainen Afrikas und Südostasiens, wo sie im Schlamm herumzappeln und sogar auf die Wurzeln der Mangroven hinaufklettern. Sie atmen durch eine Art »Aqualunge«, indem sie Wasser in ihren großen Kiemenkammern speichern, und können auch direkt aus der Luft Sauerstoff über ihre nasse Haut absorbieren; dies bedeutet, daß sie alle paar Minuten ins Wasser

zurück müssen, um ihre Haut zu befeuchten und einen frischen Schluck Wasser zu nehmen.

Die längste Zeit vermißt, nämlich etwa 65 Mio. Jahre lang, wurde der Coelacanthide *(Latimeria chalumnae)*, ein großer Tiefseefisch, der vorher nur durch 65–400 Mio. Jahre alte fossile Überreste bekannt war und von dem man annahm, daß er etwa zur gleichen Zeit wie die Dinosaurier ausgestorben wäre. Dann aber wurde am 22. Dezember 1938 ein Coelacanthide vor der Mündung des Chalumna River in der Nähe von East London (Südafrika) in 67 m Tiefe in einem Fischernetz eingefangen. Die wissenschaftliche Welt war sprachlos: Der Fund kam etwa der Entdeckung eines lebenden Dinosauriers gleich, und viele Experten betrachteten ihn als zoologische Entdeckung des Jahrhunderts. Es vergingen einige Jahre, bevor das nächste Exemplar, diesmal vor den Komoren, einem abgelegenen Archipel nord-westlich von Madagaskar im Indischen Ozean, 1600 km vom ersten Fundort entfernt, von einem Fischer an Land gezogen wurde. Weitere Nachforschungen ergaben, daß die hiesigen Fischer seit Jahren diesen ungewöhnlichen Fisch gefangen hatten, und tatsächlich kamen fast alle der seitdem entdeckten 200 Coelacanthiden von den Komoren. Der heutige Coelacanthide, der bis zu 1,9 m lang wird, unterscheidet sich kaum von seinem fossilen Gegenstück und trägt daher den Spitznamen »lebendes Fossil«. Einige Wissenschaftler glauben, daß in seinen muskulösen, paddelartigen Flossen der Schlüssel zu der entscheidenden Phase der Evolution zu finden sein könnte, in der die aquatischen Kreaturen zum ersten Mal Gliedmaßen entwickelten und an Land gingen.

Der Wissenschaft am längsten unbekannt war der Riesenmaulhai *(Megachasma pelagios)*. Der merkwürdige, planktonfressende Hai, der ein außergewöhnlich großes Maul, gummiartige Lippen und Tausende kleiner Zähne besitzt, wurde zum ersten Mal am 15. November 1976 entdeckt. Das Forschungsschiff AFB-14, das im tiefen Wasser, etwa 42 km nordöstlich von Oahu (Hawaii) operierte, entfaltete zwei Fallschirme, die als Anker fungierten, in etwa 165 m Tiefe. Als die Schirme an die Wasseroberfläche gezogen wurden, war einer von ihnen von einem bizarr aussehenden Mitglied dieser Spezies verschluckt worden. Dieses stellte sich als männlich heraus und war etwa 4,46 m lang und 750 kg schwer. Ein zweites Exemplar wurde am 29. November 1984 vor Catalina Island im südlichen Kalifornien (USA) von Fischern gefangen. Der Riesenmaulhai unterscheidet sich so sehr von anderen bekannten Arten, daß ihm eine eigene Familie zugewiesen wurde: *Megachasmidae*.

Die Haie, die die meiste Zeit in Süßwasser verbringen, sind der Gemeine Grundhai *(Carcharhinus leucas)* und der *Glyphis gangeticus*. Der Gemeine Grundhai ist weiter vom Meer entfernt zu finden – bis zu 3700 km, im oberen Amazonas – als jedes andere Mitglied der Familie. Er lebt außerdem in vielen anderen Flüssen, darunter im Hooghly, Sam-

Tiefseefische gehören optisch zu den merkwürdigsten Lebewesen überhaupt; von oben nach unten: »Sloane's viperfish«, Eurypharynx pelecanoides und Linophryne arborifera.

bezi und Mississippi, und es wurde einst angenommen, daß er im Lake Nicaragua (Mittelamerika) vom Meer abgeschnitten lebt. Heute weiß man jedoch, daß er Stromschnellen überwindet und ins Meer zurückkehrt. Der relativ seltene *Glyphis gangeticus* lebt, soweit bekannt, nur in den indischen Flüssen Ganges und Hooghly, möglicherweise auch noch in nahen Küstengewässern; er hat den schrecklichen Ruf, ein Menschenfresser zu sein, jedoch sind die meisten Todesfälle, die ihm zugeschrieben werden, wahrscheinlich eher dem Gemeinen Grundhai anzulasten.

Die in den größten Tiefen lebenden Wirbeltiere der Welt sind die Brotuliden der Gattung *Bassogigas*. Die größte Tiefe, aus der einer dieser Fische geholt wurde, betrug 8300 m. Dies geschah im April 1970 im Puerto-Rico-Graben im Atlantik, als Dr. Gilbert L. Voss vom US-amerikanischen Forschungsschiff *John Elliott* einen 16,5 cm langen *Bassogigas profundissimus* einfing. Es war der erste der 5 Brotuliden, die bisher gefangen wurden.

Mehr als 40 Fischarten, die zu mehr als einem Dutzend Familien gehören, verbringen ihr gesamtes Leben in dunklen Unterwasserhöhlen. Die meisten von ihnen leben in tropischen Ländern oder solchen mit warmem, gemäßigtem Klima, sind farblos und haben winzige beziehungsweise gar keine Augen. Unter den bekannteren Höhlenbewohnern sind zum Beispiel ein Katzen-Zwergwels der Gattung *Horaglanis*, der in Brunnenschächten in Kerala im südlichen Indien lebt, und eine unterirdische Schmerle (Familie der *Cobitidae*), die im Iran zu Hause ist.

Der in den höchsten Höhen lebende Fisch ist eine Schmerle (Familie der *Cobitidae*), die im Himalaya in Höhenlagen von bis zu 5200 m anzutreffen ist.

Die meisten Eier produziert der Mondfisch *(Mola mola)*. Er entwickelt Millionen von Eiern, von denen jedes

Der Husen ist der wertvollste Fisch der Welt: Speziell zubereitet, werden seine Eier zu Kaviar höchster Qualität.

einen Durchmesser von etwa 1,3 mm besitzt. Den Rekord hält ein 1,37 m langes Weibchen, das 300 Mio. Eier trug. Größere Exemplare tragen jedoch wahrscheinlich ein Vielfaches dieser Zahl.

Die wenigsten Eier produziert der maulbrütende Buntbarsch *Tropheus moorii* aus dem Tanganjika-See in Ostafrika. Er entwickelt normalerweise höchstens 7 Eier. Nicht alle Fische legen Eier: Einige Arten, besonders Haie, sind vivipar und gebären wie Säugetiere ihre Jungen lebend.

Die größten Eier produziert der Walhai *(Rhinocodon typus)*. Das Rekordei maß 30,5 × 14 × 8,9 cm und beinhaltete einen 35 cm langen Embryo. Dieses besondere Exemplar könnte jedoch eine Mißbildung gewesen sein. Es wurde am 29. Juni 1953 von einem Shrimpfischer im Golf von Mexiko, etwa 200 km südlich von Port Isabel, Texas (USA), aus dem Wasser gezogen.

> **Der 18 cm lange »Jack Demsey« ist der einzige Fisch, der nach einem Schwergewichtsboxer benannt wurde; Demsey war amerikanischer Schwergewichtsmeister von 1919 bis 1926; der Fisch bekam diesen Namen wegen seines aggressiven Verhaltens gegenüber anderen Fischen.**

Die längste Trächtigkeitszeit besitzt mit 22–24 Monaten der Dornhai *Squalus megalops*, der durchschnittlich 10 Junge von 25 cm Länge gebiert. Haie haben mit mindestens etwa 9 Monaten allgemein eine der längsten Trächtigkeitsperioden im Tierreich.

Der wertvollste Fisch ist der Hausen *(Huso huso)*. Die Eier des Hausen

werden, indem man sie vorsichtig abreibt, um den Schleim zu entfernen, mit Wein oder Essig spült und dann trocknet oder salzt, zu Kaviar – dem teuersten Fischgericht der Welt. Ein 1227 kg schweres Weibchen, das 1924 im Tikhaya Sosna River gefangen wurde, lieferte 245 kg Kaviar der besten Qualität, der heute einen Wert von fast 20 000 £ haben würde. Der Hausen ist außerdem einer der größten Süßwasserfische der Welt. Er wird oft 5 m lang und 1524 kg schwer: Ein großer Fisch produziert bis zu 8 Mio. Eier in einem Laich. Die Zahl der Hausen hat in den letzten Jahren stark abgenommen, so daß man sich nun ernsthafte Sorgen um die Zukunft dieser Spezies macht.

Ein 76 cm langer »Ginrin Showa-Koi«, der die wichtigste Meisterschaft der landesweiten, japanischen Koi-Shows 1976, 1977, 1979 und 1980 gewann, wurde zwei Jahre später für 17 Mio. Yen (etwa 50 000 £) verkauft. Im März 1986 wurde dieser hochdekorierte Karpfen *(Cyprimus carpio)* von Derry Evans, dem Besitzer des Kent Koi Centre in der Nähe von Kent (GB), für eine nicht bekanntgegebene Summe gekauft. Der 15 Jahre alte Fisch starb jedoch fünf Monate später.

Der elektrischste Fisch. Mehr als 250 Fischarten besitzen die Fähigkeit, elektrische Impulse von speziellen »elektrischen Organen« auszusenden. Diese werden für verschiedene Formen der Kommunikation genutzt (die ausgesandten Impulse werden von anderen Mitgliedern der selben Spezies erkannt). Sie dienen auch zu einer Art elektrischer Echolokalisierung (kleine elektrische Impulse werden ausgesandt und prallen dann von den verschiedenen Objekten im Wasser zurück zu speziellen Elektro-Rezeptoren in der Haut) und werden außerdem eingesetzt, um Opfer oder Feinde zu lähmen und zu töten (viele

Arten können einen schmerzhaften oder gar tödlichen Elektroschock verursachen). Der elektrischste Fisch ist der Zitteraal, *(Electrophorus electricus)* der in den langsamen, trüben Flüssen des nördlichen Südamerikas beheimatet ist. Trotz seines Namens ist er kein echter Aal, sondern gehört zu den Salmlern der Ordnung *Cypriniformes*. Er besitzt drei elektrische Organe (bestehend aus Muskelgewebe und innerviert von Nerven des Rückgrats), die bis zu 80 Prozent des Körpers einnehmen. Ein durchschnittlich großes Exemplar kann 1 Ampere mit 400 Volt abgeben, allerdings ergaben Messungen bei einem 41 kg schweren Fisch, der in den dreißiger Jahren im New Yorker Aquarium gehalten wurde, bis zu 650 Volt. Dies wäre ausreichend, um einen Menschen durch Berührung zu töten oder ein Pferd über eine Entfernung von 6 m zu lähmen.

Den besten Geruchssinn und besser entwickelte Riechorgane als alle anderen Fische besitzen die Haie. Sie sind berühmt dafür, daß sie Blut über große Distanzen wahrnehmen können, und besitzen tatsächlich die Fähigkeit, ein Teilchen Säugetierblut in 100 Mio. Teilchen Wasser ausfindig zu machen. Es wird angenommen, daß sie sogar den Angstgeruch anderer Fische wahrnehmen.

Die gefährlichsten Süßwasserfische der Welt sind die Piranhas der Gattungen *Serrasalmus* und *Pygocentrus*. Sie leben in den langsamen Gewässern der großen Flüsse Südamerikas und greifen, unabhängig von der Größe, jedes Lebewesen an, das verletzt ist oder eine Erschütterung im Wasser produziert. Fleischfressende Piranhas ernähren sich hauptsächlich von Fisch, ihre rasiermesser-

Piranhas werden allgemein als die gefährlichsten Süßwasserfische der Welt angesehen: Ihre rasiermesserscharfen Zähne und kraftvollen Kiefer sind fähig, Fleisch innerhalb von Sekunden in Stücke zu reißen.

Fische

scharfen Zähne und kräftigen Kiefer können jedoch auch Säugetierfleisch in Stücke zerreißen, wenn ihnen die Möglichkeit dazu geboten wird. Die Gefahr, die Piranhas für Menschen darstellen, ist über die Jahre stark übertrieben worden, und tatsächlich sind nicht alle von ihnen Fleischfresser: Einige der etwa 20 Arten sind fast ausschließlich vegetarisch und ernähren sich von Samen, Früchten, Blättern und Blumen. Nichtsdestotrotz können besonders einige größere Mitglieder der Gattung *Serrasalmus* gefährlich sein und zahlreich angreifen. Am 19. September 1981 wurden angeblich mehr als 300 Menschen getötet und gefressen, nachdem ein überladenes Passagierschiff kenterte und sank, als es im Hafen von Obidos (Brasilien) anlegte. Nach Angaben eines Beamten überlebten nur 178 der Menschen, die sich auf dem Schiff befanden.

Südamerikanische Indianer benutzen manchmal die Kiefer von Piranhas als Rasiermesser.

Der giftigste Fisch der Welt ist der Steinfisch *(Synanceia horrida)*, dessen Stacheln quälend schmerzhafte Wunden zufügen, die oft tödlich sind; die Opfer beginnen oft zu delirieren und zu toben, wobei sie jeden schlagen oder beißen, der versucht, ihnen zu helfen. Die meisten Verletzungen entstehen, wenn Menschen aus Versehen auf den Fisch treten, der seine Stachel anspannt und aufrichtet, wann immer er sich bedroht fühlt – und so gut getarnt ist, daß er fast nicht zu sehen ist.

Der giftigste der etwa 20 Steinfischarten ist der 60 cm lange *Synanceia horrida*, der in seichten Gewässern überall im ostindischen Pazifik in Australien, China und Indien zu finden ist. Er besitzt von allen bekannten Fischen die größten Giftdrüsen, von denen jede mit einer der 13 Rückenstacheln verbunden ist. Die Stacheln sind so scharf, daß sie die Sohle eines Strandschuhs durchstechen und das starke Nervengift (jede Drüse enthält

bis zu 0,01 g) so effizient in die Wunde injizieren können wie eine Spritze. Von zwei Hai-Arten ist bekannt, daß sie giftig sind: der 1,5 m lange Gemeine Hai *(Squalus acanthias)* und der etwa gleich große Hornhai *(Heterodontus portusjacksoni)*. Beide besitzen speziell angepaßte, giftige Stacheln, die sich am vorderen Teil ihrer beiden Rückenflossen befinden.

Die unbekömmlichsten Fische sind die Kugelfische (Familie der *Tetradontidae*). Der Name bezieht sich auf ihre Fähigkeit, sich mit Wasser oder Luft ballonartig aufzublasen, wenn sie sich bedroht fühlen. Der absolute Rekordhalter ist der berüchtigte Graue Puffer *(Arothron hispidus)*, der in einem großen Verbreitungsgebiet, vom Roten Meer über den Indischen Ozean

Der Weiß- oder Menschenhai wird für mehr Angriffe auf Menschen verantwortlich gemacht als jede andere Hai-Art, was allerdings nicht ganz bewiesen ist.

bis weit hinein in den südlichen Pazifik, zu finden ist. Seine Eierstöcke und Eier, sein Blut, seine Leber, seine Gedärme und, in kleinerem Ausmaß, seine Haut beinhalten ein Gift (namens Tetrodontoxin), das jeden töten kann, der auch nur die geringste Menge davon ißt. Weniger als 0,1 g reichen aus, um einen Erwachsenen innerhalb von nur 20 Minuten zu töten. Menschen, die eine Tetrodontoxinvergiftung haben, leiden unter extrem unangenehmen Symptomen: Sie mögen bei Bewußtsein sein, können jedoch nicht schlucken, sehen, sprechen oder sich bewegen.

In Japan, wo der Kugelfisch als *fugu* bekannt ist, gilt sein Fleisch als große Delikatesse, und wohlhabende Japaner zahlen hohe Preise, um ihn in speziell lizensierten Restaurants zu essen. Nach einer dreijährigen Lehre entfernen hochqualifizierte Köche die giftigen Teile, ohne dabei den Rest des Fisches zu kontaminieren: Ihr Ziel ist es, gerade so viel des Giftes zurückzubehalten, daß ein betäubendes Gefühl auf Lippen und Zunge hervorgerufen wird – und natürlich die Spannung, mit dem Tod zu spielen – aber zu wenig, um eine Tetrodontoxinvergiftung herbeizuführen. Leider bereiten auch viele Laien den Fisch zu: Die Konsequenz sind 50 Todesfäl-

le jährlich – womit Tetrodontoxin in Japan die häufigste Ursache für tödliche Nahrungsmittelvergiftungen ist.

Die gefährlichsten Haie sind solche, die gewohnheitsmäßig Menschen angreifen. Die meisten der mehr als 380 bekannten Haiarten sind jedoch für Menschen völlig harmlos; tatsächlich sterben jährlich mehr Menschen durch Bienenstiche als durch Haiattacken. Fast 40 Arten sind allerdings dafür bekannt, Menschen angegriffen zu haben (oder stehen in Verdacht, dieses getan zu haben), und etwa die Hälfte davon wird als hochgefährlich angesehen. Die gefährlichsten Haie sind der Weiß- oder Menschenhai *(Carcharodon carcharias)*, der Tigerhai *(Galeocerdo cuvier)*, der Gemeine Grundhai *(Carcharhinus leucas)* und nach Meinung einiger Experten der Weißspitzenhai *(Carcharhinus longimanus)*.

Dem Weiß- oder Menschenhai werden mehr Angriffe auf Menschen zugeschrieben als jeder anderen Spezies. In Wirklichkeit ist die Identifizierung des Hais bei vielen dieser Angriffe reine Mutmaßung: Die verschiedenen Arten auseinanderzuhalten kann selbst unter den besten Umständen sehr schwer sein, es ist jedoch nicht überraschend, daß im Falle eines Haiangriffs oft zuerst an den Menschenhai gedacht wird. Tatsache ist, daß sich die meisten Angriffe in den Tropen ereignen, wohingegen der Menschenhai vornehmlich in kalten, seichten Gewässern anzutreffen ist. Man muß außerdem festhal-

ten, daß der Menschenhai kein besonders häufig vorkommendes Tier ist; in den letzten Jahren gab es zudem eine ziemlich negative Berichterstattung (besonders nachdem der Film *Der weiße Hai* in die Kinos kam), und das daraus resultierende Abschlachten der Tiere hat in einigen Teilen des Verbreitungsgebietes zu einer erheblichen Populationsverringerung geführt. Aber nichts davon zweifelt die unbestrittene Tatsache an, daß der Menschenhai für einen beträchtlichen Teil der Haiangriffe verantwortlich zu machen ist (25–30 Prozent, je nachdem, welcher Schätzung man glauben will) und daß er mit Sicherheit einer der gefährlichsten Haie der Welt ist.

Viele Experten glauben, daß der Gemeine Grundhai wahrscheinlich mehr Menschen angegriffen hat als jede andere Haiart. Dies erscheint möglich: Er ist ein großer Hai mit starken Kiefern; er hat einen unbändigen Appetit mit einer Neigung zu großer Beute; er kommt in tropischen Gewässern in Küstennähe vor, so daß die Wahrscheinlichkeit hoch ist, daß er mit menschlichen Schwimmern und Tauchern in Berührung kommt; und er ist sehr viel verbreiteter als der Menschenhai.

Wie die meisten Tiere werden sich auch selbst kleine Haie auf aggressive Weise rächen, wenn sie provoziert oder bedroht werden. Die meisten Angriffe auf Menschen werden von Haien geführt, die zum Teil nur 2 m lang sind. Diese Attacken bestehen normalerweise aus kurzen schnellen

Bissen, die sagen sollen: »Halte Abstand«, und meistens richten sie sich gegen Taucher, die sich vorsätzlich dem Hai nähern oder versuchen, das Tier anzufassen. Unter diesen Umständen können besonders der Schwarzspitzen-Riffhai *(Carcharhinus melanopterus)* und der Graue Riffhai *(C. amblyrhynchos)* extrem aggressiv werden und sind wahrscheinlich die gefährlichsten kleinen Haiarten.

Es wird geschätzt, daß nur 30–100 Menschen jährlich von Haien angegriffen werden, wovon durchschnittlich 30 Prozent sterben (diese Zahlen beinhalten nicht die Opfer von Schiffbrüchen, welche einer unbekannten Anzahl von Haiattacken erliegen).

Das Land mit den meisten Haiangriffen ist Australien (obwohl viele Haiangriffe gar nicht verzeichnet werden, vor allem nach Schiffbrüchen auf See und an Küsten von Entwicklungsländern, so daß die zur Verfügung stehenden Informationen irreführend sein könnten). Eine Analyse der 1165 Fälle, die in der *International Shark Attack File* dokumumentiert sind, ergibt die folgende, prozentuale Aufschlüsselung: Australien 27 Prozent; USA 19 Prozent; Pazifische Inseln 12 Prozent; Südafrika 8 Prozent; auf den Rest der Welt zusammengenommen entfallen die restlichen 34 Prozent. In Australien sind seit 1791, seit dem ersten dokumentierten Todesfall, der durch einen Haiangriff verursacht wurde, mehr als 150 Menschen von Haien getötet worden. Seit 1957 ist jedoch die durchschnittliche Anzahl an tödlichen Angriffen, dank wirksa-

mer Schutzmaßnahmen an den Stränden, besserer medizinischer Einrichtungen und Erste-Hilfe-Kenntnissen, auf weniger als einen pro Jahr gesunken.

Der Strand mit den meisten Haiangriffen seit dem Beginn des 2. Weltkriegs ist das Seebad von Amanzimtoti, 27 km südlich von Durban (Südafrika). Seit 1940 gab es 11 Angriffe, von denen 2 tödlich endeten. Alle ereigneten sich in einem kleinen Gebiet namens Inyoni Rocks. Trotz der hohen Anzahl an Haiangriffen in Amanzimtoti verfangen sich nur wenige Haie in den Schutznetzen des Strandes; eine Theorie ist, daß sich vorübergehend Nahrungsketten in diesem Gebiet aufbauen, die mehr Haie in Küstennähe locken und für einen begrenzten Zeitraum erhöhte, abnormale, räuberische Aktivitäten verursachen.

Dem Weiß- oder Menschenhai *(Carcharodon carcharias)* können seit 1950 weltweit mehr als 100 Angriffe verläßlich zugeschrieben werden. Mehr als 40 Prozent davon ereigneten sich entlang einer 200 km langen Küstenlinie zwischen Monterey Bay und Tomales Point, Kalifornien (USA).

Der schlimmste Haiangriff ereignete sich wahrscheinlich am 28. November 1942. Es wird angenommen, daß dabei Hunderte von Menschen getötet wurden. Als ein deutsches U-Boot etwa 48 km von der Küste von Zululand (Südafrika) entfernt eine Salve von Torpedos in den Rumpf des aus Liverpool stammenden Dampfers *Nova Scotia* abfeuerte, sank dieser innerhalb von sieben Minuten, und mit ihm 900 Männer (darunter

765 italienische Kriegsgefangene). Nach Aussage der 192 Überlebenden, die von einer portugiesischen Schaluppe gerettet wurden, sind mehr als die Hälfte der Männer, die starben, von Haien gefressen worden (wobei die genaue Zahl unbekannt ist). Es ist gut möglich, daß die Todesrate stimmt, denn die portugiesischen Seemänner mußten während der Rettungsaktionen riesige Mengen von Haien mit Bootsstangen vertreiben; außerdem ist es unwahrscheinlich, daß die schiffbrüchigen Männer einfach nur ertranken, da sie jung und gesund waren und das Wasser warm genug, um ihnen zu ermöglichen, längere Zeit auf Hilfe zu warten. Dies ist die schlimmste Massenattacke von Haien, die bekannt wurde, es gibt jedoch eine Reihe von Berichten über andere Schiffbrüche, bei denen Dutzende oder sogar Hunderte von Menschen von Haien gefressen wurden. Weltweit gibt es jährlich 50 000 Opfer bei Schiffbrüchen, die sich zu etwa 50 Prozent in den tropischen und subtropischen Gewässern ereignen – es ist unmöglich zu schätzen, wieviele von ihnen von Haien gefressen werden.

Die schnellsten Fresser sind die gefräßigen, räuberischen Sargassofische (Familie der *Antennariidae)*. Sie können ihren Mund schneller öffnen und die Beute schneller verschlingen als jedes andere Wirbeltier. Es gibt mehr als 40 Arten, die in den tropischen und subtropischen Gewässern weltweit verbreitet sind. Der erste Stachel der Rückenflosse fungiert als Köder, während sie liegend darauf warten, daß irgendein Fisch oder

Vor Australiens Küste werden mehr Hai-Angriffe verzeichnet als in jedem anderen Teil der Welt.

Krustentier in Reichweite vorbeischwimmt (die Reichweite ist ein Gebiet mit einem Radius von etwa zwei Dritteln der Länge des Sargassofisches). Dann saugen sie das ahnungslose Opfer so wirkungsvoll in ihren großen Mund, als würden sie einen Staubsauger benutzen. Dies passiert so schnell und ruhig, daß andere Fische, die sich in der Nähe befinden, oft nicht bemerken, was passiert. Ein Forschungsprojekt von Theodore W. Pietsch und David B. Grobecker, das eine Bild-für-Bild-Analyse von Hochgeschwindigkeitsaufnahmen (800–1000 Bilder/Sek.) einschloß, hat gezeigt, daß die Rekordzeit, das Maul zu öffnen und die Beute zu verschlucken, etwas weniger als 6 Millisekunden beträgt – gemessen bei den Fühlerfischen *Antennarius hispidus*, *A. striatus* und *A. maculatus*. Der zweitschnellste Fresser ist der Steinfisch oder Lebende Stein *(Synanceia verrucosa)*, der mit 15 Millisekunden zwar langsamer ist, aber immer noch weniger Zeit benötigt, sein Maul zu öffnen und das Opfer einzusaugen, als ein normaler Muskel, um sich zusammenzuziehen.

> **Einige Fische, die in Südostasien leben, »betrinken« sich, indem sie die gegärten Früchte des »Chaulmoogra«-Baumes fressen, wenn diese ins Wasser fallen; nach der »Sperrstunde« treiben sie so lange hilflos im Wasser, bis sie Zeit genug hatten, um auszunüchtern.**

Die abwechslungsreichste Ernährung hat wahrscheinlich der Tigerhai *(Galeocerdo cuvier)*. Er frißt sprichwörtlich alles, was ihm im Wasser begegnet: alle Arten von Knochenfischen sowie andere Haie; Seevögel, wie zum Beispiel Kommorane, Pelikane und Fregattvögel; Meeres-Säugetiere wie Delphine und Seehunde; marine Reptilien wie Schildkröten, Seeschlangen und Leguane; eine große Anzahl verschiedener, wirbelloser Tiere wie Hummer, Krabben und Polypen; Hühner, Ratten, Hunde, Rinder und viele andere Haustiere (einige lebend, andere tot), die gerade zufällig ins Wasser fallen; und sogar scheinbar ungenießbare Objekte (ungewöhnliche Dinge wie zum Beispiel Autoreifen, Säcke voller Nägel, Ledermäntel, Fischkonserven, Armbanduhren, Nummernschilder und Farbdo-

sen wurden in den Mägen von Tigerhaien gefunden). Es erstaunt nicht, daß man ihnen den Spitznamen »Mülltonnen-Haie« gegeben hat.

Die längste Fastenzeit wurde beim Afrikanischen Lungenfisch *(Protopterus dolloi)* beobachtet, der bis zu vier Jahre lang in tiefen Höhlen im schlammigen Boden von ausgetrockneten Sümpfen im schlafenden Zustand verweilen kann (s.a. *Am längsten außerhalb von Wasser überleben*).

Das einzige parasitäre Wirbeltier, das Menschen befällt, ist der 2,5 cm lange Candiru *(Vandellia cirrhosa)*, obwohl dieser nur aus Versehen in das Innere des Menschen vordringt. Dieser winzige südamerikanische Zwerg- oder Katzenwels hat die unangenehme Angewohnheit, in den menschlichen Harntrakt einzudringen (wenn das Opfer ins Wasser uriniert). Wenn er sich einmal im Körper befindet, kann er wegen seiner an Kopf und Kiemendeckeln aufgerichteten Stacheln nicht mehr herausgezogen werden; die einzige Art und Weise, ihn zu entfernen, ist durch eine Operation. Er verhält sich auch anderen Fischen gegenüber parasitär und benutzt sogar seine Stacheln, um die Haut potentieller Wirte zu durchstechen und ihr Blut zu trinken.

Parasitär gegenüber der eigenen Art sind unter den Wirbeltieren nur die etwa 20 Arten der Familie *Ceratiidae*, wie zum Beispiel der Riesenangler *(Ceratias holboelli)*, bei denen das Männchen ein Parasit des Weibchens ist (ähnliche Verhaltensweisen lassen sich sonst nur bei den wirbellosen Tieren finden). Hat das Männchen einmal den Kontakt zum Weibchen aufgenommen, klammert er sich mit seinem Kiefer an ihrem Körper fest; schließlich verbindet sich sein Blutkreislauf mit dem seiner Partnerin, und er wird in bezug auf Nahrung und Sauerstoffversorgung vollständig von ihr anhängig. Es gibt keinen festen Platz, an dem sich die Männchen festbeißen: Er kann an ihrer Seite haften, an ihrem Bauch oder Rücken, und manchmal klammern sich zwei oder mehr Männchen an ein einziges Weibchen. Bei einigen Arten schließen Männchen und Weibchen einen Bund fürs Leben und bleiben die ganze Zeit miteinander verhaftet; bei anderen klammern sich die Männchen nur für kurze Zeit an die Weibchen und verlassen sie nach der Paarung, um wieder ein freischwimmendes Leben zu führen.

Der beste Schütze ist, wie sein Name schon sagt, der Schützen- oder Spritzfisch *(Toxotes jaculator)* und seine Verwandten. Diese können mit Wassertropfen auf Insekten spucken, die auf überhängenden Blättern und Ästen sitzen, und sie so abschießen. Das Wasser wird in kleinen Tröpfchen ausgestoßen, ähnlich wie Schrot aus einem Luftgewehr, und trifft die Insekten mit unglaublicher Genauigkeit und Kraft. Ein erfahrener, ausgewachsener Fisch kann einen direkten Treffer auf ein Opfer erzielen, das bis zu 1,5 m über der Wasseroberfläche plaziert ist – manchmal sogar, wenn dieses sich im Flug befindet. Wenn die Insekten ins Wasser fallen, werden sie sofort gefressen. In schlammigen Salz- und Süßwassergebieten in Indien, Malaysia und im nördlichen Australien lebend, ist der Schützen- oder Spritzfisch fast nicht zu sehen, wenn er sich knapp unterhalb der Wasseroberfläche seinem Opfer nähert.

Die beste Fundstelle für fossile Fische ist wahrscheinlich ein Gebiet von Sandsteinsedimenten neben einer Straße in Canowindra im zentralen New South Wales (Australien). Fossile Überreste von Tausenden von Fischen, darunter mindestens drei bislang unbekannte Gattungen und einige nahe Verwandte früher Amphibien, wurden bis jetzt gefunden. An einigen Stellen gibt es bis zu 50 Fossilien pro m². Der Fundort wurde 1956 von Straßenarbeitern entdeckt, gründlich untersucht wurde er jedoch erst im Juli 1993, als ein Forscherteam unter der Leitung von Alex Ritchie, einem Paläontologen des Australian Museum in Sydney, innerhalb von nur 10 Tagen 70 t an Gesteinsplatten entfernten, die mehr als 300 Fische enthielten. Es wird angenommen, daß all diese Fische während einer Dürre vor etwa 360 Mio. Jahren starben.

Die führende Fischnation ist laut den Zahlen der United Nations Food and Agriculture Organisation von 1991 (dem letzten Jahr, für das vergleichbare Daten zur Verfügung stehen) China, wo innerhalb eines Jahres 13,13 Mio. t Fisch (von weltweiten 96,92 Mio. t) gefangen wurden.

Fische

CHILOPODA (HUNDERTFÜSSER) UND DIPLOPODA (DOPPELFÜSSER)

Myriapoda (Tausendfüßer)
ca. 10 000 Arten (2800 Chilopoda und 8000 Diplopoda).

Die ersten Landbewohner, die von vollständigen Fossilien bekannt sind, waren zwei Chilopoda und ein Arachnoid, die in Shropshire (GB) in einer Gesteinsschicht gefunden wurden, die als Ludlow Bone Bed bekannt ist. Die Fossilien wurden von Paläontologen der University of Chester und der University of Wales gefunden und werden auf ein Alter von 440 Mio. Jahren geschätzt. Allerdings wird von allen drei Arten angenommen, daß sie ziemlich fortgeschrittene Räuber waren – und daher schon, bevor sie selbst an Land gingen, dort lebenden Tieren nachgestellt haben müssen. Tatsächlich deuten die ältesten terrestrischen Fußspuren, die in 450 Mio. Jahre altem Gestein im Lake District (GB) gefunden wurden, darauf hin, daß Tiere schon knapp 50 Mio. Jahre früher an Land herumspazierten. Obwohl noch keine Fossilien dieser Kreaturen selbst gefunden worden sind, wurden die Spuren wahrscheinlich von Tieren hinterlassen, die den heutigen Chilopoda und Diplopoda ähnelten.

Der längste Myriapoda ist, soweit bekannt, eine große Variante des weitverbreiteten *Scolopendra morsitans*, eine Chilopodaspezies, die auf den Andaman Islands im Golf von Bengalen zu finden ist. Es wurden Exemplare von bis zu 33 cm Länge und 3,8 cm Breite verzeichnet.
Graphidostrepus gigas aus Afrika und *Scaphistostreptus seychellarum* von den Seychellen sind die längsten bekannten Diplopoda. Es wurden Exemplare von bis zu 28 cm Länge und 2 cm Breite verzeichnet.

Der kürzeste Myriapoda der Welt ist der britische Diplopoda *Polyxenus lagurus*, der 2,1 mm mißt. Der kürzeste bekannte Chilopoda ist eine noch unidentifizierte Art, die nur 5 mm mißt.

Die meisten Beine besitzt ein Diplopoda namens *Illacme plenipes*. Trotz ihrer Namen besitzen Hundertfüßer weder 100 Füße (oder Beine), noch Tausendfüßer 1000. Allerdings neigen Diplopoda dazu, mehr Beine zu haben als Chilopoda; sie scheinen zwei Beinpaare pro Rumpfsegment zu besitzen (obwohl diese Segmente in Wirklichkeit miteinander verschmolzen sind), wo Chilopoda nur ein Paar haben. Der Rekord liegt bei 375 Paaren (750 Beinen), aufgestellt von *Illacme plenipes*, einem Diplopoda, der in Kalifornien (USA) zu finden ist. Die meisten Beine aller Chilopoda besitzt mit 171–177 Paaren (342–354 Beinen) eine Art namens *Himantaru gabrielis* aus dem südlichen Europa.

Die wenigsten Beine besitzt, knapp gefolgt von einigen Chilopoda-Arten der Unterklasse Anamorpha mit 15 Paaren, ein Diplopoda mit nur 12 Paaren.
Pauropoda, die den Chilopoda und Diplopoda nah verwandt sind, besitzen normalerweise 9 Paar Beine.

Der schnellste Myriapoda der Welt ist wahrscheinlich die Spinnenassel *(Scutigera coleoptrata)*, die im südlichen Europa beheimatet ist. Mit Hilfe ihrer extrem langen Beine kann sie eine Geschwindigkeit von bis zu 50 cm/s (1,8 km/h) erreichen. Bei warmem Wetter kann sie diese Geschwindigkeit über mehrere Meter aufrechterhalten. Diplopoda sind wesentlich langsamer.

Vom Aussterben bedroht ist, soweit bekannt oder vermutet, keiner der Chilopoda und Diplopoda, allerdings könnte sich diese Beurteilung mit fortschreitendem Wissensstand ändern. Es wird angenommen, daß keine Spezies in jüngster Zeit ausgestorben ist, obwohl es wahrscheinlich ist, daß zumindest einige Arten aussterben, bevor der Zustand ihrer Populationen richtig bewertet wurde oder sie der Wissenschaft überhaupt bekannt sind – und daher nicht verzeichnet werden.

Wirklich gefährlich ist keine der Myriapoda. Zwar besitzen alle Chilopoda Giftdrüsen, um ihre Beute zu lähmen oder zu töten, die meisten von ihnen sind jedoch für den Menschen völlig ungefährlich. Einige der größeren Arten besitzen allerdings zwei »Fangzähne« (wirklich Teile eines großen Klauenpaares), die menschliche Haut durchstoßen können; ihr »Biß« ist hochgiftig und kann qualvolle Schmerzen verursachen.

INSEKTEN

Insecta
ca. 1 Mio. beschriebene Arten (ca. 8–10 000 neue Arten werden jährlich endeckt und geschätzte 5–30 Mio. sind noch unbekannt), darunter Termiten; Käfer; Ameisen, Bienen und Wespen; Fliegen; Flöhe; Schmetterlinge und Motten; Wanzen; Läuse; Gespenstheuschrecken; Grashüpfer, Laubheuschrecken und Grillen; Schaben; Ohrwürmer; Libellen; Blattläuse, Zikaden und Blattflöhe; Eintagsfliegen; Steinfliegen; Florfliegen; Köcherfliegen; Fangheuschrecken etc.

Das primitivste bekannte Insekt ist ein Springschwanz (Ordnung *Collembola*) namens *Rhyniella praecursor*, der in 355–410 Mio. Jahre alten devonischen Formationen in Rhynie (GB) gefunden wurde. Eine Reihe anderer fossiler Springschwänze, die den heutigen sehr ähneln, sind in Ablagerungen aus dem Karbon und dem Perm (vor 250–355 Mio. Jahren) gefunden worden. Heutige Springschwänze, welche nach der gabelförmigen Struktur ihres Hinterleibes benannt wurden, der es ihnen ermöglicht zu springen, sind in der ganzen Welt weit verbreitet; sie sind häufig in der Erde, im Laub, in verwesender Vegetation, im Gras, in Baumrinden und sogar auf der Oberfläche von Süß- und Salzwasserteichen zu finden.

> **Man schätzt, daß fast 90 Prozent aller Tierarten zu den Insekten gehören, womit sie die bei weitem erfolgreichsten Organismen der Welt sind.**

Als die entwickeltesten Insekten werden im allgemeinen die sozialen Ameisen, Bienen und Wespen der Ordnung *Hymenoptera* angesehen. Alle Ameisen und einige Familien der Bienen und Wespen haben komplexe, kooperative, soziale Hierarchien hervorgebracht, in denen zwischen den verschiedenen Schichten Arbeitsteilung herrscht. Die Hauptklassen der Hierarchie sind die Arbeiter (flügellose, unfruchtbare Weibchen, die sich um Eier, Larven und Puppen kümmern, das Nest pflegen, Nahrung sammeln und Eindringlinge vertreiben); die Männchen (die Flügel besitzen und nur eine Funktion innehaben: sich mit der Königin zu paaren); und die Königin selbst (deren Hauptfunktion es ist, Eier zu legen).

Der Vogelflügler Ornitoptera alexandrae, der in Papua Neuguinea lebt, besitzt die größte Flügelspannweite aller Schmetterlinge.

Das größte bekannte Insekt ist *Pharnacia kirbyi*, eine Wanze aus dem bornesischen Regenwald. Das größte bekannte Exemplar befindet sich im Natural History Museum (GB); es besitzt eine Körperlänge von 32,8 cm und eine Gesamtlänge, einschließlich der Beine, von über 50 cm. In der Wildnis fehlen dieser Spezies oft einige Beine – ihre große Länge führt dazu, daß sich die Beine oft verfangen, wenn das Insekt seine Haut abwirft. Insekten können nie sehr groß werden, da ihr Atmungssystem, das Sauerstoff nur über winzige Distanzen transportieren kann, in größerem Maßstab nicht funktionieren würde.

Die kleinsten bekannten Insekten sind die parasitären Wasserschlupfwespen (Familie der *Mymaridae*) und die Haar- oder Federflügler der Familie *Ptiliidae* (= Trichopterygidae). Mit einer Minimalgröße von 0,21 mm sind sie sogar kleiner als einige Protozoen (Einzeller) und viel kleiner als ein Nadelkopf – und doch besitzen sie alle äußeren Charakteristika von Insekten sowie einen vollen Satz innerer Organe.

Die schwersten und sperrigsten Insekten sind die Blatthornkäfer (Familie der *Scarabaeidae*) aus dem tropischen Afrika. Die größten Mitglieder der Familie sind *Goliathus regius, G. druryi, G. meleagris,* und *G. goliathus* (= *G. giganteus*). Männchen sind im allgemeinen größer als Weibchen und wiegen durchschnittlich zwischen 70 und 100 g (etwa dreimal soviel wie eine Hausmaus); die Länge beträgt (von der Spitze der kleinen Stirnhörner bis zum Ende des Hinterleibs) bis zu 11 cm .
Der *Deinacrida heteracantha* aus Neuseeland landet nur knapp auf dem zweiten Platz. Weibchen sind größer als Männchen und bringen, obwohl sie kleiner sind als Blatthornkäfer (bis zu 8,5 cm lang), 70 g auf die Waage.

Die größte Flügelspannweite aller lebenden Insekten besitzt der Vogelflügler *Ornitoptera alexandrae*, der in Papua Neuguinea beheimatet ist. Sie kann von Spitze zu Spitze über 28 cm messen.

Das größte prähistorische Insekt war die Libelle *Meganeura monyi*. Fossile Überreste (Abdrücke von Flügeln) deuten auf eine Flügelspannweite von bis zu 75 cm hin. Dieses riesige Insekt lebte vor etwa 300 Mio. Jahren.

Eine bestimmte Ohrwurmart lebt ausschließlich in der Brusttasche von Fledermäusen.

Die höchste Geschwindigkeit, die Insekten in der Luft über längere Distanz beibehalten können, beträgt 39 km/h. Diese Höchstgeschwindigkeit erreichen unter anderem die Dasselfliege *(Cephenemyia pratti)*, Schwärmer (Familie der *Sphingidae*), *Tabanus bovinus* und einige Dickkopffalter (Familie der *Hesperidae*). Für eine kurze Zeitspanne liegt die Höchstgeschwindigkeit bei 58 km/h, erbracht von der Australischen Libelle *(Austrophlebia costalis)*. Die weithin publizierte Behauptung eines amerikanischen Wissenschaftlers aus dem Jahre 1926, die Dasselfliege *(Cephenemyia pratti)* könne eine Geschwindigkeit von 1316 km/h erreichen, ist eine wilde Übertreibung; die Fliege müßte jede Sekunde das 1,5fache ihres eigenen Körpergewichts an Nahrung zu sich nehmen, um die notwendige Energie zu erlangen, und selbst wenn dies möglich wäre, würde sie immer noch durch den entstehenden Luftdruck zerquetscht werden.

Den schnellsten Flügelschlag aller Insekten besitzt mit 1046/Sek. eine winzige Mücke der Gattung *Forcipomya*. Der muskulare Kontraktions-Expansionszyklus muß für einen solch schnellen Flügelschlag in nur 0,00045 Sek. vonstatten gehen, und ist damit gleichzeitig die schnellste Muskelbewegung, die je gemessen wurde.

Die schnellste Laufbewegung an Land vollbringen bestimmte große tropische Schaben der Familie *Dictyoptera*. Der Rekord liegt bei 1,5 m/Sek., was 5,4 km/h oder 50 Körperlängen pro Sekunde entspricht. Aufgestellt wurde dieser Rekord im Jahr 1991 von *Periplaneta americana* an der University of California. Die Leistung wäre äquivalent zu einem menschlichen Sprinter, der eine Geschwindigkeit von etwa 330 km/h erreicht. Wenn sich die Schabe mit so hoher Geschwindigkeit bewegt, läuft sie nur auf ihren zwei Hinterbeinen.

Die langlebigsten Insekten der Welt sind die Prachtkäfer (Familie der *Buprestidae*). Es gibt zahlreiche belegte Aufzeichnungen über Prachtkäfer, die 30 Jahre und länger lebten. Sie legen ihre Eier unter der Rinde lebender Bäume ab, und die Larven graben sich, nachdem sie geschlüpft sind, einen Tunnel in den Baum und ernähren sich von dem Holz. Wenn der Baum gefällt wird, überleben oft einige Larven und werden dann in dem Schnittholz um die ganze Welt geschickt; da einige Arten Jahre brauchen, um zu reifen, können die ausgewachsenen Tiere schließlich aus Möbeln hervorkommen. Der Rekord wurde am 27. Mai 1983 aufgestellt, als ein Exemplar der Spezies *Buprestis aurulenta* im Haus von Mr. W. Euston in Prittlewell, Southend-on-Sea, Essex (GB), aus den Treppenbalken hervorkam, nachdem es mindestens 47 Jahre im Larvenzustand verbracht hatte.

Die Siebzehnjahr-Zikade *(Magicicada septemdecim)* lebt in den nördlichen Teilen ihres Verbreitungsgebietes bis zu 17 Jahre lang unterirdisch im Larvenstadium (in den südlichen Teilen sind 13 Jahre typischer). Die ausgewachsene Zikade legt ihre Eier in einen Zweig. Nachdem die Larven geschlüpft sind, verlassen sie den Baum und graben sich mit ihren schaufelartigen Vorderbeinen eine Höhle in die Erde. Bis sie ausgewachsen sind, ernähren sie sich unterirdisch von Wurzelsaft und graben sich dann zurück an die Erdoberfläche. Als ausgewachsene Tiere leben sie nicht länger als einige Wochen, bevor sie sterben. Siebzehnjahr-Zikaden sind in den Wäldern Nordamerikas zu finden.

Der Blatthornkäfer ist das schwerste und sperrigste Insekt der Welt; ein Männchen wiegt normalerweise etwa dreimal soviel wie eine Hausmaus.

Von Termiten der Gattung *Isoptera* wurde immer wieder behauptet, sie hätten eine Lebenserwartung von 50–100 Jahren. Jüngste Untersuchungen deuten jedoch darauf hin, daß die Lebenserwartung maximal 25 Jahre beträgt.

Die meisten Insekten haben eine Lebenserwartung von unter einem Jahr.

Die kurzlebigsten Insekten sind Eintagsfliegen der Familie *Ephemeroidea*. Sie verbringen 2–3 Jahre im Larvenstadium auf dem Grund von Seen und Flüssen – und leben dann weniger als eine Stunde als ausgewachsene Fliegen.

Im allgemeinen verbringen Insekten den größeren Teil ihres Lebens im Larvenzustand und nur einen extrem kleinen Teil im ausgewachsenen Stadium.

Die nützlichsten Insekten der Welt, und wahrscheinlich die nützlichsten Tiere überhaupt, sind die Bienen (Oberfamilie der *Apoidea*). Sie sind die wichtigsten Bestäuber blühender Pflanzen, die wiederum die terrestrischen Tiere der Welt ernähren und den Planeten mit frischem Sauerstoff

versorgen. Viele Pflanzenarten sind vollständig davon abhängig, von Bienen bestäubt zu werden.

Das fruchtbarste Tier der Welt (abgesehen von Bakterien, die keine echten Tiere sind) ist die Mehlige Kohlblattlaus *(Brevicoryne brassicae)*. Diese winzige, birnenförmige, saftsaugende Wanze kann sich sowohl sexuell fortpflanzen als auch durch Parthenogenese, einen Prozess, in dem sich die Eier ohne männliche Befruchtung entwickeln und die Nachkommen als exakte genetische Kopien der Mutter schlüpfen. Folglich können Billionen von Nachkommen von nur einer weiblichen Blattlaus stammen. Es wurde errechnet, daß eine einzige Mehlige Kohlblattlaus, während eines Jahres ohne Räuber und mit unbegrenztem Nahrungsangebot, Nachkommen mit einem Gesamtgewicht von 822 Mio. Tonnen oder dem dreifachen Gewicht der menschlichen Population der Welt produzieren könnte. Glücklicherweise garantieren eine Reihe natürlicher Feinde wie Maikäfer und Florfliegen, daß die Sterblichkeitsrate der Blattläuse sehr hoch ist.

insgesamt 73 Insektenarten: 2 Eintagsfliegen, 3 Libellen, 1 Laubheuschrecke, 1 Wanze, 1 Steinfliege, 2 Schildläuse (Gattung *Pseudococcus*), 18 Käfer und Rüsselkäfer, 3 Fliegen, 4 Köcherfliegen und 38 Schmetterlinge und Motten. Es ist allerdings wahrscheinlich, daß zumindest einige Arten aussterben, bevor der Zustand ihrer Populationen richtig bewertet werden kann oder sie der Wissenschaft überhaupt bekannt sind – und daher nicht verzeichnet werden.

Die häufigsten Insekten der Welt sind wahrscheinlich die Springschwänze (Ordnung *Collembola*), die weltweit, von den Tropen bis zu den Polen und von den Wüsten bis zu den

> *Moskitos sind, da sie Malaria und andere Krankheiten übertragen, denen Millionen von Menschen erlegen sind, die gefährlichsten Tiere der Welt; glücklicherweise litt der Mensch mit diesen stark zerstochenen Beinen nur unter heftigem Juckreiz.*

höchsten Berggipfeln, verbreitet sind. In bevorzugten Lebensräumen können sie eine Dichte von 60 000/m² erreichen. In einem typischen Verbreitungsgebiet wie z.B. Gras- oder Weideland mit gemäßigtem Klima können 600 Mio./ha zu Hause sein. Blattläuse (Familie der *Aphididae*) sind weniger weit verbreitet, in passenden Lebensräumen können sich jedoch 500 Mio./ha aufhalten.

Die lautesten Insekten sind männliche Singzikaden (Familie der *Cicadidae*). Ihr Gesang wird durch die schnelle Bewegung einer Membran oder »Trommel« produziert, die mehrere hundert Male in der Sekunde schwingt; hinter der Membran befindet sich ein Resonanzkörper, der den Ton verstärkt. Vom US Department of Agriculture offiziell als »Tsh-ee-EEE-e-ou« beschrieben, ist der Gesang vieler Arten über eine Distanz von mehr als 400 m wahrnehmbar. In einer Studie, die von Wissenschaftlern der Princeton University, New Jersey (USA), durchgeführt wurde, wurde die Lautstärke von Tausenden von Zikaden gemessen, die sich auf einem einzi-

> **Der männliche Trotzkopf zieht die Aufmerksamkeit eines Weibchens auf sich, indem er seinen Kopf heftig gegen die Wand seines Tunnels im Baum schlägt.**

Die größten Insekteneier werden von der 15 cm großen Gespenstheuschrecke *Heteropteryx dilitata* aus Malaysia produziert. Die Eier sind gewaltige 1,3 cm lang, größer als eine Erdnuß. Einige Insekten, besonders Fangheuschrecken (Ordnung *Mantodea*) und Schaben (Ordnung *Blattodea*) legen Ei*kapseln*, die sehr viel größer sind – diese beinhalten jedoch bis zu 200 einzelne Eier.

Vom Aussterben bedroht sind, mit Sicherheit oder hoher Wahrscheinlichkeit, laut World Conservation Union (IUCN) insgesamt 1184 Arten (mit fortschreitendem Wissensstand werden wahrscheinlich noch mehr Insekten der Liste hinzugesetzt werden müssen). Nicht weniger als 252 Arten werden als extrem gefährdet betrachtet, darunter 190 Käfer.

Bereits ausgestorben sind seit Mitte des 18. Jahrhunderts (mit Sicherheit oder hoher Wahrscheinlichkeit)

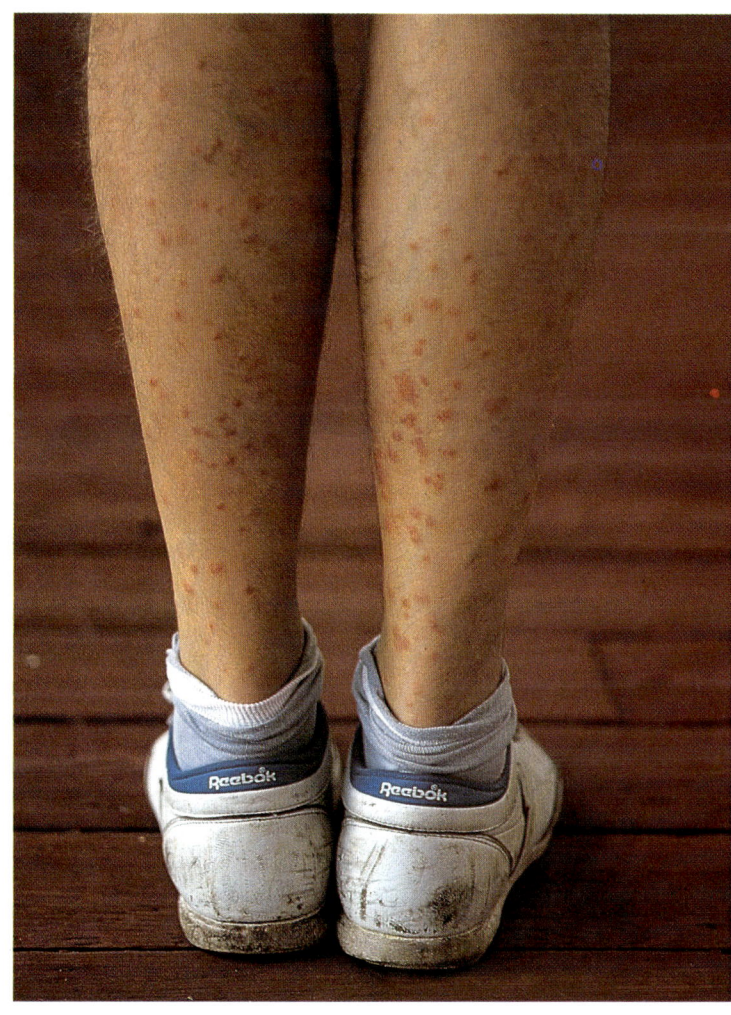

Wirbellose Tiere

gen Baum aufhielten: Aus 18 m Entfernung betrug ihre Lautstärke 80–100 Dezibel (verglichen mit 70–90 Dezibel eines Preßlufthammers aus einer ähnlichen Distanz). Der Gesang hat den Zweck, ein Weibchen anzulocken: Jede der 1500 Arten von Zikaden besitzt ihre eigene Version. Die meisten weiblichen Zikaden sind stumm.

Männliche Maulwurfsgrillen (Familie der *Gryllotapidae*) sind, indem sie ihre Flügel aneinander reiben, sogar noch lauter. Sie benutzen jedoch einen künstlichen Resonanzkörper als Verstärker. Sie formen ihre Höhle auf eine Art und Weise, daß ihr Gesang an einem stillen Abend bis zu 1,5 km entfernt hörbar ist; einige Höhlen besitzen zwei trichterförmige Tunnel, die vom Resonanzkörper zur Oberfläche führen.

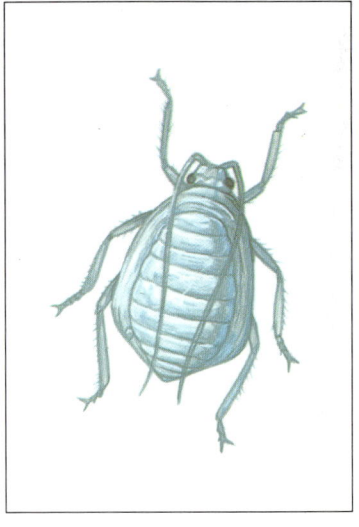

Die winzige Mehlige Kohlblattlaus ist das fruchtbarste Tier der Welt. Sie kann sich sowohl geschlechtlich als auch durch Jungfernzeugung fortpflanzen.

> **Ein typischer Baum im Amazonasgebiet beherbergt erstaunliche 1700 verschiedene Insektenarten, von denen ein Großteil Ameisen und Käfer sind.**

Die gefährlichsten Tiere der Welt

(ausgenommen dem Menschen) sind parasitäre Einzeller der Gattung *Plasmodium*, die Malaria verursachen und von Moskitos der Gattung *Anopheles* übertragen werden. Abgesehen von Kriegen und Unfällen waren diese beiden Lebewesen zusammen wahrscheinlich für 50 Prozent aller menschlichen Todesfälle seit der Steinzeit direkt oder indirekt verantwortlich. Selbst heute werden trotz großangelegter Kampagnen zur Bekämpfung von Malaria mindestens 200 Mio. Menschen jährlich von der Krankheit befallen. Alle 10 Sek. stirbt irgendwo auf der Welt ein Mensch an Malaria. 80 Prozent der Todesopfer sind in Afrika zu beklagen. Laut einer 1993 veröffentlichten Schätzung der Weltgesundheitsorganisation (WHO) sterben südlich der Sahara jährlich etwa 1,4–2,8 Mio. Menschen an Malaria. Die gefährlichste Form der Krankheit ist die *Malaria tropica*, die unbehandelt schon nach einem Tag zum Tod führen kann. Moskitos können außerdem Krankheiten wie Gelbfieber, Gehirnentzündung und Elefantiasis übertragen.

Die Stubenfliege *(Musca domestica)* ist ebenfalls höchst gefährlich, da sie mehr als 30 Parasiten und Krankheiten auf Menschen übertragen kann, darunter Beulenpest, Cholera, Lepra, Typhus, Ruhr, Pocken, Diphterie, Scharlach und Hirnhautentzündung. In den Entwicklungsländern ist die Verunreinigung von Nahrungsmitteln durch Stubenfliegen und verwandte Arten (in einem Moment können sie auf Exkrementen sitzen, im nächsten auf Nahrungsmitteln) jährlich für den Tod von mehr als 1 Mio. Kleinkindern verantwortlich, die infolge von Dehydratation und starkem Durchfall sterben.

Der Orientalische Rattenfloh *(Xenopsylla cheopsis)* – ein blutsaugender Parasit und Überträger der gefürchteten Beulenpest (die durch das Bakterium *Yersinia pestis* verursacht wird) – war in den vergangenen Jahrhunderten für den Tod mehrerer zehnmillionen Menschen verantwortlich. Viele Nagetierflöhe können Pest übertragen; von dieser besonderen Spezies wird jedoch angenommen, daß sie für den größten Teil aller tödlichen Pandemien der Welt verantwortlich ist. Die schlimmste war der Schwarze Tod, der im 14. Jh. allein in Europa 25 Mio. Menschenleben gekostet hat – was etwa 1/4 aller Einwohner bedeutete. Selbst heute noch bricht regelmäßig Pest aus.

Das zerstörerischste Insekt

der Welt ist die Wüstenheuschrecke *(Schistocerca gregaria)*, die in den trockenen und semi-ariden Regionen Afrikas, des Mittleren Ostens und westlichen Asiens lebt. Jede Wüstenheuschrecke ist nur 4,5–6,0 cm lang (Weibchen sind geringfügig größer als Männchen), kann jedoch täglich das eigene Gewicht an Nahrung zu sich nehmen. Noch wichtiger ist, daß bestimmte Wetterverhältnisse unglaubliche Zahlen an Wüstenheuschrecken hervorbringen, die sich in riesigen Schwärmen zusammenfinden und fast alles, was ihnen an Vegetation in den Weg kommt, verschlingen. Ein »kleiner« Schwarm von etwa 50 Mio. Wüstenheuschrecken kann innerhalb eines Tages eine Menge an Nahrung vertilgen, die 500 Menschen ein Jahr lang am Leben erhalten würde. Die größten Schwärme bestehen aus 50 000 Mio. Wüstenheuschrecken, die dicht zusammengedrängt ein Gebiet von mindestens 1000 km² bedecken und *täglich* den entsprechenden *jährlichen* Nahrungsmittelbedarf von fast einer halben Million Menschen konsumieren.

> **Insekten besitzen weder ein Rückgrat noch sonst irgendwelche inneren Knochen – sie tragen ihr Skelett an der Außenseite des Körpers.**

Den tiefgreifendsten Einfluß, den Insekten auf menschliches Leben je ausübten, zu definieren ist schwierig, da es eine Reihe von Möglichkeiten gibt. Zum Beispiel hatten fünf Arten von Tsetsefliegen der Gattung *Glossina* einen schwerwiegenden Einfluß auf die menschliche Ökologie in Afrika. Sie übertragen die Schlafkrankheit (eine Krankheit, die sich auf Afrika beschränkt und von dem Einzeller *Trypanosoma gambiense* verursacht wird), die in den großen Herden wilder, weidender Tiere verbreitet ist und auch Vieh befällt, wodurch Viehhaltung in weiten Gebieten des Kontinents unmöglich ist.

Die größte Insektensammlung der Welt befindet sich im Natural History Museum (GB). Anfang 1995 beinhaltete sie fast 30 Mio. Exemplare.

AMEISEN, BIENEN UND WESPEN

Hymenoptera
fast 140 000 Arten, darunter Holzwespen, Blattwespen, Hummeln, Europäische Ameisenwespen, Wespen, Ameisen und Bienen.

Die größten Ameisen der Welt sind die flügellosen Königinnen der Südafrikanischen Spezies *Dorylus helvolus.* Die Rekordhalterin war 5,1 cm lang. Die größten Arbeiter sind die der Bulldoggenameisen *(Myrmecia brevinoda)*, die in Australien leben und bis zu 3,7 cm groß werden.

> **Die Honigbienen führen im Bienenstock einen variationsreichen Tanz auf, um ihre Nestgenossen über neue Nahrungsmittelquellen aufzuklären; sie können Informationen über Distanz, Richtung, Art und sogar Qualität von bis zu 100 m entfernter Nahrung übermitteln.**

Die Arbeiter der *Dinoponera gigantea,* die in Brasilien leben, sind zwar massiger als die der *Dorylus* und der *Myrmecia,* aber mit »nur« 3,3 cm kürzer als diese.

Die kleinsten Ameisen der Welt sind die Arbeiter der Spezies *Oligomyrmex bruni* aus Sri Lanka. Sie sind nur 0,8–0,9 mm lang.

Die größte Biene der Welt ist die seltene Mörtelbiene *(Chalicodoma pluto)*, die nur auf den Inseln Bacan, Soasiu und Halmahera auf den Molukken (Indonesien) zu finden ist. Weibchen sind größer als Männchen und erreichen eine maximale Länge von 3,9 cm (Männchen sind im Durchschnitt 2,4 cm lang). Sie wurde zum ersten Mal im Jahr 1858 entdeckt, dann aber bis 1981 nicht wieder gesichtet. Man nimmt an, daß sie extrem selten ist.
Die Blattschneiderbiene *(Megachile pluto)*, die nur auf Halmahera auf den Molukken (Indonesien) zu finden ist, ist ebenfalls sehr groß. Den Rekord stellte ein 3,8 cm langes Weibchen auf (Weibchen sind größer als Männchen).

Die kleinste Biene ist die brasilianische Art *Trigona duckei,* die keinen Stachel besitzt und nur 2–5 mm lang ist.

Die größten Wespen sind, soweit bekannt, die Mitglieder der Gattung *Pepsis,* die im tropischen Südamerika zu finden sind. Einige Arten sind so groß, daß sie Taranteln stechen und somit lähmen, um sie dann als Futter für ihren Nachwuchs zu ihren Höhlen zu ziehen. Die größte unter ihnen ist wahrscheinlich *Pepsis formosa,* die eine Körperlänge von bis zu 6,7 cm und eine maximale Flügelspannweite von 11,4 cm besitzt.

Das leichteste Insekt der Welt ist die parasitäre Wespe *Caraphractus*

> *Die größte Anzahl an Bienen, die sich je auf dem Körper eines einzelnen Menschen befanden, betrug etwa 343 000. Dieser Rekord wurde am 29. Juli 1991 von Jed Shaner aufgestellt. Die Bienen wogen etwa 36,3 kg.*

cinctus, die den Titel allerdings mit der männlichen, blutsaugenden Laus *Enderleinellus zonatus* teilt. Die Wespen besitzen ein Minimalgewicht von 0,005 mg, ihre Eier ein Gewicht von 0,0002 mg.

Das größte Wespennest der Welt wurde im April 1963 auf einer Farm in Waimaukau (Neuseeland) gefunden. Es war aus einer Art Papiermaché (Holzabfälle vermischt mit Speichel) hergestellt, maß 3,7 m in der Länge, 1,75 m im Durchmesser und war so schwer, daß es auf den Boden gefallen und in zwei Teile gebrochen war. Es ist nicht bekannt, welche Spezies dieses Nest baute, aber es ist wahrscheinlich, daß es das Werk der eingeführten Deutschen Wespe *(Vespula germanica)* war, die in Neuseeland viel größere Nester baut als in ihrer Heimat in Europa.

Die fortschrittlichsten siehe allgemeine Rekorde von Insekten, S. 210

Die nützlichsten siehe allgemeine Rekorde von Insekten, S. 212

Vom Aussterben bedroht sind, mit Sicherheit oder hoher Wahrschein-

Wirbellose Tiere

lichkeit, laut World Conservation Union (IUCN) insgesamt 25 Hymenoptera-Arten (mit fortschreitendem Wissensstand werden wahrscheinlich weitere Arten der Liste hinzugefügt werden müssen). Darunter sind 6 Arten von Ameisen der Gattung *Formica* und 11 Grabwespen der Familie *Sphecidae*. Die einzige Biene, die derzeit auf der Liste der IUCN steht, ist die Mörtelbiene *(Chalicodoma pluto)* von den Molukken (Indonesien); zusätzlich macht man sich um weitere 64 Arten von Urbienen der Gattung *Hylaeus* ernsthafte Sorgen (von denen einige wahrscheinlich schon ausgestorben sind), der Zustand ihrer Populationen muß jedoch erst noch richtig untersucht werden. Von keiner Hymenoptera-Art ist bekannt, daß sie bereits ausgestorben ist, es ist jedoch wahrscheinlich, daß zumindest einige Arten aussterben, bevor der Zustand ihrer Populationen richtig bewertet werden kann oder sie der Wissenschaft überhaupt bekannt sind – und daher nicht verzeichnet werden.

Eine große Kolonie Roter Ameisen kann täglich bis zu 100 000 Blattläuse und andere Insekten verzehren.

Die gefährlichsten Ameisen sind wahrscheinlich die Bulldoggenameise *Myrmecia pilosula*, die 3 cm groß wird und bis zu 20 cm weit springen kann, und die Bulldoggenameise *M. pyriformis*, die dafür bekannt ist, besonders wild und entschlossen anzugreifen. Beide Arten sind in Australien beheimatet und höchst aggressiv. Sie zeigen wenig Angst vor Menschen und stechen mehrmals kurz hintereinander zu (wobei sie mit jedem Eindringen mehr Gift in die Haut injizieren). Bei einem Angriff hält sich die Ameise mit ihren langen gezähnten Mandibeln an ihrem Opfer fest, rollt ihren Körper ein und stößt dann mit ihrem langen Stachel (der sich an ihrem Schwanzende befindet und keinen Widerhaken besitzt) zu. Die Stiche beider Arten sind extrem schmerzhaft, und es gab einige wenige Fälle, in denen sie Erwachsene innerhalb von 15 Minuten getötet haben. Ein großes Problem ist, daß in den vergangenen Jahren mehr und mehr Menschen in Australien allergisch auf die Stiche reagieren, wodurch wesentlich stärkere Symptome hervorrufen werden.
Die Arbeiterameisen aller Arten besitzen giftige Stacheln oder giftspritzen-

de Drüsen, die meisten sind jedoch zu klein, um für Menschen gefährlich zu sein.

Die gefährlichste aller Bienen und Wespen ist wahrscheinlich eine Kreuzung zwischen der berüchtigt gefährlich Afrikanischen Honigbiene *(Apis mellifera)* und verschiedenen anderen Europäischen Honigbienen (Gattung *Apis*). 1957 entkamen bei einem biologischen Experiment fatalerweise 26 Afrikanische Honigbienen-Königinnen aus einem Labor der Universität von São Paulo (Brasilien); indem sie sich mit den fügsameren, lokalen Bienen paarten, vermehrten sie sich schnell und breiteten sich mit einer steten Geschwindigkeit von 400 km im Jahr nordwärts aus. 1982 hatten sie Panama erreicht, 1986 Mexiko und 1990 die USA (im Oktober 1990 wurde zum ersten Mal offiziell bestätigt, daß die Killerbiene die USA erreicht habe). Tatsächlich ist der Stich der Afrikanischen Honigbiene nicht wirkungsvoller als der vieler anderer Bienen. Aber ihr Verhalten ist anders: Sie greift Menschen, die sich ihrem Nest nähern, erstens schneller an (selbst wenn sie mehr als 1 km entfernt sind) und zweitens in viel größeren Zahlen. Es ist nicht bekannt, wie viele Todesfälle diese Bienen bislang verursacht haben, aber es ist wahrscheinlich, daß mehr als 300 Menschen und unzählige Tiere getötet wurden.
Die meisten Bienen und Wespen können stechen. Viele Stiche können ziemlich schmerzhaft sein, die meisten sind jedoch nicht besonders gefährlich. Es gibt eine Reihe von Fällen, in denen Menschen von wütenden Schwärmen mehr als 2000mal gestochen wurden und überlebten. Das größte Risiko besteht bei Leuten, die gegen das Gift allergisch sind: In diesem Fall kann ein einziger Stich einer relativ harmlosen Art tödlich sein.

Die größte Anzahl an Bienen auf einem einzigen Menschen betrug etwa 343 000. Dieser Rekord wurde am 29. Juli 1991 von Jed Shaner in Staunton, West Virginia (USA), aufgestellt. Die Bienen hatten ein Gesamtgewicht von 38,3 kg. Über diese Erfahrung sagte Shaner: »Die Leute sagen, du bist verrückt, aber jeder ist auf seine Art und Weise verrückt. Es gibt Dinge, die andere Leute tun, von denen ich denken könnte, daß sie verrückt sind.«

Sklavenhaltung ist bei einigen Ameisenarten zu finden. Die Arbeiter die-

ser Arten arbeiten selbst nicht, sondern nehmen die Hilfe anderer in Anspruch, indem sie Sklaven halten. Eines der bekanntesten Beispiele sind die Ameisen der Spezies *Polyergus breviceps*, die in den Chiricahua-Bergen im südwestlichen Arizona (USA) studiert wurden. Ein halbes Dutzend an *Polyergus*-Arbeitern geht auf die Suche nach potentiellen Sklavennestern (ihre bevorzugte Sklavenart ist *Formica gnava*) und kehrt, sobald ein passendes Nest gefunden wurde, zurück, um Verstärkung zu holen. Bis zu 1000 Arbeiter folgen dann dem ursprünglichen Suchtrupp zum auserwählten *(Formica-)*Nest. Anstatt die Bewohner des Nestes zu töten, besprühen sie diese mit einer Chemikalie, die sie zur Flucht veranlassen. Sie stehlen so viele Puppen wie sie können, tragen diese zurück zum eigenen Nest und übergeben sie den ausgewachsenen Sklaven der eigenen Art, die sie aufziehen und lehren, ihren *(Polyergus-)*Herren zu dienen.

Einige Bienen speichern ihre Exkremente wochen- oder monatelang, bevor sie den Bienenstock für einen »Toilettenflug« verlassen, auf dem sie bis zu 40 Prozent ihres Körpergewichts verlieren.

Die längsten Ameisenkolonnen bilden wahrscheinlich die Treiberameisen der Gattung *Eciton*, die in Mittel- und Südamerika beheimatet sind, und die Afrikanischen Treiberameisen der Gattung *Dorylus*. Beide Gattungen haben den Ruf, sich in hochorganisierten Kolonnen fortzubewegen. Diese können bis zu 100 m lang und über 1 m breit sein und bis zu 600 000 Ameisen beinhalten; sie benötigen regelmäßig mehrere Stunden, um sich von einem Fleck zum nächsten zu bewegen. Ihren Ruf, jedes Tier zu verschlingen, das nicht schnell genug ist, ihnen auszuweichen, besitzen sie zu Recht: Sie fressen alles, von giftigen Schlangen bis zu angebundenen Pferden. Aber ihr Ruf, über Menschen herzufallen und an ihrem Fleisch zu zerren, ist eine grobe Übertreibung. Da sie sich sehr langsam bewegen (etwa 14 m/h), ist es für jeden leicht, sich aus der Gefahrenzone zurückzuziehen. Es gibt einen Bericht über eine 1,6 km lange und 800 m breite Kolonne von Treiberameisen der Gattung *Eciton*, die im Dezember 1973 über die Stadt Goiandira (Brasilien) marschiert ist;

angeblich hat sie mehrere Menschen (darunter den Polizeipräsidenten) verschlungen, bevor sie durch eine Gruppe von Menschen, die mit Flammenwerfern bewaffnet waren, in den Dschungel zurückgetrieben wurde. Die meisten Experten bezweifeln diesen Bericht jedoch, und es ist höchst unwahrscheinlich, daß Ameisenkolonnen auch nur annähernd jemals solche Größen erreichen. Treiberameisen der Gattungen *Eciton* und *Dorylus* marschieren nicht ständig, sondern legen normalerweise nach 15 Tagen eine Rast von 20 Tagen ein, während der die Königin ihre Eier legt.

Besonders hitzevertragend sind die Ameisen der Spezies *Cataglyphis bombycina* und die *Ocymyrmex*-Ameisen. Wenn die Temperatur in der Zentralsahara 46° C erreicht und sich die meisten Lebewesen vor der Sonne verstecken, verläßt die *Cataglyphis bombycina* ihr Loch, um sich auf die Suche nach Leichen anderer Insekten zu machen, die der glühenden Hitze erlagen. Ihre eigenen Feinde, wie zum Beispiel Echsen, sind unfähig die extreme Hitze zu ertragen und deshalb sicher im Boden versteckt, während die *Cataglyphis bombycina* ihren Geschäften nachgeht. Wenn die Temperatur auf über 56° C steigt, fangen auch die Ameisen an zu leiden, werden desorientiert, verlieren ihre Koordination und schwanken umher.

Ameisen besitzen Erinnerungsvermögen. In einem Experiment, das von französischen Biologen an der Universität von Paris, in Villetaneuse, durchgeführt wurde, wurden Arbeiterameisen zweier verschiedener Arten (*Formica selysi* und *Manica rubida*) drei Monate lang gemeinsam aufgezogen und dann getrennt. Es wurde festgestellt, das sie sich 18 Monate später noch erkennen konnten, wahrscheinlich am Geruch ihrer Haut.

EINTAGSFLIEGEN

Ephemeroptera
ca. 2100 Arten.

Vom Aussterben bedroht sind laut World Conservation Union (IUCN) insgesamt 14 Arten von Eintagsfliegen. Die seltenste unter ihnen ist wahrscheinlich *Tasmanophlebia lacuscoerulei*, die in Australien lebt.

Bereits ausgestorben sind seit Mitte des 18. Jahrhunderts 2 Eintagsfliegenarten: *Acanthometropus pecatonica* und *Pantagenia robusta*, die beide in den USA lebten.

FANGHEUSCHRECKEN

Mantodea
Gottesanbeterinnen
fast 2000 Arten (die meisten davon leben in den Tropen).

Die größten Gottesanbeterinnen sind die der Gattung *Tenodera* und die Spezies *Archimantis latistyla*, die Längen von über 15 cm erreichen können.

> **Für eine weibliche Gottesanbeterin stellt ein Männchen nur eine weitere potentielle Mahlzeit dar, das Männchen kann sich daher nur sehr vorsichtig nähern; ist das Männchen unvorsichtig, wird das Weibchen zunächst seinen Kopf fressen, selbst während der Paarung.**

Die kleinste Gottesanbeterin ist eine Spezies namens *Bolbe pygmaea*, die etwa 1 cm lang ist.

Vom Aussterben bedroht ist, laut World Conservation Union (IUCN), nur eine Fangheuschreckenart: *Apteromantis aptera*, die in Spanien beheimatet ist.

FLÖHE

Siphonaptera
ca. 2400 Arten.

Der größte Floh aller 1830 wissenschaftlich anerkannten Arten ist, soweit bekannt, *Hystrichopsylla schefferi*, der nur anhand eines Exemplars, das man im Jahr 1913 dem Nest eines

Bibers in Puyallup, Washington (USA), entnahm, beschrieben wurde. Weibchen sind bis zu 8mm lang, was etwa dem Durchmesser eines Bleistifts entspricht.

> **Alle Flöhe ernähren sich ausschließlich von Blut.**

Der beste Springer ist wahrscheinlich der Katzenfloh *(Ctenocephalides felis)*, der bis zu 34 cm hoch hüpft. Dies erfordert eine Beschleunigung, die 20mal so hoch ist wie die, die benötigt wird, um eine Rakete abzuschießen. Allerdings sind auch andere Arten zu ähnlichen Höchstleistungen fähig. Bei einem 1910 in Amerika durchgeführten Experiment, in dem man es einem Menschenfloh *(Pulex irritans)* erlaubte, nach eigenem Gutdünken zu springen, brachte dieser einen Weitsprung von 33 cm und einen Hochsprung von 19,7 cm zustande. Flöhe benutzen zum Sprung nicht allein ihre Muskelkraft, sondern haben einen Mechanismus entwickelt, mit dem sie Energie erzeugen und dann speichern. Von dieser Energie können sie bis zu 97 Prozent für einen besonders großen Sprung (oder eine Serie von Sprüngen) abgeben, wann immer dies nötig ist. Viele Flöhe können stunden- oder gar tagelang ununterbrochen springen.

Vom Aussterben bedroht ist, soweit bekannt, keine Flohart.

Die gefährlichsten Flöhe siehe allgemeine Rekorde von Insekten, S. 214.

GESPENSTHEUSCHRECKEN UND STABHEUSCHRECKEN

Phasmatodea
über 2500 Arten.

Besonders gefährlich sind Gespenst- und Stabheuschrecken normalerweise nicht: Keine kann wirklich stechen oder beißen. Einige zischen beunruhigend, andere versuchen Feinde mit ihren scharfen, stacheligen Hinterläufen zu verletzen, und einige wenige krümmen den Rücken, um vorzugeben, sie könnten stechen wie ein Skorpion. Eine der »gefährlichsten« ist wahrscheinlich *Anisomorpha buprestoides* aus Florida (USA), welche eine milchige Flüssigkeit, die eine vorübergehende Erblindung auslösen kann, über eine Distanz von bis zu 20 cm verspritzen kann.

Die meisten Eier aller *Phasmatoden* produzieren die Weibchen der Spezies *Acrophyyla titan*. Diese 25 cm langen Insekten aus Queensland (Australien) legen mehr als 2000 relativ große Eier.

> **Einige Flöhe sind sehr anpassungsfähig und können unter einer Vielzahl verschiedener Wirte wählen, viele sind jedoch sehr viel spezialisierter; folglich gibt es einen Biberfloh, einen Menschenfloh, einen Pinguinfloh und sogar einen Beutelteufelfloh.**

Die größten Eier siehe allgemeine Rekorde von Insekten, S. 213.

Vom Aussterben bedroht ist, soweit bekannt, keine Gespenst- oder Stabheuschreckenart. Es ist jedoch wahrscheinlich, daß mit Fortschritt der Wissenschaft zumindest einige bedrohte Arten entdeckt werden.

> **Bei einigen Stabheuschreckenarten existieren keine Männchen; die Weibchen können durch Parthenogenese ohne ihre Hilfe befruchtete Eier produzieren.**

Bereits ausgestorben ist seit Mitte des 18. Jahrhunderts, soweit bekannt, nur eine Stabheuschreckenart: *Dryococelus australis*, von der man annimmt, daß sie in den siebziger Jahren dieses Jahrhunderts aus ihrer Heimat auf Lord Howe Island (Australien) verschwand. Es ist allerdings wahrscheinlich, daß zumindest einige Arten aussterben, bevor der Zustand ihrer Populationen richtig bewertet werden kann oder sie der Wissenschaft überhaupt bekannt sind – und daher nicht verzeichnet werden.

GRILLEN, GRASHÜPFER UND HEUSCHRECKEN

Orthoptera
ca. 20 000 Arten, darunter Grillen, Grashüpfer, Grillenschrecken und Schrecken.

Gemessen an ihrer Größe sind die Flöhe die besten Springer des Tierreichs; ein Katzenfloh schaffte es, 34 cm hoch zu springen.

Der größte bekannte Grashüpfer ist eine unidentifizierte Spezies, die an der Grenze zwischen Thailand und Malaysia zu finden ist. Sie mißt 25,4 cm Länge und kann 4,6 m weit springen.

Die größte Konzentration an Orthopteren bildete einst ein riesiger Schwarm von Felsengebirgsschrecken *(Melanoplus spretus)*, die für die Pioniere im westlichen Nordamerika eine Plage darstellten. Sie bedeckten mindestens ein Gebiet von der Größe Großbritanniens und Irlands zusammengenommen. Als der Schwarm zwischen dem 15. und dem 25. August 1875 den Staat Nebraska (USA) überflog, wurde er von einigen auf eine Größe von bis zu 514 374 m² geschätzt. Er setzte sich aus geschätzten 12 500 000 000 000 (12,5 Trillionen) Felsengebirgsschrecken zusammen und besaß ein Gewicht in der Größenordnung von 25–50 Mio. t. (Diese Zahlen sind zum Teil rein spekulativ, da die genauen Charakteristika von Felsengebirgsheuschrecken nicht bekannt sind: Die Spezies starb 1902 auf mysteriöse Art und Weise aus.)

Der zerstörerischste der Orthopteren siehe allgemeine Rekorde von Insekten, S. 214.

Vom Aussterben bedroht sind laut World Conservation Union (IUCN) insgesamt 72 Arten von Grashüpfern, Grillen, Grillenschrecken und Schrecken. Darunter finden sich neun

Arten von Grillenschrecken (Familie der *Stenopelmatidae*) aus Neuseeland, zwei Grashüpfer der Familie der *Eumastacidae* aus den USA und die Grille *Leptogryllus deceptor* aus Hawaii (USA).

> **Die Ohren von Grillen und Grashüpfern sitzen nicht am Kopf, sondern am Hinterleib oder an den Beinen; die »Ohren« bestehen aus dünnen Membranen, die mit spezialisierten Rezeptoren ausgestattet sind.**

Bereits ausgestorben ist, mit Sicherheit oder hoher Wahrscheinlichkeit, seit Mitte des 18. Jahrhunderts nur ein Orthoptere, die Heuschrecke *Neduba extincta*, die 1937 aus ihrer Heimat in den USA verschwand.

In der höchsten Höhe lebt eine Spezies namens *Punacris peruviana* aus der Unterfamilie der *Tristirinae*: Sie findet sich im kurzen, drahtigen Gras der trockenen peruanischen Anden in mehr als 4300 m Höhe.

KÄFER

Coleptera
fast 400 000 Arten (knapp ein Drittel aller beschriebenen Tierarten), darunter Käfer, Rüsselkäfer, Marienkäfer und Leuchtkäfer.

Die längsten Käfer der Welt sind zwei Arten von Herkuleskäfern: *Dynastes hercules* und *D. neptunus*, die in Mittelamerika, im nördlichen Südamerika und auf einigen karibischen Inseln zu finden sind. Männchen werden bis zu 19 cm *(D. hercules)* beziehungsweise 18 cm *(D. neptunus)* lang, wobei allerdings bei beiden Arten mehr als die Hälfte der Länge von den beiden Hörnern eingenommen wird, die sich gegenüberliegend an Kopf und Prothorax befinden. So gesehen sollte der Titel des längsten Käfers vielleicht eher dem *Titanus giganteus* aus der Amazonasregion verliehen werden, da dieser keine Hörner besitzt und trotzdem Längen von bis zu 16 cm erreicht (es existieren außerdem unbelegte Berichte über Exemplare von bis zu 20,3 cm Länge).

Der schwerste Käfer siehe allgemeine Rekorde von Insekten, S. 211.

Die stärksten Tiere der Welt sind, im Verhältnis zum Körpergewicht, die größeren Käfer der Familie *Scarabaeidae*, die vor allem in den Tropen zu finden sind. In Tests, die mit einem Nashornkäfer der Unterfamilie *Dynastinae* durchgeführt wurden, wurde festgestellt, daß er das 850fache seines eigenen Körpergewichts auf seinem Rücken tragen kann.
Ein Waldmistkäfer wurde dabei beobachtet, eine Last von 80 g oder dem 400fachen seines eigenen Körpergewichts von einem Punkt zum anderen zu schieben.

Die größte Schubkraft (durchschnittlich 400 g) kann der Schnellkäfer *Athous haemorrhoidalis* (Familie der *Elateridae*) erlangen. Wenn der Käfer auf den Rücken gelegt wird (oder fällt), kann er sich durch einen Luftsprung wieder aufrichten. Er wölbt seinen Rücken, hält diese Position eine Zeitlang, bis die Muskeln sich gespannt haben, und schnellt dann plötzlich mit Hilfe eines bauch-seitigen Springmechanismus' in die Luft. Wenn der Untergrund sehr uneben ist, schlägt der Käfer einige Purzelbäume in der Luft und landet schließlich nicht unbedingt auf den Füßen – er versucht es jedoch so lange weiter, bis er auf den Beinen landet. Der Sprung geschieht fast vertikal und kann bis zu 30 cm hoch sein.

Die langlebigsten Käfer siehe allgemeine Rekorde von Insekten, S. 212.

Den längsten Rüssel, im Verhältnis zur Körpergröße, besitzt der Südafrikanische Rüsselkäfer *Antliarhinus zamiae*. Im Durchschnitt ist der Rüsselkäfer selbst etwa 3 cm und sein Rüssel weitere 2 cm lang. Es wird angenommen, daß er den langen Rüssel benötigt, um Löcher zur Eiablage

Herkuleskäfer, die in Mittel- und Südamerika und auf einigen karibischen Inseln vorkommen, sind die längsten Käfer der Welt, dieses Exemplar wurde auf Dominica (Kleine Antillen) fotografiert.

in die Samen von Palmfarngewächsen zu bohren.

Die merkwürdigste Art der Verteidigung hat der Bombardierkäfer (Gattung *Brachinus*), der zwei relativ harmlose Chemikalien in einer speziellen Kammer seines Hinterleibs lagert. Wenn er sich bedroht fühlt, werden die Chemikalien in eine zweite Kammer entlassen, wo sie sich mit einem Emzym vermischen. Dies löst eine heftige chemische Reaktion aus und setzt beträchtliche Hitze frei. Das Gemisch kann eine Temperatur von 100° C erreichen und wird durch den After als explodierendes, dampfendes Reizgas ausgestoßen (welches der Käfer mit bemerkenswerter Genauigkeit auf ein Ziel richten kann). Der Dampf kann 500mal in der Sekunde an- und ausgestellt werden, wobei der Käfer ein System benutzt, das dem des Rückstoßmotors, mit dem die fliegende deutsche V-1 Bombe während des 2. Weltkrieges angetrieben wurde, sehr ähnelt; allerdings war die V-1 nur zu 42 Rückstößen in der Sekunde fähig.

Vom Aussterben bedrohte Arten sind, laut World Conservation Union (IUCN), bei den Käfern zahlreicher als bei jeder anderen Gruppe von Insekten: insgesamt 378, von denen 190 als besonders gefährdet betrachtet werden. Viele weitere Arten werden mit fortschreitendem Wissensstand der Liste wahrscheinlich hinzugefügt werden müssen. Außerdem macht man sich um mehrere hundert Arten ernsthafte Sorgen, deren Populationszustände erst noch korrekt bewertet werden müssen.

Bereits ausgestorben sind, mit Sicherheit oder hoher Wahrscheinlichkeit, seit Mitte des 18. Jahrhunderts insgesamt 18 Käferarten. Der größte Teil lebte in den USA, darunter der *Hygrotus artus*, der *Pentharthrum blackburni* und der *Trigonoscuta rossi*. Es ist allerdings wahrscheinlich, daß zumindest einige Arten aussterben, bevor der Zustand ihrer Populationen richtig bewertet werden kann, oder sie der Wissenschaft überhaupt bekannt sind – und so nicht verzeichnet werden.

Die größte Familie des Tierreichs stellen mit über 60 000 bekannten Arten die Rüsselkäfer (Familie der Curculionidae) dar. Alle Rüsselkäfer sind Pflanzenfresser und viele von ihnen gelten als Plagen.

KÖCHERFLIEGEN

Trichoptera
fast 10 000 Arten.

Vom Aussterben bedroht sind, mit Sicherheit oder hoher Wahrscheinlichkeit, laut World Conservation Uninon (IUCN) insgeamt 49 Köcherfliegenarten. Acht dieser Arten finden sich in Australien, die restlichen 41 in den USA. Diese Zahlen deuten sowohl auf einen hohen Stand der Erforschung in diesen Ländern, als auch auf ein relativ hohes Vorkommen an bedrohten Arten.

> **Einige Köcherfliegenlarven bauen sich Schutzgehäuse (Köcher) aus Zweigen, um Fische daran zu hindern, sie zu verschlucken.**

Bereits ausgestorben sind, mit Sicherheit oder hoher Wahrscheinlichkeit, seit Mitte des 18. Jahrhunderts sind vier Köcherfliegenarten: *Rhyacophila amabilis*, *Triaenodes phalacris* und *Triaenodes tridonata*, die alle in den USA lebten; und *Hydropsyche tobiasi*, die in Deutschland lebte. Es ist jedoch wahrscheinlich, daß zumindest einige Köcherfliegenarten aussterben, bevor der Zustand ihrer Populationen richtig bewertet werden kann oder sie der Wissenschaft überhaupt bekannt sind – und daher nicht verzeichnet werden.

LÄUSE

Phthiraptera und Psocoptera
ca. 7000 Arten, darunter Echte Läuse, Bücherläuse, Rindenläuse.

Das leichteste Insekt der Welt ist die blutsaugende, männliche *Enderleinellus zonatus*. Sie teilt diesen Titel allerdings mit der parasitären Wespe *Caraphractus cinctus*. Das Minimalgewicht einer einzelnen Laus beträgt 0,005 mg.

Vom Aussterben bedroht ist laut World Conservation Union, (IUCN), soweit bekannt, nur eine Art: *Haematopinus oliveri* aus Indien. Viele weitere Arten werden allerdings mit fortschreitendem Wissensstand der Liste wahrscheinlich hinzugefügt werden müssen. Auch ist von keiner Spezies bekannt, ausgestorben zu sein. Jedoch verschwinden höchstwahrscheinlich zumindest einige

Arten, bevor der Zustand ihrer Populationen richtig bewertet werden kann oder sie der Wissenschaft überhaupt bekannt sind – und daher nicht verzeichnet werden.

> **Pelikanläuse leben in den Kehlsäcken der Pelikane und gelangen durch die Nasenlöcher der Schnäbel ins Freie, um ihre Eier auf den Kopf- und Halsfedern der Vögel abzulegen.**

LIBELLEN UND WASSERJUNGFERN

Odonata
ca. 5500 Arten.

Die ersten Libellen und Wasserjungfern tauchten im Karbon vor 280 bis 350 Mio. Jahren auf, womit sie (zusammen mit den Eintagsfliegen) die ältesten fliegenden Insekten der Welt sind.

Die größte Odonata ist eine Wasserjungfer namens *Megalopropus caeruleata*, die in Mittel- und Südamerika zu finden ist. Sie besitzt eine Körperlänge von 12 cm und eine Flügelspannweite von bis zu 19,1 cm.

Die größte prähistorische Odonata siehe allgemeine Rekorde von Insekten, S. 211.

Die kleinste Odonata der Welt ist die Libelle *Agriocnemis naia* aus Myanmar (Burma). Ein Exemplar, das sich im Natural History Museum (GB) befindet, besitzt eine Körperlänge von 1,8 cm und eine Flügelspannweite von 1,76 cm.

Der schnellste Odonata siehe allgemeine Rekorde von Insekten, S. 211.

Vom Austerben bedroht sind, mit Sicherheit oder hoher Wahrscheinlichkeit, laut World Conservation Union (IUCN) insgesamt 138 Libellen- und Wasserjungfernarten (weitere Arten werden mit fortschreitendem Wissensstand der Liste wahrscheinlich hinzugefügt werden müssen). Zu den Arten, die als besonders ernsthaft gefährdet angesehen werden, gehören unter anderem *Ischnura gemina* aus den USA; *Megalagrion pacificum* aus Hawaii (USA); *Somatochlora hineana* aus den USA; *Motonagrion hirisei* aus Japan; *Platycnemis mauriciana* aus Mauritius; und *Mecistogaster pronoti* aus Brasilien.

Bereits ausgestorben sind seit Mitte des 18. Jahrhunderts, mit Sicherheit oder hoher Wahrscheinlichkeit, nur drei Arten von Odonata: *Megalagrion jugorum* und *Ophiogomphus edmundo*, die beide in den USA lebten; und *Sympetrum dilatatum*, die auf St. Helena beheimatet war. Es ist allerdings wahrscheinlich, daß zumindest einige Libellen- und Wasserjungfernarten aussterben, bevor der Zustand ihrer Populationen richtig bewertet werden kann oder sie der Wissenschaft überhaupt bekannt sind – und daher nicht verzeichnet werden.

Was Libellen und Wasserjungfern unterscheidet: Libellen strecken die Flügel im Ruhezustand aus, Wasserjungfern halten sie auf ihrem Rücken zusammen.

MÜCKEN UND FLIEGEN

Diptera
ca. 120 000 Arten, darunter Mücken, Schnaken, Moskitos, Zuckmücken, Stubenfliegen, Schmeißfliegen, Pferdebremsen, Schwebfliegen.

Die größte Fliege der Welt ist *Mydas heros* aus dem tropischen Südamerika, die bis zu 6 cm lang wird und eine Flügelspannweite von maximal 10 cm besitzt. Dieser kraftvolle Räuber greift seine Beute, indem er sie in den Hals beißt, ebenso gut bewaffnet an wie Bienen und Wespen.

Jede Stubenfliege trägt zwischen 2 und 3 Millionen Bakterien an oder in ihrem Körper.

Schnaken (Familie der *Tipulidae*) haben sehr lange Körper und Beine, besitzen jedoch wenig Masse. Bei einigen Arten kann die Körperlänge bis zu 6,5 cm und die Flügelspannweite über 10 cm betragen. Es kann sogar die Gesamtlänge mit ausgestreckten Beinen (gemessen von der Spitze der Vorderbeine zur Spitze der Hinterbeine) bei Arten wie *Holorusia brobdignagius* wahrscheinlich 23 cm überschreiten.

Der schnellste Flügelschlag siehe allgemeine Rekorde von Insekten, S. 211.

Die schnellste Diptera siehe allgemeine Rekorde von Insekten, S. 211.

Wenn ein Paar Stubenfliegen einen Sommer lang sich selbst überlassen wäre und all ihre Nachkommen überlebten, gäbe es genug Fliegen, um ein Gebiet von der Größe Deutschlands mit einer sechs Stockwerke hohen Schicht zu bedecken.

Die meiststudierten Tiere der Welt sind wahrscheinlich einige Fruchtfliegenarten der Gattung *Drosophila*. Das einfache Züchten der Fliegen, ihre geringe Größe, ihre hohe Reproduktionsrate und ihre riesigen Speichelchromosomen machen sie zu idealen Laborinsekten für eine Reihe von Studien, darunter genetischen, zytologischen und physiologischen. Sie wurden besonders für klassische genetische Experimente benutzt, und es wurden sogar ganze genetische Baupläne für einige Arten erstellt.

Vom Aussterben bedroht sind, mit Sicherheit oder hoher Wahrscheinlichkeit, laut World Conservation Union (IUCN) insgesamt 18 Arten (viele weitere werden mit fortschreitendem Wissensstand der Liste wahrscheinlich hinzugefügt werden müssen). Die gefährdetsten sind die Mücke *Edwardsina gigantea* aus Australien; die Mücke *Edwardsina tasmaniensis* aus Tasmanien (Australien); und die Fliege *Brennania belkini*, die in Mexiko und den USA zu finden ist.

Es ist schwierig, eine Fliege mit der Hand zu treffen, da ihre Augen sehr sensibel auf Bewegung reagieren und sie eine Reaktionszeit von nur 0,02 Sekunden besitzt (die minimale Reaktionszeit des Menschen beträgt hingegen 0,25 Sekunden); einer Fliege muß der Versuch, sie zu treffen, wie in Zeitlupe vorkommen.

Bereits ausgestorben sind seit Mitte des 18. Jahrhunderts, soweit bekannt, nur drei Arten: die Fliegen *Stonemyia volutina* und *Campsicnemus mirabilis* und die Fruchtfliege *Drosophila lanaiensis*, die alle in den USA lebten.

Die kurzlebigste Fliege siehe allgemeine Rekorde von Insekten, S. 212.

Die gefährlichste Diptera siehe allgemeine Rekorde von Insekten, S. 214.

Der tiefgreifendste Einfluß siehe allgemeine Rekorde von Insekten, S. 214.

NETZFLÜGLER

Neuroptera
ca. 4500 Arten von Netzflüglern und Kamelhalsfliegen.

Vom Aussterben bedroht sind, mit Sicherheit oder hoher Wahrscheinlichkeit, laut World Conservation Union (IUCN) insgesamt sieben Arten von Netzflüglern (weitere werden mit fortschreitendem Wissensstand der Liste wahrscheinlich hinzugefügt werden müssen). Alle sieben Spezies finden sich auf Hawaii (USA). Von keiner Art ist bekannt, ausgestorben zu sein, obwohl die Wahrscheinlichkeit hoch ist, daß zumindest einige Arten verschwinden, bevor der Zustand ihrer Populationen richtig bewertet werden kann oder sie der Wissenschaft überhaupt bekannt sind – und daher nicht verzeichnet werden.

OHRWÜRMER

Dermaptera
ca. 1800 Arten.

Der größte Ohrwurm der Welt ist der Sandohrwurm *Labidura herculeana* von der Insel St. Helena. Er besitzt eine Körperlänge von 3,6–5,4 cm und eine Zange von zusätzlichen 1,5–2,4 cm , womit er eine maximale Gesamtlänge von 7,8 cm erreichen kann. Das größte bekannte Exemplar ist ein Männchen von 7,8 cm Gesamtlänge, das sich in der Sammlung des Musée Royal de l'Afrique Centrale in Tervuren (Belgien) befindet. Weibchen tendieren dazu, kleiner zu sein und vergleichsweise kürzere Zangen zu besitzen. Dieses wenig bekannte Insekt, das 1798 zum ersten Mal beschrieben und dann bis 1965 nicht wieder gesichtet wurde, ist extrem selten oder sogar bereits ausgestorben (s.a. *Bereits ausgestorben*).

Vom Aussterben bedroht ist, soweit bekannt, keine Ohrwurmart. Es ist jedoch wahrscheinlich, daß mit fortschreitendem Wissensstand zumin-

Wirbellose Tiere

dest einige bedrohte Arten ausgemacht werden.

> Ohrwürmer kamen zu ihrem Namen, weil sie sich gern durch jede kleine Ritze oder Spalte quetschen und auch wirklich versuchen, in menschliche Ohren einzudringen, wenn sie die Möglichkeit haben; allerdings zerreißen sie nicht das Trommelfell oder höhlen das Gehirn aus, wie die Leute glauben.

Bereits ausgestorben ist, soweit bekannt, nur eine Spezies: Der Sandohrwurm *Labidura herculeana* wurde lebendig zum letzten Mal 1965–67 von einer belgischen Expedition von Zoologen in Horse Point Plain, einem kargen, etwa 1 km² großen Gebiet im äußersten Nordosten von St. Helena, gesichtet. Der Grund seines Aussterbens ist unbekannt.

SCHABEN

Blattodea
fast 4000 Arten.

Die größte Wanze der Welt ist *Megaloblatta longipennis* aus Kolumbien. Ein präpariertes Weibchen, das sich in der Sammlung von Akira Yokokura aus Yamagata (Japan) befindet, mißt 9,7 m in der Länge und 4,5 cm in der Breite.

> Eine bestimmte Wanzenart aus Südafrika stellt sich auf den Kopf und zischt nachdrücklich, wenn sie bedroht wird.

Vom Aussterben bedroht ist, mit Sicherheit oder hoher Wahrscheinlichkeit, nur *Aspiduchus cavernicola*, eine wenig bekannte Art aus Puerto Rico. Mit fortschreitendem Wissensstand werden wahrscheinlich weitere Schaben der Liste hinzugefügt werden müssen. Von keiner Spezies ist bekannt, daß sie bereits ausgestorben ist, obwohl wahrscheinlich zumindest einige Arten aussterben, bevor der Zustand ihrer Populationen richtig bewertet werden kann oder sie der Wissenschaft überhaupt bekannt sind – und daher nicht verzeichnet werden.

Die schnellste Schabe siehe allgemeine Rekorde von Insekten, S. 212.

SCHMETTERLINGE UND MOTTEN

Lepidoptera
ca. 165 000 bekannte Arten: darunter etwa 20 000 Schmetterlinge und 145 000 Motten.

Der größte bekannte Schmetterling ist der seltene Vogelflügler *Ornithoptera alexandrae*, der im Gebiet der Popondetta Ebene, in Northern Province Papua Neuguinea, zu finden ist. Weibchen sind größer als Männchen und besitzen eine vordere Flügelspannweite, die von Spitze zu Spitze über 28 cm betragen kann (durchschnittlich 21 cm), und ein Gewicht von mehr als 25 g. Diese Art wird selten gesichtet: Sie kommt nur in Verbindung mit der Kletterpflanze *Aristolochia dielsiana* vor (ihre einzige Nahrungsquelle), und sowohl Schmetterlinge wie Larven leben

> *Der größte Ohrwurm der Welt ist der Sandohrwurm Labidura herculeana, der hier in voller Lebensgröße abgebildet ist.*

außer Sichtweite 15–40 m hoch in den Blättern der Pflanze.

Es gibt mehrere Motten, die ebenso groß sind wie der Vogelflügler *Ornithoptera alexandrae* und ihn in der Größe vielleicht sogar schlagen könnten. Die Motte *Cosdinoscera hercules*, die im tropischen Australien und in Papua Neuguinea zu finden ist, besitzt eine Flügelspannweite von bis zu 28 cm, und es existiert ein unbelegter Bericht über 36 cm Spannweite, gemessen an einem Weibchen, das 1948 in Innisfail, Queensland (Australien), gefangen wurde. Die seltene Motte *Thysania agrippina*, die in den südlichen USA, in Mittel- und Südamerika lebt, ist von ähnlicher Größe: Den Rekord hält ein Weibchen mit einer Flügelspannweite von 30,8 cm; es wurde 1934 eingefangen und gehört nun zur Sammlung von John G. Powers aus Ontario (Kanada). Der riesige Atlasspinner *(Attacus atlas)* wird oft mit einem Vogel verwechselt, wenn er durch seinen heimatlichen Regenwald in Südostasien fliegt; er besitzt eine Flügelspannweite von bis zu 25 cm (obwohl es unbelegte Aufzeichnungen von bis zu 30 cm gibt); das Männchen besitzt große gefiederte Antennen, die größten aller Schmetterlinge und Motten.

Den besten Geruchssinn aller Tiere besitzt das männliche Kleine Nachtpfauenauge, das Weibchen über eine fast unglaubliche Entfernung von 11 km wittern kann.

Der kleinste bekannte Lepidoptera ist eine Zwergmotte namens *Stigmella ridiculosa*, die auf den Kanarischen Inseln lebt. Sie besitzt eine Flügelspannweite von 2 mm und eine ähnliche Körperlänge. Der kleinste Schmetterling der Welt ist der *Brephidium barberae* aus Südafrika. Er besitzt eine Flügelspannweite von 1,4 cm und ein Gewicht von unter 10 mg.

Den längsten Rüssel besitzen die Schwärmer (Familie der *Sphingidae*). Der Saugrüssel ist eine charakteristische Eigenschaft der ausgewachsenen Lepidoptera und wird im Ruhezustand normalerweise unter dem Kopf eingerollt. Er dient als flexibler Strohhalm und wird vor allem dazu verwendet, um an den Nektar in tiefen, röhrenförmigen Blütenkelchen von Orchideen heranzukommen.
Den längsten Rüssel aller Schwärmer besitzt der *Xanthopan morgani praedicta*. Verblüffenderweise hat Charles Darwin die Existenz dieser Motte 40 Jahre vor ihrer tatsächlichen Entdeckung im Jahr 1903 vorhergesagt. Nachdem er eine madagassische Orchidee namens *Angraecum sesquipedale* untersucht hatte, deren Nektar sich in fast 30 cm Tiefe befindet,

schloß er, daß Madagaskar Heimat eines Schmetterlings oder einer Motte sein müsse, die mit einem extrem langen Proboscis (Rüssel) an den Nektar heranreicht (und dadurch die Pollen der Orchidee streift und sie so bestäubt). Wie Darwin vermutete, besitzt der *Xanthopan morgani praedicta* einen Rüssel von rekordbrechenden 28 cm Länge, was gerade ausreicht, um an den Nektar der Orchidee zu gelangen.

> **Der Monarch ist so giftig und ungenießbar, daß er, wenn er gefressen wird, einen Brechreiz bei Vögeln und anderen Feinden auslöst.**

Es ist möglich, daß eine weitere bislang unentdeckte Art einen noch längeren Rüssel besitzt; die madagassische Orchidee *A. longicalcar* ist noch tiefer als *A. sesquipedale*. Es wäre ein Rüssel von 38 cm Länge nötig, um an ihren Nektar zu gelangen.

Den schärfsten Geruchssinn, der in der Natur zu finden ist, besitzt das männliche Kleine Nachtpfauenauge *(Eudia pavonia)*, das, laut deutscher Experimente im Jahr 1961, Sexualduftstoffe von Weibchen aus einer fast unglaublichen Entfernung von 11 km wahrnehmen kann. Der Duft der Weibchen stammt von einem der konzentrierteren Alkohole, von dem sie weniger als 0,0001 mg bei sich tragen

(und jedesmal nur eine winzig kleine Portion in die Luft abgeben). Die Chemorezeptoren auf den Antennen der männlichen Nachtpfauenaugen sind so empfindlich, daß sie ein einziges Molekül des Duftes ausmachen können; sie können außerdem die Stärke des Geruchs bestimmen und, wenn er intensiver wird, der Richtung zur weiblichen Quelle folgen.

Der gierigste Lepidoptera ist die Raupe des *Antheraea phemus* aus Nordamerika. Sie konsumiert in den ersten 56 Tagen ihres Lebens eine Masse an Eichen-, Ahorn- und Birkenblättern, die dem 86 000fachen ihres eigenen Körpergewichts gleichkommt. Im menschlichen Vergleich entspricht dies einem 3,17 kg schweren Baby, das 273 t Nahrung zu sich nimmt.

Der lauteste aller Lepidoptera, die normalerweise der Inbegriff von Ruhe und Frieden sind, ist ein männlicher Schmetterling der Gattung *Hamadryas*. Er macht ein lautes Klicketie-Klicketie-Klack-Geräusch, das auf eine Entfernung von bis zu 30,5 m zu hören ist. Eine Analyse von Hochgeschwindigkeitsfotografien und Tonaufnahmen (mittels eines Computers), die von dem Biologen Julián Monge-Nájera an der Universität von Costa Rica durchgeführt wurde, zeigte, daß die Männchen das Geräusch verursachen, wenn ihre vorderen Flügel im kräftigen Flug miteinander kollidieren (normalerweise geschieht dies vor der Werbung, wenn sie ent-

Wirbellose Tiere

lang weiblicher Flugstrecken um einen Platz kämpfen).

Einige Motten produzieren, wenn sie Fledermäuse hören, laute Ultraschallgeräusche (außerhalb des menschlichen Wahrnehmungsvermögens), um die Räuber zu vertreiben. Es ist unklar, wie die Geräusche auf die Fledermäuse wirken, aber sie könnten sie erschrecken oder ihr Echo-Orientierungssystem stören, oder sie könnten sogar akustische Gegenstücke zu Warnfarben darstellen (und den Fledermäusen mitteilen, daß die Motten nicht schmecken).

> Schmetterlinge und Motten besitzen einige der merkwürdigsten Namen des Tierreiches. Beispiele hierfür sind: das Damenbrett, der Kleine Hopfenwurzelbohrer, der Milchfleck, der Graselefant und das Große Jungfernkind.

Die merkwürdigste Ernährung besitzen mehrere hundert tropische und subtropische Mottenarten (die 6 verschiedenen Familien angehören). Sie trinken die Tränen von Huftieren, wie zum Beispiel von Rindern, Hirschen, Pferden, Tapiren, Schweinen und Elefanten. Sie wurden auch schon dabei beobachtet, menschliche Tränen zu trinken, jedoch noch nicht dabei, Raubtieren, Beuteltieren, Vögeln oder anderen Gruppen von Wirbeltieren einen Besuch abzustatten. Die Bevorzugung bestimmter Wirte könnte darauf hindeuten, daß die Tränen verschiedener Tiere unterschiedliche chemische Zusammensetzungen haben – es könnte jedoch auch einfach daran liegen, daß die meistfrequentierten Opfer die gelassensten und tolerantesten sind. Tränen, so nimmt man an, sind eine Quelle für Protein und Salz und bilden für die meisten Mottenarten nur einen Teil ihrer Ernährung. Allerdings ernähren sich fast 10 Arten ausschließlich von Tränen, und eine der hochentwickelsten unter ihnen, eine südostasiatische Motte namens *Lobocraspis griseifusa*, wischt sogar mit ihrem Rüssel am Augapfel des Opfers, um einen reichhaltigen Tränenfluß zu stimulieren.

Der größte Blutsauger ist die Motte *Calyptra eustrigata*, die in Malaysia zu Hause ist. Eine Reihe von Motten lecken auf nutzließende Art das Blut auf, das aus offenen Wunden sickert. Die *Calyptra eustrigata* jedoch ist der einzige bekannte Lepidoptera, der die Wunden selbst verursacht, um an das Blut zu kommen. Die Motte besitzt einen ungewöhnlich kurzen, kräftigen Rüssel, den sie direkt durch die Haut großer Säugetiere bohrt (was einen kurzen Schmerz hervorruft), um ihn dann als eine Art Strohhalm zum Einsaugen des Blutes zu benutzen. Diese einzigartige Form der Ernährung entwickelte sich wahrscheinlich aus dem unter Motten mit ähnlichem Rüssel weitverbreiteten Verhalten, Früchte anzustechen.

Die höchste Lebenserwartung besitzen die 38 Schmetterlingsarten der Gattung *Heliconius*. Sie können 25mal länger leben als die meisten anderen Schmetterlinge. Der älteste, der je verzeichnet wurde, war etwa 9 Monate alt, als er schließlich starb. Der gesamte Lebenszyklus eines Schmetterlings oder einer Motte (Ei – Raupe oder Larve – Puppe – Imago) kann bis zu mehreren Jahren dauern. Aber das Stadium der Imago ist meist kürzer als alle vorherigen Stadien. Die meisten ausgewachsenen Schmetterlinge leben durchschnittlich 2–3 Wochen (einige nur eine Woche), was ihnen zur Werbung, Paarung und Eiablage wenig Zeit läßt. Einige wenige Arten, die überwintern, können bis zu 12 Monate leben – zum Beispiel der Zitronenfalter *(Gonepteryx rhamni)* und das Tagpfauenauge *(Inachis io)* –, aber nur wenige bleiben so lange aktiv.

Die besten Chemiker der Natur könnten die Schmetterlinge sein. Ein Team von deutschen und britischen

Die meisten ausgewachsenen Schmetterlinge leben, wie dieser Schwalbenschwanz, nur wenige Wochen oder Monate – obwohl ihr gesamter Lebenszyklus mehrere Jahre dauern kann.

Wissenschaftlern hat herausgefunden, daß Afrikanische Wanderfalter der Gattungen *Danaus, Tirumada* und *Amauris* 214 Verbindungen aus 14 verschiedenen chemischen Gruppen herstellen können. Die einzelnen Wanderfalterarten besitzen ein sehr unterschiedliches »Repertoire« an Verbindungen (wovon einige nur von einer einzigen Art hergestellt werden), die jeweils zwischen 12 und 59 verschiedene Chemikalien enthalten. Bis zu dieser Studie waren einige der Chemikalien in der Natur unbekannt. Sie werden in den männlichen Duftdrüsen produziert und man nimmt an, daß sie zur Herstellung von Phenoromen dienen (die den Weibchen die Sicherheit geben, daß ihr potentieller Partner der richtigen Art angehört) und den Schmetterling für Vögel und andere potentielle Räuber extrem giftig machen.

Die niedrigsten Temperaturen kann wahrscheinlich die Raupe *Gynaephora groenlandica* aus der Antarktis ertragen, welche die Larve einer Tigermotte aus der Familie der *Arctiidae* ist. Die Raupe verbringt bei Temperaturen von −50° C oder niedriger bis zu 10 Monate des Jahres in tiefgefrorenem Zustand.

Hunderte Insektenarten sind fähig, während des Winters lange Zeit zu gefrieren, ohne dabei Schaden zu nehmen, und dann im Frühling wieder aufzutauen.

Der am schnellsten fliegende Lepidoptera ist der Totenkopfschwärmer *(Acherontia atropos)*, der in Europa, Afrika und im nördlichen Asien zu finden ist. Er besitzt eine komplexe Flügelschlagtechnik (darunter mindestens 4 unterschiedliche Flügelbewegungen, um einen maximalen Auftrieb zu erzielen) und erreicht über kurze Strecken Geschwindigkeiten von fast 54 km/h. Bei Experimenten stellte sich heraus, daß die höchste Geschwindigkeit, die von Lepidoptera über lange Strecken aufrechterhalten werden kann, 39 km/h beträgt. Dieser Rekord wird von mehreren Schwärmern (Familie der *Sphingidae*) und einigen Dickkopffaltern (Familie der *Hesperiidae*) gehalten.

> Es gibt eine Faustregel, die besagt, daß Schmetterlinge helle bunte Farben besitzen und bei Tag fliegen und Motten dunkle Farben haben und bei Nacht fliegen; dies trifft größtenteils zu, es gibt jedoch auch viele Ausnahmen.

Die längste Flugwanderung unter den Lepidoptera zu identifizieren ist extrem schwierig, da die Schmetterlinge und Motten zu klein, zerbrechlich und kurzlebig sind, um ihre Bewegungen mittels der Technik des Markierens und Wiedereinfangens zu verfolgen, die so erfolgreich bei der Erforschung der Vögel verwendet wird. Es gab dennoch ein paar außerordentliche Erfolge mit dieser Technik. Den Rekord stellte ein weiblicher Monarch *(Danaus plexippus)* auf, der am 6. September 1986 von Donald Davis markiert und dann im Presqu'ile Provincial Park in der Nähe von Brighton, Ontario (Kanada), in die Freiheit entlassen wurde. Am 15. Januar 1987 fand man ihn auf einem Berg in der Nähe von Angangueo, Mexiko, 3432 km vom Ausgangspunkt entfernt, wieder. Die Distanz wurde in gerader Linie gemessen, die wirklich zurückgelegte Strecke könnte daher noch beträchtlich länger sein.
Dr. William Hendrix III von der Iowa State University und Dr. William Showers vom Corn Research Institute in Ankeny, Iowa (USA), studierten die Wanderungen nordamerikanischer Motten, indem sie die Pollen untersuchten, die am Ende der Wanderun-

gen am Körper der Tiere zu finden waren. Ihre Funde deuten darauf hin, daß zwei Motten der Familie *Noctuidae*, die Ypsiloneule *(Agrotis ipsilon)* und *Pseudaletia unipunctata*, extrem lange Strecken zurücklegen. Sie untersuchten insgesamt 5755 Motten in Iowa und konnten bei 14 von ihnen den Ursprung der Pollen mit einigermaßen großer Gewißheit zurückverfolgen. Diese speziellen Motten waren mindestens 1600 km weit geflogen, einige sogar bis zu 2200 km.
Riesige Mengen von Schmetterlingen der Spezies *Cynthia cardui* wandern von der nordafrikanischen und arabischen Wüste aus nordwärts nach Europa und manchmal bis nach Island und darüber hinaus. In Ausnahmefällen entfernen sie sich im Sommer mehr als 3000 km von ihren winterlichen Brutplätzen und dringen bis weit über den Polarkreis hinaus vor. Es ist nicht bekannt, ob diese großen Distanzen in einem Stück oder über mehrere Generationen hinweg zurückgelegt werden.

Die höchste Höhe, in der wandernde Schmetterlinge je angetroffen wurden, betrug 5791 m: Eine kleine Schar von Kleinen Füchsen *(Aglais urticae)* wurde dabei beobachtet, über den Zemu-Gletscher im östlichen Himalayagebirge zu fliegen. Der Kleine Perlmuttfalter *(Issoria lathonia)* wurde angeblich in 6000 m Höhe im Himalaya gesichtet.

Der längste »Vorbeiflug« wurde 1928/29 verzeichnet, als eine riesige Schar von Weißlingen der Spezies *Catopsilia florella* 3 Monate benötigte, um das Haus eines Entomologen in Ostafrika zu passieren. Allem Anschein nach war es ein kontinuierlicher Strom von Schmetterlingen, der zeitweise auch in riesigen Schwärmen am Haus vorbeiflog.

Die größten Kolonien bilden die Monarchen *(Danaus plexippus)*, die sich jeden November zu Millionen in den Nadelbaum- und Zypressenwäldern entlang der kalifornischen und mexikanischen Küste einfinden. Sie verbringen den Winter jedes Jahr am selben Ort, wobei es, abhängig von den Wetterverhältnissen, nur kleine Veränderungen dabei gibt, welche Bäume genau ausgesucht werden. Dicht zusammengedrängt bedecken sie oft jeden Fleck, der auf den Ästen und Stämmen zur Verfügung steht. Die kalifornischen Kolonien bestehen je aus maximal 100 000 Schmetterlingen, wohingegen die mexikani-

schen beträchtlich größer sind und sich aus mehreren Millionen Monarchen zusammensetzen können (es werden Konzentrationen von 10 Mio./ha erreicht). Wenn der Frühling kommt, verlassen sie ihre Ruheplätze und paaren sich, bevor sie Ende Februar oder Anfang März ihre Wanderung bis zu 3000 km Richtung Norden antreten.

> Schmetterlinge und Motten können auf Grund ihrer Flügelhaltung auseinandergehalten werden: Obwohl es eine Reihe von Ausnahmen gibt, halten die meisten Schmetterlinge die Flügel vertikal über dem Körper zusammen, während Motten sie horizontal falten; ein weiteres Unterscheidungsmerkmal sind die Fühler, die bei Schmetterlingen in kleinen Keulen enden, bei Motten jedoch meist gefiedert sind.

Die größte Artenvielfalt der Welt findet sich in den Regenwäldern Südamerikas. Gerardo Lamas und seine Kollegen haben in einem 55 km² großen Gebiet im Tambopata-Reservat im Flußgebiet des Rio Madre de Dios (südöstliches Peru) nicht weniger als 1209 Arten verzeichnet. In einer ähnlichen Studie in Fazenda Rancho Grande, Rondônia (westliches Brasilien), haben Thomas Emmel und George Austin in einem viel kleineren Waldstück (einige km²) bislang 800 Arten identifiziert. Sie schätzen, daß es hier insgesamt 1500–1600 verschiedene Arten gibt. Zum Vergleich: In ganz Europa finden sich 380 Arten.

Vom Aussterben bedroht sind, mit Sicherheit oder hoher Wahrscheinlichkeit, laut World Conservation Union (IUCN) insgesamt 342 Schmetterlings- und Mottenarten (mit fortschreitendem Wissensstand werden wahrscheinlich viele weitere Arten der Liste hinzugefügt werden müssen). Etwa 25 davon werden als besonders ernsthaft gefährdet angesehen, darunter der Vogelflügler *Ornithoptera alexandrae* aus Papua Neuguinea; der Europäische Arion-Bläuling *(Maculinea arion)*; *Heliconius nattereri* aus Brasilien; *Phyciodes batesi* aus den USA; und *Euroserpinus wiesti* aus den USA. Weitere 98 Unterarten sind mit Sicherheit oder hoher Wahrscheinlichkeit vom Aussterben bedroht.

Wirbellose Tiere

Bereits ausgestorben sind in jüngster Zeit, mit Sicherheit oder hoher Wahrscheinlichkeit, 38 Schmetterlings- und Mottenarten, darunter der Schmetterling *Glaucopsyche xerces*, der in den frühen vierziger Jahren dieses Jahrhunderts aus den USA, und die Motte *Levuana irridescens*, die 1929 aus Hawaii (USA) verschwand. Nicht weniger als 29 aller jüngst ausgestorbenen Lepitoptera (76 Prozent) lebten auf Hawaii (USA); diese Zahl deutet sowohl auf einen hohen Stand der Wissenschaft auf Hawaii als auch auf eine tatsächlich hohe Zahl ausgestorbener Arten. Weitere 8 Unterarten sind, mit Sicherheit oder hoher Wahrscheinlichkeit, in jüngster Zeit ausgestorben.

SILBERFISCHE UND BORSTEN-SCHWÄNZE

Thysanura
ca. 400 Arten.

> **Der funkelnd silbrige Glanz der Silberfische wird durch reflektierende Schuppen erzeugt.**

Vom Aussterben bedroht sind laut World Conservation Union (IUCN), soweit bekannt, nur 2 Arten der Ordnung *Tysanura*: die Borstenschwänze *Machiloides heteropus* und *Machiloides perkinski*, die beide auf Hawaii (USA) leben. Weitere Arten werden mit fortschreitendem Wissensstand der Liste wahrscheinlich hinzugefügt werden müssen. Von keiner Spezies ist bekannt, bereits ausgestorben zu sein, obwohl die Wahrscheinlichkeit hoch ist, daß zumindest einige Arten verschwinden, bevor der Zustand ihrer Populationen richtig bewertet werden kann oder sie der Wissenschaft überhaupt bekannt sind – und sie daher nicht verzeichnet werden.

STEINFLIEGEN

Plecoptera
fast 2000 Arten.

Vom Aussterben bedroht sind, mit Sicherheit oder hoher Wahrscheinlichkeit, laut World Conservation Union (IUCN) insgesamt 15 Arten von Steinfliegen (weitere Arten werden mit fortschreitendem Wissensstand der Liste wahrscheinlich hinzugefügt werden müssen). Die Art, die

als am meisten gefährdet angesehen wird, ist *Eusthenia nothofagi* aus Australien.

Bereits ausgestorben ist seit Mitte des 18. Jahrhunderts, soweit bekannt, nur eine Steinfliegenart: *Alloperla roberti*, die in den USA beheimatet war. Es ist jedoch wahrscheinlich, daß zumindest einige Arten aussterben, bevor der Zustand ihrer Populationen richtig bewertet werden kann oder sie der Wissenschaft überhaupt bekannt sind – und somit nicht verzeichnet werden.

TERMITEN

Isoptera
ca. 2300 Arten.

Die ersten Termiten tauchten wahrscheinlich in der Trias auf. Im Petrified Forest-Nationalpark in Arizona (USA) wurden fossile Termitennester gefunden, deren Alter auf 220 Mio. Jahre geschätzt wurde. Dieser Fund war bedeutend, da die bis zu diesem Zeitpunkt frühesten Indizien für ihre Existenz, ein Fragment eines Termitenflügels mit einem Alter von etwas mehr als 100 Mio. Jahren und Anzeichen von Termitenschäden in 70 Mio. Jahren altem Holz, wesentlich jünger waren. Die ersten Anzeichen für die Existenz anderer sozialer Insekten – Bienen und Wespen – stammen aus der späten Kreidezeit vor etwa 70 Mio. Jahren.

Die größte Termite der Welt ist die afrikanische Spezies *Macrotermes bellicosus*. Die Arbeiter sind relativ klein, aber die Königinnen besitzen enorm aufgeblähte Körper (die im wesentlichen riesige Reproduktionsmaschinen sind und täglich mehr als 30 000 Eier herstellen können) und werden bis zu 14 cm lang und 3,5 cm breit. Die Königinnen können sich kaum bewegen und verbringen ihr gesamtes Leben in einer königlichen Zelle im Zentrum der Kolonie – wo sie fast ausschließlich fressen und reproduzieren.

Die größten Gebilde aller an Land lebenden Lebewesen konstruieren, proportional zu ihrer Größe gesehen, die Termiten (Korallenriffe sind beträchtlich größer). Die massigsten Termitenhügel finden sich im nördlichen Australien, wo sie bis zu 6,1 m hoch sind und einen Sockeldurchmesser von 31 m besitzen können. Die höchsten Termitenhügel werden jedoch von der afrikanischen Spezies

Macrotermes bellicosus gebildet; den Rekord hält ein 12,8 m hoher Hügel, der in Zaire entdeckt wurde (aber nur einen maximalen Durchmesser von 3 m besaß). Zum Vergleich: Das größte Bürogebäude der Welt, der Sears Tower in Chicago (USA), ist 443 m hoch, was der Höhe von etwa 230 Menschen entspricht; dagegen ist der größte Termitenhügel höher als 2000 aneinandergelegte Arbeitertermiten. Wenn die Arbeiter ihr kompliziertes Nest bauen, legen sie sorgfältig jedes Körnchen Erde einzeln an seinen Platz und verkitten es mit Speichel.

> **Wenn marodierende Ameisen in die Nester bestimmter Termitenarten einfallen, versperren die Soldaten die Tunnel, indem sie sich aufblähen und dann platzen, wobei sie die Angreifer mit ihren gesamten Innereien bedecken.**

Die langlebigsten Termiten siehe allgemeine Rekorde von Insekten, S. 212.

Vom Aussterben bedroht ist, soweit bekannt, keine Termitenart. Es ist

jedoch wahrscheinlich, daß mit dem Fortschritt der Wissenschaft zumindest einige bedrohte Arten entdeckt werden. Auch ist von keiner Spezies bekannt, seit Mitte des 18. Jahrhunderts ausgestorben zu sein. Es ist aber. möglich, daß einige verschwinden, bevor der Zustand ihrer Populationen richtig bewertet werden kann oder sie der Wissenschaft überhaupt bekannt sind – und daher nicht verzeichnet werden.

> **Man nimmt an, daß die Termiten näher mit den Schaben als mit den Ameisen verwandt sind.**

WANZEN

Hemiptera
fast 90 000 Arten, darunter Schildläuse, Bettwanzen, Blattläuse, Wasserzikaden, Singzikaden, Blattflöhe und Wasserwanzen.

Die größten Wanzen sind die Wasserwanzen der Familie der *Belostomatidae*, die bis zu 6,5 cm lang sein können. Sie ernähren sich sowohl von Wirbeltieren wie von Evertebraten,

die die Größe von Salamandern oder kleinen Fischen haben können. Singzikaden (Familie der *Cicadidae*) sind mit einer Länge von bis zu 6 cm ebenfalls relativ groß.

Die langlebigste Wanze siehe allgemeine Rekorde von Insekten, S. 212.

Vom Aussterben bedroht sind, mit Sicherheit oder hoher Wahrscheinlichkeit, laut World Conservation Union (IUCN) insgesamt 26 Wanzenarten (Ordnung der *Hemiptera*). Es ist wahrscheinlich, daß mit fortschreitendem Wissensstand viele weitere Arten der Liste hinzugefügt werden müssen. Die Art, die als am ernsthaftesten bedroht angesehen wird, ist *Ambrysus amargosus*, die in den USA zu finden ist. Weitere 21 Arten von Grashüpfern und Singzikaden (Ordnung der *Hemiptera*) werden als bedroht angesehen; die bedrohtesten darunter sind drei Arten von Siebzehnjahr-Zikaden der Gattung *Magicicada*, die alle in Nordamerika zu finden sind.

Bereits ausgestorben sind seit Mitte des 18. Jahrhunderts, mit Sicherheit oder hoher Wahrscheinlichkeit, nur zwei Arten der Ordnungen *Hemiptera* und *Homoptera*. Beide

Arten sind Schildläuse der Familie *Pseudococcidae*.

Die fruchtbarsten Wanzen siehe allgemeine Rekorde von Insekten, S. 213.

> **Nur männliche Zikaden »singen«; ihr Ruf dient dazu, Weibchen der selben Spezies anzulocken.**

Die lautesten Wanzen siehe allgemeine Rekorde von Insekten, S. 213.

Ein Termitenhügel in Botswana; im Verhältnis zu ihrer Körpergröße errichten Termiten die größten Gebilde aller an Land lebenden Kreaturen.

KREBSTIERE

Crustacea
ca. 42 000 Arten, darunter Krabben, Hummer, Garnelen, Muschelkrebse, Flußkrebse, Rankenfüßer, Karpfenläuse, Wasserflöhe, Bohrasseln, Sandflöhe und Leuchtkrebse.

Das früheste Krustentier war, soweit bekannt, eine 12-beinige Seespinne namens *Karagassiema*, die in 650 Mio. Jahre alten Gesteinsschichten in den Sayen-Bergen in der ehemaligen UdSSR gefunden wurde.

Das größte aller Krustentiere (aber nicht das schwerste) ist die Japanische Riesenkrabbe *(Macrocheira kaempferi)*, die auch als »takaashigani« (»lange Beine«) bekannt ist und in tiefen Gewässern vor der südöstlichen Küste Japans lebt. Sie besitzt eine durchschnittliche Körpergröße von 25,4 × 30,5 cm (einige Exemplare erreichen jedoch eine Länge von 45 cm) und eine durchschnittliche Beinspannweite von 2,43–2,74 m. Der Rekordhalter ist ein Exemplar mit einer Beinspannweite von 3,69 m und einem Gewicht von 18,6 kg. Es gibt unbelegte Berichte über Tiere mit Beinspannweiten von bis zu 5,79 m. Die *Macrocheira kaempferi* lebt in sandigen oder schlammigen Böden, in Gewässern von 30–50 m Tiefe, wo sie sich von anderen Krustentieren, Stachelhäutern, Würmern und Weichtieren ernährt. Einige Flußkrebse und Hummer besitzen längere Körper (zum Beispiel der Amerikanische Hummer *Homarus americanus*), sind jedoch insgesamt viel kleiner.

Die kleinsten Krustentiere sind die Wasserflöhe der Gattung *Alonella*, die unter 0,25 mm lang sein können. Sie sind normalerweise in Süßwasser zu finden. Viele Krustentiere sind, wie die Wasserflöhe, Planktonten und messen weniger als 1 mm Länge.

Das größte an Land lebende Krustentier ist der Palmendieb oder Kokosnußräuber *(Birgus latro)*, der auf tropischen Inseln und Atollen des Pazifiks und des Indischen Ozeans lebt. Gewichte von bis zu 4,1 kg (das durchschnittliche Gewicht beträgt etwa 2,5 kg) und Beinspannweiten von bis zu 1 m (die durchschnittliche Beinspannweite beträgt 91 cm) wurden verzeichnet. Außerdem gibt es unbelegte Berichte von Gewichten bis zu 15 kg. Der Palmendieb ist fast ausschließlich terrestrisch (obwohl die Weibchen zur Eiablage ins Wasser zurückkehren müssen) und ertrinkt, selbst wenn er nur für kurze Zeit vom Wasser überspült wird. Er ernährt sich hauptsächlich von am Boden verfaulenden Kokosnüssen, nimmt jedoch eine Vielfalt anderer Nahrung zu sich, wenn keine Kokosnüsse vorhanden sind. Er wurde wegen seiner Größe und der Tatsache, daß er scheinbar gut zum Verzehr geeignet ist, auf vielen Inseln des Pazifiks und des Indischen Ozeans fast bis zur Ausrottung gejagt.

Die kleinsten Krabben der Welt sind die Mitglieder der Familie der *Pinnotheridae*. Sie sind parasitär und leben in den schleimigen Körperzwischenräumen von Austern, Muscheln und anderen zweischaligen Weichtieren; sie ernähren sich von dem, was von den Kiemen der Wirte gesammelt wird. Einige Arten haben einen Schalendurchmesser von nur 6,3 mm, darunter der Muschelwächter *(Pinnotheres pisum)*, der in britischen Gewässern zu finden ist.

Das schwerste Krustentier der Welt (und die größte Hummerart) ist der Amerikanische Hummer *(Homarus*

Der fast ausschließlich terrestrische Palmendieb oder Kokosnußräuber ist das größte und schwerste an Land lebende Krustentier der Welt.

americanus), der regelmäßig eine Länge von etwa 60 cm erreicht. Am 11. Februar 1977 wurde vor Nova Scotia (Kanada) ein Exemplar gefunden, das 20,14 kg wog und vom Ende des Schwanzfächers bis zur Spitze der größten Schere 1,06 m lang war. Es wurde später an einen New Yorker Restaurantbesitzter verkauft.

Die weibliche Karpfenlaus, ein ameisengroßes Krustentier, opfert ihr eigenes Leben, während sie gebiert; um für bis zu 100 Nachkommen in ihrem Körper Platz zu schaffen, verliert sie nach und nach alle inneren Organe, bis sie, wenn die Jungen groß genug sind, einfach explodiert, um die Nachkommen ins Wasser zu entlassen.

Der kleinste Hummer ist, soweit bekannt, der Kaphummer *(Homarus capensis)* aus Südafrika, der eine Gesamtlänge von 10–12 cm besitzt.

Das größte Süßwasserkrustentier ist der Flußkrebs *Astacopsis gouldi*, der unter Holzstücken und Pflanzen in tiefen, langsamen Strömen und Teichen im nordwestlichen Tasmanien, Australien, zu finden ist. Seine durchschnittliche Länge beträgt weniger als 40 cm, sein durchschnittliches Gewicht weniger als 3 kg; allerdings sind Maße von bis zu 61 cm und 4,1 kg nicht ungewöhnlich. 1934 gab es einen unbelegten Bericht, der besagte, daß ein 73,6 cm langes Exemplar, das in Bridport (GB) gefangen worden war, ein Gewicht von 6,35 kg besessen hätte.

Die Populationsgröße ist in den letzten Jahren zurückgegangen, was wahrscheinlich die Folge von Veränderungen im Verbreitungsgebiet ist.

Das höchste Alter erreicht wahrscheinlich der Amerikanische Hummer *(Homarus americanus)*. Man nimmt an, daß große Exemplare ein Alter von 50–100 Jahren erreichen können, weiß aber insgesamt wenig über die maximale Lebenserwartung von Krustentieren. Große Arten tendieren dazu, länger zu leben als kleine.

Die größte Tiefe, in der ein Krustentier je lebend angetroffen wurde, beträgt 10 913 m. Die unidentifizierte Rote Garnele wurde am 23. Januar 1960 von Lieutnant Don Walsh und Jaques Piccard, die sich in der Tiefsee-Taucherkugel *Trieste* befanden, im Marianengraben in der Nähe von Guam im westlichen Pazifik gesichtet.

Die größte Tiefe, aus der Krustentiere jemals lebend geborgen wurden, beträgt 10 500 m. Die garnelenartigen Amphipoden wurden im Novem-

Die Sandkrabbe (Gattung Ocypode) ist mit Laufgeschwindigkeiten von bis zu 7,2 km/h das schnellste Krustentier an Land.

ber 1980 vom US-Forschungs-Schiff *Thomas Washington* aus dem Marianengraben im westlichen Pazifik gezogen.

In höchster Höhe, nämlich 4053 m hoch in den Ecuadorianischen Anden, wurden Amphipoden (Flohkrebse) und Isopoden (Asseln) gefunden.

Bohrasseln sind Krustentiere - an Land lebende Verwandte der Krabben und Hummer.

Die schnellsten Krustentiere sind bestimmte Hummer der Gattungen *Palinurus* und *Momarus*; wenn sie vor Feinden fliehen, schnellen sie mit Geschwindigkeiten von bis zu 8 m/Sek. (28,8 km/h) zurück. Allerdings wird diese Bewegung nicht als wirkliches Schwimmen angesehen. Die Krustentiere, die am schnellsten schwimmen, sind Krabben der Familie *Portunidae*, bei denen das fünfte Beinpaar dem Schwimmen angepaßt und zu breiten Paddeln abgeflacht ist, was ihnen dabei hilft, Fische in offenem Meer zu jagen und zu fangen.

Die meisten Krabben können nicht schwimmen, Mitglieder dieser Familie stellen jedoch eine Ausnahme dar: Sie schwimmen seitwärts, rückwärts und manchmal vorwärts mit hoher Geschwindigkeit. Der derzeitige Rekordhalter ist die *Polybius henslowi*, die im östlichen Atlantik zu finden ist und von der Zeiten von 1,3 m/Sek. (4,7 km/h) gestoppt wurden. Es ist allerdings wahrscheinlich, daß diese und andere Arten noch viel höhere Geschwindigkeiten in der Freiheit erzielen können.

Die schnellsten Krustentiere an Land sind die Mitglieder der Gattung *Ocypode*, die in über dem Meeresspiegel liegenden Höhlen, auf Sandstränden

Über die Lebenserwartung von Krustentieren ist nur wenig bekannt. Einige Hummerarten könnten jedoch das hohe Alter von 50–100 Jahren erreichen – wenn sie nicht zuvor gefischt würden.

und in Dünen leben. Von einigen Arten wurden Geschwindigkeiten von 2 m/Sek. (7,2 km/h) gestoppt. Sie bewegen sich immer seitwärts, und bei sehr hoher Geschwindigkeit ist der Körper ein gutes Stück über dem Boden, während nur 2 oder 3 Beinpaare rennen. Merkwürdigerweise halten sie regelmäßig abrupt an, um die verschiedenen Muskeln auszuruhen, drehen sich um 180° und rennen weiter in dieselbe Richtung.

Wenn Langusten wandern, laufen bis zu 60 Tiere gemeinsam in Reih und Glied über den Meeresboden; sie können Entfernungen von bis zu 50 km ohne Unterbrechung zurücklegen.

Das einzige Krustentier, das mütterliche Fürsorge zeigt, ist die »bromeliad«-Krabbe, die in den Bergwäl-

dern Jamaikas lebt. Nachdem die Jungen in einer der Regenwasserpfützen, die sich in den Blättern von Ananasgewächsen sammeln, geschlüpft sind, beschützt das Weibchen sie 3 Monate lang, indem sie Spinnen, Echsen und andere Räuber verjagt und ihnen Schaben, Käfer und andere Nahrung fängt.

Vom Aussterben bedroht sind, mit Sicherheit oder hoher Wahrscheinlichkeit, laut World Conservation Union (IUCN) insgesamt 159 Arten von Krustentieren. Die Arten, die als am stärksten gefährdet angesehen werden, sind: die Asseln *Thermosphaeroma subequalum* und *Liceus usdagulun*, der Flohkrebs *Stygobromus hayi*, die Garnelen *Palaemonias alabamae*, *Palaemonias ganteri* und *Syncaris pacifica*, die Flußkrebse *Cambarus zophonastes*, *Orconectes shoupi* und *Pacifastacus fortis*, die alle in den USA beheimatet sind; und *Engaewa similis*, ein Flußkrebs, der in Australien zu finden ist. Die Liste spiegelt

vor allem wider, daß die USA ein größeres Wissen über Krustentiere besitzt, als es in vielen anderen Teilen der Welt der Fall ist, und es ist wahrscheinlich, daß es anderswo viele andere bedrohte Krustentiere gibt, die noch entdeckt oder detaillierter studiert werden müssen.

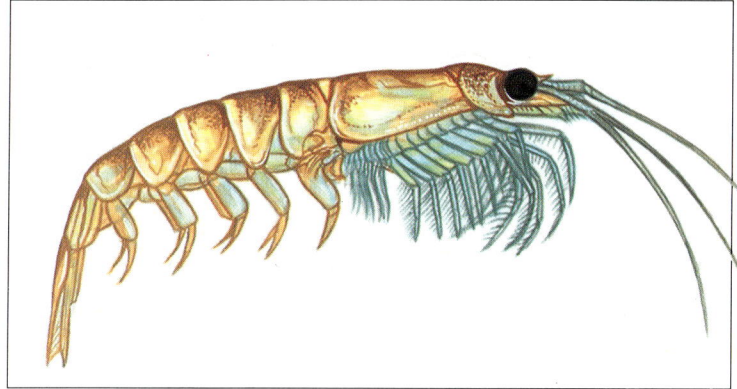

Bereits ausgestorben sind, mit Gewißheit oder hoher Wahrscheinlichkeit, seit Mitte des 18. Jahrhunderts 4 Krustentierarten: die Garnele *Syncaris pasadenas,* der Flußkrebs

Pacifastacus nigrescens und der Flohkrebs *Stygobromus lucifugus,* die alle in den USA lebten; und der Amphipoda (Flohkrebs) *Austrogammarus australis,* der im Gebiet von Melbourne, Australien, beheimatet war. Es ist wahrscheinlich, daß zumindest einige Arten aussterben, bevor der Zustand ihrer Populationen richtig bewertet wurde oder sie der Wissenschaft überhaupt bekannt sind.

Die terrestrischste Krabbe der Welt ist die »marsupial«- oder »sidewalker«-Krabbe, die mehr als 1600 km vom Meer entfernt in der australischen Wüste lebt. Sie überlebt die lange trockene Jahreszeit in einer Höhle, wo sie sich durch das bißchen Luftfeuchtigkeit im Inneren ihrer Behausung am Leben hält und mit Hilfe von Lungen atmet. Wenn es schließlich anfängt zu regnen, taucht sie in den überfluteten Teichen und Flüssen unter und atmet durch Kiemen weiter.

Das größte Sperma produzieren bestimmte Muschelkrebse der Klasse *Ostracoda.* Ihr Sperma ist beträchtlich länger als sie selbst. Besonders bemerkenswert ist eine Art namens *Pontocypris monstrosa,* die weniger als 1 mm Länge mißt, jedoch bis zu 6 mm langes Sperma produziert.

Die beste Nachtsicht von allen Tieren besitzt das Tiefsee-Krustentier *Gigantocypris* aus der Klasse der *Ostracoda.* Es betrachtet seine schwachbeleuchtete Welt mittels zweier Parabolreflektoren, die jeweils Licht auf eine Netzhaut in ihrem Zentrum lenken. Der »Blendenwert« seiner Augen beträgt unglaubliche 0,25 (der Blendenwert gibt Fotografen Auskunft über die Lichtempfindlichkeit – je kleiner die Zahl, desto größer ist die Blendenöffnung und um so mehr Licht erreicht daher den Film). Menschliche Augen besitzen dagegen

einen »Blendenwert« von etwa 2,55 – was bedeutet, daß sie sehr viel weniger lichtempfindlich sind als die Augen des *Gigantocypris.* Allerdings besitzt *Gigantocypris* nur sehr kleine Augen, wodurch die Qualität seiner Sicht beschränkt ist.

Die beste Farbwahrnehmung aller Tiere besitzen, soweit bekannt, bestimmte Arten von Mundfüßern (Ordnung *Stomatopoda*). Ihre Augen nehmen Farben durch ein System von zehn farbempfindlichen Zapfen wahr, verglichen mit nur dreien im menschlichen Auge und bis zu fünf bei bestimmten Fischen und Insekten. Man nimmt an, daß die Fähigkeit, Farben genau zu unterscheiden, wichtig für sie ist, um andere Mundfüßer zu erkennen: Jeder Mundfüßer besitzt unterschiedliche Farbmarkierungen an der Innenseite seines »Ellbogens«, der vor einem Kampf dem Gegenüber gezeigt wird, um zu verhindern, daß die falschen Gegner einander angreifen.

QUALLEN UND KORALLEN

Cnidaria
Quallen, Hydroiden, Seeanemonen, Korallen etc.
ca. 9000 Arten.

Die ersten, primitiven Korallenriffe existierten schon vor mindestens 450 Mio. Jahren, womit Korallenriffe wahrscheinlich die ältesten Ökosysteme der Welt sind. Die ersten »neuzeitlichen« Korallenriffe tauchten vor fast 230 Mio. Jahren auf, und da die Evolution bei Korallenriffen sehr viel langsamer vonstatten geht als bei vielen anderen, weniger stabilen Ökosystemen, haben sie sich seitdem überraschend wenig verändert. Tatsächlich sind fossile Rifftiere, die aus der Zeit der Dinosaurier vor etwa 100 Mio. Jahren stammen, heute noch durch lebende Kreaturen derselben Gattung vertreten.

Die größte Qualle ist die Gelbe Haarqualle *(Cyanea capillata arctica)* aus dem nordwestlichen Atlantik. Ein riesiges Exemplar, das in der Massachusetts Bay (USA) angeschwemmt wurde, besaß einen Schirm- oder Körperdurchmesser von 2,28 m und Tentakeln von 36,5 m Länge. Die meisten Quallen besitzen dagegen ein Schirmdurchmesser von nur 2–40 cm.

Die größte Seeanemone der Welt ist eine Spezies der Gattung *Discoma*, die auf dem Great Barrier Reef vor Queensland (Australien) zu finden ist. Der Durchmesser ihres Tentakelkreises beträgt im ausgestreckten Zustand bis zu 61 cm.

> **Sechzig Prozent aller Korallenriffe der Welt befinden sich im Indischen Ozean (einschließlich dem Roten Meer).**

Die bei weitem gefährlichste Qualle ist die schöne, aber tödliche Würfelqualle *(Chironex fleckeri)*. Wahrscheinlich ist sie sogar das giftigste Tier der Welt. Sie ist in den küstennahen Gewässern Nordaustraliens und Teilen Südostasiens zu finden und kann einen Schirm von der Größe eines Fußballs besitzen. Ihre bis zu 60 stechenden Tentakeln sind maximal 4,6 m lang und mit Millionen von Nesselkapseln bedeckt, die Gift in die

Das Great Barrier Reef in Australien ist das größte Gebilde, das je von Lebewesen errichtet worden ist; dieser winzige Abschnitt des 2027 km langen Korallenriffs wurde einige Meilen vor der Küste von Hayman Island, Queensland, fotografiert.

Haut jedes Lebewesens abgeben, das sie berührt; andere Kapseln produzieren eine klebrige Substanz, damit die Tentakeln an ihrem Opfer festhaften. Es sind etwa 3 m der Tentakeln nötig, um einem Menschen eine tödliche Dosis zu verabreichen, allerdings stellt sich schon bei der Berührung von nur ein paar Zentimetern normalerweise ein unmittelbarer Schmerz ein, der oft als unerträglich beschrieben wird. Allein in Australien hat das

kardiotoxische Gift der Würfelqualle *Chironex fleckeri* im vergangenen Jahrhundert mindestens 70 Menschenleben gekostet – mehr Todesfälle als Krokodile und Haie zusammen verursacht haben – und einige Opfer starben, nachdem sie gestochen wurden, innerhalb von 4 Minuten. Eine große *Chironex fleckeri* trägt genug Gift bei sich, um etwa 60 Erwachsene zu töten. Zum Glück wurde 1970 ein Gegengift entwickelt, welches die Anzahl der Todesfälle reduziert hat. Merkwürdigerweise können die Quallen Seidenstrümpfe nicht durchstechen. Daher wurden sie von Rettungsschwimmern, die an der Küste patroullierten, getragen, bevor geeignete Anzüge verfügbar waren.

Die gefährlichsten Hydroiden sind die Pazifische Seeblase *Physalia utriculus* und die Atlantische Seeblase

P. physalus, die beide ein tödliches Gift besitzen. Sie sind die einzigen Hydroiden, die menschliches Leben gefährden können. Alle Stiche sind extrem schmerzhaft und können, wenn sie stark sind, zum Tod führen – der Stich eines toten Tieres ist fast ebenso effektiv wie der eines lebenden. Die pazifische Art besitzt normalerweise nur einen Tentakel, während die atlantische Art meist mehrere besitzt: Jeder Tentakel ist bis zu 30 m lang und durchsichtig. Auf einem 9 m langen Stück Tentakel zählten Wissenschaftler etwa 750 000 Nematozysten (Nesselkapseln).

Das größte Gebilde, das je von Lebewesen geschaffen wurde, ist das 2027 km lange Great Barrier Reef vor Queensland (nordöstliches Australien). Es bedeckt ein Gebiet von 207 000 km² und wurde von Millio-nen und Abermillionen steiniger Korallen geformt (die einzigen Tiere, die massive, geologische Formationen bilden können). Eigentlich ist es kein einzelnes Riff, sondern besteht aus Tausenden kleinerer Riffe, die über einen Zeitraum von etwa 18 Mio. Jahren geformt wurden.

> **Die Seeanemone sieht wie eine Unterwasserblume aus, ist aber wirklich ein Tier – mit giftigen Tentakeln anstelle von Blütenblättern.**

Das weltweit größte Atoll (ein rundes oder hufeisenförmiges Riff, das eine zentrale Lagune umgibt) ist Kwajalein in den Marshall-Inseln: Der 283 km lange Korallenbogen um-schließt eine Lagune von 2850 km² Fläche.

Die größte bekannte Einzelkoralle der Welt ist eine steinige Kolonie von *Galaxen fascicularis*, die am 7. August 1982 von Dr. Shohei Shirai vom Institute for Development of Pacific Natural Resources in der Sakiyama Bay vor der Insel Iriomote (Japan) entdeckt wurde. Sie mißt 7,8 m entlang der Längsachse, besitzt eine Höhe von 4 m und einen maximalen Umfang von 19,5 m.

Vom Aussterben bedroht sind, mit Sicherheit oder hoher Wahrscheinlichkeit, laut World Conservation Union (IUCN) 3 Arten der Ordnung *Cnidaria*: der Seefächer *Eunicella verrucosa*, der im Mittelmeer und im nordöstlichen Atlantik zu finden ist; die Seerose *Edwardsia ivelli* aus Groß-

britannien; und die Seeanemone *Nematostella vectensis*, die in den USA, Kanada und Großbritannien zu finden ist. Es ist wahrscheinlich, daß mit dem Fortschritt der Wissenschaft weitere Arten der Liste hinzugefügt werden müssen.

> **Seeanemonen mögen keine Gesellschaft und verteidigen ihren Lebensraum energisch gegen Rivalen; zu ihren Waffen gehören giftige Chemikalien, Nesselzellen auf speziell verlängerten Tentakeln und sogar spezielle Darmerweiterungen, die das Gewebe von unerwünschten Gegenspielern verdauen können.**

Bereits ausgestorben ist, soweit bekannt, seit Mitte des 18. Jahrhunderts keine Art der Ordnung *Cnidaria*. Allerdings ist die Wahrscheinlichkeit groß, daß zumindest einige Arten aussterben.

Die langlebigsten Arten der Ordnung *Cnidaria* sind bestimmte Seeanemonen, darunter *Actinia mesembryanthemum*, *A. equine* und *Cereus pedunculatus*, die in Fischtanks (in Gefangenschaft) zwischen 60 und 90 Jahre alt werden.

Viele Korallenriffe sind extrem alt. In den siebziger Jahren dieses Jahrhunderts wurde entdeckt, daß durch Röntgenstrahlen Jahresringe, ähnlich

> **Seeanemonen verankern sich an einem Stein oder einer anderen harten Oberfläche und sind dann davon abhängig, daß Nahrung zu ihnen kommt, obwohl die meisten in der Lage wären, sehr langsam zu kriechen, und einige auch treiben oder schwimmen können.**

denen von Bäumen, sichtbar werden und das Alter von Riffen so bestimmt werden kann. Mittels dieser Technik wurde demonstriert, daß einige Steinkorallen (Ordnung der *Madreporaria*) des Great Barrier Reef in Australien 800–1000 Jahre alt sind. Allerdings sind es die Korallenskelette, die so alt werden – nicht die lebenden Korallen selbst. Die Skelette werden über Generationen von kleinen Tieren namens Polypen gebildet (die einen Durchmesser von durchschnittlich 1–3 mm besitzen), die eher wie kleine Seeanemonen aussehen; jeder Korallenpolyp bildet ein festes Außenskelett aus fast purem Kalziumkarbonat, und, nachdem er gestorben ist, fährt die nächste Generation mit dem Bau des Korallenskelettes fort.

SCHWÄMME

Porifera
ca. 5000 Arten.

Die ersten Schwämme entwickelten sich vor etwa 570 Mio. Jahren und sind somit die ersten multizellularen Organismen, die auf der Erde entstanden. Heute sind die Schwämme die einfachsten und primitivsten lebenden multizellularen Tiere. Sie besitzen weder Gewebe noch Organe und ihre Zellen weisen ein hohes Maß an Selbständigkeit auf.

> **Schwämme haften zeitlebens an Steinen oder anderen harten Oberflächen und ernähren sich von kleinen Partikeln, die sie dem sie durchfließenden Wasserstrom entnehmen.**

Die Würfelqualle Chironex fleckeri ist die bei weitem gefährlichste Qualle der Welt. Ihr Stich verursacht unerträgliche Schmerzen und kann manchmal auch zum Tod führen; viele Strände entlang der nördlichen Küste Australiens werden daher während der Quallensaison geschlossen.

Der größte bekannte Schwamm ist der *Spheciospongia vesparium*, der in Westindien und in den Gewässern vor Florida (USA) zu finden ist. Er ist bis zu 1,05 m hoch und besitzt einen maximalen Durchmesser von 91 cm.

Der schwerste Schwamm ist ein Wollschwamm *(Hippospongia canaliculatta)*, der 1909 nahe den Bahamas gefunden wurde und einen Umfang von 1,83 m besaß. Nachdem er aus dem Wasser gefischt worden war, wog

Viele Jahrhunderte lang wurden die Schwämme für Pflanzen gehalten. Erst 1835 klassifizierte man sie als Tiere; sie sehen zwar nicht so aus, ernähren sich jedoch genau wie andere Tiere von organischen Substanzen und pflanzen sich auf geschlechtlichem Weg, durch Eier und Spermien fort.

er zunächst 36–41 kg. Dann befreite man ihn jedoch von allen Gewächsen und trocknete ihn, wodurch sein Gewicht auf 5,44 kg fiel. Er befindet sich nun im US National Museum in Washington, DC (USA).

Ein Schwamm der Spezies Spheciospongia vesparium, der größte Schwamm der Welt.

Wirbellose Tiere

SCHWERTSCHWÄNZE

Merostomata
5 Arten (Atlantikküste Nordamerikas und Südostasien).

> **An der Küste lebende Indianer benutzten einst die langen zackigen Schwänze der Schwertschwänze als Harpunenspitze.**

Schwertschwänze gehören zu den ältesten Bewohnern der Erde und werden oft als »lebende Fossilien« bezeichnet. Besonders verbreitet waren sie im Karbon, vor etwa 300–355 Jahren, als es Dutzende verschiedener Arten gab. Man nimmt an, daß sich ihr Aussehen über 200 Mio. Jahre hinweg nicht wesentlich verändert hat.

Der größte Schwertschwanz ist die nordamerikanische Art *Limulus polyphemus,* die (einschließlich des Schwanzes) eine durchschnittliche Länge von 50 cm und eine maximale Länge von 60 cm besitzt. Die größten Exemplare finden sich in Buchten und Flußmündungen entlang der Atlantikküste zwischen Georgia und New Jersey (USA).

Limulus polyphemus, der größte lebende Schwertschwanz.

Der kleinste Schwertschwanz ist die südostasiatische Spezies *Carcinoscorpius rotundicauda*, die (einschließlich des Schwanzes) eine maximale Länge von etwa 30 cm erreicht.

Am weitesten landeinwärts ist die Spezies *Carcinoscorpius rotundicauda* zu finden, die manchmal in Flüssen vorkommt und in Indien sogar 145 km landeinwärts gesichtet wurde. Schwertschwänze sind sonst hauptsächlich Meeresbewohner.

> **Der lange wendige Schwanz eines Schwertschwanzes sieht zwar gefährlich aus, wird aber nie zur Verteidigung benutzt; er dient zur Vorwärtsbewegung und hilft dem Tier, sich wieder in die richtige Stellung zu bringen, wenn es aus Versehen auf dem Rücken landet.**

Vom Aussterben bedroht sind laut World Conservation Union (IUCN) alle Arten der Schwertschwänze. In einigen Gebieten sind sie zwar noch häufig, wurden jedoch seit vielen Jahren als Trockenfutter für Tiere, als Köder zum Aalfang, als Düngemittel, als Touristensouvenir und in jüngster Zeit zu biomedizinischen Forschungen mißbraucht. Keine Art ist allerdings bekanntermaßen in letzter Zeit ausgestorben.

SEESTERNE UND SEEIGEL

Echinodermata
ca. 6000 Arten, darunter Seesterne, Schlangensterne, Seeigel, Seegurken, Haarsterne und Seelilien.

Die ersten Echinodermata ähnelten wahrscheinlich den Seelilien oder Haarsternen (Klasse der *Crinoidea*), die die primitivsten Mitglieder der Gruppe darstellen. Ihr Ursprung geht mindestens bis ins Kambrium vor 510–570 Mio. Jahren zurück.

Der größte Seestern aller 1600 bekannten Arten ist der sehr zerbrechliche Brisingide *Midgardia xandaros.*
Ein Exemplar, das am 18. August 1968 von der Besatzung des Forschungsschiffes *Alaminos* der Texas A & M University im südlichen Teil des Golfs von Mexiko gefunden wurde, maß 1,38 m von Armspitze zu Armspitze, seine Körperscheibe besaß jedoch nur einen Durchmesser von 2,6 cm. Trocken wog er 70 g.

Der schwerste Seestern ist der fünfarmige *Thromidia catalai* aus dem westlichen Pazifik.
Ein Exemplar, das am 14. September 1969 im Pazifik vor Ilot Amédéé, Neukaledonien, gefunden und später im Nouméa-Aquarium in Neukaledonien untergebracht wurde, wog geschätze 6 kg. Seine Armspannweite betrug 63 cm.

Der kleinste Seestern ist, soweit bekannt, der Asteriide *Patiriella parvivipara*, der 1975 von Wolfgang Zeidler an der Westküste der Halbinsel Eyre (Südaustralien) entdeckt wurde. Er hat einen maximalen Radius von nur 4,7 mm und einen Scheibendurchmesser von unter 9 mm.

> **Der Name der »Schlangensterne« bezieht sich auf ihre langen dünnen Arme, die sie, falls sie angegriffen oder grob angefaßt werden, einfach abwerfen können.**

Die langlebigsten Seesterne sind wahrscheinlich *Asterias rubens* und *Marthasterias glacialis*, die erst im Alter von 5–7 Jahren die sexuelle Reife erlangen. Insgesamt weiß man wenig über die Lebenserwartung von Seesternen, jedoch werden bei den meisten Arten 4 Jahre als ein hohes Alter angesehen.

Die größte Regenerationskraft haben die Mitglieder der Familie Ophidiasteridae. Alle Seesterne besitzen die Fähigkeit, verlorengegangene Arme durch neue zu ersetzen, und viele Arten können sich sogar erho-

len, nachdem sie die Hälfte ihres Körpers verloren haben. Die Mitglieder der Familie Ophidiasteridae sind jedoch insofern besonders, als daß sie nur aus einem kleinen, 1 cm langen Teil eines Armes und einem Stück der Körperscheibe einen vollständig neuen Seestern entwickeln können. Die Regeneration verläuft normalerweise langsam und kann in einigen Fällen bis zu einem Jahr dauern.

> **Wenn ein Fisch oder ein Krabbe versucht, einen »slime star« (ein Seestern, der vor der Pazifikküste Nordamerikas zu finden ist) zu verzehren, bedeckt dieser den Räuber sofort mit einem dickflüssigen, zähen und giftigen Schleim, den der Seestern in großen Mengen absondert.**

Der größte Seeigel der Welt ist der *Sperosoma giganteum*, der in tiefen Gewässern vor der Küste Japans zu finden ist. Durchschnittlich hat er einen (horizontalen) Körper- oder Schalendurchmesser von 32 cm.

Der kleinste Seeigel ist, soweit bekannt, *Echinocyamus scaber*, der

> *Der berüchtigte Dornenkronen-Seestern ist wahrscheinlich der zerstörerischste Echinodermate der Welt – und der einzig wirklich giftige Seestern.*

vor der Küste von New South Wales, Australien, zu finden ist. Durchschnittlich besitzt er einen (horizontalen) Körper- oder Schalendurchmesser von nur 5,5 mm.

Die größte Seegurke der 550 Arten der Welt ist *Stichopus variegatus*, die auf den Philippinen zu finden ist; voll ausgestreckt, kann sie bis zu 1 m lang sein und einen Durchmesser von 24 cm besitzen. Die längsten Seegurken gehören zur Gattung *Synapta*: Sie können in voll ausgestrecktem Zustand bis zu 2 m lang sein, sehen jedoch wurmähnlich aus und besitzen einen Durchmesser von nur etwa 1,2 cm.

Die kleinste Seegurke der Welt ist *Psammothuria ganapatii*, die vor der Küste Südindiens zu finden ist und selten mehr als 4 mm in der Länge mißt.

Wirbellose Tiere

SPINNENTIERE (ARACHNOIDE)

Arachnida
ca. 70 000 Arten, darunter Spinnen, Skorpione, Weberknechte, Milben und Zecken.

Der größte Arachnoid der Welt ist ein Skorpion namens *Heterometrus swannerdami*, der im südlichen Indien zu finden ist. Männchen erreichen regelmäßig eine Länge von über 18 cm, gemessen von der Spitze der Scheren bis zum Stachelende. Der Rekordhalter ist ein Tier, das während des 2. Weltkriegs in dem Dorf Krishnarajapuram (Indien) gefunden wurde; es hatte eine Gesamtlänge von 29,2 cm.
Der Kaiserskorpion *(Pandinus imperator)* aus Westafrika ist fast genauso groß. Männchen erreichen regelmäßig eine Gesamtlänge von 18 cm oder mehr. Das größte Exemplar war ein 22,9 cm langer Kaiserskorpion, der 1977 in Sierra Leone eingefangen wurde. Ein weiteres Tier, von fast derselben Größe, nämlich 22,8 cm, wurde 1931 in Ghana gefunden und später dem Zoo von London geschenkt. Interessanterweise ist der Stachel dieser und anderer, besonders großer

Skorpione im Grunde harmlos (selten schmerzhafter als ein Bienenstich), obwohl allergische Reaktionen auftreten können, die manchmal auch tödlich sind.

Die kleinsten Arachnoide sind die Gallmilben (Unterordnung *Tetrapodili*): Ausgewachsen messen sie durchschnittlich unter 0,25 mm. Sie graben sich einen Tunnel durch Pflanzengewebe und ernähren sich von dem Inhalt der Pflanzenzellen. Milben (Ordnung *Acari*) sind im allgemeinen auch sehr klein, die meisten besitzen eine Größe von unter 1 mm.

SKORPIONE

Scorpiones
ca. 800 Arten.

Der älteste Skorpion, und tatsächlich der älteste Arachnoid, war eine Spezies mit dem Namen *Palaeophonus nuncius*, die im Devon, vor mehr als 400 Mio. Jahren, lebte. Es gab schon Skorpione im Silur vor 440 Mio. Jahren, aber diese waren den heutigen Skorpionarten nicht sehr ähnlich (vor allem hatten sie Kiemen und waren aquatisch). Einige prähistorische Arten, die in den laubbedeckten Böden der karbonischen Wälder vor etwa 300 Mio. Jahren lebten, erreichten eine Rekordlänge von 86 cm.

Der größte Skorpion siehe *Der größte Arachnoid.*

Der kleinste Skorpion ist eine Spezies namens *Microbothus pusillus*, die

etwa 1,3 cm Gesamtlänge erreicht und an der Küste des Roten Meeres zu finden ist.

> **Erhitzte Skorpione richten manchmal ihre Körper auf, um sich durch die Luftzirkulation, die auf diese Weise unter ihnen entsteht, abzukühlen.**

Der giftigste Skorpion. Alle Skorpione besitzen einen dünnen »Schwanz« (der eigentlich Teil des Hinterleibs ist) mit zwei Giftdrüsen und einem Stachel am Ende; der Stachel wird zur Selbstverteidigung genutzt und zum Bezwingen großer oder potentiell gefährlicher Beute. Das Gift der meisten Arten ist, obwohl stark genug, um kleine Tiere zu töten, für Menschen harmlos und erzeugt wenig mehr als ein starkes Brennen. Es gibt jedoch eine Reihe von Arten, deren Gift toxisch genug ist, um Menschen zu töten. Die giftigste Spezies ist der *Leiurus quinquestriatus*, der vom östlichen Teil Nordafrikas, über den Mittleren Osten bis zum Roten Meer verbreitet ist. Glücklicherweise ist die Menge, die mit jedem Stich abgegeben wird, sehr klein (normalerweise 0,255 mg), so daß das Leben Erwachsener selten in Gefahr ist. Diese Spezies ist jedoch verantwortlich für eine Reihe von Todesfällen von Kindern unter 5 Jahren. Die hervorgerufenen Symptome sind unter anderem: starke Schmerzen, eine Verengung des Halses, undeutliche Aussprache, Rastlosigkeit, Nervenzucken, Schwitzen und Spucken, blaues Anlaufen der Lippen und anderer Gewebe.

Der Kaiserskorpion ist mit einer maximalen Länge von knapp 23 cm einer der größten Skorpione der Welt.

Der gefährlichste Skorpion ist der Sahara-Skorpion *(Androctonus australis)*. Die meisten Skorpione sind nicht aggressiv und stechen nur, wenn sie angefaßt oder erschreckt werden. Die gefährlichsten Skorpione (gemessen an der Anzahl der Todesfälle, nicht an der Toxizität des Giftes) sind tendenziell solche mittlerer Größe, während die Mehrheit der extrem großen oder kleinen Skorpione relativ harmlos sind. Der Sahara-Skorpion, der in den trockeneren Gebieten Nordafrikas einschließlich Teilen der Sahara zu finden ist, wird allgemein als gefährlichster Skorpion betrachtet. Sein Gift ist so toxisch wie das von Kobras, und sein Stich kann, wenn er nicht behandelt wird, innerhalb von 7 Stunden einen Menschen und in nur 7 Minuten einen Hund töten.

> **Vor der Paarung führen Skorpione einen Werbungstanz auf, bei dem das Männchen das Weibchen anschaut, es an den »Scheren« hält und herumwirbelt; manchmal tanzen sie stunden- oder gar tagelang.**

Das Land mit den meisten Todesfällen, verursacht durch Skorpionstiche, ist Mexiko. Die höchste Zahl an Todesfällen seit 1940 wurde im Jahr 1946 registriert, in dem 1933 Menschen starben. In jüngster Zeit hat die jährliche Anzahl, aufgrund von Kontrollmaßnahmen, Aufklärung und besserer medizinischer Versorgung abgenommen; trotzdem sterben immer noch bis zu 100 Menschen in Mexiko jedes Jahr an Skorpionstichen. Die meisten Opfer sind junge Menschen, und die Hauptübeltäter sind Arten der Gattung *Centruroides*.

Wasserverlust ertragen am besten von allen Tieren die Skorpione, da sie Trockenheit und hohen Temperaturen am besten angepaßt sind. Selbst unter den trockensten Verhältnissen verlieren sie dank einer wetterfesten Wachsschicht nur einen auf 10 000 Teile ihrer Körperflüssigkeit – was weniger ist als bei jedem anderen Tier. Und wenn sie dehydrieren, können sie mit einem Flüssigkeitsverlust von bis zu 40 Prozent überleben.

SPINNEN

Arenale
etwa 35 000 Arten (bis zu 200 000

Arten könnten noch unentdeckt sein).

Die früheste bekannte Spinne wurde anhand von Fossilien identifiziert, die aus dem Devon, vor etwa 350–400 Mio. Jahren, stammen. Es wird angenommen, daß die Spinnen als Gruppe zum ersten Mal im Karbon, vor etwa 300 Mio. Jahren, vermehrt auftraten. Da Spinnen einen weichen Körper besitzen, versteinern sie selten, und es bestehen daher große Lücken in unserem Wissen über prähistorische Arten.

Die größte Spinne der Welt ist, soweit bekannt, die Vogelspinne *Theraphosa leblondi*, die in den küstennahen Regenwäldern Surinams, Guayanas und Französisch Guayanas lebt (obwohl einzelne Exemplare auch in Brasilien und Venezuela gefunden

> *Die Vogelspinne Theraphosa leblondi besitzt die größte Beinspannweite mit 28 cm und ist damit groß genug, um einen Teller vollständig bedecken zu können.*

wurden). Ein Männchen, das von Mitgliedern der Pablo San Martin Expedition im April 1965 am Rio Cavro (Venezuela) gefunden wurde, besaß eine Körperlänge von 9 cm und eine Rekord-Beinspannweite von 28 cm – ausreichend, um einen Teller zu bedecken.

Die schwersten Spinnen sind wahrscheinlich weibliche Vogelspinnen (Familie der *Theraphosidae*), die stärker gebaut sind als die Männchen. Im Februar 1985 fing Charles J. Seiderman aus New York City (USA) ein weibliches Exemplar in der Nähe von Paramaribo (Surinam), dessen Höchstgewicht kurz vor seinem Tod, infolge von Häutungsproblemen im Januar 1986, 122,2 g betrug. Zu dieser Zeit betrug seine maximale Beinspannweite 26,7 cm, seine Körperlänge 10,2 cm und seine Fanglänge 2,5 cm.

Die kleinsten Spinnen sind, soweit bekannt, die Spinnen der Familie der *Symphytognathidae*. Als kleinste unter ihnen wird meist die blaßgelbe *Patu marplesi* aus Westsamoa im südwestlichen Pazifik angesehen; das

Musterexemplar war ein Männchen, das 1965 in etwa 600 m Höhe in Madolelei, Upolu, im Moos gefunden wurde: Es maß 0,43 mm – was etwa der Größe eines Punktes auf dieser Seite gleichkommt. Allerdings könnte ein naher Verwandter dieser Spezies, die *P. digua,* sogar noch kleiner sein: Der Rekord beträgt bei den Weibchen 0,59 mm, es wurde jedoch ein männliches Exemplar gefunden, das nur 0,37 mm maß.

Der frappanteste Größenunterschied zwischen den Geschlechtern findet sich bei den Seidenspinnen der Gattung *Nephila.* Die massigen, silber-schwarz-gelben Weibchen sind Riesen im Vergleich zu den winzigen Männchen: Bei einigen tropischen Arten wiegen sie knapp tausendmal soviel wie ihre Partner. Zum Glück sind die Männchen so klein, daß sie die Minimalgröße unterschreiten, die potentielle Beute haben muß, um für die Weibchen interessant zu sein, und sind so nicht in Gefahr, gefressen zu werden.

Die größten Spinnennetze werden von der tropischen goldenen Seidenspinne der Gattung *Nephilia* gesponnen. Das größte, korrekt vermessene Netz wurde in den Karrakpur-Bergen, in der Nähe von Monghyr im mittleren Bihar (Indien), gefunden und hatte einen Umfang von 1,5 m; es hatte

lange, unterstützende Spannfäden von bis zu 6,1 m Länge.
Das größte Gemeinschaftsnetz wird von *Ixeuticus socialis* aus Australien gebaut und kann maximal eine Länge von 3,7 m und eine Breite von 1,2 m besitzen.

Die kleinsten Spinnennetze werden von den Spinnen der Familie der *Symphytognathidae* gebaut und können einen Durchmesser von weniger als 10 mm besitzen.

Die Anzahl der Eier, die in einem Schub gelegt werden, schwankt stark zwischen den verschiedenen Arten: Die *Oonops domesticus* zum Beispiel, eine kleine rosa-farbene Spinne, die nicht länger als 2 mm wird, legt nur zwei Eier, bestimmte Vogelspinnen (Familie der *Theraphosidae*) legen dagegen bis zu 3000 Eier. Auch die Größe der Eier ist sehr unterschiedlich: Bei den *Oonops* und vielen anderen Arten besitzen die Eier einen Durchmesser von nur einem Bruchteil eines Millimeters, bei einigen Vogelspinnen sind sie dagegen etwa so groß wie kleine Erbsen.

Die größten Mahlzeiten nehmen bestimmte Krabbenspinnen (Familie der *Thomisidae*) zu sich. Es ist ungewöhnlich für Spinnen, sich an Beute heranzuwagen, die viel größer ist als sie selbst, einige Krabbenspinnen

Die größten und stärksten Netze der Welt werden von den Seidenspinnen gewebt; es wurden Netze gefunden, die einen Umfang von bis zu 1,5 m und beträchtlich längere unterstützende Spannfäden haben.

jedoch töten und lauern Tieren auf, die ein Mehrfaches ihrer Größe besitzen; ein Exemplar von nur 3 mm Länge zum Beispiel greift Beute in der Größe von Bienen und Schmetterlingen an. Dies ist aufgrund eines sehr schnell wirkenden Giftes möglich, das die Beute in kurzer Zeit bewegungsunfähig macht und dadurch das Risiko reduziert, daß die Spinnen selbst verletzt werden.
Die großen Taranteln aus Südamerika, besonders diejenigen der Gattungen *Grammostola* und *Lasiodora,* sind dafür bekannt, 30 cm lange Lanzenottern und 45 cm lange Klapperschlangen zu töten und zu fressen. In den frühen zwanziger Jahren dieses Jahrhunderts wurde von einer in Gefangenschaft gehaltenen Spinne der Gattung *Grammostola* berichtet, die innerhalb von nur 4 Tagen 2 Frösche, eine kleine Klapperschlange und 3 hochgiftige Jararacussi-Schlangen getötet und gefressen hatte.

Die schnellste Spinne, von der je berichtet wurde, war eine weibliche

Hausspinne *(Tegenaria atrica)*. Spinnen können sich im allgemeinen flink bewegen, auch nach langer Zeit von Inaktivität, können ihre Geschwindigkeit jedoch normalerweise nicht länger als ein paar Sekunden halten. Die oben erwähnte Hausspinne erreichte bei einer Reihe von Experimenten, die 1970 in Großbritannien durchgeführt wurden, über kurze Distanzen eine Höchstgeschwindigkeit von 1,9 km/h. Dies ist außerordentlich schnell, wenn man bedenkt, daß die Spinne in nur 10 Sek. eine Strecke zurücklegte, die dem 330fachen ihrer Körperlänge entsprach.

Neue Spinnenarten werden ständig entdeckt, und es ist wahrscheinlich, daß Wissenschaftlern die Existenz vieler Tausend Spinnenarten unbekannt ist. Allein in Großbritannien, wo die Spinnen ziemlich genau studiert wurden, wird im Durchschnitt mindestens eine neue Spezies pro Jahr der nationalen Liste hinzugefügt.

> **Spinnseide ist extrem reißfest: Das Fangen einer sich im Flug befindlichen Fliege mittels eines Spinnennetzes ist vergleichbar mit dem Stoppen eines Flugzeugs mit Hilfe eines Netzes aus Seilen von wenigen Zentimetern Dicke; einige Spinnennetze sind sogar fest genug, um kleine Vögel zu fangen.**

Das beste Sehvermögen besitzen wahrscheinlich die tropischen Springspinnen (Familie der *Salticidae*). Die meisten Spinnen sehen relativ schlecht und können kaum mehr als Tag und Nacht auseinanderhalten; sie hängen vor allem von Gerüchen und Vibrationen ab, um festzustellen, was in der Welt vor sich geht. Diejenigen mit besserem Sehvermögen tendieren dazu, kurzsichtig zu sein, und einige der am Tag aktiven Spinnen können auf kurze Distanz erstaunlich gut sehen. Die Springspinnen besitzen acht Augen in drei Reihen: Die Hauptaugen (die beiden größten, die in der Mitte der vorderen Reihe sitzen) haben ein enges Sehfeld, können jedoch scharfe Eindrücke von Objekten wahrnehmen, die bis zu 30 cm entfernt sind; die kleineren, zweitrangigen Augen besitzen ein viel größeres Sehfeld und ermöglichen den Springspinnen, Entfernungen mit großer Exaktheit einzuschätzen. Es wird angenommen, daß sie auch eine gute Farbwahrnehmung besitzen.

Die stärkste Seide wird wahrscheinlich von den Seidenspinnen der Gattung *Nephila* produziert. Spinnenseide ist die stärkste aller natürlichen und künstlichen Fasern – viel stärker als die Seide der feinen Netze der Seidenraupen. Sie ist sogar stärker als Stahl: Der Faden einer Kreuzspinne *(Araneus diadematus)* zum Beispiel kann ein Gewicht von 0,5 g tragen, ohne zu zerreißen, wohingegen ein Stahlfaden ähnlicher Dicke schon bei einer Belastung von 0,25 g reißt.

Die dehnbarste Seide wird von den Kescherspinnen (Familie der *Dinopidae*) produziert. Spinnenseide besitzt eine einzigartige Kombination von Stärke und Elastizität, der keine künstliche Faser gleichkommt. Die Seide der Kescherspinnen kann sechsfach gefaltet und gedehnt werden, ohne zu reißen, und schnellt dann in ihre ursprüngliche Länge zurück, ohne eine sichtbare Verformung zu zeigen. Zum Vergleich: Ein Stahlfaden reißt schon, wenn er um nur knapp 8 Prozent seiner ursprünglichen Länge gedehnt wird.
Ein Team von Ingenieuren und Molekularbiologen des US Army Natick Research Centre in der Nähe von Boston, Massachusetts (USA), arbeitet daran, eine synthetische Spinnenseide zu produzieren, die so gut ist wie die echte – um stärkere kugelsichere Westen herzustellen. Army-Westen werden zur Zeit aus Kevlar gemacht, das um bis zu 4 Prozent gedehnt werden kann, bevor es zerreißt, während Spinnenseide sehr viel mehr Dehnung aushält: Spinnenseide absorbiert daher sehr viel mehr kinetische Energie (einer Kugel zum Beispiel), ohne daß die Weste versagt. Die Spinne, die in dieser Studie benutzt wird, ist die *Nephila clavipes* aus Panama. Während sie an einem Tisch festgeschnallt ist, wird das Ende des aus dem Spinnapparat heraustretenden Fadens mit kleinen Zangen erfaßt und die Seide dann um eine Spindel gewickelt, die von einem Elektromotor mit variabler Geschwindigkeit angetrieben wird: Durchschnittlich wird in einer Sitzung ein Faden von 320 m gewonnen. Nach Aussage der Wissenschaftler verspürt die Spinne bei dieser Prozedur keine Schmerzen und kann am nächsten Tag erneut Seide produzieren.

Die einzigen spuckenden Spinnen sind die etwa 50 Arten von Speispinnen der Gattung *Scytodes*, welche hauptsächlich in den Tropen zu finden sind. Viele von ihnen spucken einen schnellhaftenden, schleimigen Kleb-

stoff über ihre Beute und Feinde. Der Leim wird (in sehr kleinen Mengen) in modifizierten Giftdrüsen produziert und dann von den beiden Klauen in klebrigen Fäden abgefeuert. Dies geschieht zu schnell, um mit menschlichen Augen wahrnehmbar zu sein – die Spinne scheint nur den Kopf zu schütteln und die Beute ist wie festgenagelt. Diese bemerkenswerte Jagd- und Verteidigungstechnik ist einzigartig unter den Spinnen.

> **Das Netz einer durchschnittlichen Kreuzspinne besteht aus 20–30 m Seidenfaden, wiegt jedoch weniger als 0,5 mg.**

Besonders gesellig sind Spinnen im allgemeinen nicht, im Gegenteil, sie sind Einzelgänger, die dazu neigen, sich gegenseitig aufzufressen, wenn sie zufällig aufeinandertreffen. Etwa 20–25 Arten zeigen ein primitives Sozialverhalten in Form von gegenseitiger Toleranz oder einfachen Beziehungen zwischen Mutter und Nachwuchs. Von weiteren 18 Arten ist bekannt, daß sie wirklich soziales Verhalten in Form von Zusammenleben in gemeinsamen Nestern und sogar Zusammenarbeit im Netzbau, in der Betreuung des Nachwuchses und der Beutejagd an den Tag legen.
Eine der geselligsten Arten ist wahrscheinlich die *Tapinillus*-Spinnenart aus der Familie der *Oxyopidae*; sie könnte zu einer neuen Spezies gehören und muß noch formal benannt werden. Sie wurde 1994 von einem amerikanischen Zoologen, der in den Regenwäldern des Cuyabeno-Natur-Reservats (Ecuador) arbeitete, entdeckt, wo Dutzende oder sogar Hunderte von diesen Spinnen zusammenleben. Ihre dreidimensionalen Gemeinschaftsnetze sind um die Astenden der Bäume gewoben und beherbergen gleiche Zahlen an ausgewachsenen Männchen und Weibchen sowie Jungspinnen jeden Alters. Interessanterweise haben Analysen des Erbguts gezeigt, daß alle Spinnen eines Netzes (bis auf ein paar Männchen) der Nachwuchs eines einzigen Paares sind, was auf Paralellen zu den Ameisen und anderen sozialen Insekten deutet.

Vom Aussterben bedroht sind laut der offiziellen Liste der World Conservation Union (IUCN) insgesamt 15 Arten. Dies stellt jedoch wahrscheinlich nur einen Bruchteil der wirklichen Anzahl dar, denn es wird erwartet, daß die Wissenschaft zukünftig Heere anderer, bislang nicht entdeckter Insekten finden wird, die kurz vor dem Aussterben stehen. Derzeit sind die zwei am ernsthaftesten gefährdeten Arten die *Leptoneta myopica* aus den USA und die *Adelocosa anops* aus Hawaii (USA). Obwohl man von keiner Spinne weiß, daß sie in jüngster Zeit ausgestorben ist, glaubt man, daß viele Arten aussterben, bevor sie überhaupt entdeckt werden.

Die gefährlichsten Spinnen der Welt sind die brasilianischen Wanderspinnen der Gattung *Phoneutria*. Die meisten Spinnen jedoch sind relativ harmlos und werden mit einem unangemessenen Maß an Angst und Haß bedacht. Sie sind zwar alle (bis auf eine kleine Zahl von Spinnen der Familie der *Uloboridae*) giftig – das Gift wird sowohl zur Selbstverteidi-

Spinnenseide besitzt eine einzigartige Kombination aus Elastizität und Stärke, der keine andere von Menschen hergestellte Faser gleichkommt.

gung als auch zum Töten und Verdauen von Beute benutzt – aber der allergrößte Teil ist nicht fähig, Menschen zu beißen. Bei den Spinnen, die tatsächlich ab und zu Verletzungen verursachen (insgesamt einige hundert Arten), bewirkt das Gift normalerweise nicht viel mehr als kleinere Beschwerden, wie ein leichtes Stechen und eine anhaltende Hautirritation oder geringfügige Schmerzen, vergleichbar mit einem Wespen- oder Bienenstich.

Die giftigsten Spinnen sind die Wanderspinnen. Unter ihnen ist die Kammspinne *(Phoneutria fera)*, von der man annimmt, daß sie das wirksamste Nervengift aller lebenden Spinnen besitzt. Ihr Gift ist so stark, daß nur 0,006 mg ausreichen, um eine Maus zu töten. Hunderte von Unfällen mit dieser Spinne werden jedes Jahr verzeichnet, da sie regelmäßig menschliche Wohnstätten aufsucht und sich in Kleidung und Schuhen versteckt; wenn sie gestört wird, beißt sie wütend mehrere Male zu. Die hervorgerufenen Symptome sind unter anderem: qualvolle Schmerzen, heftiges Schwitzen und starker Speichelfluß, Halluzinationen, Krämpfe und schließlich Atemstillstand. Glück-

licherweise ist ein wirksames Gegengift vorhanden, so daß Todesfälle heute selten sind.

Die meisten ernsthaften Bisse werden wahrscheinlich von den etwa 30 Arten Schwarzer Witwen *(Latrodectus sp)* zugefügt, die in Nord-, Mittel- und Südamerika, im südlichen Europa, Afrika, Asien, Australien und Neuseeland zu finden sind. Es wird behauptet, daß ihr Gift 15mal so stark ist wie das der Klapperschlange. Sie sind extrem zahlreich und weit verbreitet und kommen regelmäßig in Kontakt mit Menschen. Die australische Vogelspinne *Atrax robustus* und eine Reihe anderer Arten sind ebenfalls häufig für ernsthafte Bisse verantwortlich. Die *Atrax robustus* ist insofern bemerkenswert, als daß das Männchen dem Menschen am gefährlichsten ist – bei allen anderen hochgiftigen Spinnen ist es das Weibchen.

Die größten Giftdrüsen besitzt die *Photoneutria nigriventer*, die größte und wahrscheinlich aggressivste Spinne Südamerikas. Die Drüsen besitzen einen Durchmesser von bis zu 2,7 mm, sind maximal 10,2 mm lang und können bis zu 1,35 mg Gift ent-

Die Vogelspinne Atrax robustus ist für mehr ernsthafte Bisse verantwortlich als jede andere Spinnenart; das Exemplar in diesem Glas wird gemolken. Das Gift wird dazu benutzt, ein Gegengift zur Behandlung von gebissenen Menschen zu produzieren.

halten – genug um 225 Mäuse zu töten.

Die längsten Giftklauen besitzt mit einer Länge von bis zu 1,2 cm die Vogelspinne *Therapohosa leblondi.* Die Länge der Klauen wird selten mit der Ernsthaftigkeit des Spinnenbisses in Verbindung gebracht (die Art des Giftes ist sehr viel wichtiger), und tatsächlich sind die meisten Giftklauen relativ kurz. Die der Schwarzen Witwe *(Latrodectus mactans)* sind zum Beispiel nur 0,4 mm lang – und doch ist ihr Biß sehr viel gefährlicher als der fast aller anderen Spinnen der Welt.

Spinnen können mit ihren Füßen schmecken.

Am gefürchtetsten sind, dank der Regenbogenpresse und durch ihre Rollen als große haarige Monster in zahlreichen Spielfilmen, die riesigen, pelzigen Vogelspinnen (Familie der *Theraphosidae*). Sicherlich sehen sie äußerst gefährlich aus, aber die meisten der 300 bekannten Arten, die hauptsächlich in den Tropen und Subtropen leben, sind ziemlich sanftmütige Kreaturen. Sie beißen normalerweise nur widerwillig (solange sie nicht grob angefaßt oder provoziert werden), und wenn sie aggressiv werden, kann ihr Biß zwar extrem schmerzhaft sein, ist aber selten gefährlich.

Die langlebigsten Spinnen sind die Vogelspinnen. Die meisten Spinnen besitzen eine durchschnittliche Lebenserwartung von unter einem Jahr. Es existieren jedoch einige extreme Ausnahmen, von denen die größte bei den tropischen Vogelspinnen zu finden ist. Wie bei den meisten Spinnen tendieren die Weibchen dazu, länger zu leben als die Männchen; ein Weibchen, das 1935 in Mexiko im geschätzten Alter von 10–12 Jahren gefunden wurde, lebte danach 16 Jahre lang in Gefangenschaft und starb somit im geschätzten Alter von 26–28 Jahren. Es wird angenommen, daß

eine Lebenserwartung von 20–25 Jahren bei weiblichen Vogelspinnen und bestimmten Falldeckelspinnen (Familie der *Ctenizidae*) keine Seltenheit ist, womit sie einige der langlebigsten, terrestrischen Evertebraten überhaupt sind.

In den höchsten Höhen leben die Springspinnen (Familie der *Salticidae*). 1924 fand der Naturwissenschaftler und Entdecker R.W.G. Hingston einige Exemplare in einer Höhe von 6700 m auf dem Mount Everest unter am Boden festgefrorenen Steinen. Zwei von ihnen wurden später als neue Arten beschrieben: *Euophrys everestensis* und *E. omnisuperstes* (»Höchste von allen«). Man nimmt an, daß sie sich von winzigen Lebewesen ernähren, die aus geringerer Höhe hinaufgeweht werden.

Die einzige ständig unter Wasser lebende Spinne ist, soweit bekannt, die 12 mm lange Wasserspinne *(Argyroneta aquatica)*, die in Teichen und langsamen Strömen in vielen Teilen des gemäßigten Europas und Asiens zu Hause ist. Sie sammelt Luftbläschen zwischen den Haaren ihrer hinteren Beine und ihres Körpers und bringt diese Bläschen zu einem glockenförmigen Nest, das unter Wasser an der Vegetation fest verankert ist. Obwohl die Spinne auf lange Jagdexpeditionen geht, wobei sie die Luft zwischen ihren Körperhaaren einatmet, besitzt sie keine offensichtlich anatomisch oder physiologisch spezialisierten Eigenschaften für ihr unwahrscheinliches Unterwasserleben (im Nest atmet sie normal, als wäre sie an Land).

WEICHTIERE

Mollusca
mehr als 60 000 Arten (ca. 50 000 besitzen äußere Schalen), darunter Kalmare, Tintenfische, Kraken, Schalentiere, Schnecken, Wegschnecken, Wasserschnecken, Napfschnecken, und Muscheln.

Das größte wirbellose Tier der Welt ist, soweit bekannt, der nordatlantische Riesenkalmar *(Architeithis dux)*. Die meisten der außergewöhnlichen Rekorde wurden von einer Reihe von Tieren aufgestellt, die zwischen 1870 und 1889 in Neufundland, Kanada, angespült wurden. Der schwerste Riesenkalmar, der jemals verzeichnet wurde, war ein 2 t schweres Monster, das am 2. November 1878 in der Thimble Tickle Bay in Neufundland (Kanada) strandete. Die Körperlänge dieses Riesen unter den Riesen betrug 6,1 m, und die längsten Tentakeln maßen 10,7 m, womit er eine Gesamtlänge von 16,8 m besaß. Jedes Auge war etwa 50 cm groß, und die größten Saugnäpfe am Ende der Tentakeln hatten einen Durchmesser von 10 cm.

Das längste wirbellose Tier, das je verzeichnet wurde (abgesehen von wurmartigen Evertebraten), war ein 18,9 m langer Riesentintenfisch der Spezies *Architeuthis longimanus*, der im Oktober 1887 in der Lyall Bay in der Cookstraße (Neuseeland) angeschwemmt wurde. Es war das erste Mal, daß diese spezielle Art gesichtet wurde. Seine beiden schlanken Tentakel maßen je 16,5 m, der Körper jedoch war mit 2,4 m relativ kurz. Unbelegte Berichte von über 24 m langen Riesentintenfischen vor der Küste von Labrador (Kanada), sind nicht bewiesen worden.
Jahrhundertelang galten Riesentintenfische als mythische Kreaturen wie Seejungfern und Einhörner. Heute weiß man, daß es weltweit eine Reihe von Arten gibt; jedoch mißtrauen Experten immer noch vielen Horrorgeschichten über Riesentintenfische, die Schiffe angreifen (sie haben schon Schiffe angegriffen – wahrscheinlich, weil sie sie mit Walen verwechselten – aber belegte Fälle gibt es nur sehr wenige).

Der kleinste Kalmar der Welt ist *Parateuthis tunica*, der nur durch zwei Exemplare, die von der deutschen Südpolexpedition zwischen 1901 und 1903 gefunden wurden, bekannt ist. Der größere der beiden Kalmare wurde im Antarktischen Ozean in etwa 3000 m Tiefe gefangen und war 1,27 cm lang (einschließlich der Tentakeln von 4,83 mm Länge).

Die größte an Land lebende Schnecke ist die Afrikanische Echte Achatschnecke *(Achatina achatina)*, die wie eine übergroße Ausgabe vieler Gemeiner Weinbergschnecken aussieht. Ihr Gehäuse ist durchschnittlich etwa 20 cm lang. Das größte Exemplar, das je verzeichnet wurde, hatte im Dezember 1978 im voll ausgestreckten Zustand eine Gesamtlänge von 39,3 cm (das Gehäuse war 27,3 cm lang) und wog genau 900 g. Die Schnecke, genannt Gee Geronimo, war im Besitz von Christopher Hudson (1955–79) aus Hove, East Sussex (GB), und wurde im Juni 1976 in Sierra Leone gefunden. Echte Achatschnecken wurden außerhalb Afrikas in vielen Teilen der Welt eingeführt, vor allem deshalb, weil sie sich gut zum Verzehr eignen, sie entwickelten sich jedoch vor allem in Südostasien zu echten Getreideschädlingen.

Die größte Muschel der Welt ist die im Meer lebende Riesenmuschel *Tri-

Mit einer Maximallänge von 16,8 m, einschließlich der Tentakeln, ist der nordatlantische Riesenkalmar der größte Evertebrat der Welt.

Kalmare bewegen sich mittels eines Strahlantriebs durchs Meer; Wasser wird durch Muskelkontraktion aus einem Hohlraum im Inneren des Körpers durch einen direkt hinter dem Kopf sitzenden Trichter nach außen gedrückt.

Die Echte Achatschnecke ist die größte an Land lebende Schnecke der Welt. Ihre tatsächliche Größe beträgt das Dreifache dieser Abbildung.

dacna gigas, die auf indopazifischen Korallenriffen zu finden ist. 1956 fand man ein Exemplar von 1,15 m Länge und 333 kg Gewicht vor der Insel Ishigaki, Okinawa (Japan), es wurde jedoch erst im August 1984 wissenschaftlich untersucht. Lebend wog die Muschel wahrscheinlich etwas mehr als 340 kg (die weichen Teile wiegen bis zu 9,1 kg) und war damit die schwerste, die je verzeichnet wurde. Die längste Muschel war mit 1,37 m Länge und 230 kg Gewicht ebenfalls eine *Tridacna gigas*. Sie wurde vor 1817 in Tapanoeli (Tapanula) an der nordwestlichen Küste Sumatras (Indonesien) gefunden und befindet sich nun in Arno's Vale.

Der größte Krake der Welt ist *Octopus dofleini*, der an der Pazifikküste Nordamerikas, von Kalifornien bis hoch nach Alaska, und vor Ostasien bis hinunter nach Japan zu finden ist. Es wird angenommen, daß seine Fangarme eine maximale Spannweite von etwa 2,5 m haben. Männchen wiegen durchschnittlich etwa 23 kg, Weibchen etwa 15 kg. Den Weltrekord hält ein Exemplar, das 1957 vor der westlichen Küste Kanadas gefunden wurde: Der Krake wog geschätzte 272 kg und besaß Fangarme mit einer Spannweite von 9,6 m.

Entgegen früheren Berichten existiert kein *Octopus giganteus*, dessen Fangarme angeblich eine Spannweite von 60 m besitzen sollen. Von Überresten, die 1896 in Saint Augustine, Florida (USA), und 1988 auf den Bermu-

das angespült wurden, wird heute angenommen, daß sie zu einem Wal beziehungsweise zu einem Fisch gehörten.

Polypen können Schraubenverschlüsse von Gläsern und Korken aus Flaschen entfernen, um an Nahrung heranzukommen, die sich darin befindet.

Der kleinste Krake der Welt ist, soweit bekannt, die Spezies *Octopus arborescens* aus Sri Lanka. Seine Fangarme besitzen eine durchschnittliche Spannweite von ca 5,1 cm.

Die größte Wasserschnecke ist ein Exemplar, das im Mai 1991 von Tamara Double vor Les Sept Frères, einer Inselgruppe im Roten Meer, die zur Republik Dschibuti gehört, gefunden wurde. Die Schnecke gehörte zu einer kleinen Population von leuchtend rosa- und pfirsichfarbenen Nacktkiemern, die der Wissenschaft zuvor nicht bekannt war. Die größte Schnecke war 52 cm lang, 37 cm breit und wog geschätzte 2 kg. Die kleinste Schnecke war 33 cm lang und 21 cm breit. Es ist nicht klar, ob diese Population eine besonders auffällige Abart der Sternschnecke *Hexabranchus sanguineus* darstellt, oder ob sie eine völlig neue Art von *Hexabranchus* ist. Zuvor galt die eher kompakte Spezies *Tochuina tetraquetra,* die vor der nordwestlichen Pazifikküste der USA zu finden ist und maximal »nur« 30 cm lang wird, als größte Wasserschnecke der Welt.

Der längste Scheintod ereignete sich im Natural History Museum (GB). 1846 wurden zwei Exemplare der Wüstenschnecke *Eremina desertorum* dem Museum als tote Präsentationsobjekte übergeben, dort auf eine kleine Tafel geklebt und ausgestellt. 4 Jahre später, im März 1850, entfernten Mitarbeiter des Museums eine der Schnecken von der Tafel, da sie den Verdacht hatten, sie sei noch am Leben. Als die Schnecke in lauwarmes Wasser gesetzt wurde, bewegte sie sich und fing später an zu fressen. Diese zähe kleine Kreatur lebte noch weitere 2 Jahre, bevor sie in Erstarrung fiel und starb.

> **Einige Weg- und Schnirkelschnecken widmen sich dem »do-it-yourself-Sex« – sie können sich sehr effektiv selbst befruchten.**

Die größten Augen aller bekannten Tiere – ob lebend oder ausgestorben – besitzt der Nordatlantische Riesenkalmar *(Architeuthis dux)*. Es wurde geschätzt, daß das größte Exemplar dieser Art, das in der Thimble Tickle Bay in Neufundland (Kanada) gefunden wurde und eine Gesamtlänge von 16,8 m besaß, auch Augen von 50 cm Durchmesser hatte (was beträchlich größer ist als eine Langspielplatte).

Die gefährlichsten Kraken der Welt sind *Hapalochlaena maculosa*, der entlang der australischen Küste zu finden ist, und der etwas größere *H. lunulata*, der ebenfalls in Australien und außerdem in Indonesien und auf den Philippinen beheimatet ist. Der relativ schmerzlose Biß dieser trügerisch schönen Lebewesen kann innerhalb von Minuten zum Tod führen, obwohl merkwürdigerweise einige Leute nur schwache Symptome zeigen. Die Kraken tragen ein Gift, welches unter anderem die Komponente Tetrodontoxin enthält (ein Neurotoxin, das auch im Gewebe der Kugelfische zu finden ist), und es wird angenommen, daß das Gift eines einzigen Kraken ausreicht, um 10 erwachsene Männer zu lähmen. Es sind kleine Tiere mit einem Umfang von nur 10–20 cm, und sie beißen mit einem papageienähnlichen Schnabel, der sich am Knotenpunkt ihrer 8 Arme befindet. Opfern ist es oft so lange nicht bewußt, daß sie gebissen wurden, bis die verletzte Stelle anfängt anzuschwellen und eine prickelnde Betäubung um den Mund herum zu spüren ist. Glücklicherweise sind *Hapalochlaena maculosa* und *H. lunulata* nicht aggressiv und greifen normalerweise nur an, wenn sie aus dem Wasser genommen und provoziert werden.

In dem seltenen Fall, daß ein Mensch von einer anderen Krakenart gebissen wird, kann es zu leichter Schwellung, Reizung oder Betäubung kommen, da alle Kraken kraftvolle Speichelsekrete ausscheiden, die zur Lähmung und Verdauung von Beute dienen. Allerdings ist nur das Gift der *Hapalochlaena maculosa* und der *H. lunulata* wirklich gefährlich. Die Saugnäpfe aller Krakenarten sind harmlos.

Die gefährlichsten Schnecken sind kleine aquatische Arten der Gattun-

> *Die giftigsten Gastropoden sind die Kegelschnecken, die ein schnell wirkendes Neurotoxin abgeben können, welches bei Menschen schon zum Tod geführt hat.*

gen *Biomphalaria*, *Bulinus*, *Physopsis* und *Oncomelania*, denn sie sind ein entscheidendes Verbindungsglied in der Entwicklung der Tropenkrankheit Schistosomiase (Bilharziose). Diese wird durch den Kontakt mit verseuchtem Wasser hervorgerufen und ist eine der verbreitetsten Krankheiten der Welt. Jedes Jahr infizieren sich mehrere hundertmillionen Menschen in vielen Teilen Afrikas, Südostasiens und Südamerikas mit der Schistosomiase, die zum Tod führen kann. Die Krankheit wird durch die Verseuchung des Körpers mit den Larven der parasitären Saugwürmer der Gattung *Schistosoma* hervorgerufen. Diese Saugwürmer benötigen zwei Wirte während ihres Lebenszyklus: Die Larven durchlaufen einen Teil ihrer Entwicklung im Körper der Schnecke; dann verlassen sie diesen Wirt, schwimmen im Wasser und heften sich an (und durchdringen) die Haut ihres zweiten Wirtes, entweder eines Menschen oder eines anderen Säugetiers. Die Saugwurmlarven reifen heran, paaren sich und legen ihre Eier, die schließlich den Körper des

Wirtes im Urin oder Kot verlassen – und der Zyklus beginnt von vorn.

> **Napfschnecken ernähren sich von winzigen, grünen Algen, die an Steinen haften, und bewegen sich wie Miniaturrasenmäher systematisch auf der Oberfläche der Steine hin und her.**

Die giftigsten Gastropoda sind die Kegelschnecken der Gattung *Conus*, die ein schnell wirkendes Neurotoxin abgeben können. Es gibt insgesamt ungefähr 400–500 Arten, die etwa zwischen 1–20 cm lang sind (die längste ist, soweit bekannt, 25 cm lang und gehört zu einer Spezies mit dem Namen *Conus pulcher*). Mehrere Arten sind fähig, Menschen zu töten; als eine der gefährlichsten wird jedoch die Kegelschnecke *Conus geographus* angesehen, die im indopazifischen Raum zu finden ist. Das Gift wird mit Hilfe von Pfeilen injiziert (die

Für Weichtiere mit attraktiven Schalen stellt der Raritätenhandel eine große Bedrohung dar; diese »Queen conch«-Schalen wurden in der Karibik zum Kauf angeboten.

schnell ersetzt werden) und ruft unter anderem ein vermindertes Sehvermögen, Schwindel und Übelkeit hervor; es kann außerdem Lähmungen verursachen und zum Tod führen. Bei den größeren Arten können die Pfeile bis zu 1 cm lang sein.

Keine Muschelart ist für Menschen besonders gefährlich. Entgegen den schrecklichen Szenen vieler Abenteuerfilme werden Menschen auch nicht von Riesenmuscheln (Gattung *Tridacna*) unter Wasser festgehalten. Einige sind sicherlich groß genug, um ein menschliches Bein einzuklemmen – und sie besitzen eine gewaltige Muskelkraft, um ihre Schalen zu schließen –, aber sie bewegen sich so langsam, daß es normalerweise mehrere Minuten dauert, bis sie vollständig zugeklappt sind, so daß ein Taucher oder

Schwimmer schlafen müßte, um von ihnen eingefangen zu werden.

Die langlebigste Art des Stammes *Mollusca* ist, soweit bekannt, die Islandmuschel *(Artica islandica)*, eine dickschalige Muschel, die auf beiden Seiten des Nordatlantiks und in der Nordsee zu finden ist. 1982 wurde ein 10 cm langes Exemplar gefunden, das 220 Jahresringe besaß (was auf ein Alter von 220 Jahren schließen läßt). Allerdings erkennen nicht alle Biologen die Jahresringe als Maßstab zur Bestimmung des Alters an, so daß dieser Rekord umstritten ist.

Das langsamste Wachstum findet man, soweit bekannt, bei der Tiefseemuschel *Tindaria callistiformis*, die im Nordatlantik zu finden ist. Ein Wissenschaftlerteam der Yale University in Connecticut (USA) errechnete, daß die Muschel etwa 100 Jahre benötigt, um eine Länge von nur 8 mm zu erreichen.

> **Vor der Evolution der Fische waren Cephalopoden, wie die Kalmare, Tintenfische und Kraken, die größten Räuber der Meere. Sie beherrschten für Millionen von Jahren die oberen Schichten der Weltmeere.**

Die intelligentesten aller wirbellosen Tiere sind, soweit bekannt, Kraken, Tintenfische und Kalmare (die alle zur Klasse der *Cephalopoda* gehören). Es ist sehr schwierig, Intelligenz zu messen, aber ein jüngst durchgeführtes Experiment illustriert, daß der Krake *Octopus vulgaris* zum Beispiel fähig ist, einfache Dinge zu erlernen, indem er das Verhalten anderer Kraken beobachtet. Die italienischen Wissenschaftler Graziano Fiorito und Pietro Scotto dressierten eine Reihe von Kraken, entweder einen roten oder einen weißen Ball anzugreifen (da Kraken farbenblind sind, unterschieden sich die Bälle für sie eher in der Helligkeit als in der Farbe). Als sie gelernt hatten, welchen Ball sie angreifen sollten (sie bekamen jedesmal Futter zur Belohnung, wenn sie es richtig machten), ließen die Wissenschaftler andere Kraken von einem angrenzenden Tank aus zuschauen. Das Ergebnis war, daß die Beobachter schneller begriffen, welchen Ball sie angreifen sollten, als die Kraken, die es allein durch Versuch und Fehler gelernt hatten. Die Ergebnisse dieses Experiments sind höchst bedeutsam,

da zum ersten Mal demonstriert wurde, daß wirbellose Tiere auf eine Art und Weise lernen können, die von Neurologen als Vorläufer des begrifflichen Denkens betrachtet wird.

Die teuersten Schalen zu ermitteln ist sehr schwer, da der Wert von vielen verschiedenen Faktoren abhängt, darunter die Seltenheit und Zugänglichkeit der Schale, Schönheit der Farbe und Zeichnung, Anwesenheit interessanter Abnormalitäten und Deformierungen, allgemeiner Zustand und »Sammelbarkeit« (viele Konchyliologen spezialisieren sich auf eine bestimmte Gruppe oder Familie). Der Wert der Schalen ändert sich ständig, da ein Exemplar unendlich viel begehrenswerter sein kann als ein anderes derselben Spezies und sich gleichzeitig die Nachfrage mit plötzlichen Begeisterungen für bestimmte Arten verändert und sogenannte seltene Arten leichter verfügbar werden. Nichtsdestotrotz ist wahrscheinlich die begehrteste und teuerste Schale die der Porzellanschnecke *Cypraea fultoni*. 1987 wurden zwei lebende Exemplare vor Mosambik im Indischen Ozean von russischen Fischern an Land gezogen: Die größere der beiden wurde später in New York von dem italienischen Sammler Dr. Massilia Raybaudi für 24 000 $ erstanden, die kleinere für 17 000 $ zum Verkauf angeboten. Der Grund für den außergewöhnlich hohen Wert dieser bestimmten Spezies ist, daß bis vor kurzem fast alle *C. fultoni* vor der südöstlichen Küste Afrikas aus den Mägen von Fischen geholt wurden, die am Boden nach Nahrung suchen. Seit 1990 hat sich ihr Wert allerdings um 50 Prozent verringert, da vor Mosambik neue Vorkommensgebiete entdeckt wurden.

> **Tintenfische besitzen eine Schale im Inneren ihres Körpers, die ihnen hilft, mühelos durchs Wasser zu gleiten und einen neutralen Auftrieb beizubehalten.**

Die größte natürliche Perle der Welt wurde am 7. Mai 1934 vor der Küste von Palawan, Philippinen, aus einer Riesenmuschel *(Tridacna derasa)* entfernt. Sie ist bekannt als *Pearl of Laotze,* wiegt 6,4 kg, ist 24,1 cm lang und besitzt einen Durchmesser von 10,2–14 cm. Sie wurde 1980 in San Francisco (USA) für 200 000 $ versteigert.

Bereits ausgestorben sind, mit Sicherheit oder hoher Wahrscheinlichkeit, seit Mitte des 18. Jahrhunderts unglaubliche 286 verschiedene Arten. Nicht weniger als 76 davon lebten in Polynesien und weitere 61 in Hawaii (USA). Andere Gebiete mit einer hohen Anzahl an ausgestorbenen Arten sind unter anderem: die Ogasawara-Inseln in Japan und St. Helena im Südatlantik.

> **Wegschnecken sind Schnecken, deren Gehäuse im Laufe der Evolution verlorengegangen ist; einige haben jedoch kleine, innere Schalen, und eine Familie besitzt sogar eine winzige äußere Schale, die am Schwanzende plaziert ist.**

Die schnellste an Land lebende Schnecke ist wahrscheinlich die Weinbergschnecke *(Helix aspera)*. Am 20. Februar 1990 legte eine Weinbergschnecke namens Verne an der West Middle School in Plymouth, Michigan (USA), 31 cm in rekordbrechenden 2 Min. und 13 Sek. zurück, was 0,233 cm/Sek. entspricht.

Die meisten Farbvariationen finden sich bei den Tintenfischen. Alle *Cephalopoda* (Kalmare, Tintenfische und Kraken) besitzen die Fähigkeit, ihre Farbe zu ändern, die Tintenfische jedoch sind die wahren Experten. Sie haben Tausende von kleinen kontraktilen Farbstoffzellen in ihrer Haut; jede dieser Zellen besitzt eine von drei Farben und kann nach Wunsch vergrößert oder verkleinert werden, um kurz- oder langfristige Farbveränderungen herbeizuführen. Die verschiedenen Muster haben unterschiedliche Funktionen: Sie dienen zur Abschreckung von Feinden, als »Balzkleid« und zur Ablenkung der Beute. Ironischerweise sind die Tintenfische selbst farbenblind.

WÜRMER UND WURMARTIGE EVERTEBRATEN

Nemertea, Annelida, Platyhelminthes und Nematoda
ca. 65 000 Arten, darunter Regenwürmer, Blutegel, Saugwürmer, Schnurwürmer, Bandwürmer, Rund- oder Fadenwürmer.

Der längste Wurm ist, soweit bekannt, *Lineus longissimus*, ein Schnurwurm oder Nemertine, der in den seichten Gewässern der Nordsee zu finden ist. Ein Exemplar, das 1864 nach einem starken Sturm in St. Andrews, Fife (GB), angespült wurde, maß mehr als 55 m Länge.
Der größte Blutegel der Welt ist die 30 cm lange Spezies *Haementeria ghilianii* aus dem Amazonasgebiet.

Der längste Regenwurm ist der riesige *Michrochaetus rappi* (= *M. michrochaetus*) aus Südafrika, der eine durchschnittliche Länge von 1,36 m besitzt. 1937 wurde in Transvaal ein Exemplar gefunden, das rekordbrechende 6,7 m lang war und einen Durchmesser von 2 cm besaß.
Von einem weiteren Ausnahmeexemplar (wahrscheinlich ein *Michrochaetus*), das man 1969 in Südafrika fand, wurde berichtet, es sei etwa 7 m lang und besäße einen Durchmesser von 7,5 cm. Allerdings begegnet man solchen Berichten mit großem Mißtrauen, da es physiologisch wahrscheinlich unmöglich ist, daß ein Regenwurm eine solche Größe erreicht: Es scheint unwahrscheinlich, daß der innere hydraulische Druck, der nötig ist, um ein so großes Tier zu bewegen, aufrechterhalten werden könnte, ohne die inneren Organe zu beschädigen und den Blutkreislauf zu behindern.

Der kürzeste Regenwurm der Welt ist *Chaetogaster annandalei*, der unter 0,5 mm lang ist. Er lebt in Süßwasser in enger Verbindung mit einigen Schneckenarten und ist ein Fleischfresser (er ernährt sich von Amöben, Ciliaten und Trematodenlarven).

Vom Aussterben bedroht sind, mit Sicherheit oder hoher Wahrscheinlichkeit, laut World Conservation Union (IUCN) insgesamt 16 wurmartige Evertebraten. Daneben besteht um viele andere Arten ernsthafte Sorge (weitere werden der Liste wahrscheinlich hinzugefügt werden müssen).

Aufgeführt sind unter anderem sieben Arten von Ringelwürmern *(Phylium Annelida)*, darunter *Hirudo medicinalis*, der in weiten Teilen Europas zu finden ist; der Pazifische Palolowurm *(Eunice viridisi)* aus dem Südpazifik; und *Megascolides australis*, der in Australien lebt. Die beiden Arten, die als am meisten gefährdet angesehen werden, sind *Driloleirus americanus* und *Driloleirus macelfreshi*, die beide in den USA zu finden sind. Daneben macht man sich ernsthafte Sorgen um eine Reihe von Annelidenarten, deren Zustand noch nicht korrekt bewertet werden konnte: beinahe 150 Arten zweier südafrikanischer Regenwurm-Gattungen.
Insgesamt 6 Arten von Schnurwürmern *(Phylium Nemertina)* werden als vom Aussterben bedroht genannt. Die beiden am meisten gefährdeten Arten sind: *Antiponemertes allisonae* aus Neuseeland und *Pantinonemertes agricola* von den Bermudas.
Außerdem sind 3 Arten von Turbellarien *(Phylium Platyhelminthes)* aufgeführt: *Kenkia rhynchida*, *Sphalloplana holsingeri* und *Sphalloplana subtilis*, die alle in den USA zu finden sind.

Bereits ausgestorben ist in den letzten Jahren, soweit bekannt, nur eine Spezies: *Romankenkius pedderensis* aus Tasmanien (Australien). Es ist allerdings wahrscheinlich, daß zumindest einige Arten aussterben, bevor der Zustand ihrer Populationen richtig bewertet werden konnte oder sie der Wissenschaft überhaupt bekannt sind – und daher nicht verzeichnet werden.

> **Die meisten Regenwürmer sind hermaphroditisch, das heißt, daß sie zugleich weiblich und männlich sind; sie können sich mit jedem geschlechtsreifen Tier ihrer Art paaren.**

Der Weltrekord in »Wurmbeschwörung« wurde 1980 an der Willaston County Primary School in Nantwich, Cheshire (GB), aufgestellt, als Tom Shufflebotham erstaunliche 511 Regenwürmer aus einem 3m² großen Fleckchen Erde lockte. Dies ereignete sich bei den jährlich stattfindenden World Worm Charming Championships, bei dem es nur zwei grundsätzliche Regeln gibt: keine Erfrischungen, Stimulanzien oder Drogen und kein Buddeln. Den Wettbewerbern stehen 30 Min. zur Verfügung, um so viele Regenwürmer wie möglich aus der Erde zu locken. Shufflebotham benutzte eine traditionelle Technik, die als »twanging« (schwirren, klimpern) bezeichnet wird: Eine vierzackige Heugabel wird in die Erde gesteckt und hin- und hergewackelt, wodurch spezielle Vibrationen entstehen, die die Regenwürmer angeblich davon überzeugen hervorzukommen.

Der erstaunlichste Größenunterschied zwischen den Geschlechtern unter allen Tieren findet sich bei dem marinen Wurm *Bonellia viridis*, der im Mittelmeer zu Hause ist. Die Weibchen sind 5–12 cm lang, besitzen jedoch einen dehnbaren Rüssel, der voll ausgestreckt bis zu 1 m lang sein kann. Die Männchen dagegen sind nur 1–3 mm lang. Die Weibchen wiegen daher mehrere tausendmal soviel wie ihre Partner. Die Männchen leben auf oder sogar in den Weibchen.

Der spezialisierteste Parasit ist der Blutegel *Placobdelloides jaegerskioeldi*, der sich nur vom Blut eines Säugetiers, dem Flußpferd, ernährt. Dies ist schwieriger als es sich anhört, denn Flußpferde verbringen die meiste Zeit in tiefen, fließenden Gewässern, besitzen eine dicke Haut und erlauben es Vögeln, ihren Körper nach wohlschmeckenden Ectoparasiten, wie zum Beispiel Blutegeln, abzusuchen. Eine der vielen Anpassungen an seine schwierige Lebensführung ist die dunkelrote Farbe des Blutegels, durch die er auf der roten, zähen Flüssigkeit, die das Nashorn absondert, um seine Haut davor zu schützen, von der Sonne verbrannt zu werden, schwer auszumachen ist. Dies ist das einzige bekannte Beispiel für Tarnfarben bei Blutegeln.

Die seltsamste Ernährung findet sich bei einigen Schnurwürmern *(Phylium Nemertina)*. Wenn Nahrung rar ist, saugen sie sich selbst auf. Ein Exemplar wurde dabei beobachtet, innerhalb weniger Monate 95 Prozent seines eigenen Körpers zu verdauen, ohne dabei unter offensichtlichen Krankheitssymptomen zu leiden. Sobald wieder Nahrung vorhanden war, wurde das verlorene Gewebe ersetzt.

Wirbellose Tiere

MIKROBEN

Viren, Bakterien und Protozoen
(Genaugenommen sind Bakterien, Viren und Protozoen keine Tiere: Sie werden als Moneren (Bakterien) und Protisten (Protozoen) klassifiziert; Viren wird normalerweise kein eigenes Reich zugeschrieben. Sie werden hier jedoch als Lebewesen behandelt, die einige interessante Vergleiche zu den Mitgliedern des Tierreiches liefern.)

Den ersten Hinweis auf Leben auf der Erde liefern winzige Kügelchen, die in 3800 Mio. Jahre alten Gesteinsschichten konserviert sind und von denen angenommen wird, daß sie die Fossilien von primitiven, bakterienähnlichen Organismen sind. Sie ernährten sich wahrscheinlich von der sogenannten »organischen Suppe« – organischen Molekülen in den frühen Ozeanen.

Die primitivsten Organismen sind die Viren, welche einfach nur aus einer Proteinhülle bestehen, die einen Nukleinsäurestrang (RNA oder DNA – ein komplexes Molekül, das die Information zur Replikation trägt) schützt. Sie erfüllen die fundamentalen Voraussetzungen alles Lebenden: die Fähigkeit, sich selbst zu replizieren, und die Information zur Erstellung neuer Individuen von einer Generation zur nächsten weiterzugeben. Allerdings können sie sich nur innerhalb der Zellen anderer lebender Organismen fortpflanzen und befinden sich daher in einer Grauzone zwischen lebend und leblos. Obwohl sie die primitivsten Organismen sind, deutet die Tatsache, daß sie vollständig von anderen lebenden Zellen abhängen, darauf hin, daß sie wahrscheinlich nicht die erste Form von Leben gewesen sind.

> **Die Existenz von Bakterien wurde zum ersten Mal im 17. Jh. von Anton van Leeuwenhoek nachgewiesen; er sichtete sie durch ein Mikroskop in Abschabungen seines weißen Zahnbelages.**

Die größte Bakterie ist, soweit bekannt, *Epulopiscium fishelsoni*. Sie wurde 1985 von israelischen Wissenschaftlern entdeckt und 1993 zum ersten Mal als Symbiont beschrieben, der im Darmtrakt des im Roten Meer und am Great Barrier Reef (Australien) zu findenden Doktorfisches *Acanthurus nigrofuscus* lebt. Mit Maßen von 0,6 × 0,08 mm und mehr ist die Bakterie so groß, daß sie zunächst für ein Protozoon gehalten wurde. Sie scheint dem 30 cm langen Fisch nicht zu schaden, sondern lebt einfach still (obwohl in großer Zahl) in seinem Verdauungstrakt; tatsächlich bedeutet der Gattungsname *Epulopiscium* »Gast beim Bankett eines Fisches«. Die Entdeckung von *Epulopiscium* ist besonders aufregend, da sie demonstriert, daß Bakterien viel größer werden können, als es die Wissenschaftler bisher für möglich gehalten hatten. Sie ist etwa einmillionenmal so groß wie die berühmte Bakterie *Escherichia coli*, die im menschlichen Darm zu finden ist.

Der größte Virus ist, soweit bekannt, der stabförmige *Citrus tristeza*,

> *Der virulenteste und tödlichste Virus ist, soweit bekannt, der Ebolavirus, der bis zu 88 Prozent seiner Opfer innerhalb von 7 Tagen ums Leben bringt.*

der 0,0006 mm in der Länge mißt – und damit nur doppelt so lang ist wie die kleinste bekannte Bakterie. Viren sind so klein (durchschnittlich sind sie etwa 100 Millionstel eines Millimeters lang), daß sie nur durch ein Elektronenmikroskop zu sehen sind.

> **Die meisten Krankheiten, die durch Bakterien verursacht werden (darunter Cholera, Lebensmittelvergiftung, Syphilis, Pest und Tetanus); können durch Antibiotika erfolgreich behandelt werden, aber die meisten Krankheiten, die durch Viren verursacht werden (darunter AIDS und Hepatitis), sind immer noch unheilbar.**

Das größte Protozoon ist, soweit bekannt, eine Art von fächerförmigem *Stannophylum (Xenophyophorida)*, das eine Länge von 25 cm erreichen kann.

Eines der bemerkenswertesten Ereignisse in der Geschichte des Lebens

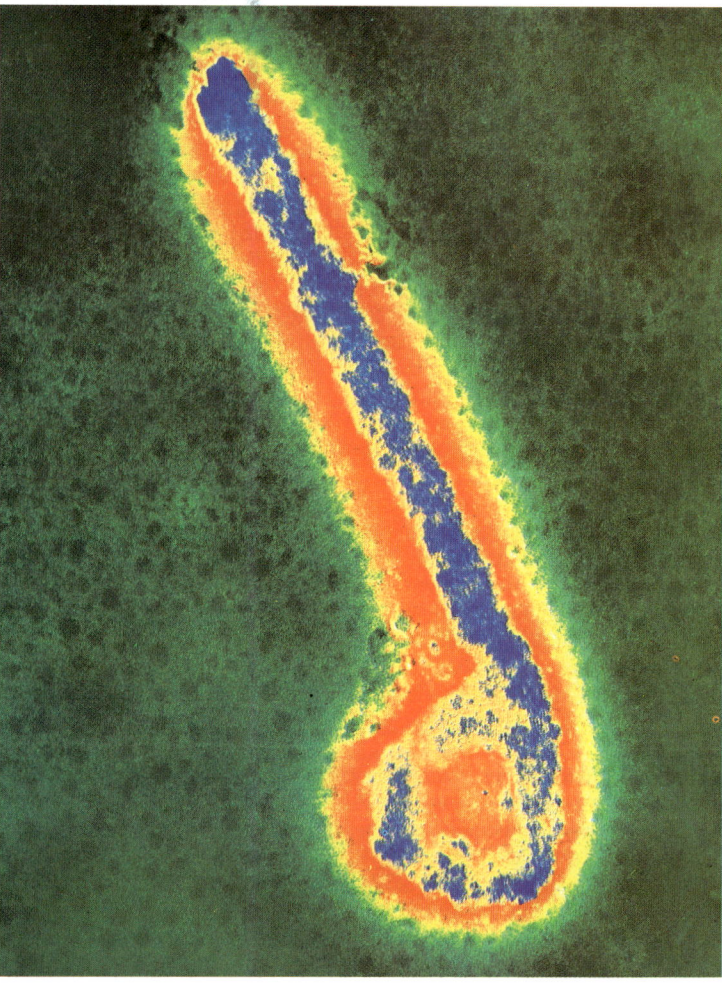

auf der Erde trug sich vor etwa 1500 Mio. Jahren zu, als mikroskopisch kleine Organismen – obwohl immer noch einzellig – um ein Vielfaches größer wurden als die Bakterien, die ihnen vorausgingen. Dies waren die Protozoen. Die größten prähistorischen Protozoen waren die Foraminiferen und die Radiolarien, die einen Durchmesser von bis zu 10 cm besaßen.

> **Eine einzelne Bakterie pflanzt sich fort, indem sie sich in zwei neue Zellen teilt; einige Arten können alle 15 Min. eine Zellteilung vornehmen, was zu einem rapiden Populationsanstieg führt.**

Der kleinste bekannte Virus mißt 0,000018 mm in der Länge – etwa zwei Millionstel eines Millimeters – und ist somit 17mal kleiner als die kleinste Bakterie.

Besonders widerstandsfähig sind viele Bakterien: Sie halten extremen Umweltbedingungen, wie Abwesenheit von Sauerstoff, hohen Salzkonzentrationen und Temperaturen unter dem Gefrierpunkt, stand. Im März 1983 berichtete John Barras von der University of Oregon (USA) von Bakterien, die in den schwefelhaltigen Kratern am Meeresboden des Ostpazifischen Rückens (21° nördliche Breite) bei Temperaturen von 306° C gut gedeihen. Was vielleicht noch erstaunlicher ist: Die Bakterie *Micrococcus radiodurans* hält einer Ionendosis stand, die der 10 000fachen Strahlung entspricht, die für einen normalen Menschen tödlich ist.

Die ältesten Bakterien wurden 1991 entdeckt: Angestellte eines Golfplatzes in Ohio (USA) fanden in einem sauerstofflosen Sumpf den Kadaver eines Mastodons (ein ausgestorbener Vorfahre des Elefanten), und dieser beinhaltete lebende Bakterien. Das Mastodon lag schon seit etwa 11 600 Jahren in dem Sumpf, doch durch die Bakterien strömte sein Fleisch selbst nach so langer Zeit immer noch einen schlechten Geruch aus. (Außerdem ist interessant, daß auf den Rippen des Mastodons Speerspuren gefunden wurden: Dies ist der erste Beweis dafür, daß Menschen ein prähistorisches Tier töteten.)

Das bekannteste Lebewesen der Welt ist die Bakterie *Escherichia coli,* die im menschlichen Darm zu finden ist. Sie wurde in unzähligen genetischen, biochemischen und anderen biologischen Studien benutzt.

Der schnellste einzellige Organismus findet sich in der winzigen, anderen Bakterien gegenüber räuberischen Bakterie *Bdellovibrio bacteriovorus*: Sie kann mittels einer Geißel (dem kleinsten Motor der Welt) pro Sek. das 50fache ihrer eigenen Länge von 0,002 mm zurücklegen. Dies stellt das 10fache der Maximalgeschwindigkeit ihrer bevorzugten Beute, *Escherichia coli*, dar und entspräche einem menschlichen Sprinter, der sich mit 320 km/h vorwärtsbewegt, oder einem Schwimmer, der innerhalb von 6 Min. den englischen Kanal durchquert. *Bdellovibrio bacteriovorus* ist unter ihren Bewunderern als »Bdella« bekannt (wobei das »B« immer stumm ist).

> **Bakterien sind vor allem dafür bekannt, Krankheiten zu verursachen, spielen jedoch auch eine entscheidende Rolle im Kreislauf von Kohlenstoff und Stickstoff, sind für die tierische Verdauung wichtig und werden für verschiedene industrielle Prozesse, wie Fermentierung und Käseherstellung, benutzt.**

Die gefährlichsten Mikroben sind die Malaria-Parasiten der Gattung *Plasmodium*. Diese sind Protozoen und werden von Moskitos der Gattung *Anopheles* getragen. Sie sind wahrscheinlich für 50 Prozent aller menschlichen Todesfälle (Kriege und Unfälle ausgeschlossen) seit der Steinzeit verantwortlich. Davon ereigneten sich 80 Prozent in Afrika und, laut Schätzungen, die 1993 von der Weltgesundheitsorganisation (WHO) veröffentlicht wurden, sterben jährlich zwischen 1,4 und 2,8 Mio. Menschen südlich der Sahara an Malaria. Die virulentesten und tödlichsten Viren sind der Ebolavirus und der Marburgvirus, die als 4 des »Biosafety Level« klassifiziert werden (der AIDS-Virus ist nur Level 2). Sie sind so ansteckend, daß Wissenschaftler schützende Raumanzüge tragen, wenn sie mit den Viren hantieren. Mit diesen Viren befallene Opfer entwickeln innerhalb von 7 Tagen eine Reihe furchtbarer Symptome, von roten Augen bis zu rasendem Fieber und von Hämorrhagien bis zu extremen Blutungen, gegen die es weder einen Impfstoff noch ein Heilmittel gibt. Der Marburgvirus, welcher der harmlosere von beiden ist, tötet 25 Prozent der Menschen, die sich mit ihm infizieren; der Ebolavirus tötet bis zu 88 Prozent.

REGISTER